로마사론

Discourses on Livy
by Niccolò Machiavelli

로마사론

**니콜로
마키아벨리**
지음

이종인
옮김

NICCOLÒ
MACHIAVELLI

*DISCOURSES
ON LIVY*

연암서가

옮긴이 이종인

1954년 서울에서 태어나 고려대학교 영어영문학과를 졸업하고 한국 브리태니커 편집국장, 성균관대학교 전문번역가 양성과정 겸임교수를 역임했다. 현재 인문사회과학 분야의 전문번역가로 활동 중이다. 옮긴 책으로 『전쟁터로 간 책들』, 『신의 사람들』, 『중세의 가을』, 『호모 루덴스』, 『평생독서계획』, 『폴 존슨의 예수 평전』, 『신의 용광로』, 『게리』, 『정상회담』, 『촘스키, 사상의 향연』, 『폴 오스터의 뉴욕 통신』, 『고전 읽기의 즐거움』, 『폰더 씨의 위대한 하루』, 『성서의 역사』, 『축복받은 집』, 『만약에』, 『영어의 탄생』 등이 있고, 편역서로 『로마제국 쇠망사』가 있으며, 지은 책으로는 『살면서 마주한 고전』, 『번역은 글쓰기다』, 『전문번역가로 가는 길』, 『지하철 헌화가』 등이 있다.

로마사론

2016년 7월 20일 초판 1쇄 발행
2019년 4월 30일 초판 2쇄 발행

지은이 | 니콜로 마키아벨리
옮긴이 | 이종인
펴낸이 | 권오상
펴낸곳 | 연암서가

등록 | 2007년 10월 8일(제396-2007-00107호)
주소 | 경기도 고양시 일산서구 호수로 896, 402-1101
전화 | 031-907-3010
팩스 | 031-912-3012
이메일 | yeonamseoga@naver.com

ISBN 978-89-94054-94-0 03920
값 30,000원

옮긴이의 말

니콜로 마키아벨리(1469-1527)의 『군주론』을 처음 읽었을 때 가장 놀라운 부분은 "군주는 정직한 사람일 필요가 없고 정직한 사람인 척하기만 하면 된다."라는 말이었다. 우리는 어릴 적부터 "정직이 최선의 방법"이라는 말을 듣고 자라며 또 일상생활에서도 거짓말을 하면 신용 없는 사람으로 낙인 찍혀 대인 관계가 어려워지는데, 하물며 사람들을 통치하는 군주 혹은 지도자는 더 말해 볼 것도 없다. 그런데 이 사상가는 거짓말을 하는 데 그치는 것이 아니라 거짓말을 하고도 모자라 그것을 정직한 척 은폐하는 이중으로 나쁜 사람이 되라고 권유하고 있다. 따라서 우리는 이런 기상천외한 조언을 하는 마키아벨리라는 사람이 어떤 정치 사상을 가지고 있는지 궁금해지고 그래서 그의 또 다른 저서인 『로마사론』(이하 『사론』)을 찾아서 읽게 된다. 『사론』의 많은 부분이 『군주론』의 충격적인 조언을 해설하고 있기 때문이다. 『사론』은 고대 로마의 웅장한 공화국이 만들어진 과정과 16세기 피렌체 공화국이 부패하여 쇠락하는 과정을 대비시킨 저서인데, 부패한 공화국에 원래의 모습을 회복시키려면 때로는 비정한 권모술수, 약속 위반, 느닷없는 배신, 냉정한 기만, 신속한 폭력 등이 불가피하다고 말하고 있다. 『군주론』은 군주제를 지지하는 책이지만, 이 『사론』은 일관되게 공화정을 지지하고 있어서 서로 모순되는 입장이라는 느낌을 준다. 이 글은 이런 점들을 좀 더 자세히 설명하는 가운데 마키아벨리의 생애, 저작의 배경, 마키아벨리의 해석 역사 등의 순으로 진행된다.

마키아벨리의 생애

마키아벨리는 1469년 5월 3일 피렌체에서 장남으로 태어나 그 다음 날 산 조반니에서 세례를 받았다. 아버지 베르나르도 마키아벨리는 당시 38세, 어머니 바르톨로메아는 29세였다. 위로 5세, 2세 터울의 누나가 있었고 5년 후 남동생이 태어났다. 아버지는 법학박사였으나 시청에 부채를 지고 있었거나 혹은 아버지나 숙부들의 부채를 승계 받았기 때문에, 법률가 동업 조합에 가입하지 못했다. 가난한 집안의 아들이었고 그래서 마키아벨리는 후일 "무엇인가를 즐기기보다는 무엇인가가 없어도 살아나갈 수 있는 방법을 먼저 배웠다,"라고 말했다.

니콜로는 7세에 처음으로 교사에게 보내지고 11세 때 주판 선생에게 주판을 배웠으며 12세 때에는 라틴 문학을 상당히 공부했다. 그러나 고전 그리스 어는 배우지 못해 후일 그리스 고전은 주로 라틴 어 번역본에 의해 읽었다. 니콜로는 대학 교육은 받지 못하고 동네의 서당에 다니면서 교육을 받고 또 아버지의 장서를 읽으면서 배운 것이 전부였다. 이때에 읽은 책으로 특히 그에게 영향을 준 것은 리비우스(Livy)의 『로마사』, 베르길리우스, 오비디우스, 단테, 페트라르카 같은 시인들, 그리고 루크레티우스(Titus Lucretius Carus)의 『사물의 본성에 대하여』 등이다. 특히 루크레티우스 책은 마키아벨리가 손수 전편을 필사하면서 그 여백에 노트를 남기기까지 했는데 이 필사본이 1961년에 발견되었다.

1498년 메디치 가문이 축출되는 피렌체 정부의 변화 덕분에 니콜로 마키아벨리는 29세의 나이로 제2 서기국의 서기장(우리나라 정부로 따지면 외교부의 차관)에 임명되었다. 서기국에 들어간 지 3년 뒤인 1501년 후반에 마리에타 코르시니와 결혼하여 그녀로부터 여섯 아이를 얻었다. 당시 많은 남자들이 그러했듯이 그는 아내에게 정절을 지키는 충실한 남편은 되지 못했으나 아내와 조화를 이루면서 잘 살아 나갔다. 그의 아내는 남편보다 25년 정도 더 살았다. 마키아벨리는 정직하고 성실한 시민이었으며 동시에 좋은 아버지였다. "모든 정치가는 마키아벨리 학교의 졸업생"이라는 말은 그를 권모술수의 달인으로 묘사하고 있지만, 실제 생활에서는 예의 바르고 공손하며 남을 배려할 줄 알고 약속을 잘 지키는 선량한 애국 시민이었다. 그는 자신의 영혼보다 조국 피렌체 공화국을 더 사랑한다고 말하기도 했다.

그의 종교관에 대해서 말해 보자면, 그의 비판자들이 말하는 것처럼 "무신론자의 프린스"는 아니었으며 어느 정도 종교적 심성을 갖추었던 것으로 보인다. 『사론』에서 종교의 필요성을 역설했지만 거기에 나타난 기독교에 대한 비난을 감안하면, 16세기 당시의 부패한 교황청에 대해서는 크게 비판적이었던 것으로 보인다. 그의 종교관에 대해서는 다음 두 가지 사항이 참고가 되리라 본다. 하나는 마키아벨리가 탐독한 루크레티우스 책의 내용이다. 고대 로마의 시인이며 무신론자인 루크레티우스(기원전 94년경-55년경)는 이 장시에서 이 세상 모든 것이 형이하(形而下)이며, 그것을 원자로 설명할 수 있다고 주장했다. 주된 내용을 요약하면 이러하다. 무에서 유는 나오지 않는다. 자연은 허공중에서 움직이는 원자로 구성되어 있다. 이 세상과 그 안에 있는 모든 사물은 아주 세련된 물질인 원자들의 만남과 연결이 빚어낸 결과다. 신들은 땅과 하늘 사이의 중간 공간에 살면서(즉, 존재하지 않는다) 아무것도 하지 않는 자들로서, 인간에 대해서는 무관심하다. 원자는 보통 밑으로 움직이나 이 경로에서 원자가 일탈하면 충돌이 발생한다. 인간의 자유의지는 이런 일탈과 비슷한 것이다. 영혼은 원자로 구성되어 있다. 따라서 인간이 사망하면 그 신체와 함께 영혼도 죽는다. 저승이라는 것은 미신에 불과하니 그에 대한 공포를 떨쳐버리고 지금의 이 세상을 자유롭게 살아라.

다른 하나는 친구의 증언이다. 1521년 피렌체의 양모조합이 사순절 설교자를 선발하는 임무를 마키아벨리에게 주었는데, 이 소식을 들은 친구 프란체스코 귀차르디니는 그 임무 부여가 유명한 동성애자인 파키에로토에게 친구의 신붓감 선발하는 일을 맡기는 것과 비슷하다고 말했다. 이어 마키아벨리가 그 나이에 자신의 영혼을 생각한다면 그건 회개가 아니라 노망 때문일 것이며, 그가 언제나 그것(영혼의 존재)에 대해서는 회의적인 생각을 해온 사람이라고 말했다.

1498년부터 1512년까지 14년 동안 마키아벨리는 피렌체 정부 책임자인 소데리니의 신임 아래 많은 외교 활동을 펼쳤다. 1499년 피옴비노의 통치자인 야코포 다피아노(용병 대장)에게 출장 나가서, 피사 공성(攻城)을 계속하려면 돈을 더 내라는 야코포와 협상했고 그 후에는 포를리로 외교 출장을 가서 전설적 인물인 카테리나 스포르차를 설득하여 그녀의 맏아들 오타비아노를 피렌체 편으로 돌아오게 했다. 그 후 마키아벨리는 프랑스의 루이 12세와 협상하기 위하여 리용으로 파견되었고, 또 두 파당의 분열로 내전이 벌어진 피스토이아 시의 질서를 회복시키기 위하여 그 도시를 방문하기도 했다.

이처럼 활발하게 외교 활동을 벌이던 1502년 6월 마키아벨리는 알렉산데르 6세의 사생아 아들인 체사레 보르자를 처음 만났다. 체사레는 그 당시 이미 엄청난 기만 전략으로 우르비노 공국을 점령한 상태였다. 마키아벨리의 임무는 이몰라로 가서 체사레 보르자의 동정을 파악하여 보고하는 것이었다. 이때의 직접적인 목격담에 근거하여 『군주론』에서 체사레의 신속한 용병 대장 처치를 높이 평가했다. 마키아벨리는 이때 「비텔로초 비텔리, 올리베로토 다 페르모(보르자의 반항적인 용병 대장들) 등을 살해한 발렌티노 공작의 조치에 관하여」라는 보고서를 작성하여 제출했다. 1503년 9월 마키아벨리는 교황 선거를 참관하라는 지시 아래 로마로 파견되었고 이때 율리우스 2세가 교황으로 선출되었다. 또한 마키아벨리는 「피렌체 군대의 양성에 대한 논고」를 썼다. 공화국을 지키기 위해 시민 민병대의 창설이 시급하다는 내용이었는데, 그것은 마키아벨리 필생의 가장 커다란 군사적 프로젝트가 되었다. 1506년 마키아벨리는 「군대의 목적」을 집필했다. 또 로마로 파견되어 율리우스 2세를 만나 교황의 의중을 알아보는 일을 맡았다.

　그 후 신성로마제국 황제의 궁정에 파견되어 상황을 파악하고서 황제의 원정 계획에 의문을 표시하면서 막시밀리안 황제는 침입을 감행할 능력이 없다고 보고했다. 이런 예측은 결국 옳은 것으로 판명되었다. 마키아벨리는 그 후 피사로 파견되어 그 자신이 조직한 피렌체 민병대의 피사 공성을 감독했고 또 서기장 직을 사직하기 한 해 전인 1511년 6월 말에는 프랑스 궁정에 파견되어 프랑스 왕 루이 12세에게 교황과 화해하도록 요청하는 임무를 맡았다. 교황이 피렌체에 앙심을 품을 경우 메디치 가문을 복권시켜 공화국을 위협할 수도 있었기 때문이다. 이처럼 마키아벨리는 이탈리아 국내는 물론이요 프랑스 왕궁, 신성로마제국 황궁, 독일 지역 등 외국의 정황을 직접 목격할 수 있었고 이것이 정치와 국방에 대한 그의 견문과 식견을 넓혀주었다.

　1512년 9월 메디치 가문이 피렌체의 권력을 다시 잡으면서 소데리니는 실각했고 자연히 그의 신임 받는 부하였던 마키아벨리도 강제 사직 당했다. 이 실직의 시기로부터 피렌체 공화정이 단명하게 회복되는 1526년까지 14년 동안 마키아벨리는 운명에 도전하지 않으면서도 운명을 자기편으로 만들려고 무척 노력했다. 그는 운명이 어떤 사람에게 큰 일을 시키려고 하면 그 사람에게 시련을 준다고 믿었고, 그 시련을 때로는 여우처럼 슬기롭게, 때로는 사자처럼 용맹에게 견뎌내면 반드시 운명의 보답이 있다고 생각하며 결코 희망의 끈을 놓지 않았다. 그 희망은 부지런히 정치-역사 논문을 쓰고, 드라마를 집필하고, 시를 쓰는 행위로 표출되었다.

그는 먼저 피렌체 주변 도시인 산 카시아노에 속한 산탄드레아라는 농촌 마을의 고향집으로 내려갔다. 이 무렵 메디치 가문에 대한 반동이 벌어져서 '위대한 로렌초'(장엄자 로렌초→메디치 가문)의 셋째 아들인 줄리아노 데 메디치를 살해하려는 음모가 발각되었다. 음모 주동자인 아고스티노 카포니와 동료인 피에트로 파올로 보스콜리가 음모 가담 희망자 20명을 적어놓은 쪽지를 실수로 잃어버림으로써 발각이 되었다. 이 두 음모자는 체포되어 고문을 당한 후 단두형에 처해졌다. 마키아벨리는 그 음모 쪽지에 일곱 번째 인물로 올라 있었다. 1513년 2월 18일 밤 그는 체포되어 투옥되었다. 그는 고문을 당했으나 결백을 확신했으므로 끝까지 거짓 자백을 하지 않았다. 음모자가 그에게 접근해 오기는 했으나 그는 아무런 약속도 하지 않았던 것이다. 그는 23일 동안 투옥되었다가 무죄 석방되었다. 이처럼 음모와 관련된 투옥 경험은 나중에 『사론』 중 가장 긴 부분인 음모론을 집필하는 데 도움을 주었다.

1513년 봄에서 여름까지 마키아벨리는 공화국에 관한 일련의 논문을 썼다. 『사론』도 이 시기에 착수된 것으로 보인다. 제2 서기국의 예전 동료들이 복직되는 것을 보고서 그는 공화국 논문들의 집필을 잠시 중단하고 또 다른 정부 형태인 군주국에 관한 논문을 써서 이것을 줄리아노 데 메디치에게 바치려 했다. 이 때문에 『군주론』은 취직 부탁용 문서라는 말이 나돌았다. 마키아벨리가 존경했던 줄리아노는 그를 피렌체 정무위원회의 서기장으로 복직시켜 줄 가능성이 있었다. 하지만 이 책은 줄리아노가 사망하면서 그 후계자인 로렌초 데 메디치(로렌초 2세)에게 헌정되었다. 로렌초는 마키아벨리를 별로 좋아하지 않았고, 그가 『군주론』을 과연 받았는지 여부도 불분명하다.

마키아벨리는 친구 프란체스코 베토리에게 편지를 써서 아직 미완의 원고인 『군주국에 대하여』(『군주론』은 당시 이런 제목을 달고 있었다)를 한번 읽어줄 것을 요청하면서, 그 책이 완성되면 줄리아노에게 헌정할 수 있겠는지 알아봐 달라고 요청했다. 베토리는 마키아벨리에게 레오 10세에게 제출할 정무 메모를 써달라고 부탁했다. 그것은 교황이 프랑스와 동맹할지 아니면 스페인과 신성로마제국과 동맹할지 판단하기 위한 밑바탕 자료였다.

실직 3년 후인 1515년 초, 마키아벨리는 교황청의 서기이며 프란체스코의 형인 파올로 베토리와 만나기 시작했다. 만약 교황이 동생인 줄리아노를 로마냐 지역의 통치자로 임명하는 데 성공한다면, 파올로는 그 지역 내의 한 도시의 통치자로 임명될 가능성이 있었다. 마키아벨리는 메디치 가문이 로마냐를 하나의 단일한 군주국으로 통합해야 한다고 조언했다. 그러나 마키아벨리의 관직 복귀는 레오 10세 형제의 사촌인 줄리오 데 메디치에 의해 좌절되었다. 줄리오는 베토리에게 마키아벨리는 수상한 자이니 거래하지 말라고 조언했다. 줄리아노가 1516년 3월에 사망하자, 마키아벨리는 『군주국에 대하여』의 헌정 대상을 로렌초 데 메디치(줄리아노의 사촌이며 새로운 피렌체 통치자)로 바꾸어 논문을 보냈다.

마키아벨리는 이 무렵 귀족 지식인들과 휴머니스트들로 이루어진 독서 그룹에 정기적으로 참가했다. 이 그룹은 독서 클럽이 만나는 장소인 팔라초 루첼라이의 정원에서 이름을 따서 '오르티 오리첼라리'라고 했다. 여기서 마키아벨리는 지인들로부터 폴리비오스(Polybios)의 『역사(Historiae)』의 내용을 들은 것으로 추정된다. 폴리비오스의 혼합 정체 사상은 마키아벨리에게 결정적으로 영향을 미쳤는데 그의 책은 당시 고대 그리스 어에서 이탈리아 어로 아직 번역되지 않은 상태였지만 지인들의 구두 보고를 통하여 알게 되었던 것이다. .

마키아벨리는 또 풍자적 코미디인 『만드라골라』를 집필했다. 그는 "게을러지고 할 일이 없는 데다 달리 방법도 없고 모든 가치 있는 직업으로부터 차단되어 완벽한 고독에 빠졌으므로" 이 희곡을 썼다고 말했다. 이 희곡은 『군주론』을 이해하는 데 중요한 단서를 제공한다.(→작품 해설) 오르티 오리첼라리에서 처음 공연된 이 희곡은 커다란 성공을 거두었다. 1520년 3월, 줄리오 메디치는 마키아벨리에게 피렌체를 통치하는 방법에 대한 연구보고서를 의뢰했다. 이 논문 『로렌초 사후의 피렌체 문제에 대한 논고』는 피렌체의 정체에 대하여 논한 것이다. 줄리오와 레오의 생시에는 메디치 가문의 과도기적 역할을 인정하여 군주정을 유지하되, 그 다음에는 정부 수반을 뽑는 대협의회를 부활시켜 공화국을 유지해야 한다는 내용이었다.

그는 『만드라골라』를 레오 10세의 교황청에서 공연했고 이때 교황의 신임을 다소 얻었다. 1520년 여름 마키아벨리는 도산한 루카(Lucca) 상인으로부터 부채를 받아내는 임무를 받고서 루카로 파견되었다. 그 직후 그는 14세기에 루카를 다스렸던 용병 대장의 전기인 『카스트루치오 카스트라카니의 생애』를 집필했다. 이 책은 오르티 오리첼라리의 두 회원인 루이기 알레만니와 자노비 부온델몬티에게 헌정되었다. 이 중 부온델몬티는 『사론』이 헌정된 인사이기도 하다.

1520년 11월 마키아벨리는 줄리오와 레오 10세로부터 피렌체의 공식 역사서를 집필하라는 중요한 임무를 위촉받았다. 그 다음 해 봄 마키아벨리는 외교 업무를 관장하는 오토 디 프라티카에 의해 카르피로 파견되었다. 그의 임무는 그곳의 프란치스코 종단에 대하여 통제권을 주장하는 것이었다. 이해에 마키아벨리는 『전쟁의 기술』을 발간했는데 그가 살아 있는 동안에 발간된 책으로는 이것이 유일하다. 이 책은 마키아벨리에게 군사 전문가라는 명성을 가져다주었다. 1525년 초 마키아벨리는 『피렌체의 역사』를 탈고했다.

마키아벨리는 클레멘스 7세에게 『피렌체의 역사』를 헌정하기 위해 로마로 갔다. 클레멘스에게 바친 헌정사는 이 책이 때때로 메디치 가문을 비판한다는 것을 적고 있다. 교황을 알현하면서 마키아벨리는 교황령 내 전역에 시민 민병대를 설치하는 것이 외세의 침략에 대하여 튼튼한 버팀목이 된다고 역설했다. 클레멘스는 마키아벨리를 로마냐로 파견하여 이런 프로젝트의 가능성을 타진하게 했다. 로마냐에 출장 나간 마키아벨리는 그 지역의 행정관인 프란체스코 귀차르디니를 만났다.

1527년 봄, 카를 5세의 군대가 로마를 점령했고 교황은 로마에서 달아났다. 따라서 메디치 가문이 장악한 피렌체 정부가 전복되고 공화국이 복원되었다. 이처럼 피렌체의 정세가 바뀌자 마키아벨리는 이제 운명이 자신에게 미소를 지어서 서기국의 서기장으로 복직될지 모른다는 희망을 품었다. 유배를 갔다가 피렌체로 돌아온 자노비 부온델몬티 등이 관계 요로에 적극 추천했음에도 불구하고 마키아벨리는 임명이 되지 않았다. 그는 『사론』에서 공화국을 열렬하게 지지했으나, 피렌체 정부에 복직한 공화주의자들은 마키아벨리가 메디치 가문과 너무 밀접하게 관련된 군주파라고 생각했다. 14년 전, 메디치 가문의 복권 때 마키아벨리는 소데리니와 너무 밀접하게 관련된 공화주의자라는 이유로 서기국에서 해임되었는데 이제 정반대 이유로 경원시 되었다. 늘 운명이 자기처럼 준비하고 기다리는 사람 편이라고 믿었고, 그래서 운명에 도전하는 눈먼 행동을 자제해 온 마키아벨리는 이제 더 이상 운명과의 기다리기 게임에서 이기지 못할 것 같다는 생각이 들었다. 그러자 마키아벨리는 병이 들었고 1527년 6월 21일에 복막염으로 배에 심한 고통을 느끼는 가운데 사망했다.

마키아벨리 아들 피에로의 편지(진품 여부가 의문시 되는 편지)에 의하면 마키아벨리는 마테오 수도사를 불러와 임종의 자리에서 자신의 죄악을 회개하는 종부성사를 했다고 한다. 전해지는 얘기에 의하면 그는 임종 시까지 곁을 지키던 친구들에게 그가 꾼 꿈을 말해 주었다. "꿈속에서 나는 지옥에 떨어져 플라톤, 플루타르코스, 타키투스, 기타 고대 저술가들과 정치학을 토론하기로 선택했다네. 천국에 올라가 축복받은 사람들과 어울리는 것은 너무 따분해서 말이야." 평소 관대함과 잔인함, 정직과 거짓, 충성과 배신, 진실과 사기, 훈방과 살육의 양극단에서 어정쩡한 중간 노선을 취해서는 절대 안 된다고 생각해 온 마키아벨리다운 말이다. 그는 산타 크로체 교회의 가족 예배당에 봉안되었으나 후손들이 묘지를 돌보지 않아 실제 묘역은 이제 찾을 수 없게 되었다. 지금 남아 있는 산타 크로체 교회의 화려한 마키아벨리 묘는 18세기에 들어와 그의 공화사상을 높이 평가하는 어느 영국 신사가 세운 것이다. 묘비에는 이런 라틴 어 묘비명이 적혀 있다. Tanto Nomini Nullum Par Elogium[그 위대한 명성에 걸맞은 묘비명(혹은 찬사)은 없으리라].

저작의 배경

『사론』에서 가장 빈번하게 눈에 띄는 두 단어는 "자유"와 "부패"이다. 자유는 로마 공화정의 유지와 성장을 지탱한 대들보이며, 부패는 피렌체 공화국을 구멍 내어 깔아뭉갠 충차(衝車)였다. 공동체 내의 원만한 자유 덕분에 로마 공화국은 온갖 역경을 이겨내고 대국이 된 반면, 공동체가 부패한 피렌체는 외세의 내침을 불러오고 정권이 불안정해져 결국 몰락하고 말았다. 이러한 배경을 알고서 『사론』을 읽으면 큰 도움이 되므로 여기에서는 먼저 로마의 역사와 이어 피렌체의 마키아벨리 당대사를 간략히 살펴보기로 한다.

고대 로마사는 통상적으로 왕정 시대, 공화정 시대, 제국 시대의 세 시대로 구분된다. 그러나 로마 인들이 볼 때 그들의 역사에서 단 하나의 중요한 구분 사항만 있다. 그것은 기원전 6세기 말에 왕정을 폐지한 것이었다. 그 후 로마 인들은 그들의 정치제도를 공화제라고 지속적으로 불러왔다. 공화제의 라틴 어는 레스 푸블리카(res publica)인데 이는 "국민들의 것" 혹은 "국민들의 일"이라는 뜻이다. 그리하여 그들은 심지어 카이사르의 양아들인 아우구스투스가 실권을 잡고서 1인 통치를 펴 나간 서기 1세기 말부터 시작되는 제국 시기에도 여전히 그들의 정치제도를 공화제라고 말했다. 그 후의 모든 황제들도 이런 전례를 따라 그들의 정부가 공화제라고 계속해서 주장했다.

로마 정치사의 통상적인 세 시대 중 첫 번째인 왕정 시기는 기원전 753년부터 509년까지 일곱 명의 왕이 다스린 시기를 가리킨다. 일곱 명의 왕은 창건자인 로물루스(재위 37년)로 시작하여 평화왕 누마(재위 43년), 전쟁왕 툴루스(32년), 전쟁과 평화를 동시에 추진한 안쿠스(24년), 암살된 타르퀴니우스, 재산에 의한 신분제를 수립한 세르비우스(재위 44년) 등을 거쳐 마지막 오만왕 타르퀴니우스(재위 25년)에 이르는 일곱 명이다. 왕정의 연대는 물론 추정치인데 대략 기원전 3세기까지 로마사의 연대들은 다들 그런 추정치에 지나지 않는다. 단 한 명의 통치자가 통치하는 것이 아니라, 다수의 행정관들이 정부를 공동으로 운영하는 새로운 체제인 공화정은 기원전 509년부터 기원전 1세기의 후반부까지 약 480년인데 마키아벨리는 『사론』에서 약 4백 년이라고 말하고 있다. 공화정의 종점은 기원전 27년으로 잡고 있는데, 이때는 아우구스투스가 원수정을 수립한 시기이다.

『사론』은 이 공화정의 시기를 많이 다루고 있으며 그래서 "리비우스의 역사서 첫 10권에 대한 논평"이라는 부제를 달고 있다. 리비우스의 책 첫 10권은 로마가 공화정을 수립하고 이탈리아 내부에서 여러 민족들을 제압해 나간 명실공히 이탈리아의 최강자로 부상하게 되는 과정을 다루고 있다. 공화정에 뒤이어 제국의 시대가 등장했고 서(西)로마제국의 마지막 황제는 서기 476년에 폐위되었다. 이 연대를 대체로 로마제국의 멸망 연대로 잡는다. 마키아벨리는 제국의 시대에 대해서는 주로 『사론』의 제3권에서 다루고 있다. 제국이 멸망한 이유를 거론하면서 국가가 쇠망의 길을 피하는 방편으로서 로마제국의 고사와 일화들을 인용한다. 이렇게 볼 때 마키아벨리는 리비우스의 『로마사』 첫 10권을 논평한다고 부제를 달고 있지만 실제로는 고대 로마사의 전 시기를 다루고 있다. 『사론』 1-3권의 전편을 통하여 공화정 시대에 로마가 지중해 전역을 석권하게 된 배경, 번성하고 화려한 세계 최강의 제국이 쇠망의 길을 걸어가게 된 이유를 고찰하고 있다.

로마가 지중해 세계의 최강자로 부상할 수 있었던 것은 왕정을 폐지하고 공화정으로 전환한 후, 로마 사회의 모든 지도자들이 선공후사 정신에 입각하여 오로지 레스 푸블리카(공화국)의 안녕과 복지에 매진한 덕분이었다. 이처럼 공적인 영광을 추구하는 과정에서 상류 계층은 개인적 비르투(virtu)의 수행을 위해, 평민들은 국가의 높은 명성을 위해 공화국에 기여했다. 그들은 국내의 다른 민족 정복이나 해외 진출을 부도덕한 침략 행위로 여기지 않았다. 오히려 국가를 지키고 명예를 드높이기 위해 싸운다고 말하기를 좋아했고 그것을 진심으로 믿었다.

제국 쇠망의 원인은 마리우스와 술라라는 장군들의 사례에서 찾아볼 수 있다. 마리우스는 병사들을 개인의 소유물로 만들어 엄청난 권력을 획득한 장군의 나쁜 선례였다. 이것 때문에 그 후에 나온 장군들 가령 술라, 폼페이우스, 카이사르, 옥타비아누스 등은 결국 공화국에 큰 타격을 입히고 말았다. 마리우스 이후의 장군들은 공화국의 오래된 전통을 지지한 것이 아니라 개인적 힘에 의존하여 권력을 탈취하는 일에 몰두했다. 이들 중 가장 나쁜 사례가 술라인데, 그는 사리사욕을 지나치게 추구한 나머지, 자신의 군대를 이끌고 조국 로마로 쳐들어가 내전을 벌여 승리하고 종신 독재관으로 등장했다.

술라는 전통을 사랑하고 신과 공동체를 두려워한 영웅이 아니라, 권력에만 집착하면서 돈과 군대로 이 세상을 지배할 수 있다고 믿은 범인이었다. 이런 개인들의 등장은 공화정이 멸망해 간 과정과 밀접한 관계가 있다. 공화국의 세력판도가 팽창하여 부가 늘어나면서 그에 따라 부에 대한 개인적 욕심이 공공의 복리를 앞서게 된 것인데, 이것은 결국 인간은 부패하기 쉬운 존재라는 결론과 연결된다. 『사론』은 왜 인간성이 그런 쪽으로 내달리는지에 대하여 깊이 명상하면서 예리한 통찰을 내보이고 있다. 아무튼 개인의 이기심이 작용하여 로마는 결국 그토록 싫어했던 왕정(보다 구체적으로 제정)으로 되돌아가게 된다.

로마 인이 영웅에서 범인으로 부패하기 시작한 것은 공화정 말기부터이고 그것이 극치에 이른 것은 제국 초기의 일이다. 황제들이 칼이 아니라 돈으로 사람을 지배할 수 있다는 어리석은 생각을 품었으니 제국이 그때 이후 그 돈 때문에 부패하고 망해버리는 것은 당연한 일이었다. 이것은 공화정이 붕괴된 이후 제정을 유지하는 과정을 살펴보면 더욱 분명하게 알 수 있다. 제정 이후 오로지 군대의 힘으로만 그 넓은 제국을 유지하려 했으니 처음부터 무리가 될 수밖에 없었다. 군대를 유지하려면 군비 증강과 군인 보수를 높여야 했고 그러다 보니 국가 재정에 심한 압박이 왔고 그것을 해결하기 위해 과도한 세금을 물리니 지배 속주들의 사회 불안으로 이어졌고 그 벌어진 틈을 타고 게르만 민족이 침범해 와 제국을 멸망시킨 것이다.

이제 마키아벨리의 생애와 겹치는 이탈리아의 역사(1450-1530)를 간략히 살펴보자. 그의 생애 동안 이탈리아는 피렌체 공화국, 밀라노 공국, 베네치아 공화국, 나폴리 왕국, 교황령의 5개국으로 나누어져 서로 합종연횡했고, 여기에다 프랑스, 스페인, 신성로마제국, 스위스 연합 등이 수시로 침략해 오는 등 외우내환에 시달리고 있었다. 1434년 코시모 데 메디치가 피렌체 정부를 접수하고 동맹세력들로 구성된 과두제의 수반으로 올라서서, 로디 동맹(1454)을 맺어 밀라노, 피렌체, 베네치아 등 도시국가들 사이의 세력 균형을 이루었다.

코시모가 이룩한 세력 균형은 그의 가장 큰 업적이었으나 1494년에 나폴리 왕인 알폰초가 보르자 가문 출신의 교황인 알렉산데르 6세와 동맹하여 밀라노 공국의 왕위 계승권을 요구하면서 세력 균형에 금이 가기 시작했다. 그 당시 밀라노의 통치자였던 스포르차의 넷째 아들 루도비코는 위협을 느끼고 프랑스 왕 샤를 8세에게 기대어 그 위기를 벗어나려 했다. 루도비코는 나폴리 왕국의 왕위를 건네주겠다고 유혹하면서 샤를 8세의 이탈리아 침입을 유도했다. 곧 샤를 8세의 프랑스군이 이탈리아를 침입하면서 피렌체를 위협했고 '위대한 로렌초'의 맏아들이며 당시 피렌체 통치자인 피에로 데 메디치는 피사를 프랑스군에게 넘겨줌으로써 샤를 8세의 비위를 맞추려 했다. 이러한 굴욕적 행위에 혐오감을 느낀 피렌체 시민들이 반란을 일으켰고 그 결과 메디치 가문은 추방되었다. 그 후 피렌체 시의 실질적인 권력은 광신적인 도미니크 수도사이며 친(親) 프랑스 인사인 지롤라모 사보나롤라의 손에 들어갔다. 그러나 프랑스 왕 샤를 8세가 전투에서 패배하고 이탈리아에서 철수하는 도중 사망하자 사보나롤라의 피렌체는 교황청으로부터 성사금지의 명령을 받았고, 교황청을 비판한 사보나롤라는 파문을 당하고 이어 실각한 후 처형되었다.

그 후 피렌체에 공화정이 들어서고(1498) 정부 수반은 온건하고 유화적인 피에로 소데리니가 맡았다. 그는 투표에 의해 선출된 곤팔로니에레(gonfaloniere: 정부 수반)였다. 정부 수반은 주로 길드 출신의 대협의회가 선출한 유권자들에 의해 뽑혔다. 피렌체의 길드(동업조합)는 12세기부터 16세기 중반까지 기술과 상업을 통제한 결사 조직이었다. 이 길드는 대(大) 길드, 중간 길드, 소(小) 길드의 세 계급이 있었다. 일곱 개의 대(大) 길드는 옷감 상인, 법률가와 판사, 은행가, 의사 등의 길드였다. 양복장이, 석공, 구두 장수 등이 다섯 개의 중(中) 길드를 형성했다. 이 대(大) 길드와 중(中) 길드가 합쳐져서 열두 개의 대규모 길드를 형성했다. 와인 장수, 여관 주인, 열쇠 장인 등은 소(小) 길드를 형성했다. 미숙련 노동자, 사공,

기타 대다수 주민 등은 영세민으로서 길드 형성이 금지되었다. 각 길드의 회원 자격은 세습직 혹은 전문직이었다. 다시 말해 회원이 되려면 기존 회원의 적자(嫡子)임을 증명하거나 관련 기술을 갖추었음을 보여주어야 했다. 각 길드는 내규를 갖고 있었는데 피렌체에서는 법률이나 다름 없었다. 피렌체 시뇨리아(행정부)를 구성하는 아홉 행정관 중 여섯 명은 대규모 길드에서 뽑았다. 길드는 회원들을 과당경쟁으로부터 보호하고 또 생산의 기준을 설정해 주었다. 길드는 그 회원들이 정치권력을 얻는 원천이었다. 소데리니의 주된 정책은 프랑스와 동맹하여 피렌체 공화국을 지키면서 메디치 가문과 보르자 가문을 견제하려는 것이었다.

1502년 피렌체의 시뇨리아는 소데리니를 종신 곤팔로니에레로 선출했다. 당시 체사레 보르자는 아버지인 교황 알렉산데르 6세의 위세를 앞세워서 교황령을 다지는 작업을 하고 있었다. 하지만 체사레 보르자는 아버지가 사망하면서 정치적 입지가 크게 흔들리게 된다. 이어 알렉산데르 6세의 철천지원수였던 줄리아노 델라 로베레가 교황 율리우스 2세로 선출되었다. 새 교황은 체사레 보르자에게 교황 선거를 밀어주면 교황 군대의 지휘권을 계속 맡게 해주겠다고 거짓 약속을 하면서 교황에 선출되었다. 그러나 율리우스 2세는 약속을 어기고 보르자를 체포한 후 스페인으로 보내어 그곳에서 불우하게 죽게 만들었다.

그 다음 해(1503) 스페인 군대는 나폴리 북방의 가릴리아노 전투에서 프랑스 군대를 결정적으로 패배시키고 나폴리를 손에 넣었다. 이렇게 하여 프랑스는 북부 이탈리아를, 스페인은 시칠리아와 남부 이탈리아를 지배하게 되었다. 이제 피렌체에 대한 스페인의 위협이 사라지자, 또 다른 강대국이 중부 이탈리아를 위협해 왔다. 1507년 막시밀리안 1세는 신성로마제국의 황제로 대관되기 위해 로마 여행을 준비했다. 프랑스는 황제가 밀라노에서 프랑스 세력을 축출하고 그 도시를 차지할 속셈이라고 의심했다. 프랑스와 동맹을 맺고 있던 피렌체 공화국은 경악했다. 그러나 황제의 군대는 비첸차 근처에서 베네치아 군대를 공격했으나 패배했고 막시밀리안 1세는 3년 휴전 조약에 서명했고 그리하여 피렌체에 대한 위협은 줄어들었다. 한편 율리우스 2세는 로마냐 지역의 베네치아 세력을 몰아내기 위하여 프랑스, 스페인, 신성로마제국을 포함시키는 캉브레 동맹을 맺고 베네치아를 패배시켰다.

그러나 3년 뒤 율리우스 2세는 자신이 만든 캉브레 동맹을 해체하고 베네치아와 화해했다(1510). 이어 교황은 베네치아, 스페인, 신성로마제국, 스위스에서 임차한 용병 부대 등을 한데 묶어 프랑스에게 대항했다. 이것은 프랑스와 동맹을 맺고 있던 소데리니의 피렌체 정부를 취약한 입장에 빠트렸다. 소데리니는 마키아벨리를 프랑스에 파견하여 루이 12세가 교황과 화해하기를 요청했다. 교황이 피렌체 공화국에 앙심을 품을 경우 메디치 가문을 복권시켜 피렌체 공화국을 붕괴시킬 수도 있었기 때문이다.

이 당시 프랑스 왕은 피렌체와의 좋은 관계를 활용하여 율리우스 2세를 폐위시키려 했다. 하지만 스페인 왕 카를로스 1세와 신성로마제국 황제 막시밀리안 1세는 돈으로 스위스 용병을 사서 롬바르디아를 침략했고, 그 결과 프랑스 군대는 이탈리아에서 철수했다. 이제 율리우스 2세는 스페인과 신성로마제국을 등에 업고 소데리니에게 권좌에서 물러나라고 요구했다. 곧 피렌체 공화국에 비우호적인 스페인 군대가 피렌체로 남하하여 피렌체 공화국을 붕괴시켰다. 그러자 메디치 가문 세력들이 복귀하여 시뇨리아를 점령했다. 소데리니는 로마로 달아났고 메디치 가문은 1512년 9월 피렌체의 권력을 탈환했다. 메디치 가문이 돌아오면서 공화국의 주된 정치 제도인 대협의회는 해산되었다.

1513년 율리우스 2세가 사망하고 '위대한 로렌초'의 둘째 아들인 조반니 데 메디치가 교황 레오 10세로 선출되었다. 레오 10세는 메디치 가문을 위해 로마냐에 우르비노 공국을 창설할 생각이었고 그래서 프랑스에 맞서는 새로운 동맹을 결성하고 영국 왕 헨리 8세로부터 15만 두카를 받아 스페인의 도움을 요청했다. 그 후 우르비노 전쟁이 계속되었고 결국 로렌초 데 메디치가 우르비노 공작으로 옹립되었다. 이제 피렌체는 추기경인 줄리오 데 메디치에 의해 통치되었다. 레오 10세는 스페인의 카를로스 1세가 신성로마제국의 카를 5세로 선출되는 것에 동의했는데 (1519) 이 조치는 교황청을 더욱 프랑스로부터 멀어지게 했다.

1521년 레오 10세는 프랑스를 밀라노에서 쫓아내기 위해 카를 5세와 조약을 맺었다. 그 다음 해 11월 밀라노가 함락되었고 그 직후 레오 10세가 사망했다. 그러나 2년 뒤 줄리오 데 메디치가 메디치 가문으로는 두 번째로 교황에 선출되어 클레멘스 7세가 되었다. 클레멘스 7세는 카를 5세와 거리를 두면서 프랑스와의 동맹을 협상했다. 1524년 프랑스는 밀라노를 다시 탈환했고 클레멘스 7세는 프랑수아 1세와 비밀 동맹을 맺고 신성로마제국에 맞서기로 결정했다. 그러나 1525년 2월 프랑스 군대는 파비아에서 황제의 용병 부대에게 패배했고 프랑수아 1세는 포로로 잡혔고 밀라노는 다시 황제의 군대에게 다시 점령되었다.

1526년 1월 마드리드 조약에 의하여, 프랑수아 1세는 밀라노를 스페인에 양도하고 나폴리에 대한 스페인의 지배권을 재확인했다. 그러나 프랑스로 돌아온 프랑수아 1세는 그 조약의 취소를 선언하고 교황 클레멘스 7세, 스포르차, 베네치아, 피렌체 등과 코냑 동맹을 맺고서 카를 5세를 이탈리아에서 쫓아내려 했다. 클레멘스 교황은 황제군과 맞서려

했으나 패배했고, 1527년 5월 황제군은 로마에 도착하여 약탈을 시작했다. 도피했던 교황은 1529년 6월 카를 5세와 바르셀로나 평화 조약을 체결했다. 그 조약 중 한 조문은 메디치 가문의 피렌체 권좌 복귀를 명시했다. 이렇게 하여 피렌체의 공화정은 완전히 무너지고 그 대신 메디치 군주정이 들어섰고 이 정권은 1737년까지 2백 년 동안 유지되었다.

로마의 역사와 16세기 이탈리아의 역사를 이처럼 자세히 다룬 것은 이 두 역사의 비교와 분석이 곧 『사론』의 뼈대를 이루기 때문이다. 이런 비교로부터 마키아벨리가 어떤 논평을 하고 또 어떤 사상을 밝혔는지에 대해서는 이 책의 뒤에 붙어 있는 〈작품 해설〉을 참고하기 바란다.

마키아벨리를 해석해 온 역사

마키아벨리를 악의 교사 혹은 사탄의 파트너로 이해하면서 그를 비방해 온 역사가 있는가 하면, 진정한 공화주의자요 시민 혁명의 아버지라고 높이 평가해 온 역사가 있다. 먼저 전자는 1531년에 『사론』이, 1532년에 『군주론』이 발간된 직후부터 시작되었다. 1576년 프랑스의 이노상 장티예는 『왕국 혹은 다른 군주국을 잘 통치하며 훌륭한 평화를 유지하는 방법 소고: 피렌체의 니콜로 마키아벨리에게 반대하며』를 펴냈다. 이 책에서 장티예는 『사론』과 『군주론』에서 뽑아낸 50개의 격언을 제시하면서 곧바로 신랄한 비판을 가했다. 50개의 격언은 궁정 신하의 활용(3개), 국가 수립에 있어서의 종교의 역할(10개), 군주를 위한 통치 원칙(37개) 등이다. 위그노(개신교) 교도인 그는 피렌체의 사기꾼 정신, 폭력에 대한 호감 등이 카트린(카테리나) 데 메디치와 함께 프랑스에 수입되었다고 믿었다. 카트린은 『군주론』이 헌정된 로렌초의 딸로서 프랑스의 앙리 2세(재위 1547-1559)와 결혼하여 남편 사후에 프랑스의 섭정을 지냈고 그녀의 아들 세 명이 각각 프랑수아 2세, 샤를 9세, 앙리 3세 등으로 왕위에 오른 인물이다. 카트린은 프랑스의 개신교도를 무자비하게 박해했는데 여기에 마키아벨리의 사상이 큰 영향을 미쳤다는 것이다. 이 장티예의 책을 통하여 마키아벨리가 국가 권력자의 배신, 부정직함, 표리부동, 사악함, 폭력 등을 사주하는 무신론자의 프린스라는 오명이 널리 퍼지게 되었다.

1602년 영국의 설교자 존 스톡우드는 『폴스 크로스에서 행한 설교』를 발간하면서 이런 말을 했다. "나는 불순한 무신론자 마키아벨리의 아주 사악한 주장에 경악했다. 이 후안무치한 자는 아주 불경스럽게도 군주는 선량함과 진정한 종교를 필요로 하지 않는다고 말했다……무례하고 저속한 이 피렌체의 서기장은 이런 유해하고 지저분한 얘기를 부끄러운 줄도 모르고 지껄여대면서 군주들에게 종교나 선량함 따위는 무시해 버리라고 가르쳤다. 하지만 이 지저분한 짐승의 책이 다른 나라들의 궁정에서는 유일한 궁정 책자가 되어 궁정 신하들의 코란 혹은 신이 되었다. 그리하여 그들은 이 악마 같은 가르침을 매일 실천하면서 신을 모르는 자처럼 행동하고 있다."

크리스토퍼 말로의 희곡 『몰타의 유대 인』은 프롤로그에서 "세상은 악명 높은 마키아벨리가 죽어버린 것으로 알고 있지만 그의 영혼은 알프스 너머로 날아갔다가 이제 프랑스를 떠나 영국으로 왔네."라고 말한다. 또 셰익스피어의 『헨리 6세 1부』도 "저 악명 높은 마키아벨리"를 언급하고 『헨리 6세 3부』에서 글로스터는 이런 말도 한다. "나는 카멜레온에게 색깔을 보태줄 수 있어. 필요하다면 프로테우스처럼 모습을 바꿀 수 있지. 나의 이런 변화무쌍함은 저 흉악한 마키아벨리가 발꿈치도 쫓아오지 못하는 것이지."

프러시아의 프리드리히 2세는 스피노자가 종교의 바탕을 약화시킨

자라면 마키아벨리는 건전한 도덕의 바탕을 파괴하여 정치를 부패시킨 자라고 맹렬하게 비난했다. 프랑스 혁명 중 공포 정치의 지도자였던 로베스피에르는 "프랑스 혁명의 계획은 마키아벨리의 책에 다 들어 있다"라고 말했는데, 이 때문에 폭력 정치, 현실 정치, 전체주의 등이 곧 마키아벨리의 정치라고 이해되어 그의 오명이 더욱 널리 퍼지게 되었다. 20세기에 들어와 에른스트 카시러는 『국가와 신화』에서 국가우선주의를 강조하는 마키아벨리의 정치사상은 결국 국가사회주의(나치의 파시즘)와 연결될 수밖에 없다는 부정적인 평가를 내렸다. 안토니오 그람시는 마키아벨리가 마르크스 탄생 이전의 인물로서는 가장 레닌에 가까이 다가간 인물이라고 평가했다. 또한 한나 아렌트는 『혁명론』에서 마키아벨리가 로베스피에르에서 레닌으로 이어지는 과격한 혁명의 정신적 아버지였다고 하면서 『사론』1-58(『로마사론』 1권 58장의 약칭. 이하 『로마사론』 표기는 같은 형식)을 그 근거로 들고 있다.

자크 마리탱은 마키아벨리가 정치 분야에서 윤리와 형이상학을 따로 떼어낸 것을 가리켜 "인간의 실용적 지성에 의해 저질러진 가장 난폭한 변태"라고 비판했다. 레오 스트라우스는 "마키아벨리는 사악한 사람이라고 말하지 않을 수 없다. 이런 사악한 사상을 그 이전에도 여러 사람들이 표명했으나, 자기 이름을 내걸고 이런 충격적인 얘기를 거침없이 말한 사람은 그가 처음이다."라고 말했다. 현대에 들어와 무솔리니는 『군주론』을 "정치가의 최고 안내서"라고 치켜세웠고, 히틀러는 침대 맡에 이 책을 한 부 두고 있었다. 또 나폴레옹이 워털루에 내버린 마차 안에서 이 책이 한 부 발견되기도 했다. 브로드웨이 뮤지컬 「캐멀롯(Camelot)」에 나오는 노래 〈7대 죄악〉은 전통적 도덕에 반대하는 마키아벨리의 태도를 서술하고 있다.

그러면 이어서 마키아벨리를 좋게 보아온 역사를 살펴보자.

영국의 출판업자 존 울프는 1684년에『군주론』과『사론』을 펴내면서 이렇게 말했다. "이 두 작품을 읽을 때마다 점점 더 호감을 느끼게 된다. 매번 읽을 때마다 이 책에서 새로운 교리, 날카로운 재치, 역사에서 효용을 얻어내는 새로운 방법을 배우게 된다. 간단히 말해서 나는 평생 동안 역사서를 읽어온 경험보다는 이 두 책을 하루 동안 읽음으로써 세상의 행정부에 대하여 더 많은 것을 알게 되었다. 군주와 참주의 차이, 좋은 정부와 나쁜 정부의 차이, 잘 조련된 공화국과, 무질서하고 방종한 중우정치(衆愚政治)의 차이를 일목요연하게 파악했다." 17세기에 이 두 책을 영역한 에드워드 대크리스는 마키아벨리의 중의적(重義的) 의도를 지적하면서『군주론』을 이렇게 옹호했다. "이 책은 그 안에 독과 악의를 품고 있다. 그러나 현명한 독자라면 이 책의 조언을 실제 생활의 행동 속에서 잘 활용하여 득을 볼 수 있을 것이다."

이러한 해석은『군주론』을 하나의 아이러니로 읽으라는 권유인데, 헤겔은 그것을 전면적으로 거부했다. 헤겔은 마키아벨리 당시의 분열된 이탈리아와, 헤겔 당시의 아직 통일되지 못한 독일을 비교하면서 이렇게 말했다. "이탈리아는 하나의 국가로 통일되어야 마땅했다. 마키아벨리의 저작은 바로 이런 전제에서 출발한다. 이러한 요구 사항, 이러한 원칙에 입각하여 그는 조국 이탈리아의 비참하게 분열된 상태를 적극적으로 반대했다." 이처럼 마키아벨리가 국가 통일이라는 뚜렷한 목적을 갖고 있다고 보았기 때문에, 헤겔은『군주론』을 아이러니와 미묘한 조롱을 담은 텍스트로 보기를 거부하고 조국 통일을 원하는 애국자의 아주 진지한 책이라고 평가했다. 또한 17세기의 호민관 정치 시대의 영국 독자들은 올리버 크롬웰 정권을 정당화하기 위하여 마키아벨리에게 시선을 돌렸고 그들의 공화제 사상을 좀 더 정교하게 가다듬기 위하여 『사론』에서 많은 아이디어를 얻어왔다.

마키아벨리의 저작을 옹호하는 두 가지 담론은 결의론(casuistry)과 국가이성(國家理性, reason of state)이라는 것이다. 앞의 것은 개인의 차원에서 적용되고, 뒤의 것은 집단(국가)의 차원에서 적용된다. 가령 사막에서 도를 닦는 수도자가 불같은 성욕을 이기지 못하고 창가(娼家)를 찾아갔을 때, 그것을 종교적으로 어떻게 수용할 것인가 하는 것이 결의론인데, 이를 마키아벨리에게 적용한다면 군주 개인이 저지르는 악덕을 권력의 유지라는 명분으로 답변하는 것이다. 국가이성은 국가를 창건하고, 존속하고, 확장하는 데 적절한 모든 수단에 대한 지식을 말한다. 독일의 역사학자 프리드리히 마이네케는 제1차 세계대전 이후에 이 국가이성의 관점에서 입각하여 마키아벨리를 설명했다. 그러나 마이네케는 마키아벨리의 국가이성이라는 칼이 서양 정체(政體: 즉 도덕적 바탕의 정부)의 옆구리를 찔렀다, 라고 말하기도 했다. 철학자 스피노자는 『군주론』 제15장의 영향을 받아서 마키아벨리의 현실적인 정치학을 옹호했다. 마키아벨리가 "자유를 옹호하는 사람"이었으며 『군주론』은 내면적으로 공화주의를 옹호하고 있다는 얘기도 했다. 몽테스키외는 『법의 정신』에서 인간 사에는 열정과 이해관계가 중심이 된다는 마키아벨리의 비전과, 고전적 의미의 미덕과 선량함에 대한 마키아벨리의 회의적 태도를 긍정적으로 평가했다.

장 자크 루소는 "마키아벨리는 예의 바른 사람이었고 훌륭한 시민이었으나, 메디치 궁정에 출사했기 때문에 국가의 압박하는 상황 아래에서 자유에 대한 사랑을 감출 수밖에 없었다. 혐오스러운 영웅인 체사레 보르자를 선택했다는 것은 그의 숨겨진 목적을 잘 보여준다. 『군주론』

의 가르침과, 『사론』과 『피렌체의 역사』의 가르침 사이에 놓여 있는 모순은, 이 심오한 정치 사상가에 대한 연구가 피상적이거나 부패한 독자들에 의해 연구돼 왔음을 보여준다.”고 하여 마키아벨리를 우호적으로 보았다. 야콥 부르크하르트는 『이탈리아의 르네상스 문명』에서 르네상스 당시의 사람들 특히, 마키아벨리는 국가를 하나의 예술 작품으로 보았다고 말했다. 『사론』에서는 “원료”라는 말이 많이 나오는데, 이는 국가의 구성원을 가리키는 말로서, 국가 지도자는 이 원료의 상태를 신선하게 유지하느냐 혹은 부패하게 내버려두느냐에 따라 항아리(국가 혹은 공화국)를 잘 빚어낼지 여부가 결정된다고 암시하고 있다. 이사야 벌린은 논문 「마키아벨리의 독창성」에서 마키아벨리는 기독교의 도덕과 로마 다신교의 도덕이라는 두 상충하는 도덕을 종합하려는 독창적 사상가라고 말했다. 『마키아벨리언 모멘트』의 저자 존 G. A. 포콕은 마키아벨리 사상이 미국 공화제의 수립에 결정적 기여를 했다고 주장했고 또 다른 미국 정치학자 필립 보비트는 악의 교사 운운은 엉뚱한 오해에서 비롯된 것이라고 말하면서, 마키아벨리는 철저한 공화제 신봉자였으며 『군주론』은 공화제로 가기 위한 과도기의 저서였다는 것이다.

이 번역본에 대하여

시중에는 이미 『사론』의 번역본이 두 종이나 나와 있다. 하나는 동서문화사에서 간행된 것으로 『정략론』이라는 제목을 달고 있고, 나머지 하나는 한길사에서 나온 것으로 『로마사 논고』라는 제목이다. 이처럼 두 권의 번역본이 있는데 또 다른 번역본이 필요할까 의문을 가질지도 모르는 독자들을 위해서 여기서 이 번역본에 대하여 간단히 언급해 볼까 한다.

옮긴이가 『사론』을 처음 읽은 것은 대학교에 다닐 때, ‘횃불표 모던 라이브러리 영역본'을 통해서였다. 당시 이 책은『군주론』과『사론』이 합본되었기 때문에 청계천 헌책방에서 구입하여 더욱 책값을 아낄 수가 있었고 지금도 옮긴이는 1940년에 나온 나보다 나이 많은 이 하드커버 책을 간직하고 있다. 당시 부피가 작은『군주론』을 먼저 읽고 이어서 마키아벨리의 사상을 더 잘 알고 싶어서『사론』을 읽었는데 그 유려한 문장 덕분에 별 어려움 없이 통독했으며 당연히 마키아벨리의 글이 이처럼 읽기 쉬운 줄로만 알았다.

그러나 가장 최근에 나온 '옥스퍼드 대학 판 영역본'(2008, 초판 발행은 1997)『사론』을 다시 읽으면서 당황하지 않을 수 없었다. 우선 잘 읽히지 않는 부분이 자주 나왔다. 왜 이럴까 궁금하여 두 영역본을 비교해 보니 '횃불표'는 독자의 쉬운 이해를 위하여 일관되게 의역을 했고, '옥스퍼드 판'은 이탈리아계 미국인인 역자[피터 본다넬라(Peter Bondanella)]가 가능한 한 이탈리아 어 원문을 그대로 직역한 때문이었다. 사정이 이렇다 보니 '횃불표 영역본'만으로는 해명이 되지 않는 직역 부분들이 나왔다. 그래서 옮긴이는 펭귄 출판사, 도버 출판사, 시카고 대학 출판부에서 나온 3종의 영역본을 더 확보하여 다섯 권을 상호 비교해 보았다. 그랬더니 본다넬라의 번역본 중 잘 읽히지 않는 부분의 영역은 5종의 해석이 저마다 다르다는 것을 발견했다. 당연히 그 생소한 부분에 대해서는 국내의 2종 번역서도 참고했다.

바로 여기서 옮긴이는 제3 번역서의 필요성을 절감하게 되었다. 사실 영어권에서도 2~3종의 번역서로는 원저자의 풍부한 함의를 모두 감당할 수 없기에 무려 6종(위에서 말한 5종 이외에 듀크 대학 출판부의 영역본이 있음)의 번역본이 나와 있는 것이다. 그러므로 국내 독자에게도 선택의 폭을 넓혀서 마키아벨리의 원뜻에 더욱 가까이 다가가게 하는 것이 좋겠다는 생각이 들었다. 이 번역의 대본은 피터 본다넬라가 이탈리아 어에서 직역한 상당히 경직된 영어 번역본을 선택했다. 옮긴이는 번역 과정에서 위에 언급한 5종의 영역서를 모두 참고하였다. 이런 기존에 나온 번역서들 덕분에 마치 거인의 등에 올라탄 소년처럼 더 멀리, 더 분명하게 내다볼 수 있었다는 점을 밝힌다. 나는 번역을 하면서 일곱 번역자들의 지혜를 종합하려고 최선의 노력을 다했으나, 얼마나 번역이 진일보했는지에 대해서는 독자들의 판단에 맡긴다.

마키아벨리는 『사론』을 써 나갈 때 머릿속에 떠오르는 생각들을 급히 적어 내려간 듯한 인상을 준다. 그리고 나중에 이것을 최종적으로 손보지도 못한 것 같다. 그래서 내용이 중복되는 부분도 있고 대명사의 지칭 대상이 불분명한 부분도 있다. 또 나중에 되돌아와 원고를 다듬을 생각을 했기에 일부 비워놓은 곳도 있고 또 기억에 의존하여 일단 먼저 써두었다가 나중에 교정하지 않아 사실 관계가 상위한 점도 있다. 이런 부분들에 대해서는 번역문 중에 옮긴이 주(註)를 달았다. 비록 원서는 아니지만 본다넬라의 영역본을 정독한 옮긴이의 소감으로는 마키아벨리의 문장은 길고 복잡하며 함축이 많다는 것이다. 또 마키아벨리가 리비우스 역사서를 옆에 두고서 이 책을 썼기 때문에 라틴 어 식의 고도로 축약된 글쓰기를 추구한다. 게다가 독자들의 상당한 고전 지식을 전제하여 관련 사항을 간결하게 언급하고만 지나가기 때문에, 마키아벨리 시대로부터 5백 년, 리비우스의 시대로부터 2천 년을 떨어져 있는 독자는 그 뜻을 금방 파악하기가 어렵다. 거기다가 마키아벨리는 때때로 중의적인 표현을 하고 있어서, 이 뜻인지 저 뜻인지 혹은 그 둘 다인지 알 수가 없는 경우가 있다.

따라서 원문만 충실하게 번역하는 것만으로는 부족하고 마키아벨리의 시대적 상황과 저작의 배경 그리고 마키아벨리를 해석해 온 역사 또 관련 용어와 인명의 풀이가 들어간 책이 독자들에게 유용하겠다는 판단을 하게 되었다. 이 책의 뒤에 붙어 있는 〈용어·인명 풀이〉와 〈작품 해설〉은 이런 목적 아래 작성되었다. 특히 〈용어·인명 풀이〉에 등장하는 고대 로마의 인명 항목에 대해서는 리비우스의 『로마사』(펭귄북스, 전 4권)를 참고하여 해당 인물의 사적을 충실히 소개하려고 노력했다. 또한 독자의 가독성을 높이기 위해 각 장의 내용 중에 소제목을 넣었다. 이 소제목은 옮긴이가 임의로 붙인 것으로 마키아벨리의 원문에는 들어 있지 않는 것이다.

마키아벨리는 이미 사상계의 고전이 되었고, 그에 대한 해석이 수다하게 나와 있으므로(영국 정치 사상가 이사야 벌린에 의하면 스무 가지 이상의 해석이 있다) 이 사상가를 처음 대하는 독자는 혼란을 느낄 것이다. 그러나 해석의 치맛단은 시대에 따라 올라가기도 하고 내려가기도 하지만 텍스트는 언제나 변하지 않고 거기 그대로 있다. 따라서 다른 이들의 해석을 참고하는 것도 중요하지만 그보다 더 중요한 것은 텍스트의 정확한 이해이다. 독서의 가장 중요한 목적은 독자 자신이 텍스트를 읽어서 그 나름의 독창적 생각을 정립하는 것이기 때문이다. 이 번역본은 그런 목적에 봉사하기 위해 시도되었으며, 그런 의도가 독자들 사이에서 평가될 수 있기를 기대한다. 마지막으로 고전은 한 세대가 지날 때마다 새로운 번역으로 거듭나야 한다는 소신을 실천하는 출판사 연암서가에 경의를 표시하는 바이다.

2016년 6월
이종인

차례

제2권

제3권

제1권

니콜로 마키아벨리가
자노비 부온델몬티와 코시모 루첼라이에게
인사를 보낸다

나는 자네들에게 선물을 하나 보내네. 이게 자네들이 내게 베풀어준 은혜에 대한 보답이 되겠는지 알지 못하지만 니콜로 마키아벨리가 자네들에게 보낼 수 있는 최선의 선물이라고 생각하네. 이 원고 안에는 오랜 경험과 지속적인 연구를 통하여 내가 배우거나 알게 된 세상사에 대한 지식이 오롯이 들어 있다네. 자네들이나 그 밖의 어떤 사람도 내게서 이것 이상의 것을 바랄 수 없는 노릇이므로, 자네들은 내가 더 많은 것을 주지 않는다고 불평해서는 안 되네.

혹시 나의 이야기가 황당하여 그 빈약한 재치로 자네들을 불쾌하게 할 수도 있고, 내 주장이 종종 틀리는 때가 있어서 나의 미흡한 판단력도 자네들의 심기를 건드릴지 모르겠네. 사정이 이러하다 보니 자네들과 나 중에서 누가 누구에게 덜 고마움을 느껴야 될지는 모르겠네. 나 혼자 생각으로는 이런 것을 결코 쓰지 않았을 나에게 한번 이런 것을 써보라고 권유한 자네들에게 내가 덜 고마워해야 하는지, 아니면 신통치 못한 글로 내가 자네들을 만족시키지 못하니까 자네들이 내게 덜 고마워해야 하는지 말일세. 그러니 친구의 선물을 받아들이는 심정으로 이 원고를 접수해 주기 바라네. 우리는 친구가 선물을 보내오면 그 선물의 품질보다는 그것을 보낸 성의를 더 크게 쳐주지 않나.

그러나 이 모든 일에서 나를 위로해 주는 한 가지 사항이 있다네. 나는 많은 세부사항에서 오류를 저질렀을지 모르나, 이 한 가지 문제에 있어서만은 오류를 저지르지 않았다고 생각하네. 그건 이『사론』을 헌정하는 대상으로 그 누구보다도 자네들을 골랐다는 것일세. 이렇게 함으로써 그동안 자네들로부터 받은 호의에 대하여 일부라도 감사를 표시할 수 있게 되었고, 또 저서를 군주들에게 헌정하는 저술가들의 일반적인 관습으로부터 멀리 벗어나게 되었네. 사실 일부 저술가들은 야망과 탐욕에 눈이 멀어 그 군주의 사악한 성품을 크게 비난해야 마땅한 자리에서 그의 미덕을 칭송하느라고 바쁜 사람들이지. 이런 오류에 빠지지 않기 위하여 나는 군주인 사람보다는 그 무수한 좋은 성품으로 인하여 군주가 되어야 마땅한 사람들에게 이 원고를 헌정하기로 했다네. 지위, 부, 명예를 안겨주는 그런 자리에 앉아 있기만 한 사람이 아니라 능력만 된다면 충분히 그런 것들을 내게 안겨줄 수 있는 사람들 말일세.

우리는 정확한 판단을 내리고자 한다면 관대한 모양새를 취하는 사람이 아니라 실제로 관대한 사람을 더 평가해야 하고, 마찬가지 이유로, 우리는 통치의 방법은 전혀 모르는 채 왕위에 오른 사람보다는 실제로 왕국을 다스릴 줄 아는 사람을 더 평가해야 한다고 생각하네. 그래서 저술가들은 야인이었을 당시의 시라쿠사의 히에론(Hieron)을 왕위에 오른 마케도니아의 페르세우스보다 더 칭송한다네. 히에론은 모든 것을 갖추었지만 군주 노릇을 시켜줄 왕국이 없을 뿐이었으나, 페르세우스는 왕좌에 앉아 있기만 할 뿐 왕자의 자질은 전혀 없는 사람이었다네.

그러니, 자네들이 써보라고 고집한 이 좋은 것 혹은 나쁜 것을 마음껏 즐기기 바라네. 혹시라도 자네들이 내 신념을 적은 이 원고를 읽는 게 즐겁다는 엉뚱한 의견을 계속 갖고 있다면, 나는 **리비우스 역사서**(→『로마사』)의 나머지 부분에 대해서도 후속편 쓰는 것을 잊지 않겠네. 내가 처음에 자네들에게 약속한 것처럼 말일세. 안녕.

자필 수고본(手稿本)의 서문

인간 본연의 질투하는 심성 때문에 새로운 방법이나 제도를 발견하는 것은 미지의 땅이나 바다를 탐험하는 것만큼 위험한 일이다. 인간은 남들의 행위를 칭찬하기보다는 비난하기를 더 잘하기 때문이다. 하지만 모든 사람에게 공통되는 혜택을 어서 가져다주고 싶다는 자연스러운 욕망에 사로잡혀 나는 전인미답의 길을 가기로 결심했다. 이 작업은 내게 고난과 번민을 가져다주겠지만, 내 작업의 목적을 좋게 보아주는 사람들의 평가라는 보상도 가져다줄 것이다. 나의 허약한 지성, 현대사에 대한 나의 얄팍한 경험, 고대사에 대한 나의 불충분한 지식 등으로 인해 나의 이 작업은 결함투성이에다 쓸모가 별로 없는 것이 될지도 모른다. 그러나 내 뒤에 오는 더 능력 있고 더 웅변적이고 더 판단력이 심오한 사람을 위해 앞길을 개척해 놓은 정도는 되리라 생각한다. 만약 그렇게 된다면 이 작업이 내게 칭송은 가져다주지 못하겠지만 비난을 안겨주지는 않으리라 본다.

오늘날 많은 사람이 고대의 유물을 크게 숭상하고 있다. 가령 사람들은(무수한 다른 사례들도 있겠지만) 고대 조각상의 파편을 고가로 사들여서, 그것을 신변 가까운 곳에다 두기도 하고, 그것으로 그의 집을 꾸미기도 하고, 조각품을 좋아하는 사람들에 의해 모작을 만들게 하기도 하고, 또 모작을 의뢰받은 예술가들은 아주 정성들여 그 조각품의 모상을 재현하려고 애쓴다. 반면에 역사서가 가르쳐주는 고대 왕국과 공화국들의 가장 덕성스러운 사업들, 가령 왕들, 장군들, 시민들, 입법가들, 기타 인사들이 그들의 고국을 위해 애쓴 훌륭한 사업들은 조각품처럼 모방되는 것이 아니라 그저 멀리서 존경될 뿐이다(실제로는 그런 덕성스러운 사업들을 철저하게 회피하여 고대 정신 문화의 희미한 흔적도 남아 있지 않게 되었다). 나는 이런 대조되는 상황들을 살펴보면서 놀라는 한편 슬픈 심정이 된다.

또한 시민들 사이에서 벌어지는 민사 소송이라든지, 사람들이 앓게 되는 질병이라든지 하는 분야에서 고대인들의 판단이나 처방을 언제나 참고하는 것을 보면서도 나는 더욱 놀라우면서도 비감한 심정이 된다. 사실 오늘날의 민법이라는 것은 고대의 법률가들이 내린 판단들을 하나의 법체계로 조직해 놓은 것으로서, 우리 시대의 법률가들에게 현명한 재판을 내리는 방법을 가르치고 있다. 오늘날의 의학이라는 것도 고대의 의사들이 수행한 실험들의 집대성으로서, 오늘날의 의사들은 그것에 의존하여 처방을 내리고 있다.

그러나 공화국을 조직하고, 국가를 유지하고, 왕국을 다스리고, 민병대를 조직하여 전쟁을 수행하고, 인민들에 대하여 법적 결정을 내리고, 제국을 확장하는 것 등에 있어서, 고대인의 사례를 참조하는 오늘날의 군주, 공화국, 군사 지도자는 찾아볼 수가 없다.

오늘날의 종교가 세상을 이처럼 허약한 상태로 빠트린 것이나, 많은 기독교 지방이나 도시들에게 의도적인 세속 혐오증이 입힌 피해들이 그런 고대 정신 문화를 기피하는 한 원인이 될 수 있을 것이다. 그러나 나는 그보다는 역사에 대한 진정한 이해의 부족이 더 큰 원인이라고 본다. 그리하여 우리는 역사서들을 읽을 때 진정한 역사 인식을 이끌어내지 못하며, 그 책들이 본질적으로 간직한 고유의 풍미를 맛보지 못한다.

그 결과 역사서를 읽는 무수한 사람들이 그 안에 들어 있는 다양한 사건들에 대한 이야기를 듣는 것은 좋아하지만, 그러한 좋은 사례를 모방할 생각은 하지 못한다. 현대인들은 그런 모방이 어려울 뿐만 아니라 불가능하다고 생각한다. 마치 하늘, 태양, 원소, 인간 등의 움직임, 질서, 힘 등이 고대의 그것들과는 완전히 달라진 것처럼 생각하는 것이다.

현대인들을 이런 오류로부터 구제하고 싶어서 나는 시간의 낫에 의해 파괴되지 않은 리비우스의 역사서 전(全) 권(卷)에 대하여 글을 쓰는 것이 필요하다고 생각하게 되었다. 그래서 고대사와 현대사에 대하여 내가 알고 있는 것을 바탕으로 하여 리비우스의 역사책들을 더 잘 이해하게 만들어주는 논평을 써보게 되었다. 그러면 나의 논평을 읽은 사람들이 그 논평으로부터 리비우스 역사서에 친숙한 사람들이 갖고 있는 실용적인 지식을 손쉽게 얻을 수 있을 것이다. 나의 이 작업은 어려운 것이었지만 이 책을 써보라고 나를 격려해 준 친구들의 도움을 받아 이렇게 써내게 되었다. 나의 작업이 역사 연구의 앞길을 크게 단축시켜서 후대의 학자가 그 최종 목표로 나아가는 길이 얼마 남지 않았기를 바라는 마음이 간절하다.

1531년 로마 판본의 서문

많은 사람이 고대의 유물을 크게 숭상하고 있다. 가령 사람들은(무수한 다른 사례들도 있겠지만) 고대 조각상의 파편을 고가로 사들여서, 그것을 신변 가까운 곳에다 두기도 하고, 그것으로 그의 집을 꾸미기도 하고, 조각품을 좋아하는 사람들에 의해 모작을 만들게 하기도 하고, 또 모작을 의뢰받은 예술가들은 아주 정성들여 그 조각품의 모상을 재현하려고 애쓴다. 반면에 역사서가 가르쳐주는 고대 왕국과 공화국들의 가장 덕성스러운 사업들, 가령 왕들, 장군들, 시민들, 입법가들, 기타 인사들이 그들의 고국을 위해 애쓴 훌륭한 사업들은 조각품처럼 모방되는 것이 아니라 그저 멀리서 존경될 뿐이다(실제로는 그런 덕성스러운 사업들을 철저하게 회피하여 고대 정신 문화의 희미한 흔적도 남아 있지 않게 되었다). 나는 이런 대조되는 상황들을 살펴보면서 놀라는 한편 슬픈 심정이 된다.

또한 시민들 사이에서 벌어지는 민사 소송이라든지, 사람들이 앓게 되는 질병이라든지 하는 분야에서 고대인들의 판단이나 처방을 언제나 참고하는 것을 보면서도 나는 더욱 놀라우면서도 비감한 심정이 된다. 사실 오늘날의 민법이라는 것은 고대의 법률가들이 내린 판단들을 하나의 법체계로 조직해 놓은 것으로서, 우리 시대의 법률가들에게 현명한 재판을 내리는 방법을 가르치고 있다. 오늘날의 의학이라는 것도 고대의 의사들이 수행한 실험들의 집대성으로서, 오늘날의 의사들은 그에 의존하여 처방을 내리고 있다.

그러나 공화국을 조직하고, 국가를 유지하고, 왕국을 다스리고, 민병대를 조직하여 전쟁을 수행하고, 인민들에 대하여 법적 결정을 내리고, 제국을 확장하는 것 등에 있어서, 고대인의 사례를 참조하는 오늘날의 군주, 공화국, 군사 지도자는 찾아볼 수가 없다.

오늘날의 교육이 세상을 이처럼 허약한 상태로 빠트린 것이나, 많은 기독교 지방이나 도시 들에게 의도적인 세속 혐오증이 입힌 피해들이 그런 고대 정신 문화를 기피하는 한 원인도 될 수 있을 것이다. 그러나 나는 그보다는 역사에 대한 진정한 이해의 부족이 더 큰 원인이라고 본다. 그리하여 우리는 역사서들을 읽을 때 진정한 역사 인식을 이끌어내지 못하며, 그 책들이 본질적으로 간직한 고유의 풍미를 맛보지 못한다.

그 결과 역사서를 읽는 무수한 사람들이 그 안에 들어 있는 다양한 사건들에 대한 이야기를 듣는 것은 좋아하지만, 그러한 좋은 사례를 모방할 생각은 하지 못한다. 현대인들은 그런 모방이 어려울 뿐만 아니라 불가능하다고 생각한다. 마치 하늘, 태양, 원소, 인간 등의 움직임, 질서, 힘 등이 고대의 그것들과는 완전히 달라진 것처럼 생각하는 것이다.

현대인들을 이런 오류로부터 구제하고 싶어서 나는 시간의 낫에 의해 파괴되지 않은 리비우스의 역사서 전(全) 권(卷)에 대하여 글을 쓰는 것이 필요하다고 생각하게 되었다. 그래서 고대사와 현대사에 대하여 내가 알고 있는 것을 바탕으로 하여 리비우스의 역사책들을 더 잘 이해하게 만들어주는 것을 써보게 되었다. 그러면 나의 이 논평들을 읽은 사람들이 그 논평들로부터 리비우스 역사서에 친숙한 사람들이 갖고 있는 실용적인 지식을 손쉽게 얻을 수 있을 것이다. 나의 이 작업은 어려운 것이었지만 이 책을 써보라고 나를 격려해 준 친구들의 도움을 받아 이렇게 써내게 되었다. 나의 작업이 역사 연구의 앞길을 크게 단축시켜서 후대의 학자가 그 최종 목표로 나아가는 길이 얼마 남지 않았기를 바라는 마음이 간절하다.*

*두 서문의 차이는 첫 문단 하나가 통째로 생략되었고 다섯 번째 문단(「1531년 로마 판본의 서문」은 네 번째 문단)의 "종교"가 "교육"으로 대치된 것만 다르다. 첫 문단의 "새로운 방법이나 제도"는 곧 공화국 운영에 관련된 방법과 제도인데 1531년 당시는 이미 피렌체에 메디치가(家)의 군주제 체제가 확립되었고, 또 당시 세상의 타락을 종교의 부패와 세속 혐오증 탓으로 돌리는 데에 부담을 느꼈을 것이다. 이것은 당시의 메디치 권력과 교회의 압력을 느끼게 해주는 대목이다.(옮긴이)

제1장

도시들의 시작과
로마 시의 창건

도시가 세워지는 두 가지 방식

로마 시의 시작, 그 도시의 입법가들, 그 도시의 조직 방식 등에 대하여 글을 읽은 사람들은 다음의 사실을 알고서도 별로 놀라지 않을 것이다. 즉, 그 도시는 여러 세기에 걸쳐서 아주 탁월한 능력을 축적해 왔고 그 결과로 이 공화국은 놀라운 임페리움(imperium, 명령)의 권한을 획득하게 되었던 것이다. 먼저 이 도시의 탄생에 대해서 말하기 전에 나는 모든 도시가 두 가지 방식 중 어느 하나에 의해서 창건된다는 것을 말하고 싶다. 하나는 도시가 지어지는 지방에 사는 원주민들에 의해 건설되는 경우이고, 다른 하나는 해외에서 건너온 외국인들이 도시를 짓는 경우이다. 원주민들은 당초 다수의 소집단으로 흩어져 살기 때문에 그들의 생활이 안전한 상태가 아니라는 것을 인식하게 된다. 그들의 지리적 위치와 소규모 인원 때문에 외적이 침입해 오면 그들 자신을 방어할 수 없다고 보는 것이다. 그리하여 방어를 위해 뭉치게 되는데 그들은 시간상으로 미리 준비를 하지 못했거나 설사 대비를 했다고 하더라도 그들의 많은 방어 진지를 포기하게 되고 이렇게 하여 그들의 적수에게 만만한 희생물이 되어버린다. 따라서 이런 위험들을 피하기 위해 그들 자신의 발의로 혹은 그들 중의 권위 있는 지도자의 발의로 그 소집단들은 서로 더욱 단단하게 뭉쳐서 살기도 좋고 방어하기도 쉬운 이점을 감안하여 선택한 어떤 장소에 정착하게 된다.

이렇게 하여 건설된 많은 도시들 중에 아테네와 베네치아가 특히 이런 유형에 해당한다. 아테네는 테세우스의 권위 아래 여러 흩어져 있던 주민들이 뭉쳐서 건설한 도시이다. 베네치아는 아드리아 해 끝에 있는 작은 섬들에 많은 사람들이 피난 와서 조성한 도시이다. 그들은 로마제국의 쇠망 이후에 새롭게 등장한 야만인들[바바리언(barbarian)들]의 도착으로 인해 이탈리아에서 날마다 벌어지는 전쟁을 피하여 그곳에 모여들었다. 그들은 처음에는 명령을 내리는 특정한 지도자 없이 생활하면서 그들의 연명(延命)에 도움이 된다고 생각되는 법률을 지켜 가며 생활했다. 그들은 이러한 도시 생활에 성공했고 또 도시의 지리적 이점 덕분에 장기간의 평화를 누렸다. 바다에는 항구가 없었고 이탈리아를 괴롭히던 게르만 민족들은 배가 없었으므로 바다를 건너와 그들을 괴롭힐 수가 없었다. 그 결과 아주 한미한 상태로 시작한 이 도시는 오늘날 그들이 누리고 있는 저 엄청난 위대함을 획득할 수 있었다.

도시가 건설되는 두 번째 상황은 외국인들이 건너와서 짓는 것인데 그들은 자유민일 수도 있고 공화국이나 군주가 파견한 사람들일 수도 있다. 후자일 경우, 자국의 인구 부담을 줄이기 위한 식민지 건설 사업일 수도 있고 아니면 새롭게 획득한 땅을 안전하면서도 큰 비용 들이지 않고 유지하려는 것일 수도 있다(로마 인들은 제국 내에 이런 도시들을 많이 건설했다). 혹은 군주가 주거 목적이 아니라, 그 자신의 영광을 드높이기 위해 도시를 지을 수도 있는데 알렉산드로스가 지은 알렉산드리아 시가 그런 경우이다. 하지만 이런 도시들은 자유민들이 지은 것이 아니기 때문에, 비약적으로 발전하여 커다란 왕국의 규모를 자랑하는 도시국가가 되는 법은 거의 없다. 피렌체 시의 경우가 여기에 해당한다. 피렌체는 로마제국 시절에 건설되었으며 처음서부터 그 도시의 건설을 승인한 군주의 관대한 처분이 없으면 성장을 할 수가 없었다. 이 도시가 술라(Sulla)의 병사들에 의해 지어졌는지, 혹은 옥타비우스(Octavius: 옥타비아누스) 치세 시의 장기적인 평화를 믿고서 피에솔레(Fiesole) 산간 지방의 주민들이 아르노 강 주변의 들판에 내려와 살면서 도시를 건설하게 되었는지 여부는 논외로 한다.

어떤 민족이 군주의 지시에 의해, 혹은 그들 자신의 의지를 발동하여 질병, 기근, 전쟁 등의 사유를 피하여 그들의 본거지를 떠나 새로운 거주지를 찾아 나섰을 때, 도시를 건설한 사람들은 자유인이다. 이 민족은 그들이 차지한 지방을 그들의 도시로 삼았는데 모세의 경우가 그러하고, 또는 아예 새로운 도시를 지었는데 아이네아스(Aeneas)의 경우가 그것이다. 이 경우, 우리는 도시 건설자의 능력과 그의 도시 건설에 따르는 운명을 알아볼 수 있다. 이것(운명)은 도시 건설자의 능력이 더 뛰어난지, 혹은 덜 뛰어난지에 비례하여 드러나게 된다. 그의 능력은 두 가지 방식으로 알아볼 수 있다. 첫째는 그가 도시의 장소를 선택하는 방법이고, 둘째는 그가 법률(제도)을 조직하는 방식이다. 게다가 사람들은 상황적 필요나 이성적 선택에 의해서 행동을 하고 또 선택이 그리 큰 힘을 발휘하지 못하는 곳(운명)에서는 능력이 더 크게 작용한다. 따라서 도시의 입지로 척박한 지역을 선택하는 것이 더 좋지 않을까 하고 생각하게 된다. 왜냐하면 이 경우에 사람들은 필요에 의해 더 근면해져야 하고 따라서 게으름을 피울 여력이 없고 그 결과 그들 사이에서 의견 불일치가 일어날 가능성이 없어지기 때문이다. 라구사(Ragusa)가 이 경우이며 많은 다른 도시들이 그와 유사한 장소에 건설되었다.

만약 사람들이 그들이 가진 한정된 자원에 만족하여 다른 지방을 차지할 것을 고집하지 않는다면 이러한 입지의 선택은 더 현명하고 또 더 유익하다. 그렇지만 사람들은 물산(物産)에 의한 국력이 없으면 안전하게 살 수가 없으므로, 이런 척박한 땅을 피하여 비옥한 땅에 자리 잡고 싶어한다. 그곳은 물산이 풍부하여 세력을 확장할 수 있으므로, 그들은 공격해 오는 자들을 상대로 도시를 방어할 수도 있고 또 그들의 위대함에 반발하는 자들을 제압할 수도 있다.

그렇다면 비옥한 땅이 도시의 거주민들에게 불러일으키는 게으름은 어떻게 할 것인가? 먼저 법률을 잘 제정하여 그 비옥한 땅이 부과하지 못하는 근면함을 강제로 부과해야 한다. 쾌적하고 비옥한 땅들은 게으른 사람들을 만들어내어 유익한 활동을 잘하지 못하게 하는데, 이런 땅들에 살면서도 현명함을 발휘하여 아주 잘 살아갔던 나라들을 모방해야 한다. 그 나라들에서는 쾌적한 자연 환경의 혜택으로 인해 한가한 일에만 종사함으로써 생겨나는 피해를 물리치기 위하여, 그 나라들은 군인이 되고자 하는 사람들에게 강한 훈련을 필수적으로 부과했다. 이러한 규제의 결과로, 그들은 자연환경이 가혹하고 척박한 나라들의 병사보다 더 훌륭한 군인이 되었다.

이렇게 한 나라들 중에는 이집트 왕국이 있었다. 이 나라는 살기가 매우 쾌적했으나, 법률에 의한 강제 부과가 너무나 엄격하여 아주 뛰어난 병사들을 만들어냈다. 만약 그들의 이름이 시간의 경과에 의해 지워지지 않았더라면 그들은 알렉산드로스 대왕이나 아직도 생생하게 기억되고 있는 다른 사람들에 비해 더 칭송을 받았을 것이다. 술탄의 왕국이나 맘루크(Mamluk, Mameluke)의 조직 나아가 오스만튀르크 제국의 술탄(the Grand Turk) 셀림 1세(Selim)에 의해 파괴되기 전의 맘루크의 민병대를 일

별해 본 사람은, 그런 조직 내에서 병사들을 엄격하게 훈련시킨 많은 사례들을 발견할 것이다. 또 자연의 혜택이 가져오는 게으름을 그들이 크게 두려워하여 아주 엄격한 법률로써 그것(게으름)을 사전에 방지했다는 것을 발견할 것이다.

따라서 어떤 비옥한 땅이 있는데 그 땅을 법률의 힘으로 일정한 경계 내에 가두어 둘 수 있다면 그 비옥한 땅을 선택하는 것이 더 신중하다. 알렉산드로스 대왕이 자신의 영광을 드높이기 위해 위대한 도시를 짓고 싶어 했을 때, 건축가 디노크라테스(Dinocrates)는 대왕을 찾아와 아토스 산 정상에다 도시를 건설할 수 있다고 제안했다. 그곳은 방어가 잘되는 장소일 뿐만 아니라, 도시의 형태를 인간의 모습으로 조성할 수 있는 곳이므로, 일단 완공되면 아주 놀랍고 진귀한 도시가 되어 대왕의 위대함을 잘 드러내게 될 것이라고 설명했다. 대왕이 도시의 주민들은 무엇을 먹고 살게 되겠는가, 하고 묻자 건축가는 아직 그것까지는 생각하지 못했다고 대답했다. 그러자 대왕이 웃음을 터트리며 그 산꼭대기를 포기하고 알렉산드리아 시를 건설했다. 주민들은 즐거운 마음으로 그곳에서 살았는데 도시가 비옥한 데다 바다와 나일 강의 편리성까지 갖추어졌기 때문이다.

만약 로마 시의 창건자를 아이네아스로 보는 사람이 있다면 그는 이 도시를 외국인에 의해 지어진 도시들 중의 하나로 생각할 것이다. 만약 **로물루스**를 로마의 첫 번째 아버지로 본다면, 그 사람은 로마 시를 원주민들에 의해 지어진 도시라고 판단할 것이다. 어느 경우가 되었든, 그 사람은 로마시가 그 누구에게도 예속되지 않은 자유민의 도시로 시작했다고 말할 것이다. 또 아래에서 검토가 되겠지만, 그 사람은 로물루스, **누마**(누마 폼필리우스), 기타 인사들이 이 도시에 많은 엄격한 법률을 부과했다는 것을 알게 될 것이다. 비옥한 땅, 근해(近海)로 인한 편리성, 빈번한 승리, 제국의 위대한 판도 등이 로마 시를 수 세기 동안 부패시키지 못한 것은, 이러한 법률들이 그 도시에 엄청난 능력을 가져다주었기 때문이다. 그 능력은 일찍이 다른 도시나 공화국들이 누려보지 못한 것이었다.

이 도시는 놀라운 업적들을 성취했고 리비우스는 그것들을 기록했다. 그 업적들은 도시의 내부 혹은 외부에서 정부가 달성한 공로이기도 하고 개인이 이룩한 공로이기도 하다. 나는 먼저 공식 민회(民會)를 통하여 도시 내에서 벌어진 일들을 논의할 것이다. 나는 그런 공적인 일들이 가장 언급할 만한 가치가 있다고 생각하며 또 그런 일에 부수된 결과들을 모두 다룰 것이다. 이 책의 1권 혹은 첫 번째 부분은 시종 이에 대한 논평으로 이루어진다.

제2장

공화정의 다양한 종류와
로마 공화정의 성격

나는 다른 국가들에 예속되어 생겨난 도시들에 대한 검토를 옆으로 젖혀놓고 싶다. 나는 외부적으로 전혀 예속되지 않고 그들의 자발적 의지로 공화국 혹은 군주국으로 시작한 도시들만 언급할 것이다. 이런 자유도시들은 그 시작이 서로 다른 것만큼 그 법률이나 제도들도 상이하다. 그 도시들 중 어떤 것은 처음서부터 혹은 창건 직후에 한 사람에 의해 일률적으로 법률이 주어지는데 가령 스파르타의 **리쿠르고스**(Lycurgus, Lycourgos)가 그러하다. 다른 도시들은 우연에 의해 서로 다른 계기로 예기치 못한 상황에서 법률이 제정되는데 로마가 그런 경우이다. 아주 신중한 입법가가 아주 잘 조직된 방식으로 법률을 부과하여 그 나라가 그 법률을 고칠 필요 없이 안전하게 법의 보호를 받으며 살아갈 수 있다면 그 공화국은 운이 좋은 것이다. 스파르타는 8백 년 이상 그 법률을 준수하면서 고치지 않았고 그래서 위험한 내분 없이 살아왔다. 그러나 신중한 창건자가 존재하지 않아서 국제(國制)를 강제로 재조직해야 하는 도시는 어느 정도까지는 불행할 수밖에 없다.

이러한 도시들 중에서, 정상적 국제로부터 가장 멀리 떨어져 있는 도시는 가장 불행하다. 가령 국가 제도가 완벽하고 진정한 목적으로 이끌어주는 올바른 노선에서 완전히 빗나가 버린 도시 말이다. 왜냐하면 이런 조건 속에 있는 도시들은 어떤 예기치 못한 사태 변화를 통하여 국제를 바로 잡기가 거의 불가능하기 때문이다. 그러나 완전한 국제는 결여되어 있지만 좋은 시작을 가지고 출발하여 더 좋게 되기 위한 조치를 취한 도시들은 예기치 못한 사태 변화를 통하여 완전해질 수 있다. 그러나 그들은 모험을 걸지 않고서는 그들 자신을 재조직할 수 없다는 것은 거의 확실하다. 왜냐하면 대부분의 시민들은 도시에 새로운 질서를 수립하는 것이 반드시 필요하다는 것을 납득하지 못하면, 그에 관련된 새로운 법률에 동의하지 않을 것이기 때문이다. 이러한 필요는 위험 없이는 생겨나지 않으므로, 그 공화국은 조직을 완전하게 정비하기도 전에 망해버리기가 쉽다. 피렌체 공화국은 이 사실을 증명한다. 이 도시는 1502년 아레초(Arezzo)에서 발생한 일로 인해 재조직되었으나, 그 후 1512년에 프라토(Prato)에서 벌어진 일로 인해, 국제가 파괴되었다.

정부의 세 가지 형태

나는 로마 시의 제도와 그 제도를 완성시킨 예기치 못한 사태들을 언급하고 싶다. 그에 앞서 공화국에 대해서 집필한 사람들의 견해를 잠깐 언급하기로 한다. 그 저자들은 정부 형태에는 군주제, 귀족제, 민주제의 세 가지 종류가 있고, 도시를 조직하는 자들은 이 세 가지 유형 중 그들에게 가장 적합한 형태를 선택해야 한다고 말한다. 그런데 또 다른 저자들과, 많은 현명한 사람들의 의견에 의하면, 그 세 가지가 여섯 가지로 분화하는데 그중 셋은 아주 나쁜 정부이고 나머지 셋은 그 자체로는 좋은 정부 쉽게 부패하여 역시 유해한 정부 형태가 되어버린다고 말한다. (→폴리비오스, 아리스토텔레스)

　좋은 정부는 위에서 말한 세 가지이다. 나쁜 정부는 이 좋은 세 가지가 타락하여 생겨나는데, 각각은 그 원래의 모습을 닮아 있으며 그래서 좋은 정부에서 나쁜 정부로 옮겨가기가 아주 수월하다. 군주제는 쉽게 참주제가 되어버리고, 귀족제는 쉽게 과두제로, 민주제는 별 어려움 없이 중우제(衆愚制)로 바뀐다. 이런 이유로 공화국의 창건자가 도시 내에 이런 정부 형태 중 어느 하나를 조직하면 그는 잠시 동안만 그 조직을 유지한다. 그리고 그 어떤 처방을 해도 그 조직이 정반대 방향으로 부패하는 것을 막아내지 못한다. 그 둘 사이에 존재하는 유사성 때문에 그러한데, 이 경우는 곧 미덕과 악덕 사이의 유사성이기도 하다.(마키아벨리는 『사론 2』「서문」에서 선과 악이 뒤섞여 있는 세상은 언제나 그대로라고 말하는데 이 유사성은 곧 선과 악의 혼재되어 있는 상황의 암시이다.-옮긴이)

이러한 정부 형태의 다양성은 사람들 사이에서 우연에 의해 생겨났다. 이 세상이 시작되던 초창기에 세상의 주민은 많지 않았으므로 그들은 한동안 동물처럼 서로 흩어져서 살았다. 그러다가 세대가 계속 이어지면서 그들은 함께 뭉치게 되었고, 그들 자신을 더 잘 방어하기 위해, 그들 중에 누가 더 강인하고 용감한지를 헤아려서 그를 지도자로 삼아서 그에게 복종했다. 바로 이런 사실로부터 해롭고 나쁜 것에 대비되는 명예롭고 좋은 것에 대한 인식이 생겨났다. 그들은 누가 은혜를 제공한 사람을 해치는 것을 보면 두 가지 감정을 느꼈다. 은혜를 모르는 자는 증오했고, 은혜를 제공한 사람에게는 사랑을 느낀 것이다. 이런 해로운 일이 그들 자신에게도 벌어질 수 있다고 생각하여 그들은 유사한 악행을 피하고, 그런 악행을 저지른 자는 처벌하기 위하여 법률을 만드는 일에 착수했다. 이렇게 하여 정의(법)에 대한 인식이 생겨났다.

그 결과, 그들이 나중에 군주를 뽑을 때 그들은 가장 강인하고 용감한 사람이 아니라, 가장 신중하고 정의로운 사람을 선출했다. 그러나 후대에 들어와 선거가 아니라 세습으로 군주를 옹립하면서, 그 후계자들은 조상의 모범을 닮지 못하고 특별한 가치가 있는 행동은 포기하면서 부패하기 시작했다. 그들은 군주의 주된 일은 오로지 사치와 호색과 온갖 방탕함에서 남들을 능가하는 것이라 생각했고 그 결과 시민들의 미움을 받게 되었다. 그러자 군주는 그 미움을 두려워했고 그 두려움이 곧 유해한 행동으로 표출되면서 참주제(독재 정치)가 곧바로 시작되었다. 하지만 이것은 몰락의 시작이기도 하다. 군주에 대한 음모와 비밀결사가 겁 많고 허약한 사람들이 아니라, 관대함, 영혼의 위대함, 부, 고귀함 등이 뛰어난 사람들에 의해 조직된다. 이런 사람들은 군주의 불명예스러운 생활 태도를 참아줄 수 없는 것이다. 대중들은 이 강력한 사람들의 권위를 따르면서 군주에 대항하여 무장 봉기하고 일단 군주가 제거되면 그들을 해방자들로 여기며 따르게 된다. 이 사람들은 단일 통치자라는 개념을 아주 싫어하므로 그들끼리 귀족 정부를 구성한다. 그들은 처음에는 과거의 독재를 의식하여 그들이 제정한 법률에 따라 그들 자신을 다스리면서 그들의 개인적 이해관계를 공공선(公共善)에 예속시킨다. 그들은 아주 신중하게 그들의 공과 사를 구분하며 일을 처리한다. 이러한 행정 구조는 나중에 그들의 아들에게 물려진다.

그러나 아들들은 악을 경험해 본 적이 없으므로 운명의 가변성을 이해하지 못하며 시민의 평등함을 만족스럽게 여기지 못한다. 그리하여 그들은 탐욕, 야망, 불법적인 여성 농락 등에 탐닉하고 귀족제 정부를 과두제 정부로 변질시킨다. 여기에는 그 어떤 종류의 시민적 유대감은 찾아볼 수 없는데, 그 결과 아주 짧은 시간 내에 전제 군주에게 벌어졌던 일이 그들에게도 벌어진다. 이런 정부 제도에 혐오감을 느낀 군중들이 이런 과두들을 공격하려는 계획을 세우는 사람들의 지지자가 되기 때문이다.

그리하여 대중의 지지를 받는 어떤 사람이 나와서 과두제를 파괴한다. 군주제와 그 피해가 아직도 기억에 생생하므로, 그들은 과두제를 폐지한 후에 군주제를 수립할 생각은 없고 그리하여 소수의 권력자나 한 사람의 통치자가 국정을 좌지우지하지 않는 민주제를 수립한다.

모든 정부는 초창기에는 어느 정도 존경을 받기 때문에 이 민주 정부는 어느 정도 존속되지만 그리 오래가지는 못한다. 기껏해야 그 민주 정부를 수립한 세대가 살아 있을 동안만 버티는 것이다. 그 세대 이후에 민주 정부는 곧바로 아무 규율 없는 방종한 자유의 상태로 추락한다. 이런 상태에서는 시민 개인이든 정부 관리든 전혀 두려움의 대상이 되지 못한다. 그 결과 각 개인은 제 멋대로 살아가며 날마다 무수한 피해 사례들이 발생한다. 그리하여 사태의 필요에 의하여 또는 어떤 선량한 사람의 제안에 의하여, 이런 방종한 상태를 모면하기 위한 수단으로 그들은 다시한 번 군주제로 돌아간다. 그러면 그 군주제로부터 또다시 단계별로 우리가 이미 위에서 언급한 방식과 이유들로 인해 무절제한 자유의 상태로 추락한다.

이것이 모든 국가가 행정을 펴나가는 데 있어서 거쳐 가는 사이클(→폴리비오스, 『역사(Historiae)』)인데 일단 한 단계를 지나가게 되면 원래의 정부 형태로 돌아가는 법이 거의 없다. 왜냐하면 그 어떤 공화국도 이런 변화의 단계를 여러 번 거치고서도 원래의 상태로 되돌아갈 정도로 활기에 넘치지는 못하기 때문이다. 이런 어려움들을 겪는 과정에서 지혜와 힘이 부족한 공화국은 그보다 더 잘 조직되어 있는 인근의 국가에 복속되는 경우가 많다. 설사 이런 일이 벌어지지 않는다고 하더라도 그 공화국은 이런 정부 유형들을 끊임없이 순환하게 된다.

따라서 위에 언급한 정부 형태들은 모두 결점이 있다. 좋은 정부 형태

세 가지는 그 존속 기간이 짧으며, 나쁜 정부 형태 세 가지는 그 안에 사악함을 품고 있는 것이다. 따라서 신중하게 법률을 제정하려는 사람들은 이런 결점을 잘 인식하고서, 어느 한 형태의 정부만을 선택하는 것이 아니라, 그 세 가지 형태를 적절히 종합한 정부를 선택하게 된다. 이런 종합적인 정부는 더 단단하고 더 오래간다. 같은 도시 내에서 군주제, 귀족제, 민주제가 혼용되면, 그것들을 서로 감시할 수 있는 것이다.

그리스와 로마의 정부 형태

이런 국제와 관련하여 가장 칭찬을 받을 만한 지도자는 리쿠르고스이다. 그는 왕, 귀족, 인민에게 적절히 역할을 배분하는 방식으로 스파르타의 법률을 조직함으로써 8백 년 이상 존속한 도시국가를 만들어냈다. 그 결과 그는 가장 높은 칭송을 들었을 뿐만 아니라 그의 도시국가에 엄청난 안정을 가져왔다. 이와 반대되는 경우가 아테네의 법률을 조직한 솔론(Solon)이다. 그는 오로지 민주적 형태의 정부만을 수립함으로써 결국 그 정부는 단명으로 끝나고 말았다. 솔론이 사망하기도 전에 페이시스트라토스(Pisistratus, Peisistratos)의 참주제(僭主制)가 생겨났던 것이다. 비록 40년 후에 페이시스트라토스의 후계자들이 아테네에서 축출되어 도시는 자유를 되찾았지만, 솔론의 법률에 따라 민주정(民主政)을 다시 수립했기 때문에 1백 년 이상을 버티지 못했다. 그 과정에서 민주정을 지탱하기 위하여 상류 계급의 오만을 억제하고, 민중의 자유 남용을 막기 위한 많은 제도들이 도입되었으나, 이것은 당초 솔론이 예상한 법률은 아니었다. 솔론이 민주제에다 군주제와 귀족제의 장점을 가미하지 않았기 때문에 아테네는 스파르타에 비하여 아주 짧은 기간만 존속했을 뿐이다.

이제 로마를 살펴보자. 이 도시는 리쿠르고스 같은 사람이 나타나 알맞은 법률을 제정함으로써 장기간 자유를 누릴 수 있게 해주지는 않았다. 그렇지만 평민들과 원로원 사이의 갈등으로 많은 특별한 상황이 발생했고, 그 결과 도시의 창건자가 해놓지 못한 일들이 우연에 의하여 성취되었다. 로마에 첫 번째 운명(훌륭한 입법자의 존재)이 부여되지 않았다면, 두 번째 운명(우연에 의한 성취)이 부여되었다. 왜냐하면 로마의 초창기 제도는 다소 결함이 있기는 했지만 그 제도를 완전하게 만들어주는 곧은길에서 벗어나지 않았기 때문이다. 사실 로물루스와 그 후의 왕들은 자유를 누리며 살 수 있는 많은 좋은 법률들을 제정했다. 그러나 그들의 목표는 공화국이 아니라 왕국을 건설하는 것이었으므로, 로마 시가 왕정으로부터 자유롭게 되었을 때, 자유로운 삶에 적합한 방식으로 조직되어야 마땅한 공공 제도들이 많이 결여되어 있었다. 다시 말해 로물루스 이후의 여섯 왕들은 그런 제도를 만들지 않았던 것이다. 왕들은 위에서 말한 이유들과 방식들로 의해 왕국을 잃어버렸지만, 왕정을 타파한 사람들은 곧바로 두 명의 집정관 직을 수립하여 이들이 왕을 대신하게 했다. 그러니까 로마에서 왕이라는 명칭만 축출했을 뿐 왕의 권한은 그대로 남았던 것이다.

이렇게 볼 때 로마 공화국은 집정관들과 원로원으로만 구성되었으므로, 위에서 말한 세 개 정부 형태 중 군주제와 귀족제의 두 가지 형태가 혼합된 것이었다. 도시는 아직도 민주 정부를 수용하지 않았다. 로마의 귀족들이 아래에서 설명할 이유들로 오만해지자 민중은 그 제도에 대항하여 봉기했다. 그러자 귀족들은 모든 것을 잃지 않기 위하여 민중들에게 권력의 일부를 양보하지 않을 수 없었다. 그래도 원로원과 집정관들은 여전히 많은 권력을 가지고 있었기 때문에 공화국 내에서 높은 지위를 유지할 수 있었다. 민중의 시위로 평민들을 보호하는 호민관 제도가 생겨났고, 그리하여 공화국은 세 가지 정부 형태에 일정한 역할을 부여하여 정정이 안정을 되찾게 되었다.

또한 운명은 로마에 아주 유리하게 작용했다. 이 도시는 위에서 말한 이유와 방법을 통하여 왕과 귀족의 정부로부터 민중의 정부로 이행했지만, 왕의 권력을 귀족들에게 전부 넘겨준다거나 아니면 귀족의 권력을 민중에게 전부 넘겨준다거나 하는 일은 벌어지지 않았다. 이처럼 국가권력이 3대 세력에 적절히 뒤섞였기 때문에 완벽한 공화국을 만들어낼 수 있었다. 로마는 평민과 원로원의 갈등을 통하여 이런 완전함에 도달했는데 그 과정은 다음 두 장에서 좀 더 자세히 다루어진다.

제3장

호민관 제도를 수립하여 공화국을
완전하게 만든 상황들

인간은 사악한 존재

시민 생활을 논의하는 모든 사람들이 보여주듯이―모든 역사서에는 이런 사례들이 흘러넘친다―공화국을 조직하고 그 법률을 제정하는 사람은 다음과 같은 인간성을 꿰뚫어 보아야 한다. 인간은 사악한 존재이고 기회가 있을 때마다 그 사악함을 표출하는 행동을 한다. 인간의 사악함이 한동안 감추어져 드러나지 않는 경우도 있는데, 그것은 어떤 보이지 않는 이유 때문에 그러하다. 감추어진 악의 정반대(드러난 악)를 경험하지 못한 사람들은 당연히 감추어져 있는 상태의 악은 알아보지 못한다. 그러나 시간이 모든 진리의 아버지라는 말도 있듯이, 시간의 경과는 그 감추어진 악을 드러내는 것이다.

타르퀴니우스(Tarquinius) 왕의 일가를 축출한 후에 로마에서는 평민들과 원로원 사이에 절대적인 조화가 생겨났다. 귀족들은 그들의 오만함을 내려놓고 정신적으로 겸손한 척했으며 그리하여 평민들은 심지어 가장 비천한 자들까지도 귀족들을 용납했다. 귀족들의 이러한 기만은 감추어진 것이었고, 추방된 타르퀴니우스 일족들이 살아있는 한 그들(귀족)의 동기 또한 겉으로 분명하게 드러나는 것이 아니었다. 귀족들은 축출된 왕의 일가가 복위하는 것을 두려워했으며, 평민들을 잘 대해 주지 않으면 평민이 왕의 일가에 붙을지 모른다고 우려했다. 그래서 귀족들은 평민들 앞에서 겸손한 체했던 것이다. 그러나 왕의 일가가 모두 죽고 이제 우려스러운 상황이 제거되자 귀족들은 평민들을 상대로 그의 가슴속에 감추어진 독기를 뿜어내기 시작했고, 온갖 방법을 동원하여 평민들을 괴롭혔다.

이러한 사실은 내가 위에서 말한 것을 증명한다. 인간은 필요에 의해 강요되지 않는 한 선행을 절대로 하지 않는다. 하지만 선택사항들이 아주 많고 또 무제한의 자유가 있다면 모든 일은 그 순간 혼란스럽게 되어 뒤죽박죽이 되어버린다. 따라서 기아와 가난이라는 필요가 인간을 근면하게 만들고 법률이 그들을 선하게 만든다. 법률이 없어도 모든 일이 저절로 굴러간다면 법률은 불필요할 것이다. 하지만 좋은 관습이 없는 곳에서는 법률이 절대로 필요하다. 따라서 타르퀴니우스 일족이 사라지면서 귀족들을 견제했던 공포가 따라서 사라졌고, 사회의 안정을 유지하려면 타르퀴니우스 일족의 생존 시와 마찬가지의 효과를 낼 수 있는 새로운 제도의 고안이 반드시 필요했다.

이런 식으로 해서, 평민과 귀족 사이에 많은 무질서, 혼란, 의견 불일치의 위험을 겪고 난 후에 평민들의 안전을 지키기 위한 호민관 제도가 수립되었다. 호민관들에게는 상당한 권력과 특혜가 부여되어 평민과 원로원 사이에서 중개자 역할을 하면서 귀족들의 오만함을 견제할 수 있었다. (→ 관직의 사다리)

제4장

평민들과 원로원의 갈등이 로마 공화국을
자유롭고 강성한 나라로 만든 경위

이제 타르퀴니우스 일가의 죽음에서 호민관 제도의 수립에 이르는 동안 로마가 겪은 혼란을 언급하고 이어서 그 혼란을 부정적으로 평가하는 사람들의 견해에 대한 반론을 펴보겠다. 부정적 평가는 대강 이러하다. 로마는 혼란으로 가득 찬 아주 무질서한 공화국이었는데, 만약 좋은 운명과 뛰어난 군사적 능력이 그런 결점들을 상쇄하지 않았더라면, 로마는 그 주위의 다른 공화국들보다 열등한 국가였을 것이다. 나는 운명과 군사적 능력이 로마가 지중해를 제패한 이유라는 것을 부정하지 않는다. 하지만 혼란 운운하는 사상가들은 다음 사실을 간과한 것으로 보인다. 좋은 군사적 조직이 있는 곳에는 반드시 좋은 제도가 있어야 하며, 이 둘에 더하여 반드시 좋은 운명이 따라주어야 한다.

자 이제 로마 시에 대한 다른 세부사항들을 살펴보자. 내가 보기에, 귀족과 평민 사이의 혼란을 비난하는 사람들 로마 공화국에 자유를 부여한 제1 원인이 되는 것들을 부정하는 자들이다. 그들은 그런 혼란에서 발생하는 소음과 외침만 귀 기울여 듣고 그것들이 만들어내는 효과에는 눈을 감아버린다. 그들은 또한 다음의 사실을 고려하지 못한다. 모든 공화국에는 평민의 경향과 상류 계급의 경향이라는 두 가지 서로 다른 경향이 있다. 또 자유를 옹호하여 통과된 모든 법률은 이 두 경향 사이에서 태어나는 것이다. 이것은 타르퀴니우스의 시대에서 그라쿠스 형제에 이르는 약 3백 년 이상의 시기에 로마에서 벌어진 일들을 살펴보면 자명해진다. 이 기간 동안 로마에 혼란이 벌어졌다고 해서 추방된 사람은 거의 없고 유혈 사태가 벌어진 일은 더더욱 없다. 따라서 이런 혼란들이 해롭다거나 로마 공화국이 분열되었다고 판단할 수가 없다. 3백 년이 넘는 긴 세월 동안 혼란과 갈등의 결과로 추방에 처해진 시민은 8~10명에 불과하고 피살된 사람은 그보다 더 적고, 유죄 판결을 받아 벌금형에 처해진 사람들도 그보다 더 많지는 않기 때문이다.

또한 뛰어난 능력의 사례들이 무수히 발생한 공화국을 무질서한 국가라고 부를 수도 없다. 그런데 뛰어난 사례들은 뛰어난 훈련에서 나오고, 이 훈련은 뛰어난 법률에서 나오고 다시 이 법률은 공화국 내의 혼란으로부터 나온다. 사정이 이런데도 생각이 없는 사람들은 무턱대고 혼란을 비난하는 것이다. 이 법률들을 면밀히 검토한 사람은 혼란이 추방이나 공동선에 대한 피해를 가져오는 것이 아니라, 시민의 자유에 이바지하는 법률과 제도를 만들어낸다는 것을 발견한다.

혹시 어떤 사람이 이렇게 주장을 할지도 모른다. 하지만 그 방법이 비상식적이고 거의 야만적이지 않느냐. 봐라. 모든 민중이 원로원을 상대로 소리치고, 원로원은 민중을 상대로 소리친다. 그들은 거리를 야만적으로 내달리고 상점들의 문들을 닫아버린다. 어떻게 로마의 평민들은 한꺼번에 도시를 내팽개치고 이탈할 수 있느냐. 이런 사건은 그냥 글로 읽어도 너무 무시무시하다. 이런 비난에 대하여 나는 이렇게 대답하고 싶다. 모든 도시는 그들의 시민이 야망을 표현하도록 허용하는 저마다의 방법을 가지고 있다. 특히 중요한 일에 시민들을 참가시키는 도시일수록 더욱 그러하다. 로마 시 또한 그 나름의 방법을 갖고 있다. 그래서 평민들은 새로운 법의 제정을 원할 때, 위에서 언급된 거리 시위를 하거나, 전쟁 동원령이 내렸을 때 출두를 거부(도시로부터 이탈)하는 것이다. 그러면 원로원은 달래기 위해서라도 그들을 어느 정도 만족시킬 수 있는 조치를 내놓아야 한다.

자유민의 욕망은 자유에 피해를 주는 일이 거의 없다. 그 욕망은 상급자들의 압박이나 앞으로 압박당할지 모른다는 의심에서 나오기 때문이다. 또 평민들의 이런 의견이 잘못되었을 경우, 민중들의 모임에서 그것을 시정할 수가 있다. 그런 장소에서는 어떤 고귀한 사람이 일어나서 연설을 하여 민중들의 잘못을 지적하는 것이다. 그래서 키케로는 말했다. "민중은 비록 어리석지만 진실을 파악할 수 있고, 또 믿을 만한 사람이 그 진실을 말해 주면 즉각 승복하는 것이다."

따라서 로마 정부에 대한 비판은 좀 더 신중하게 해야 하며 또 로마 공화국에서 발생한 많은 훌륭한 효과는 오로지 가장 좋은 원인들에 의해서 만들어진 것임을 감안해야 한다. 로마의 혼란은 결국 호민관 제도의 수립을 가져왔는데 그것은 가장 높은 칭찬을 받아 마땅하다. 그것은 민중들에게 민주적 행정에 일정한 역할을 할 수 있게 해주었고 또 로마 인에게 자유의 수호자인 호민관 제도를 부여했기 때문이다. 이 제도에 대해서는 다음 장에서 더 다루게 될 것이다.

제5장

자유의 수호 권리는 누가 더 잘 지키는가?
평민인가 상류 계급인가? 명예를 획득하고자 하는 사람과, 그것을 지키고자 하는 사람 중 누가 더 봉기를 일으킬 이유가 많은가?

신중한 방식으로 공화국을 세운 사람들이 수립해야 할 가장 필요한 절차는 자유를 잘 수호하는 것이다. 이 절차가 얼마나 잘 확립되어 있는가에 따라서 자유를 누리는 생활 방식이 더 오래갈 수도 있고 아니면 단명으로 끝날 수도 있다. 모든 공화국에는 뛰어난 능력을 가진 사람들도 있고 평범한 사람들도 있다. 그래서 이런 사람들 중 누가 자유를 수호하는 것이 좋은가 하는 문제가 생겨난다. 가령 스파르타와 오늘날의 베네치아의 경우는 그 수호 권리가 귀족들의 손에 있었다. 그러나 로마의 경우는 평민들의 손에 있었다.

그래서 이런 공화국들 중 어느 쪽이 가장 잘 선택했는지 검토해 볼 필요가 있다. 우리가 그 이유를 추구해 보면 양측에 모두 그럴 만한 이유들이 있다. 하지만 결과를 두고 보면 귀족들의 손을 들어주어야 한다. 왜냐하면 스파르타와 베네치아의 자유가 로마의 그것보다 더 오래갔기 때문이다. 하지만 여기서 선택의 이유를 살펴보자. 로마가 자유의 수호 권리를 평민들에게 준 것은 그들이 자유를 찬탈할 욕심이 비교적 없다고 보았기 때문이다. 우리가 귀족과 평민의 목표를 살펴보면, 귀족들은 남을 지배하려는 욕구가 강한 반면에 평민들은 지배당하지 않으려는 욕구만 갖고 있다. 따라서 평민은 귀족들보다 자유를 찬탈하려는 생각이 적기 때문에 자유 속에서 살고 싶은 욕망이 더 강하다. 그리하여 평민들이 자유의 수호자로 설정되었고 그런 만큼 그들이 자유를 더 잘 관리할 것이라고 생각하는 것이 합리적이다. 그들 자신이 그것을 독차지하려는 능력이 없으므로, 평민들은 남들이 그렇게 하려는 것도 허용하지 않을 것이다. 반면에 스파르타와 베네치아를 옹호하는 사람들은 다음과 같은 두 가지 좋은 점이 있다고 말한다. 첫째, 귀족들은 그들의 야망을 더 잘 충족시킬 수 있다. 그들은 권력을 손에 쥐고서 공화국 내에서 더 큰 역할을 수행할 수 있으므로 비교적 만족을 느낄 수 있다. 둘째, 그들은 평민들의 불안정한 마음으로부터 일종의 권력을 제거할 수 있다. 평민들은 그 어떤 공화국 내에서도 무수한 갈등과 불화의 원인이고 또 귀족들을 절망으로 내몰기 때문에, 시간이 흘러갈수록 그런 갈등과 불화는 해로운 결과를 가져올 것이다.

이에 대한 증거로 귀족 지지자들은 로마의 사례를 든다. 그 도시에서 호민관들이 자유의 수호자라는 권력을 갖게 되자, 그들은 평민 출신 집정관이 한 명은 부족하고 두 명이 있어야 한다고 생각했다. 그 다음에 그들은 켄소르(censor: 재산 및 호구조사와 풍기단속 등을 맡아하는 감찰관)(→ **관직의 사다리**), 사법행정관(praetor), 나아가 도시 내의 다른 요직을 원했다. 그러나 이것으로도 흡족하지가 않았다. 그들은 귀족들을 공격할 능력이 있다고 생각되는 사람들은 우상으로 여기기 시작했다. 여기서 **마리우스**의 권력이 생겨났고 결국 로마 공화정은 망해버렸다. 그러니 이런 점과 저런 점을 모두 감안한 사람은, 어떤 인간성이 공화국에 더 해로운지 알지 못하면서, 자유의 수호자를 귀족으로 할 것인지 아니면 평민으로 할 것인지 헷갈리게 된다. 다시 말해 명예를 이미 획득하여 그것을 지키려는 자와, 아직 소유하지 못한 명예를 얻으려는 자 사이의 선택인 것이다.

결국 모든 측면을 면밀히 검토한 사람은 다음과 같은 결론을 내릴 것이다. 당신은 로마와 같은 제국을 건설하게 되는 공화국을 원하는가, 아니면 자체의 영토만을 지키는 것으로 만족하는 공화국을 원하는가? 제국을 건설하고 싶다면 모든 것을 로마처럼 해야 한다. 그러나 자체 영토로만 만족한다면 다음 장에서 설명하게 될 이유로 인해 베네치아나 스파르타를 모방해야 한다.

어떤 사람이 공화국에 더 해로운가

그러나 어떤 종류의 사람들이 공화국에 가장 해로운가 하는 논의로 다시 돌아가자. 뭔가를 획득하려는 사람과, 그들이 이미 획득한 것을 잃는 걸 두려워하는 사람 중 누가 더 해로운가? 평민 출신인 마르쿠스 메네니우스(Marcus Menenius)와 마르쿠스 풀비우스(Marcus Fulvius)는 카푸아(Capua)에 주둔 중이던 2개 군단의 음모 사건(『사론』 3-6)을 조사하기 위해 각각 **독재관과 사마관**(司馬官, magister equitum)으로 임명되었다. 로마 시민들은 후에 이 두 사람에게 로마 내의 음모자들을 색출하는 권리도 부여했다. 로마에는 불법적인 야망과 비상한 수단으로 집정관 직과 기타 고위직을 차지하려고 음모를 꾸미는 세력이 있다는 소문이 나돌았던 것이다. 그런데 귀족들은 귀족에 반대하는 독재관에게 음모자들을 색출하는 권한이 부여되었다고 생각하여, 불법적인 야망과 비상한 수단으로 고위직을 추구하는 것은 귀족이 아니라 평민들이라고 로마 전역에 소문을 퍼트렸다. 평민들은 그의 혈통과 능력에 자신감이 없기 때문에 비상한 수단으로 고위직에 오르려 했고 특히 독재관을 원망하고 있다는 귀족들의 비난이었다. 이 비난은 아주 강력한 호소력이 있었고 메네니우스는 대응을 해야만 되었다. 그는 일장 연설을 하면서 귀족들이 그 자신에게 근거 없는 비판을 퍼붓고 있다고 불평했다. 메네니우스는 독재관 직을 사임하고 시민들의 판단에 그 자신의 처분을 맡긴다고 말했다. 나중에 그의 사건이 심리되어 그는 무죄 판결을 받았다.

그러자 누가 더 공화국에 해로운가 하는 문제가 널리 논의되었다. 뭔가를 지키려고 하는 사람과, 그 뭔가를 얻고자 하는 사람 중에서? 이 중 어느 쪽이든 쉽게 커다란 혼란의 빌미가 될 수 있다. 그렇지만 대부분의 경우에 혼란은 이미 뭔가를 가지고 있는 사람에 의해 야기된다. 이미 가지고 있는 것(권력)을 잃어버릴지 모른다는 공포는, 권력이 없어서 이제 그것을 얻으려고 하는 사람의 경우와 똑같이 그것(권력)을 얻고 싶은 마음이 들게 한다. 왜냐하면 그 사람(권력을 가진 사람)은 남들을 희생시켜 가며 더 많은 것을 얻어내지 못하면, 이미 가지고 있는 것을 진정한 자신의 것이라고 여기지 않기 때문이다. 게다가 커다란 권력을 가진 사람은 엄청난 힘과 속도로 변화를 일으킬 수 있다. 더욱이 그의 부적절하고 야심 찬 행동은 권력이 없는 사람들의 마음에 그 권력을 획득하고 싶은 욕망을 불붙인다. 그들은 권력을 획득하여 부자들에게서는 그 부를 빼앗는 방법으로 복수를 하고, 그들 자신이 몸소 남용을 목격한 그 권력을 가지고 엄청난 부와 높은 관직을 얻는 남용을 하려는 것이다.

제6장

로마의 평민과 원로원 사이의 적대감을 제거할 수 있는
정부를 수립하는 것이 가능한가?

우리는 앞에서 평민과 원로원 사이의 논쟁들이 가져온 효과를 논의했다. 이러한 논쟁들은 공화국의 자유로운 생활 방식을 파괴한 원인 제공자, 그라쿠스 형제의 시대까지 계속되었다. 어떤 사람은 로마에 두 세력 사이에 존재한 갈등이 없었더라면 로마가 실현한 저 위대한 결과들을 더 잘 실현할 수 있지 않았을까, 하고 생각할 것이다. 따라서 내가 볼 때, 로마의 평민과 원로원 사이의 적대감을 제거할 수 있는 정부를 수립하는 것이 가능했었는지 물어보는 것은 가치 있는 질문이다. 이 문제를 검토하기 전에 먼저 그런 적의나 혼란이 없이 오랫동안 자유도시로 존속한 공화국들을 살펴보는 것이 필요하다. 그들이 어떤 정부를 운영했으며 그런 정부를 로마에 도입하는 것이 가능한지 여부도 생각해 보기로 하자.

스파르타와 베네치아

그러한 공화국들의 사례로서, 고대인들 사이에서는 스파르타가 있고 현대인들 사이에는 베네치아가 있다는 것은 위에서 이미 말한 바와 같다. 스파르타는 국가를 통치하기 위해 소규모 원로원과 왕이 있었다. 베네치아는 정부의 부처를 어떤 구체적 명칭으로 구분하지는 않았지만, 행정직에 취임한 모든 관리들을 신사(gentlemen)라는 단일한 호칭으로 불렀다. 베네치아의 이러한 제도는 어떤 신중한 입법가가 그들에게 그런 법률을 준 것이 아니라 순전히 운명에 의해 만들어진 것이다. 그들은 여러 섬들로 피난해 왔고 그리하여 위에서 설명한 이유들로 인해 현재의 도시가 형성되었다. 주민들의 숫자가 크게 늘어나자 함께 살려면 법률을 제정하고 정부의 형태를 수립해야 되었다. 그들은 도시의 협의회에서 자주 만나 도시에 대해서 논의했고 그들의 숫자가 정체(政體)를 이룰 정도로 충분하게 되자, 나중에 그 도시에 살러 온 사람들이 그 정체에 들어오는 길을 봉쇄했다. 시간이 흘러가면서 상당한 숫자의 주민들이 정부의 운영에 참여하지 않는 평범한 시민으로 살게 되었다. 이 시민들은 정부에 참여한 사람들을 신사들이라고 부름으로써 그들의 명성을 높여주었고, 시민들은 자연스럽게 평민으로 불리게 되었다.

이러한 정부 제도가 생겨나서 별 혼란 없이 유지된 것은 다음의 이유 때문이다. 그 정부가 생겨났을 때 베네치아에 살고 있던 사람들은 모두 정부의 한 부분으로 참가했으므로 아무도 불평을 말하지 않았다. 나중에 그 도시에 살러 온 사람들은 정부가 이미 일정한 범위 내로 고정되어 있음을 발견했고 그래서 혼란을 일으킬 동기나 기회가 없었다. 그 주민들의 재산을 빼앗아간 것이 없으므로 불만의 동기가 없었고, 또 정부의 권력자들이 그 나중 온 주민들을 견제했고, 권력을 얻을 수 있는 사업에는 그들을 동원하지 않았으므로 혼란의 기회가 없었던 것이다. 더욱이 나중에 베네치아에 살러 온 사람들은 이미 통치하거나 통치를 받고 있던 사람들의 숫자를 제압하여 불균형을 일으킬 정도로 다수이거나 충분한 숫자가 되지 못했다. 신사들의 숫자는 후래(後來) 주민들의 숫자와 비슷하거나 더 많았다. 바로 이런 이유로 인해 베네치아는 그런 종류의 정부를 조직하고 또 단합된 상태를 유지할 수 있었다.

스파르타는 내가 앞에서 말한 것처럼 한 명의 왕과 소규모의 원로원으로 구성되었다. 이 국가가 오랫동안 지속될 수 있었던 것은 다음의 이유 때문이다. 스파르타는 주민들 숫자가 적었고 나중에 그곳에 살러 온 사람들에게 국정 참여의 기회를 봉쇄했다. 리쿠르고스의 법률이 제정되어 준수되면서 모든 분쟁의 원인들이 제거되었고 또 좋은 효과를 내는 쪽으로 집행되었다. 그리하여 스파르타 인들은 오랜 세월 단합을 이루며 살아갈 수 있었다. 리쿠르고스의 법률은 재산의 평등과 계급의 불평등을 만들어냈고 그리하여 가난의 평준화가 이루어졌다. 도시의 고위직은 소수에게만 돌아가고 시민들에게는 거부되었으므로 평민들은 덜 야심적이었다. 귀족들도 평민들을 학대하여 그런 지위를 획득하고 싶은 욕망을 부추기는 일이 없었다. 이렇게 된 것은 스파르타의 왕들 덕분이다. 그들은 왕으로 옹립되기는 했지만 귀족들에 의해 둘러싸여 있었기 때문에 평민들의 피해를 막아주는 것이 곧 왕 자리를 유지하는 가장 좋은 방법이었다. 이렇게 하여 평민들은 권력을 두려워하지도 바라지도 않았다. 권력도 없고 또 바라지도 않았으므로 평민들은 귀족과 권력을 놓고서 경쟁할 일도 없었고 그에 따른 혼란이 벌어질 일도 없었다. 이렇게 하여 그들은 오랜 기간 동안 단합을 이루며 살아갔다. 이러한 단합에는 두 가지 주된 이유가 있었다. 첫째, 스파르타는 주민 수가 많지 않아서 소수의 사람들에 의해 통치될 수 있었다. 둘째, 그들의 공화국 내에 외국인들을 받아들이지 않음으로써 스파르타는 부패할 기회가 없었고 도시의 규모가 커져서 소수의 통치자가 다스릴 수 없을 정도로 부담스러운 상태가 되지도 않았다.

이러한 사항들을 고려해 볼 때, 로마의 입법가들은 로마가 위의 두 공화국처럼 평화로운 상태를 유지하려 한다면 다음 두 가지 중 하나를 조치해야 한다. 베네치아가 한 것처럼 평민들을 전투에 동원하지 않거나, 스파르타처럼 외국인들에게 문호를 개방하지 말아야 한다. 그러나 로마인은 이 두 가지를 다 실시했다. 그러자 평민들은 힘이 세어졌고 숫자가 많아졌으며 혼란을 일으킬 무수한 기회를 잡게 되었다. 그러나 로마가 오로지 평화만을 원했다고 한다면 그것은 또 다른 불리한 점을 가져온다. 평화만 추구한다면 국력이 약해져서, 후일 로마가 획득한 위대함을 실현하는 길에서 벗어나야 했을 것이다. 달리 말해서 로마가 혼란의 원인들을 제거하는 데 더 집중했더라면 국가의 세력 판도를 넓혀주는 원인들을 동시에 제거했을 것이다.

그런데 인간사를 면밀히 관찰하는 사람이라면 어떤 불리한 점을 제거하면 그로부터 또 다른 불리한 점이 생겨난다는 것을 목격할 것이다. 따라서 제국을 건설하기 위해 잘 무장된 많은 사람들을 만들어내게 되면, 거기에는 당신이 원하는 대로 관리할 수가 없는 어떤 특질이 깃들이게 된다. 반면에 관리를 잘하기 위해 사람들을 비무장의 소규모 수준으로 유지한다면, 어떤 영토를 획득한 후에 그 영토를 계속 지키지 못하거나, 너무 힘이 모자라서 당신을 공격하는 다른 사람의 손쉬운 밥이 되어버린다. 따라서 우리가 결정을 내릴 때에는, 단점이 가장 적은 경우를 선택하여 그것을 최선의 대안으로 삼아야 한다. 아주 투명하고 아무런 불확실성도 없는 방안이라는 것은 이 세상에 존재하지 않는다. 로마는 스파르타처럼 종신 군주와 소규모 원로원을 둘 수도 있으나, 위대한 제국을 건설하고 싶은 야망이 있으므로 스파르타처럼 시민들의 숫자를 제한할 수는 없다. 따라서 로마의 단합을 유지하는 데 있어서, 스파르타식의 종신 군주와 소규모 원로원은 로마에 큰 혜택이 없는 것이다.

따라서 완전히 새로운 공화국을 조직하려는 사람은 그 규모와 국력을 로마처럼 확장하고 싶은지, 아니면 일정한 비좁은 경계 내에서 그대로 머물 것인지 검토해야 한다. 영토를 확장하고 싶다면 로마처럼 국제를 조직하여 혼란과 계층 간 의견 불일치를 수용하는 공간을 어느 정도 배려해야 한다. 왜냐하면 다수의 무장한 병력이 없으면 그 어떤 공화국도 성장할 수 없고 또 성장한 후에는 그 상태를 유지하기 어렵기 때문이다. 비좁은 영토로 만족한다면, 스파르타나 베네치아처럼 조직하면 된다. 판도 확장은 이런 공화국들에게 독약이므로 이런 공화국을 조직하는 자는 새로운 영토의 획득을 시도하지 말아야 한다. 허약한 공화국의 상태로 그런 영토를 획득한다는 것은 곧 완전한 멸망을 의미한다. 바로 이런 일이 스파르타와 베네치아에서 벌어졌다. 스파르타는 그리스의 거의 모든 지역을 복속시켰으나 아주 사소한 사건을 계기로 그들의 기반이 얼마나 취약한지를 드러냈다. 펠로피다스(Pelopidas)가 주도한 테베(Thebae, Thebes)의 반란이 지속되자, 다른 도시국가들도 따라서 반란을 일으켰고, 이 사건은 공화국의 완전한 패망을 가져왔다. 마찬가지로 베네치아는 전쟁보다는 주로 돈과 영리한 계책으로 이탈리아의 상당 부분을 차지했으나, 무력으로 국력을 증명해야 하는 순간이 오자, 단 하루 만에 모든 것을 잃어버렸다.

상황적 필요는 이성적 판단과 일치하지 않는다

오랫동안 존속할 수 있는 공화국을 창건하는 방법은 내부적으로는 스파르타나 베네치아처럼 정부를 조직하고, 공화국 정부를 강고한 위치에 배치시켜 아무도 쉽사리 그것을 정복할 수 없다고 생각하게 만드는 것이다. 그렇지만 공화국의 규모를 아주 거대하게 만들어서 이웃 나라들에게 아주 무시무시한 국가라는 인상을 줄 필요는 없다. 이런 식으로 하면 도시 국가는 그 정부 형태를 오랜 기간 유지할 수 있다.

그런데 어떤 공화국을 상대로 전쟁을 거는 데에는 두 가지 이유가 있다. 첫째, 그 공화국을 지배하려는 것이다. 둘째, 그 공화국이 당신의 공화국을 접수하려 들지 모른다는 공포를 느끼는 경우이다. 그러나 위에서 말한 방식으로 공화국을 창건했다면 이 두 가지 이유를 거의 전적으로 배제할 수 있다. 우선, 강고한 위치에 자리 잡아서 방어가 잘되기 때문에 그 공화국을 파괴하기가 쉽지 않다. 그러니 이 공화국을 힘으로 탈취하려는 자는 별로 없을 것이다. 그 공화국이 자신의 영토 경계를 지키면서 야심이 없다는 것을 보여준다면, 아무도 공격의 우려 때문에 그 공화국에 전쟁을 걸지는 않을 것이다. 또한 공화국이 판도 확장을 금지하는 제도 혹은 법률을 갖고 있다면 더욱 전쟁의 위험이 사라질 가능성이 높아진다. 나는 그 공화국이 이런 식으로 균형을 잘 유지한다면 진정한 정체와 진정한 평화를 누릴 수 있다고 본다.

그러나 인간사가 늘 유동적이어서 고정되지 않으므로 승강부침(昇降浮沈)이 있게 마련이고, 상황적 필요는 당신의 이성이 추천하지 않는 많은 일들을 하도록 강요한다. 그리하여 확장을 하지 않는다면 그 자신을 잘 유지할 수 있는 공화국도 상황적 필요에 내몰려 확장을 시도하게 되고, 그리하여 국가의 기반이 파괴되어 아주 신속하게 멸망해 버린다. 반면에 하늘이 관대함을 베풀어 그 공화국이 전쟁을 할 필요가 없다고 하더라도 게으름이 공화국을 허약하게 하거나 분열시켜서 이 두 가지가 혹은 그중 한 가지가 국가 멸망의 원인이 된다. 따라서 이 문제에서 균형을 잡을 수 없거나 철저한 중도 노선을 걸을 수 없다면, 공화국을 조직하는 데 있어서 가장 명예로운 요소들을 고려하여 그것들을 잘 조직하는 것이 반드시 필요하다. 그리하여 상황적 필요에 의해 공화국이 판도 확장에 나서야 할 때에도 이미 획득한 영토를 보존할 수 있어야 한다.

나의 최초 주장으로 다시 돌아가 보면, 나는 다른 두 공화국의 정치적 조직보다는 로마의 그것을 따라가는 것이 더 좋다고 본다. 두 가지 대안 중에서 철저한 중도 노선을 유지하는 것은 불가능하기 때문이다. 따라서 평민과 원로원 사이에 발생하는 적개심을 어느 정도 용납하면서, 로마와 같은 위대함을 얻으려면 그런 불리한 점은 필요악 정도로 치부해야 한다. 나는 위에서 자유의 보존을 위해서는 호민관들의 권위가 필수적인 이유들을 제시했다. 그런 이유들 이외에도 공화국이 공소권의 행사에서 누릴 수 있는 혜택들을 쉽게 알아볼 수 있다. 호민관들에게는 그런 공소권이 부여되었는데 이것은 다음 장에서 다루기로 한다.

제7장

공화국이 그 자유를 유지하기 위해서는
어느 정도의 공소권이 필요한가?

도시에서 자유의 수호자 역할을 맡은 사람들에게 가장 유익하고 필요한 권한은 공소권이다. 그들은 자유로운 정부를 상대로 각종 범죄를 저지른 사람들을 인민들, 행정관들, 혹은 위원회의 재판 앞에 세울 수 있어야 한다. 이러한 제도는 공화국에 아주 유익한 두 가지의 효과를 가져 온다. 첫째, 고소당할 것을 두려워하여 시민들은 정부에 피해를 입히는 행동을 하지 않게 되며 만약 그런 행위를 할 경우에는 지위 고하를 막론하고 즉각 제압될 수 있다. 둘째, 도시 내에서 특정 시민들을 상대로 이런저런 방식으로 솟구치는 나쁜 체액을 배출시켜 준다. 이런 체액은 합법적인 배출구를 찾지 못할 경우, 불법적인 수단을 강구하게 되는데 이것이 공화국 전체를 파멸시킨다. 따라서 적절한 법률을 제정하여 공화국을 뒤흔들 수도 있는 다양한 체액들에 배출 수단을 제공하는 것이야말로 공화국을 안정되고 든든하게 만드는 최고의 방법이다. 이것은 여러 가지 사례들을 통하여 예증될 수 있다.(→체액 이론)

코리올라누스의 사례

특히 리비우스가 **코리올라누스**에 대하여 서술한 내용은 좋은 사례이다. 코리올라누스 사건이 터졌을 때 로마의 귀족들은 평민들에 대하여 짜증을 느끼고 있었다. 그들은 평민을 보호하는 호민관 제도의 수립으로 인해 평민들이 너무 많은 권력을 누린다고 생각했다. 게다가 당시의 로마는 심각한 식량 부족 사태를 겪고 있어서 원로원은 시칠리아에 식량 조달 팀을 파견했다. 평민들에 대하여 심한 반감을 느끼던 코리올라누스는 그때를 호기라고 생각하면서 이런 주장을 폈다. 평민들에게 식량을 배급해 주지 말고 그들을 굶김으로써 평민들이 누린 권위를 빼앗고 또 그들을 징벌해야 한다는 것이었다. 이 주장이 평민들의 귀에 들어가자 그들은 너무나 분노하여 원로원의 출구에서 코리올라누스를 죽이려 했다. 하지만 그 전에 호민관들이 그를 법정에 소환하여 유무죄에 관한 변론을 하게 만듦으로써 그런 비극적 사태를 피할 수 있었다.

이런 사례를 두고 볼 때, 위에서 말한 것은 주목할 필요가 있다. 대중이 어떤 시민에 대하여 분노를 느낄 때 그것을 배출시킬 수 있는 법적 수단이 있다는 것은 공화국에 아주 유익하고 또 필요한 것이다. 만약 이런 합법적인 수단이 없었다면 대중은 불법적인 수단에 의존했을 것이고, 그럴 경우 불법은 합법보다 더 비극적인 결과를 가져오리라는 것은 불문가지이다.

이런 이유로 어떤 시민이 합법적 수단에 의하여 압박을 당하고 또 그로 인해 피해를 입었다고 하더라도 공화국에는 무질서가 벌어지지 않는다. 그러한 단속은 자유로운 사회를 망쳐놓을 수도 있는 개인의 힘이나 외국인의 무력에 의해서 이루어지는 것이 아니라, 구체적 한계를 가지고 있어서 공화국을 파괴할 염려가 없는 공권력과 제도에 의해서 이루어지기 때문이다. 이것을 구체적 사례로 증명하는 데 있어서 고대인들 중 코리올라누스의 사례가 적절하다고 생각한다. 이 사례를 검토한 사람은 만약 그가 폭도에 의해 죽음을 당했더라면 공화국에 얼마나 큰 피해가 발생할 수 있었을지 짐작할 것이다. 그것은 개인들이 개인을 공격하는 경우이고 그런 피해는 자연히 공포를 불러일으킨다. 공포를 느끼는 사람은 보호자를 찾아 나서게 되고 이리하여 지지자들이 생겨난다. 그 결과 도시 내에는 파당(派黨)이 생겨나고 파당은 결국 도시를 파괴하게 된다. 하지만 코리올라누스 문제를 공소권을 가진 권력자가 처리했으므로, 개인들이 제멋대로 문제를 해결하는 데서 발생하는 여러 피해들을 막을 수 있었다.

발로리와 소데리니의 사례

우리는 현대의 피렌체 공화국에서 어떤 변화가 발생했는지 목격했다. 피렌체 대중이 프란체스코 발로리(Francesco Valori)라는 한 시민에 대한 적개심을 법적인 방식으로 배출할 수가 없었다. 발로리는 그 도시의 군주 같은 인물이었다. 많은 사람들이 그가 야심만만하고 또 그 자신의 대담함과 용기를 바탕으로 시민 사회의 법률을 무시하려 한다고 생각했다. 피렌체 공화국에서는 그를 합법적으로 저지할 수 있는 방법이 없자 사람들은 그에게 반대하는 파당을 형성했다. 그는 적대적 파당에 의한 폭력적 조치만을 두려워했기 때문에 그 자신을 보호해 줄 지지자들을 규합하기 시작했다. 반면, 발로리 반대파는 그를 제압할 수 있는 합법적 수단이 없기에 무장 봉기라는 불법 수단을 동원했다. 만약 합법적인 제지 수단이 있었더라면, 오로지 발로리 한 사람만 제거하고 그 누구에도 피해를 주지 않는 방식으로 그의 권력을 파괴할 수 있었을 것이다. 하지만 반대파는 불법 수단으로 그 권력을 파괴할 수밖에 없었고 그리하여 발로리뿐만 아니라 다른 많은 고귀한 시민들도 희생시켰다.

이러한 결론을 뒷받침하기 위하여 역시 피렌체 공화국에서 벌어진 피에로 소데리니(Piero Soderini)의 사례를 들 수 있을 것이다. 소데리니 사건 또한 공화국이 힘센 시민들의 야망에 대하여 고소를 할 수 있는 방법이 없기 때문에 발생했다. 힘센 시민을 공화국의 8인 재판관 앞에 세우는 것만으로는 충분하지 못하다. 소수는 언제나 소수의 이해관계를 생각하며 행동하기 때문에 판사의 숫자는 많아야 한다. 따라서 이런 합법적 방법들이 피렌체에 존재했더라면, 시민들은 소데리니의 행동이 나쁘다고 생각할 경우 그에 대하여 고소를 할 수 있고 또 그 문제 해결을 위해 스페인 군대를 불러들일 필요도 없고 또 그들의 적개심을 배출시킬 수도 있었을 것이다. 만약 소데리니의 행동이 나쁜 것이 아니었다면 그들은 나중에 무고로 맞고소를 당할 것을 두려워하여 감히 그를 고소하지 못했을 것이다. 어느 경우든 그 갈등의 원인이었던 적개심은 처리가 되어 사라졌을 것이다.

따라서 다음과 같이 결론을 내릴 수 있다. 도시에 살고 있는 어떤 당파가 외국 군대를 끌어들여 문제를 해결하려 든다면 그것은 도시의 잘못된 제도가 원인이라고 생각할 수 있다. 다시 말해 그 도시의 제도는 인간의 내부에 적대적 체액이 생겨났을 때 합법적으로 그것을 배출시켜 주지 못하고 불법 수단에 의존하게 만드는 것이다. 따라서 공적 고발을 처리해 줄 다수의 재판관을 설정하고 또 재판관의 지위에 충분한 권위를 부여함으로써, 이 문제(체액의 처리)에 대비할 수 있다. 로마에는 이 제도가 잘 조직되어 있어서 평민과 원로원 사이에 많은 갈등이 벌어졌지만 원로원이든 평민들이든 개인 시민이든 외부의 힘을 동원하려고 하지 않았다. 국내에 충분한 해결책이 있으므로 굳이 그것을 외국에서 찾으려 하지 않았다.

위에 든 두 가지 사례로 충분하다고 생각하지만 나는 리비우스 역사서에 기술된 또 다른 사례를 인용하고자 한다. 리비우스는 에트루리아 (Etruria)의 가장 고상한 도시인 키우시[Chiusi: 클루시움(Clusium)]에서 벌어진 강간 사건을 보고한다. 루쿠모라는 남자가 아룬스의 여동생을 강간했는데 오빠는 루쿠모의 권세 때문에 복수를 할 수가 없었다. 그러자 아룬스는 오늘날 롬바르디아라고 하는 지역을 다스리던 **갈리**아 인들을 찾아가서, 군대를 이끌고 키우시를 공격해 달라고 간청했다. 갈리아 인들이 그가 당한 피해를 복수해 주는 과정에서 엄청난 이득을 볼 수 있다는 설명도 덧붙이며 그들을 부추겼다. 만약 아룬스가 도시의 제도를 통하여 복수를 할 수 있었다면 그는 야만인들의 군대를 끌어들일 생각을 하지 않았을 것이다. 공소권은 이처럼 공화국을 유지하는 데 유익하지만 반면에 무고는 무익할 뿐만 아니라 해롭다. 우리는 다음 장에서 이것을 다룰 것이다.

제8장

공소는 유익한 반면
무고는 공화국에 해롭다

푸리우스 카밀루스는 갈리아 족의 침략으로부터 로마를 해방시켰고 그리하여 모든 로마 시민은 그를 존경했지만, **카밀루스**는 더욱 겸손하게 행동하여 시민들이 그 때문에 상대적으로 명성이나 지위를 잃어버렸다는 느낌을 갖지 않도록 했다. 이렇게 했는데도 불구하고 **만리우스 카피톨리누스**는 그처럼 엄청난 명예와 영광이 한 사람에게 집중되는 것을 참아낼 수가 없었다. 만리우스가 볼 때, 로마의 구원과 관련하여 그 자신도 카피톨리움(Capitolium)을 구원했으므로 카밀루스 못지않게 영예를 받을 자격이 있는 것이었다. 또 칭송받을 만한 군사적 무공의 측면에서 보아도 그가 카밀루스에게 뒤질 것이 없었다. 이처럼 다른 사람의 명예에 대하여 질투심을 억제하지 못한 나머지 만리우스는 비방을 하고 나섰다. 하지만 원로원 의원들 사이에서는 불화의 씨앗을 뿌릴 수 없다는 것을 깨닫고 평민들에게로 눈을 돌려서 그들 사이에 여러 가지 흉악한 소문이 나돌게 했다.

그가 퍼트린 무고 중에는 침공해 온 갈리아 인들을 달래기 위해 모금한 보물은 결국 갈리아 인들에게 주지 않았는데 이것을 시민들이 개인적으로 횡령했다는 것도 있었다. 만약 그 보물을 회수할 수 있다면 공공의 복지 목적으로 전용되어 평민들의 세금이나 개인들의 채무를 탕감하는

데 활용할 수 있다는 얘기도 했다. 이런 무고는 평민들에게 너무나 솔깃한 것이었고 그래서 그들은 모임을 갖고서 도시 내에서 다수의 시위를 벌이기 시작했다. 원로원은 이것을 불쾌하게 여겼고 또 심각하고 위험한 상황이라고 판단했다. 그래서 원로원은 독재관을 임명하여 이 문제를 조사하고 또 만리우스의 대담한 행동을 견제하게 했다. 독재관은 만리우스를 즉각 소환하여 대중 앞에 세웠다. 이렇게 하여 귀족들로 둘러싸인 독재관과, 평민들로 둘러싸인 만리우스의 1 대 1 대결이 벌어졌다. 독재관은 만리우스에게 당신이 보물 얘기를 꺼냈으니 그 보물의 소재를 대라고 요구했다. 사실 원로원도 평민들 못지않게 그 보물의 행방에 대해서 알고 싶어 했다. 만리우스는 그 질문에 자세히 대답하지 못하고 즉답을 피하면서 당신들이 이미 알고 있는 것을 당신들에게 다시 말할 필요가 있느냐고 돌려서 말했다. 그러자 독재관은 그를 감옥에 가두었다.

공소와 무고

이런 역사적 텍스트에서 우리는 자유로운 도시들과 그 어떤 형태의 시민 사회에서도 무고가 얼마나 혐오스러운 것인지 알 수 있다. 따라서 무고를 없애기 위해서는 그런 단속 기능을 발휘해 줄 제도를 무시해서는 안 된다. 무고를 제거하는 가장 좋은 방법은 고소를 할 수 있는 여러 공개된 방법을 마련하는 것이다. 무고는 공화국에 피해를 가져오지만 공소는 많은 혜택을 가져오기 때문이다. 양자(공소와 무고) 사이에는 큰 차이가 있다. 무고는 증인도 또 그것을 입증해 줄 증거도 필요로 하지 않으므로, 그 누구도 무고를 당할 수 있다. 이에 비하여 고소는 누구나 당하는게 아니다. 고소를 하자면 그런 주장의 타당성을 증명해 주는 진정한 증거와 상황이 있어야 한다. 고소를 당하는 사람은 행정관, 민중, 법정 앞으로 소환된다. 반면에 무고는 광장이나 회랑(복도)에서 이루어진다. 공소가 잘 이루어지지 않거나 도시가 잘 조직되지 않아 공소를 받아들이지 못할 경우에는 무고가 횡행한다.

공화국의 조직자는 공화국 내의 그 어떤 시민을 대상으로 하든 두려움 없이 또 그 대상의 지위 고하에 상관없이 고소를 할 수 있도록 제도를 만들어야 한다. 그리고 고소가 제기되어 완벽한 검토를 한 후에는, 무고를 한 자에 대해서는 중벌을 부과해야 한다. 무고한 자는 그런 처벌을 당해도 불평하지 못할 것이다. 그들이 회랑에서 은밀하게 무고한 사람들에 대하여 정당하게 고소할 길이 열려 있는 데도 그렇게 하지 않았기 때문이다. 이런 요소가 잘 조직되어 있지 않은 곳에서는 엄청난 무질서가 뒤따른다. 무고는 시민들을 화나게 하지만 처벌하지는 않는다. 그런데 화가 난 사람들은 그들을 비방하는 그 말들을 두려워하기보다는 증오함으로써 그들의 가치를 증명하려 들고 이것이 무질서의 원인이 된다.

로마와 피렌체의 차이

위에서 말한 이런 요소가 로마에서는 잘 조직되어 있었지만 우리의 도시 피렌체에서는 그렇지 못했다. 로마에서 이 제도가 좋은 효과를 가져왔다면 피렌체는 그런 제도가 없어서 큰 피해를 보았다. 피렌체 시의 역사서를 읽는 사람은 그 어느 시대가 되었든 도시의 가장 중요한 사업에 적극 참여한 시민들에 대해서 많은 무고가 퍼부어졌다는 것을 발견할 것이다. 어떤 무고는 그 시민이 도시 정부의 자금을 횡령했다고 말하고, 어떤 무고는 그 시민이 뇌물을 받았기 때문에 어떤 일에서 성공을 거두지 못했다고 말한다. 또 어떤 무고는 그가 야심이 너무 커서 이런저런 부적절한 행동을 저질렀다고 말한다. 이처럼 온 사방에서 증오가 창궐하기 때문에 이것은 깊은 불화를 낳고 불화는 다시 파당을 낳고 파당은 다시 국가의 파멸을 가져오는 것이다.

만약 피렌체에 시민들을 고소하는 공적 제도가 있거나 무고하는 사람들을 처벌하는 수단이 있었더라면, 이 도시가 겪은 저 무수한 무질서는 생겨나지 않았을 것이다. 유죄 판결을 받았든 무죄 방면이 되었든 고소당한 시민들은 도시에 피해를 입히지 못했을 것이고, 무고를 당한 사람들보다 공식적으로 고소당한 사람들의 숫자가 훨씬 적었을 것이다. 내가 앞에서 말한 것처럼, 무고를 하기보다 공소를 하기가 그리 쉽지 않기 때문이다. 시민 갑이 자신의 가치를 입증하면서 위대하게 되려고 동원하는 수단들 중에는 이런 무고도 들어 있다. 시민 아무개가 그의 권력욕을 방해하는 힘센 시민들을 상대로 이 방법(무고와 비방)을 사용하면, 아주 효과적으로 작동한다. 대중의 편을 가르고 시민 아무개의 적수에 대한 대중의 증오심을 부채질함으로써 그 편 가른 대중을 자신의 친구로 만들 수 있기 때문이다.

이런 사례들을 많이 제시할 수 있으나 여기서는 한 가지만 제시하기로 하겠다. 1430년, 피렌체 군대는 사령관 조반니 귀차르디니(Giovanni Guicciardini)의 지휘 아래 루카 근처에서 진을 치고 있었다. 그의 졸렬한 지휘 때문인지 혹은 불운 때문인지 피렌체군은 루카 시를 함락시키지 못했다. 그 깊은 사정이야 어떻게 되었든 조반니는 함락 실패에 대하여 비난을 당했다. 그가 루카 시민들로부터 뇌물을 받았다는 얘기도 나돌았다. 그의 적수들은 이런 무고를 교묘하게 뒷받침했고 조반니는 완전한 절망에 사로잡혔다. 그는 자신의 무죄를 입증하기 위해 그 자신을 인민의 대장의 결정에 맡긴다고 말했으나, 그는 자신의 무고함을 완벽하게 증명할 수가 없었다. 공화국 내에는 그렇게 할 수단이 없었기 때문이다. 그 결과, 대부분 힘센 귀족들인 조반니의 친구들 사이에 엄청난 분노가 터져 나왔고, 그들 중 일부는 피렌체 정부를 갈아치우고 싶어 했다. 이 일의 결과와 또 다른 이유들로 인해 이 문제는 점점 확대되어 마침내 피렌체 공화국의 멸망을 가져왔다.

다시 로마의 얘기로 돌아가, 만리우스 카피톨리누스는 무고자이고 합법적으로 고소하는 자가 아니었다. 하지만 로마 인들은 그런 사태를 당하여 무고자를 어떻게 처벌해야 하는지 잘 알고 있었다. 무고자는 일을 제대로 하려면 무고를 할 게 아니라 공식적으로 고소를 해야 한다. 그리하여 그 공소 건이 정당하다면 그를 포상하거나 아니면 처벌을 하지 않게 될 것이다. 반대로 그 고소가 엉터리라면 만리우스가 처벌된 것처럼 고소한 자를 처벌하면 된다.

제9장

새로운 공화국을 건설하기를 바라거나 오래된 제도를 완전히 개혁하려는 사람은 혼자서 그 일을 수행해야 한다

어떤 사람들은 내가 로마 공화국의 건설자들이나 그 군사 제도 등에 대해서 언급하지 않은 채 로마사를 너무 많이 다루고 있다고 생각할지 모른다. 그런 주제에 대하여 뭔가 듣기를 바라는 사람들을 너무 기다리게 하지 않기 위하여 이런 말을 미리 해두어야겠다. 많은 사람들이 로물루스는 공화국의 창건자치고는 좋은 사례가 아니라고 생각할 것이다. 그는 먼저 동생 레무스(Remus)를 살해하고 이어 사비니(Sabine) 출신인 왕국 내의 동료 티투스 타티우스(Titus Tatius)의 죽음을 방관했으니까 말이다. 그러면서 그들은 이런 지도자의 사례를 보고서 시민들은 그들의 야망에서든 혹은 통치하려는 욕구에서든 그들의 권위에 도전하는 자들을 공격하게 될 것이라고 결론 내릴 것이다. 이러한 의견은 로물루스가 그런 살인 행위를 저지른 목적을 고려하지 않는다면 타당하다.

또한 다음의 사실을 일반 법칙으로 받아들여야 한다. 즉, 공화국이나 왕국이 처음부터 잘 조직된다거나 혹은 오래된 제도를 깡그리 무시하고 완전한 개혁을 성취한다거나 하는 일은 거의 없거나 아예 없다. 그러나 어떤 지도자가 혼자서 그런 일을 감당한다면 성취 가능할 수도 있다. 다시 말해 어떤 개인이 혼자서 정체의 형태를 결정하고 그 자신의 구상만으로 그런 조직을 추진해 나가는 것이 필요하다는 얘기이다. 그리하여 공화국의 신중한 건설자, 그 자신의 이해관계가 아니라 공동선에 봉사하려 하고, 그의 후계자들이 아니라 고국의 모든 사람을 이롭게 하려는 용감한 뜻을 품은 지도자는 혼자서 모든 권력을 틀어쥐려고 애써야 한다. 현명한 사람은 왕국을 조직하거나 공화국을 건설하기 위하여 그 지도자가 저지른 약간의 불법적 행동들을 비난하지 않을 것이다. 어떤 행동이 그 지도자를 비난하게 만든다면 그 결과는 그를 용서받게 한다. 가령 로물루스의 경우처럼 그 결과가 좋다면 그것은 언제나 그를 용서받게 할 것이다. 국가의 사태를 망쳐놓는 폭력을 휘두르는 지도자는 비난받아 마땅하지만, 국가를 올바른 반석 위에 올려놓기 위해 폭력을 사용한 지도자는 비난해서는 안 되기 때문이다.

로물루스의 동생 살해: 수단과 목적

그러나 그 지도자는 아주 신중하고 유능하여 그가 임의로 독점한 권력을 후계자에게 그대로 물려주지 않을 것이다. 왜냐하면 인간은 선보다 악으로 기울어지는 경향이 있고 그의 후계자는 그 자신이 아주 절도 있게 사용한 권력을 아주 야심찬 방식으로 사용할 것이기 때문이다. 게다가 어떤 정부를 수립하는 데에는 한 사람의 능력으로 충분하지만, 그가 수립한 정부가 계속하여 한 사람의 어깨에 의존해야 한다면 그 제도는 오래가지 못할 것이다. 그 제도는 많은 사람들의 관심사가 되고 또 그 유지가 다수의 책무가 될 때 그 제도는 비로소 오래갈 수가 있다. 다수의 사람들은 그 어떤 것도 제도로 정착시킬 수가 없고 또 그들 사이에서 다양한 의견들이 백출하기 때문에 그 제도의 훌륭한 점도 알아보지 못한다. 그러다가 그들은 이미 그 제도가 수립되어 있다는 것을 깨달으면 그때부터는 그 제도를 포기하는 데 결코 동의하지 않는다.

로물루스는 동생과 동료를 죽였지만 용서받을 만한 사람이었고 또 개인적 야심이 아니라 공동선을 위하여 국가의 일을 처리했다. 이것은 그가 공동 왕이었던 레무스를 물리치고 단독 왕이 되었을 때 곧바로 원로원을 설립하여 이 기관과 의논을 했을 뿐만 아니라 원로원의 의견을 참조하면서 국사에 대한 결정을 내렸다는 사실에 의해 입증된다. 로물루스 자신이 갖고 있던 권력을 면밀하게 검토한 사람은 그가 전쟁이 선포되었을 때 군대를 지휘하는 명령권과 원로원을 소집하는 권력만을 보유했다는 것을 발견하리라. 이것은 나중에 로마가 타르퀴니우스 왕 일가를 축출하고 자유롭게 된 시절에 더욱 분명해진다. 왕이 축출되었어도 과거의 다른 제도들은 하나도 바뀌지 않았고, 한 명의 종신 왕 대신에 연간 두 명의 집정관을 선출한다는 것만 바뀌었다. 이것은 로마 시의 원래 제도들이 절대 군주국이나 전제 군주국보다는 자유로운 시민 국가에 더 적합한 것이었다는 사실을 증명한다.

내가 지금까지 써온 것을 뒷받침하는 무수한 사례들이 있다. 가령 모세, 리쿠르고스, 솔론 등 왕국이나 공화국의 창건자들은 그들 자신이 단독으로 권력을 잡았기 때문에 공동선을 위한 법률을 만들어낼 수 있었다. 아무튼 이런 창건자들의 사례들은 잘 알려져 있으므로 여기서는 건너뛰기로 한다.

아기스와 클레오메네스

그렇지만 비록 잘 알려진 인물은 아니지만 좋은 법률을 제정하려는 사람들에게 참고가 될 만한 사례 하나를 소개하겠다. 그는 스파르타의 왕 아기스(Agis)이다. 이 왕은 스파르타 사람들의 행동을 리쿠르고스의 법률이 정해 놓은 경계 안으로 다시 끌어들이려고 애를 썼다. 그가 볼 때,

스파르타는 그 법률로부터 부분적으로 이탈함으로써 오래된 도시의 능력을 상당 부분 잃어버렸고 그 결과 국력과 제국을 크게 상실했다. 그가 이런 개혁의 시도를 하려던 초창기에 아기스는 스파르타의 에포로스(Ephors: 스파르타에서 해마다 선출되는 다섯 명의 행정관)들에 의해 살해되었다. 그들은 아기스가 참주제를 도입하려 한다고 생각했던 것이다.

그런데 그 뒤를 이어 스파르타의 왕위에 오른 클레오메네스(Cleomenes)는 아기스의 생각과 의도를 밝혀주는 비망록과 문서들을 발견하여 정독하고서 선왕과 똑같은 뜻을 품게 되었다. 그러나 그는 혼자서 권력을 잡지 않고서는 고국을 위해 이 좋은 일을 할 수가 없다는 것을 깨달았다. 인간은 저마다 야망이 있기 때문에 다수를 소수의 뜻에 복종시킬 수 없는 까닭이었다. 그는 때를 기다리다가 적당한 기회가 찾아오자 에포로스들과 그의 뜻에 반대하는 나머지 사람들을 모조리 죽여 버렸다. 이어 그는 리쿠르고스의 법률을 통째로 다시 회복시켰다. 이러한 결정은 스파르타에 새로운 활기를 불어넣기에 충분했을 것이고, 클레오메네스는 리쿠르고스가 누린 것과 똑같은 명성을 얻었을 것이다. 그러나 마케도니아의 급성장하는 국력과 다른 그리스 공화국들의 허약한 국력이 그렇게 되는 것을 가로막았다. 국가를 재조직한 후에 클레오메네스는 마케도니아로부터 공격을 받았다. 그러나 스파르타의 군대는 허약했고 또 외부로부터 도움을 얻지도 못했으므로 그는 패배했다. 그의 계획은 아주 정당하고 칭송받을 만한 것이었지만 결국 미완으로 끝났다.

지금까지 이런 문제들을 검토해 왔으므로 나는 이런 결론을 내린다. 공화국을 조직하는 일은 혼자서 해야 한다. 레무스와 티투스 타티우스의 죽음에 대하여 로물루스는 용서받아야 하고 비난을 받아서는 안 된다.

제10장

공화국이나 왕국의 창건자들은 칭송을 받아야 하고 반면에 참주제의 창건자는 비난받아야 한다

칭송받아 마땅한 사람들 중에서 가장 높은 칭송을 받아야 하는 사람들은 종교의 지도자와 창건자들이다. 그 다음에 바싹 따라오는 사람은 공화국이나 왕국의 창건자이다. 그 다음은 군대를 통솔하면서 그들의 관할 지역을 넓혔거나 고국의 영토를 넓힌 군사령관들이다. 그 다음으로 문사들이 있는데 이들은 여러 유형이므로 그들이 각자 성취한 수준에 따라 칭송받아야 한다. 그 다음의 사람들은 그 숫자가 무한한데 그들의 기술이나 그 기술의 실천에 따라 어느 정도 칭찬을 받을 수 있다.

반면에 다음의 사람들은 악질적이고 혐오스럽다. 종교를 파괴하는 자들, 왕국과 공화국을 황폐하게 만드는 자들, 미덕과 문학의 적들, 인류에게 명예와 이점을 가져다주는 모든 직업을 방해하는 자들, 가령 불경스러운 자, 난폭한 자, 무식한 자, 가치 없는 자, 게으른 자, 비겁한 자 등이다. 또 어떤 사람이 아무리 바보이거나 또 현자일지라도 또 아무리 사악하거나 아주 선량한 존재라고 할지라도, 이런 두 종류의 인간 중 어느 하나를 선택하라고 하면, 그는 칭찬할 만한 인간은 칭찬하고, 비난할 만한 인간은 비난할 것이다. 그러나 결국에는 거의 모든 사람들이 가짜 선과 가짜 영광에 기만을 당하여, 자발적으로 혹은 무지를 통하여 칭찬받기보다 비난받는 사람들의 대열로 추락해 버린다. 또 공화국이나 왕국을 창건하여 영원한 명예를 얻을 수 있는데도 불구하고, 그들은 참주제로 눈을 돌리고 만다. 이런 선택을 통하여 얼마나 많은 명성, 영광, 명예, 안전, 안정, 마음의 평화 등을 잃어버리는지 깨닫지 못한다. 또 그들 스스로 엄청난 불명예, 치욕, 비난, 위험, 불안을 만들어내는 것이다.

만약 그들이 역사서를 읽었고 고대에 벌어진 일들의 기록을 잘 활용한다면, 공화국에서 개인 시민으로 사는 사람들은 다음과 같은 분간을 반드시 하게 될 것이다. 그들은 시민 자격으로서는 카이사르나 스키피오 같이 될 수 있다면 차라리 스키피오 같은 사람이 되기를 바랄 것이다. 만약 그들이 운명이나 뛰어난 능력을 통하여 군주가 된다면 나비스, 팔라리스, 디오니시우스 같은 암군(暗君)보다는 아게실라오스, 티몰레온, 디온 같은 현군(賢君)이 되려고 할 것이다. 암군은 경멸과 함께 무시되어 버리지만, 현군은 높은 칭송을 받는 까닭이다. 그들은 또한 티몰레온이나 다른 현군들은 그들의 나라에서 디오니시오스나 팔라리스 못지않은 권력을 갖고 있었음을 발견할 것이다.

또 고대의 저술가들이 카이사르를 아무리 칭송하여도 그 영광에 속아 넘어가지도 않을 것이다. 그를 칭송한 사람들은 그의 좋은 운명에 현혹되었거나, 카이사르(황제)의 이름으로 운영된 제국이 너무 오래 지속하여 그에 대하여 자유롭게 쓰지 못하게 했기 때문에 겁먹은 자들이었다. 그러나 저술가들이 자유로운 상태에서 카이사르에 대하여 어떤 글을 썼겠는지 알고 싶은 사람은 그 저술가들이 카틸리나에 대해서 어떻게 말했는지 살펴보면 된다. 카이사르는 이 사람과 비해 보면 더욱 더 혐오스러운 자이다. 카틸리나는 고작 국가를 전복하려는 생각을 품었을 뿐이지만, 카이사르는 그런 생각을 실천했으니 더욱 비난 받아 마땅하다. 또 독자들은 저술가들이 카이사르 암살자인 브루투스를 어떻게 칭송하는

지 살펴보기 바란다. 카이사르의 권세에 눌려 그를 비난하지 못하니까 그 적수를 높이 칭송했던 것이다.

로마제국의 황제들

더욱이 공화국에 살면서 행운이나 뛰어난 능력을 통하여 군주가 된 사람은 로마가 제국으로 전환한 이후에 암군으로 살았던 황제들보다는 법률을 지키고 현군으로 살았던 황제들을 한번 찾아보라. 그러면 그는 티투스, 네르바, 트라야누스, 하드리아누스, 안토니누스, 마르쿠스 아우렐리우스 같은 현군[→ 오현제(五賢帝)]을 발견하게 될 것이다. 이들은 근위대가 필요 없었고 그들을 지켜줄 다수의 군대가 필요하지 않았다. 그들의 습관, 인민에 대한 그들의 호의, 원로원에 대한 사랑이 그들을 지켜주었다. 그는 또 칼리굴라, 네로, 비텔리우스 기타 무수한 악당 황제들을 발견하게 될 것이다. 동부와 서부의 군대들도 이들을 적들로부터 지켜주지 못했는데, 그들의 나쁜 버릇과 사악한 생활이 그런 적들을 만들어냈던 것이다.

만약 이런 황제들의 역사를 면밀히 검토한다면 그것은 군주 된 사람에게 영광과 비난으로 가는 길, 안전과 공포로 가는 길을 보여주는 좋은 교훈이 될 것이다. 카이사르에서 막시미누스로 이어지는 스물여섯 명의 황제들 중에서 열여섯 명은 암살되었고 열 명은 자연사했다. 암살된 황제들 중에서 갈바(Galba)나 페르티낙스(Pertinax) 같은 황제들은 현군 축에 들어가는데 이들은 선임 황제들이 뒤에 남겨놓은 부패한 군대에 의해 살해되었다. 자연사한 황제들 중에는 세베루스 같은 악인도 있는데 그의 좋은 운명과 능력 덕분에 자신의 수명대로 살 수가 있었는데 행운과 능력을 두 가지 다 갖춘 사람은 아주 소수이다.

로마제국의 역사서를 정독하는 군주는 또한 좋은 왕국을 조직하는 방법을 배우게 될 것이다. 티투스 황제를 제외하고, 세습으로 황위에 오른 황제들은 모두 암군이었다. 입양에 의해 황제가 된 사람들은 모두 현군이었는데 네르바에서 마르쿠스 아우렐리우스에 이르는 오현제가 좋은 사례이다. 그러나 그 후 제국이 세습 제도로 다시 넘어가자 멸망에 이르게 되었다.

따라서 군주는 네르바에서 마르쿠스 아우렐리우스에 이르는 시대를 면밀히 검토해야 한다. **오현제** 이전과 이후 시대를 검토하면서 그가 태어나고 싶거나 아니면 국정을 담당하고 싶은 시대를 선택해 보는 것이다. 그러면 현제들이 다스리던 시기에는 시민들이 안전하기 때문에 황제도 안전했고, 세상이 평화와 정의로 가득했음을 보게 될 것이다. 원로원은 권위가 있었고 행정관들은 명예가 있었으며 부유한 시민들은 그 재산을 즐겼고, 고귀한 품성은 높은 재주는 칭송을 받았다. 그는 또 모든 종류의 평온과 복지를 목격할 것이며, 반면에 원한, 방종, 부패, 야망 따위는 모두 제거되어 있음을 볼 것이다. 그는 또 모든 시민이 각자 자신이 소중하게 여기는 의견들을 견지하고 방어하는 황금시대를 볼 것이다. 결론적으로 그는 대성공을 거둔 세계, 존경과 영광을 가진 군주, 사랑과 안전을 누리는 인민들을 보게 될 것이다.

그리고 그가 그 다음으로 암군들의 시대를 자세히 검토해 본다면, 전쟁으로 적개심이 가득한 시대, 소요 사태로 의견 분열로 가득 찬 시대, 전시나 평시나 가리지 않고 잔인한 시대를 목격하게 될 것이다. 그는 또 많은 군주들이 칼 앞에 스러지는 것을 볼 것이고, 많은 내전과 대외 전쟁이 벌어지는 것을 볼 것이다. 이탈리아는 새로운 재앙들로 가득 차서 고통받고 있고, 그 도시들은 노략질을 당해 황폐해져 있음을 볼 것이다. 로마는 불타고, 카피톨리움은 로마 시민들에 의해 파괴되고, 고대의 신전들은 황폐해지고, 종교적 예식들은 부패하고, 도시에는 간통 사건들이 넘쳐날 것이다. 그는 망명자들로 뒤덮인 바다와, 피로 흥건히 젖어 있는 해안들을 볼 것이다. 그는 로마에서 벌어지는 무수한 잔인한 사건들을 목격할 것이고, 고상함, 부, 과거의 명예, 특히 뛰어난 능력은 대역죄로 판결되는 것을 볼 것이다. 근거 없는 고발을 한 자가 보상을 받고, 하인들은 타락하여 그들의 주인들에게 반항하고, 해방 자유민은 그들의 옛 소유주에게 달려들고, 적들이 없는 사람들은 친구들에게 박해당하는 것을 볼 것이다. 그는 로마, 이탈리아, 그리고 온 세상이 카이사르에게 얼마나 많은 빚(debt)을 지고 있는지 똑똑히 보게 될 것이다.(영어의 debt는 빚, 은혜 등으로 번역되는데 라틴 어 debita에서 나온 것이다. de부터+bere가지다+ta과거분사의 명사 용법을 조합한 것으로, "상대방으로부터 주어진 상태에 있음"을 뜻한다. 다시 말해 로마, 이탈리아, 그리고 온 세상의 혼란은 카이사르 탓이라는 것이다.-옮긴이)

만약 그가 인간에게서 태어났다면 그 군주는 틀림없이 그 사악한 시대를 생각만 해도 충격을 받을 것이고, 좋은 시대를 흉내 내려는 불타는 욕망을 느끼게 될 것이다. 만약 그 군주가 지상의 영광을 원한다면 부패한 도시를 소유하겠다고 마음먹되, 카이사르처럼 그 도시를 완전히 파괴하지는 말고, 로물루스처럼 그 도시를 재조직해야 한다. 하늘이 내려 주는 명성을 얻는 기회로 이보다 더 좋은 기회는 없으며, 또 인간으로서 이보다 더 좋은 기회를 바라서는 안 된다. 어떤 도시를 개혁하기 위하여 군주제 정부를 포기해야 하는데, 자리보전을 위해 그 개혁을 하지 않은 사람은 그래도 변명할 거리가 있다. 그러나 군주제도 포기하지 않으면서 개혁도 하겠다고 나선다면 그 사람은 변명의 여지가 없다. 결론적으로, 하늘이 이런 기회를 내려 주신 사람들 앞에는 두 가지 길이 놓여 있다. 하나의 길은 그들에게 안전하게 살도록 해주고, 사후에는 그들을 유명하게 해주는 길이다. 다른 한 길은 그들을 끊임없는 불안 속에 살게 하면서 사후에는 영원한 불명예의 유산을 그들 뒤에 남겨놓는 길이다.

제11장

로마 인의 종교에 대하여

로마는 로물루스를 건국의 시조로 여기고 또 착한 딸처럼 그 자신의 출생과 성장을 그에게 빚지고 있다고 생각했다. 하지만 하늘은 로물루스의 제도가 위대한 제국을 이룩하기에는 충분하지 못하다고 판단하여 로마 원로원에게 영감을 내려 주어 **누마 폼필리우스**를 그의 후계자로 선출하게 했다. 그리하여 로물루스가 미완으로 남겨둔 사업은 누마에 의해 조직되었다. 누마는 로마 인이 아주 사나운 민족이라고 생각하여 그들에게 평화의 기술을 적용하여 시민의 복종을 이끌어내려 했다. 그래서 그는 문민 사회를 유지하는 데 아주 필수적인 제도로 종교에 시선을 돌렸고, 종교 제도를 잘 확립함으로써 그 후 여러 세기 동안 로마 공화국은 그 어떤 나라들보다 더 신들을 두려워했다. 이것은 원로원이나 로마의 위대한 인물들이 수행하려던 일을 더욱 용이하게 만들었다. 로마 인 전체로나 혹은 로마 인 개인으로서, 로마 인들이 이룩한 업적을 검토하는 사람은 다음의 사실을 발견할 것이다. 즉, 로마 인은 법률을 위반하기보다는 신들에 대한 맹세를 깨트리는 것을 더 두려워했는데, 그 모습은 사람의 권력보다는 신들의 힘을 더 두려워하는 사람 같았다. 이것은 스키피오와 만리우스 토르콰투스(Titus Manlius Torquatus)의 사례에서 잘 엿볼 수 있다.

한니발이 **칸나이 전투**에서 로마 군대를 대패시킨 이후에 많은 시민들이 한데 모여서 도시의 앞날을 걱정하면서 이탈리아를 버리고 시칠리아로 건너갈 것에 동의했다. 스키피오는 이 소식을 듣고서 그들을 찾아가서 칼집에서 빼낸 칼을 손에 들고서 그들에게 신 앞에 조국 땅을 포기하지 않겠다고 맹세하라고 강요했다. 티투스 만리우스(나중에 토르콰투스라는 별명이 붙음)는 자신의 아버지 루키우스가 호민관 마르쿠스 폼포니우스에 의해 고발당하자, 재판 기일이 도래하기 전에 호민관을 찾아가 아버지에 대한 고발을 취소하지 않으면 죽이겠다고 칼로 위협하면서 신 앞에 맹세할 것을 강요했다. 호민관은 목숨에 위협을 느껴 맹세를 했고 그 후에 고발을 취하했다.

이렇게 하여 조국과 그 법률에 대한 사랑만으로는 이탈리아에 그대로 머무를 수 없었던 사람들이, 강압적인 맹세에 의하여 그 땅에 계속 머무르게 되었다. 또 호민관은 비록 강요에 의한 맹세이기는 했지만, 루키우스 만리우스에 대한 증오심, 루키우스 아들에 의해 가해진 모욕, 그 자신의 불명예 등을 모두 젖혀놓고 자신이 한 맹세를 실천했다. 이런 행동은 누마가 그 도시에 도입한 종교로부터 나오는 것이었다. 또 로마사를 면밀히 검토해 본 사람은, 종교가 군대를 통솔하는 데에도 유익하고, 평민들에게는 용기를 심어주고, 사람들에게 선량한 상태를 유지하게 하며, 사악한 자들에게 수치심을 안겨준다는 것을 발견한다. 따라서 로마가 로물루스와 누마의 두 왕 중에서 누구에게 더 은혜를 입었는가, 하는 논의에서 나는 누마의 손을 들어주고 싶다. 종교가 있는 곳에서는 군대가 쉽게 도입되지만, 군대만 있는 곳에서는 종교를 도입하는 것이 그리 쉽지가 않다. 로물루스는 원로원을 조직하고 다른 많은 민간 제도와 군사

제도를 설립하는 데 신들의 힘이 필요하다고 보지 않았다. 하지만 누마는 그 힘이 꼭 필요하다고 보았다. 그래서 그는 님프와 밀접한 관계를 맺고 있는 척했으며 그 님프가 시민들에게 조언할 내용을 그에게 조언해 준다고 말했다. 누마가 이렇게 한 것은 그 도시 내에 새롭고 이례적인 제도들을 수립하기 위해서였고 또 자신의 힘만으로는 충분하지 않다고 생각했기 때문이었다. 사실 그 어떤 사회에서도 신들에 의존하지 않은, 비상한 법률의 제정자는 없었다. 그렇게 하지 않으면 그런 법률은 받아들여지지 않을 것이기 때문이다. 비록 신중한 사람들에게 알려진 좋은 것들이 많이 있지만, 그것들은 그 자체로는 남들을 설득할 정도로 자명한 특징이 결여되어 있다. 따라서 이런 어려움을 피하고자 하는 현명한 사람들은 신들에게 의존하는 것이다. 리쿠르고스, 솔론, 기타 많은 사람들이 이런 목적을 달성하기 위해 그렇게 했다.

그리하여 로마 인들은 누마의 선함과 신중함에 경탄하면서 그가 내린 모든 결정에 복종했다. 물론 당시는 종교적 심성이 깊은 시대였고 또 그가 통솔한 사람들이 무지하여 그의 계획을 좀 더 쉽게 성취할 수 있게 해 주었다. 그리하여 그는 그 어떤 새로운 형태의 제도도 손쉽게 그들을 설득할 수 있었다. 물론 오늘날에도 공화국을 수립하려는 사람은 도시 사람들보다는 산간 지대의 사람들 사이에서 그러한 목적을 달성하기가 더 쉽다는 것을 발견할 것이다. 산간 지대는 민간 사회가 아예 없는 반면에 도시의 민간 사회는 부패했기 때문이다. 이것은 조각가가 누가 서툴게 주무르다 내팽개친 대리석보다는 자연 상태의 대리석으로부터 더 아름다운 조각을 제작할 수 있는 것과 마찬가지 이치이다.

이상과 같은 점들을 고려해 볼 때 나는 이런 결론을 내린다. 누마가 도입한 종교는 로마 시에 행복을 가져다준 여러 주된 요인들 중의 하나이다. 종교는 좋은 제도를 만들어냈고, 좋은 제도는 좋은 운명을, 그리고 좋은 운명은 로마 인들이 하는 사업에서 행복하고 성공적인 결말이 나오게 했다. 신을 숭상하는 것이 제국이 위대하게 되는 이유인 것처럼, 신을 능멸하는 것은 공화국 멸망의 사유가 된다. 하느님에 대한 두려움이 없는 왕국은, 그 때문에 멸망해 버리거나 아니면 그런 종교적 심성의 결핍을 보충해 주는 군주의 종교적 경건함에 의해 지탱이 된다. 하지만 군주는 오래 살지 못하기 때문에 그 왕국은 군주의 그런 비상한 능력을 잃어버리면 그 후 곧 망하게 된다. 사실 어떤 한 사람의 출중한 능력에 의존하는 왕국은 오래가지를 못한다. 그런 재능은 그 사람의 생애 동안에만 존재하고 그의 후계자가 그런 능력을 그대로 발휘하는 것은 아주 드물다. 그래서 단테는 이런 신중한 선언을 했다.

> 인간의 덕성이 그 가지[枝]들까지 내려가는 일은
> 드무니, 그것은 하느님 당신의 은총인 것입니다.
> 우리는 단지 그분이 그걸 내려 주기를 애원할 뿐.

따라서 공화국이나 왕국의 구원은 살아 있는 동안 신중하게 통치하는 군주보다는, 그의 사후에도 정부가 존속할 수 있도록 조치하는 사려 깊은 군주에게 달려 있는 것이다. 무식한 사람들을 상대로 새로운 제도나 의견을 받아들이도록 설득하는 것이 더 쉽다. 그렇다고 해서 유식한 사람 혹은 자신을 유식하다고 생각하는 사람을 설득하는 것이 아예 불가능하다는 얘기는 아니다. 피렌체 사람들은 자신을 무식하다거나 교양 없다고 생각하지 않았다. 그렇지만 그들은 하느님과 직접 대화를 나눈다고 주장하는 수도자 지롤라모 사보나롤라에게 설득 당했다. 수도자에 대해서는 경건한 마음으로 말해야 하므로 나는 그것(하느님과의 대화 능력)이 사실인지 아닌지 판단하고 싶지 않다. 하지만 이 점만은 말해 두고 싶다. 수많은 사람들이 그런 주장을 믿어줄 만한 비상한 능력을 직접 목격하지도 못했으면서 그의 말을 믿었다. 그의 생애, 그의 교리, 그의 설교 주제 등이 그들로 하여금 그를 믿을 만한 사람이라고 생각하게 만들었기 때문이다. 따라서 다른 사람들이 성취한 것을 당신 자신은 성취하지 못한다고 해서 절망할 필요가 없다. 우리가 서문에서 말한 것처럼, 인간은 언제나 동일한 원칙에 따라 태어나고, 살고, 그리고 죽기 때문이다.(「서문」에서 마키아벨리는 "인간이 역사책을 열심히 읽지만 역사의 교훈을 모방하여 적극적으로 실천하는 사람은 없다."라는 말을 했는데 남의 위대한 업적을 모방하여 실천하려는 사람은 별로 많지 않다는 뜻. −옮긴이)

제12장

종교는 아주 중요한 것인데
이탈리아는 로마 교황청 때문에 종교가 부실해져
멸망의 길을 걸어왔다

국가의 온전함을 유지하려는 군주나 공화국은 무엇보다도 종교적 의례의 온전함을 유지해야 하고 그 의례를 소중하게 여겨야 한다. 국가의 망조를 보여주는 것으로서 종교적 의례의 무시보다 더 명확한 증거는 없다. 사람이 태어나는 곳에서 종교가 어떻게 발전했는지를 살펴보면 이것을 쉽게 이해할 수 있다. 모든 종교는 그 국가의 제도에 생명의 뿌리를 두고 있다. 이교도 종교는 신탁에 대한 반응과 점복사와 마술사의 집단에 바탕을 두고 있다. 다른 모든 의례, 희생, 의식 등도 그것들에 바탕을 두고 있는데, 좋든 나쁘든 당신의 미래를 예측하는 신이 그 미래를 또한 가져온다고 믿는 것이 한결 수월하기 때문이다. 이러한 믿음으로부터, 신전, 희생제의, 간청, 기타 신들의 숭앙에 바쳐진 다른 모든 의례들이 생겨났다. 이것으로부터 델피[Delphi, 델포이(Delphoe)]의 신탁, 유피테르 암몬(주피터 아몬: Jupiter Ammon)의 신전, 기타 유명한 신탁들이 생겨나서 온 세상을 경이와 예배로 채우게 되었다.

나중에 이런 신탁들이 권력자들의 비위를 맞추는 말들만 하면서 사람들이 그 속임수를 알아차리자, 그들은 신들을 믿지 않으면서 모든 좋은 제도를 파괴하려는 경향을 보였다. 따라서 공화국이나 군주국의 통치자들은 그들이 믿는다고 선언한 종교의 기반을 옹호해야 한다. 만약 이렇게 한다면 그들은 신심 깊은 공화국을 유지하는 것이 수월한 일이라는 것을 발견하게 되고, 그 결과 공화국은 더욱 단합되고 훌륭한 국가가 될 것이다. 통치자들은 이런 종교를 지원하는 모든 것을 격려하고 권장해야 한다. 심지어 그것(종교를 지원하는 것)이 잘못된 것임을 알고 있을 때에도 그렇게 해야 한다. 통치자들은 이렇게 할수록 더욱 신중해질 것이고 또 자연 현상에 대하여 더 잘 알게 될 것이다. 현명한 사람들은 이러한 절차를 철저히 지켰다. 그런 태도는 종교에서 칭송되는 기적에 대한 믿음을 가져왔고 심지어 엉터리 종교들까지도 기적을 칭송했다. 그리하여, 그 기적들의 근원이 무엇이었든 간에 신중한 사람들은 그 중요성을 확대 재생산했고, 그 기적들의 권위를 통하여 모든 사람의 신임을 얻었다.

로마에는 이런 기적들이 많이 있었다. 한 가지 예를 들면 이런 것이 있었다. 로마 군인들이 베이이(Veii)라는 도시를 약탈할 때였다. 다수의 병사들이 유노(Juno: 주노) 신전으로 들어가서 여신의 신상 가까이 다가가 물었다. "여신께서는 로마로 가고 싶으십니까?" 일부 병사들에게는 신상이 고개를 끄덕이는 것 같았고, 또 다른 병사들에게는 "그렇다,"라고 대답하는 것 같았다. 이 병사들은 신앙심이 깊었고(리비우스는 이것을 특히 강조하는데, 그들은 신전 안으로 들어서자 아무런 소리도 내지 않았고 모두 독실한 신앙심으로 가득했다, 라고 서술했다), 그들은 내심 기대하고 있었던 질문에 대한 답변을 들은 것 같다. 병사들의 그런 생각과 믿음은 카밀루스나 도시의 다른 통치자들에 의해 적극 권장되고 지지되었다.

만약 이러한 종교가 그 창시자가 가르친 것처럼 기독교 공화국들의 사제에 의해서 유지되었더라면, 기독교 공화국들은 지금보다 더 단합이 잘되고 또 행복했을 것이다. 반면에 기독교 공화국들이 쇠퇴하게 된 아주 확실한 증거를 얻고자 한다면 로마의 교황청을 살펴보면 된다. 사람들이 기독교의 총본부인 이 교회에 가까이 다가갈수록 그들은 더욱 더 종교적 심성이 사라져 버린다. 교황청의 근본적 원칙들을 살펴보고 현재의 교황청 행태가 얼마나 그 원칙들로부터 떨어져 있는지를 파악하는 사람은, 틀림없이 교황청이 멸망 혹은 징벌에 아주 가까이 다가가 있다고 판단하게 될 것이다.

이탈리아를 분열시키는 교황청

많은 사람들이 이탈리아 도시들의 안녕은 로마 교황청에 달려 있다고 생각하는데, 나는 이와는 정반대되는 의견을 말하고 싶다. 나는 그 증거로서 반박이 불가능한 두 가지 강력한 사실들을 제시하고자 한다. 첫째, 교황청이 저지른 나쁜 사례들로 인해 이 땅은 경건함과 종교적 심성을 모두 잃어버렸다. 그 결과 무수한 불이익과 무질서가 뒤따라왔다. 종교가 있는 곳에 모든 좋은 것들이 있다고 생각하는 게 당연한 것처럼, 우리는 종교가 없는 곳에서는 그 반대의 현상을 당연시한다. 따라서 우리 이탈리아 사람들은 교황청과 사제들에게 이런 일차적인 빚을 지고 있다. 우리가 무종교적이고 사악해진 것은 그들 때문이라는 얘기이다. 둘째, 우리는 그들에게 더 큰 빚을 지고 있는데 그것이 우리 멸망의 두 번째 이유이다. 교황청은 이 땅을 분열시켰고 지금도 그렇게 하고 있다. 그 어떤 땅도 단일한 공화국, 단일한 군주의 통치에 완전히 복종하지 않는 한, 단합이 될 수 없고 또 행복하게 될 수 없다. 프랑스와 스페인은 단일한 군주가 통치하고 있다. 이탈리아가 그런 상태를 성취하지 못하고 또 단일 공화국이나 단일 군주가 없는 이유는 순전히 교황청 때문이다. 교황청은 이탈리아에 자리 잡고 있고 또 여기에서 세속적 권한을 발휘하고 있으나 이탈리아의 나머지 지역들도 점령하여 이 나라의 단독 통치자가 될 정도로 힘이 세지도 못하고 또 수완이 좋지도 못하다. 비록 힘이 없기는 하지만 교황청은 세속적인 사태에 대한 통제권을 잃어버릴 것이 두려울 때, 이탈리아 내의 강력한 세력에 대항해 줄 외국의 세력을 불러오지도 못할 정도로 힘이 없는 것은 아니다. 과거에 교황청이 이처럼 외세를 불러온 일이 여러 번 있었다. 가령 롬바르드(Lombard) 족이 이탈리아의 거의 모든 땅을 석권하려 하자, 샤를마뉴의 군대를 불러들여 그들을 내쫓았다. 오늘날의 사례를 살펴보면 교황청은 프랑스의 도움을 받아 베네치아 인들의 권력을 빼앗았고, 그 다음에는 스위스의 도움을 받아 프랑스 인들을 내쫓았다.

따라서 교황청은 이탈리아 전역을 석권할 정도로 힘이 세지도 못하고 다른 사람을 시켜서 그렇게 할 능력도 없다. 이탈리아가 단일 지도자 아래 통일되지도 못하고 그래서 다수의 군주와 영주 밑에 놓이게 된 것은 순전히 교황청 때문이다. 이처럼 많은 지도자는 엄청난 분열과 쇠약함을 낳고 그리하여 이탈리아는 강력한 바바리언(barbarian)들뿐만 아니라 공격해 오는 외적들의 만만한 밥이 되었다. 이탈리아가 이렇게 된 것은 순전히 교황청 탓이지 그 누구의 잘못이라고 할 수 없다. 이 진실을 실제 경험을 통하여 확인하고 싶은 사람은, 오늘날 이탈리아에서 그처럼 권력을 행사하는 로마 교황청 사람들을 강제로 스위스 땅에 가서 살게 하는 힘만 갖고 있으면 된다. 스위스는 오늘날 고대인들이 했던 것처럼 종교적, 군사적 제도를 갖추고 살아가고 있는 유일한 나라이다. 그러나 이 나라에 교황청을 이사 보낸다면 잠깐 사이에 교황청의 사악한 행태가 그 나라에서 발생할 수 있는 그 어떤 일보다 더 끔찍한 무질서를 가져올 것이다.

제13장

로마가 도시를 재조직하고,
각종 사업을 수행하고, 혼란을 진압하기 위해
종교를 활용한 방식

로마 인이 도시를 재조직하고, 각종 사업을 수행한 사례를 제시하는 것은 이 책의 논지에서 벗어난다고 생각하지 않는다. 리비우스의 책에는 많은 그런 사례들이 있지만, 여기서는 다음 몇 가지 사례들로 만족하고자 한다.

로마 인들이 집정관의 권한을 가진 호민관 제도를 창설한 후에, 그 자리에 오른 사람은 한 사람을 빼놓고는 모두 평민 출신이었다. 그 제도를 만들던 해에 전염병과 기근이 창궐하고 어떤 불길한 조짐이 발생하자, 귀족들은 신설된 호민관 제도를 책잡아서 이런 비난을 하기 시작했다. 로마가 제국의 장엄함을 훼손함으로써 신들을 화나게 한 탓이므로 호민관 선거 제도를 예전의 제도로 되돌리는 것만이 신들의 분노를 달랠 수 있다는 것이었다. 이런 식으로 종교를 들이대자 겁먹은 평민들은 모두 귀족으로 구성된 호민관들을 뽑았다.

또 베이이 시를 점령하기 위해 공성(攻城)할 때 로마군의 장군들은 병사들의 사기를 높이기 위해 종교를 활용했다. 그해에 알바누스 호수의 수위가 놀라울 정도로 높아지고 로마 병사들이 장기화하는 공성전에 피로감을 느끼면서 로마로 돌아가고 싶어 했다. 그런데 로마 인들은 아폴로와 기타 점복사들이 알바누스 호수의 수위가 차올라서 둑을 넘게 되는 그해에 베이이 시가 패배할 것이라고 예언하는 것을 발견했다. 병사들은 이 예언 때문에 언젠가 도시를 급습하여 함락시킬 수 있으리라는 희망을 품고서 공성의 어려움을 견뎌냈다. 이런 식으로 로마군들이 공성을 계속하자, 마침내 카밀루스가 **독재관**에 올라 10년의 공성 기간을 끝내고 그 도시를 점령했다. 이처럼 종교를 신중하게 활용함으로써 로마 인은 그 도시를 함락시켰을 뿐만 아니라 호민관 자리를 귀족에게 돌려놓을 수 있었다. 만약 종교가 없었더라면 이 두 가지 사업을 무난하게 수행하지 못했을 것이다.

테렌틸루스 법안을 둘러싼 갈등

종교가 문제 해결에 도움을 준 사례를 하나 더 제시하고 싶다. 로마에서는 호민관 테렌틸루스(Terentillus) 때문에 많은 혼란이 벌어졌다. 그는 아래의 적당한 곳에서 설명될 이유들로 인해 어떤 법안을 제안하고자 했다. 귀족들이 이 법안을 막기 위해 첫 번째로 사용한 수단은 종교였다. 그들은 종교를 다음 두 가지 방식으로 활용했다.

첫째, 그들은 **시빌**의 예언서를 참고하여 이런 조언을 얻었다. 도시 내에 소요가 심하기 때문에 도시는 그해에 자유의 상실을 위협받을 것이라는 조언이었다. 호민관들은 이런 음모를 꿰뚫어보고 폭로했으나 그 위협은 평민들의 마음에 겁을 주었고 그리하여 호민관들을 따르려는 그들의 열기는 식어버렸다.

둘째, 평민들에게 맹세를 하도록 유도하는 방식이었다. 아피우스 헤르도니우스(Appius Herdonius)라는 자가 4천 명에 달하는 추방자와 노예들의 무리를 이끌고 밤에 카피톨리움을 점령했다. 그러자 모든 사람들이 걱정을 했다. 만약 이런 때에 로마의 영원한 적인 아이퀴(Aequi) 인들과 볼스키(Volsci) 인들이 도시를 쳐들어온다면 도시는 꼼짝없이 점령당할 것이다. 하지만 호민관들은 그런 걱정에도 불구하고 테렌틸루스 법안을 계속 밀어붙이겠다고 고집을 부렸다. 외적의 침입 가능성은 날조된 것일 뿐 실제적인 게 아니라는 얘기였다. 그러자 권위와 위엄을 갖춘 시민인 푸블리우스 루베리우스는 원로원 밖으로 나와서 절반은 우호적이고 절반은 위협적인 연설을 했다. 그는 평민들에게 도시가 큰 위험에 빠져 있으며 평민들의 주장은 시기가 좋지 못하다는 것이었다. 그러면서 그는 평민들에게 집정관의 뜻을 따르겠다는 맹세를 하라고 강요하여 성사시켰다. 이렇게 하여 맹세한 평민들은 힘을 뭉쳐서 무력으로 카피톨리움 언덕을 다시 탈환했다. 그러나 이 과정에서 집정관 푸블리우스 발레리우스가 전사했으므로 즉시 티투스 퀸크티우스(Titus Quinctius)가 집정관으로 다시 선임되었다.

퀸크티우스는 평민들이 한가한 시간을 가지면 또다시 테렌틸루스 법안을 생각할 것을 미연에 방지하기 위하여 그들에게 로마를 떠나서 볼스키 인들을 공격하러 가라고 명령했다. 그들이 집정관의 뜻을 따르겠다고 신들에게 맹세했으므로 이 명령을 즉각 이행하라고 집정관은 촉구했다. 호민관들은 그 명령에 반대했다. 맹세는 전사한 집정관에게 한 것이므로 현재의 집정관과는 아무런 상관이 없다는 논리를 폈다. 그렇지만 리비우스의 기술에 의하면, 평민들은 호민관들의 말을 믿기보다는 집정관의 말에 복종하려 했다. 그들은 오래된 종교를 내세우며 이런 글을 썼다. "과거의 사람들은 오늘날처럼 신들에 대한 경배를 게을리 하지 않았으며, 그들의 맹세와 법률을 그들의 입맛에 맞게 해석하지도 않았다."

일이 이렇게 돌아가자 모든 체면을 잃어버릴 것을 두려워한 호민관들은 집정관과 다음과 같은 합의에 도달했다. 호민관들은 집정관의 뜻에 따른다. 호민관들이 1년 동안 테렌틸루스 법안에 대해서 의논하지 않을 것이며, 또한 집정관들도 1년 동안 평민들을 도시의 성벽 밖으로 데리고 나가 전쟁을 하지 않는다. 이렇게 하여 원로원은 종교 덕분에 어려운 사태를 극복할 수 있었는데 그런 도움이 없었더라면 결코 그 위기를 헤쳐 나오지 못했을 것이다.

제14장

로마 인들은 상황적 필요에 따라서 조짐을 해석했고
종교적 절차를 지킬 수 없는 때에도
그것을 준수하려는 신중함을 보였다. 만약 누군가가 그들을
만류하려 했다면 그는 처벌을 당했을 것이다

위에서 이미 논의한 바와 같이, 복점은 고대 이교도 종교의 상당한 기반이었을 뿐만 아니라 로마 공화국에 안녕을 보장해 주는 원인이었다. 이런 이유로 로마 인들은 다른 어떤 제도보다도 복점에 큰 관심을 보였다. 집정관 선출, 사업의 착수, 군대의 출병, 야전에서의 전투 개시, 그 밖에 민간 부분이든 군사 부분이든 모든 중요한 일에서 점을 쳤다. 원정전을 떠나기 전에는 반드시 병사들에게 신들이 승리를 약속했다는 것을 먼저 납득시켰다. 여러 복점관들 중에서, 로마 인들은 군대 내에 병아리 복점관[풀라리(pullarii)]이라는 직책을 두었다. 로마 인들은 야전에서 교전을 결정할 때 병아리 복점관에게 점을 쳐보라고 했다. 병아리들이 모이를 기세 좋게 쪼아 먹으면 로마 인들은 조짐이 좋다며 전장에 나갔다. 반대로 병아리들이 쪼아 먹지 않으면 교전을 하지 않았다. 하지만 점이 좋지 않게 나와도 상황적 필요에 의해 뭔가에 착수해야 된다면 로마 인들은 적절한 표현과 방법으로 그 불길한 점에 다른 의미를 부여했다. 그리하여 그들이 종교를 무시하지 않는다는 외양을 취했다.

루키우스 파피리우스와 아피우스 풀케르

집정관 파피리우스는 삼니움(Samnite, Samnium) 인을 상대로 중요한 군사적 행동에서 이런 신중한 외양을 취하여 승전을 거두었고 그리하여 삼니움 인을 여러 모로 피폐하고 괴로운 상황에 빠트렸다. 파피리우스는 삼니움 인과 대치하면서 진을 치고 있을 때, 승리가 확실하므로 교전이 바람직하다고 생각했다. 그는 병아리 복점관에게 점을 치라고 지시했다. 그러나 병아리들이 모이를 쪼아 먹지 않자 복점관 우두머리는 고민에 빠졌다. 그는 곧바로 교전하려는 사령관의 마음을 잘 알았고 또 사령관과 병사들은 승리를 확신한다는 것을 알았다. 그래서 복점관은 군대가 이런 좋은 작전의 기회를 놓치지 않도록 점괘가 좋게 나왔다고 집정관에게 보고했다.

파피리우스가 예하 부대에게 전투 대형을 지시할 때, 하위직 복점관이 몇몇 병사들에게 병아리들이 모이를 쪼지 않았다고 말했다. 병사들은 그 말을 집정관의 조카인 스푸리우스 파피리우스에게 보고했다. 조카가 다시 집정관에게 보고하자, 파피리우스는 그래도 예정대로 주어진 의무를 수행하라고 즉각 대답했다. 집정관과 그의 군대가 볼 때, 현재의 조짐은 아주 좋으며, 만약 수석 복점관이 거짓말을 했다면 그건 그 복점관에게만 해로운 일이 될 것이라는 말도 했다. 나타난 결과는 집정관의 예측과 일치했다. 그는 부장(副將)들에게 복점관들을 전투 대형의 맨 앞에 배치하라고 명령했다. 전투 대형이 적을 향해 앞으로 나아갈 때, 로마 병사가 쏜 화살이 우연히 수석 복점관을 맞혀서 그를 죽였다. 집정관은 이 소식을 듣자 모든 것이 계획대로 신들의 호의 아래 진행되는 중이라고 선언했다. 저 거짓말쟁이가 죽었으니 로마군은 신들이 혹시 품었을지도 모르는 비난과 분노로부터 면제되었다는 것이었다. 이렇게 하여 그의 작전 계획과 복점을 교묘하게 일치시키는 신중함을 표시하면서 그는 전투 개시의 결정을 내렸고, 아무도 집정관이 실은 종교적 제도를 의도적으로 무시했다는 것을 눈치 채지 못했다.

아피우스 풀케르는 제1차 포에니 전쟁 때 시칠리아에서 이런 신중함을 발휘하지 못했다. 그는 카르타고 군대와의 교전을 원했고 그래서 병아리 복점관들에게 점을 쳐보라고 지시했다. 병아리들이 모이를 쪼지 않는다는 보고가 올라오자, 그는 소리쳤다. "그럼, 병아리들이 바닷물은 먹는지 어디 보자고!" 그는 병아리들을 바다에 처넣으라고 지시했다. 이유가 무엇이었든 그는 전투에서 패배했고 이 때문에 로마에서 유죄 판결을 받았다. 반면에 파피리우스는 널리 칭송을 받았다. 집정관은 전투에서 승리를 거두고 풀케르는 패배했기 때문이 아니라, 한 사람은 불길한 복점 앞에서도 신중하게 행동한 반면에 다른 사령관은 무모하게 행동했기 때문이다. 이처럼 신중하게 복점을 대하는 태도는 병사들에게 자신 있게 전투에 임하라는 신호를 보내는 것이고, 거의 언제나 이런 자신감에서 승리가 얻어지는 것이다. 이러한 전략은 로마 인뿐만 아니라 외국인들도 사용했다. 그에 대해서는 다음 장에서 말하도록 하겠다.

제15장

삼니움 인이 불행한 때에
마지막 수단으로 종교에 호소한 사례

삼니움 인은 로마 인들에게 무수한 패배를 당했고 또 에트루리아에서 최종적으로 파괴되었다. 그리하여 그들의 군대와 지도자들은 살해되었고 에트루리아 인, 갈리아 인, 움브리아(Umbria) 인 같은 동맹들도 점령되었다. "그들은 그들 자신의 자원으로든 혹은 외부의 도움으로든 더 이상 전쟁을 수행할 수가 없는 형편이었는데도 전쟁을 그만두려 하지 않았다. 자유를 지키는 데 성공하지 못했으면서도 자유를 여전히 동경했으며, 승리를 위해 한 번 더 싸우다가 패배하는 것을 선호했다." 그래서 그들은 마지막 시도를 해보기로 결정했다. 그들은 승리의 욕구를 창조하는 길은 병사들의 마음속에 강철 같은 결단력을 주입하는 것이고, 이렇게 하는 데에는 종교가 가장 좋은 수단이라는 것을 잘 알았다. 그들은 사제 오비우스 파키우스의 도움을 받아 오래된 희생 제의를 한 번 더 거행해야겠다고 생각했다. 그들은 다음과 같은 방식으로 그 희생 제의를 조직했다. 그들은 엄숙한 희생을 바친 뒤에, 죽어 있는 희생물과 불 켜진 제단 사이에 서서 군대의 모든 지도자들이 전장에서 도망치지 않을 것을 맹세시켰다. 그리고 병사들을 하나씩 불러내어 제단과 칼을 빼들어 손에 쥐고 있는 백부장들 사이에서 다음과 같은 맹세를 하도록 했다. 먼저 병사들은 그들이 보고 들은 것을 누설하지 않겠다고 맹세했다. 이어 그들은 무서운 저주와 공포가 가득한 말을 외우면서 병사들에게 신들 앞에 맹세하라고 요구했다. 즉, 사령관들이 가라고 하는 곳은 어디든 신속하게 갈 것이며, 전장에서 도망치지 않을 것이며, 도망치는 병사는 누구든 죽여 버린다는 것이었다. 병사들은 만약 이 맹세를 지키지 않는다면 그 저주가 그들의 가족과 부족의 머리 위에 내릴 것이라는 말도 들었다. 일부 병사들이 겁먹으면서 그런 무서운 맹세를 하지 않으려 하자, 그들은 백인대장에 의해 즉각 사형에 처해졌다. 다른 병사들은 그 무시무시한 광경에 겁을 집어먹고 시키는 대로 맹세를 했다.

더욱이 그들의 군대 규모를 더욱 웅장한 것으로 만들기 위해 그들의 4만 명 병력 중 절반은 볏과 깃털이 달린 투구를 쓰고 하얀 군복을 입혔다. 그런 후 삼니움 군대는 아퀼로니아(Aquilonia) 근처에 진을 쳤다. 파피리우스는 그들과 대적하면서 병사들에게 이렇게 말했다. "볏 달린 투구는 상처를 입히지 못한다. 로마의 장창은 채색하고 도금한 그들의 방패를 뚫을 수 있다." 신들에게 맹세한 적들에게 로마 병사들이 겁먹지 않도록 하기 위해, 파피리우스는 그 맹세가 힘을 바탕으로 한 것이 아니라 공포에 바탕을 둔 것이며 또 삼니움 군대가 그들의 시민들, 신들, 그리고 적들을 두려워하고 있으니 겁먹지 말라고 주문했다.

교전이 시작되자 삼니움 군대는 곧 패배했다. 로마 군대의 능력과 예전의 패배에서 축적된 공포가, 삼니움 족이 종교와 맹세로부터 힘들게 끌어낸 결단력을 분쇄해 버린 것이었다. 하지만 삼니움 족은 그 외에 다른 대안이 없고 또 잃어버린 용기를 되찾는 데에는 다른 수단이 없다고 생각했다. 이것은 종교가 적절한 곳에서 적절히 사용되면 큰 자신감을 불러일으킨다는 것을 증명한다. 이 얘기는 외교의 문제를 다루는 곳에 집어넣었더라면 더 적절했을 것이나, 로마 공화국의 가장 중요한 제도들 중 하나이기도 하므로 나중에 이 주제를 또다시 거론하기 보다는 얘기가 나온 김에 여기다 집어넣는 것이 좋겠다 싶어서 그렇게 했다.

제16장

군주제 아래에서 살던 사람은
어떤 우연에 의해 자유민이 되었을 때
아주 어렵게 그 자유를 유지한다

군주제 아래에서 살던 사람은 어떤 우연에 의해 자유민이 되었을 때 아주 어렵게 그 자유를 유지한다. 이것은 오만왕(傲慢王) 타르퀴니우스(Tarquinius Superbus)를 내쫓은 이후의 로마 인들에게서 살펴볼 수 있으며, 고대사의 연대기들에서 무수히 발견되는 사례이기도 하다. 그것은 이해할 만한 일이다. 그 사람은 비유적으로 말하자면 야수에 지나지 않는다. 맹렬하고 사나운 본성을 가지고 있는 데다 늘 갇혀 있고 노예처럼 살아오다가 어느 날 우연히 들판에 내팽개쳐진 것이다. 스스로 먹이를 찾는 데 익숙하지 않고 또 어디에서 도피처를 찾아야 할지 모르기 때문에 그에게 다시 족쇄를 채우려는 사람의 희생물이 되어버린다.

이와 같은 일이 다른 사람들의 정부 밑에서 살아온 사람들에게도 벌어진다. 공공의 방어와 공격에 대해서 어떻게 추론해야 하는지 잘 모르고, 군주를 잘 이해하지 못하는 데다 군주도 그들을 잘 모르므로, 그 사람들은 얼마 전에 그들의 목에서 벗겨진 멍에보다 더 무거운 멍에를 재빨리 다시 짊어지게 된다. 그들의 원료가 그리 타락하지 않았는데도 이런 어려움에 처하게 된다. 사실 아래에서 논의되지만, 완전히 타락한 사람은 짧은 시간이나 단 한순간도 자유민으로 살아갈 수 없는 것이다. 따라서 우리는 부패가 그리 널리 퍼지지 않은 사람들, 다시 말해 부패하기보다

128

선량한 점이 더 많이 남아 있는 사람을 다룬다.

위에 말한 난점 이외에 또 다른 난점은 자유롭게 된 국가는 그 자신을 위해 친구들이 아니라 적들을 만들어낸다. 전제 정부에서 이득을 취했던 자들, 군주의 부(富)로부터 힘을 얻었던 자들은 그 국가의 적대적 구성원이 된다. 특혜의 가능성을 잃어버렸으므로 그들은 더 이상 만족스럽게 살 수가 없고 예전의 권력으로 돌아가기 위해 참주정을 회복하려 든다. 내가 이미 말했듯이 이런 국가는 우호적인 구성원들을 얻을 수가 없다. 자유로운 정부는 정직하고 구체적인 이유들이 있어야만 명예와 상장을 수여하고, 그 이외에는 그 누구에게도 그런 영예나 상장을 내려 주지 않기 때문이다. 그리하여 어떤 사람이 자신의 능력으로 그런 영예와 이득을 소유하게 되었을 때 그는 그것을 내려 준 사람들에게 아무런 은혜를 느끼지 않는다. 이것 이외에도, 자유로운 정부가 내려 주는 공통의 혜택들, 가령 아무 걱정 없이 자신의 재산을 누리는 것, 자신의 처자식의 명예에 대하여 아무런 공포도 느끼지 않는 것, 자신의 신체적 안전에 대해서 아무런 공포도 느끼지 않는 것 등은 사람들이 그것들을 누리는 동안에는 아무런 인정을 받지 못한다. 왜냐하면 그것을 당연시하여 아무에게도 은혜를 느끼지 못하기 때문이다.

그러나 내가 위에서 말한 것처럼, 자유롭게 되어 새로 수립된 국가는 친구들보다는 적들이 더 많다. 이런 사실(적이 많다)에서 오는 불편과 무질서를 미연에 방지하기 위하여 **브루투스**(Lucius Junius Brutus)의 아들들을 죽이는 것처럼 더 타당하고, 안전하고, 필요하고 또 강력한 대책은 없다. 리비우스의 역사서가 보여주듯이, 그들은 다른 로마의 젊은이들과 함께 도시를 전복시킬 음모를 꾸몄다. 그들이 일찍이 왕정에서 누렸던 특혜를 집정관 제도 아래에서는 누릴 수 없다는 것이 음모의 사유였다. 그들에게는 인민들의 자유가 곧 그들을 노예로 만드는 것이었다. 자유로운 제도든 군주국이든 다수의 사람들을 다스리려는 통치자는 새로운 국제에 적대적인 사람들로부터 그 자신을 보호해야 한다. 그렇지 않으면 그는 단명으로 끝나고 말 국가를 수립한 게 된다. 다수의 사람들을 적으로 둔 불운한 군주들은 국가를 보위하기 위하여 비상한 수단에 의존해야 한다. 반면에 소수의 사람을 적으로 둔 통치자는 별 불화 없이 손쉽게 그 자신을 보호할 수 있다. 그러나 일반 대중 전체를 적으로 둔 통치자는 결코 그 자신을 보호하지 못한다. 그가 적들을 누르기 위해 잔인한 방법을 쓰면 쓸수록 그의 군주국은 점점 더 허약해진다. 이렇게 봤을 때, 그가 갖고 있는 가장 좋은 대책은 인민을 그에게 우호적으로 만드는 것이다.

군주가 시민의 마음을 얻는 방법

지금까지의 논평은 내가 위에서 쓴 것에서 약간 벗어난 것이다. 하지만 내가 여기서 군주와 공화국에 대해서 이미 말을 꺼냈으니, 나중에 이 주제로 다시 돌아오지 않기 위하여 이 문제를 간단히 언급하고 싶다. 만약 어떤 군주가 그에게 적대적인 인민들의 마음을 얻고 싶다면(나는 지금 고향 땅에서 통치자가 된 군주들만 거론한다), 그는 먼저 인민들이 원하는 것이 무엇인지 검토해야 한다. 그러면 그는 인민의 소원은 언제나 두 가지임을 발견할 것이다. 첫째는 그들을 노예화하는 데 원인을 제공한 자들에게 복수하려는 것이요, 둘째는 그들의 자유를 되찾는 것이다. 군주는 첫 번째 소원은 완벽하게 들어줄 수 있으나, 두 번째 것은 부분적으로만 충족시킬 수 있다. 첫 번째에 대해서는 적절한 사례가 있다. 헤라클레아(Heraclea)의 참주인 클레아르코스(Clearchus)가 추방되었을 때, 헤라클레아의 평민과 귀족 사이에는 분규가 발생했다. 갑자기 자신들의 지위가 허약해진 것을 발견한 귀족들은 클레아르코스 편으로 돌아서서 그와 음모를 꾸며 헤라클레아 인민들의 반대에도 불구하고 그를 왕으로 복위시키고 인민들의 자유를 빼앗았다.

그 결과 클레아르코스는 두 개의 장벽 사이에 갇히게 되었다. 하나는 귀족들의 오만함이었는데 그는 어떻게 해도 그들을 만족시킬 수도 처벌할 수도 없었다. 다른 하나는 자유를 빼앗긴 것을 참아줄 수 없는 인민들의 분노였다. 그러자 왕은 인민들을 그의 편으로 규합하여 단칼에 귀족들의 오만함을 베어버리려고 했다. 이러한 거사를 해치울 적당한 시기를 노리다가 왕은 모든 귀족들을 참살하여 인민들을 크게 만족시켰다. 이렇게 하여 클레아르코스는 인민들의 첫 번째 소원인 복수를 충족시켰다. 그러나 두 번째 소원인 자유는 왕이 온전히 충족시킬 수 없으므로 그는 왜 인민들이 자유를 원하는지 그 이유를 살펴보게 될 것이다. 그러면 오로지 소수의 사람만이 명령을 내리기 위하여 자유를 원하고 대다수의 사람들은 좀 더 편안하게 살기 위하여 자유를 원한다는 것을 발견하리라.

어떤 형태로 조직이 되어 있든 모든 공화국에서 명령을 내릴 수 있는 지위에 있는 시민들은 40~50명 정도에 지나지 않는다. 이들은 소수이기 때문에 그들로부터 통치자가 자신을 보호하는 것은 쉬운 일이다. 그들을 아예 제거해 버리거나 아니면 그들의 지위에 따라 합당한 명예를 내려 주면 그들은 만족할 것이다. 안전하게 살기를 바라는 대다수의 사람들에 대해서는, 군주의 개인적 권력과 공공 안전을 마련해 주는 제도와 법률을 수립하면 충분히 만족시킬 수 있을 것이다. 군주가 이런 제도를 마련하고 또 사람들이 그가 어떤 경우에도 이 법률을 위반하지 않는다는 것을 알면, 그들은 단시간 내에 안전하고 만족하게 살게 될 것이다. 이에 대한 좋은 사례가 프랑스 왕국이다. 이 나라는 인민들의 안전을 보장해 주는 무수한 법률들을 왕이 잘 지킨다는 사실 그 하나로 잘 굴러간다. 이러한 국가를 조직한 사람들은 왕이 군사와 재정 문제는 그의 마음대로 할지라도 그 외의 다른 문제들에 대해서는 법률을 지키기를 바란다. 따라서 통치 초기에 나라를 안전하게 만들지 못한 군주나 공화국은, 로마 인들이 그렇게 했던 것처럼 가장 빠른 기회를 잡아서 안전을 제공해야 한다. 그 기회를 놓쳐버린 사람은 마땅히 해야 할 일을 하지 않은 것에 대해서 너무 늦게 후회하게 된다.

로마 인들은 왕정을 물리치고 자유롭게 되었을 때 아직 부패하지 않았기 때문에, 브루투스의 아들들을 죽이고 타르퀴니우스 왕 일가를 처분하고 나자 그들의 자유를 유지할 수가 있었다. 로마 인들은 이렇게 하는 데 있어서 우리가 위에서 말한 수단과 제도들을 수립했다. 그러나 사람들이 이미 부패해 버렸다면 자유를 유지할 수 있는 건전한 수단은 로마든 다른 어느 곳이든 발견되지 못할 것이다. 이것은 다음 장에서 다루어진다.

제17장

부패한 상태로 자유롭게 된 사람들은 아주 어렵게 그 자유의 상태를 유지한다

나는 로마의 왕정이 빨리 타파되는 것이 필요했다고 생각한다. 안 그랬더라면 로마는 아주 짧은 시간 내에 허약해지고 무가치한 국가가 되었을 것이다. 왕정 말기의 왕들이 빠져든 심한 부패를 감안할 때, 그런 왕들이 두세 대 더 계속되었더라면 왕들 내부에 퍼져 있던 부패가 왕정의 모든 구성원들 사이로 퍼져나갔을 것이고 그렇게 부패가 확대되면 도시를 개혁한다는 것은 아예 불가능해지는 것이다. 하지만 머리는 떨어져 나갔더라도 몸은 건강한 상태였다. 그래서 로마 인들은 힘을 내어 다시 한 번 자유롭고 잘 조직된 존재로 되돌아갈 수 있었다.

군주정 아래에서 부패한 도시는 그 자유를 다시는 회복하지 못한다는 것이 절대적 진리로 간주되어야 한다. 군주와 그 가족이 완전히 처형된다 할지라도, 또 한 군주가 다른 군주를 처치하고 대신 들어선다고 할지라도, 그것은 대책이 되지 못한다. 완전히 새로운 통치자를 영입하여, 그 선량한 단독 통치자가 뛰어난 능력을 발휘하여 그 도시를 자유롭게 만들지 않는 한, 도시는 결코 안정을 되찾지 못한다. 그렇지만 이 자유도 그 통치자가 살아 있는 동안만 유지된다. 가령 시라쿠사(Syracuse, Siracusa)의 디온과 티몰레온이 좋은 사례이다. 이들의 뛰어난 능력은 각기 다른 시대에 그 도시를 그들의 생존 기간 동안만 자유롭게 만들었다.

그들이 죽자 도시는 다시 예전에 오래 지속된 참주제로 돌아갔다.

로마 공화정 초기와 말기의 차이점

그러나 이보다 더 좋은 사례는 로마에서 찾아볼 수 있다. 일단 타르퀴니우스 왕 일가가 축출되자, 도시는 즉각 그 자유를 장악하고 유지할 수 있었다. 그러나 카이사르, 가이우스 칼리굴라, 네로가 죽어서 율리우스(Julius Caesar) 가문의 대가 끊기자, 로마 인들은 그 자유를 유지하지 못했을 뿐만 아니라 그렇게 하려고 시도조차 하지 않았다. 동일한 도시에서 이런 전혀 다른 결과가 나온 것은 다음의 이유에서 찾아볼 수 있다. 타르퀴니우스 왕의 시대에 로마 인들은 아직 부패하지 않았다. 그렇지만 제정 초기에 그들은 완전히 부패했다. 공화정 초기에는 왕정을 피하기 위해 사람들을 굳세고 의욕적인 상태로 만들려면, 로마 인들에게 다시는 왕의 통치를 받아들이지 않겠다고 맹세만 시키면 되었다. 그러나 공화정 말기에는 브루투스의 권위와 엄격함에다 동부 군단들의 무력이 가세했어도 사람들에게 자유를 지키도록 설득할 수가 없었다. 브루투스는 첫 번째 브루투스처럼 사람들에게 자유를 돌려주었으나 그것을 계속 지탱하지 못했다. 이렇게 된 것은 마리우스의 파당이 로마 인들 사이에 단단히 심어놓은 부패한 심리 때문이었다. 후일 이 파당의 지도자로 올라선 카이사르는 수많은 사람들의 눈을 가렸고 그리하여 그들은 스스로 자신의 목에다 멍에를 얹고 있다는 사실을 알지 못했다.

이 주제에 대해서는 로마의 사례가 그 어떤 것보다 좋으나, 이왕 얘기가 진행된 김에 우리 시대에 알려진 사람들의 사례도 들어보기로 하자. 아무리 심각한 혹은 난폭한 사건이 벌어진다고 하더라도 밀라노와 나폴리에는 자유가 회복되지 않을 것이다. 왜냐하면 이들 도시의 시민들은 완전히 부패했기 때문이다. 이것은 필리포 비스콘티(Filippo Visconti)의 죽음 이후에 더욱 뚜렷이 드러나고 있다. 그가 죽자 밀라노는 도시의 자유를 회복하려고 했으나 그렇게 하지 못했고 또 그 자유를 유지하는 방법도 알지 못했다.

반면에 로마는 왕들이 부패하자 그들의 타락이 도시 전체로 스며들기 전에 그들을 재빨리 축출한 것은 커다란 운명이었다. 시민들이 타락하지 않았기 때문에 로마에 무수한 소란이 발생했어도 피해를 입히지 못했고 오히려 공화국을 이롭게 했다. 이렇게 된 것은 시민들이 좋은 목적을 공유한 덕분이었다.

따라서 우리는 이런 결론을 내릴 수 있다. 원료(즉, 도시의 구성원들)가 부패하지 않았다면 혼란과 무질서는 피해를 입히지 못한다. 그러나 원료가 부패했다면 아주 세심하게 제정된 법률도 아무 소용이 없을 것이다. 그러나 엄청난 능력을 가진 지도자가 그 법률의 준수를 철저하게 강요하여 원료가 다시 좋아지는 경우는 예외이다. 이런 일이 벌어진 적이 있는지 아니면 앞으로 벌어질 가능성이 있는지 나는 알지 못한다. 하지만 위에서 말한 것처럼 일단 도시가 원료의 부패라는 하강 곡선을 따라서 추락하다가 다시 일어서려고 하면 그 당시 생존한 어떤 한 사람의 예외적인 능력에 의해서만 일어설 수 있다. 좋은 제도를 지지하는 도시의 시민들 전체의 뛰어난 능력을 통해서는 그렇게 될 수가 없다. 그리고 그 사람이 죽으면 도시는 다시 원래의 상태로 되돌아간다. 가령 테베가 좋은 사례이다. 테베는 **에파미논다스**의 뛰어난 재능을 통하여 그가 생존해 있는 동안에는 공화국 정부 형태와 제국을 유지했다. 그러나 그가 사망하자 도시는 다시 예전의 혼란으로 되돌아갔다.

이렇게 된 것은 그 어떤 사람도 나쁜 버릇에 물들어 있는 도시 전체를 충분히 훈련시킬 정도로 오래 살지 못하기 때문이다. 아주 장수하는 지도자가 뛰어난 재능을 가진 통치자가 대를 이어 배출된다면 그런 경우는 도시를 제대로 정비할 수 있을 것이다. 하지만 이런 지도자들이 없을 경우에는, 내가 위에서 말한 것처럼 도시는 멸망하게 된다. 단 뛰어난 지도자들이 엄청난 위험과 유혈을 무릅쓰고 도시를 재탄생시키는 경우는 예외이다. 이렇게 봤을 때, 심각한 부패와 자유로운 상태에서 살 수 있는 능력의 부족은 도시 내에 존재하는 불평등으로부터 온다. 따라서 도시를 평등의 상태로 되돌리려면 아주 비상한 조치들을 취해야 한다. 하지만 이런 조치들에 대해서 잘 알고 있거나 또 실시해 보려고 하는 사람들은 거의 없다. 이 문제는 다음 장에서 더 자세히 다루어질 것이다.

제18장

부패한 도시에서 자유로운 정부가 이미 존재한다면
그것을 어떻게 유지할 것인가?
존재하지 않는다면 어떻게 수립할 것인가?

부패한 도시에서 자유로운 정부가 이미 존재한다면 그것을 어떻게 유지할 것인가, 또는 그것이 존재하지 않는다면 어떻게 수립할 것인가, 라는 문제를 여기서 다루는 것이 그리 어색하거나 논리적으로 모순이 된다고 생각하지 않는다. 이 주제와 관련하여 그 정부의 유지든 수립이든 둘 다 성취하기가 대단히 어렵다는 것을 우선 말해둔다. 이 문제에 대하여 어떤 일정한 규칙을 정하기도 거의 불가능하다. 어떤 도시의 부패의 정도에 따라 그것을 출발점으로 삼아야 하는 까닭이다. 그렇지만 모든 것을 다 논의하는 것은 언제나 좋은 일이므로 이 문제를 논의에서 제외하고 싶지는 않다. 나는 먼저 논의의 대상인 도시가 완전히 부패했다고 가정한다. 이것은 당연히 논의의 어려움을 더욱 심화시킬 것이다. 그 도시에서 보편적 타락을 견제할 만한 법률이나 제도가 발견되지 않을 것이기 때문이다. 좋은 관습이 법률의 유지를 강제하듯이, 법률 또한 좋은 관습의 준수를 강요한다. 이것 이외에, 인민들이 선량했던 공화국 탄생 당시에 수립된 제도와 법률은, 사람들이 나쁘게 타락해 버린 후대에 들어와서는 더 이상 적합하지가 못하다. 설사 어떤 도시의 법률이 상황에 따라 바뀐다고 하더라도 그것이 제도를 바꾸어 놓는 일은 아예 없거나 거의 없다. 이것은 새로운 법률들이 불충분하다는 뜻이다. 강고하게 그 자리에 머물러 있는 제도들이 그 법률을 부패시키기 때문이다.

이 문제를 좀 더 설명하기 위하여, 로마에는 정부 혹은 국가의 제도가 있었고 행정관들과 함께 법률이 시민들을 견제했다는 점을 말하고 싶다. 로마의 국제(國制)는 평민들의 권위, 원로원, 호민관들, 집정관들, 그리고 행정관을 추천하고 임명하는 절차, 법률을 제정하는 방법 등을 포함했다. 이러한 제도들은 상황에 따라 바뀌는 법이 아예 없거나 거의 없었다. 시민들을 견제하는 법률은 그들이 타락해 가는 정도에 따라 바뀌었다. 가령 간통 금지법, 사치 금지법, 야망(선거 부정)을 금지하는 법 등이 그것이다. 그러나 이런 부패 상황 속에서 제대로 위력을 발휘하지 못하는 국제는 고정되어 있으므로, 상황에 따라 새롭게 바뀐 법률들은 시민들을 선량한 상태로 유지하지 못했다. 만약 국제가 한 번 더 바뀌었더라면 이런 새로운 법률들과 함께 아주 유익한 기능을 발휘했을 것이다.

로마의 그릇된 관리 임명과 법률 제정

부패한 도시에서는 이러한 제도들이 효력을 발휘하지 못한다는 것은 아주 분명하다. 특히 관리들을 임명하고 법률을 제정하는 두 가지 경우에서 더욱 그러하다. 로마 인들은 집정관과 고위 행정관 자리를 그런 관직을 추구하는 사람들에게만 부여했다. 초창기에는 이런 제도가 훌륭했다. 그런 관직을 추구하는 사람들은 그들 자신을 가치 있는 인물이라고 생각했고 또 관직을 거절당하는 것을 수치라고 여겼기 때문이다. 따라서 그런 관직에 합당한 인물이 되기 위해 다들 훌륭한 몸가짐을 유지했다. 그러나 나중에 이 제도는 부패한 도시에서 아주 해로운 것이 되었다. 아주 뛰어난 능력을 가진 사람이 아니라, 아주 권세가 많은 사람이 고위 행정직을 차지하겠다고 나섰기 때문이다. 그리고 권세가 없는 사람은 아무리 유능하더라도 공포심을 느낀 나머지 그 자리에 도전하려고 하지 않았다.

로마가 어느 날 갑자기 이런 우스꽝스러운 상황을 맞이하게 된 것은 아니다. 로마는 각종 어려움에 빠져들면서 단계적으로 그런 타락상에 도달하게 되었다. 로마 인들은 아프리카와 아시아를 정복하고 그리스의 거의 모든 지역을 통제하게 되자, 그들의 자유가 안전하다고 느꼈고 그들을 두렵게 만들 수 있는 다른 적들은 없다고 느꼈다. 이처럼 안보가 단단해지고 적들이 허약하다는 것을 알게 되자, 로마 인은 집정관을 선출하는 데 있어서 능력보다는 매력을 더 감안하게 되었다. 따라서 적들을 가장 잘 정복할 수 있는 사람들보다는 시민들의 비위를 잘 맞추는 사람을 그 자리에 올렸다. 이어서 그들은 매력 있는 사람들이 아니라 많은 권세를 가진 사람에게 그 자리를 주었다. 이처럼 제도가 불비한 상황에서 능력 있는 훌륭한 사람은 고위 행정직으로부터 완전 배제되었다.

법률에 대해서 말해 보자면 호민관이나 다른 시민들이 일반 대중에게 법률을 제안할 수 있었고, 그러면 모든 시민들이 그 법률이 제정되기 전에 찬반 의사를 표명할 수 있었다. 이것은 시민들이 아직 부패하지 않았을 때에는 좋은 제도였다. 공동체의 복지를 깊이 생각하는 사람이 관련 법률을 제안할 수 있고, 누구나 그에 대하여 의견을 제시한다는 것은 언제나 합당한 일이었다. 그리하여 사람들은 그것을 모두 듣고 난 다음에 가장 좋은 것을 선택할 수 있었다. 그러나 사람들이 일단 사악해지면서 이 제도는 아주 유해한 것이 되어버렸다. 오로지 권세 있는 사람들만이 법안을 제시했고, 그것도 공동의 자유를 위한 것이 아니라 그들의 권위를 더욱 높이기 위한 것이었다. 보복이 두려워 그들에 대해서는 아무도 반대 의견을 말하지 못하게 되었다. 그리하여 사람들은 기만이나 강요에 의하여 그들 자신의 파멸을 가져오게 될 그 법안에 찬성해야 되었다.

따라서 로마가 이런 타락상 중에서도 자유롭게 남아 있고자 한다면 다음의 조치를 취해야 한다. 도시에 생겨나던 초창기에 새로운 법률을 제정했던 것처럼, 새로운 제도를 수립해야 한다. 왜냐하면 선량하지 않고 사악한 시민들을 위해서는 예전과 다른 제도와 생활 방식이 수립되어야 하고, 예전의 제도는 원료(도시의 구성원들)가 완전히 달라진 상태에서는 옛 모습 그대로 존재할 수가 없기 때문이다. 옛 제도들은 더 이상 유효하지 않다는 것이 발견되는 그 순간 일거에 모두 개혁해 버리거나, 아니면 모든 사람이 그 나쁜 점을 깨닫기 전에 조금씩 조금씩 고쳐 나갈 수 있다. 그러나 나는 이 두 방법이 거의 불가능하다고 말하고 싶다. 점진적으로 고쳐 나가는 방법을 취하려면, 일정한 거리에서 그 문제를 초창기 단계부터 관찰해 온 신중한 지도자가 앞으로 나서야 한다. 그런데 이런 사람이 도시에서는 나오지 않을 가능성이 아주 높다. 설령 그런 사람이 나타난다고 해도, 그는 자신이 꿰뚫어 본 바를 남들에게 납득시키기가 쉽지 않다. 어떤 부패한 방식으로 살아오는 데 익숙한 사람들은 그 방식을 바꾸기를 원하지 않으며 특히 거기에 무슨 문제가 있다고 보지 않는다면 더욱 완강하게 버틴다. 특히 누군가가 추상적인 논증으로 그 사악함을 증명하려 든다면 더욱 거들떠보지 않는다.

비상한 사태는 비상한 조치로

모든 사람이 그 제도를 좋지 않다고 생각하여 그것을 일거에 바꾸려고 할 때에는, 비록 좋지 않다는 점이 널리 인식되었는데도 그것을 시정하기가 어렵다. 통상적인 시정 방식이 이미 부패해 버렸기 때문에, 그 방식으로는 충분치가 못한 것이다. 따라서 폭력이나 무력 같은 비상한 방식을 취해야 하는데, 이렇게 하자면 무엇보다도 도시의 군주가 되어 원하는 대로 도시의 제도를 정비할 수 있어야 한다. 그러나 도시를 재조직하여 훌륭한 정체를 수립하는 데에는 선량한 지도자를 전제로 한다. 하지만 역설적이게도 폭력적 방식으로 공화국의 통치자가 된다면 그는 나쁜 사람이 되어버린다. 바로 이런 이유로 인해 선량한 사람이 사악한 방식으로 통치자 자리에 오르는 것은 아주 드문 일이다. 설사 그의 목적이 선량한 것이라고 할지라도 말이다. 이와 거의 비슷할 정도로 드문 일이 하나 또 있는데, 그것은 사악한 사람이 군주 자리에 올라 통치를 잘하기를 바라는 것이다. 다시 말해 그가 사악한 방식으로 획득한 권력을 적절한 방식으로 사용하겠다고 마음먹는 일은 아주 드문 것이다.

이런 이유들로 인해 부패한 도시에서 공화국을 유지하는 일이나 그 도시에 새로운 공화국을 수립하는 일이나 아주 어렵거나 불가능하게 된다. 설사 공화국이 그 도시에 수립되었거나 유지된다고 하더라도 그 제도는 민주제보다는 군주제를 취하는 것이 필요하다. 그리하여 법률적 제도로도 다스릴 수 없는 사람들은 거의 왕권에 가까운 권위로 어느 정도까지 억제해야 한다. 그들을 이것 이외의 다른 수단으로 선량하게 만들려고 하는 것은 아주 잔인한 일이거나 완전 불가능한 일일 것이다. 이것은 내가 위에서 클레오메네스와 관련하여 이미 언급한 바 있다.

클레오메네스는 단독 통치를 위하여 에포로스들을 살해했고, 로물루스 또한 같은 이유로 그의 동생 레무스와 사비니 사람 티투스 타티우스를 죽였다. 하지만 그 후에 두 사람은 그들의 권력을 잘 사용했다. 하지만 클레오메네스든 로물루스든 그들의 신민들이 우리가 이 장에서 다루어 온 그런 부패에 물들지 않았다는 점을 주목해야 한다. 따라서 그들은 국가 개혁안을 효과적으로 실시할 수가 있었다.

제19장

훌륭한 군주를 뒤이은 허약한 군주는 버틸 수가 있으나,
허약한 군주 다음의 또 다른 허약한 군주는
왕국을 유지하지 못한다

로마의 첫 세 왕인 로물루스, 누마, 툴루스(Tullus Hostilius)의 특징은 탁월한 능력한 겸손한 행동거지였다. 이렇게 봤을 때 로마는 아주 좋은 운명을 누린 것이다. 창업 왕은 아주 사나우면서도 호전적인 왕이었고, 두 번째는 평화와 종교를 사랑하는 왕이었으며, 세 번째는 로물루스 못지 않게 사나웠고 평화보다는 전쟁을 사랑하는 왕이었다.

로마에서 도시 제도의 창건자는 아주 초창기에 등장하는 것이 필요했다. 하지만 그 후의 다른 왕들도 로물루스의 능력을 갖추는 것이 필수적이었다. 그렇지 않으면 도시는 유약해져서 이웃 민족들의 희생물이 될 것이었기 때문이다. 객관적 사실로 미루어볼 때, 후계 왕은 선왕보다 능력이 떨어져도 선왕의 능력 덕분에 국가를 유지할 수 있고 선왕의 노력이 가져온 과실을 즐길 수 있다. 그러나 이 후계 왕이 오래 산 이후에 세 번째로 들어선 왕이 첫 번째 왕의 능력을 갖추지 못했다면 그 왕국은 필연적으로 멸망에 이르게 된다. 반면에 두 통치자가 연속하여 뛰어난 능력을 갖추었다면 그들은 아주 위대한 업적을 성취하게 되고 그들의 명성을 하늘 높이 떨치게 된다.

다윗은 무력, 종교, 판단에 있어서 아주 뛰어난 능력을 가진 통치자였다. 그의 능력은 너무나 뛰어나서 주위의 모든 부족들을 정복하여 복종시킨 뒤 넓은 영토와 평화로운 왕국을 아들 솔로몬에게 물려주었다. 솔로몬은 전쟁이 아니라 평화의 기술을 사용하여 왕국을 유지했고 또 아버지의 능력이 가져온 열매를 마음껏 누렸다. 하지만 솔로몬은 어린 아들 르호보암(Rehoboam)에게는 그 왕국을 온전하게 물려줄 수가 없었다. 그래서 이 후계자는 왕국의 6분의 1에 해당하는 지역도 아주 어렵사리 유지했을 뿐이다. 튀르크 족의 술탄인 바야지트(Bajazet, Bayazit)는 전쟁보다 평화를 더 사랑하는 사람이었으나 아버지 마호메트의 노력이 가져온 열매를 즐길 수가 있었다. 마호메트는 다윗 왕처럼 이웃 국가들을 모두 제압하고 아들에게 물려주었으며 그 아들은 평화의 기술만으로도 손쉽게 그 왕국을 유지했다. 현재의 통치자인 바야지트의 아들 **셀림**(셀림 1세)이 할아버지가 아니라 아버지를 닮았다면 튀르크 왕국은 멸망했을 것이다. 아무튼 셀림은 할아버지의 영광을 뛰어넘는 업적을 올릴 것으로 보인다.

이러한 사례들을 살펴볼 때 우리는 자신 있게 말할 수 있다. 뛰어난 군주의 뒤를 이은 허약한 군주는 그런대로 왕국을 유지할 수 있다. 그러나 허약한 군주를 계승한 또 다른 허약한 군주는 왕국을 유지하는 것이 불가능하다. 그러나 프랑스처럼 왕국의 오래된 제도가 국가를 유지할 수 있을 때에는 예외이다. 여기서 말하는 허약한 군주란 통상적으로 전쟁에 대비하지 않는 통치자를 말한다.

로물루스와 이후의 로마 왕들

나는 이 논의를 다음과 같이 결론 내린다. 로물루스의 능력은 아주 위대해서 2대 왕인 누마 폼필리우스에게 많은 행동의 여지를 남겨주었다. 누마는 여러 해 동안 평화의 기술만으로 로마를 다스릴 수 있었다. 누마의 뒤를 이은 3대 왕 툴루스는 그 용맹함의 명성이 로물루스와 어깨를 겨누었다. 4대 왕인 앙쿠스(Ancus Marcius, 앙쿠스 마르키우스)는 문무 겸비의 명군으로 평화의 기술도 사용하는 한편 전쟁을 치를 능력도 있었다. 그는 처음에는 평화의 방식을 유지하려 했다. 그러나 이웃 민족들이 그를 유약하게 보아 경멸한다는 것을 눈치 채고서 그들의 공격으로부터 로마를 보위해야겠다고 결심했다. 그래서 그는 전쟁의 방식으로 돌아섰고 누마보다는 로물루스가 되려고 애썼다.

국가를 통치해야 하는 모든 군주들은 다음의 교훈을 명심해야 한다. 누마와 같이 평화의 방식을 쓰는 통치자는 그가 살고 있는 시대의 시운과 운명의 사이클에 따라 국가를 유지할 수도 있고 유지하지 못할 수도 있다. 그러나 로물루스처럼 신중함과 무력으로 대비하고 있는 통치자는 그 어떤 사건이 벌어져도 국가를 보위할 수 있다. 단 어떤 지속적이고 비상한 힘이 작용하여 그에게서 권력을 빼앗아가는 경우는 예외로 한다. 운명의 결정에 의해, 로마의 3대 왕이 무력을 사용하여 도시의 명성을 회복하는 방법을 모르는 왕이었다면, 로마는 나중에 국가의 단단한 발판을 마련하지 못했거나―하더라도 아주 어렵게 했거나―아니면 후대에 누린 그런 영향력을 갖지 못했을 것이다. 아무튼 로마가 왕들의 통치 아래에 살 때에는 허약하거나 사악한 왕이 등장할 수도 있는 위험을 늘 감당해야 되었다.

제20장

두 명의 유능한 군주가 연속적으로 등장하면 위대한 결과가 나온다. 잘 조직된 공화국은 연속적으로 유능한 통치자를 배출하므로, 영토 획득이나 국가의 성장도 따라서 위대하게 된다

로마가 왕을 쫓아내어 왕정을 폐지했으므로, 위에서 말한 것처럼 유약하거나 사악한 왕이 등장할 위험은 사라졌다. 이제 최고 권력은 두 집정관의 손에 들어갔고, 그들은 세습, 술수, 난폭한 야망 등으로 권력을 획득한 것이 아니라 시민의 투표로 그 자리에 올랐으므로, 그들은 언제나 가장 뛰어난 사람들이었다. 로마는 이런 사람들의 뛰어난 능력과 좋은 운명을 누렸기 때문에 도시는 마침내 왕정 치하에서 보낸 것과 똑같은 햇수 만에 위대함의 정상에 도달할 수 있었다.

또 마케도니아의 필리포스 왕(Phillip II of Macedonia, Philippos II)과 알렉산드로스 대왕 같은 유능한 군주가 연속적으로 배출되었기 때문에 대왕은 전 세계를 정복할 수 있었다. 공화국은 이보다 더 위대한 업적을 성취할 수 있다. 선거 절차에 의하여 지도자를 뽑기 때문에 공화국은 두 명의 통치자가 아니라 계속 연이어지는 무수한 숫자의 통치자를 배출할 수 있다. 아주 잘 조직된 공화국에서는 이런 멋진 권력 계승 방식이 언제나 존재한다.

제21장

자체 군대가 없는 군주와 공화국은
어느 정도 비난을 받아야 하나?

방어용 혹은 공격용 군대가 없는 오늘날의 군주들과 근대의 공화국들은 마땅히 그들 자신을 부끄럽게 여겨야 한다. 그들은 툴루스의 사례를 따라서 이런 사태가 군 복무가 가능한 남자들이 없기 때문이 아니라 그들 자신의 결점 때문에 발생했다는 것을 깨달아야 한다. 그 결점이란 그들이 인민들을 훌륭한 군인으로 만드는 방법을 모르는 것이다. 툴루스가 로마의 3대 왕으로 즉위했을 때 도시는 40년 동안 평화를 누리고 있었다. 그는 전쟁에 참전해 본 사람을 단 한 명도 찾을 수가 없었다. 하지만 전쟁 수행을 준비하면서 그는 군대 복무 경험이 있는 에트루리아 인, 삼니움 인, 기타 민족을 사용할 생각을 하지 않았다. 그는 아주 신중한 사람이었으므로 그의 신민(臣民)들만 동원하기로 했다. 그는 비상한 능력의 소유자였고 그의 치하에서 로마는 아주 훌륭한 병사들을 만들어냈다. 인민들이 군인 노릇을 제대로 하지 못하는 것은 지리나 성격의 탓이 아니라, 군주의 잘못이라는 것은 그 어떤 진리보다 더 명백한 진리이다.

이에 대해서는 아주 최근의 사례를 제시할 수 있다. 최근에 잉글랜드 왕 헨리 7세가 프랑스 왕국을 침공할 때 그는 자신의 신민들로만 구성된 군대를 조직했다. 잉글랜드 왕국은 전쟁을 치르지 않은 지 30년도 넘었기 때문에 왕국에는 군 복무 경험이 있는 병사나 지휘관이 없었다. 그렇지만 헨리 7세는 이런 병사들을 데리고 이탈리아 전쟁 동안 지속적으로 참전 경험을 쌓은 지휘관과 병사들이 많은 다른 나라를 침공했다. 이것은 무엇을 말하는가. 잉글랜드 왕은 잘 조직된 왕국을 다스리는 통치자였고, 평화 시에도 전쟁 준비를 게을리 하지 않았던 것이다.

테베 인 펠로피다스(Pelopidas)와 에파미논다스는 테베 시를 스파르타 통치의 굴욕으로부터 해방시켰다. 그 후 두 사람은 도시(테베)가 복종에 익숙해 있으며 그 시민들은 유약해져 있다는 것을 발견했다. 하지만 두 사람은 두려워하지 않고 테베 인을 무장시켰다. 그런 다음 이들을 데리고 스파르타 군대와 야전에서 전투를 벌여서 그들을 패배시켰다. 이 사실을 기술한 역사가 **플루타르코스**에 의하면, 두 사람은 아주 짧은 시간 안에 전사는 라케데모니아(Lacedemonia: 스파르타)에서만 배출되는 것이 아니라, 사람들이 사는 곳이면 어디에서든 나온다는 것을 증명했다. 툴루스가 로마 인들을 훈련시켰듯이, 자국민에게 군 복무를 훈련시킬 수 있는 사람이 있으면 얼마든지 가능한 것이다. 그래서 베르길리우스(Virgil: Vergil, Publius Vergilius Maro)는 툴루스를 칭송하는 시를 썼고 그 어떤 시도 이처럼 곡진하게 그런 뜻을 표시하지 못했다. "그리고 툴루스는 그의 유약한 신민들을 멋지게 무장시켰다."

제22장

세 명의 로마 인 호라티우스와
세 명의 알바 인 쿠리아티우스 사건에서
주목해야 할 사항

로마의 왕 툴루스와 알바[Alba: 알바롱가(Alba Longa)]의 왕 메티우스 (Mettius)는 휘하의 전사 세 명씩을 뽑아 대결시키고 그 승자가 상대방 나라를 지배하기로 합의했다. 대결한 결과, 쿠리아티우스(Curiatius) 3인은 모두 살해되었고 로마 인 호라티우스(Horatius) 한 명만이 살아남았다. 그리하여 알바의 왕 메티우스는 그의 신민들과 함께 로마 인의 지배를 받게 되었다. 승리를 거둔 호라티우스가 로마로 돌아오자, 그의 여동생 중 하나가 울고 있는 것을 발견했다. 그녀는 전사한 쿠리아티우스 1인에게 시집간 여자였는데 남편의 사망을 슬퍼한 것이었다. 호라티우스는 그 여동생을 살해했고 이 때문에 재판정에 서게 되었다. 상당한 심리 끝에 그는 석방되었는데, 그의 공로라기보다 아버지의 읍소가 주효한 덕분이었다.

이 사건에는 다음과 같은 세 가지 주목할 사항이 있다.

첫째, 나라의 병력 중 일부를 가지고서 나라 전체의 운명을 걸어서는 안 된다는 것이다.

둘째, 잘 조직된 도시에서는 어떤 사람의 공로가 그의 죄과를 덮어주지 못한다.

셋째, 비록 왕들 사이의 합의라 할지라도 준수될 가능성이 의심스럽다면 그것은 현명치 못하다.

다른 나라에 복속하는 문제는 너무나 중요하기 때문에 고작 시민 세 명이 그런 중대 결정을 담당할 경우 왕이나 민중은 결코 만족하지 못할 것이다. 이것은 메티우스가 하려고 했던 일에서도 분명하게 드러난다. 비록 로마 인의 승리 후에 메티우스는 패배를 시인하고 툴루스에 대한 복종을 약속했지만, 베이이 인을 상대로 로마가 전쟁을 벌일 때 로마를 지원하기로 하고서 그는 툴루스를 속이려 했다. 메티우스는 자신의 복종 결정이 무모했음을 뒤늦게 깨달은 사람처럼 행동했던 것이다. 우리는 위의 세 번째 사항에 대해서 충분히 얘기했으므로, 이제 다음 두 장에서는 첫째와 둘째 사항을 다루기로 하자.

제23장

통치자는 국가의 모든 운명과 군대를 위태롭게 해서는 안 된다. 이 때문에 험준한 고개를 전력으로 지키는 것은 때때로 위험하다

국가의 모든 힘을 걸지 않고서 국가의 모든 운명을 위태롭게 하는 행위는 현명한 조치로 판정받은 적이 없다. 이런 어리석은 일을 저지르는 데에는 여러 가지 방식이 있다. 그중 한 가지가 툴루스와 메티우스가 한 방식이다. 그들은 국가의 모든 운명과 수많은 시민들의 기량과 각국의 군대 내에 있는 많은 전사들의 능력을 단 세 명의 기량과 운명에 맡기려 했다. 이들은 두 나라의 국력 중 극히 일부에 지나지 않는데도 말이다. 두 왕은 또한 이런 방식을 취함으로써, 그들의 선임자들이 국가가 자유 속에서 오래 존속할 수 있도록 기울인 노력과 시민들이 그들의 자유를 지키기 위해 바친 열성을 모두 헛된 것으로 만들었는데도, 이런 사실을 깨닫지 못했다. 그런 모든 것을 단 세 명의 행동으로 잃어버릴지도 모르는 상태로 국가를 몰고 갔던 것이다. 두 왕이 했던 행동보다 더 어리석은 일은 찾아보기 어려울 것이다.

이에 못지않게 어리석은 방식은 적들이 침입해 왔을 때 험준한 요충을 선점하고서 관문을 단단하게 지키려고 계획하는 것이다. 그 요충에 국력을 모두 집결시키지 못하는 한, 이러한 결정은 거의 언제나 해롭다. 할 수 없이 이런 결정을 내렸는데, 그 지형이 너무 험준하여 병력을 모두 집결시키지 못한다면 그 결정은 위험하다. 내가 이렇게 생각하게 된 것은 그런 위험을 모면한 사람들(로마 인)의 사례에서 영감을 얻었기 때문이다. 그들은 높은 산들과 험준한 지형으로 둘러싸인 그의 나라가 강력한 외적의 침입을 받았을 때, 고개나 산간 지대에서 교전하지 않고 다른지역에서 적들을 맞이했다. 평지에서 교전하지 않으려 했을 때에는 산간지대에서 적의 공격을 기다렸으나 아주 험준한 지역이 아닌 산속의 다른지역을 선택했다. 그들이 이렇게 한 것은 위에서 설명한 이유에서였다. 높은 산간 지역을 방어하는 데에는 많은 병력을 동원할 수가 없다. 거기서 장기간 살 수가 없고 또 소수의 병력만 수용하는 비좁은 지역에서는 대규모 병력을 이끌고 공격해 오는 적을 상대로 지구전을 펼 수가 없기때문이다. 게다가 적들은 대규모 병력인 데다 공격 목표가 그곳의 점령이 아니라 통과이기에 쉽게 방어군을 공격할 수 있다. 반면에 방어군은적이 언제 공격하여 통과하려고 하는지 그 시점을 모르는 상태로 좁고답답하고 보급이 부족한 진지에서 오랜 시간을 버텨야 하기 때문에 시간이 갈수록 불리해진다. 이렇게 해서 국가와 국민과 군대가 반드시 방어해야 한다고 생각했던 고지를 잃어버리면, 국민과 남아 있는 군대는너무나 큰 충격과 공포를 받아서 제 기량을 시험해 볼 기회도 없이 패배해 버리고 만다. 이렇게 하여 국력의 일부만을 가지고 국가의 모든 운명을 잃어버리는 지경에 이르게 된다.

한니발을 맞이하여 산지를 전장으로 선택하지 않은 로마 인

한니발이 롬바르디아와 프랑스를 갈라놓는 알프스와, 또 롬바르디아와토스카나(Tuscany)를 갈라놓는 산맥을 얼마나 어렵게 통과했는지 다들잘 알고 있다. 하지만 로마 인들은 산지를 선택하지 않고 처음에는 티치노(Ticino) 강가에서, 그리고 다음에는 아레초(Arezzo) 들판에서 그를 맞이하여 싸웠다. 로마군을 알프스 산 같은 불리한 고지로 진출시켜 그곳에서 파괴되는 것보다는 일말의 승리의 희망이라도 남아 있는 땅에서 적과 교전하여 패배하는 것을 더 선호했던 것이다.

역사서를 합리적인 방식으로 읽는 사람들은 유능한 군사령관들이 그런 험준한 고지에 진을 치는 경우가 거의 없다는 것을 발견할 것이다. 위에서 설명한 이유들 때문에, 그리고 산중 고지의 완전 봉쇄가 어렵다는 것을 잘 알기 때문이다. 산간 지대라고 해도 그것은 평지와 별반 다를 바가 없다. 산속에는 사람들이 잘 다니는 익숙한 길이 있는가 하면 외국인들에게는 생소하여 현지인들만 알고 있는 길도 있다. 이런 현지인들만 매수하면 방어군의 진지까지 이르는 길을 얼마든지 알아낼 수 있다.

이에 대한 최근의 사례를 하나 들어보겠다. 1515년에 프랑스 왕 프랑수아 1세가 롬바르디아 지역에 대한 영유권을 주장하기 위해 이탈리아 침공을 계획했을 때, 그 계획에 반대하는 사람들이 내세운 주요 반대 주장은 스위스 인들이 산간 지대에서 왕의 침공을 저지할 것이라는 얘기였다. 그러나 나중의 경험이 증명해 주었듯이, 그들의 반대는 허황한 것이었다. 스위스 인들이 지키는 두세 군데의 진지를 우회하여, 왕은 적들이 알기도 전에 곧장 이탈리아로 들어갔던 것이다. 이렇게 되자 겁먹은 적의 군대는 밀라노로 퇴각했고, 롬바르디아의 모든 사람들은 프랑스 편으로 넘어갔다. 프랑스 군대가 알프스 산간 지대를 통과하지 못하리라는 희망이 붕괴되었으므로.

제24장

잘 조직된 공화국은
상벌 제도를 엄격하게 운영하며
상과 벌을 뒤섞지 않는다

자신의 능력으로 쿠리아티우스 전사들을 제압했으니 호라티우스의 공로는 아주 크다. 하지만 여동생을 죽였으니 그 죄는 포악하다. 로마 인들은 이런 흉악한 죄에 분노하면서, 비록 그의 공로가 크고 새롭다 하더라도 그를 사형에 처할지 결정하는 재판에 회부했다. 사건을 피상적으로 관찰하는 사람이 볼 때 이런 조치는 대중의 배은망덕처럼 보일지 모른다. 이 문제를 면밀히 살펴보고 또 공화국이 갖추어야 하는 제도를 깊이 명상하는 사람은, 호라티우스를 처벌하려 한 것보다는 그를 방면한 것에 대하여 민중을 비난할 것이다. 그 이유는 이러하다. 잘 조직된 공화국은 시민의 죄과를 그의 공로로 상쇄하지 않는다. 훌륭한 업적에 대해서는 상을 내리고, 흉악한 범죄에 대해서는 벌을 내리기로 제도를 정한 후, 어떤 개인이 공로로 상을 받았는데 그 후에 흉악한 행동을 했다면 그의 과거 업적이 무엇이든 불문하고 벌을 내리는 것이다. 이런 규정이 잘 지켜진다면 도시는 오랜 시간 자유를 누리며 살아갈 것이다. 만약 그렇지 않다면 도시는 곧 멸망에 빠져들 것이다. 훌륭한 행동을 하여 명성을 쌓은 시민이, 그 후 어떤 나쁜 짓을 해도 벌 받지 않고 대담하게 행동할 수 있다는 무모함과 자신감을 갖게 된다면, 그는 곧 오만해져서 시민 생활의 모든 좋은 요소가 사라져버리고 말 것이다.

사악한 행동을 처벌하기 위해 벌을 내리고 싶다면 그에 못지않게 좋은 행동에 대해서는 상을 내리는 것이 필요하다. 이것은 로마의 사례에서 잘 살펴볼 수 있다. 어떤 공화국이 소국이어서 내어줄 것이 별로 없다고 하더라도, 그 자그마한 것이라도 내주기를 아까워해서는 안 된다. 어떤 훌륭한 일을 했는데 그 일에 대하여 비록 자그마한 상이라도 내려 준다면 그 사람은 그것을 아주 영예롭고 또 멋지다고 생각하기 때문이다. 애꾸눈이 **호라티우스**(호라티우스 코클레스)와 왼손잡이 **스카이볼라**의 이야기는 잘 알려져 있다. 호라티우스는 적의 진입을 막기 위해 다리를 지키고 있다가 마지막 순간에 다리가 끊어지자 물속으로 뛰어들어 살아 돌아온 영웅이고, 스카이볼라는 에트루리아의 왕 포르센나(Porsenna)를 암살하려다 실패한 오른손을 스스로 난롯불 속에 집어넣어 불태워버린 용사이다. 이런 놀라운 업적을 기리기 위해 공화국은 두 용사에게 자그마한 땅뙈기를 하사했다.

만리우스 카피톨리누스의 이야기도 잘 알려져 있다. 만리우스는 카피톨리움 근처에 진을 치고 있던 골(Gaul: 갈리아) 족으로부터 카피톨리움을 구해 내자, 그는 그 속에 갇혀 있던 사람들로부터 소량의 밀가루를 선물로 받았다. 그 당시의 로마 물가를 감안하면 그것은 상당한 가치와 중요성을 가진 선물이었다. 그 후 만리우스는 카밀루스에 대한 질투심과 사악한 성격 때문에 로마에 소요를 일으키게 되었다. 그때 그는 과거에 밀가루 선물을 받았던 사실을 상기시키며 민중의 환심을 얻고자 했다. 하지만 그는 과거의 공적 따위는 일고의 배려도 없이 카피톨리움 언덕으로부터 내던져져 처형되었다(→만리우스 카피톨리누스). 그가 과거에 그토록 엄청난 명예 속에서 구제해 냈던 그 카피톨리움으로부터 말이다.

제25장

자유도시 내의 오래된 정부를 개혁하려는 사람은
예전의 방식을 지키려는 듯한 외양을 내보여야 한다

도시의 정부를 인민들이 납득하고 또 만족하는 방식으로 개혁하고자 하는 사람은 적어도 고대의 관습을 지키는 듯한 외양을 갖추는 것이 필요하다. 그러면 인민은 국가의 제도가 변하지 않았다고 생각할 것이다. 실제로는 새로운 제도가 과거의 그것과는 완전히 다르더라도 말이다. 이처럼 사람들은 실제보다는 외양을 더 중시하는 것이다. 실제로 그들은 실제 있는 그대로의 모습보다는 겉으로 드러나는 모습에 더 감동받는다. 로마 인들은 자유로운 삶을 시작할 때에 이런 외양의 필요성을 잘 알고 있었다. 그래서 한 명의 왕 대신에 두 명의 집정관을 세웠고, 집정관들의 권표잡이[길라잡이: 릭토르(lictor)]를 왕의 수행원보다 많지 않게 열두 명으로 제한했다.

이것 이외에 과거에 로마의 연례 희생 제의는 왕들이 수행했다. 그러나 로마 인들이 왕이 없다고 해서 과거의 의례가 생략되는 것을 바라지 않았으므로 그들은 이 제의를 담당할 희생 제례의 왕이라고 하는 우두머리 제관을 임명했고 그를 대사제의 권위 아래에다 두었다. 이런 식으로 해서 로마 인들은 그 희생 제의에 만족하면서도 과거처럼 대제관을 맡은 왕이 없다고 해서 왕의 복위를 바라지 않게 되었다.

이것은 도시에 과거의 생활 방식을 폐지하고 새롭고 자유로운 방식을 도입하려는 사람들이 반드시 기억해야 할 사항이다. 새로운 것은 인간의 마음을 바꾸어 놓을 수도 있으므로, 그 새로운 것으로의 변화가 가능한 한 예전의 방식을 그대로 유지하는 것이어야 한다. 만약 고위 행정관들의 숫자, 권력, 임기가 과거와는 다르다면, 적어도 그 명칭만이라도 유지해야 한다. 내가 앞에서 말한 것처럼, 공화국이든 왕국이든 정체를 수립하려는 사람은 이것을 반드시 지켜야 한다. 하지만 저술가들이 참주제라고 하는 절대 왕권의 정부를 수립하려는 사람은 모든 것을 새롭게 창조해야 한다. 이 점은 다음 장에서 설명될 것이다.

제26장

도시든 농촌이든
어떤 땅을 점령한 새로운 군주는 모든 것을
새롭게 창조해야 한다

도시나 국가의 군주가 되고자 하는 사람, 특히 권력 기반이 약하여 왕국이든 공화국이든 어떤 구체적 형태를 부여하고 싶지 않은 사람은 다음과 같이 하는 것이 가장 좋은 권력 유지의 방법이다. 만약 그가 새로운 군주라면 그 국가에서 모든 것을 새롭게 창조해야 한다. 다시 말해, 새로운 이름, 새로운 권위, 새로운 사람들로 새로운 정부를 창조하는 것이다. 부자를 빈자로 만들고 빈자를 부자로 만들어야 한다. 다윗은 왕이 되었을 때 이렇게 했는데, "배고픈 자들에게 좋은 것을 채워주고 부자들은 빈손 털고 떠나게 했다."[이것은 『신약성경』 루가복음 1장 53절에 나오는 "내 영혼이 주님을 찬양하며"로 시작되는 마그니피카트(Magnificat: 성모 마리아의 찬가)의 구절인데, 마키아벨리는 하느님을 다윗으로 착각하고 있다. ─옮긴이] 새로운 군주는 새로운 도시들을 지어야 하고, 이미 지어져 있는 도시들은 파괴하고, 주민들을 이 지역에서 저 지역으로 이주시켜야 한다. 간단히 말해서 그 지역의 지위, 질서, 위치, 부(富) 등을 모두 바꾸어서 그런 것들이 모두 그로부터 나온 것임을 인식시켜야 한다.

이렇게 하는 데 있어서 그는 알렉산드로스 대왕의 아버지인 마케도니아의 필리포스를 모범으로 삼아야 한다. 그는 이 방법을 써서 한 지역의 소왕으로부터 그리스 전역의 통치자로 올라섰다. 그에 대해서 저술한 저술가들은 그가 사람들을 이 지역에서 저 지역으로, 마치 목자가 양 떼를 돌리듯이 이동시켰다고 썼다. 이것은 아주 잔인한 방식이고, 기독교든 아니든 모든 인간적 생활 방식에 적대적인 것이다. 그러니 모든 사람은 이런 방식을 써서 많은 사람들에게 피해를 입히느니 평범한 시민으로 살아가기를 선호할 것이다. 그러나 평범한 시민이 될 생각이 없고 또 자신의 권력을 철저히 지키고자 하는 사람은 이런 사악한 방식을 택해야 한다. 그러나 대부분의 사람들은 이도 저도 아닌 중간노선을 선택하는데 그것은 아주 해롭다. 그들은 전적으로 악해지지도 못하고 그렇다고 전적으로 선해지지도 못하는데, 이것은 다음 장의 사례로 설명이 될 것이다.

제27장

인간은 대체로 전적으로 악해지지도 못하고 그렇다고 전적으로 선해지지도 못한다

교황 율리우스 2세는 1505년에 볼로냐 시로 가서 그 도시에서 1백 년 동안 통치자로 권력을 잡아온 벤티볼리오(Bentivoglio) 가문을 축출하려 했다. 교황은 또 페루자 시의 절대 군주로 행세하던 조밤파골로 발리오니(Giovampagolo Baglioni)도 권좌에서 쫓아낼 생각이었다. 그는 교황령 예하의 도시를 제멋대로 장악하고 있던 지역 통치자들을 모두 쓸어낼 계획이었다. 교황이 페루자 인근에 도착했을 때 그의 그런 의도와 목적은 널리 알려져 있었다. 하지만 율리우스 2세는 근위대인 교황군의 도착을 기다리지 않고 비무장 상태로 그 도시에 들어갔다. 조밤파골로가 자신의 방어를 위해 주위에 많은 사람들을 모아놓고 있었는데도 교황은 아랑곳하지 않았다. 이렇게 하여 평소의 행동 특징인 거칠고 오만한 태도를 내보이며 율리우스는 경비원만 데리고 적의 앞에 나타나 그를 끌고 갔다. 그리고 그 도시에 지사를 임명하여 교회의 이름으로 정의를 베풀도록 했다.

교황과 함께 있었던 신중한 사람들(마키아벨리는 이 현장에 있었고 직접 목격한 내용을 피렌체 시뇨리아에 보내는 외교 문서에서 상세히 보고했다. -옮긴이)은 율리우스의 대담함과 조밤파골로의 비겁함을 주목하게 되었다. 그들은 왜 조밤파골로가 일격에 그의 적을 쓰러트리지 않는지 이해할 수가 없었다. 만약 그랬더라면 영원한 명성을 얻었을 것이고 그가 생포한 부유한 희생물로부터 엄청난 부를 거두어들일 수 있었을 것이다. 왜냐하면 모든 추기경과 그들의 사치스러운 소유물들이 교황과 함께 있었기 때문이다. 그들은 또 그가 선량함이나 양심의 망설임 때문에 그렇게 하지 않은 것인지에 대해서도 잘 이해가 되지 않았다. 왜냐하면 그자는 여동생을 정부로 두었고 또 통치에 장애가 된다면서 사촌과 조카들을 죽여 버린 아주 사악한 자였기 때문이다. 따라서 이자가 교황을 보고서 경건한 두려움이 앞섰다고 보기도 어렵다. 그래서 교황과 함께 있었던 사람들은 이런 결론을 내렸다. 인간은 완전히 악하지도 또 완전히 선하지도 않다. 어떤 사악한 행동이 그 안에 어떤 장엄함과 관대함을 포함하고 있을 때, 인간은 그 범죄를 어떻게 저질러야 하는지 알지 못한다.

그리하여 근친상간도 마다하지 않고 공개적으로 친족을 죽이고도 아무런 죄의식을 느끼지 못한 조밤파골로는 그렇게 할 수 있는 완벽한 기회가 있었는데도, 그 행위를 수행하지 못했다. 좀 더 명확하게 묘사하자면, 감히 그런 행위를 저지를 생각을 하지 못했다. 만약 그가 그 행위를 수행했더라면 모두들 그의 용기를 칭송했을 것이고, 고위 사제들에게 그들처럼 살고 통치하는 사람들이 얼마나 무가치한 사람들인가를 보여 주는 최초의 인물이라는 영원한 명성을 얻었을 것이다. 그리고 그가 수행한 행위의 위대함은 그 행위로부터 나올 수 있는 모든 불명예와 모든 위험을 덮어버리고도 남았을 것이다.

제28장

로마 인들이 아테네 인들보다
시민들에게 관대했던 이유

공화국들의 업적을 읽는 사람들은 모든 공화국이 그들의 시민들에 대하여 약간의 배은망덕을 저지른다는 것을 발견한다. 동시에 로마는 아테네나 그 외의 공화국들에 비하여 그 시민들에게 덜 배은망덕하다는 것도 발견하리라. 이에 대한 이유를 찾아보던 중에, 나는 적어도 로마와 아테네와 관련해서는 로마 인들이 아테네 인들보다 시민을 의심해야 할 이유가 적었기 때문에 그렇게 되었다고 믿게 되었다.

왕들을 축출하고 술라와 마리우스의 시대에 이르는 로마의 역사를 상고해 보면, 도시는 다른 시민들에 의해 도시의 자유를 빼앗는 일이 없었다. 그래서 시민들을 의심해야 할 커다란 이유가 없었고 결과적으로 시민들에게 무자비하게 피해를 입힐 일이 없었다. 반면에 아테네에서는 정반대 현상이 벌어졌다. 페이시스트라토스는 아테네가 최고의 번영을 누리던 바로 그 시기에 기만술을 사용하여 도시의 자유를 빼앗아버렸다. 아테네는 나중에 전과 마찬가지로 자유롭게 되었으나 도시는 과거에 받았던 피해와 예속을 기억했다. 그리하여 시민들의 오류들이나 오류처럼 보이는 것들에 대하여 가차 없이 복수를 해댔다. 이렇게 하여 수많은 뛰어난 사람들이 추방이나 죽음을 당했다. 또한 도편추방(陶片追放)의 관습이 생겨났고 여러 번에 걸쳐 도시의 귀족들에 대하여 각종 폭력이 자행되었다. 그래서 민간 생활에 대한 서술자들이 하는 말이 아주 옳다. 도시가 자유를 빼앗겼다가 다시 회복하면, 시민들은 계속 자유를 유지한 사람들보다 더 맹렬하게 복수를 한다.

상황적 필요가 차이를 만들어낸다

따라서 지금까지 해온 얘기를 귀 기울여 들은 사람은 이 문제와 관련하여 아테네를 비난하고 로마를 칭송하지는 않을 것이다. 오히려 그는 이두 도시들에서 발생했던 다양한 사건들이 부과한 상황적 필요를 비난할 것이다. 이 문제를 상고하는 사람은 다음의 사실을 관찰할 것이다. 만약 로마가 아테네처럼 그 자유를 잃어버린 일이 있었다면, 로마는 그럼에도 불구하고 아테네보다 더 시민들에게 관대하지는 못했을 것이다.

여기서 왕들을 쫓아낸 후에 콜라티누스(→루크레티아)와 푸블리우스 발레리우스에게 무슨 일이 벌어졌는지 아주 정밀하게 추론해 볼 수 있다. 콜라티누스는 타르퀴니우스라는 성을 갖고 있다는 그 이유 하나만으로 추방을 당했다. 그가 로마를 해방시키는 데 도움을 주었다는 사실도 소용이 없었다. 또 발레리우스는 카엘리아 언덕에 웅장한 집을 지어서 의심을 받았다는 이유만으로 추방을 당했다.

이 두 경우에서 로마가 얼마나 의심이 많고 또 가혹한지를 살펴볼 수 있다. 그러므로 나는 이런 결론을 내린다. 만약 로마가 그 초창기에 혹은 성장하기 직전에 그 자신의 시민들에 의해 피해를 입었다면, 로마 역시 아테네 못지않게 시민들에게 배은망덕했을 것이다. 이 배은망덕의 주제로 또다시 돌아오지 않기 위하여 나는 다음 장에서 이 주제를 좀 더 다루고자 한다.

제29장

누가 더 배은망덕한가,
인민인가 군주인가?

위에서 다룬 주제와 관련하여 인민이 혹은 군주가 배은망덕의 현저한 사례들을 더 많이 저질렀는지 여부를 검토하는 것이 적절하리라 생각한다. 이 문제를 더 잘 논의하기 위해서 배은망덕은 탐욕이나 의심에서 생겨난다는 것을 먼저 지적해 두고 싶다. 인민이나 군주가 국가의 군사 지도자를 어떤 중요한 원정전에 내보냈는데 그 사령관이 승전을 통하여 커다란 영광을 얻었다고 해보자. 그러면 군주나 인민은 그 장군이 개선할 때 포상을 해야 한다. 그러나 상을 내리는 것이 아니라 탐욕 때문에 그에게 불명예나 피해를 입힌다면, 또는 그들 나름의 욕심이 작용하여 그에게 정당한 몫을 내려 주지 않는다면, 그것은 용서받을 수 없는 실수를 저지르는 것이 되고, 그와 함께 영원한 불명예가 뒤따라오게 된다. 그런데도 많은 군주들이 이러한 실수를 저지른다. 로마의 역사가 **코르넬리우스 타키투스**(Publius Cornelius Tacitus)는 그 이유를 다음과 같은 문장으로 설명한다. "인간은 은혜보다 피해를 되갚으려는 경향이 훨씬 더 강하다. 진실을 말해 보자면 은혜에 대한 감사 표시는 짜증나는 일인 데 비해, 보복은 이득을 가져다주기 때문이다." 그러나 그들이 탐욕이 아니라 의심 때문에 포상을 해주지 않거나, 좀 더 정확하게 말해서 그 사령관을 기분 나쁘게 했다면, 인민이나 군주는 다소 용서받을 여지가 있다.

우리는 이런 이유 때문에 배은망덕을 저지른 많은 사례들을 책에서 읽는 다. 군사령관은 뛰어난 능력을 발휘하여 적들을 제압함으로써 그의 군 주를 위해 제국을 획득한다. 그리하여 그 자신에게는 영광을 그의 군대 에게는 부를 가득 쏟아지게 한다. 당연히 그 사령관은 그의 병사들, 그의 적들, 그의 군주의 신민들 사이에서 엄청난 명성을 얻게 되고, 그 결과 그 의 승리는 그를 전장에 파견한 군주에게 불쾌한 사건이 되어버린다. 게 다가 인간의 본성은 야심이 많고, 의심이 많으며, 그 자신의 운명에 대하 여 적당한 한계를 정할 줄을 모른다. 사령관의 승리 이후에 군주의 마음 속에서 피어오르던 의심은 그 사령관의 오만한 행동이나 불손한 언어로 인해 더욱 강력한 먹구름으로 뭉게뭉게 변할 수밖에 없다. 그리하여 군 주는 그 사령관으로부터 자신을 안전하게 보호해야 한다는 생각만 하게 된다. 이런 목적을 달성하기 위해 군주는 그 사령관을 처형하거나 그가 군대와 인민들 사이에서 쌓아올린 명성을 빼앗아버린다. 그리고 모든 수단을 동원하여 다음의 사실을 증명하려 든다. 즉, 그 승리는 사령관의 능력 때문에 얻어진 것이 아니라, 좋은 운명, 적의 비겁함 혹은 전투 중에 사령관과 함께 있었던 다른 지도자들의 신중함 덕분이라는 것이다.

베스파시아누스(Vespasian, Vespasianus)는 군대를 이끌고 유대 지방에 나가 있을 때 휘하의 군대에 의해 옹립되어 황제로 선포되었다. 당시 다 른 군단을 이끌고 일리리아에 나가 있던 안토니우스 프리무스는 베스파 시아누스의 편을 들면서 이탈리아로 들어와 당시 로마를 다스리던 비텔 리우스 황제를 상대로 싸웠다. 프리무스는 엄청난 재능을 발휘하며 비 텔리우스의 2개 군단을 패배시키고서 로마를 점령했다. 이때 베스파시 아누스가 파견한 무키아누스는 프리무스의 뛰어난 지휘로 모든 것이 평정되고 모든 어려움이 극복된 것을 발견했다. 이런 공로에 대해서 프리무스는 어떤 상을 받았을까? 무키아누스는 즉시 그의 군 지휘권을 빼앗았고 조금씩 조금씩 그를 추락시켜 로마에서 전혀 권위가 없는 상태로 만들었다. 그래서 프리무스가 아직도 아시아에 있던 베스파시아누스를 만나러 갔을 때, 그는 프리무스를 아주 홀대했고 그리하여 단시간 내에 그는 무명인사로 추락하여 깊은 절망 속에서 죽음을 맞이했다.

우리의 역사서에는 이런 사례들이 많다. 우리의 시대에, 오늘날 살아 있는 사람들이라면 코르도바의 곤살보 페란테의 재능과 근면함을 잘 알 것이다. 페란테는 나폴리에서 아라곤의 페르난도 왕을 위해 프랑스 왕과 싸웠고 결국 승리하여 나폴리 왕국을 정복했다. 페란테가 이런 승리에 대하여 받은 포상은 무엇이었을까? 페르디난도는 아라곤을 떠나 나폴리에 와서는 먼저 페란테의 군 지휘권을 빼앗았고 잠시 뒤에는 그의 성채들도 접수했다. 그리고 그를 스페인으로 데려갔는데 페란테는 얼마 지나지 않아 그곳에서 무명으로 죽었다. 군주들은 군사령관을 이처럼 의심하는 게 자연스럽기 때문에 그것을 피할 수가 없다. 그래서 군주들은 승전으로 그의 나라에 커다란 정복 지역을 가져온 장군들에게 감사 표시를 하기가 불가능하다.

군주가 이런 배은망덕 때문에 망해버리는 것은 그리 놀라운 일이 아니다. 인민들도 그런 배은망덕을 저지르면 그들 자신을 지키기가 어렵다. 자유롭게 사는 도시는 두 가지 목적을 갖고 있는데, 하나는 영토를 획득하는 것이고 다른 하나는 그들의 국가를 자유롭게 지키는 것이다. 그런데 이런 목적을 과도하게 중시하여 적극적으로 추구하다 보면 실수를 저지르기가 쉽다. 영토를 획득하는 과정에서 저지른 실수에 대해서는 다른 적당한 곳(『사론』 2-3, 4, 19, 23, 30)에서 논의될 것이다. 국가를 자유롭게 지키는 과정에서 저지른 실수들은 무엇보다도 이런 것들이 있다. 가령 포상을 받아야 할 시민들에게 피해를 입히거나, 신임해야 할 사람들을 의심하는 것이다. 완전 부패해 버린 공화국에서 이런 실수들은 엄청난 재앙의 원인이 되고 종종 공화국에 독재 정권을 가져오는 이유가 된다. 가령 로마 공화정 후기에 카이사르에게 벌어진 일이 그러하다. 그는 로마 인들의 배은망덕이 그에게 거부했던 것(종신 집정관 자리)을 무력으로 차지했다. 하지만 부패하지 않은 공화국에서는 그 실수들이 더 큰 혜택의 원인이 되고 또 공화국이 자유 속에서 더 오래 살 수 있게 해준다. 왜냐하면 징벌에 대한 두려움은 사람을 더 선량하게 하고 나아가 덜 야심차게 하기 때문이다.

로마는 배은망덕이 별로 없었다

제국을 소유했던 사람들 중에서 로마는 위에서 설명한 이유로 인해 가장 배은망덕의 사례가 적었다. **스키피오**를 말년에 홀대한 사례를 제외하고는 이렇다 할 배은망덕이 없었으며, 코리올라누스와 카밀루스는 각자 평민들에게 피해를 입혔기 때문에 유배형을 당했다. 코리올라누스는 언제나 평민들에 대하여 가슴속에 적개심을 품고 있었기에 용서를 받지 못했다. 그러나 카밀루스는 유배지에서 소환되었을 뿐만 아니라 그 후 평생 동안 군주와 같은 예우를 받았다. 스키피오에 대한 배은망덕은 시민들이 다른 사람들에 대해서는 그렇지 않았는데 유독 그에 대해서는 의심을 품었기 때문에 생겨난 것이었다. 스키피오가 정복한 적(한니발)이 너무나 대단한 사람이어서 그런 의심이 생겼다. 또 그런 위험한 장기전에서의 승리는 그에게 엄청난 명예를 안겨주었다. 그의 젊음, 신중함, 다른 기억할 만한 미덕 등이 그를 아주 돋보이게 했다. 이런 여러 가지 장점들은 너무나 대단한 것이어서 심지어 로마의 고위 행정관들도 스키피오의 권위를 두려워했다. 그런 지나친 권위는 로마에서는 이례적인 것이었기에 로마의 현인들을 불쾌하게 만들었다. 성인으로 소문난 대(大) 카토 (Cato the Elder: Marcus Porcius Cato Censorius, 기원전 234~149년)가 볼 때에도 그의 생활 방식은 너무 이례적이었고 그래서 카토는 스키피오를 비난한 첫 번째 인사가 되었다. 카토는 고위 행정관들마저도 두려워하는 시민이 있다면 그 도시는 자유롭지 않은 것이라는 주장을 폈다.

이렇게 하여 로마 인들은 이 문제에 대하여 카토의 견해를 따라갔다. 내가 위에서 말한 것처럼, 인민과 군주가 의심에서 배은망덕하게 되는 것은 어느 정도 용서해 줄 수 있다고 말한 그 사례에 해당한다. 이 장의 논설을 끝내면서 이런 결론을 내리고 싶다. 배은망덕은 탐욕이나 의심에서 생겨난다. 그러나 인민은 탐욕보다는 의심 때문에 그런 행동을 하게 되는데 그래도 군주에 비해서는 그 빈도가 훨씬 떨어진다. 인민은 의심을 품어야 할 이유가 훨씬 적기 때문인데 그것은 다음 장에서 설명된다.

제30장

배은망덕을 피하기 위하여
군주나 공화국이 쓰는 수단. 사령관이나 시민이
배은망덕에 당하는 것을 피하는 방법

의심이나 배은망덕을 당하지 않기 위하여 군주는 군사적 원정이 있을 때 친정(親征)을 해야 한다. 초창기 로마의 황제들과 우리 시대의 튀르크 군주 셀림 1세는 이렇게 했다. 그리고 모든 유능한 지도자들이 그렇게 해왔고 지금도 그렇게 한다. 이런 지도자들이 승리를 거두면 영광과 획득한 땅은 모두 전적으로 그들에게 돌아간다. 그들이 전장에 나가지 않으면 승전의 영광은 그들에게 돌아가지 않는다. 그들이 정복된 땅을 활용하고자 한다면, 그들이 자력으로 그것을 획득하지 않았으므로, 승리한 사령관의 영광을 훼손하지 않고서는 어렵게 된다. 이렇게 하여 그들은 배은망덕과 불의를 저지르게 된다. 이럴 경우 그들의 손실은 틀림없이 이득보다 크게 된다. 사정이 이런 데도 그들이 게으르거나 신중하지 못해 본국에 그대로 머물고 대신 사령관을 전장에 보낸다면, 나는 그들에게 몸소 대처 방안을 배우라는 것 이외에 그들에게 가르쳐줄 교훈이 없다.

군사령관이 배은망덕을 피하는 두 가지 방법

그런데 군사령관은 배은망덕의 독침을 피할 수가 없으므로, 그는 다음 두 가지 중 어느 하나를 해야 한다.

첫째, 승리 직후에 군 지휘권을 내려놓고 군주의 손에 그 자신을 맡기는 것이다. 오만하거나 야심만만한 행동은 절대로 하지 않으면서 군주가 의심할 만한 여지를 아예 없애버리는 것이다. 그러면 군주는 군사령관을 포상하거나 아니면 적어도 그에게 피해를 입히지는 않을 것이다.

둘째, 위와 같이 행동하는 것이 적절하지 못하다고 생각된다면, 그와는 정반대의 행동 노선을 취한다. 승전으로 획득한 땅이 군주의 것이 아니라 사령관 자신의 것이라고 생각해도 될 만한 모든 이유들을 궁리해내고, 그의 군대와 인민들이 그에게 호감을 갖게 만들고, 병사들을 동원하여 모든 성채들을 점령하고, 군대 내의 예하 지휘관들을 뇌물로 매수하고, 매수할 수 없는 자들은 단단히 경계하면서 안전을 도모하는 등 모든 수단을 강구하여, 그에게 배은망덕을 보일 것 같은 군주를 처벌하기를 추구한다. 이 두 가지 방법 이외에 다른 방법은 없다. 그러나 이미 위에서 설명한 것처럼, 인간은 완전하게 악해지는 방법도, 그리고 완전하게 선해지는 방법도 알지 못하기 때문에 멸망을 자초한다. 승리를 거둔 직후 사령관들은 군 지휘권을 내려놓으려 하지 않고, 게다가 겸손하게 행동하지도 못한다. 그렇다고 해서 명예롭게 보일 수도 있는 어떤 난폭한 조치를 강구하는 방법도 알지 못한다. 그 결과 결정을 내리지 못하고 우유부단과 애매모호 사이에서 우물쭈물하다가 제거되는 것이다.

공화국에 대해서 말해 보자면, 만약 공화국이 배은망덕을 피하고자 한다면 군주와 똑같은 처방을 쓸 수는 없다. 군주처럼 직접 친정에 나설 수는 없고, 그 시민들 중 어떤 사람을 사령관으로 삼아 보내야 한다. 그래서 나는 그 공화국이 로마 공화국이 사용한 것과 똑같은 방법을 사용한다면 다른 공화국들에 비해 덜 배은망덕에 노출될 것이라고 생각한다. 그 방법은 로마 정부의 관행에서 나온 것이다. 귀족과 평민 할 것 없이 온 도시가 전쟁에 참여했으므로, 로마에는 모든 시대에 많은 유능한 사람들이 배출되어 다양한 승리를 성취했다. 게다가 숫자가 많은 평민들은 서로 감시를 했기에 상대방에게 의심을 품을 이유가 없었다.

더욱이 그들은 아주 철저하게 성실성을 견지했고 그래서 일말의 야심이라도 내보이지 않으려고 극도로 조심했다. 그리하여 그들의 야심으로 사람들을 해칠지 모른다고 생각할 빌미를 제공하지 않았다. 그들 중 어떤 사람이 독재관의 자리에 올랐을 때, 그는 아주 큰 영광을 얻자마자 그 자리를 내놓아버렸다. 이런 성실한 태도는 의심을 일으킬 여지가 없었고 그리하여 배은망덕을 만들어내지 않았다. 이런 이유로 배은망덕의 구실을 아예 제거하고자 하는 공화국은 로마 인처럼 그들의 정부를 다스려야 한다. 그리고 배은망덕의 독침을 피하고자 하는 시민은 로마 시민들이 준수했던 행동의 한계를 잘 지켜야 한다.

제31장

로마의 사령관들이 잘못을 저질러도
과도하게 처벌받지 않은 이유와,
무지와 오판으로 공화국에 피해를 입혔어도
처벌 받지 않은 이유

우리가 위에서 설명한 것처럼, 로마 인들은 다른 공화국들에 비해 그 시민들에게 관대했을 뿐만 아니라 또 군사령관들을 처벌하는 데 있어서도 더 인정미가 있었고 또 존경심을 표시했다. 설사 사령관의 잘못이 악의에서 저질러진 것이라 할지라도 로마 인들은 인도적인 처벌을 했다. 무지에 의해 저질러진 실수에 대해서도 로마 인은 장군을 처벌하지 않았을 뿐만 아니라 그에게 상을 주고 명예를 살려주기까지 했다. 이러한 집행 방식은 로마 인들에 의해 세심하게 마련된 것이었다. 그들은 군사령관이 자유롭고 임기응변적인 마음을 가지고서 군대를 지휘하는 것이 아주 중요하다고 생각했다. 그래야 결정을 내릴 때 무관한 사항들에 대해서 신경을 쓰지 않아도 되는 것이다. 로마 인들은 이미 어렵고 까다로운 임무를 맡은 장군에게 새로운 위험이나 어려움을 추가하지 않으려 했다. 만약 장군에게 시시콜콜 간섭을 하게 되면 그 어떤 사령관도 기민하고 유능한 조치를 취할 수 없다고 보았다.

예를 들어 마케도니아의 필리포스와 맞서기 위해 그리스로, 혹은 한니발과 맞서기 위해 이탈리아로, 또는 로마 인들이 예전에 정복한 땅의 사람들과 싸우기 위해 로마군을 파견한다고 해보자. 이때 이 원정전을 맡은 군사령관은 그 사업에 관련된 온갖 어려운 관심사로 스트레스를 받는다. 그것은 심각하면서도 아주 중요한 관심사일 것이다. 이런 근심 걱정 이외에, 사령관의 마음이 패전 탓으로 십자가형을 받았거나 사형에 처해진 다른 장군들의 사례들로 심란해진다면, 그는 너무 많은 의심들에 둘러싸여 용감한 결정을 내리지 못할 것이다. 패전했다는 불명예가 이미 사령관으로서는 감당하기 어려운 중벌이라는 점을 감안하여, 로마인들은 다른 처벌로 사령관들의 사기를 꺾어놓으려 하지 않았다.

의도적인 잘못과 무지에 의한 잘못

다음은 로마 인이 무지가 아니라 의도적으로 저지른 잘못을 처벌한 사례이다. 세르기우스와 비르기니우스는 베이이에 진을 치고서 파견군을 둘로 나눠 각자 한 부분을 지휘했다. 세르기우스는 에트루리아 인들을 맞이할 수 있는 지점에 자리를 잡았고 비르기니우스는 그 반대편에 진을 쳤다. 세르기우스는 비르기니우스에게 지원병을 요청하지 않고 그 대신에 팔리스칸 족과 기타 부족들로부터 공격을 받아 패주하는 것을 선택했다. 반면 비르기니우스는 동료인 세르기우스가 불명예를 당하는 꼴을 보고 싶었기 때문에, 지원 요청이 없더라도 군대를 이끌고 가서 도와줄 생각은 하지 않고, 조국 로마가 불명예를 당하고 세르기우스의 군대가 패주하는 것을 더 보고 싶어 했다. 이것은 아주 사악하여 오래 기억될 만한 사례였다. 만약 두 사령관을 처벌하지 않는다면 로마 공화국에 아주 나쁜 영향을 미칠 것이었다. 다른 공화국 같았으면 두 사령관에게 사형을 내렸을 것이나, 로마 공화국은 그들에게 벌금형을 부과했다. 그들의 죄가 중벌을 받을 만한 것이 아니어서 이렇게 한 것이 아니라, 로마인들은 위에 이미 설명한 이유로 인해 조상들의 관습을 그대로 유지하려 했던 것이다.

무지로 인해 저질러진 잘못에 대해서는 바로(Varro)보다 더 좋은 사례는 없을 것이다. 바로는 무모한 판단을 내려서 로마 병사들이 칸나이에서 한니발의 군대에게 대패를 당하게 만든 장군이다. 이 패전은 공화국의 자유를 위태롭게 할 정도로 심각한 사건이었다. 그러나 그것은 악의가 아니라 무지에서 빚어진 일이었기 때문에 로마 인은 바로를 처벌하지 않고 오히려 영예롭게 대해 주었다. 그가 로마로 돌아오자 원로원 의원 전원이 출영을 나갔다. 그들은 패전에 대해서는 축하를 해줄 수가 없었기 때문에 로마로 살아서 돌아오고 또 공화국의 앞날에 대해서 절망하지 않는 점에 대하여 그에게 감사 표시를 했다.

독재관 파피리우스 쿠르소르(Papirius Lucius Cursor)가 자신의 명령을 어기고 삼니움 족과 교전하여 커다란 승리를 거둔 파비우스를 군령 위반으로 죽이려 하자, 파비우스의 아버지가 독재관의 고집불통에 대하여 내놓은 주장은 이런 것이었다. 과거 로마 인들의 조상은 사령관들이 엄청난 패배를 한 후에도 그들을 홀대하지 않았다. 그런데 독재관은 승리를 거둔 파비우스를 패배한 장군보다 더 못하게 대접하려 하다니 이것이 될 말인가.[독재관은 결국 양보하여 파비우스의 목숨을 살려주었다. 리비우스, 8. 30(리비우스의 『로마사』 8권 30절의 약칭. 이하 『로마사』 표기는 같은 형식). -옮긴이]

제32장

공화국 혹은 군주는
궁핍한 상황에서도 포상을 내리는 것을
미루지 말아야 한다

로마 인들은 민중들에게 언제나 관대하게 대했고 위험이 닥쳐왔을 때에도 가능한 한 그렇게 하려 했다. 에트루리아의 왕 포르센나가 축출된 타르퀴니우스를 왕좌에 복위시키려고 공격해 오자 원로원은 인민들이 전쟁을 견디기보다는 왕의 복위를 받아들이지 않을까 의심했다. 그런 인민의 환심을 사기 위해, 원로원은 가난한 사람들이 아이를 키움으로써 공공복지에 많은 기여를 했다는 구실을 내세워 인민들의 소금세와 기타 세금을 감면해 주었다. 이런 관대한 처분의 결과로, 인민들은 공성의 어려움과 박탈, 기근, 전쟁을 묵묵히 참아냈다.

하지만 이러한 사례 때문에 위험한 순간이 다가올 때까지 인민들의 호의를 얻은 일을 미루어서는 안 된다. 로마 인들에게 통한 방법이 다른 민족들에게 통한다는 보장이 없는 것이다. 대중들은 당신이 내려 준 혜택이 당신의 자발적 의지가 아니라 적들이 몰려오니까 팔 비틀려 내려 준 것이라고 생각한다. 그리하여 대중은 이 위기가 지나가면 당신이 억지로 내려 준 혜택을 곧바로 빼앗아갈 것이라고 우려한다. 그리하여 그들은 당신에게 아무런 은혜를 느끼지 못한다. 이 정책이 로마에서 통한 것은 로마 정부가 새롭게 조직되어 아직 안정이 되어 있지 않았기 때문이다. 인민은 평민들의 상소권 등 전에 제정된 법률들이 그들의 혜택을 위한 것이었음을 직접 목격했고 그래서 이 감세 혜택이 적의 등장 때문이 아니라 원로원의 배려 차원에서 내려진 것이라고 생각했다. 게다가, 전에 왕들에 의해 여러 가지 방식으로 모욕과 학대를 당한 기억이 여전히 생생했다.

이와 유사한 상황은 아주 드물게 발생하기 때문에 유사한 처방이 동일한 효력을 발생하는 것도 아주 드문 일이다. 따라서 공화국이든 군주국이든 앞으로 어떤 종류의 역경이 나라에 닥칠 것인지, 또 그런 종류의 역경에서는 어떤 사람들이 필요한지 미리 생각해 두어야 한다. 그런 다음 그 어떤 역경이 들이닥쳐도 미리 생각해 두었던 필요한 방식에 따라 대처해 나가야 한다. 공화국이든 군주국이든(이 경우는 특히 군주국이 더 해당되는데) 그런 사전 대비는 필요 없고 위험이 들이닥칠 때 그런 혜택을 베풀어 인민의 마음을 되찾아올 수 있다고 생각한다면, 그 나라는 자기 자신을 속이고 있는 것이다. 그런 방식은 국가를 안전하게 만들지도 못할 뿐만 아니라 국가의 패망을 촉진할 것이다.

제33장

국가의 내부 혹은 외부에서 문제가 발생하면
그것을 공격하기보다는
처리를 미루는 것이 더 안전하다

로마 공화국의 명성, 힘, 지배가 점점 커지는 동안 그 이웃 부족들은 이 새로운 공화국이 그들에게 얼마나 큰 피해를 입힐 것인지 알지 못했다. 그러다가 그 잘못을 깨달았을 때에는 이미 너무 늦었다. 그들은 전에 시정하지 못했던 것을 시정하려고 하면서 약 40개 민족이 로마 인들에 대항하여 동맹을 결성했다. 그러자 로마 인들은 긴급한 위기 상황의 조치인 독재관을 옹립하기로 결정했다. 독재관은 그 누구와도 상의할 필요 없이 결정을 내릴 수가 있으며 그의 결정에 대해서는 상소할 수가 없고, 그의 결정은 곧바로 실시되는 비상대권의 자리였다. 이 조치는 그 당시에 유익했으며 또 로마 인들이 위에서 말한 위험들을 극복할 수 있었던 주된 이유였다. 그 후에도 이 제도는 모든 상황에서 아주 유익했고 공화국이 제국으로 영토를 확대해 나가는 과정에서 이런저런 시기에 발생한 장애물을 제거하는 데 도움을 주었다.

이 문제와 관련하여 다음 사항을 언급하고 싶다.

무엇보다도, 공화국의 내부 혹은 외부에서 내적 혹은 외적 요인으로 문제가 발생하여 너무 심각해진 나머지 모든 시민들이 불안해한다면, 가장 안전한 방법은 그 문제를 제거하려고 할 것이 아니라 문제 처리를 지연하는 것이다. 왜냐하면 거의 언제나 그 문제를 제거하려고 하는 사람은 그 위력만 키워주고 그리하여 그 문제가 가져오는 피해를 더욱 촉진시키기 때문이다. 공화국에서는 이런 종류의 상황이 외적인 이유보다는 내적인 이유로 더 잘 발생한다. 가령 어떤 시민이 필요 이상의 권력을 장악하게 되거나, 자유로운 정부의 핵심인 법률이 부패하기 시작한다. 이런 잘못이 계속 방치되다가 어느 시점에 이르면 그걸 그냥 놔두는 것보다는 시정하려고 하는 것이 더 위험스러운 정책이 되어버린다.

그런데 이런 문제는 발생하는 그 즉시 알아보기가 더 어렵다. 사람들은 어떤 사업의 시작을 거부하기보다는 승인하는 것이 더 자연스럽기 때문이다. 이런 승인을 받는 사업은 다소 장점을 가지고 있고 또 무엇보다도 젊은 사람들의 일일 가능성이 높다. 뛰어난 능력을 갖춘 젊은 귀족이 공화국에 나타나면 모든 시민의 시선은 그에게로 쏠리고 그들은 깊은 생각도 없이 그를 칭송하기에 바쁘다. 만약 그 젊은이가 일말의 야심이라도 갖고 있는 사람이라면 자연이 준 능력과 시민들의 칭송이 결합하여 그를 아주 높은 지위로 재빨리 밀어 올린다. 시민들이 뒤늦게 그들의 잘못을 깨달아도 사태를 시정할 수단이 별로 없고, 그들이 갖고 있는 시정 수단을 사용하면 그것은 오히려 그 젊은이의 권력 강화를 촉진시킨다.

메디치와 카이사르의 신속한 권력 장악

이에 대해서는 많은 사례를 제시할 수 있으나 나는 우리 도시의 사례 하나를 가져오기로 하겠다. 메디치 가문이 피렌체 시에서 위대한 권력을 휘두르게 된 시조는 코시모 데 메디치이다. 이 사람은 그의 신중함과 다른 시민들의 무지 덕분에 엄청난 칭송을 받아서 아주 유명해졌다. 그리하여 그는 정부에 두려움을 안겨주기 시작했다. 다른 시민들은 그의 위세에 눌려 그를 공격하는 것을 위험하다고 생각했고, 그렇지만 코시모를 지금처럼 계속 권력을 강화하도록 내버려두는 것은 더 위험하다고 판단했다.

그 당시 피렌체에는 니콜로 다 우차노라는 시민이 살았는데 이 사람은 국정 운영의 문제에 일가견을 갖고 있는 사람이라고 여겨졌다. 그는 코시모의 명성에서 나오는 위험을 초창기에 알아보지 못한 첫 번째 오류를 저질렀지만, 살아생전에 두 번째 오류를 저지르지는 않았다. 다시 말해 코시모를 제거할 생각은 하지 않았다는 것이다. 그런 제거 시도는 정부를 완전 망해버리게 할 것이라고 예측했기 때문이다. 이러한 예측은 그의 사후에 옳은 것으로 판명되었다. 그가 사망한 후 뒤에 남은 시민들은 그의 조언을 따르지 않고 코시모에 반대한 세력이 합류하여 그를 피렌체에서 쫓아내 버렸다. 그러나 코시모의 파당은 그런 부당한 조치에 적개심을 느꼈고 그 직후 코시모를 소환하여 공화국의 통치자로 만들었다. 만약 시민들의 그런 노골적인 반항이 없었더라면 그는 결코 그런 높은 자리에 오르지 못했을 것이다.

로마에서도 카이사르에게 이와 똑같은 일이 벌어졌다. 그는 뛰어난 능력을 발휘하여 폼페이우스와 다른 정치인들의 은고(恩顧)를 입었다. 그러나 곧 이 은고는 공포로 바뀌었다. 키케로는 폼페이우스가 너무 늦게 카이사르를 두려워하게 되었다고 말함으로써 이것을 증언했다. 이 공포 때문에 그들은 대책을 강구했고, 그들이 채택한 대책은 오히려 그들이 옹호하는 공화국의 멸망을 촉진했다.

이러한 악들이 생겨나는 그 즉시에 알아보기는 어려우므로—이런 악들은 발생 초기에는 사람들을 속이므로 알아보기가 어려운 것이다—그 악들을 알아보았을 때 직접 공격하기보다는 나중에 대응하는 지연술을 쓰는 것이 더 현명하다. 그러면 그 악들은 저절로 사라지거나 하다못해 그 악이 커지는 기간이 오랫동안 지연되는 것이다. 이런 어려움들을 당장에 제거해 버리거나 무력으로 거칠게 억압하려는 군주들은 눈을 크게 뜨고서 그런 방식으로 오히려 그 악들을 더 힘이 세어지게 하는 것을 피해야 한다. 그 군주는 그 악을 자신의 몸에서 멀리 밀어낸다고 생각하겠지만 실은 그 악을 자기 몸 쪽으로 끌어당기고 있는 것이다. 비유적으로 말하자면, 물을 주어 화초(나라)를 살리려고 하면서 실은 물을 너무 많이 주어 그것을 익사시키는 꼴이다. 하지만 병근(病根)을 완전하게 파악하여 그 뿌리를 도려내어 완치할 수 있다고 생각한다면 아무런 망설임 없이 그렇게 하도록 하라. 그렇지 않다면 그것을 그냥 내버려두고 아무런 조치도 취하지 말라. 위에서 말한 것처럼 로마의 이웃 민족들에게 벌어진 일이 당신에게도 벌어질 수 있기 때문이다.

로마가 너무나 강성해졌기 때문에 이웃 민족들은 이 도시를 달래는 것이 더 안전했을 것이다. 그러니까 호전적인 방식으로 로마에 대응하여 그들(로마 인)로 하여금 새로운 제도와 방어를 수립하게 하기보다는, 평화로운 수단으로 그 도시를 억제하는 게 더 나았으리라. 왜냐하면 이웃 민족들의 연맹은 오히려 역효과를 낳았기 때문이다. 로마 인들은 그 덕분에 더 단합이 잘되었고, 더 용감하게 되었으며, 단시간 내에 그들의 국력을 팽창시키는 새로운 방식에 골몰하게 되었던 것이다. 그런 제도 중하나가 독재관의 옹립이었다. 이 새로운 제도 덕분에 그들은 현재의 위험들을 극복했을 뿐만 아니라 공화국이 이런 수단이 없었더라면 발생했을지도 모르는 무수한 악들을 사전 예방할 수 있었다.

제34장

독재관 제도는 로마 공화국에 이로운 제도였다. 시민이 자유로운 선거를 통하지 않은 권위를 획득하면 그것은 국가 행정에 해롭다

일부 저술가들은 로마 시에 독재관 제도를 수립한 사람들을 비난한다. 시간이 흘러가면서 그 자리가 로마에 독재 제도를 가져왔고, 그 도시에 존재했던 최초의 전제적 통치자(술라)는 독재관의 이름으로 통치를 했다고 말한다. 그리하여 이 독재관 제도가 없었더라면 카이사르는 그의 독재 정치를 그런 공식적인 직함 밑에다 숨기지 못했을 것이라는 얘기도 한다. 그러나 이렇게 주장하는 사람들은 이 문제를 충분히 검토하지 않았는데도 그들의 견해는 별 타당한 이유도 없이 받아들여지고 있다. 하지만 로마를 노예화한 것은 독재관의 직함이나 지위가 아니라, 독재관(종신: 술라는 종신 독재관이었음. -옮긴이)의 장기 집권이 시민들의 권위를 빼앗아갔기 때문이다. 만약 로마에 독재관이라는 직함이 존재하지 않았다면, 로마 인들은 또 다른 유사한 지위를 만들어냈을 것이다. 권력이 직함을 만들어내는 것이지, 직함이 권력을 만들어내는 것은 아니기 때문이다.

더욱이 독재관 자리는 개인의 권위가 아니라 공식 법률에 의해 부여된 것이라면 언제나 도시를 이롭게 했다. 공화국을 해롭게 하는 것은 비상한 방식에 의한 행정관 임명과 권력 부여이지, 통상적 방식에 의해 이루어진 임명과 권한 부여가 아니기 때문이다. 이것은 장기간에 걸친 로마의 역사를 살펴보면 자명해진다. 그 어떤 독재관도 공화국을 해롭게 하는 일은 하지 않았던 것이다.

이에 대해서는 아주 분명한 몇 가지 설명이 있다.

첫째, 만약 어떤 시민이 범죄를 저지르고서 그 자신을 위해 특별한 권위를 장악할 수 있었다면 그는 아주 많은 것들을 갖추어야 한다. 그러나 부패하지 않은 공화국이라면 그런 것들을 소유하는 것이 불가능하다. 가령 그는 아주 부자여야 하고 또 많은 지지자와 추종자를 거느려야 한다. 하지만 법률이 철저히 준수되는 곳에서 이런 지지자들을 규합한다는 것은 불가능한 일이다. 설사 그가 그런 지지자들을 규합할 수 있었다고 해도, 이런 종류의 사람들은 너무나 흉악하여 자유선거에서는 결코 뽑히지 않을 사람들이다. 게다가 독재관은 제한된 기간(보통 6개월 이내이나 독재관에게 부여된 임무를 완수하면 그 즉시 사직하는 것이 관례였음. -옮긴이)만 그 자리에 있는 것이지 영원히 그 자격으로 통치할 수가 없다. 그의 임기는 그를 독재관으로 만들어준 그 비상사태가 끝날 때까지일 뿐이다.

둘째, 독재관의 권위는 긴급한 위험에 대응하는 조치를 단독으로 결정할 수 있는 힘을 포함한다. 외부 인사들과 협의할 필요 없이 결정을 내릴 수 있으며 상소권 없이 그 누구든 처벌할 수 있다. 하지만 그는 원로원이나 인민으로부터 권위를 빼앗아간다든지, 도시의 오래된 제도를 철폐하고 새로운 제도를 수립한다든지 하는 기존 정부 운영의 방침을 제약하지는 못한다.

셋째, 독재관의 한정된 임기, 제한된 권위, 로마 인들이 부패하지 않은 사실 등이 어우러져 압력을 가하기 때문에 독재관은 권력 범위 너머로 나아갈 수 없으며, 도시를 해롭게 할 수도 없다. 경험상의 법칙에 의하면 독재관 제도는 언제나 유익한 제도였다.

로마의 많은 제도들 중에서 이것이야말로 제국의 위대함에 가장 많이 기여한 원인들 중 하나로 간주되고 또 평가되어야 마땅하다. 이런 유사한 제도가 없으면 도시들은 비상사태에서 아주 어렵게 살아남을 수 있기 때문이다. 공화국의 일상적 제도는 느리게 움직인다. 협의회나 고위 행정관은 혼자서 결정을 내릴 수 없고 또 많은 경우에 서로 협의해야 되기 때문이다. 합의를 도출하려면 시간이 많이 걸리는데, 한시도 기다릴 수 없는 문제에 대한 해결안을 찾아야 할 때 이런 느린 방식으로 공화국이 내놓을 수 있는 해결안은 대단히 위험스럽다. 따라서 공화국은 그 법률 속에 다음과 같은 절차를 갖추고 있어야 한다.

오늘날의 공화국들 중에 가장 훌륭한 베네치아 공화국은 소수의 시민들에게 긴급한 문제에 대하여 다른 사람들과 논의할 필요 없이 그들끼리 만장일치로 의결하는 권한을 부여했다. 공화국에 이런 절차가 없으면 공화국은 그 법률을 지키다가 망해버리거나 아니면 멸망을 피하기 위해 그 법률을 위반해야 한다. 하지만 공화국에서는 비상한 조치에 의하여 통치를 해야 하는 그런 사태가 발생하는 것은 좋은 일이 아니다. 비상조치가 어떤 특정한 순간에는 좋을 수도 있으나, 그런 사례는 결국 피해를 입힌다. 만약 어떤 좋은 이유들로 인해 법률을 위반해야 하는 선례를 수립한다면, 나중에 동일한 구실(법률 위반의 선례) 아래 나쁜 목적을 위해서도 법률을 위반할 수 있는 것이다. 따라서 그 법률이 모든 상황에 대하여 대책을 수립하여 대처할 수 있도록 한 법률을 가지고 있지 못하다면 그 공화국은 완전하지 못하다. 결론적으로 말해서, 가장 촉박한 위험의 시기에 독재관이나 그와 유사한 권위에 호소할 수 없는 공화국은 심각한 불운을 맞이하여 결국 멸망할 것이다.

이 새로운 제도와 관련하여, 로마 인이 독재관을 선출하는 현명한 방식은 주목할 만하다. 독재관 옹립은 현역 집정관들을 수치스럽게 하는 일이다. 그들이 도시의 통치자에서 졸지에 다른 시민들과 마찬가지로 복종을 해야 하는 처지로 전락하니까 말이다. 이 제도가 시민들 사이에서 집정관들에 대한 경멸감을 불러일으킬지 모른다고 생각하여, 로마 인들은 독재관을 선출하는 권한을 집정관들에게 부여했다. 로마에 이런 고상한 권위를 강요하는 비상사태가 발생하면, 집정관들은 그 선출 업무를 흔쾌한 마음으로 하려고 했다. 이처럼 그들 자신이 직접 선출하기 때문에 덜 고통스러웠다. 사람이 자기 자신을 향해 가하는 상처와 그 외의 다른 악한 짓은, 남들의 손에 그와 똑같은 대우를 당할 때보다 훨씬 덜 고통스럽다. 그러나 후대에 들어와 로마 인들은 이런 독재관의 권한을 독재관에게 부여한 것이 아니라 집정관에게 주었다.(술라는 군권을 장악하고 로마로 쳐들어와서 집정관에 오른 후 임의로 자신을 종신 독재관에 임명했다. -옮긴이) 다음과 같이 말하면서. "집정관은 국가가 피해를 보지 않도록 보살펴라."

이제 다시 우리의 주제로 돌아가 나는 이렇게 결론을 내린다. 로마의 이웃 민족들은 이 도시를 정복하려고 하다가 로마가 새로운 제도를 만들어내도록 도움을 주었다. 그 제도들 덕분에 도시는 그 자신을 방어할 수 있었을 뿐만 아니라, 더 강력한 힘, 더 좋은 방안, 더 많은 권위를 가지고 도시의 이웃들을 공격할 수 있었다.

제35장

10인 입법 위원회가
자유로운 공개 선거에 의해 구성되었지만
공화국의 자유에 해롭게 된 이유

로마의 법률을 제정하기 위해 로마 인들이 선거로 10인 입법 위원회(→ 10인회. 이하 10인회)를 구성하여 피해를 본 사실은, 위에서 말한 원칙, 즉 자유선거의 수단이 아니라 폭력적 방식으로 장악된 권위는 공화국에 해롭다, 라는 원칙과 모순되는 것처럼 보일지 모른다. 이 10인은 시간이 흘러가면서 전제적인 지도자가 되었고, 아무런 망설임도 없이 로마의 자유를 빼앗아 버렸다. 이 시점에서 우리는 권한을 수여하는 방식과 그 권한의 행사 기간이라는 두 가지 사항을 고려해 보아야 한다. 우선 무제한의 권위가 상당히 장시간—가령 1년 혹은 그 이상의 기간—부여된다면, 그것은 언제나 위험하게 된다. 또 그 효과는 그 권력을 부리는 사람의 선악에 따라 선할 수도 있고 악할 수도 있다.

만약 우리가 10인회의 권력과 독재관의 권력을 비교해 본다면 10인회 쪽이 비교가 되지 않을 정도로 막강하다는 것을 발견한다. 독재관은 옹립된다고 하더라도, 호민관, 집정관, 원로원은 각자의 권한을 그대로 가지고 있고 독재관은 이 제도를 철폐하지 못한다. 그가 어떤 개인의 집정관 직이나 원로원 의원직을 빼앗을 수는 있어도 아예 원로원을 해산하고 새로운 법률을 제정하지는 못한다. 이렇게 하여 원로원, 집정관, 호민관은 각자의 권한을 그대로 유지하면서 독재관의 수호자가 되어 그가 올바른 길로부터 벗어나지 못하게 단속한다.

그러나 10인회의 경우는 이와 정반대이다. 집정관과 호민관 직은 폐지되었고 10인회는 새로운 법률을 제정할 권한을 부여받았으며, 그들은 모든 면에서 그들이 곧 로마 인민인 것처럼 행동할 수 있었다. 이렇게 하여 그들은 집정관, 호민관, 민회에 대한 호소 등으로부터 전혀 견제를 당하지 않아서 감시하는 세력이 아예 없게 되었다. 그들은 집권 2년차에 들어가자 야심가 아피우스의 사주를 받아서 아주 오만하게 되었다.

이런 이유로 인해, 자유선거에 의해 부여된 권위가 공화국에 해를 입히지 않는다는 얘기는 곧 다음의 사항을 전제로 하는 것이다. 그러니까 인민은 적절한 상황 아래에서, 적절한 기간 동안만 그 권위를 부여하는 것이고 그 이외의 경우는 부여의 주체가 될 수 없다는 얘기이다. 그러나 기만이나 다른 이유로 눈이 멀게 되면, 공화국은 그 권위를 신중하지 못한 방식으로 부여하게 되는데, 가령 로마 인이 10인회에 부여한 권력이 그런 경우이다. 그러면 로마 인에게 벌어진 것과 똑같은 일이 그 공화국에도 벌어지게 된다. 독재관은 좋고 10인회는 나쁜 이유들을 상고해 보면 이것은 쉽게 증명이 된다. 게다가 권력을 장시간 부여하면서도 좋은 제도를 유지한 공화국들의 행동들을 살펴보면 더욱 도움이 된다. 가령 왕들에게 권력을 장기 부여한 스파르타나 총독에게 장기 집권을 허용한 베네치아가 그런 사례이다. 이 두 경우에는 그들이 권력을 남용하지 못하게 하는 안전장치가 설치되어 있었다. 이런 경우(10인회)에는 타락하지 않은 원료(도시의 구성원들)를 갖고 있다는 것도 별로 유리하지 않다. 왜냐하면 절대 권력은 가장 단시간 내에 그 원료를 부패시키고, 그들의 우군과 파당을 만들어내기 때문이다. 그들(10인회)이 가난하고 가문의 영향력이 없다고 해도 별로 불리한 점도 아니다. 그들의 권력 덕분에 부와 기타 영향력이 그들에게 곧 생겨날 것이기 때문이다. 이 점은 뒤에서 10인회의 창설 과정을 다룰 때 자세히 논의될 것이다.

제36장

최고위 직을 차지한 시민들은
그보다 못한 시민들을
경멸해서는 안 된다

로마 인들은 마르쿠스 파비우스와 그나이우스 만리우스(Gnaeus Manlius)가 집정관이던 시절에 베이이 인과 에트루리아 인을 상대로 혁혁한 승리를 거두었다. 이 시기에 집정관의 형이고 그 전 해에 집정관으로 근무한 퀸투스 파비우스가 전사했다. 여기서, 로마의 제도들이 도시를 위대하게 만들 수 있었던 점들과, 그런 제도들을 모방하지 않은 공화국들이 얼마나 잘못했는지를 주목해 보기로 하자. 로마 인들은 영광을 사랑하는 사람들이지만, 어제 자신이 부리던 사람 밑으로 들어가 오늘은 그 사람의 지시를 받는 것을 불명예스럽게 생각하지 않았다. 또 전에 자신이 지휘했던 군단에 하급 장교로 들어가 복무하는 것도 불명예라고 여기지 않았다. 이러한 관습은 우리 시대의 시민들이 갖고 있는 생각, 제도, 실천 등과는 정반대되는 것이다.

선후배 관행은 공화국에 이롭지 않다

오늘날 베네치아에서는 한때 고위직이었던 사람이 그보다 하급직에 취임하는 것을 부끄럽게 여겨 물러나는 것을 허용하는 어리석음을 저지르고 있다. 이런 선후배 사이의 서열 유지 관행은 그 개인에게는 명예로울지 모르지만, 공화국에는 전혀 혜택이 되지 못한다. 왜냐하면 공화국은 하급직에서 상급직으로 올라가는 시민보다는 고위직에서 하위직으로 내려오는 시민에게 더 많은 희망을 걸고 또 신임해야 하기 때문이다. 게다가 밑에서 올라온 사람을 믿는 것은 그리 합리적이지 못하다. 그가 고상한 권위와 뛰어난 능력을 갖춘 사람들에 의해 둘러싸여 있지 않다면 그의 무경험을 노련한 조언과 권위로 희석시켜 줄 수가 없는 것이다. 만약 오늘날의 베네치아와 다른 공화국과 왕국들의 선후배 관행과 같은 관습이 로마에도 존재하여, 한번 집정관을 지낸 사람이 집정관 자리 아니면 다시는 군대에 들어오지 않는 사태가 벌어졌더라면, 로마의 자유로운 생활방식을 해치는 무수한 사건들이 벌어졌을 것이다. 경험 없는 사람들이 저지를 수도 있는 실수들과, 그들이 툭하면 내보일 근거 없는 야망이 많은 골치 아픈 사건들을 일으켰을 것이다. 그들 주위에 두려움을 느껴서 올바른 길에서 벗어나지 못하게 하는 선배들이 없으므로 당연히 그렇게 되었을 것이다. 그러면 결국 그들은 더욱 굴레 벗은 망아지처럼 뛰어놀았을 것이고, 결국 전적으로 공화국의 안전에 피해를 입히는 결과가 되었을 것이다.

제37장

농지법이 로마에 일으킨 분란.
조상들의 관습에 반하는 소급법 제정이
공화국에 절대로 해로운 이유

인간의 욕망, 결핍, 갈등

고대 저술가들은 이렇게 말한다.(현대의 편집자들은 이 저술가들이 누구인지 밝혀내지 못했다. 그래서 마키아벨리가 자신이 여기서 말하는 주장을 고전 작가들의 전통에 입각한 것이라고 인용하는 척함으로써 실은 자신의 이론을 더 강화하려는 것이 아닌가 하는 해석이 나오고 있다. ─옮긴이) 인간은 보통 그 자신에게 해를 입히며, 선한 것에 대해서는 따분함을 느낀다. 이 두 가지 태도는 동일한 효과를 발생시킨다. 그들에게서 싸워야 할 필요성을 제거해 버리면, 그들은 야망을 위해서 싸운다. 야망은 인간의 가슴속에서 너무나도 강력한 열정이기에 그들은 아무리 높은 지위에 올라도 그 야망을 내려놓지 못한다. 이렇게 된 이유는 자연이 인간을 그렇게 만들었기 때문이다. 인간은 모든 것을 원하지만 모든 것을 다 차지하지는 못한다. 인간의 욕망은 언제나 자신의 욕망 실현 능력보다 훨씬 더 크며, 그 결과 이미 소유한 것에 대하여 불만을 느끼고 만족을 하지 못한다. 이러한 상황은 그의 운명에 다양한 변화를 일으킨다. 어떤 사람은 더 많은 것을 소유하기를 욕망하지만, 다른 사람들은 이미 차지한 것을 잃어버릴까 봐 두려워한다. 그 결과 적개심과 전쟁이 생겨난다. 이렇게 하여 한 지역이 멸망하면 다른 지역은 즐거워한다.

내가 이런 논설을 펴는 것은 만족을 모르는 로마 평민들의 이야기를 하기 위해서이다. 그들은 당초 필요에 의해서 귀족들로부터 그들 자신을 보호하려 했고 그래서 호민관 제도가 생겨났다. 호민관 제도 이후에 평민들은 인간이 가장 소중하게 여기는 명예와 재물을 귀족들과 공유하고 싶다는 야망과 욕망 때문에 귀족들을 상대로 싸웠다. 이러한 갈등으로부터 **농지법**(agrarian laws)을 둘러싼 투쟁이라는 병통이 생겨났고, 이것이 최종적으로 공화국 파괴의 원인이 되었다.

잘 조직된 공화국은 국고는 풍성하게 하고 시민들은 가난하게 해야 되는데, 로마 시의 농지법에는 뭔가 결핍이 있었던 듯하다. 당초 이 법이 만들어질 때 완벽하지 못해서, 나중에 계속 손을 보아야 할 필요가 있었든지, 그 법이 너무 지연된 상태로 제정되어 실제 그 법을 적용하려고 하니 소급 적용이 되었다든지, 아니면 당초 잘 만들어졌으나 적용하면서 부패가 되었든지 했을 것이다. 그 사정이 무엇이었든 간에, 이 법이 로마에서 논의될 때마다 도시는 커다란 소용돌이 속으로 빠져들어 갔다.

로마 농지법의 문제점

이 법은 두 가지 중요한 조항을 갖고 있었다. 하나는 시민들이 일정한 단위 이상의 토지를 소유하면 안 된다는 것이고, 다른 하나는 적에게서 빼앗은 땅은 로마 인민들 사이에 분배한다는 것이다. 그러나 이 조항은 두 가지 점에서 귀족들에게 피해를 주었다. 첫째, 법이 정한 규모 이상의 땅을 소유한 사람들(대부분 귀족이었다)은 규정 이상의 땅은 내놓아야 했다. 둘째, 적에게서 빼앗은 땅을 평민들 사이에서 나눈다는 것은 곧 귀족들이 부유하게 될 기회를 빼앗는 것이었다.

이처럼 이 법이 권세 있는 사람들의 비위를 건드리자, 그들은 이 법에 반대하는 것이 곧 공중의 이익을 보호하는 것이라고 주장하며 반대에 나섰다. 그리하여 이 문제가 거론될 때마다 위에서 말한 것처럼 도시 전체가 대혼란에 빠져들었다. 귀족들은 인내심과 재주를 발휘하여 이 문제에 대한 조치를 지연시켰다. 가령 해외 원정을 위한 군대를 소환하여 그 법에 대한 관심을 다른 데로 돌리거나, 그 법을 제안한 호민관에 맞서서 반대 의견을 가진 호민관을 내세워 서로 싸우게 하거나, 때로는 부분적으로 승복하기도 하고, 때로는 토지를 분배할 지역에 식민단(殖民團)을 보내거나 했다. 식민단 파견은 특히 안티움 인근 지역과 관련된 것이었다. 이 지역에서 농지법을 둘러싼 분쟁이 벌어지자 귀족들은 안티움 지역을 배정받은 로마의 시민들을 동원하여 식민단을 파견했다.

그런데 이와 관련하여 리비우스는 아주 주목할 만한 말을 하고 있다. "로마에서는 이 식민단에 합류하겠다고 이름을 서명하는 사람을 찾아내기가 어려웠다. 평민들은 로마 내의 토지를 갖기 원했지, 멀리 안티움까지 가서 땅을 차지하려고 하지 않았다." 농지법에 대한 불만은 이렇게하여 오랫동안 분란의 원인이 되었으나 로마 인들이 이탈리아의 변방과 이탈리아 외부 지역에 원정군을 보내면서 잦아드는 듯했다. 로마의 적들이 소유한 땅은 평민들의 눈에서 멀리 떨어져 있을 뿐만 아니라 경작하기도 용이하지가 않아서, 다른 땅들에 비해 덜 바람직했기 때문이다. 또한 로마 인들은 적들을 징벌하는 데 있어서 그리 가혹하지 않았다. 적들의 땅을 일부 약탈한 뒤에도 거기에 식민단을 보냈다. 이런 이유들로 인해 농지법은 그라쿠스 형제의 시대까지 동면 상태에 있었다. 그러나 그라쿠스 형제가 이 법을 동면에서 일깨우면서 로마의 자유를 완전 파괴해 버렸다. 게다가 농지법을 반대하는 자들의 권력은 전보다 두 배나 더 커졌고 그들의 반대도 그만큼 더 거세어졌다. 이런 식으로 해서 농지법은 평민과 원로원 사이에 엄청난 증오를 촉발시켜 그 결과, 문민적 방식으로는 도저히 수습할 수 없는 무장 갈등과 유혈 사태가 벌어지게 되었다.

평민파와 귀족파의 갈등

행정관들은 이에 대한 해결책을 마련하지 못했고 당파들은 그들을 신임하지도 않았다. 그리하여 각 당파는 개별적인 해결책에 호소하려고 하면서 그 당파를 보호해 줄 지도자를 찾아 나섰다. 이런 불명예와 무질서를 예상하면서, 평민들은 마리우스를 밀어주기 시작했다. 그 덕분에 마리우스는 네 번이나 집정관을 지냈고, 중간에 별 시차가 없이 그 직책을 수행했기 때문에 세 번 씩이나 그의 마음대로 집정관 직에 오를 수 있었다.

이런 병폐에 대하여 아무런 대책이 없었기 때문에 귀족들은 술라에게 시선을 돌렸다. 일단 그가 귀족파의 지도자가 되자 내전이 터졌고 많은 유혈 사태와 운명의 변천 끝에 귀족들은 윗자리를 차지하게 되었다. 그러나 귀족과 평민 사이의 적대감은 카이사르와 폼페이우스 시대에 들어와 다시 터져 나왔다. 카이사르가 마리우스(평민)파의 지도자가 되고 폼페이우스가 귀족파의 우두머리가 된 후에 두 사람은 내전을 벌였고 결국 카이사르가 승자로 등장했다. 그는 로마 최초의 참주(전제 군주)였고, 그때 이후 도시는 다시 자유롭게 되지 못했다.

이것이 농지법의 시작과 끝이다. 우리는 앞에서 원로원과 평민들 사이의 갈등이 로마를 자유롭게 했으며, 또 자유를 선호하는 법률을 제정하게 했다는 얘기를 했다. 따라서 그 얘기는 이 농지법의 결론과는 모순되는 듯이 보인다. 그러나 나는 농지법의 문제에 관련해서도 그 의견을 고수하려 한다. 권세 있는 사람들의 야망은 너무나 커서 도시 내에서 다양한 방법과 다양한 수단으로 견제되지 않으면, 그것은 곧 도시를 멸망시킬 것이기 때문이다. 농지법을 둘러싼 논쟁은 3백 년 동안 갈등을 일으키다가 결국 로마를 노예화했지만 나름대로 소득이 있었다. 만일 평민들이 이 법과 관련하여 귀족들의 야망과, 그들의 다양한 욕망 표출을 꾸준히 견제하지 않았더라면 도시는 그보다 훨씬 빨리 노예의 상태로 떨어졌을 것이다.

인간은 명예보다 재물을 더 소중하게 여긴다

이러한 사태로 미루어볼 때 인간은 명예보다 재물을 더 소중하게 여기는 것이 분명하다. 로마의 귀족들은 명예와 관련된 문제는 특별한 갈등 없이 평민들에게 언제나 양보했다. 그러나 재물에 관한 한, 그것을 지키려는 그들의 태도는 너무나 완강하여, 평민들은 그들의 목적을 달성하기 위해 위에 언급한 것과 같은 비상한 방법에 호소해야 되었다. 이러한 무질서를 일으킨 주동자는 그라쿠스 형제인데 그들은 신중한 태도보다는 평민을 우대하려는 그 의도가 더 칭찬받을 만하다. 그러나 공화국 내에서 발생한 무질서를 해결하기 위해 소급 적용되는 법률을 제정하려 한 것은 아주 잘못된 방식이었다. 우리가 위에서 설명한 것처럼, 이것은 그 무질서가 가져온 해악을 제압하기는커녕 오히려 더 악화시켰을 뿐이다. 만약 그 해악을 정면에서 다루지 않고 그냥 내버려두었더라면, 그것은 훨씬 뒤에 벌어지거나 아니면 시간의 흐름과 함께 저절로 소멸되어 그런 처참한 결말로까지 이어지지 않았을 것이다.

제38장

**허약한 공화국은 우유부단하여 결정을 내리지 못한다.
만약 그 공화국이 어떤 편에 선다면
그것은 선택보다는 상황적 필요에 의한 것이다**

로마에 아주 심각한 전염병이 나돌자 볼스키 인과 아이퀴 인은 로마를 공격할 때가 되었다고 판단했다. 이 두 민족은 대군을 거병하여 라틴 인과 헤르니키 인을 공격하여 그들의 땅을 폐허로 만들었다. 그런 다음 라틴 인과 헤르니키 인으로 하여금 로마에 이런 사실을 알려 구원을 와 달라고 요청하게 했다. 전염병에 고통받고 있던 로마 인들은 현재 도와줄 여력이 없으므로 두 부족이 자력으로 그들 자신을 방어해야 한다고 회신했다. 이것은 로마 원로원의 관대함과 신중함을 잘 보여준다. 원로원은 평소 그 어떤 상황이 되었든 동맹국들이 취하는 결정에서 최종적 권위를 고집했으나, 상황적 필요에 의하여 평소의 절차와는 다르거나 기존의 결정과는 다른 결정을 내리는 것을 부끄럽게 여기지 않았다.

내가 이렇게 말하는 것은, 다른 상황에서는 원로원이 이들 민족들이 무장을 하고 방어에 나서는 것을 금했기 때문이다. 만약 이처럼 신중한 원로원이 아니었더라면 동맹국들에게 스스로 방어하라고 내버려두었다면 그 명성이 훼손되는 것을 우려했을 것이다. 그러나 원로원은 언제나 사태를 판단할 때에는 마땅히 그렇게 해야 하는 방식에 따라 판단했고 가장 피해가 적은 결정을 가장 좋은 결정으로 선택했다. 원로원은 동맹국들을 지원해 주지 못하고 또 그들이 로마의 지원 없이 자체 방어를 하도록 한 것이 마음에 걸리기는 했지만, 위에서 설명한 이유와 다른 명백한 이유들 때문에 원로원은 다음과 같은 사실을 주목했다. 두 동맹국은 이미 적들이 문 앞까지 닥쳐와 있는 상황이므로 아무튼 무장을 해야 할 상황이었고 그런 판에 원로원이 그렇게 하라고 허가를 해준 것이었다. 그래서 그런 상황적 필요에 내몰려서 평소 무장을 하면 안 된다는 지시에 불복한 것이 되므로, 두 동맹은 앞으로도 선택에 의한(제멋대로) 명령 불복종은 하지 않을 것이었다.

이러한 원로원의 결정은 모든 공화국이 반드시 따라야 할 결정이지만 허약하고 현명치 못한 공화국들은 이런 결정을 내리는 방법을 알지 못하며, 또 이런 상황적 필요에 내몰려서 명예롭게 처신하는 방법을 알지 못한다.

피렌체 공화국이 우유부단하게 행동한 세 가지 사례

발렌티노 공작(체사레 보르자)은 파엔차를 점령하고 무력으로 볼로냐를 강요하여 그의 요구를 받아들이게 했다. 이어 토스카나를 통하여 로마로 돌아가려 했던 보르자는 부하를 피렌체에 보내 그와 그의 군대가 피렌체를 통과하여 무사히 돌아갈 수 있게 해달라고 요청했다. 피렌체에서 당국자들은 이 문제를 어떻게 처리할 것인지 논의했다. 이 문제에 있어서 피렌체 사람들은 로마의 모범을 따르지 않았다. 공작은 중무장을 하고 있었고 피렌체는 그의 통과를 힘으로 막을 정도로 무장되어 있지 않았으므로, 피렌체가 무력으로 맞서서 방해하기보다는 흔쾌히 통과를 허락하는 것이 훨씬 더 명예로운 일이었다. 하지만 피렌체는 그렇게 하지 않아 불명예를 당했다. 만약 그들이 이 상황에 다르게 대응했더라면 그것은 사소한 문제로 끝났을 것이다. 허약한 공화국의 치명적 결점은 우유부단하다는 것이다. 그래서 그들은 상황적 필요에 내몰려 마지못해 결정을 내리며, 그런 결정으로부터 무슨 좋은 결과가 나온다면, 그건 우연한 상황의 덕분이지 그들 자신의 신중함이 만들어낸 결과가 아니다.

나는 우리 시대에 피렌체 시의 정부가 보여준 이와 같은 사례 두 가지를 더 언급하겠다. 프랑스의 루이 12세가 밀라노를 다시 탈환한 1500년에 왕은 피렌체 시가 5만 두카(ducats)를 대가로 내놓기로 약속한다면 피사를 피렌체에게 되돌려주려 했다. 왕은 그 도시를 점령하기 위해 보몽 장군이 지휘하는 군대를 피사 쪽으로 파견했다. 보몽은 비록 프랑스 인이었지만 피렌체 사람들은 이 장군을 크게 신임했다. 보몽의 프랑스군은 피사의 성벽을 공격하기 위해 카시나(Cascina)와 피사의 중간쯤까지 행군했을 때, 공성을 준비하기 위해 그곳에서 며칠을 머물렀다. 이때 피사의 사절들이 보몽 장군을 찾아와 도시(피사)는 프랑스군에 항복할 의향이 있으며, 단 아래의 조건을 받아주기 바란다고 말했다. 그 조건은 장군이 왕의 이름을 걸고 피사 시를 4개월이 경과하기 전에는 피렌체에 넘겨주지 않는다는 것이었다. 피렌체는 이 항복 조건을 철저히 거부했다. 그 결과 프랑스군은 진군을 계속하여 피사 성벽을 포위했으나 그들의 군내에 자중지란이 일어나 불명예스럽게 퇴각하고 말았다.

피렌체가 왕의 제안을 거부한 이유는 오로지 하나, 시정 당국자들이 왕의 말을 믿지 못했기 때문이었다. 그들은 신통치 못한 계획을 수립하는 바람에 그들 자신의 일을 왕의 처분에 맡겨야 하는 상황에 내몰렸으면서도, 그를 믿지 못했다. 그들은 왕이 피사를 일단 점령하여 그 도시를 피렌체로 돌려주도록 유도하는 것이 훨씬 더 좋은 방법이라는 것을 알지 못했다. 설사 나중에 왕이 변심하여 피사를 내놓지 않는다 하더라도, 그때에는 적어도 왕의 본심은 알게 되는 것이 아닌가. 또 아직 피사 시를 수중에 넣지도 않은 상태에서 돈을 내놓겠다는 약속부터 하라는 왕의 요구는 시간을 끌면서 나중으로 지연시킬 수도 있는 것이다. 따라서 그 어떤 조건이 되었든 먼저 보몽 장군이 피사 시를 접수하도록 지원해 주는 것이 피렌체로서는 훨씬 유리한 것이었다.

이것은 1502년에 벌어진 일에 의하여 더욱 그 실체가 분명해졌다. 아레초에서 반란이 벌어지자, 프랑스 왕 루이 12세가 보낸 앵보 장군 휘하의 프랑스군이 피렌체를 도우러 왔다. 장군은 아레초 근처까지 진군하자 잠시 뜸을 들인 후 아레초 사람들과 협상을 시작했다. 그들도 피사 사람들과 마찬가지로 특정한 조건을 내세우면서 항복 의사를 밝혀왔다. 피렌체는 그 조건을 거부했다. 장군은 피렌체의 그런 태도를 보자 피렌체가 사태의 진상을 잘 모른다는 것을 알았다. 앵보 장군은 피렌체 장관들의 참여 없이 단독으로 합의안의 세부사항을 조율하기 시작했다. 그리하여 장군은 그 나름의 방식으로 합의안을 마무리 지었고 그 조건 아래 프랑스군과 함께 아레초에 입성했다. 이것을 보면서 피렌체 사람들은 장군의 생각을 다음과 같이 짐작하게 되었다. 장군은 피렌체 사람들이 비합리적이고 세상 물정을 잘 모르는 사람들이라고 생각했다. 또 피렌체가 아레초를 손에 넣기를 원한다면 그런 의사를 프랑스 왕에게 명확하게 밝혀야 한다. 또 장군으로서도 프랑스군을 데리고 도시 안으로 들어가야 그 도시를 피렌체에게 줄 수 있는 것이지, 도시 밖에 있어서는 아무것도 줄 수가 없다. 이런 장군의 생각을 읽자, 피렌체 사람들은 한없이 장군을 비난하고 욕설을 퍼부었다. 그러나 보몽 장군이 앵보 장군처럼 했더라면 피렌체가 아레초뿐만 아니라 피사도 손에 넣었을 것이라는 사실을 마침내 깨닫게 되자 그들의 장군 매도는 쑥 들어가 버렸다.

자 이제 다시 우리의 주제로 돌아가자. 우유부단한 공화국은 상황의 힘에 내몰리지 않는 한, 이로운 정책들을 결코 선택하지 못한다. 그들은 성격적으로 허약하여 조금이라도 의심이 있는 곳에서는 결정을 내리지 못하기 때문이다. 만약 그 의심이 그들을 충동적인 행동으로 내모는 어떤 난폭한 조치에 의하여 해소되지 않는다면, 그들은 영원히 우유부단의 상태에 머무른다.

제39장

동일한 상황들이
종종 다른 인민들 사이에서도
목격된다

현대사와 고대사를 연구한 사람은 언제나 동일한 욕구와 체액(→체액 이론)이 모든 도시와 모든 인민들 사이에서 존재한다는 것을 쉽게 인식한다. 따라서 과거사를 면밀히 연구한 사람은 모든 공화국의 미래 사건들을 예측할 수 있고, 고대인들이 사용한 대책을 손쉽게 적용할 수가 있다. 만약 고대의 처방이 없다면 상황의 유사성에 착안하여 새로운 처방을 생각해 낼 수 있다. 그러나 이런 고려 사항들은 책을 읽은 사람들에 의해 무시되거나 오해되며, 설사 제대로 이해된다고 하더라도, 통치를 담당한 사람들에게까지 알려지지는 않는다. 그리하여 동일한 갈등이 모든 시대에 반복되는 것이다.

피렌체 시는 1494년에 피사와 기타 지역 등 제국의 일부를 잃어버렸다. 그 후 도시는 그 지역들을 점령한 세력들과 전쟁을 벌였다. 점령 세력들이 아주 강성했기에 전쟁 비용이 많이 지출되었으나 결과는 별로 없었다. 그 비용을 염출하기 위해 많은 중과세가 부과되었고 이런 과세 제도는 인민들 사이에 무수한 싸움을 가져왔다. 그 전쟁은 열 명의 시민이 맡은 전쟁 10인 위원회라는 행정 기구가 수행했으므로, 이 위원회는 전쟁과 그 비용의 원인 제공자로 여겨지게 되었다. 피렌체 시민들은 이 기구만 제거하면 전쟁이 끝날 것이라고 생각하여, 새로운 인원을 임명한 것이 아니라 그 기구를 폐지시키고 시뇨리아(Signoria: 공화제 도시국가의 정부)에 국무를 맡겼다.

이 결정은 너무나 잘못된 것이었고, 시민들은 이 기구가 전쟁을 종식시키리라 믿었는데 끝내지도 못했다. 하지만 전쟁을 신중하게 수행하던 사람들을 모두 그만두게 하자, 엄청난 혼란이 뒤따랐고 피렌체는 피사 이외에도 아레초와 다른 지역들도 잃어버렸다. 그 후 시민들은 그들의 실수를 깨닫고, 질병의 원인은 고열이지 의사가 아니라는 것을 간파하고 10인 위원회를 다시 수립했다.

이와 똑같은 불만이 로마의 집정관 제도에 대해서도 제기되었다. 로마인들은 한 전쟁이 끝나면 다른 전쟁이 시작되어 쉴 틈이 없는 것을 보고서 불만이 많았다. 그들은 계속되는 전쟁이 로마 주위의 민족들이 도시를 정복하려는 야망에서 나온 것임을 알아보지 못하고, 그게 귀족들의 야망 탓이라고 생각했다. 귀족들이 평민들을 압박하기 위하여 집정관의 지휘 아래 평민들을 로마 밖으로 데려간다는 것이었다. 로마 시내에서는 호민관의 위세에 눌려 귀족들이 평민들을 처벌하지 못하므로 전쟁을 구실로 내세워 보호를 받지 못하는 곳으로 끌고 간다는 불평이었다. 이런 이유로 인해 평민들은 집정관 제도를 폐지하고 그들이 도시의 내외에서 평민들에 대한 권위를 갖지 못하는 방식으로 집정관의 권력을 제한할 필요가 있다고 생각했다. 이런 법률을 제안한 최초의 인물이 호민관인 테렌틸루스였다. 그는 집정관의 권력을 연구하고 그것을 제한하는 방법을 궁리할 다섯 명의 위원을 임명하자고 제안했다. 이것은 귀족들을 크게 화나게 했다. 그들은 그럴 경우 귀족이 급속히 쇠락하여 공화국 내에서 아무런 직위도 맡지 못하게 될 것이라고 우려했다.

그렇지만 호민관들은 완강하게 그 법을 옹호했고 결국 집정관 자리가 폐지되었다. 그 외의 몇몇 법안이 통과된 후, 평민들은 집정관이 아니라 집정관의 권력을 가진 호민관들을 임명하게 된 것에 크게 만족했다. 사실 평민들은 집정관의 실제 권력보다는 그 직위를 아주 싫어했던 것이다. 그리하여 그들은 이런 방식으로 상당 기간 진행하다가 마침내 그들의 오류를 깨닫게 되었다. 그리하여 피렌체 시민들이 10인 위원회로 되돌아갔듯이, 그들도 집정관 제도를 다시 수립했다.

제40장

로마에서 조직된 10인회의 특징.
이와 동일한 상황이 공화국의 존망을
결정하는 방식에 대한 고찰

나는 로마의 10인 입법 위원회가 생겨난 상황을 자세히 논의하고자 하므로, 그 뒤에 생겨난 유사한 조직들과, 그런 조치들에서 주목할 만한 요소들을 먼저 살펴보는 것도 타당하리라고 생각한다. 그러한 요소들은 가짓수도 많고 또 아주 중요한데, 특히 자유로운 공화국을 유지하려 하거나 그런 공화국을 접수하려는 사람들에게 참고가 될 것이다. 우리는 그것을 논의하는 과정에서 자유에 피해를 주게 되는 원로원과 평민들의 많은 실수를 목격하게 될 것이다. 또 10인회의 영수인 아피우스가 저지르는 많은 실수들은 그가 로마에 수립하려고 했던 참주제에 아주 해로운 것이었다.

　정부의 자유를 크게 강화하는 새로운 법률을 제정하기 위해 평민과 귀족들 사이에 많은 싸움과 분쟁이 있어 왔다. 그러자 그들은 스푸리우스 포스투미우스와 다른 두 시민들을 아테네로 파견하여 솔론이 그 도시에 수립한 법률을 수집해 오도록 했다. 그 법률을 바탕으로 로마의 법률을 제정하기 위함이었다. 이들이 아테네에 다녀온 후, 그 법률들을 검토하고 결정할 사람들을 선발하게 되었는데, 임기 1년의 시민 열 명을 뽑았다. 이 10인 중 아피우스 클라우디우스(Appius Claudius)는 영리하지만 소란스러운 사람이었다. 이 10인은 아무런 제약 없이 법률을 제정할 수 있었기 때문에 로마의 고위 행정관들 특히 호민관과 집정관 제도, 그리고 민회에 대한 상소 제도 등이 폐지되었다. 그 결과 이 10인은 로마의 절대 통치자가 되었다. 아피우스가 평민들을 배후 조종하여 엄청난 지지를 받았기 때문에 다른 9인의 권력은 결국 아피우스 1인의 손에 집중되었다. 그는 대중 영합적인 행동으로 인해 인민들 사이에서 너무나 인기가 높았고, 한때 평민들의 무자비한 박해자로 간주되던 자가 그런 새로운 특성과 재주를 그토록 재빨리 획득한 것에 대하여 다들 경이롭게 여겼다.

10인회는 전제 군주적 방식에 호소하지 아니하고 통치를 했고, 그들의 영수로 뽑은 사람들 앞에 12인 이상의 권표잡이를 세우는 법도 없었다. 그들은 절대 권력을 갖고 있었으나 살인을 저지른 로마 시민을 처벌하려고 할 때 그를 민회 앞에 소환하여 인민들이 재판하게 했다. 그들은 열 개의 동판에 그들의 법률을 새겼고, 그 법을 확정하기 전에 일단 대중에게 공람시켜 누구나 그것을 읽고 토론하게 했다. 그 법안이 법률로 확정되기 전에 인민들의 의견을 반영하여 수정하기 위함이었다. 이 동판 법률에 대하여, 아피우스는 로마 내에 이런 소문이 돌아다니게 사주했다. 이 10동판법(銅板法)에 두 개의 동판을 더 추가하여 그것은 아주 완벽한 법이 될 것이다. 이러한 소문에 자극받아 인민들은 10인을 1년 더 집권하도록 했다. 그들은 이렇게 하는 것에 기꺼이 동의했는데, 집정관들이 다시 임명되지 않아서인지, 위에서 말한 것처럼 호민관들의 견제 없이 그들 자신(10인)이 재판의 판관으로 일할 수 있어서인지 그 이유는 불확실하다. 평민들이 10인을 재임명하기로 결정한 후에, 모든 귀족들이 10인 위원회의 한 자리를 차지하려고 노력했고 그들 중에서 가장 눈에 띄는 자가 아피우스였다. 그는 평민들의 지지를 얻어내기 위해 엄청난 선심을 썼으므로 동료들의 의심을 받기에 이르렀다. "하급자들에게 저처럼 공손하게 대하는 것은 어떤 궁극적인 동기가 있을 것이다. 아피우스에게 대놓고 반발하기가 망설여진 나머지 9인은 교활하고 우회적인 방법으로 반격하기로 결정했다. 아피우스가 10인 중 최연소자임에도 불구하고 그들은 인민들에게 차기 10인을 추천하는 권한을 아피우스에게 부여했다. 이럴 경우, 통상 자기 자신은 피추천자에 넣지 않는 과거의 관계를 그가 지킬 것이라고 지레 짐작한 것이다. 사실 이것은 로마에서는 논박할 수 없고 위반을 생각할 수도 없는 관습이었다. "하지만 그는 자신의 불능을 역전시켜 자신에게 이득이 되는 쪽으로 활용했다." 아피우스는 그 자신을 1번 피추천자로 추천함으로써 귀족들을 놀라게 하고 또 불쾌하게 만들었다. 이어 나머지 아홉 명도 그의 입맛에 맞는 인물들로 추천했다. 이 추가 1년짜리 임명은 평민과 귀족들에게 큰 잘못을 저질렀다는 점을 깨우쳐 주기 시작했다. 그 직후 "아피우스는 가면을 내던지고" 타고난 오만함을 드러내기 시작했으며 며칠 사이에 그런 못된 버릇을 동료들에게 물려주었다. 또 평민들과 원로원을 겁주기 위해 열두 명의 권표잡이를 120명으로 늘렸다

10인회의 오만방자함

양측은 며칠 동안 똑같이 두려워했다. 그러나 10인회는 원로원과 논의해 가면서 평민들을 압박했다. 10인 중 어느 위원에게 부당한 대우를 당한 사람이 다른 위원에게 상소하면, 그는 초심 때보다 더 나쁜 판결을 상소심에서 받았다. 이렇게 하여 자신들의 실수를 깨닫고 번민하던 평민들은 귀족들에게로 눈을 돌리게 되었다. 그들은 "한때 적이었고 두려워한 주인들로부터 얼마간이라도 자유의 숨결을 느껴보려 했다. 일찍이

귀족들의 전제를 두려워하여 현재의 사태를 만들어낸 그들이 말이다."
평민들의 고민은 귀족들에게는 고소한 것이었다. "그들은 깊은 절망에
빠진 나머지 두 명의 집정관을 옹립했던 과거를 그리워할 테니까." 10인
회에 추가로 부여된 1년이 끝나는 마지막 나날들이 마침내 돌아왔다. 두
개의 법률 동판이 작성되었으나 공표되지는 않았다. 이런 식으로 끌면
서 10인회는 그들의 권력을 지속시키는 기회를 잡았다. 정부의 권력을
유지하기 위해 폭력을 사용했고 젊은 귀족들을 그들의 지지 세력으로
만들었다. 10인회는 유죄 판결을 내린 사람들의 재산을 빼앗아 젊은 귀
족들에게 주었다. "이런 식으로 젊은 귀족들은 부패가 되었고, 그들은 모
두를 위한 자유보다는 그들에게 부여된 방종을 더 좋아했다."

이 시기에 사비니 인과 볼스키 인이 로마 인들을 상대로 전쟁을 걸어
왔다. 10인회는 두려움을 느꼈고 그들의 상황이 취약하다는 것을 깨달
았다. 원로원이 없으면 그들은 전쟁을 준비할 수가 없었고 동시에 원로
원을 소집하면 그들의 권력을 잃게 되리라 생각했다. 그러나 상황의 필
요에 내몰려서 10인회는 이 두 번째 대안을 선택했고, 일단 원로원이 소
집되자 많은 의원들, 그중에서도 발레리우스와 호라티우스가 10인회의
오만방자함을 비난하고 나섰다. 만약 이때 원로원이 강력하게 힘을 발
휘했더라면 10인회의 권력은 완전히 붕괴되었을 것이다. 그러나 10인회
가 자발적으로 권력을 내려놓으면 평민들의 호민관 제도가 다시 도입될
것이라고 생각하여, 다시 말하자면 평민들에 대한 적대감 때문에 원로
원은 강력하게 나가지 않았다. 그래서 원로원은 10인회는 내버려둔 채
전쟁에 나가는 것만 의결했다. 아피우스는 계속하여 도시를 통치하게
되었다.

그런데 이때 그는 **비르기니아**라는 여자를 사랑하게 되었다. 그 여자의

아버지 비르기니우스는 아피우스가 힘으로 딸을 빼앗아가서 강간하려 한다는 것을 알고서, 딸의 명예를 지키고 그 마수로부터 딸을 자유롭게 해방시키기 위해 딸을 칼로 찔러 죽인다. 이 사건의 여파로 로마 시내와 로마군 내부에서 소요 사태가 발생했다. 로마군은 로마 평민들의 나머지 세력들과 합류하여 성산[聖山: 몬스 사케르(Mons Sacer)]으로 몰려가서 10인회가 권력을 내놓고 호민관과 집정관을 다시 임명하라고 시위를 벌였다. 이렇게 하여 로마는 예전의 자유를 보장해 주던 정부 형태를 회복했다.

10인회의 발족과 붕괴

여기서, 로마에 이런 참주제가 발생한 이유는 다른 도시들에서 대부분의 참주제가 발생한 이유와 동일하다는 점을 강조할 필요가 있다. 다시 말해 자유로워지고 싶은 평민들의 과도한 욕구, 더 많은 통치권을 갖고 싶어 하는 귀족들의 욕구에서 이런 제도가 생겨나게 된 것이다. 두 파가 자유를 선호하는 법률을 만드는 데 동의하지 못하고, 두 파 중 어느 한 파가 어떤 단일한 인물을 지지하면 그 순간 참주제가 생겨나는 것이다. 로마의 평민과 귀족들은 각 파의 욕구—한쪽은 집정관 직을 없애려 했고 다른 한쪽은 호민관 직을 없애려 한 것—때문에 10인회를 설치하여 이 기구에 엄청난 권력을 부여하기로 했다. 10인회가 발족하자, 평민들은 아피우스가 그들을 지지하며 귀족을 압박할 것이라고 생각하여 그를 지지했다. 평민은 어떤 사람이 그들이 싫어하는 귀족을 억압할 것이라고 생각하여 그를 존경했다. 하지만 그 사람이 영리하다면 그는 곧 도시의 참주가 되어버린다. 그는 평민들의 지원을 업고서 귀족들을 파괴한 후 이번에는 평민들을 억압하려 들 것이다. 그리하여 평민들이 참주에 의해 노예가 되어버렸다는 사실을 깨달을 때에는, 더 이상 도피할 곳이 없게 된다. 공화국에서 참주제를 수립한 자들은 이러한 방법을 사용해 왔다.

만약 아피우스가 이런 방법을 사용했더라면 그의 참주제는 훨씬 더 오래갔을 것이고 그처럼 재빨리 망해버리지 않았을 것이다. 하지만 그는 이 방법과 정반대로 행동했다. 그는 아주 신중하지 못하게 행동했다. 왜냐하면 그의 독재 권력을 유지하기 위하여, 아피우스는 그에게 권력을 준 사람들, 그의 권력을 유지해 줄 수 있는 사람들을 그의 적으로 만들었기 때문이다. 또 그에게 권력을 주는 데 힘을 보태지 않은 사람들, 그의 권력 유지에 아무런 도움이 되지 않는 사람들을 그의 친구로 만들었다. 그는 또 친구로 만들 수 없는 사람을 친구로 만들려다가 정작 친구인 사람들은 잃어버렸다.

참주 편에 붙으려는 일부 귀족들이 있기는 하지만, 참주제에서 제외된 귀족들은 언제나 그 참주에게 비우호적이다. 참주는 이런 사람들을 그들의 커다란 야망과 탐욕 때문에 온전한 그의 편으로 만들 수가 없다. 또 참주는 그런 사람들을 모두 만족시킬 수 있을 정도의 부와 명예를 가지고 있지 못하다. 그리하여 아피우스가 평민들을 내버리고 귀족들에게 접근했을 때 그는 아주 명백한 실수를 저질렀다. 실수의 이유는 위에서 설명한 바와 같고, 게다가 그는 힘으로 밀어붙이면서 권력을 계속 유지하려 했다. 그러나 상대방에게 강요하는 사람은 그 강요당하는 사람보다 훨씬 힘이 세어야 한다. 따라서 인민을 친구로, 귀족을 적으로 갖고 있는 참주들은 훨씬 안전하다. 왜냐하면 그들의 힘은 더 큰 세력, 그러니까 인민을 적으로, 귀족을 친구로 갖고 있는 사람들의 세력보다 더 큰 힘을 갖고 있기 때문이다.

이런 힘을 갖고 있다면 내부의 세력은 충분히 생존할 수 있고 이것은 스파르타의 참주 나비스의 경우에서 예증된다. 그는 그리스 인과 로마 인이 공격해 왔을 때에도 나라를 지킬 수 있었던 것이다. 나비스는 일부 귀족의 지원을 받았고 또 인민을 친구로 두었기 때문에 인민들의 지원을 받아가면서 그 자신을 방어할 수 있었다. 만약 인민이 그의 적이었다면 그는 이렇게 하지 못했을 것이다. 내부에 우군이 별로 없고 내부 세력이 충분하지 못한 상황에서는, 그 세력을 바깥에서 찾아보는 것이 유익하다. 이런 도움은 다음 세 가지가 있다. 첫째, 외국의 용병들을 근위대로 사용하는 것이다. 둘째, 농촌 사람들을 무장시키면 평민들이 수행했던 의무를 그들에게 맡길 수 있다. 셋째, 당신을 방어해 줄 강력한 이웃과 동맹을 맺는 것이다. 이 방법을 따르고 또 잘 지킨다면 설사 인민을 그의 적으로 삼고 있다고 할지라도 그는 이런저런 방식으로 그 자신을 방어할 수 있다. 그러나 아피우스는 농촌 사람들의 마음을 얻는 방법을 쓸 수가 없었다. 농촌과 로마는 둘이 아니라 하나였고, 그가 설사 다른 방법에 눈을 돌렸다 할지라도 그것을 어떻게 수행해야 하는지 알지 못했다. 그러니 그는 첫 시작부터 멸망에 이르고 있었던 것이다.

인간의 욕망은 자그마한 새와 같다

원로원과 인민은 10인회를 창설하면서 아주 커다란 잘못을 저질렀다. 위에서 독재관을 다룬 논설에서 인민이 임명한 자보다 스스로 고위 행정관에 오른 자가 자유에 더 해롭다고 말했지만, 그래도 인민은 행정관 자리를 만들어내는 데 있어서 그 고관이 행동을 하려 할 때 망설이게 만드는 방식으로 그 자리에 사람을 임명해야 한다.

로마 인은 행정관들을 선량하게 행동하도록 유도하기 위한 안전장치를 설치했어야 했는데도, 그들은 그 장치를 제거했고, 10인회를 로마의 단독 통치 기관으로 만들어서, 위에서 설명한 것처럼 다른 기관들을 모두 폐지했다. 이렇게 된 것은 원로원이 지나치게 호민관 제도를 없애고 싶어 했고 반면에 평민들은 집정관 제도를 폐지하고 싶어 했기 때문이다. 그들은 이런 과도한 욕망에 눈이 멀어 둘 다 이런 무질서를 자초한 것이다.

페르난도 왕이 말한 것처럼, 인간은 포식(捕食)하는 자그마한 새와 비슷하다. 새는 자연이 그에게 부여한 본성에 따라 그 자신의 먹잇감을 추적하는 데에만 온힘을 기울이기 때문에 그보다 더 큰 새가 그를 죽이려고 그의 위에서 날갯짓하는 소리를 듣지 못한다. 따라서 이 논설을 통하여 내가 시작 부분에서 제안한 바와 같이, 로마 인들이 자유를 구제하려다가 저지른 잘못과, 아피우스가 참주제를 수립하고 싶어 하다가 저지르는 오류를 우리는 파악할 수 있게 되었다.

제41장

타당한 이유 없이
겸손에서 오만으로, 자비에서 잔인함으로 건너뛰는 것은
신중하지 못하고 득될 것도 없다

아피우스가 참주제를 유지하기 위하여 사용한 잘못된 방법들 중 하나로, 이런 심리 상태에서 저런 심리 상태로 갑작스럽게 건너뛴 것도 아주 심각한 오류이다. 그가 평민의 친구인 체하면서 평민들을 속여 넘긴 영리한 술수는 잘 사용되었다. 10인회의 위원들을 재임명 받게 할 때 사용한 방법도 좋은 것이었다. 귀족들의 소망을 무시하고 그 자신을 임명한 대담한 조치 또한 잘 이루어졌다. 그의 마음에 드는 위원들을 임명하는 방법도 아주 영리한 것이었다.

그러나 이 모든 것을 성취하고 나서, 내가 위에서 말한 것처럼, 평민들의 친구에서 적으로 건너뛴 것, 겸손한 자에서 오만한 자로 탈바꿈한 것, 느긋한 사람에서 까다로운 사람으로 돌변한 것, 이 모든 것을 아주 짧은 시간 내에 해치워 모든 사람이 그의 속이려는 의도를 눈치 채게 된 것 등은 현명한 방식이 아니다. 따라서 한동안 좋은 사람인 체하다가 자신의 이익을 위해 악한 자가 되려는 사람은 타당한 수단을 써가며 점진적으로 그렇게 해야 하고 또 상황에 의해서 어쩔 수 없이 그렇게 되었다는 인상을 주는 방식으로 그렇게 해야 한다. 이렇게 하면 당신의 새로운 성격이 예전의 우호 세력을 사라지게 하기 전에 많은 새로운 우호 세력을 확보하게 되어 당신의 권력은 줄어들지 않게 될 것이다. 반면에 당신 자신

의 정체를 노출시켜서 친구들마저 사라지게 된다면 당신은 곧 망하게
된다.

제42장

인간은 쉽게 부패한다

10인회 문제와 관련하여 인간이 얼마나 쉽게 부패하는지 지적해 두고자한다. 또 인간은 일순간에 표변하여 완전 다른 성격의 소유자가 되어버린다. 그가 아무리 선량하고 잘 교육받은 사람이라 할지라도 이렇게 되어버린다. 아피우스가 선택하여 그 주위에 포진시킨 젊은 귀족들을 생각해 보라. 그들은 참주가 떼어주는 그 자그마한 이득에 눈이 멀어 참주제의 우군으로 돌아섰다. 10인회의 2진 그룹 중 한 사람인 퀸투스 파비우스는 훌륭한 개인이었지만 한 줌 야망에 눈이 멀고 또 아피우스의 사악함에 넘어가 그의 좋은 습관을 가장 나쁜 습관으로 바꾸어버리고 아피우스같이 되어버렸다. 인간의 이런 점을 잘 연구해 둔다면 공화국이나왕국의 모든 입법가들은 인간의 욕구를 재빨리 억제하려 할 것이고 또벌 받지 않고서 사악한 짓을 할 수 있다는 희망을 인민들이 갖지 않게 할것이다.

제43장

그 자신의 영광을 위해 싸우는 사람은 선량하고 신의 있는 병사가 된다

위의 주장과 관련하여 그 자신의 영광을 위해 싸우는 훌륭한 군대와 엉성한 조직에다 남들의 영광을 위해 싸우는 군대 사이에는 커다란 차이점이 있다는 것을 주목해야 한다. 로마군은 집정관들의 지휘 아래에서는 언제나 승리를 거두는 데 익숙했으나, 10인회의 지휘 아래에서는 언제나 전쟁에서 졌다. 이런 사례로부터 우리는 용병 부대가 쓸모없는 몇 가지 이유를 부분적으로나마 유추할 수 있다. 용병 부대는 당신이 주는 월급 이외에는 당신 뒤에 굳건히 버티고 서 있을 이유가 없다. 이런 부대는 당신에게 절대적인 충성을 바칠 수 없고 또 진정한 우군이 되어 당신을 위해 목숨을 내놓지도 않는다. 군사령관에 대한 애정이 결핍되어 있는 군대는 그 사령관의 강력한 지지자가 될 수 없다. 설혹 미숙한 적군을 만난다고 하더라도 그 적군을 견디어 낼 만한 탁월한 기량 같은 것은 기대조차 할 수 없다. 충실한 애정과 감투 정신은 오로지 당신의 인민들로부터 생겨나는 것이므로, 정부 권력을 틀어쥐고 공화국이나 왕국을 유지하려면 당신 자신의 인민들로 군대를 조직해야 한다.

이것은 자국의 군대로 커다란 이점을 획득한 사람들의 행동으로부터 분명하게 알 수 있다. 10인회 지휘 아래의 로마군은 예전과 동일한 능력을 지녔으되, 그들 사이에 영광을 사랑하는 기질이 사라져버렸기에 평소와 같은 결과를 낼 수가 없었다. 그러나 10인회라는 정부 기구가 사라지고 로마 인들이 자유민 자격으로 군 복무를 하게 되자 그들 사이에 예전의 용감한 감투 정신이 되돌아왔다. 따라서 그들의 전투는 오래된 관습에 입각하여 예전과 똑같은 좋은 결과를 가져왔다.

제44장

지도자가 없는 군중은 위력이 없다. 군중은 먼저 위협을 하고 이어 권력을 요구해서는 안 된다

로마의 평민들은 비르기니아 사건 때문에 무장을 하고 성산(聖山)으로 몰려갔다. 원로원은 사절을 보내어 그들이 무슨 권위로 사령관을 내팽개치고 제멋대로 성산으로 이탈했느냐고 물어왔다. 원로원의 권위는 높이 존중되었고 또 평민들은 그들 중에 지도자가 없었으므로, 아무도 감히 대답을 하려 들지 않았다. 리비우스는 그들이 대답할 말이 없는 게 아니라 그 대답을 해줄 사람이 없었다고 논평한다. 이것은 지도자가 없는 군중은 위력이 없다는 것을 분명하게 보여준다. 비르기니우스는 이런 혼란을 잘 인식했고 그래서 그의 명령에 따라 스무 명의 군사 호민관들이 지도자로 선발되어 원로원의 질문에 답변하고 또 사태에 대응하기로 되었다. 그들은 원로원에다가 발레리우스와 호라티우스를 보내주면 평민들의 소원이 무엇인지 두 사람에게 말해 주겠다고 대답했다. 두 사람은 10인회가 먼저 권력을 내려놓지 않는 한 가지 않겠다고 대답했다. 마침내 두 사람이 평민들이 시위하는 성산에 도착하여 그들의 요구 조건을 듣게 되었다. 평민들은 평민 출신의 호민관이 선출되기를 원했고, 각급 행정관의 결정 사항에 대하여 민회에 상소할 수 있는 권리와, 10인회 위원들을 넘겨받아 그들을 산 채로 불태워 죽일 수 있는 권한을 요구했다.

발레리우스와 호라티우스는 첫 두 가지 요구 사항에 대해서는 훌륭하다고 칭찬했으나 마지막 요구는 너무 불경하다며 이렇게 말했다. "당신들은 그토록 싫어한다고 말하던 바로 그 악덕 속으로 머리부터 먼저 집어넣으며 빠져들고 있습니다." 두 사람은 10인회에 대해서는 아무런 말도 하지 않고 평민들이 그들의 권위와 권력을 얻을 때까지 기다리라고 조언했다. 그러면 평민들은 만족스럽게 일을 처리할 수 있는 수단을 갖게 될 것이라는 말도 했다. 여기서 우리는 어떤 것을 요구했다가 나중에 "나는 이것을 얻는다면 이런저런 악행을 저지르고 싶다,"라고 말하는 것이 얼마나 어리석고 또 신중하지 못한지를 알 수가 있다. 사람은 먼저 자신의 의도를 밝혀서는 안 된다. 그보다는 자신이 원하는 수단을 얻도록 해야 한다. 어떤 사람에게 어떤 무기를 달라고 말하면 충분하지 굳이 다음과 같이 말할 필요는 없다. "그 무기를 가지고 나는 당신을 죽이고 싶다." 일단 무기를 손에 넣으면 그 다음에는 당신의 욕망을 얼마든지 충족시킬 수 있다.

제45장

이미 통과된 법률을 준수하지 않는 것은 나쁘다. 특히 그 법의 제정자는 그 법을 위반해서는 안 된다. 도시의 통치자가 새로운 상처를 날마다 터트리는 것은 아주 해롭다

로마가 예전의 정부 형태로 돌아가기로 합의를 보았을 때 비르기니우스는 아피우스를 민회에 소집하여 그의 입장을 변론해 보라고 요구했다. 그는 다수의 귀족들을 데리고 등장했고 비르기니우스는 그를 투옥하라고 명령했다. 그러자 아피우스는 큰소리를 치면서 민회에 호소했다. 비르기니우스는 그 자신이 파괴한 상소권을 누릴 자격이 없으며 또 그가 해를 입힌 인민들을 그의 옹호자로 삼을 수 없다고 말했다. 아피우스는 인민들이 그토록 열렬히 수립했던 상소권을 무시해서는 안 된다고 대답했다. 그러나 그는 투옥되었고 재판일 전에 자살했다. 아피우스의 사악한 삶은 최고의 징벌을 받아야 마땅하지만, 문민정부가 그들 자신이 금방 통과시킨 법률을 위반하는 것은 그런 정부의 조치에 걸맞지 않은 것이다. 나는 공화국이 어떤 법을 제정하고서 그것을 준수하지 않는 것처럼 해로운 사례는 없다고 생각한다. 그 법을 제정한 사람이 그 법을 지키지 않은 것은 그것보다 더 나쁘다.

사보나롤라와 상소권

1494년 이후 피렌체 시는 수도사 지롤라모 사보나롤라의 도움을 받아가며 그 정부를 재조직했다. 사보나롤라의 저작들은 그가 깊은 학문, 신중함, 탁월한 식견을 가진 사람이었음을 보여준다. 그가 시민들을 보호하기 위하여 제정한 여러 규정들 중에는 시민들이 민회에 상소권을 부여한 법률이 있었다. 그러니까 8인 위원회와 시뇨리아가 운영하는 정부에 대하여 죄를 저지른 자라 할지라도 상소권을 인정한 것이다(이 법률은 사보나롤라가 오랫동안 주장하여 아주 힘들게 통과시킨 것이었다). 이 법률이 제정된 직후에 다섯 명의 시민이 국가에 대항하는 죄를 저질러 시뇨리아에 의해 사형을 선고받았다. 이 다섯 명은 상소를 하려 했으나 그것이 허용되지 않았고 따라서 상소 관련 법률은 준수되지 않았다. 이것은 그 어떤 사건보다 수도사 사보나롤라의 명성을 훼손시켰다. 상소권이 유익한 것이라면 그것은 준수가 되어야 마땅하고, 만약 유익하지 않다면 그는 애초에 그 법을 통과시키지 말았어야 했다. 이 사건은 특히 많은 사람들의 주목을 받았다. 왜냐하면 수도사는 이 법률이 위반된 이후에 행한 많은 설교들에서 이 법의 위반자들을 비난하지도 않고 용서하지도 않는 발언을 했다. 그는 그의 목적에 따라 이루어진 일을 정당화하지도 못하고, 그렇다고 그 일을 비난하지도 못하는 어정쩡한 태도를 취했다. 수도사의 기회주의적이고 파당적인 성격을 드러내는 이 사건은 그의 명성을 크게 먹칠했고 그에게 많은 비난이 쏟아지게 했다.

정부를 해치는 또 다른 일은 개인들에 대하여 새로운 공격을 가함으로써 시민들의 마음속에 씁쓸한 감정을 다시 불러일으키는 것이다. 이것은 10인회 사건 이후 로마에서 벌어진 일을 살펴보면 잘 알 수 있다. 10인회 위원들과 다른 시민들은 이런저런 시기에 고발을 당하여 유죄 판결을 받았다. 그러자 귀족들 사이에서는 커다란 공포가 뭉게뭉게 생겨났다. 그들이 귀족의 씨가 마를 때까지 이런 유죄 판결을 결코 끝나지 않을 것이라고 생각했다. 만약 호민관 마르쿠스 두엘리우스가 이에 대해서 확실한 조치를 취하지 않았더라면 도시 내에 엄청난 혼란이 발생했을 것이다. 두엘리우스는 1년 동안 로마의 시민을 비방하거나 고소하는 사람은 누구나 위법자로 단죄될 것이라고 포고문을 발표했고, 이것은 귀족 전원을 안심시키는 효과를 가져왔다. 이것은 계속적인 공격과 징벌을 위협함으로써 시민들을 불안 초조하게 만드는 공화국이나 군주는 얼마나 해로운 짓을 하는지를 잘 보여준다. 사실 궁지로 내몰린 사람은 아주 해로운 행동 노선도 마다하지 않는 것이다. 어떤 피해를 입을 것이라고 생각하는 사람은 가능한 한 모든 수단을 강구하여 그런 위험으로부터 그 자신을 보호하려 들 것이다. 이 경우 그 사람은 아주 새로운 어떤 것(혁명 혹은 정권 탈취)을 무모하면서도 겁 없이 시도하게 된다. 따라서 시민에게 아예 피해를 입히지 않거나 아니면 단 한 번만 엄혹한 피해를 가하고 그 다음에는 멈추어야 한다. 그래야 시민들이 진정하고 그들의 마음을 평온하게 유지할 수가 있다.

인간은 보다 더 높은 야망을 지향한다. 그는 피해를 보지 않으려 하다가 나중에는 남들에게 피해를 입힌다

로마 인은 자유를 회복하고 원래의 정부 형태로 되돌아갔고 그리하여 도시의 힘을 북돋는 많은 새로운 법률을 제정했다. 따라서 로마는 다시 한 번 안정을 되찾고 더욱 안정될 것 같았다. 그러나 실제 벌어진 일은 정반대였다. 날마다 새로운 혼란과 새로운 불화가 터져 나왔기 때문이다. 리비우스는 이러한 사태의 원인을 아주 신중하게 설명하는데, 그의 정확한 묘사를 여기에 인용하는 것은 그리 주제넘은 일이 아닐 것이라고 생각한다.

"평민과 귀족은 상대방에게 모욕을 가할 때면 자부심으로 가득 차게 된다. 평민이 그들의 행동 범위를 지키면서 평온하게 있으면 젊은 귀족들은 그들을 모욕하기 시작하고, 호민관들은 그들을 별로 제지하지 못한다. 왜냐하면 호민관들 또한 공격을 당하기 때문이다. 반면에 귀족들은 그들의 아들들이 너무 지나치다고 느끼면서도, 누군가 중용을 지키지 않는 사람이 있다면 그건 귀족이 되어야지 평민이 되어서는 안 된다고 생각했다. 그리하여 자유를 지키려는 욕망이 평민과 귀족이 서로를 압박하는 지경으로까지 치닫게 되었다. 더욱이 이러한 사태의 결과는 이렇게 끝난다. 사람은 공포를 피하려고 하면 상대방에게 그 공포를 느끼게 만든다. 그리하여 그들은 그들 자신으로부터 쫓아버리려고 하는 피해를 고스란히 상대방에게 입히게 된다. 마치 피해를 당하거나 피해를 입히거나 둘 중 하나인 것처럼."

모든 악의 사례는 좋은 시작에서 비롯된다

공화국이 멸망하는 방식은 여러 가지이지만 이것도 그중 하나이다. 인간은 한 야망에서 다른 야망으로 옮겨가면서 늘 더 높은 야망을 지향한다. 역사가 살루스티우스(Sallust, Sallustius)가 카이사르의 입에다 넣어준 말은 정말로 진실이 아닐 수 없다. "모든 악의 사례는 좋은 시작에서 비롯된다." 위에서 설명한 것처럼, 공화국에 사는 야심찬 시민이 첫 번째로 추구하는 것은 피해를 입지 않는 능력이다. 이것은 평범한 시민이든 심지어 행정관이든 마찬가지이다. 이 목적을 달성하기 위해 그들은 우정을 추구한다. 그들은 재정적 지원을 해주거나 상대방을 권세 있는 사람으로부터 보호해 주는 등, 겉보기에 정직해 보이는 수단으로 그들의 우정을 얻는다. 이것은 덕성스러운 일처럼 보이기 때문에 그들은 모든 사람을 손쉽게 속이는데 여기에는 대책이 없다. 야심찬 시민은 열심히 노력하고 또 장애를 만나지 않는다면 높은 자리에 올라가게 되고, 이제 평범한 시민들은 그를 두려워하고 행정관들조차도 그에게 존경을 표시한다. 그가 이 정도 수준에 도달하면 이제 그의 출세를 가로막을 방해 세력은 없게 된다. 그는 상당히 높은 지위에 올라가서 그에게 대항하는 것은 아주 위험한 일이 된다. 이렇게 된 배경은 이미 설명한 바와 같다. 나는 위에서 상당한 수준으로까지 커져버린 도시 내의 문제를 정면으로 대응하는 것은 위험하다고 말했다.

간단히 말해서 그 문제는 즉각적인 멸망의 위험을 무릅쓰고 제거해 버리거나, 아니면 그 문제가 전처럼 계속되도록 내버려두면서, 명백한 예속의 상태로 들어가는 것이다. 그 문제를 일으키는 자가 사망하거나 어떤 우연한 사건이 발생하지 않는 한 당신은 그것으로부터 해방되기가 어렵다. 일단 문제가 위에서 말한 그런 수준, 가령 평범한 시민과 행정관들이 그 야심찬 인사와 추종자들의 비위를 건드리는 것을 두려워하는 수준으로까지 커지면 그가 그들을 제멋대로 판결하여 처분하거나 피해를 입히는 것은 그리 힘들지 않게 된다. 이런 이유로 공화국은 그들의 시민이 겉으로는 선한 행동을 하는 것처럼 하면서 실제로는 악을 저지르는 것을 막아내는 어떤 제도적 수단을 확보해야 한다. 또 그 시민이 명성을 누리되 자유를 해롭게 하는 것이 아니라 자유를 신장시키는 것이 될 수 있도록 뒷받침하는 제도가 있어야 한다. 우리는 이 문제에 대하여 다른 곳(『사론』 3-28)에서 길게 설명하게 될 것이다.

제47장

인간은 일반적인 문제에서는
자기 자신을 속이지만
구체적인 문제에서는 속이지 않는다

위에서 논의한 것처럼, 로마 인들은 집정관이라는 직책에 염증과 피곤함을 느껴서, 평민들 중에서 집정관을 뽑거나 아니면 집정관의 권한을 축소시키려 했다. 이런저런 제약 조건을 집어넣어 집정관의 권력을 훼손시키는 것을 싫어했던 귀족들은 중간노선을 선택했다. 그들은 집정관의 권력을 가진 네 명의 호민관을 선출한다는 제안에 만족감을 표시했다. 호민관은 평민이든 귀족이든 누구나 될 수 있었다. 이것은 평민들을 만족시켰다. 이제 집정관 직을 제거했으니 이 최고위 행정직에 평민들도 참여할 수 있게 되었기 때문이다. 그런데 이로 인해 놀라운 사건이 벌어졌다. 막상 호민관을 평민들 중에서만 뽑을 수 있는 기회가 찾아오자, 로마 인들은 이 관직에 오로지 귀족들만을 뽑았다. 이 사건과 관련하여 리비우스는 이런 논평을 했다. "자신의 자유와 지위를 얻기 위해 싸우는 사람과, 그 싸움이 끝난 후 격정의 구름을 걷어내고 올바른 판단을 내리기를 요청받는 사람은 아주 다르다."

어떻게 이런 일이 벌어졌을까 분석하면서 나는 이런 생각을 하게 되었다. 인간은 일반적인 문제에서는 자기 자신을 크게 속이지만 구체적인 문제에서는 속이지 않는다. 로마의 평민들은 그들 중에서도 집정관 재목을 배출시킬 수 있다고 일반적으로 생각했다. 평민들은 도시 주민의 대다수를 차지했고, 전쟁에서 이기기 위해 큰 모험을 걸었으며, 또 그들의 힘과 완력으로 로마를 자유롭고 강력한 도시를 만들었기 때문이다. 그러나 막상 집정관 권한을 가진 호민관을 뽑아야 한다는 구체적 문제에 당면하여 평민 후보를 추천해야 되자, 그들은 평민의 약점을 깨달았고 평민 집단 전체가 누려야 할 권한을 어떤 개인이 대표로 누리게 할 경우에 그만한 재목이 되는 사람이 아예 없다는 것을 발견했다.

그리하여 그들은 그들 자신을 부끄럽게 여기면서 그 관직을 감당할 수 있는 사람들에게로 시선을 돌렸다. 이런 논의에 놀라움을 표시하면서 리비우스는 이런 타당한 논평을 했다. "그 경우에, 예의 바른 생각, 공정하고 관대한 성격이 로마 평민들 전체를 사로잡은 특징이었다. 오늘날 과연 우리 주위에서 이런 특징을 가진 사람을 단 한 명이라도 찾아볼 수 있다고 생각하는가?"

카푸아의 원로원과 평민들

이것을 확증해 주는 또 다른 놀라운 사례를 하나 더 인용해 보겠다. 한니발이 칸나이에서 로마 인들을 패퇴시킨 후 카푸아에서 벌어진 일이다. 당시 이탈리아 전역은 이 패배로 소란스러웠고, 카푸아는 원로원과 평민 사이에 존재하는 증오감 때문에 반란 일보 직전까지 가 있었다. 그 당시 파쿠비우스 칼라누스가 최고 행정관이었는데 도시가 처한 반란의 위험을 잘 알고 있었다. 그는 귀족과 평민들의 갈등을 자신에게 유리하게 해소시키는 계획을 고안해 냈다. 그는 원로원을 소환하여 의원들에게 평민들이 그들에게 느끼는 적대감과, 평민들이 의원들을 죽일지도 모른다는 위험을 말했다. 또 로마 인들이 칸나이에서 대패하여 카푸아 시도 한니발에게 항복해야 할지도 모른다고 덧붙였다. 만약 의원들이 그에게 이 문제와 관련하여 재량권을 부여해 준다면 도시의 파당들을 단합시킬 수 있다고 말했다. 그렇지만 먼저 의원들을 궁전(포룸의 쿠리아, 즉 의사당)에다 감금해 놓고 평민들에게 의원들을 처벌할 권한을 부여함으로써 의원들을 살려내겠다고 말했다.

원로원 의원들은 이 문제와 관련하여 칼라누스의 의견에 굴복하기로 동의했다. 칼라누스는 의원들을 궁전에다 가두어 놓고서 평민들을 소환했다. 그는 평민들에게 이제 귀족들의 오만을 견제하여 그들이 귀족으로부터 받은 피해를 복수할 시간이 왔다고 말했다. 그러면서 의원들을 그의 보호 아래 다 가두어 놓았다는 말도 했다. 하지만 도시에는 한시라도 정부가 없어서는 안 되므로 그들이 나이 든 원로원 의원들을 죽이고 싶다면 새 의원을 임명해 달라고 요청했다. 칼라누스는 모든 의원들의 이름이 적힌 쪽지들을 바구니 안에다 집어넣고 평민들이 지켜보는 데서 쪽지들을 하나씩 꺼내기 시작했다. 그들의 후임자가 발견되는 즉시 그들을 하나씩 하나씩 죽이겠다는 말도 했다.

칼라누스가 종이쪽지 하나를 꺼내들어 그 의원의 이름을 읽자 평민들 사이에서 커다란 함성이 터져 나왔다. 그 의원이 오만하고, 잔인하고, 매몰차다고 말했다. 칼라누스가 평민들에게 후임자의 이름을 말해 달라고 하자 평민들은 잠잠해졌다. 시간이 좀 지난 뒤, 평민 한 사람이 지명되었다. 하지만 그 사람의 이름을 부르자, 어떤 사람은 휘파람을 불었고, 어떤 사람은 웃음을 터트렸고, 어떤 사람들은 이런저런 욕설을 내뱉었다. 이런 식으로 해서 그들은 후보들을 하나씩 하나씩 배척하더니 결국 지명된 사람 전원이 원로원 의원으로는 자격 미달이라고 판단을 내렸다. 그러자 칼라누스는 그 기회를 잡아 이렇게 말했다. "당신들은 이 도시가 원로원이 없으면 잘 돌아가지 못한다고 생각하고 또 나이 든 의원들의 대체 인물에 대해서도 합의를 하지 못하므로, 당신들이 의원들과 화해를 하는 것이 가장 좋겠다고 생각합니다. 의원들이 방금 느꼈던 공포는 그들에게 충분한 교훈이 되었으리라 봅니다. 그리하여 당신들이 다른 데서 찾았으나 찾지 못했던 겸손함이 앞으로 그들의 마음속에 자리 잡을 것입니다."

그들이 일단 이 점에 대해서 합의하자 공공질서가 더욱 단단해졌다. 그들이 상황의 압력에 의해 구체적 사안에 대해서 파악하게 되자 그들을 사로잡았던 기만이 만천하에 폭로되었기 때문이다. 이것 이외에도, 사람들은 그들과 일반적으로 관련되어 있는 문제와 사건을 판단할 때에는 기만을 당하기도, 일단 구체적인 사항을 이해하면 그들은 더 이상 기만 당하지 않는다.

광장의 생각과 정부 청사의 생각은 다르다

피렌체 시의 통치자들이 도시 밖으로 쫓겨난 1494년 이후에, 도시에는 조직된 정부가 없었다. 그 대신 일종의 야심만만한 방종만 흘러넘치게 되었는데 공공 사태가 악화일로를 치닫게 되자 많은 사람들이 도시의 쇠망을 목격하기만 할 뿐 그 이유를 깨닫지 못했다. 그래서 그들은 일부 권세 있는 개인들이 무질서를 조장하고 있다고 비난했다. 그런 개인들이 자기들 입맛에 맞는 정부를 조직하여 시민들로부터 자유를 빼앗으려 한다고 생각했다. 그들은 회랑과 광장에 서서 많은 다른 시민들을 헐뜯었고 만약 그들이 시뇨리아의 일원이 된다면 그 권세 있는 자들의 음모를 밝혀내고 그들을 처벌할 것이라고 말했다.

그런데 이런 사람들이 때때로 고위 행정관의 자리에 오르는 일이 있었다. 그가 그 자리에 취임하여 사태를 좀 더 자세히 살펴보니, 그런 혼란의 원인과 그에 따르는 위험을 더 잘 알게 되었고, 그 혼란에 대한 처방을 찾아내기가 어렵다는 것을 깨달았다. 이렇게 하여 그 혼란은 어떤 개인들이 만들어낸 것이 아니라 시대 탓이라는 것을 뚜렷이 각성하자, 그는 평소의 사고방식과 행동 방식을 바꾸었다. 사태의 구체적 진상을 알게 되자, 그가 일반적인 관점에서 파악할 때 당연시되었던 기만의 요소가 완전 제거되었기 때문이다. 이렇게 하여 그가 일반 시민이었을 때 했던 말을 들은 사람들은 나중에 고위직에 오른 그가 침묵하는 모습을 목격하게 된다. 그러면 그들은 이런 변화가 사태의 진상에 대한 진정한 깨달음에서 오는 것이 아니라, 그가 권세 있는 사람들의 기만에 넘어가 부패했기 때문이라고 생각한다. 이런 일이 여러 경우에 걸쳐서 많은 사람들에게 벌어지기 때문에 이런 속담도 생겨났다. "이런 사람들은 광장에 있을 때의 생각과 정부 청사에 들어간 후의 생각이 다르다."

따라서 지금까지 논의해 온 것을 감안해 볼 때, 사람들의 눈을 번쩍 뜨이게 하는 가장 빠른 방법은 일반적 사항에 의한 기만을 물리치고 구체적 사안을 파악하도록 유도하는 것이다. 카푸아의 칼라누스나 로마의 원로원의 경우처럼 말이다. 나는 또 이런 결론을 내린다. 신중한 사람은 계급과 지위를 분배하는 문제와 관련하여 구체적 사안에 대한 일반 대중의 여론을 결코 무시하지 않는다. 일반 대중은 이런 문제에서 그들 자신을 기만하지 않기 때문이다. 그들이 때때로 기만을 당한다고 하더라도 그런 자리에 사람을 임명하는 소수 인사들보다 더 많이 기만당하지는 않는다. 다음 장에서는 인사 문제와 관련하여 원로원이 일반 대중을 기만하는 수단을 다루는 것도 의미 있으리라 생각한다.

제48장

고위 행정직이 비천한 태생이나 사악한 사람에게 돌아가는 것을 막으려 하는 사람은 그 임명 건에 대하여, 아주 비천하게 태어나서 사악한 사람이거나 아주 고상하게 태어나서 아주 선량한 사람을 추천 받는 것이 좋다

원로원은 집정관의 권한을 가진 호민관 자리가 오로지 평민 출신의 후보들에게 돌아가는 것을 막기 위하여 다음 두 가지 방법 중 하나를 선택했다. 첫째, 로마의 가장 유명한 시민(귀족)에게 그 자리에 입후보하도록 한다. 둘째, 그 자리에 오르려고 하는, 비천한 태생에 아주 무지한 평민 출신 후보를 추천한 후 필요한 수단을 동원하여 그를 타락시키고 이어 그런 자리를 신청하는 그보다 더 양질의 평민 후보와 공동으로 그 자리를 경쟁하게 만든다. 두 번째 방법은 평민들로 하여금 이런 사람들에게 그 자리를 내준다는 것을 부끄럽게 여기도록 한다. 첫 번째 방법은 그 자리를 자격 있는 개인(귀족)에게 내주지 않는 것을 부끄럽게 여기도록 한다. 이 모든 것은 앞 장의 논설이 옳다는 것을 증명한다. 사람들은 일반적인 문제에서는 기만을 당하지만 구체적인 사항에 대해서는 속아 넘어가지 않는 것이다.

제49장

만약 로마처럼 자유롭게 시작된 도시들이
그들을 지키는 데 필요한 법률을 잘 찾아내지 못한다면,
처음부터 예속의 상태로 시작한 도시들은
그런 법률을 찾아내기가 거의 불가능하다

공화국 수립 당시에 국가를 자유롭게 유지하기 위해 필요한 모든 법률을 미리 예상한다는 것은 아주 어려운 일이다. 이것은 로마 공화국의 발전 경로를 살펴보면 잘 알 수 있다. 먼저 로물루스, 누마, 툴루스 호스틸리우스(Tullus Hostilius), 세르비우스(Servius Tullius) 등의 여러 왕들과, 마지막으로 법률 제정을 위해 조직된 10인회에 이르기까지 많은 법률들이 제정되었음에도 불구하고, 도시를 통치하는 데 있어서 새로운 필요가 언제나 발견되었다. 가령 로마 인들이 자유롭게 살던 시절에 로마의 자유를 지키기 위해 결정한 여러 조치들 중 하나인 켄소르(감찰관)의 설치가 그러하다. 로마 인은 당초 이 행정관 자리를 만들면서 한 가지 실수를 했다. 그 관직의 임기를 5년으로 했던 것이다. 하지만 잠시 세월이 경과한 후에 독재관이던 마메르쿠스가 신중한 판단을 내려서 새 법을 만들어 그 임기를 18개월로 축소시켰다. 당시 그 자리에 근무하던 감찰관들은 그런 조치를 너무나 불쾌하게 여겨서 마메르쿠스의 원로원 의원 자리를 박탈했다. 평민들과 원로들이 강력하게 그런 박탈에 항의했지만 아무 소용이 없었다. 리비우스의 역사서는 마메르쿠스가 그런 박탈에 대하여 자신을 방어할 수 있는 방법에 대해서 언급하지 않는다. 이것은 역사가가 미비했거나, 아니면 이 경우 로마의 제도가 불비한 탓으로 보인다. 자유로운 시민 생활을 위한 법률을 제정한 시민이 아무런 방어 수단도 없이 피해를 볼 수 있다는 것은 공화국의 자유로운 제도를 해치는 것이다.

자 이제 이 논설의 시작으로 돌아가자. 나는 이 새로운 관직의 창설과 관련하여 이런 말을 하고 싶다. 로마처럼 첫 시작부터 그 자유를 누려 왔던 도시가 그 자유를 계속 유지하기 위하여 좋은 법률을 찾아내는 데 어려움을 느낀다면, 애초부터 예속의 상태로 시작한 도시는 그런 법률을 찾는 데 커다란 어려움을 느끼는 것은 물론이고 문명되고 평화로운 생활 방식을 지켜주는 제도를 창조하는 것은 불가능하다.

피렌체 시와 베네치아 시의 상호 비교

이것은 피렌체 시의 경우에서 잘 살펴볼 수 있다. 이 도시가 애초에 로마의 통치에 종속되어 있었기 때문에 언제나 다른 사람들이 조직하는 정부 아래에서 살아왔고, 한동안 아주 비참했으며 그 자신의 생활 조건에 대하여 무심했다. 그 후 좀 더 신선한 공기를 들이마실 수 있는 기회가 오자 도시는 그 나름의 제도를 만들어내기 시작했다. 이 제도들은 예전의 나쁜 제도와 뒤섞였기 때문에 좋을 수가 없었다. 피렌체는 이런 식으로 약 2백 년 동안 시정을 관리해 왔고, 이에 대해서는 신빙성 있는 기록들이 남아 있다. 도시는 한 번도 진정한 정부를 가져본 적이 없었고 그래서 공화국이라고 할 수 없었다. 피렌체가 겪은 이러한 어려움들은 유사한 예속적 시작을 가진 모든 도시들이 겪는 바였다. 자유롭고 공개적인 선거가 여러 번 몇몇 소수의 시민들에게 피렌체를 개혁하는 충분한 권한을 부여하기는 했지만, 그들은 공동선을 위해 도시를 조직한 적은 결코 없었고 언제나 그들의 당파적 필요에 따라 정부를 조직했다. 이것은 도시에 질서가 아니라 커다란 혼란을 가져왔을 뿐이다.

좀 더 구체적 사례들을 다루기 위하여 나는 공화국의 창건자들이 고려해야 할 사항을 말하고 싶다. 그들의 임무는 시민들에 대한 생사여탈권이 누구의 손에 들어가는지 세심하게 살피는 것이다. 이러한 제도는 로마에서 잘 조직되었다. 민회에 상소를 하는 것이 언제든지 가능했기 때문이다. 만약 어떤 중요한 결정이 내려졌는데, 그 실행이 이런 상소권 때문에 위험스럽게도 자꾸 지연이 된다면, 로마 인들은 상소권을 인정하지 않고 즉시 행동에 나설 수 있는 독재관을 임명함으로써 그런 난관을 우회할 수 있었다. 로마 인들은 꼭 필요할 경우가 아니면 이런 우회 수단을 선택하지 않았다.

그러나 예속된 상태로 시작한 피렌체와 다른 도시들은 이런 권력을 외국인에게 부여했고 그 외국인은 군주의 사절 자격으로 이 기능을 수행했다. 나중에 이 도시들이 자유롭게 되었을 때, 이 권위를 유지하면서 캡틴(captain)이라고 부르는 외국인에게 그것을 부여했다. 그러나 캡틴은 권세 있는 시민들에 의해 쉽게 부패할 수 있으므로 이것은 아주 해로운 제도였다. 나중에 이 제도는 정부 조직의 변화로 수정되었고, 피렌체 시민들은 여덟 명의 시민을 임명하여 이 캡틴의 임무를 수행하도록 했다. 그러나 이미 설명한 이유들로 인해 이 제도는 더욱 악화되었다. 왜냐하면 소수의 행정관들은 언제나 가장 힘 있는 사람들의 앞잡이에 불과하기 때문이다.

베네치아는 열 명의 시민을 선정하여 이 문제로부터 도시를 보호하려했다. 10인 의회는 상소권을 인정하지 않고 그 어떤 시민도 처벌할 수 있는 권한을 가졌다. 그러나 10인 의회는 권세 있는 사람들을 처벌할 수 있는 권한을 가졌으나 그 숫자가 충분하지 못했으므로 그들은 40인 의회를 제정했다. 더욱이 그들은 프레가디(Pregadi) 의회를 제정했는데 이것은 대의회로서 충분한 징벌권이 부여되었다. 이런 식으로 하여 고소하는 자들이 많다면 권세 있는 자들을 견제하기 위한 재판관들도 많게 만들었다.

요약하면, 로마는 그 주민들과 많은 신중한 사람들에 의해 조직되었으므로 그 자유로운 생활 방식을 지원하기 위하여 새로운 제도를 만들어내야 할 새로운 이유가 날마다 생겨났다. 반면에 창건 초기부터 무질서한 시작을 겪었던 도시들은 많은 문제점들이 생겨났고 그들은 결코 그것들을 올바르게 재조직하지 못했다.

제50장

위원회나 행정관이 도시의 법적 조치를
임의로 막게 놔두어서는 안 된다

티투스 퀸크티우스 킨키나투스와 그나이우스 율리우스 멘토, 2인이 로마의 집정관이었을 때 그들은 뜻이 단합되지 않아 공화국의 모든 법적 조치를 서로 방해했다. 이러한 사태를 우려하면서 원로원은 독재관을 옹립하여 두 집정관의 불화가 빚은 부작위를 해소하려 했다. 그러나 모든 것에 의견이 불일치하던 두 집정관은 독재관의 옹립 거부에는 의견이 일치했다. 일이 이렇게 돌아가자 다른 대응 수단이 없었던 원로원은 호민관들의 도움을 요청했고 그들은 원로원의 권위를 등에 업고 두 집정관들에게 복종할 것을 강요하여 성사시켰다. 여기에서 다음 두 가지 점을 주목할 필요가 있다.

첫째, 호민관 제도의 유용성이다. 이 제도는 권세 있는 자들이 평민들에 대하여 과시하여 야망을 견제하는 데 필요할 뿐만 아니라, 그들(권력자들)이 그들 사이에서 내보이는 야망도 견제할 수 있다.

둘째, 공화국의 유지에 필요한 법률에 관하여 결정을 내리는 권한을 소수의 사람에게만 부여하는 제도를 만들어서는 안 된다. 예를 들어 명예와 보상을 내려 주는 권한을 어떤 위원회에 부여하고 어떤 문제에 대한 결재권을 어떤 행정관에게 주었다면 그들이 어떤 상황에서도 조치를 취하거나 일을 조직하도록 강요할 수 있어야 한다. 만약 그들이 의무를 게을리 한다면 다른 사람을 시켜서 그 일을 할 수 있어야 한다. 이렇게 할 수 없다면 그 제도는 흠결이 있거나 위험한 것이다. 이것은 로마의 사례에서 분명하게 드러나는데, 두 집정관의 고집은 호민관들의 권한에 의해 억제가 되었던 것이다.

베네치아 공화국은 대의회(Grand Council)가 명예와 보상을 내려 준다. 어떤 때 의원의 대다수가 경멸감 혹은 그릇된 신념 때문에 도시의 행정관들과 도시의 해외 영지를 보살피는 관리관들의 후임자를 임명하지 못했다. 이것은 커다란 혼란을 불러일으켰다. 어느 한순간에 아주 느닷없이 도시의 해외 영지와 도시 자체가 합법적인 재판관이 없는 상태가 되어버렸다. 의회의 대다수가 불만족한 상태이거나 기만을 당한 상태여서 그 문제에 대하여 해결안을 찾아볼 수도 없었다. 만약 몇몇 신중한 시민들이 이런 사태에 대하여 대응 조치를 준비해 두지 않았더라면 도시는 파국으로 치달았을 것이다. 그들은 적당한 시기가 되자 예방 법률을 통과시켰다. 도시 내에서 그리고 해외에서 근무 중이거나 근무했던 모든 행정관들은 새로운 후임자가 지명되어 임지에 부임하기 전까지는 그들의 자리를 비우지 말고 계속 근무하라는 내용이었다. 이렇게 하여 대의회는 공화국의 법적 조치를 방해하여 커다란 위험을 초래할 수 있는 가능성을 원천 봉쇄당하게 되었다.

제51장

공화국이나 군주는
필요에 의해서 한 일도 관대함에서 나온 것처럼
보이게 해야 한다

신중한 사람들은 선택이 아니라 필요에 의해서 한 행동에서도 그것이 선의에서 나온 것처럼 행동해야 한다. 이러한 신중함은 로마의 원로원이 잘 유지했다. 원로원은 군 복무를 완수한 사람들에게 공공 보조금을 지불하기로 결정했다. 사실 군에 복무하는 시민들은 그들의 자비로 복무해야 하는 것이었다. 그러나 이런 방식으로는 아주 오랫동안 전쟁을 치를 수가 없었다. 다른 도시들을 공성할 수 없는 것은 물론이고 본국에서 멀리 떨어진 곳까지 군대를 이끌고 갈 수도 없었다. 따라서 원로원은 이 두 가지를 다 하려면 앞에서 말한 보조금을 지불할 수밖에 없다고 결정했다. 하지만 그들은 상황적 필요에 의해서 그렇게 했으면서도 마치 은전을 베푸는 것처럼 보이게 행동했다.

이 은전은 평민들에게 너무나 큰 선물이었으므로 온 로마가 기쁨으로 포복절도할 지경이 되었다. 사실 그것은 평민들이 기대도 안 했고 또 직접 나서서 달라고 요구한 것이 아니었기 때문에 더 큰 선물로 보였다. 호민관들은 그것이 평민들의 부담을 줄여주는 것이 아니라 높인다고(그 보조금을 마련하려면 세금을 올리는 수밖에 없었다) 지적하면서 그런 자비의 행동을 취소시키려고 최선을 다했다. 하지만 호민관들은 평민들이 그 제안을 받아들이는 것을 막아낼 수가 없었다. 원로원의 세금을 올리는 방식은 오히려 평민들의 기분을 더욱 좋게 만들었다. 그들은 제일 먼저 세금을 부담해야 하는 귀족들에게 가장 높고 무거운 세금을 매겼던 것이다.

제52장

공화국 내에서 권력의 자리에 오른 사람의 오만함을 견제하는 가장 확실하고 덜 분열적인 방식은, 그가 권좌에 오를 때 사용했던 바로 그 방식으로 그 사람을 저지하는 것이다

우리는 앞 장의 논설에서 또 역사서를 읽음으로써, 귀족들이 봉급 인상이나 조세 감면의 방법으로 평민들에게 혜택을 주는 방식으로 그들의 환심을 샀는지 잘 알 수 있다. 만약 원로원이 이런 방법들을 지속적으로 사용했더라면 그들은 로마 시내의 모든 소요 사태를 종식시켰을 것이고, 호민관들이 평민들 사이에서 발휘하는 권력과 그로부터 생겨나는 영향력을 모두 박탈할 수 있었을 것이다. 공화국에서(특히나 부패한 공화국)에서, 어떤 시민의 야망을 저지하는 가장 좋으면서도 간단하고 또 덜 분열적인 방식은, 그가 권좌에 오르기 위해 사용할 것으로 보이는 방식들로 그를 저지하는 것이다.

만약 이 방식을 코시모 데 메디치에게 대항하여 사용했더라면, 코시모의 정적들은 그를 피렌체 시에서 몰아낸 것보다 더 좋은 방책을 사용한 게 되었을 것이다. 만약 그와 경쟁하는 시민들이 사람들에게 혜택을 베풀어주는 코시모의 방법을 채택했더라면 그들은 갈등이나 폭력 없이 코시모의 손으로부터 그의 강력한 무기를 제거할 수 있었을 것이다.

피에로 소데리니의 몰락

피에로 소데리니는 오로지 시민들의 환심을 사는 방법 하나로 피렌체

내에서 커다란 명성을 얻었다. 시민들은 그가 도시의 자유에 헌신하는 사람이라고 생각했다. 소데리니의 위대한 명성을 부러워하는 사람들이 그를 위대하게 만든 바로 그 방법을 사용하여 소데리니에게 맞섰더라면 그것은 훨씬 더 간단하고, 정직하고, 덜 위험하고, 덜 공화국에 해로운 방식이었을 것이다. 하지만 그들은 결국에는 공화국을 멸망시키는 방법으로 그를 권좌에서 끌어내리려 했다. 만약 그들이 소데리니의 손에서 그를 권력자로 만든 그 무기를 제거했더라면(이렇게 제거하는 것은 그들이 쉽게 할 수 있는 것이었다), 그들은 별 의심도 불러일으키지 않고 또 시의회나 공개 토론 따위는 신경 쓰지도 않고, 그에게 맞설 수 있었을 것이다.

그래서 우리는 이렇게 말해 볼 수 있다. 피에로 반대파들이 그가 권좌에 오른 방식을 사용하여 그에게 맞서지 않는 오류를 저질렀다고 한다면, 소데리니 또한 똑같은 오류를 저질렀다. 그는 정적들이 그를 공포의 대상으로 만드는 방법(소데리니가 메디치파의 앞잡이라고 매도하는 것. ─옮긴이)을 선점하여 그것을 정적들에게 둘러씌우지 못한 오류를 저지른 것이다. 소데리니가 이 방법을 쓰지 않은 데에는 나름대로 변명의 사유가 있었다. 우선 그가 그렇게 하기에는 어려움이 있었고, 그런 방법은 그가 보기에 정직하지 않은 것이었다. 정적들이 그에게 피해를 입히는 주된 방식은 그가 메디치가를 지원하고 있다고 흑색 선전하는 것이었기 때문이다. 하지만 정적들은 은밀하게 메디치가의 도움을 받아 소데리니에 맞서 싸웠고 결국 그를 몰락시켰다.

소데리니는 양심상 메디치가의 편에 붙어서 그의 좋은 명성을 망칠 수가 없었다. 그렇게 하자면 공화국의 자유를 파괴해야 하는데 그는 그 자유를 옹호하는 책임자로서 시뇨리아의 수장에 올랐던 것이다. 따라서 소데리니는 메디치가에 은밀하고 확실하게 혜택을 줄 수가 없었다. 만약 그랬다가 그가 메디치가의 친구라는 것이 발각이라도 되면 그는 시민들의 의심과 증오를 받게 될 것이고, 그의 정적들은 전보다 한결 더 쉽게 그를 공격할 수 있었을 것이다.

툴리우스 키케로의 몰락

따라서 사람은 모든 결정 사항의 결점과 위험을 잘 숙고하고 득보다 실이 더 많은 결정은 피해야 한다. 그 결정이 그 자신의 예전 사고방식과 일치하는 것일지라도 신축성을 발휘해야 한다. 그렇지 않으면 키케로에게 벌어진 일이 그에게도 벌어질 수 있다.

키케로는 마르쿠스 안토니우스의 지원 세력을 없애려고 하다가 오히려 그것을 강화시킨 꼴이 되고 말았다. 당시 안토니우스는 원로원의 적으로 판단되었고 또 카이사르의 대의를 따르는 병사들로 구성된 대규모 군대를 거느리고 있었다. 키케로는 그에게서 그 대규모 군대를 빼앗기 위하여 원로원 의원들에게 옥타비아누스의 명성을 높여주자고 제안했다. 당시의 집정관이던 히르티우스(Hirtius)와 판사(Pansa)는 안토니우스의 병사들이 카이사르의 양아들이며 자신을 카이사르라고 불렀던 옥타비아누스의 이름을 듣는다면 모두 안토니우스를 떠나 이 양아들에게 붙을 것이라고 주장했다. 그렇게 되면 안토니우스를 손쉽게 제압할 것이고 뒤이어 애송이에 불과한 옥타비아누스도 차례로 물리칠 수 있을 것으로 내다보았다. 그러나 사태는 정반대로 돌아갔다. 안토니우스는 옥타비아누스의 지지를 얻어냈고, 카이사르의 양아들(옥타비아누스)은 키케로와 원로원을 내버리고 안토니우스와 힘을 합쳤다. 이 사건으로 원로원 내의 귀족 당은 완전 파멸의 길로 들어섰다.

우리는 다음과 같은 대응을 손쉽게 추론해 볼 수 있다. 원로원은 키케로의 주장을 받아들이지 말았어야 했다. 엄청난 영광 속에서 적들을 파괴시키고 또 단독으로 로마의 주권을 획득한 카이사르의 명성을 충분히 감안했어야 했다.(살해된 카이사르의 양아들 옥타비아누스를 애송이로 보고 그를 배후 조종하려는 것이 잘못되었다는 뜻.-옮긴이) 또 원로원은 카이사르의 후계자나 지지자들로부터 공화국의 자유에 상응하는 조치가 나오리라고 예상하지 말았어야 했다.(→키케로)

제53장

거짓 선량함에 기만된 인민은 종종 그들 자신의 멸망을 원하게 된다. 커다란 희망과 과감한 약속은 인민을 쉽게 감동시킨다

베이이 시가 일단 함락되자 로마 인들은 도시의 인구 절반 정도가 베이이로 옮겨가 살면 좋겠다는 생각을 했다. 베이이가 비옥한 고장이고, 거물들이 많고 또 로마에서 가깝기 때문에 로마 시민의 절반 정도가 아무런 정치적 혼란 없이 그 가까운 도시의 덕을 볼 수 있으리라고 결론 내렸다. 하지만 원로원과 현명한 로마 인들이 볼 때 그 제안은 너무나 쓸데없고 또 해로운 것이었기 때문에 그들은 그 제안에 동의하느니 차라리 죽어버리겠다고 공개적으로 말했다. 그리하여 그 안건이 논의의 장에 나왔을 때, 평민들은 원로원의 그런 입장에 크게 분노했다. 그리하여 그들은 무기를 들고서 피를 흘리기 직전까지 갔는데, 원로원이 존경받는 원로들을 인간 방패로 사용함으로써 간신히 그런 파국을 면했다. 원로들에 대한 평민들의 존경심 덕분에 그런 유혈 사태는 벌어지지 않았던 것이다.

인민을 대하는 두 가지 방법 (1)

이와 관련하여 두 가지 사항을 주목해야 한다. 첫째, 인민은 선량함의 거짓된 외양에 기만 당하여 그들 자신의 멸망을 바라게 된다. 따라서 평민들의 신임을 받는 사람이 나서서 그들이 선과 악을 구분할 수 있게 해

주어야 한다. 이렇게 하지 않는다면 공화국에 끝없는 위험과 피해가 뒤따르게 된다. 때때로 그런 일이 벌어지듯이, 인민들이 과거에 사건과 사람들에게 자주 속임을 당하여 운명적으로 아무도 믿지 않게 되었다면, 이것은 필연적으로 공화국의 멸망을 가져온다. 이 점과 관련하여 단테는 『제정론(帝政論, On Monarchy, De Monarchia)』이라는 논설에서 사람들이 자주 이렇게 외치는 장면을 묘사한다. "우리의 죽음은 번성하고, 우리의 삶은 소멸하는구나!"

인민들이 이런 의심하는 마음을 품고 있으면 공화국은 때때로 타당한 결정을 내리지 못하게 된다. 가령 위에서 말한 베네치아의 경우가 그러하다. 베네치아 시는 많은 적들이 쳐들어왔을 때 그 적들로부터 전에 빼앗았던 것을 일부 돌려줌으로써 일부 적의 환심을 사는 결정을 신속히 내리지 못했다. 사실 이 빼앗아간 땅들이 전쟁의 원인이었으며 피해를 본 군주들은 베네치아에 저항하기로 음모를 꾸몄던 것이다. 그처럼 결정이 자꾸 지연되다가 베네치아는 마침내 망하고 말았다.

따라서 인민을 설득하려 할 때 어떤 것이 쉽고 또 어떤 것이 어려운지 심사숙고하려면 다음의 사항을 잘 분간해야 한다. 당신이 인민들을 상대로 설득하려는 것이 척 보기에 이익인가 아니면 손실인가. 당신의 제안은 겉보기에 용감한 것인가 아니면 비겁한 것인가. 인민들 앞에 이익이 먼저 제시되면(설사 그 밑에 손실이 감추어져 있다고 하더라도) 그들을 설득하기가 쉽다. 하지만 반대로 비겁함이나 손실을 가져올 것으로 보이는 결정 사항을 인민에게 납득시키기는 아주 어렵다(설사 그 밑에 구제나 이익이 감추어져 있다고 할지라도).

인민은 겉보기에 잘 현혹된다

내가 방금 말한 사항은 무수한 로마의 사례와 해외 사례들로 증명될 수 있다. 바로 이런 태도 때문에 로마 인들은 파비우스 막시무스를 아주 나쁘게 생각했다. 파비우스는 포에니 전쟁에서 지연술을 쓰는 것이 공화국에 이롭고 또 실제 교전을 하지 않고 한니발의 공격을 견뎌내는 것이 현명하다는 것을 로마 인들에게 납득시키지 못했다. 그들은 지연술이 비겁하다고만 생각했을 뿐 그 밑에 감추어진 유용성을 보지 못했고, 파비우스 또한 그것을 그들에게 충분히 납득시킬 수가 없었다.

대부분의 로마 인들은 과감한 공격 제안에 눈이 멀었다. 로마 인들은 전에 파비우스의 사마관(마르쿠스 미누키우스 루푸스)에게 교전해도 좋다는 허가를 내려 준 적이 있었다. 이때 파비우스의 신중함이 작용하지 않았더라면 로마군은 몰살당했을 것이다. 하지만 이런 과거의 경험은 인민들에게 충분한 교훈이 되지 못했다. 로마 인들은 나중에 바로(Varro)를 집정관에 임명했다. 그 이유는 로마의 광장과 공공장소에서 바로가 공격권만 부여받는다면 한니발을 단숨에 패배시키겠다고 약속했기 때문이다. 이렇게 하여 군대를 이끌고 출정한 바로는 칸나이에서 한니발과 교전하여 전군이 몰살당했고, 로마는 거의 멸망 일보 직전까지 내몰렸다.(→ 칸나이 전투, 한니발)

나는 이 주제와 관련하여 또 다른 로마의 사례를 거론하고자 한다. 한니발은 이탈리아에 침공한 지 8~10년 정도 되었을 무렵(한니발은 이탈리아에 총 15년간 머물렀다. -옮긴이), 그동안에 전 지역을 누비면서 가는 곳마다 로마 인들의 시체들로 그 땅을 덮었다. 이때 아주 낮은 지위의 남자(그는 군대에서 몇몇 지휘관 업무를 맡기도 했다)인 마르쿠스 켄테니우스 파이눌라 (Marcus Centennius Paenula)가 원로원을 방문하여, 아주 짧은 시간 내에 한니발을 산 채로 혹은 죽은 채로 잡아 대령하겠다고 제안했다. 그러면서 그에게 이탈리아 내 어느 곳에서나 지원병을 모집할 수 있는 권한을 그에게 내려 달라고 요청했다. 원로원은 그 제안이 황당무계하다고 생각했다. 그렇지만 그 제안을 거부했는데 인민들이 나중에 이 사실을 알게 되면, 그것은 원로원에 대하여 아주 큰 소란, 질투, 악감정을 불러일으킬 게 분명했다. 그래서 원로원은 인민들 사이에 새로운 분노의 감정을 일으키기보다는 파이눌라를 따라 사지(死地)로 갈 사람은 그렇게 할 수 있도록 모병을 허락했다. 원로원은 또 사람들은 그런 과감한 제안을 잘 받아들이기 때문에 그들을 만류한다는 게 얼마나 어려운지 잘 알았다. 그래서 파이눌라는 오합지졸의 군대를 이끌고 한니발과 교전하러 갔다. 하지만 그와 추종자들은 교전의 현장에 도착하자마자, 일패도지하면서 모두 몰살되었다.

그리스 도시 아테네의 가장 진지하고 신중한 사람인 니키아스는 시민들에게 시칠리아 원정전에 나서는 것은 좋은 생각이 아니라고 말했으나 납득시키지 못했다. 그리하여 그리스 인들이 현명한 시민들의 의사에 반하여 공격 결정을 내렸을 때, 아테네의 완전한 파괴가 그 결과였다. 스키피오는 집정관 지위에 오르자 아프리카 지역으로 쳐들어가 카르타고를 완전 멸망시킬 수 있다고 약속했다. 그러나 파비우스 막시무스가 그 제안에 반대했으므로 원로원은 동의하지 않았다. 그러자 그는 민회에 직접 호소하겠다고 위협했다. 그런 원정 계획이 인민들에게 얼마나 매력적인 것인지 잘 알고 있었기 때문이다.

우리의 도시 피렌체에서도 이와 관련된 사례를 찾아볼 수 있다. 피렌체군의 사령관 에르콜레 벤티볼리는 안토니오 자코미니와 함께 산 빈첸티에서 바르톨로메오 달비아노를 패배시킨 후에 피사를 공격하러 갔다.

에르콜레의 과감한 약속 때문에 피렌체 인민들은 이 공성전을 결정했다. 당시 많은 현명한 시민들이 피사 공격에 반대했으나, 그것을 막을 방법이 없었다. 사령관의 과감한 약속에 열광하는 시민들의 호응이 너무나 높았기 때문이다.

인민의 태도는 표변한다.

요약하면 나는 이렇게 말하고 싶다. 인민이 실권을 가지고 있는 공화국이 가장 쉽게 멸망하는 길은 그 인민들이 과감한 사업에 직접 참여하는 것이다. 인민들이 중요한 역할을 하는 곳에서는 이런 과감한 제안들이 언제나 받아들여지고, 그 반대 의견을 말하는 사람은 그것을 예방할 방법이 없다. 이것이 도시의 멸망을 가져오는 빈도에 비하여, 그 제안의 실천을 담당한 어떤 특정 시민의 멸망을 가져오는 빈도는 훨씬 높다. 인민들은 승리를 당연시하다가 패배를 맛보게 되면 태도가 일변한다. 그들은 운명이나 사령관의 무능을 탓하는 게 아니라 그의 사악함과 무지를 탓하면서 그를 죽이거나, 투옥하건, 추방시킨다. 카르타고와 아테네의 무수한 장군들에게 벌어진 일이 이것을 증명한다.

그들의 예전 승리는 아무런 소용이 없다. 현재의 패배가 그것을 상쇄해 버리기 때문이다. 우리의 장군 안토니오 자코미니의 경우가 그에 해당한다. 그는 피렌체 인민들이 예상했고 또 그 자신이 약속했던 것처럼 피사의 함락을 시도하다가 성공하지 못하자, 인민들 사이에서 인기가 급락하면서 커다란 불명예를 겪게 되었다. 그가 간신히 목숨을 건진 것은 그의 상급자들의 관대한 처사 덕분이었지, 그를 위해 구명 운동에 나선 사람들의 호소 덕분이 아니었다.

제54장

진지한 사람은 대중을 억제하는 데 있어서
어느 정도의 권위가 필요한가?

인민을 대하는 두 가지 방법 (2)

앞 장에서 다룬 내용과 관련하여 두 번째로 주목해야 할 점은, 흥분한 군중을 제압하는 데에는 그들과 직접 맞서는 권위 있는 진지한 사람의 위엄만한 것이 없다. 그래서 베르길리우스가 이렇게 선언한 것은 다 이유가 있는 일이었다. "그들이 고개를 돌려 주위를 바라본다면, 공무에 헌신하는 노련한 전사의 기록은 그에게 무게감을 더해 준다. 그리하여 그들은 진정하면서 기꺼이 걸음을 멈추고 그의 말을 듣는다." 이런 이유로 인해 군대를 책임지거나 도시의 행정에 관련 있는 사람은 소요가 발생할 때, 온갖 품위와 위엄을 갖추고 군중들 앞에 나타나야 한다. 이때 그의 지위를 드러내는 휘장을 두르고 나타나면 더욱 사람들의 존경심을 이끌어 낼 것이다.

몇 년 전 피렌체는 자칭 읍소파[泣訴派: 프라테스치(Frateschi)]와 분노파[忿怒派: 아라비아티(Arrabbiati)]로 나뉘어 있었다. 그러다가 두 파는 격돌하게 되었는데 읍소파가 패배했다. 이 파에는 그 당시 널리 존경받던 시민인 파골란토니오 소데리니가 있었다. 이런 소란이 벌어지는 동안 무장 군중은 약탈할 목적으로 그의 집을 쳐들어갔다. 그런데 그의 형 프란체스코는 당시 볼테라의 주교(현재의 지위는 추기경)였는데 마침 그 집에 있었다. 주교는 소란스러운 소리를 듣고 또 분노한 군중들을 보자 그의 가장 화려한 겉옷을 입었고 그 위에다 아마포로 된 짧은 흰옷을 걸치고서 무장 시민들과 맞섰다. 그는 자신의 존재감과 부드러운 언사로써 그들을 멈춰 세웠다. 이 놀라운 일은 그 후 여러 날 동안 도시 내에서 인구(人口)에 회자(膾炙)되면서 칭송되었다.

그래서 나는 이런 결론을 내린다. 존경받는 사람이 혼자 나타나서 군중들과 대면하여 그들을 제압하는 것보다 더 효과적이고 필요한 대응은 없다. 우리가 앞 장의 얘기로 다시 돌아가서 정리해 보면 이렇게 된다. 로마의 평민들은 베이이 이주가 유익하다고 생각하면서 그 뒤에 감추어진 위험은 알아보지 못했기 때문에 고집스럽게 그 결정을 밀어붙이려 했다. 그들은 다수의 소란스러운 사태까지 만들어냈다. 만약 진지하고 널리 존경받는 사람들이 그들의 광적인 열기를 억제하지 못했더라면 그 소란은 결국 내분으로까지 이어졌을 것이다.

제55장

시민이 부패하지 않는 도시는 행정이 잘 다스려진다. 시민들 사이에 평등이 존재하는 곳에서는 군주국을 세울 수가 없고 평등이 없는 곳에서는 공화국을 수립할 수 없다

위에서 부패한 도시들의 두려운 점과 개선해야 할 점에 대해서 많이 의논했다. 따라서 여기에서 로마군이 베이이 족을 패배시켰을 때 카밀루스가 그들에게서 취한 전리품의 10분의 1을 아폴로 신에게 바치겠다고 한 맹세에 대하여 원로원이 내린 결정을 검토하는 것이 내 목적에서 벗어난다고 생각하지 않는다. 이 전리품은 이미 로마 평민들의 손으로 건너갔고 그 수량을 정확하게 파악할 수단이 없었다. 그래서 원로원은 이런 포고를 내렸다. 전리품을 가져간 사람은 누구나 그 수량의 10분의 1을 국고에 돌려주기 바란다. 그러나 이 결정은 실제로 실시되지는 않아서 평민들을 기쁘게 했다. 원로원은 그 후 아폴로 신을 만족시키는 다른 수단과 방식들을 생각해 냈던 것이다. 하지만 원로원의 이런 결정에서 우리는 다음 사실을 알 수가 있다. 원로원은 평민들의 선량함을 믿었고 그래서 포고가 요구한 사항을 정확하게 이행할 것이라고 판단했다. 또한 평민들도 포고보다 작은 수량을 반환하여 그 포고를 위반할 생각을 하지 않았다. 오히려 그들이 그 포고의 의무로부터 면제된 사실에 대하여 불쾌감을 표시했을 정도였다. 이 사례는 위에서 인용된 다른 많은 사례들과 함께 로마 인은 부패하지 않았고 또 종교적인 심성을 가지고 있다는 것을 보여준다. 그런 만큼 당연히 그들로부터 좋은 결과를 기대할 수 있었다.

이런 선량함이 존재하지 않는 곳에서는 좋은 것을 기대할 수가 없다. 우리의 시대에 부패한 지역들에서는 좋은 것을 결코 기대할 수 없는데 가령 이탈리아가 대표적 사례이다. 심지어 프랑스와 스페인도 어느 정도 이런 부패에 동참하고 있다. 그렇지만 이 두 나라에서 현재 이탈리아에 매일 벌어지고 있는 엄청난 무질서가 목격되지 않는 것은, 두 나라 국민의 선량함(그들에게서도 이 선량함은 대체로 사라졌다) 때문이 아니라, 두 나라의 왕이 그들을 단합시키기 때문이다. 이들 왕은 그 자신의 뛰어난 능력뿐만 아니라, 형편없을 정도로 망가지지는 않은 왕국의 제도를 통하여 그렇게 하고 있는 것이다.

선량한 심성과 종교적 심성은 공화국을 번영하게 한다

독일 지역에서는 인민들 사이에 선량한 심성과 종교적 심성이 아직도 강하다. 이 때문에 그곳에서는 많은 공화국들이 자유 속에서 번영하고 철저히 그들의 법률을 준수하여 그 공화국 내외의 세력이 감히 공화국을 점령할 생각을 하지 못한다. 이들 공화국들에 예전의 선량함이 상당히 살아 있다는 것을 보여주기 위하여 나는 위에서 원로원과 로마의 평민들에 대하여 말한 것과 비슷한 사례를 하나 들고자 한다.

이들 공화국이 공공복지를 위하여 돈을 거두어서 사용해야 할 필요가 있을 때 그렇게 할 권한을 가진 행정관들이나 시의회는 모든 시민의 수입을 1백으로 볼 때 1 내지 2퍼센트에 해당하는 돈을 세금으로 납부할 것을 결정한다. 도시의 규정에 따라 일단 이 결정이 내려지면, 각 시민은 징세관 앞에 출두하여 해당되는 금액을 성실히 납부하겠다고 맹세한 후, 그의 양심에 따라 그가 내야 한다고 생각하는 돈을 커다란 통 안에다 던져 넣는다. 이 금액에 대해서 돈을 내는 그 사람을 제외하고는 아무도 알지 못한다. 이것으로 미루어 우리는 이 사람들에게 아직도 선량한 심성과 종교적 심성이 많이 남아 있다는 것을 알 수 있다. 우리는 각 시민이 그의 몫을 틀림없이 납부했으리라고 추정해야 한다. 만약 이 규정된 액수를 내지 않았다면, 세금은 과거에 통상 징수하던 액수를 바탕으로 산정된 액수에 미달할 것이기 때문이다. 만약 누군가가 납부하지 않았다면 그 결손은 발각날 것이고, 그렇다면 이것 말고 다른 어떤 징세 수단을 강구해야 할 것이다.

우리의 시대에는 이런 선량함이 너무나 희귀하기 때문에 더욱더 존경을 받아야 한다. 이 관습은 오로지 독일 지역에서만 살아남았다. 이렇게 된 데에는 두 가지 원인이 있었다. 첫째, 그들은 이웃 민족들과 광범위한 접촉을 하지 않았다. 그들의 이웃은 그들을 방문하지 않았고 그들도 다른 사람들을 찾아가지 않았다. 그들은 그들이 생산하는 물품들에 만족했다. 그들이 키운 곡식을 먹고 살고 그 나라에서 나는 양모로 옷을 해서 입었다. 이런 식으로 해서 외부 사람들과 접촉하지 않으니 부패가 시작되는 단초가 아예 제거되었다. 그들은 프랑스, 스페인, 이탈리아의 습관을 들여올 수가 없었는데, 이 세 나라는 온 세상 부패의 총합인 것이다. 둘째, 부패하지 않은 정체를 유지하는 이들 공화국은 그들의 시민이 귀족처럼 행동하고 생활하는 것을 허용하지 않는다. 그들은 시민들 사이에서 완벽한 평등을 유지한다. 그들은 그 지역에 살고 있는 영주와 귀족들을 철천지원수로 여긴다. 우연히 그런 사람들이 이들의 수중에 떨어진다면 그들을 부패의 원천이요 갈등의 원인이라고 생각하여 죽여 버린다.

게으른 귀족은 해롭고 통치까지 하는 귀족은 더 해롭다

이 귀족이라는 호칭이 무엇을 의미하는지 더욱 분명하게 설명하기 위하여 나는 귀족을 이렇게 정의한다. 그들은 게으름을 부리면서 그들이 소유한 부동산으로부터 나오는 수입을 호화롭게 사용하는 자들이다. 그들은 그 땅의 경작에 대해서나 기타 생계를 이어가기 위한 기타 필요한 노력에 대해서는 전혀 신경을 쓰지 않는다. 이런 사람들은 모든 공화국과 모든 지역에서 해롭다. 그러나 가장 해로운 자는 위에서 말한 수입 이외에도 마음대로 부릴 수 있는 성(城)과 그의 말에 복종하는 부하를 거느린 자이다.

이런 두 가지 종류의 인간들이 나폴리 왕국, 교황청 직할령, 로마냐(Romagna), 롬바르디아에는 수두룩하다. 따라서 이런 지역들에는 공화국이나 공화 정부가 생겨날 수가 없다. 이런 인간들은 그 어떤 문민정부의 수립에도 반대하기 때문이다. 따라서 이런 식으로 조직되어 있는 지역들에 공화국을 도입하려는 것은 가능하지 않다. 그러나 이 지역에 이런 문제들을 조정하는 능력을 갖춘 사람이 있다면 그 지역을 재조직하여 왕국을 세우는 것 이외에는 다른 방법이 있을 수 없다. 그 이유는 이러하다.

그처럼 타락한 원료(지역의 구성원)가 존재하는 곳에서 법률은 그 원료를 통제하지 못한다. 따라서 그곳에는 이 법률과 함께 좀 더 큰 힘, 즉 왕의 손길이 있어야 한다. 그 손길은 절대적이고 엄청난 힘을 가지고 권세 있는 자들의 과도한 야망과 부패를 억제할 수 있을 것이다. 이러한 설명은 토스카나의 사례로 증명이 된다. 그 비좁은 지역에서는 피렌체, 시에나(Siena), 루카의 세 공화국이 오랫동안 존속해 왔다. 그 지역의 다른 도시들은 어느 면에서 이 세 공화국에 복종해 왔지만 그들은 용기를 발휘하고 제도를 수립하여 그들의 자유를 유지하려고 했거나 혹은 유지했다. 이것이 가능한 것은 그 지역에는 성을 가진 영주들이 없고 또 귀족들은 없거나 있더라도 아주 소수였기 때문이다. 하지만 거기에는 평등한 상태가 잘 실현되어 있었기 때문에 고대 문명의 지식을 갖춘 신중한 사람은 거기에 자유로운 정부의 형태를 손쉽게 도입할 수 있었다. 하지만 토스카나의 불운은 너무나 심각하여 최근까지도 이 지역에서는 이런 업적을 성취할 수 있는 지식을 갖춘 사람이 나오지 않았다.

귀족과 공화국은 서로 어울리지 않는다

따라서 이 논설로부터 다음과 같은 결론을 내릴 수가 있다. 많은 귀족들이 살고 있는 지역에서 공화국을 수립하고자 하는 사람은 먼저 귀족들을 처치하지 않는 한 그 일을 성사시킬 수가 없다. 평등사상이 넘치는 곳에서 왕국 혹은 군주국을 수립하고자 하는 사람은 그 평등 상태를 먼저 제거하지 않는 한 그렇게 할 수가 없다. 그는 야심적이고 불안정한 성격을 가진 많은 사람들을 먼저 명실상부한 귀족으로 만들어서 그들에게 성과 재산을 내려 주고 또 온갖 물품과 인원을 제공해야 한다. 그렇게 한 뒤 그는 이런 귀족들에 둘러싸여 그들의 지원을 받아가며 그의 권력을 유지할 수 있을 것이다. 또 귀족들은 그의 존재를 통하여 그들의 야망을 더욱 촉진시키고 귀족이 아닌 사람들은 강제로 멍에를 짊어지게 될 것이고 귀족들은 오로지 무력으로만 그런 멍에에 대한 인내를 강요할 수 있을 것이다.

이런 식으로 해서 강요하는 사람과 강요당하는 사람 사이에 불안정한 균형이 이루어질 것이고, 각각의 사람들은 그 자신의 계급 속에서 지위가 고정될 것이다. 왕국의 상태에 익숙한 지역에서 공화국을 수립하려 하거나, 공화국에 익숙한 지역에서 왕국을 건설하려고 하는 것은 지성과 권위가 아주 뛰어난 사람만이 할 수 있는 일이다. 이런 일을 해보려고 소망한 사람들은 많았으나 그것을 실제로 성사시킨 사람은 거의 없었다. 그 과업이 너무나 엄청나서 사람들은 부분적으로 겁을 집어먹었고 또 부분적으로는 방해를 받아서 사업 착수의 초기 단계에서부터 실패를 했다.

이러한 나의 견해—귀족들이 존재하는 곳에서 공화국 조직은 불가능하다—는 베네치아 공화국의 사례와는 모순되는 것처럼 보일지 모른다. 이 공화국에서는 귀족이 아니면 그 어떤 지위도 차지하지 못하기 때문이다. 이런 반론에 대하여 나는 이렇게 대답하고자 한다. 이런 사례는 나의 견해와 아무런 모순을 일으키지 않는다. 베네치아 공화국의 귀족들은 이름만 귀족이지 실제로는 그렇지 않기 때문이다. 그들의 커다란 재산은 상업과 동산에 기반을 둔 것이기 때문에 그들은 부동산으로부터 커다란 수입을 올리지 않는다. 더욱이 그들은 성을 소유하지도 않고 또 사람들을 다스리지도 않는다. 그들의 귀족 직함은 위엄과 존경의 호칭일 뿐, 다른 도시들에서 귀족의 호칭을 부여해 주는 그런 특질들에 바탕을 두고 있지 않다. 다른 공화국들에서는 다른 이름에 의한 사회 내 구분이 있듯이, 베네치아도 귀족과 평민으로 구분되어 있다. 그리고 베네치아 인들은 오로지 귀족들만 관직에 취임하도록(혹은 취임할 수 있도록) 허용하고, 평민들은 완전히 배제한다. 이것은 다른 데(『사론』 1-6)에서 설명했던 그런 이유들로 인해 그 도시에 무질서를 만들어내지 않는다.

따라서 공화국의 창건자는 전반적인 평등 상태가 존재하거나 존재해 내려오는 곳에서 공화국을 수립해야 한다. 반면에 군주국을 수립하고자 하는 사람은 엄청난 불평등이 존재하는 곳에서 그렇게 해야 한다. 그렇지 않으면 그는 세력 균형이 결여되어 있거나 지속 기간이 아주 짧은 정부 조직을 만들어낼 뿐이다.

제56장

도시나 어떤 지역에
중요한 사건이 벌어지기 전에 조짐이 나타나거나
그것을 예언하는 사람이 등장한다

이것이 어떻게 된 일인지 나는 속사정을 알지 못한다. 그러나 고대와 현대의 사례들은 그것을 잘 증명한다. 도시나 어떤 지역에 아주 심각한 사건이 벌어지려고 하면 점쟁이, 전조, 기이한 현상 등에 의해서 혹은 천상의 표징에 의해서 예언이 된다. 이것을 증명하기 위해 이탈리아의 사례를 들면 이러하다. 지롤라모 사보나롤라 수도사가 프랑스 왕 샤를 8세의 이탈리아 침공을 예언했다는 것은 누구나 알고 있다. 이것 이외에도, 토스카나 전역의 사람들이 아레초 상공의 하늘에서 병사들이 서로 싸우는 것을 보고 들었다는 말이 전해진다. 또 로렌초 데 메디치[대(大)]가 죽기 전에 두오모 성당의 가장 높은 부분이 벼락을 맞아 성당이 크게 파손되었다는 것을 누구나 알고 있다. 또 피렌체 시민들에 의해 종신직 곤팔로니에르(정부 수반)에 선출되었던 피에로 소데리니가 그 직위를 박탈당하고 도시에서 쫓겨나기 직전에, 그의 집무 궁이 번개에 맞았다는 것도 잘 알려진 사실이다. 이런 사례들을 좀 더 들 수 있으나 지루함을 피하기 위해 이 정도로 해두겠다.

그러나 리비우스가 기록한 사례만은 하나 더 언급하고 싶다. 갈리아인이 로마를 침공하기 직전의 일이다. 마르쿠스 카에디쿠스라는 평민은 원로원에 이런 보고를 했다. 그는 한밤중에 비아 누오바(Via Nuova)를 걸어가다가 초인간적인 목소리를 들었다. 갈리아 인이 로마를 쳐들어오고 있으니 어서 가서 행정관들에게 고하라는 내용이었다. 이러한 현상의 원인들은 우리들은 알지 못하는 자연적 혹은 초자연적 현상에 대해서 깊은 지식을 갖추고 있는 사람들이 논의하여 해석해야만 한다. 어떤 철학자들이 말하는 것처럼 공중에는 정령들로 가득 들어차 있다. 그 정령들은 그 타고한 능력으로 미래 사건들을 내다본다. 또한 인간들에 대하여 동정심을 가지고 있으므로 유사한 징조로 그것을 예언하여 인간들로 하여금 미리 방비하게 만드는 것이다. 아무튼 이런 조짐이 계시되고 나면 기이하면서도 비상한 사건들이 모든 지역에서 발생하는 것이다.

제57장

단합된 군중은 용감하지만
흩어지면 허약하게 된다

갈리아 인이 침입해 와 그들의 도시가 파괴된 후에 많은 로마 인들이 원로원의 금지 법규와 명령에도 불구하고 베이이로 살러 갔다. 이런 무질서한 행동을 단속하기 위하여 원로원은 공식적 포고를 통하여 모든 시민이 일정한 시간 내에 로마로 돌아와 규정된 처벌을 받으라고 명령했다. 처음에 이 포고들은 그 대상자들에 의해 조롱을 당했다. 나중에 그 포고를 이해해야 할 시간이 다가오자, 모두 복종했다. 리비우스는 이런 논평을 하고 있다. "그들의 단합된 도전은 개별적 복종으로 바뀌었고, 모두들 그 자신의 목숨을 두려워하게 되었다."

리비우스의 이러한 기록보다 더 명확하게 군중의 성질을 보여주는 글은 없다. 군중은 함께 있을 때 아주 대담하여 그들의 통치자가 내린 결정에 대하여 자주 반발한다. 그러다가 처벌이 눈앞에 어른거리면 그들은 서로를 믿지 못하고 통치자의 결정에 복종하기에 바쁘다. 따라서 대중의 선량한 혹은 사악한 경향에 대해서 오고 가는 말들은 그다지 중요하지 않다. 그들이 좋은 의향을 가지고 있으면 당신의 권위를 내세우면서 일을 처리해 나가면 되는 것이고, 만약 그들이 나쁜 의도를 내보인다면 그에 대하여 당신 자신을 방어하면 되는 것이다.

이것은 특히 사람들의 사악한 경향과 관련이 된다. 그런 경향은 자유를 잃어버렸을 때 혹은 그들이 사랑하지만 권좌에서 물러나 야인이 된 군주가 있을 때 그들의 마음에서 생겨난다. 이런 두 가지 원인에서 생겨 나는 나쁜 성향은 아주 해로운 것이므로 그것을 견제하기 위해서는 강 력한 대응책을 펴야 한다. 사람들이 내보이는 다른 나쁜 성향은 그들을 이끌어주는 지도자가 없을 때에는 쉽게 억제된다. 지도자가 없는 통제 되지 않는 군중처럼 위험한 것도 없지만, 동시에 그런 군중은 아주 취약 하다. 그런 군중이 비록 무장을 하고 있다 하더라도 당신이 그 최초의 공 격으로부터 피할 수 있는 피난처만 확보한다면 그 군중을 쉽게 제압할 수 있다. 그 군중은 최초의 적개심이 가라앉고 나면 집으로 돌아가야 한 다는 것을 깨닫게 되고, 그러면 그들 자신에 대하여 의심이 생기고, 그리 하여 달아나거나 타협함으로써 그들의 목숨을 건질 생각을 한다.

따라서 이런 식으로 흥분한 군중은 향후 위험을 피하고 싶다면 즉 그 들 중에서 지도자를 뽑아서 그 군중을 이끌고, 단합을 유지하고, 그 방어 를 생각하도록 해야 한다. 로마의 군중은 비르기니아의 죽음 이후에 로 마를 떠나자마자 그들 중에서 스무 명의 호민관을 뽑아서 그들 자신을 구제하게 했다. 만약 이렇게 하지 않는다면 위에 인용한 리비우스의 논평 처럼 사태는 돌아가게 된다. 군중은 함께 있을 때에는 과감하지만, 각자 가 그 자신이 처한 위험을 생각할 때에는 비겁하고 허약한 존재가 된다.

제58장

군중은 군주보다
더 현명하고 지속적이다

군중처럼 믿을 수 없고 또 변덕스러운 존재는 없다. 다른 모든 역사가들과 마찬가지로 리비우스도 이런 견해에 동의한다. 인간의 행위를 기록한 역사서에서 우리는 군중이 누군가를 처형해 놓고 나중에 그것을 깊이 후회하는 것을 본다. 가령 만리우스 카피톨리누스를 대하는 로마 인의 태도가 그러하다. 그들은 만리우스를 처형하고서 그 후에 그것을 크게 후회했다. 리비우스는 그에 대하여 이렇게 논평했다. "얼마 지나지 않아 사람들은 그의 좋은 특징들만 기억했다. 특히 그가 제기한 위험이 사라진 다음에는 더욱 그러했다. 그들은 그런 좋은 사람을 잃어버린 것을 후회했다." 다른 곳에서 리비우스는 히에론의 손자인 히에로니무스 (Hieronymus)가 죽은 이후에 시라쿠사에서 벌어진 일들을 기록했다. "정말로 이것이 대중의 본성이다. 군중은 비천한 노예인가 하면 잔인한 주인이다."

모든 저술가들이 공격하는 주장을 이제 내가 옹호하려고 하니, 너무 힘들고 까다로운 일을 하려고 하는 게 아닐까 하는 생각이 든다. 그리하여 내가 이 주장을 포기하여 부끄러움을 느끼거나 혹은 그 주장을 계속 밀고 나가 비난을 받는 것이 꼭 필요한 일인가 망설여진다. 사정이야 어찌되었든 무력이나 권위로 찍어 누르는 것이 아니라, 객관적 논증으로 내 의견을 옹호하는 것은 결코 잘못된 일이 아니라고 생각한다.

따라서 나는 먼저 이렇게 말해 두고자 한다. 저술가들이 비난하는 군중의 결점이라는 것은 모든 개인과, 특히 군주들에게도 그대로 적용된다. 왜냐하면 법률에 의해 규제받지 않는 개인은 통제되지 않는 군중들과 똑같은 잘못을 저지르기 때문이다. 이것은 군주들의 사례를 살펴보면 쉽게 이해된다. 역사상 많은 군주들이 존재해 왔으나 선량하고 현명한 군주의 숫자는 아주 적다. 나는 지금 그들을 시정시켜 주는 법률의 구속을 무시하는 나쁜 군주들을 말하고 있다. 아주 먼 옛날 법률이 다스리던 나라인 이집트에 존재했던 왕들, 스파르타에서 통치했던 왕들, 우리들 시대의 프랑스(우리의 정보에 의하면 그 어떤 왕국보다 법률의 규제를 받는 왕국)의 왕 등은 선량한 군주들이다. 그런 만큼 제도의 구속을 받아가며 살아가는 이런 왕들은, 군중의 본성을 닮은 인간의 본성이라는 관점에서는 파악되지 않는다.

오류는 처벌의 두려움이 없으면 반복된다

이런 선량한 왕들은 법률의 규제를 받는 군중과도 비교해 볼 수 있다. 이러한 왕들에서 발견되는 선량함이 그 군중에서도 발견되는 것이다. 따라서 그 군중은 비천한 노예나 잔인한 주인처럼 행동하지 않는다. 마치 로마 인이 부패되지 않았던 로마 공화국 시절에 비굴하게 복종하지도 않았고 오만하게 지배하지도 않았던 것과 같다. 실제로 그 제도와 행정관들 덕분에 로마 인은 그 지위를 명예롭게 지킬 수가 있었다. 권세 있는 개인에 대항하여 봉기해야 할 필요가 있을 때 로마 인은 실제로 행동에 나섰다. 이것은 만리우스, 10인회, 로마 인들이 제압하려 했던 다른 사람들의 사례에서 잘 드러난다. 또 공공의 안녕을 위해서 독재관과 집정관에게 복종해야 할 필요가 있을 때 로마 인들은 기꺼이 복종했다. 로마 인들이 만리우스 카피톨리누스의 죽음을 후회한 것은 그리 놀라운 일이 아니다. 그들은 만리우스의 뛰어난 능력을 아깝게 여겼다. 그에 대한 기억이 너무나 강력하여 모두의 가슴에 동정심을 불러일으켰던 것이다. 또 로마 인은 군주에게도 동일한 효과를 일으키게 하는 힘을 갖고 있었다. 그리하여 모든 저술가들은 로마 인이 뛰어난 능력을 칭송하고 심지어 적에게서 그런 능력을 발견했을 때에도 숭상했다고 말하고 있다. 그렇지만 로마 인은 법규의 집행에 엄격했다. 설사 만리우스가 그런 민중의 후회 속으로 환생했다 하더라도, 로마 인들은 여전히 그에게 마찬가지의 형벌을 선언하고 만리우스를 투옥한 후 다시 감옥에서 끌어내어 언덕에서 밀어뜨려 추락사시켰을 것이다.

그런데 우리는 현명하다고 여겨지던 군주들도 이와 마찬가지 방식으로 부하들을 죽여 놓고 그 다음에 후회하는 것을 발견한다. 가령 알렉산드로스 대왕은 클레이투스(→알렉산드로스 대왕)와 다른 친구들을 홧김에 죽여 버렸고, 헤롯 왕도 기품 있는 아내 **마리암네**를 죽여 놓고 나중에 후회했다. 하지만 우리의 역사가(리비우스)는 자신이 말한 군중의 본성을 법률의 통제를 받는 군중 가령 로마 인들에게 적용하는 것이 아니라, 시라쿠사의 군중 같은 통제되지 않는 군중에게 적용한다. 이 군중은 위에서 말한 알렉산드로스 대왕이나 헤롯 왕 같은 분노에 이성을 잃은 개인이 하는 그런 오류를 저질렀던 것이다. 이렇게 볼 때 통제되지 않는 군중의 본성이나 군주의 본성은 혐오스럽기가 서로 마찬가지이다. 왜냐하면 모든 사람이 처벌의 위험이 없는 곳에서는 똑같은 오류를 저지르기 때문이다. 내가 방금 언급한 사례들 이외에도 로마 황제들이나 다른 참주들이나 군주들 사이에서도 이와 유사한 사례들이 많다. 이들은 군중이나 다

260

름없는 성격적 불안정성과 변덕스러움을 보여주었던 것이다.

사람들은 상식적으로 볼 때 권력을 가진 군중이 제멋대로이고, 변덕스럽고, 배은망덕하다고 생각한다. 그러나 나는 이와 반대되는 결론을 내린다. 군중에게서 발견되는 악덕치고 군주에게서 발견되지 않는 것은 없다. 만약 어떤 사람이 군중과 군주를 싸잡아서 비난한다면 그는 진실을 말하고 있는 것이다. 만약 거기서 군주를 제외한다면 그는 그 자신을 속이는 것이다. 왜냐하면 권력을 휘두르되 잘 조직되어 있는 군중은 안정되고, 신중하고, 감사할 줄 아는 것이 군주와 조금도 다를 바가 없다. 아니 군주보다 더 낫고 나아가 현명하다고까지 할 수 있다. 반면에 법률의 구속을 받지 않는 군주는 군중보다 더 배은망덕하고, 변덕스럽고, 신중하지 못하다. 군주의 행동에 차이가 있는 것은 서로 다른 본성(이 점에서 모든 사람은 똑같고, 혹시 조금이라도 선이 있다면 그것은 군중에게 있을 가능성이 더 많다)에서 기인하는 것이 아니라, 사람들의 생활 조건을 규정하는 법률에 대한 존중심이 있느냐 없느냐 여부에서 나오는 것이다.

인민은 군주보다 현명한 판관이다

로마 인을 연구하는 사람은 4백 년 동안 로마 인이 왕이라는 호칭을 아주 싫어했고 고향 도시의 영광과 안녕을 열정적으로 사랑했다는 것을 알 수 있다. 그는 또 로마의 역사에서 로마 인들이 이 두 가지(왕정에 대한 증오와 공화정에 대한 사랑)를 지키기 위해 열심히 살아온 많은 사례들을 발견한다. 만약 누군가가 로마 군중이 스키피오에게 내보인 배은망덕에 대해서 거론한다면, 나는 이 주제와 관련하여 위에서 개진한 논증을 가지고 답변을 삼으려 한다. 나는 위에서 군중은 군주보다 덜 배은망덕하다고 누누이 말했던 것이다. 또 신중함과 안정성에 대해서도, 인민이 군주보다 더 신중하고, 더 안정적이고, 더 잘 판단을 내린다고 말하고 싶다. 인민의 목소리를 하느님의 목소리에 비유하는 것은 결코 근거 없는 얘기가 아니다. 인민의 의견은 그 예측하는 능력이 아주 뛰어나다. 그래서 인민은 어떤 신비한 힘의 지원을 받아 그 자신의 좋은 운명과 나쁜 운명을 미리 예견하는 것이 아닌가 하는 느낌마저 든다.

판단을 내리는 데 있어서도 인민은 탁월하다. 그들은 똑같은 능력을 가진 연설자가 서로 다른 편을 위해 찬반 연설을 하는 것을 들으면, 거의 언제나 그중에서 제일 좋은 의견을 선택하며 또 그들이 듣는 연설의 진실을 곧바로 알아본다. 인민이 이렇게 하지 않는 적은 거의 없다. 물론 진정한 용기와 외면적 유용성의 문제와 관련하여, 위에서 말한 것처럼 인민도 실수를 한다. 그러나 이에 비하여 군주는 그의 격정 때문에 실수를 저지르기 때문에 인민들에 비하여 실수의 빈도가 훨씬 높다. 행정관을 선출하는 데 있어서도 인민은 군주보다 더 나은 선택을 한다. 타락한 습관을 가진 악명 높은 인사를 공직에 추천할 때, 인민은 결코 속아 넘어가지 않는다. 반면에 군주는 아수 손쉽게 그것도 아주 다양한 방식으로 그런 부패한 인사의 임명에 동의한다. 인민은 어떤 것을 싫어하면 몇 백 년이 흘러가도 동일한 의견을 유지하는 데 비하여 군주는 그렇지가 못하다. 이 두 가지 사항에 대하여 로마 인들은 아주 훌륭한 증인이다. 4백 년 동안 4백 번에 달하는 집정관과 호민관의 선거가 있었지만 로마 인들이 나중에 후회한 선택은 불과 네 번 미만이다.

내가 앞에서 말한 것처럼 로마 인은 왕이라는 직위를 너무나 싫어했다. 그래서 어떤 시민이 아무리 큰 공을 세웠다고 하더라도 그걸 빌미로 왕위에 오르려 하는 자에게는 정당한 징벌을 내렸다. 이외에도 인민이 권력을 잡고 있는 도시들은 엄청난 정벌전을 재빨리 감행할 수 있으며 늘 군주의 통치 아래 있었던 도시들보다 더 위대한 정복전을 성사시킬 수 있다. 가령 왕들을 쫓아낸 후의 로마와, 페이시스트라토스로부터 자유롭게 된 아테네가 그러하다. 이렇게 된 이유는, 인민에 의한 정부가 군주에 의한 정부보다 훨씬 좋기 때문이다. 위에서 혹은 다른 곳에서 인용된 역사가들의 논평을 가지고 나의 이런 주장에 대한 반론으로 삼지 말기 바란다. 왜냐하면 우리가 인민들 치하의 무질서와 군주 치하의 무질서, 인민들 치하의 영광과 군주 치하의 영광을 모두 검토해 본다면, 선량함이나 여왕에 있어서 인민이 훨씬 우월하다는 것을 발견하기 때문이다. 군주들이 법률을 제정하고, 민간 사회를 조성하고, 각종 규정과 제도를 수립하는 데 능하다면, 인민은 이미 수립되어 있는 것들을 유지하는 데 훨씬 더 뛰어나다. 그리하여 인민은 의심할 나위 없이 그런 제도를 수립한 사람들의 영광을 한층 더 높이는 것이다.

법률이 인민과 군주의 능력을 높여준다

마지막으로 이 주장의 결론으로서 이런 말을 하고 싶다. 군주가 다스린 국가들도 오래 존속해 왔고 또 공화국들도 역시 오랜 기간 동안 버티어 왔다. 이렇게 된 것은 두 정체가 법률의 규제를 받았기 때문이다. 자기 마음대로 행동하는 군주는 미친 사람이고 자기 소망대로 행동하는 인민은 현명하지 못하다. 따라서 군주와 인민이 둘 다 법률의 구속을 받는 존재라면, 군주보다는 인민 쪽에서 더 많은 능력이 발견된다. 만약 군주와 인민이 법률의 규제를 받지 않는 국가에 살고 있다면, 이 역시 군주보다는 인민 쪽에 과실이 덜 발견된다. 그 과실이라는 것도 그리 심각한 것이 아니고 대응책 또한 많다. 또 훌륭한 사람이 다루기 어렵고 고집스러운 인민을 상대로 설득하면 쉽게 그들을 올바른 길로 데려올 수 있다. 반면에 사악한 군주는 말로 설득하기가 어렵고, 그를 제거하는 데에는 칼 아니고는 다른 대응책이 없다. 이로 미루어 우리는 인민과 군주의 사악함에는 질적 차이가 있다는 것을 알 수 있다. 인민의 질병은 말로써 고칠 수가 있지만 군주의 병은 칼을 써야 고칠 수가 있다. 따라서 말이 아니라 칼을 써야 고칠 수 있는 질병이 훨씬 더 위중한 상태라는 것은 누구나 미루어 판단할 수 있다.

인민이 통제 불가능한 상태일 때, 정말로 두려운 것은 그들의 어리석은 행동이나 사악함이 아니라, 그런 상태로부터 생겨나는 결과적 사악함이다. 이것이 더 두렵다. 무슨 말인가 하면 그런 대혼란을 틈타서 참주가 등장하는 것이다. 그러나 사악한 군주의 경우에는 정반대의 현상이 벌어진다. 현재의 사악함은 두려운 것이지만, 미래는 희망이 있는 것이다. 사람들은 그 사악한 군주만 제거하면 자유의 상태를 회복할 수 있다고 생각하는 것이다. 따라서 이 둘(인민과 군주의 사악함) 사이의 차이는 곧 현재의 상태(참주의 등장)와 앞으로 마땅히 그렇게 되어야 할 상태(자유의 회복)의 차이인 것이다. 인민의 잔인함은 공동선을 침해하려는 자에 대한 것이지만, 군주의 그것은 군주 자신의 권리를 빼앗아가려는 자에 대한 잔인함이다. 그러나 인민에 대하여 편견을 갖게 되는 것은 누구나 겁없이 자유롭게 인민을 비난할 수 있고 심지어 인민이 통치할 때에도 그렇게 할 수 있기 때문이다. 그러나 군주를 비난할 때에는 1천 가지의 공포와 1천 가지의 신중함을 유지하면서 그렇게 한다. 이렇게 얘기를 하다 보니 그 주제에 이르렀으므로, 다음 장에서는 군주와 맺은 동맹과, 공화국과 맺은 동맹 중 어느 쪽이 더 믿음이 가는지 논의해 보는 것도 타당하다고 생각한다.

제59장

군주와 맺은 동맹과,
공화국과 맺은 동맹 중
어느 쪽이 더 믿음이 가는가

군주와 군주 사이, 혹은 공화국과 공화국 사이에서 날마다 동맹 혹은 우호 관계가 수립되고 있고 또 공화국과 군주 사이에서도 그러한 동맹 혹은 우호 관계가 맺어지고 있다. 따라서 공화국과 군주 중 누구의 말이 더 믿음직하고 또 더 많은 배려를 해야 하는지 따져보는 것이 적절하다고 생각한다. 모든 것을 검토해 본 결과, 나는 많은 동맹 관계가 유사하고, 또 어떤 경우에는 차이점도 있다는 것을 발견했다. 그러나 무력으로 맺어진 합의는 군주든 공화국이든 결코 지키지 않는다고 나는 생각한다. 그 합의로 국가가 멸망할 것을 우려하는 경우에, 군주든 공화국이든 그런 사태를 피하기 위하여 당신과 맺은 계약을 위반하고 배은망덕의 자세로 나온다.

도시들의 정복자라고 불린 데메트리오스(Demetrios)는 아테네 사람들에게 무수한 혜택을 가져다주었다. 그러나 그가 적들에게 패배당한 후 일찍이 호의를 베풀었던 우호적인 도시 아테네에 피신을 하려고 하자 그는 도시에서 거절당했다. 이것은 그가 군대의 병력을 모두 잃어버린 것보다 더 큰 슬픔을 그에게 안겨주었다. 테살리아(Thessaly, Thessalia)에서 카이사르에게 패배하자, 폼페이우스는 이집트의 프톨레마이오스 왕에게 피신하려 했다. 과거에 그는 현왕(現王)의 아버지를 이집트 왕좌에 복위시켜 준 적이 있었다. 하지만 폼페이우스는 이집트 왕의 부하들에게 살해되었다. 이런 일들은 모두 같은 원인(공포)에서 나온 것으로 보인다. 그렇지만 군주보다는 공화국이 더 많은 인정을 보이고 또 피해도 덜 입힌다. 어쨌든 공포가 어른거리는 곳에서는 배은망덕(계약의 위반)이 발견된다.

그런데 공화국이나 군주가 당신과의 약속을 지키려는 모험을 감행한다면 이것 역시 동일한 원인들로부터 생겨난 것이다. 군주에 대해서 말해 보자면, 약속을 지킨 군주는 현재는 그 자신을 지키지 못하나 그래도 여전히 힘 있는 다른 군주의 친구일 가능성이 많다. 그리하여 시간이 경과하면 다른 동맹이 현재의 어려운 군주를 그의 군주국으로 복위시켜 줄 것이다. 아니면 그가 어려운 군주의 지지자로 나섰기 때문에 적어도 그의 적들과는 합의나 조약을 맺지 않을 것이라고 확신하는 것이다. 이런 유형의 군주로는 프랑스의 이해관계를 지지한 나폴리 왕국의 군주들이 있고, 또 이 유형의 공화국으로는 스페인의 사군툼(Saguntum)과 이탈리아의 피렌체가 있다. 사군툼은 로마와의 약속을 끝까지 지키다가 결국 카르타고에게 망해버렸고, 피렌체는 1512년에 프랑스의 대의를 지지하다가 공화국이 붕괴하고 메디치 가문이 권좌에 복귀했다. 이런 모든 사항들을 감안해 볼 때, 위험이 임박한 이런 경우들에서 군주보다는 공화국에서 더 많은 안전성이 발견된다.

공화국은 군주보다 약속 위반이 어렵다

물론 공화국도 군주와 똑같은 용기와 성향을 가지고 있을 수 있다. 그러나 공화국은 의사 결정 속도가 느리기 때문에 군주처럼 신속한 결정을 내리기가 어렵다. 그래서 공화국은 군주에 비해 약속 위반을 하기가 더 어려운 것이다. 동맹이 깨어지는 것은 어떤 이득을 얻기 위해서이다. 이런 점에서 공화국은 군주보다 약속을 지킬 가능성이 훨씬 높다. 군주가 자그마한 이익 때문에 식언하는 사례들은 쉽게 찾아볼 수 있으나 엄청난 이익이 기다리고 있는데도 공화국은 약속을 위반하지 못한다. 예를 들어 테미스토클레스는 아테네 사람들에게 연설하면서 그 도시에 아주 유익한 조언을 갖고 있으나, 보안상 그것을 밝히지 못한다고 말했다. 그것을 밝힐 경우 아테네 사람들이 그 이득을 실현한 기회가 사라진다는 것이었다. 그래서 아테네 사람들은 아리스티데스를 뽑아서 그에게 그 조언을 말하라고 했다. 그러면 나중에 아리스티데스의 의견에 따라 그 문제를 결정하겠다고 대답했다. 테미스토클레스는 아리스티데스에게 말했다. 아테네가 조약으로 안전을 약속해 준 그리스 전역의 전함들이 어떤 한 장소에 정박해 있는데 손쉽게 공격하여 파괴시킬 수 있다. 만약 이렇게 한다면 아테네는 그리스 전역의 주인이 될 것이다. 아리스티데스가 아테네 민회에 이 제안은 아주 이롭기는 하지만 아주 부정직한 것이라고 보고하자 아테네 시민들은 그것을 이유 삼아 그 제안을 일언지하에 거절했다.

마케도니아의 필리포스와 다른 군주들은 이런 신의를 지키는 방식으로는 행동하지 않았을 것이다. 그들은 그 어떤 수단보다 약속을 위반하는 방식으로 더 많은 이익을 추구하고 또 획득했다. 상대방이 준수하지 않았다는 구실로 깨어진 계약에 대해서 나는 아무 말도 하지 않겠다. 그것은 날마다 벌어지는 일이기 때문이다. 나는 여기서 아주 특수한 사정으로 깨어진 계약에 대해서만 말하고 있다. 하지만 이 점에서도 공화국은 군주보다 심각한 오류를 저지르는 빈도가 낮고 그리하여 군주보다 더 믿음이 가는 계약 당사자이다.

제60장

로마의 집정관 직과 다른 행정관 직이
나이에 상관없이 수여된 경위

로마사의 전개를 살펴보면 집정관 직이 평민들에게도 돌아가게 된 이후, 로마 공화국은 이 관직을 나이나 가문에 상관없이 그 시민들에게 부여했다. 실제로 연령 제한 같은 것은 로마에 존재하지 않았다. 단지 도시는 언제나 노인이든 젊은이든 가리지 않고 뛰어난 능력을 가진 인재를 목말라했다. 23세에 집정관 자리에 오른 **발레리우스 코르비누스**의 사례에 이런 사실을 증명한다. 그는 병사들을 상대로 연설할 때, 집정관 자리는 "능력의 보상이지, 가문의 내력이 아니다."라고 말했다. 이러한 의견이 심사숙고에서 나온 것인지는 한번 면밀하게 검토해 볼 만하다. 가문의 배경은 상황적 필요에 의해 무시되었다. 우리가 다른 곳에서 언급한 것처럼, 로마가 이룩한 결과를 소망하는 다른 도시들 또한 로마가 겪었던 그런 상황적 필요를 똑같이 느낄 것이라고 생각한다. 보상이 없으면 인간에게 어려운 일을 맡길 수가 없고, 보상을 얻을 희망을 인간에게서 빼앗아버리면 위험이 따르는 것이다. 따라서 평민들도 집정관이 될 희망을 품는 것은 당연한 일이다. 하지만 그들은 그 희망을 실현시키지 못한 채 한동안 꿈만 꾸어왔다. 그러다가 나중에 희망만으로는 더 이상 충분하지 않았고 그것을 현실로 만드는 것이 반드시 필요했다. 영광스러운 사업에 평민을 활용하지 않으려고 하는 도시는, 다른 곳에서 말한 것처럼

(『사론』 1-6), 평민을 마음대로 하대해도 될 것이다. 그러나 로마처럼 커다란 세력 판도를 갖기를 원하는 도시는 이러한 귀족 대 평민의 구분을 해서는 안 된다.

이러한 사정을 감안해 볼 때, 연령에 의한 구분 또한 별 의미가 없는 것이며 오히려 무시되어야 마땅하다. 나이 든 사람의 신중함이 필요한 자리에 인민이 젊은 사람을 앉혔다면, 그가 충분히 그만한 보상의 가치가 있는 업적을 이루었기 때문임이 발견될 것이다. 젊은 사람이 탁월한 능력을 갖고 있어서 어떤 뛰어난 업적을 거둠으로써 그의 이름을 널리 알렸는데, 나이 때문에 어떤 관직에 취임하는 것을 기다려야 하고 그래서 도시가 그 재능을 활용할 수 없다면, 그것은 도시에 아주 해로운 일이 될 것이다. 도시는 그의 나이가 차기를 기다리는 동안 젊음의 민첩한 활기와 과감한 감투 정신을 적시에 활용하지 못하게 된다. 그렇게 되면 그 도시는 발레리우스 코르비누스, 스키피오, 폼페이우스, 기타 많은 로마의 재사들이 아주 어린 나이에 성취했던 혁혁한 승리를 누리지 못하게 될 것이다.

제2권

서문

인간은 늘 과거를 칭송하고 현재를 비난한다. 하지만 그것이 늘 정당한 것은 아니다. 그들은 역사가들이 남긴 기록을 통해 알게 된 그 시대를 찬양할 뿐만 아니라, 나이가 들어가면서 젊은 시절에 보았던 과거 사건을 기억하며 그 사건을 찬양하는 과거의 신봉자들이다. 이러한 그들의 의견은 대부분의 경우 잘못된 것이다. 나는 그런 착오를 일으키는 데에는 여러 이유가 있다고 생각한다. 이에 대한 첫 번째 이유는 우리가 과거의 일에 관해 완전한 진실을 알지 못한다는 것이며, 또한 과거에 영광을 부여하는 사건들은 온전하고 장대하게 전해지는 반면, 과거의 체면을 손상시키는 사건들은 너무도 빈번히 은폐된다는 것이다. 역사가들은 대부분 정복자들의 번영과 영광을 따라간다. 그들은 정복자들의 승리를 더욱 영광스럽게 하기 위해 정복자들이 가장 능숙하게 성취해 낸 사업을 과장할 뿐만 아니라 같은 식으로 그들의 적이 벌인 행동 또한 과장되게 묘사한다. 그리하여 승자나 패자들이 살았던 각기 다른 두 지역의 후손들은 선조와 과거에 감탄할 이유를 갖게 되고 또한 선조를 극도로 숭앙하고 사랑할 수밖에 없게 된다.

두려움과 질투는 증오의 2대 원인

두 번째 이유는, 사람은 두려움이나 질투 때문에 어떤 사물 혹은 사태를 증오한다는 것이다. 그런데 과거의 사건에 대해서는, 이 증오의 강력한 원인들이 제거된다. 이미 지나간 사건은 사람에게 피해를 입히거나 질투의 원인을 제공할 수 없기 때문이다. 하지만 당신이 처리하는 일이나 관측하는 일로서, 은폐된 부분 하나 없이 그 일의 세부사항을 아주 소상히 알고 있다면, 그와는 정반대 상황이 벌어진다. 왜냐하면 당신은 그 일을 아주 상세히 알고, 또 그다지 유쾌하지 못한 많은 다른 세부 사항들 역시 기억하고 있으므로 이런 기억이 작용하여, 그 일이 고대의 사건보다 훨씬 열등하다고 판단하게 된다. 실제로 현재의 일이 훨씬 더 칭찬과 명성을 받아야 마땅한데도 말이다. 나는 예술에 관한 것을 논하려는 것이 아니다. 예술은 그 자체로 너무도 찬연히 빛나고 있기에 시간도 감히 예술의 본질적 영광을 빼앗거나 부여할 수 없다. 여기서는 사람들의 삶과 관습에 관하여 논하려는 것인데, 이런 것들에 대해서는 예술처럼 명백한 증거를 찾기 어려운 것이다.

따라서 나는 위에서 말한 칭찬과 비난의 일반적인 습관이 분명 존재한다고 반복해서 말하겠다. 하지만 그런 습관을 가진 사람들이 늘 오류를 저지른다는 얘기는 아니다. 때로는 그런 판단이 정당할 때도 있는 것이다. 이렇게 말하는 이유는 세상일이라는 게 늘 움직이는 데다 번성과 쇠망이 있기 때문이다. 가령 어떤 도시나 지방은 뛰어난 사람들이 잘 조직한 정체(政體)를 갖췄을 수도 있다. 그런 도시나 지방은 한동안 창업자의 능력 덕분에 늘 더 나은 방향으로 진전한다. 따라서 그런 곳에 태어난 사람이 현대보다 고대를 더 칭찬하는 것은 자신을 속이는 것이며, 그런 자기기만은 위에서 말한 역사가들의 과장 혹은 두려움이나 질투 때문에 생겨나는 것이다. 반면에 어떤 도시나 지방이 쇠락하여 최악을 향해 가고 있는 때에 태어난 사람은 고대를 더 칭찬하더라도 전혀 자기기만을 하는 것이 아니다.

이런 일들이 어떻게 진행되는지 깊이 생각해 본 결과, 나는 세상이 그 안에 일정한 분량의 선과 악이 존재하는, 동일한 상태를 유지한다는 결론을 내렸다. 그 선과 악은 어떤 지역은 선이 많을 수도 있고 어떤 지역은 악이 많을 수도 있는 등 다양한 분포를 보인다. 이것은 세계가 늘 선악 동존 그대로의 모습을 보이는 반면, 관습의 차이에 따라 우리가 아는 고대 왕국들이 서로 다른 면모를 보인다는 점으로 미루어 알 수 있다. 한 가지 차이점이 있다면, 이 세상은 아시리아(Assyria)에 처음 그 탁월한 능력을 부여한 뒤 그 다음은 메디아(Media)에, 그 다음은 페르시아에, 이후로는 이탈리아와 로마에 부여했다는 것이다. 로마 제국 이후, 그 어떤 제국도 그처럼 번성한 제국을 유지할 수 없었으며, 그 어떤 곳도 그처럼 세상의 탁월한 능력을 하나로 모을 수 없었다.

그렇지만 이런 로마의 능력이 능숙하게 삶을 살아가는 사람들이 많은 국가들 사이에 골고루 분배되었다는 것을 알 수 있다. 예를 들면 프랑스 왕국, 술탄이 다스리는 튀르크 왕국, 그리고 오늘날의 독일의 여러 국가들이 그렇다. 이런 왕국들이나 국가들 이전에는, 수많은 훌륭한 업적을 성취하고 동로마제국을 파괴하고 세계 많은 곳을 점령한 사라센(Saracen) 제국도 있었다. 로마가 멸망한 이후에, 이런 민족들 사이에 그런 뛰어난 능력이 존재했고 또 그들 중 그런 능력을 추구하고 또 칭송하는 일부 민족에서는 그 능력이 아직까지도 존재하고 있다. 이런 탁월한 지역들에서 태어나 현재보다 과거를 더 칭송하는 이들은 자신을 속이는 것이다. 그러나 이탈리아에서 태어났는데 울트라몬테인(Ultramontane: "알프스 산 저편"이라는 뜻으로 프랑스나 독일 등의 외국인을 가리킴.-옮긴이)이 아니거나, 그리스에서 태어났는데 튀르크 인이 아닌 사람들은 현재를 비난하고 과거를 칭송할 만한 이유가 충분하다. 왜냐하면 과거에 이 두 나라에서는 경탄이 절로 나오는 위대한 업적들이 많았기 때문이다. 반면 현재의 이탈리아나 그리스는 전적인 곤궁함, 오명, 수치로부터 사람들을 구제할 능력이 아무것도 없는 데다 종교, 법, 군대를 존중하지 않고 오로지 지극히 불결한 오점들만 남아 있기 때문이다. 이러한 악덕들은 이들 나라의 판사석에 앉거나 다른 이들에게 명령하거나 존경을 받기를 바라는 사람들 사이에서 발견되는데 그래서 더욱 혐오스럽다.

역사의 판단에서 자기기만을 피해야 한다

다시 우리의 논의로 돌아가 보자. 현대와 과거 중 어느 쪽이 더 나은 시대인지 판단하는데 있어서 인간의 판단력은 부패될 수 있다고 보는 사람도 있다. 특히 인간은 현재 살고 있는 시대만큼 과거를 잘 알지 못한다는 이유를 대면서 말이다. 그렇다면 과거와 현재를 동등하게 알고 보아온 노인들은 그런 판단의 부패가 없어야 할 것이나 실은 그렇지 못하다. 그 노인이 평생 동안 같은 의견과 같은 욕구를 유지했다면 아마도 그런 부패가 없을 것이다. 하지만 시대는 변하지 않지만 사람의 의견과 욕구는 변한다. 사람은 나이가 들면 젊었을 때와는 다른 욕망, 다른 쾌락, 다른 관심사를 갖게 된다. 사람은 나이가 들수록 육체의 힘은 잃지만 판단력과 신중함을 얻는다. 그러면 당연히 젊을 때 견딜 만하고 좋았던 일들도 노인에게는 견딜 수 없고 불쾌한 것이 된다. 사람들은 이런 변화에 대하여 자신의 판단력을 비난해야 마땅하지만 오히려 그 비난을 시대 탓으로 돌려버리는 것이다.

이 모든 것을 차치하고라도, 사람의 욕망은 결코 채워지지 않는다. 사람은 모든 것을 바라는 힘과 의지를 천성적으로 부여받았지만, 실제로는 그 모든 것 중에서 조금만 성취하는 능력을 가진 것이 그의 운명이다. 이러한 불일치는 마음속의 불만으로 맺혀지고 또 소유한 것에 대한 불평으로 나타난다. 바로 이것 때문에 합리적인 동기가 없는데도 사람은 현재를 비난하고 과거를 칭송하며 미래를 동경하는 것이다. 여태까지 논의해 오는 동안 내가 너무도 후하게 고대 로마 시대를 칭송하고 우리 시대를 너무도 박하게 비난했기에 나 역시도 자기기만을 하는 이로 간주될지 모른다. 과거에 널리 분포되어 있던 탁월한 능력과 오늘날 널리 퍼진 악덕이 하늘과 땅의 차이처럼 명백하지 않았더라면, 분명 나는 위에서 내가 비판했던 사람들의 자기기만을 두려워해서라도 더욱 조심스럽게 말했으리라. 하지만 이 일은 모두가 알 수 있을 정도로 너무나 확실하기 때문에 나는 고대와 현대에 관해 내가 이해한 바를 솔직한 방식으로 대담하게 기술할 것이다. 따라서 내 저작을 읽는 청년들은 행운이 찾아와 적절한 기회를 얻게 될 때, 현재의 잘못을 피하고 과거를 따를 준비를 해야 마땅하다. 훌륭한 사람이라면 시간의 악의(惡意) 혹은 운명 때문에 성취할 수 없었던 선(善)을 다른 이들에게 가르치는 것을 그의 의무로 삼아야 한다. 그러면 많은 이들이 그런 선을 행동으로 옮길 수 있게 될 것이고, 그중 하늘이 선택한 일부는 위대한 사업(이탈리아의 통일.-옮긴이)도 성취할 수 있을 것이다. 이 책의 제1권에서는 로마인들의 국내 문제에 대한 결정을 논의했다. 제2권에선 제국의 확장에 관해 로마인들이 내린 결정을 논의하게 된다.

제1장

로마 인들이 제국을 이룩한
주요 원인은 능력이었는가
운명이었는가?

권위 있는 작가 **플루타르코스**를 포함한 많은 이들은 로마 인들이 이뤄낸 제국이 출중한 능력보다는 행운 덕분이라는 견해를 피력했다. 플루타르코스는 로마 인들이 그 어느 신보다도 더 많이 운명의 여신에게 바치는 신전을 지었기 때문에 그들의 모든 승리가 운명 덕분이었음을 자백한 것이라는 주장을 내세웠다. 리비우스 역시 같은 의견을 고수하는 것처럼 보인다. 그의 역사서에서 로마 인이 연설을 할 때 운명을 언급하지 않고 능력을 언급하는 경우는 좀처럼 없기 때문이다.

 나는 이런 주장을 받아들이고 싶지 않다. 또한 그 주장이 지지받을 수도 없다고 생각한다. 왜냐하면 그 어떤 공화국도 로마와 동등한 수준의 위업을 달성하지 못했기 때문이다. 그리고 이것은 그 어떤 공화국도 로마만큼 영토를 획득할 수 있을 정도로 잘 조직되지 않았다는 사실에서 기인한다. 로마 군대의 출중한 능력은 제국을 형성시켰고, 최초의 입법자가 수립한 로마군의 행동 방식과 생존 방식은 정복 지역들을 계속 유지하는 원동력이 되었다. 이에 대하여 더 자세한 사항은 차후의 담론에서 이야기될 것이다. 이미 언급한 두 저술가는 로마 인들이 동시에 두 개의 큰 전쟁에 휘말린 적이 단 한 번도 없었기에 제국의 형성이 출중한 능력보다는 운명에 의한 것이라고 단언한다. 로마는 삼니움 인들을 물리치고 또 그들을 보호하는 전쟁을 수행하여 완료한 다음에 비로소 라티움(Latin, Latium) 인들을 상대로 전쟁을 벌였다. 또한 로마 인들이 라티움 인들을 복속시키고 잦은 공격으로 궤멸에 가깝게 삼니움 인들의 힘을 완전히 빼놓을 때까지 에트루리아 인들과 단 한 번도 싸운 적이 없었다. 로마의 적들 중 두 부족이 힘 좋고 온전할 때 연합하여 공격해 왔다면, 의심할 여지없이 로마 공화국의 몰락이 뒤따랐을 것이다.

하지만 어찌 됐든 간에, 로마 인들은 단 한 번도 동시에 두 개의 결정적인 전쟁을 수행한 적이 없었다. 그와는 정반대로, 한 전쟁의 시작이 늘 다른 전쟁의 종결을 보게 했고, 한 전쟁이 종결되어야 다른 전쟁이 시작되었다. 이는 로마가 수행한 전쟁의 순서를 보면 쉽게 알 수 있다. 로마가 갈리아 인들에 의해 약탈당하기 전에 수행된 전쟁을 제외한다면, 로마가 아이퀴 인들과 볼스키 인들을 상대로 싸우는 동안 다른 세력은 전쟁에 참가하지 않았다. 아이퀴 인들과 볼스키 인들이 아주 강력했기 때문이다. 두 민족이 진압된 뒤엔 삼니움 인들과의 전쟁이 발발했다. 전쟁이 끝나기도 전에 라티움 인들이 로마에 반란을 일으켰지만 본격적으로 반란이 진행되기도 전에 삼니움 인들은 전쟁 중인데도 불구하고 로마와 동맹을 맺었다. 그들은 심지어 로마에 군대를 지원하여 라티움 인들의 무례함을 진압하려 했다.

라티움 인들이 진압되자, 삼니움 인들과의 전쟁이 다시 발발했다. 삼니움 인들이 수많은 패배를 당하고 쇠약해지자, 에트루리아 인들과 전쟁이 시작되었다. 이 전쟁이 종결되자 **피로스**가 이탈리아에 침공했고, 삼니움 인들은 다시 봉기했다. 피로스가 격퇴되어 그리스로 돌아가자, 로마는 카르타고 인들과의 첫 전쟁을 시작했다. 이 전쟁이 거의 끝나기 전 알프스 산맥 양쪽의 갈리아 인들이 전부 공모하여 로마에 대항했다. 그들은 오늘날 포폴로니아와 피사 사이에 있는 빈센트 성인의 탑이 있는 곳에서 압도당해 대량 학살당했다. 이 전쟁이 끝나고 20년이라는 기간 동안 로마는 리구리아(Ligurian) 인들과 롬바르디아에 잔존하던 갈리아 인들을 제외하고는 그 누구와도 싸우지 않았다. 16년 동안 이탈리아를 전장으로 삼아 벌어진 제2차 포에니 전쟁이 발발하기 전까지는 이런 상태가 계속되었다. 이 전쟁이 엄청난 영예와 함께 종결되자, 마케도니아 전쟁이 발발했다. 이 전쟁이 끝나자 안티오코스(Antiochus) 및 아시아와의 전쟁이 일어났다. 이 전쟁에서 승리를 거둔 뒤 개별적으로든 연합으로든 로마 세력에 대항할 수 있는 군주나 공화국은 이 세상에 남지 않았다.

로마제국은 행운과 능력의 결과

하지만 이런 최후의 승리에 앞서, 이런 전쟁의 순서나 로마 인들이 전쟁을 수행한 방식에 관해 신중히 생각해 본 사람이라면 이런 로마의 성취가 출중한 역량과 극도의 신중함이 행운과 결부되어 나타난 것이라는 점을 깨달을 것이다. 따라서 그런 행운의 원인을 살펴보려는 사람은 너무도 쉽게 그것을 찾을 수 있다. 한 군주나 국민들이 로마와 같은 명성을 성취하면 다른 인근 군주나 국민들은 혼자서 로마를 공격하는 일을 꺼리고 두려워하게 된다. 상황적 필요에 쫓기지 않는 한 이들은 아무도 공격을 시도하지 않을 것이므로, 강력한 군주나 국민들은 이를테면 인근의 군주나 국민들을 상대로 원할 때 전쟁을 수행하는 선택권을 가지게 된다. 그리고 그 나머지 군주나 국민들과는 지속적인 평화를 유지할 수 있으리라. 인근 세력들은 강력한 세력의 힘에 눌리기도 하고, 잠자코 있으라며 달래는 수단에 넘어가기도 하면서 쉽게 저지가 될 것이다. 좀 더 멀리 떨어진 지역의 다른 세력들은 이런 문제가 그들과는 무관하여 끼어들 일이 아니라고 생각할 것이다. 그들은 잘못된 판단을 하다가는 전쟁의 불길이 자신에게 미치게 할 것이고, 결국 불길이 미치면 자력 동원으로 그 불을 꺼야 하는데, 하지만 불길이 극도로 강하기 때문에 자력으로는 충분히 막아내지 못할 것이다.

너무 장황한 이야기가 되지 않기 위해 로마가 볼스키 인들과 아이퀴 인들을 정복하는 동안 삼니움 인들이 수수방관한 얘기는 여기서 피하고자 한다. 대신 카르타고 인들에 관해서만 언급하겠다. 로마가 삼니움 인과 에트루리아 인들과 전쟁을 벌이고 있을 때, 카르타고는 이미 아프리카 전역, 사르데냐, 시칠리아, 스페인 일부 지역을 정복한 큰 세력이었고 엄청난 명성을 떨치고 있었다. 로마의 국경으로부터 한참 떨어진 데다 강력한 힘을 지녀서인지 카르타고는 로마를 공격하는 것이나 삼니움 인들과 에트루리아 인들을 지원하는 것에 대해서는 깊이 생각하지 않았다. 오히려 그와는 반대로, 사태가 거의 자신들이 바라는 대로 진행되자 로마와 연대하고 친선을 도모하려는 경향을 보였다. 로마가 자국과 카르타고 인들 사이에 놓여 있는 모든 민족들을 정복하고 그 후에 시칠리아와 스페인의 지배권을 획득하기 위해 싸움을 시작할 때까지 카르타고 인들은 그들이 수수방관한 실수를 깨닫지 못했다. 카르타고 인들이 생각 없이 가만 앉아 있다가 당한 일은 갈리아 인들에게도, 마케도니아의 필리포스 왕에게도, 안티오코스 왕에게도 역시 발생했다. 그들 각자는 로마가 다른 세력을 정복하는 데 여념이 없는 동안 또 다른 세력이 로마를 정복할 수 있을 것이며 그러면 평화든 전쟁이든 그 정복자를 상대로 자기 방위를 할 수 있으리라고 안일하게 생각했다. 이런 의미에서, 나는 로마처럼 행동하고 로마의 특별한 능력을 갖춘 지배자들은 모두 로마가 누렸던 좋은 행운을 누릴 수 있으리라 생각한다.

로마 인들이 다른 세력의 영토에 침입하는 데 채택한 수단을 설명하는 일은 적절하다. 하지만 이미 『군주론(君主論, Il Principe, The Prince)』에서 그것을 상세히 논했으므로 여기서는 간단하게 이 점만 말하고자 한다. 로마는 늘 새로운 영역으로 들어가면 타고 올라갈 사다리, 들어갈 수 있는 문, 의지할 수 있는 우방을 구했다. 이것은 다음과 같은 사실로 명백하게 알 수 있다. 그들은 삼니움을 공격할 때 카푸아 인(리비우스는 『로마사』에서 카푸아와 캄파니아를 혼용하고 있는데 마키아벨리도 이 사례를 따르고 있다. 이하 카푸아와 캄파니아는 같은 것으로 보면 된다.-옮긴이)들의 지원을 받았다. 에트루리아 침공 당시엔 카메르티움 인들의, 시칠리아에서는 마메르티움 인들의, 스페인에서는 사군툼 인들의, 아프리카에서는 마시니사 인들의, 그리스에서는 아이톨리아 인들의, 아시아에서는 에우메네스나 기타 아시아 군주들의, 갈리아에서는 마실리아 인들이나 아이두이 인들의 지원을 받았다. 또한 로마는 어떤 지역을 획득하거나 지키기 위한 일을 쉽게 해주는 지원의 확보를 결코 소홀히 하지 않았다. 따라서 로마의 수완을 관찰한 이들은 그렇지 않은 이들에 비해 행운이 덜 필요하다는 것을 깨닫게 된다. 다음 장에서 우리는 로마 인들이 대적해야만 했던 민족들의 특성과 그 민족들이 자유를 지켜내기 위해 얼마나 완강한 모습을 보였는지 논할 것이다. 그렇게 되면 누구라도 로마 인들이 제국을 구축하는 데 있어 행운보다는 탁월한 능력을 아주 효율적으로 활용했다는 것을 이해하리라.

제2장

로마 인들이 대적했던 민족들은
어떤 이들이며, 그들은 자유를 지키기 위해
얼마나 완강한 모습을 보였는가?

인근 민족들과 좀 더 먼 지방 일부를 정복하던 로마에게 가장 처리하기 까다로웠던 것은 당시 많은 민족들이 보여준 자유를 향한 열망이었다. 그들은 자유를 너무도 완강히 수호하고자 했고 따라서 로마는 출중한 능력이라는 수단 외에 그들을 복종시킬 수단이 없었다. 그 민족들이 자유를 지키거나 되찾는 과정에서 위험을 마다하지 않은 사실과, 그들의 자유를 박탈한 이들에게 대항하여 복수를 가한 사실에 대해서는 많은 사례들이 있다. 역사의 교훈은 또한 예속 상태 때문에 민족이나 도시가 겪어야 할 상처를 가르쳐준다. 고대엔 모든 지방 구석까지 완전히 자유로운 사람들이 살았던 반면, 우리 시대엔 오로지 한 지방(독일 지방.-옮긴이)만이 자유로운 도시에 포함된다고 할 수 있다. 우리가 지금 논하고 있는 과거의 시대에 이탈리아 전역, 즉 현재의 토스카나와 롬바르디아를 나누는 산맥에서부터 이탈리아 반도 끝에 이르기까지, 모든 사람들은 자유로웠고 또 에트루리아 인들, 로마 인들, 삼니움 인들, 그 외에 많은 이탈리아 나머지 지역에 살았던 사람들도 자유로웠다.

로마 왕들과 에트루리아의 포르센나 왕(이 왕의 혈통이 어떻게 사라졌는지에 관해 역사는 그 어떤 설명도 하지 않는다) 말고는 다른 왕이 있었다는 주장을 들어본 적이 없다. 굉장히 명백한 점은 로마가 베이이를 포위 공격했을 때, 에트루리아는 자유로웠고 또한 그 자유를 굉장히 즐기고 있어서 군주라는 명칭 자체를 너무나 혐오했다. 따라서 베이이 인들이 방위를 위해 왕을 세우고, 에트루리아 인들에게 로마에 대항하기 위한 지원을 요청했을 때 에트루리아 인들은 많은 회의를 거친 뒤 베이이 인들이 왕의 통치를 받으며 사는 한 그들을 도와주지 않겠다고 결정했다. 에트루리아 인은 이미 다른 누군가에게 복종하고 있는 도시를 방위하는 것은 좋은 정책이 아니라고 판단했던 것이다.

자유는 국가 부강의 첩경

이런 자유로운 삶의 방식을 향한 애정이 어떻게 사람들에게서 생겨났는지 금방 이해할 수 있다. 자유롭게 살지 않는 이상 영토를 확장하거나 부를 증가시킬 수 없다는 점을 경험이 잘 설명해 주기 때문이다. 페이시스트라토스의 참주정에서 해방된 뒤 1백 년 동안 아테네가 성취한 탁월한 업적을 생각해 보면 진정으로 경탄할 수밖에 없다. 하지만 왕들에게서 해방된 뒤 로마가 성취한 위대한 업적은 그보다 더 경이롭다. 이에 관한 이유는 이해하기 쉽다. 도시를 훌륭하게 하는 것은 개별적인 이익이 아닌 공동의 이익이기 때문이다. 그리고 의심할 여지없이, 이런 공동의 이익은 공화국에서만 추구된다. 왜냐하면 공화국에서는 나라에 필요하다고 생각되는 것이라면 전부 실행되기 때문이다. 아무리 이런저런 개인이 피해를 입는다고 하더라도, 공동의 이익으로 다수가 혜택을 보게 된다면 소수의 의향이 억압되는 한이 있더라도 그런 일을 추진할 수 있다.

반면에 군주가 있게 되면 정반대의 상황이 나타난다. 대부분의 경우 군주가 혜택을 보는 일은 도시에 해를 끼치는 반면, 도시가 혜택을 보는 일은 군주에게 해를 끼치는 것이다. 그 결과, 참주정이 부상해 자유로운 통치를 대체하자마자 비록 도시에 미치는 해악이 극히 적다고 하더라도 국력이나 부에서 진전이나 성장은 더 이상 나타나지 않는다. 대부분의 경우, 아니, 실제로 모든 경우 도시는 쇠락으로 접어들게 된다.

그리고 만약 출중한 참주가 등장하여 대담함과 무력으로 영토를 확장하는 형세가 나타난다고 하더라도 국가에는 아무런 혜택이 돌아오지 않고 오히려 참주 혼자만 혜택을 보게 된다. 왜냐하면 참주가 통치를 해 나가는 데 있어 시민들이 아무리 용맹하고 훌륭한 사람일지라도 그들을 예우할 수 없기 때문이다. 참주는 그런 예우를 해주었다가 나중에 그들을 의심하거나 두려워하게 되는 것을 원하지 않기 때문이다. 그가 참주로 있는 한 정복한 도시를 속국으로 만드는 일도 할 수 없다. 도시를 강력하게 하는 것은 참주에게 이득이 되지 않기 때문이다. 오히려 국가를 분열시켜 각 도시와 지방이 참주만을 인정하게 하는 것이 그에게는 이득이다. 그런 식으로 영토 획득의 이익은 도시가 아니라 참주 혼자만이 보게 된다. 수많은 다른 논의들과 함께 이런 의견을 확정하고 싶은 사람은 크세노폰(Xenophon)의 『참주론(On Tyranny)』(→크세노폰)을 읽을 것을 권한다. 고대인들이 참주를 증오하고 박해하는 한편, 자유로운 삶의 방식을 사랑하며 자유라는 바로 그 이름을 너무도 숭배하는 모습을 보인 것은 놀라운 일이 아니다. 예를 하나 들어보자. 시라쿠사에서 히에론의 손자인 히에로니무스가 암살당했다. 이 소식이 시라쿠사에서 멀리 떨어지지 않은 그의 군대에 전해지자 처음에 그들은 마구 날뛰며 암살자들에 대항해 무력을 행사하기로 결정했다. 하지만 시라쿠사에서 "자유"라는 단어가 선포되자 그들은 아주 잠잠해졌다. 자유라는 이름에 매료된 나머지, 참주 살해로 인한 분노를 내려놓은 그들은 도시에서 자유로운 삶의 방식이 어떻게 구성될 것인지를 고려하기 시작했다.

자유를 박탈한 이들에 항거하여 비범한 복수 행위를 가하는 사람들의 이야기도 놀라운 것이 아니다. 이에 관한 수많은 사례가 있지만 하나만 언급하도록 하겠다. 펠레폰네소스 전쟁 동안 그리스의 도시 코르키라에서 일어난 일이다. 그리스는 당시 두 개의 파벌로 나뉘었는데, 한쪽은 아테네를, 다른 한쪽은 스파르타를 따랐다. 그 결과, 많은 도시들이 두 파벌로 나뉘어 한쪽은 스파르타와의 친선을, 다른 한쪽은 아테네와의 친선을 추구했다. 그런데 코르키라에선 귀족들이 우월한 지위를 이용하여 평민들의 자유를 빼앗는 일이 발생했다. 하지만 평민들은 아테네의 지원을 받아 전열을 가다듬고 모든 귀족을 체포했다. 그런 뒤 평민들은 귀족 전원이 들어가도 남을 큰 감옥에다 그들을 가뒀다. 이어 민중들은 다른 지역으로 추방한다는 구실 아래 귀족들을 여덟 명에서 열 명 정도 끌어내 수많은 잔혹한 방법으로 목숨을 빼앗았다. 감옥에 남은 귀족들은 무슨 일이 일어나고 있는지 깨닫자 수치스러운 죽음을 피하기로 결심하고 가능한 한 최대한 무장하고 감옥 문을 지키며 그 안으로 들어오려 하는 민중들에 대항하여 싸웠다. 민중들은 요란스러운 소리를 듣고 몰려와 힘을 합쳐 건물 상부를 무너뜨려 감옥의 귀족들을 몰살시켰다. 많은 다른 유사한 끔찍하고 주목할 만한 사건들이 그 뒤로 그 지역에서 발생했다. 이것은 빼앗긴 자유에 대한 (평민들의) 보복이 위협당하는 자유를 옹호하려는 (귀족들의) 힘보다 훨씬 더 맹렬하고 잔인하다는 것을 잘 보여준다.

고대인과 현대인의 종교적 차이

따라서 왜 고대의 모든 이들이 현재의 우리보다 더 자유를 사랑하는 사람들인지를 고려해 보면, 나는 이것이 오늘날의 사람을 허약하게 만드는 그 원인에서 생겨난다고 생각한다. 그 원인은 현재의 교육과 고대의 교육 사이에서 나타나는 차이점에 있다. 그런 교육에서의 차이는 현재의 종교와 고대의 종교 간에서 나타나는 차이라고 할 수 있다. 현재 우리의 종교가 진리와 진실한 길을 보여주면서 세속적인 명예를 낮게 평가하는 반면에, 고대의 이교도들은 명예의 가치를 굉장히 높게 치고 동시에 그것을 지고의 선이라고 여기면서 더욱 격렬한 모습과 행동을 보였다. 이는 이교도들의 관습 중 많은 부분에서 찾아볼 수 있는데, 일단은 우리의 초라한 예식과 대조되는 웅장한 희생 의식에서부터 시작한다. 우리의 종교는 약간 장려한 모습도 있지만 웅장하기보다는 섬세한 것이다. 하지만 행동에선 대담함이나 격렬함 같은 게 없다. 이교도들의 의식에선 장려함도, 웅장함도 부족하지 않지만 그에 더하여 유혈이 낭자하고 너무도 잔혹한 희생 행위와 엄청난 숫자의 동물 도살, 그리고 경외심을 일으키는 광경이 있었다. 그리하여 그 광경을 목격한 덕분에 관중들은 그에 못지않게 경외심을 불러일으키는 사람들이 되었다.

뿐만 아니라 고대 종교는 군대 지휘관이나 국가 지도자들처럼 세속적인 영광을 가득 지닌 사람들에게만 축복을 내렸다. 그에 비하면 우리 종교는 능동적인 사람보다는 겸손하고 사색적인 사람들을 높게 평가한다. 거기다 우리 종교는 겸손, 복종, 세속에 대한 경멸 등을 최고의 선으로 규정한다. 고대 종교는 정신의 웅대함, 신체의 강건함, 그리고 사람을 아주 강하게 만드는 경향이 있는 다른 것들을 최고의 선의 자리에 놓았다. 우리 종교도 내면의 힘을 요구하긴 하지만, 용맹한 행동을 수행하기보다는 고통을 견디는 능력을 더 중시한다. 그 결과 이런 삶의 방식은 세상을 허약하게 하고 사악한 자들이 세상을 약탈하도록 내버려둔다. 또한 사악한 자들은 그로 인해 쉽게 세상을 지배할 수 있게 된다. 이는 대부분의 사람들이 천국에 가기 위해선 그런 자들에게 복수를 하는 것보다 고통을 견뎌야 한다고 생각하기 때문이다.

비록 세상이 나약해지고 하늘이 무력해 보이긴 하지만, 의심할 여지 없이 이것은 요즘 사람들의 비겁함에서 나오는 것이다. 그들은 우리의 종교를 출중한 능력의 이상(理想)에 따라 해석하는 것이 아니라 세속적인 노역(勞役)에서 해방되어야 한다는 초월적 이상에 따라 해석하는 것이다. 그러나 종교가 예전에 조국을 칭송하고 방위하는 것을 가능하게 해준 힘이었다는 것을 깊이 고려한다면, 우리는 그런 종교의 가르침에 따라 조국을 사랑하고 존중하며 또 마땅히 조국을 방위할 채비를 갖추어야 한다. 그러므로 고대와 다른 교육 방식과 잘못된 해석 때문에 우리는 오늘날의 세상에서 고대만큼 많은 공화국들을 더 이상 찾을 수 없게 되었다. 또한 오늘날의 사람들이 고대 사람들만큼 자유에 대한 사랑이 없다는 이유도 바로 여기에서 찾아볼 수 있다.

나는 오늘날 공화국이나 자유를 쉽게 찾아볼 수 없게 된 이유가 로마제국이 군사력과 위력으로 모든 공화국과 자치국을 파괴했기 때문이라고 생각한다. 나중에 로마제국이 붕괴했음에도 불구하고 제국 내의 여러 도시들은 극소수를 제외하고는 전열을 가다듬어 정치적 통일체로 재조직할 수 없었다. 그러나 로마는 세계의 가장 멀리 떨어진 지역에서조차 극도로 잘 무장한, 자유를 지키기 위해 완강한 모습을 보이는 공화국들 간의 동맹을 발견했다. 이것은 로마 인들이 드물고 비범한 능력을 발휘하지 않았더라면 그런 공화국들을 결코 정복할 수 없었다는 뜻이다.

자유로운 사회와 노예 사회의 차이

연합의 일원에 관한 예로는 삼니움 인들만으로도 충분하다는 생각이 든다. 삼니움 인들은 매우 강력했고 그들의 무력도 굉장히 실전 중심적이어서 파피리우스의 아들인 집정관 파피리우스 쿠르소르의 시대까지(46년간의 시간적 거리) 로마에 저항할 수 있었다. 이는 경이로운 것이었고 리비우스 역시 그것을 인정했다. 삼니움 인들은 수많은 패배를 겪었고 영토는 파괴되었으며 그 안에서 수많은 학살이 일어났다. 한때 수많은 도시와 사람이 있던 그 땅이 오늘날 무인지경과 다를 바 없이 되었다는 점을 알게 된다면 특히 경이로울 것이다. 당시 삼니움 인들은 너무도 잘 조직되고 국력도 강해서 로마의 출중한 능력으로 공격당하지 않았더라면 무적의 힘을 자랑했을 것이다. 이런 질서와 무질서의 기원을 파악하는 건 쉬운 일이다. 이 모든 것은 자유로운 사회에서의 삶과 노예 사회의 삶에서 오는 차이가 설명해 준다.

앞에서 이미 언급했듯이, 자유 속에서 사는 모든 국가와 지역은 그로 인해 막대한 이득을 얻는다. 왜냐하면 그런 곳이라면 어디든 더 많은 인구가 있기 때문이다. 자유 속에서 결혼은 더 쉽고 더 바람직한 것이 된다. 사람들은 세습 재산을 빼앗기는 두려움에 떨지 않아도 되고 노예가 아닌 자유로운 시민으로 살 수 있다는 것을 알 뿐더러 출중한 능력을 갖추고 있다면 그로 인해 도시의 지도자가 될 수 있다. 그래서 그들은 안심하고 아이를 양육할 수 있다고 생각하여 기꺼이 자식을 낳는다. 농업, 수공업, 무역에서 유래한 부 역시 더욱 빠르게 증대된다. 사람들은 재산을 얻으면 그것을 만끽할 수 있다고 생각하기에 각자 기꺼이 재산을 증식하고자 한다. 따라서 사람들은 사익과 공익 모두를 생각하며 서로와 경쟁하게 되고, 두 가지 이익 모두 기적적인 속도로 증가한다.

하지만 이와 모든 면에서 정반대 상황이 굴종의 삶을 살아가는 국가들에서 나타난다. 예속의 상태가 가혹하면 할수록 그들이 과거에 누렸던 복지는 사라져버린다. 노예 상태는 더 가혹해진다. 노예로 전락시키는 형태는 모두 가혹하지만 그중에서도 가장 심한 것은 한 공화국이 다른 공화국의 지배 아래로 들어가는 것이다. 그 이유는 첫째로, 공화국은 아주 오래 지속되는 정체이기 때문에 피지배자가 그것으로부터 벗어난다는 희망을 가지기 어렵기 때문이다. 둘째로, 공화국의 목표는 국가를 강화하기 위해 다른 모든 이들을 쇠약하게 하는 것이기 때문이다. 동방의 지배자들처럼 사람들이 사는 땅을 파괴하고 모든 인간 문명을 황폐화하는 일부 야만적인 지배자가 아닌 이상, 사람들을 복종시킨 군주는 이런 일을 하지 않는다. 군주가 인도적이고 상식적인 통치를 한다면, 대개의 경우 그는 종속시킨 도시들을 동등하게 사랑하고 그들이 지닌 모든 기교와 거의 모든 전래의 관습을 남겨줄 것이다. 그 결과, 비록 그들은 자유로웠던 때처럼 성장할 수는 없게 되지만 노예 상태가 된 것처럼 몰락하지는 않게 된다.

여기서 내가 말하는 노예 상태의 종류는 외국인의 지배를 받게 된 도시이다. 나는 앞에서 예전에 동포에게 종속된 도시들에 관해서는 논한 바가 있다. 따라서 위에 언급한 모든 것을 고려해 본 사람이라면 삼니움 인들이 자유로웠을 때 보였던 강력함과, 그 뒤 노예 상태로 빠진 뒤 보였던 나약함에 관해 그다지 놀라움을 느끼지 않을 것이다. 리비우스도 이런 사실을 여러 군데에서 지적하는데, 특히 로마와 한니발의 전쟁을 논할 때 잘 드러난다. 리비우스의 기록에 의하면, 삼니움 인들은 놀라(Nola)에 주둔하는 로마 군단에 억압을 당하던 때 한니발에게 사절을 보내 구원해 줄 것을 간청했다. 여기서 삼니움의 사절들은 한니발에게 1백 년 동안 로마 지휘관 및 군대와 싸웠고, 여러 번 두 집정관이 이끄는 군대의 공격을 버텼지만 놀라에 주둔한 소규모 로마 군단도 간신히 막아낼 정도로 안쓰러운 상태로 전락했다는 말을 전했다.

제3장

로마는 인근 도시를 파괴하고
외국인들을 시민으로 자유롭게 수용함으로써
위대한 도시가 되었다

"알바(Alba)의 몰락은 로마의 역량을 향상하는 결과를 낳았다"

도시를 거대한 제국으로 거듭나게 할 계획을 세운 이들은 반드시 도시를 거주민으로 가득 채우는 일에 크게 힘써야만 한다. 인구가 충만하지 않으면 위대한 도시의 건설은 결코 성공할 수 없기 때문이다. 이는 두 가지 방법으로 달성할 수 있다. 하나는 관대함을 통해서이고, 다른 하나는 힘을 통해서 달성하는 것이다. 관대함을 통해 인구를 늘리는 일은 도시에 와서 살기를 원하는 외국인들에게 길을 터주고 안전을 보장하는 것으로 달성된다. 그렇게 하면 모두가 기꺼이 그 도시에서 살고자 할 것이다. 힘을 통해 인구를 늘리는 일은 인근 도시를 파괴한 뒤 그곳의 거주민을 자신의 도시에 와서 살도록 강제 이주시키는 것이다. 로마는 이런 방식을 굉장히 엄격하게 준수했고, 여섯 번째 왕인 세르비우스 툴리우스의 시기에는 무장(武裝)을 할 수 있는 8만의 인구가 로마에 거주했다.

능숙한 농부들은 식물을 잘 자라나게 하여 잘 익은 열매를 맺게 하기 위해 처음 나오는 가지들을 쳐낸다. 그렇게 하여 수액은 뿌리에 남아 시간이 흐름에 따라 좀 더 싱싱하고 많은 열매들을 얻을 수 있게 된다. 로마인들은 바로 이 농부들처럼 행동을 했기 때문에 그런 결실을 맺었다. 도시를 확장하고 제국을 형성하는 이런 수단이 훌륭하고 필수적이라는 것은 스파르타와 아테네의 사례로 설명할 수 있다. 극도로 잘 무장된 이 두 국가는 최고의 법률(제도)로 정비되었지만 로마제국의 위엄과 어울리는 수준엔 결코 도달하지 못했다. 거기다 로마는 이 두 국가들에 비해 훨씬 무질서하고 훨씬 체계도 갖추지 못한 것처럼 보였다. 이와 관련해서는 상기 언급한 것 외에 다른 이유는 없다고 생각한다.

관대함과 힘이라는 두 가지 방법을 통해 인구를 확장한 로마는 이미 8만의 군사를 전투에 동원할 수 있었던 반면, 스파르타와 아테네는 서로 2만이라는 병력을 넘겨본 적이 단 한 번도 없었다. 이런 상황이 나타난 것은 로마가 두 도시에 비해 유리한 위치를 차지하고 있어서가 아니라, 다른 운영 방식을 취했기 때문이다. 스파르타의 창립자 리쿠르고스는 새로운 거주자가 유입되는 것만큼 자신의 법률을 타락시키는 것은 없다고 생각했다. 그래서 외국인이 스파르타와 접촉하는 것을 방지하기 위한 모든 조치를 다 취했다. 리쿠르고스는 거기에 더하여 사람들을 불러들이는 외국인과의 결혼, 문화 교환, 각종 형태의 사교를 막고 스파르타 사람들에게 가죽 화폐만 사용할 것을 명령함으로써 아무도 스파르타와는 통상이나 기술 제공을 하지 못하도록 만들었다. 그 결과 도시는 결코 인구를 늘릴 수 없었다.

인간의 행동은 자연을 모방

우리의 모든 행동이 자연을 모방하기 때문에, 가느다란 몸통이 무거운 가지를 지지한다는 것은 가능하지도 않고 자연스럽지도 않다. 따라서 작은 국가는 자신보다 강하거나 큰 도시나 왕국을 점령할 수 없다. 그럼에도 불구하고 그런 곳을 점령하고자 한다면, 그 나라는 가지가 몸통보다 큰 나무와 같은 운명이 될 것이다. 그 가분수 나무는 미풍이 불 때마다 구부러져 가지를 유지하는 데 큰 어려움을 겪으리라. 이런 상황은 스파르타의 사례에서 보게 된다. 모든 그리스의 도시를 점령한 지 얼마 지나지 않아 테베가 반란을 일으켰고, 다른 모든 도시들도 이에 동참했다. 몸통이 가지 없이 홀로 남겨진 셈이었다. 하지만 같은 일이 로마에서는 일어나지 않았다. 몸통이 거대했기에 쉽게 가지를 지탱할 수 있었던 까닭이다. 인구 증가에 관한 이런 운영 방식은 아래에서 서술할 다른 방식들과 어우러져 로마를 아주 훌륭하고 극도로 강력한 도시로 만들었다. 리비우스는 "알바의 몰락은 로마의 역량을 향상하는 결과를 낳았다."라는 몇 마디 말로 이를 잘 요약했다.

제4장

공화국들은 세력 확장을 위해
세 가지 방법을 사용했다

고대 역사를 공부한 이들은 누구든 공화국들이 세력 확장을 위해 세 가지 방법을 사용했다는 점을 안다. 첫째는 고대 에트루리아 인들이 사용했던 것으로, 많은 국가들과 연합을 구성하는 것인데 그 구성원들은 아무도 다른 국가보다 권한과 권위 면에서 위에 있지 않았다. 연합이 영토를 얻으면, 현재의 스위스, 고대 그리스의 아카이아 인들과 아이톨리아 인들처럼 그 영토의 사람들을 연합의 동료로 맞이했다. 로마가 에트루리아 인들을 상대로 많은 전쟁을 수행했으므로, 나는 이 첫 번째 방법의 가치를 더 잘 보여주는 상세한 설명을 해보겠다.

로마제국이 출현하기 전 이탈리아에서 에트루리아 인들은 수륙(水陸) 양면에서 극도로 강한 면모를 보였다. 비록 그들의 일에 관한 상세한 역사적 설명은 없지만, 그럼에도 불구하고 여전히 그들의 위대함에 관한 간단한 기록이나 자취는 남아 있다. 에트루리아 인들이 자국 영토 북부 해안에 아드리아라고 불리는 식민지를 건설했고, 이 식민지가 너무도 웅장하여 같은 이름을 인근 바다에 붙였는데 라틴 어를 사용하는 이들은 여전히 그곳을 아드리아 해라고 부른다. 에트루리아 인들의 세력이 티베르(Tiber) 강변부터 이탈리아의 가장 큰 영역을 에워싼 알프스 산맥의 기슭까지 복종시켰다는 점 역시 알려져 있다. 그럼에도 불구하고 로마 인들의 세력이 크게 성장하기 2백 년 전 에트루리아 인들은 오늘날 롬바르디아라 불리는 지역에서 지배력을 잃었다.

이어 그 지방은 갈리아 인들에 의해 점령되었다. 필요가 있다고 판단했는지 아니면 과일의 달콤함(특히 와인)에 매료되었는지는 몰라도, 갈리아 인들은 벨로베수스 공작의 지휘 아래 이탈리아에 침공했다. 롬바르디아 지방 거주민들과의 전쟁에서 승리한 뒤 갈리아 인들은 현지 주민들을 몰아내고 그곳에 자리 잡고서 많은 도시를 건설했다. 그들은 점령한 지역을 자신들의 이름을 따서 갈리아라고 불렀다. 갈리아 인들은 로마가 그 지역을 점령하기 전까지 그곳을 점거했다. 그런데 에트루리아 인들은 평등한 삶을 살았고 세력 확장의 첫 번째 방법을 사용하여 영토를 확장하는 일을 계속했다. 연합을 통해 제국을 통치했던 열두 개의 도시들 가운데는 키우시, 베이이, 아레초, 피에솔레, 볼테라 등이 있었다. 그들은 이탈리아 너머로 북쪽을 정복하러 떠날 수 없었고 또한 이탈리아 대부분의 영역도 침공하지 않고 그대로 내버려둘 수밖에 없었다. 그 이유는 아래에서 설명할 것이다.

두 번째 방법은 자국을 위해 동맹을 만드는 것인데, 비록 동맹이라고 할지라도 그 동맹을 만든 국가는 지휘권, 제국의 권좌, 제국을 수립한 공로 등을 모두 차지한다. 이 두 번째 방법은 로마가 사용했다.

세 번째 방법은 스파르타나 아테네가 그랬던 것처럼 동맹을 만들기보다는 다른 국가들을 빠르게 종속시키는 것이다. 두 국가의 사례에서 볼 수 있었던 것처럼, 세 가지 방법 중 이 마지막 방법은 아주 무익했다. 유지할 수 없는 영토를 얻었기 때문에 몰락할 수밖에 없었다. 폭력으로 도시를 지배하는 짐을 떠안는 것, 특히 자유로운 삶에 익숙한 이들을 통치하는 것은 정말로 수행하기 어려운 일이다. 게다가 그런 식의 지배를 하려는 국가가 충분한 무력을 갖추지 않으면 명령이나 지배가 제대로 먹혀들지 않는다. 이와 같은 무력을 준비하기 위해서는 조력해 줄 동맹을 구하고 도시의 인구를 늘려야 한다.

로마는 두 번째 방법으로 성공했다

스파르타와 아테네는 둘 중 어떤 것도 하지 않았기 때문에 세력 확장 방식이 아주 무익했다. 두 번째 방법의 본보기인 로마는 두 가지 방법을 모두 동원했고, 그 결과 세계 최강국의 자리에 올랐다. 이런 방식을 활용한 국가는 로마뿐이었으므로 유일하게 세계의 대국이 될 수 있었다. 로마는 자국을 위해 이탈리아 전역에서 많은 동맹국들을 만들었고, 그런 동맹국들은 법률적으로 볼 때 많은 점에서 로마와 유사한 생활을 했다. 하지만 이와는 다르게 앞서 언급한 대로 로마는 늘 제국의 권좌를 차지하고 지휘권을 확보했기 때문에 동맹국들은 자기도 모르게 로마의 통제 아래로 들어가 피와 땀을 흘려야 되었다.

따라서 로마가 이탈리아 밖으로 진군하여 왕국을 속주로 만들었을 때, 이미 왕의 통치 아래 사는 데 익숙한 사람들은 속주민 지위를 별로 신경 쓰지 않았다. 거기다 그들은 로마의 깃발을 든 군대에 의해 정복되고 또 로마 총독이 부임하자 로마 이상으로 우월한 세력은 없다는 걸 알았다. 따라서 이탈리아 내부의 로마 동맹국들은 갑작스레 해외로는 로마의 속주들에 둘러싸이고 내부적으로는 거대한 로마 자체에 압도되고 있다는 것을 깨달았다. 여태껏 어떻게 기만당해 왔는지 뒤늦게 깨닫자, 그들은 상황을 바로잡을 수단을 찾아보려고 했으나 때는 이미 늦었다. 왜냐하면 로마는 국외 속주들에서 엄청난 권위를 지니고 있었고 영토 내의 국력도 거대한 인구와 지극히 잘 무장된 군대 덕분에 아주 강력했기 때문이다. 비록 로마의 동맹국들이 손해를 복수하기 위해 자체 동맹을 결성하여 로마에 항거했지만, 그들은 단기간에 전쟁에서 패하여 상황이 더욱 악화되었다. 그리하여 그들 역시 동맹국에서 속주로 전락했다. 위에서 언급했지만 이런 운영 방식은 오로지 로마만이 채택한 것이었다. 영토를 확장하고자 하는 공화국이라면 그 외의 다른 방법은 없다. 경험적으로, 로마가 택한 방법보다 더 확실하고 신뢰할 수 있는 다른 방법은 없음이 밝혀진 것이다.

여러 공화국들이 동맹을 맺은 첫 번째 방법

과거 에트루리아 인들, 아카이아 인들, 아이톨리아 인들과 오늘날의 스위스가 채택한 앞서 언급했던 연합을 구성하는 방법은 로마 인의 그것에 비하면 차선책이다. 왜냐하면 그 방법으로 거대한 영토의 확장은 불가능하기 때문이다. 하지만 이 방법으로 얻을 수 있는 두 가지 혜택이 있다. 첫째는 쉽게 전쟁에 말려들지 않는다는 것이고, 둘째는 가진 것을 쉽게 지켜낼 수 있다는 것이다. 영토를 확장할 수 없는 이유는 이러한 공화국은 서로 잘 연결이 안 되어 있고 권좌에 실력자가 여럿이 앉아 있어서 논의와 결정이 어렵기 때문이다. 또한 연합에 속한 국가들은 권력의 획득에 그다지 안달하지 않는다. 왜냐하면 지배권에 너무나 많은 국가들이 얽혀 있어서, 영토를 획득하면 홀로 누릴 수 있는 단일 국가와는 다르게 영토 획득에 높은 가치를 두지 않기 때문이다. 이 외에도 연합은 협의회를 통해 통치하므로, 같은 영토 안에서 사는 단일국가의 주민들보다 생각의 속도가 필연적으로 느릴 수밖에 없다.

경험으로 미루어 볼 때 이와 유사한 운영 방식은 분명 한계가 있다. 일단 그런 한계를 극복할 수 있다는 걸 증명한 사례가 없다. 연합은 열둘 내지 열네 개국을 받아들이고 그 이상 확장하는 것을 중지하게 된다. 왜냐하면 다른 어떤 적대 세력도 막아낼 수 있다는 생각이 드는 수준에 도달하면 더 큰 지배권을 추구하지 않기 때문이다. 위에서 언급한 이유대로, 영토 획득의 유용성을 알지 못해서 세력 확장의 필요성을 느끼지 못한다.

따라서 연합의 국가들은 두 가지 중 하나를 선택해야 한다. 계속해서 동맹국들을 받아들이거나(그런 엄청난 수의 동맹국들은 혼란을 유발할 것이다), 아니면 속국들을 만들거나 해야 한다(이는 어렵기도 하거니와 이런 행동 노선엔 이득도 없어서 별 가치를 느끼지 못한다). 그 결과, 연합이 안전하게 살 수 있는 것처럼 보이는 숫자를 달성하게 되면 그들은 두 가지 다른 정책에 의존하게 된다. 첫째는 세금을 거두고 보호국을 받아들여 이를 통해 사방에서 돈을 확보하는 것이다. 이런 방법으로 연합 내에 돈은 쉽게 배분될 수 있다. 둘째는 오늘날 스위스나 이전에 언급한 연합에 속한 나라들처럼 용병을 고용하여 싸우고 고용한 군주가 돈을 지불하는 것이다.

리비우스는 이에 관해 증언을 한 바 있다. 마케도니아의 왕 필리포스는 티투스 퀸티우스 플라미니우스와 협의를 하게 되었는데 그 자리엔 아이톨리아의 군사령관도 한 명 있었다. 곧 아이톨리아의 군사령관은 필리포스 왕과 언쟁을 벌이기 시작했다. 이에 필리포스 왕은 아이톨리아 인들은 누군가를 위해 싸우다 얼마 뒤 그 적을 위해 군사를 파견해 두 대립 진영 모두에서 아이톨리아의 군기가 휘날리는 일이 있다고 지적하며 그런 일에 부끄러움조차 모른다고 하면서, 군사령관에게 아이톨리아 인들의 탐욕과 배신을 비난했다. 연합 내에서는 이런 싸움이 곧잘 벌어지는 것이다. 그러므로 이 연합의 운영 방법은 늘 유사했으며 또 늘 유사한 결과를 보였다. 속국을 얻는다는 방법도 설득력이 없고 얻는 바도 거의 없었다. 연합이 운영의 한계를 넘어서게 되면 곧 붕괴한다는 점도 명확하다. 속국을 얻는 방법이 무장한 공화국들 사이에서도 이처럼 비효과적이라면, 하물며 오늘날 이탈리아의 무장하지 않은 공화국들에 있어서랴.

로마의 확장 정책만이 유일하게 효과적이다

그러므로 유일하게 효율적인 방법은 로마 인들의 정책뿐이다. 이는 로마 이전엔 그 사례조차 없으며, 로마 몰락 이후엔 그 어느 세력도 모방조차 하지 못했다는 점에서 더욱 감탄스럽다. 연합에 관해선 오로지 스위스와 슈바벤 연맹이 그 형태를 모방했을 뿐이다. 이 책의 결론에서 논의할 것이지만, 국내와 국외 문제에 관해 로마가 세운 너무도 많은 제도들이 우리 시대에서 모방되지 않을 뿐더러 고려조차 되지 않고 있다. 어떤 사람들은 그 제도들이 올바르지 않다고 생각하고, 어떤 이는 불가능하다고 보고, 또 어떤 이들은 부적절하고 쓸모없다고 생각한다. 이렇게 무지한 상태로 있으니 우리는 이 나라를 침공하고 싶은 세력에게 무방비로 시달릴 수밖에 없다.

로마를 모방하는 것은 어려울지 몰라도, 특히 현재의 토스카나 인들에겐 조상인 고대 에트루리아 인들을 모방하는 것은 그리 어렵지 않다. 약술한 바와 같이 에트루리아 인들이 로마 인과 유사한 제국을 세우지는 못했더라도, 그들은 이탈리아 안에서 스스로 택했던 운영 방식으로 힘을 확보했다. 드높은 영광, 군대, 그리고 관습과 종교에서의 엄청난 명성 덕분에 에트루리아 인들의 권력은 오랜 기간 유지되었다. 그들의 세력과 영광은 처음엔 갈리아 인들에 의해 손상되었고 나중엔 로마에 의해 파괴되었다. 너무나 철저하게 파괴되는 바람에 현재 그들에 관한 기록은 거의 찾아볼 수 없지만, 그럼에도 불구하고 2천 년 전 에트루리아 인들의 힘은 엄청났다. 이는 내게 어떻게 역사적 사건이 망각 속으로 빠져드는지를 숙고해 보게 했는데, 이에 대해선 다음 장에서 논하도록 하겠다.

제5장

종교적 당파와 언어의 변화
그리고 홍수와 전염병은 어떻게
과거의 기억을 지워 나갔는가?

세계가 영원히 존재해 왔다는 주장을 하는 철학자들에게, 그렇게나 세계가 오래된 것이라면 인간 그 자체와 하늘에서 유래한 과거 기록들 중 일부가 수많은 다른 이유들로 파괴되었다고 하더라도 5천 년 이상 된 기록이 어느 정도는 남아 있어야 합리적인 것이 아니냐고 누군가는 말할 것이다.

인간에 의한 역사 파괴

종교적 당파와 언어의 변화는 사람으로 말미암은 것이다. 새로운 종파가 발원했을 때 그들의 맨 처음 의도는 오래된 종교를 끝장내는 것이다. 그래야 자기 종파의 명성을 드높일 수 있기 때문이다. 게다가 새로운 종파의 창시자가 다른 언어를 사용한다면 쉽게 오래된 종교를 사라지게 할 수 있다. 이 일은 이교도들의 종교를 없애기 위해 기독교가 택했던 방식을 생각해 보면 금방 이해할 수 있다. 기독교는 이교도의 모든 제도, 종교 의식을 없애고 그들의 오래된 신학적 기억을 금지시켰다. 그렇지만 기독교인들이 당시 걸출한 인물들이 성취한 업적에 대해서는 기록을 전부 없애지는 못했다. 이런 사태는 새로운 율법을 작성하는 데 어쩔 수 없이 라틴 어를 사용해야 되었기 때문에 그리된 것이다. 따라서 율법을 새로운 언어로 적을 수 있었다면 그들이 자행한 박해를 감안할 때 과거의 일들은 그 어떠한 것도 남아 있지 않았을 것이다.

또한 그레고리우스 성인과 다른 기독교 지도자들에 의해 채택된 방식들을 읽은 사람이라면 그들이 어찌나 완고하게 모든 고대로부터의 기록을 억압하고, 시인과 역사가의 기록을 불태우고, 이교도의 우상을 파괴하는 등 고대의 표식이 있는 것이면 무엇이든 훼손하려고 했는지 충분히 살펴봤을 것이다. 그러므로 그들이 이런 박해에 새로운 언어를 더했더라면 모든 것이 순식간에 잊혔을 것이다. 게다가 기독교가 이교도에게 하고 싶었던 일은 이교도들이 자신보다 앞선 종교에 행했던 것과 같았다. 게다가 지난 5천 년 혹은 6천 년 동안에 종교의 모습이 두세 번 이상 바뀌었기에 오래전 어떤 일이 있었는지 그에 대한 기억은 이미 사라진 상태이다. 만약 일부 자취가 남더라도, 근거 없는 것으로 간주되고 아무도 그것을 믿어주지 않는다. 이는 디오도루스 시쿨루스가 저술한 역사서의 사례에서도 볼 수 있다. 그의 기록은 4만 년에서 5만 년의 세월에 대하여 설명하고 있는데 별로 신빙성이 없는 것으로 간주되며, 나 역시 그렇게 생각한다.

하늘에 의한 역사 파괴

하늘에서 비롯된 원인과 관련해서 이야기해 보자. 그것은 인류를 말살하고 한 지역 거주민들을 거의 몇 사람만 남게 하는 그런 끔찍한 대재앙이다. 이는 악성 전염병, 기근, 홍수로 인해 발생하는데 가장 심각한 것은 홍수이다. 홍수는 가장 넓게 피해를 줌으로써 고대로부터 전해 오는 지식을 모두 파괴하고 따라서 후손에 남길 것이 없는 산지의 조야한 사람들만 살아남게 한다. 그런 사람들 중에서 고대에 관해 일부 지식을 가진 사람이 살아남았다면, 그는 자신의 명성을 드높이기 위한 목적으로 전해진 지식을 은폐하고 수정하게 된다. 따라서 살아남은 이들에겐 그가 적고 싶어서 적은 것 외엔 아무것도 남지 않는다.

그리고 이런 홍수, 악성 전염병, 기근은 거의 정기적으로 발생한다. 역사를 살펴보면 그런 일로 가득하니 그것이 사실임을 알 수 있고, 그런 천재지변의 효과로 과거의 일을 망각하게 되는 것이다. 그러므로 이는 사람의 신체에 비유해 볼 수 있다. 인체는 체내에 불필요한 물질이 과도하게 누적되면 자연적으로 몸을 움직여 그것을 정화함으로써 건강을 회복한다. 이는 또한 혼합체인 인류에도 발생한다. 모든 지방이 거주자로 가득하고(따라서 다른 곳도 마찬가지라 사람들이 거주할 수도 없고 이주할 수도 없는 상태), 사람들의 간사함과 사악함이 끝 모를 정도에 다다랐을 때, 세상은 정화의 필요성을 느끼고 세 가지 방법(홍수, 악성 전염병, 기근) 중 어느 하나로 반드시 정화를 실시한다. 따라서 그런 사태에 정복당한 인류는 인구 수가 줄어들어 전보다 편안하고 더 나은 모습으로 살아가게 된다. 앞에서 언급했던 것처럼, 에트루리아는 한때 강력한 국가였고 깊이 종교를 믿었으며 능력도 있었다. 또한 전통적 관습과 사용하던 언어도 있었지만 모든 것이 로마의 힘에 의해 파괴당하고 보니 앞서 말했듯이 오로지 그 지방의 이름만 기억 속에 남아 있다.

제6장

로마 인들은 어떻게
전쟁을 수행했는가?

로마의 영토 확장 방식을 논했으므로 이번에는 어떻게 전쟁을 수행했는지를 논해 볼까 한다. 로마가 아주 위대한 사업으로 나아가는 길을 닦기 위해 다른 이들이 흔히 채택한 보편적 방법에서 얼마나 신중하게 벗어났는지는 그들의 행동 하나하나에서 확인할 수 있다. 선택이든 야심에서 비롯된 것이든 전쟁을 일으키는 의도는 영토를 얻고 그것을 유지하며 원래의 도시와 지방을 가난에 떨어지지 않고 부유하게 만드는 것이다. 따라서 영토를 획득하고 유지함에 있어 낭비하지 않고 국고에 이득이 되는 모든 방법을 취하는 일이 필요하다. 이 모든 일을 하고자 하는 이들은 반드시 로마의 방식을 따라야 한다.

프랑스 인들이 말한 것처럼, 무엇보다도 전쟁은 대규모로 치르되 단기간에 끝내야 한다. 거대한 군대를 배치함으로써, 로마는 라티움 인들, 삼니움 인들, 그리고 에트루리아 인들을 상대로 수행한 모든 전쟁을 아주 신속하게 종결지었다. 로마의 시초부터 베이이 포위 공격까지 그들이 수행했던 모든 전쟁을 주목해 보면, 예외 없이 속전속결이었다. 어떤 것은 6일, 다른 것은 10일, 또 다른 것은 20일이면 종결되었다. 바로 이것이 로마의 관습이었다. 선전포고가 되자마자, 로마는 군대를 진격시켜 즉시 결전을 수행했다. 로마가 승리했을 때, 적군은 영토의 철저한 파괴를 피하기 위해 협정을 요청해 왔고, 로마는 적군에게 영토의 일부를 로마에 떼어줄 것을 요구했다. 이어 그들은 이양 받은 땅을 사유지로 배당하거나 식민지로 만들었다.

국경의 식민지는 경계 초소 역할을 했으며 식민지를 소유한 병사들에게 이익을 주었을 뿐만 아니라 로마의 국고에도 이익을 가져다주었다. 또한 로마는 경계 초소를 지출 없이 유지할 수 있었다. 그 당시 이보다 더 안전하거나 강력하거나 유익한 방법은 없었다. 적이 군대를 끌고 나오지 않을 경우에는 경계 초소만으로도 충분했고, 대거 군대를 이끌고 식민지를 공격해 오면 로마도 그에 맞춰 군대를 보내 상응하는 전투를 벌였다. 이런 일이 벌어져서 승리를 거두게 되면, 로마는 더욱 부담되는 조건을 부과하고 본국으로 철수했다. 이런 식으로 차근차근 로마는 적군의 명성보다 더 큰 명성을 얻고 내적인 힘을 쌓아갔다.

로마군의 승리는 단기 속도전의 승리

그들은 이 단기전의 방법을 고수하다가 적절한 때가 되자 그 방법을 일부 바꾸었다. 그러한 변화는 베이이 포위 공격 이후에 일어났는데, 장기전을 수행하기 위해 병사들에게 봉급을 지불하기로 결정한 것이다. 이전까지는 따로 봉급을 지불하지 않았는데 모두 단기전이었으므로 그럴 필요가 없었던 것이다. 병사들에게 급료를 지불한 덕에 장기간 전쟁을 수행할 수 있었고 먼 곳까지 전쟁을 하러 진군했으므로 병사들은 오래 전장에 남아야 했지만, 로마는 장소와 시간을 고려하여 단기에 전쟁을 종결짓는다는 원래 방식에서 결코 벗어나지 않았고, 또 식민지에 병사를 두는 위수 체계에서도 절대 벗어나지 않았다. 속전속결은 로마가 늘 보여주던 방식이었지만, 여기엔 추가로 집정관들의 야심이 작용했다. 임기가 1년인 데다 6개월은 본국에 있어야 했기 때문에 그들은 개선의 영광을 누리기 위해 전쟁을 빨리 종결짓고 싶어 했다(→집정관). 식민지에 병사를 두는 일도 이익이 있을 뿐더러 굉장히 편리했기에 그대로 유지됐다. 전리품을 분배하는 방식도 다소 변화가 있어서, 예전만큼 후한 분배는 없었다. 왜냐하면 병사들이 이미 봉급을 받고 있어서 그럴 필요가 없었기 때문이다.

거기다 전리품이 워낙 막대했기에 로마는 충분히 국고를 늘릴 수 있었고, 그로 인해 전쟁과 관련하여 시민들에게 과세를 하지 않아도 되었다. 단기간에 이 체계로 인해 국고는 극도로 부유해졌다. 전리품을 분배하고 식민지에 병사를 두는 두 가지 방법으로, 로마는 전쟁에서 부를 축적했다. 반면 다른 군주들이나 덜 현명한 공화국들은 전쟁으로 인해 빈곤하게 될 뿐이었다. 결국에 가서, 로마의 집정관은 개선 행진 때 막대한 금과 은, 그 외의 다른 전리품을 국고에 가져오지 못하면 개선 행사도 제대로 누리지 못했다. 로마 인들은 앞서 서술한 규정들과, 재빨리 전쟁을 끝내는 관행이 있었으며 장기전으로 적을 지치게 하는 데도 능숙했다. 이런 역량을 가지고 그들은 적을 궤멸시키고, 습격했으며 협정을 맺게 하여 이득을 취했다. 그리하여 로마는 점점 더 부유하고 강력해졌다.

제7장

로마 인들은 얼마나 많은 땅을
식민지 병사들에게 주었는가?

로마가 식민지 병사마다 얼마만큼의 땅을 주었는지에 관해선 진실을 알아내기란 어려울 것이라 생각한다. 식민지에 따라 정도의 차이가 있었기 때문이다. 하지만 어떤 장소이든 토지 배분의 모든 면을 살펴볼 때, 그 배분된 땅은 그리 크지 않았을 것이라고 추정된다. 일단 식민지 병사들은 그곳의 방위를 담당했으므로 되도록이면 많은 숫자를 보낼 필요가 있었다. 또 그들은 본국에서 빈곤하게 지낸 자여서 타지로 갔다는 이유만으로 부유하게 해주는 것은 로마 입장에선 그리 합리적이지 않았다. 리비우스는 로마가 베이이를 점령한 뒤 식민지 병사 한 명마다 3유게룸 7운시아의 땅(우리의 단위로는……에 해당한다)을 분배했다고 했다. 이 정도의 땅을 분배한 까닭은 앞서 논한 이유 외에 넓은 땅보다는 경작이 굉장히 잘되는 땅을 나누어주는 것으로 충분하다고 로마가 판단했기 때문이다. 물론 병사들이 자신의 가축을 방목할 수 있는 공용 목초지나 땔감으로 사용할 수 있는 나무를 베어낼 공용 삼림지는 분명 필요했다. 그런 것 없이 식민지는 안정될 수 없었기 때문이다.[유게룸(jugerum, 복수형은 jugera)은 두 마리 소가 한나절 갈 수 있는 농토 면적, 운시아(unciae)는 1유게룸의 12분의 1. 지금 면적으로 약 2.5에이커. 마키아벨리는 나중에 "우리의 단위로는……에 해당한다" 부분에 당시 넓이 단위로 바꿔 넣으려 했으나 그렇게 하지 못했다. -옮긴이]

제8장

사람들이 고향을 떠나
타지로 급속히 퍼져 나간 이유

로마 인들이 활용한 전쟁 수행 방식과 에트루리아 인들이 갈리아 인들에게 어떻게 공격당했는지를 논했으니 전쟁에 두 가지 원인이 있다는 것을 설명하는 것도 이와 무관한 일이 아닐 것이다.

전쟁의 두 가지 형태

첫 번째 형태는 영토 확장을 추구하는 군주들이나 공화국들의 야심으로 인해 수행되는 전쟁이다. 알렉산드로스 대왕의 전쟁, 로마 인들이 수행한 전쟁 한 세력이 다른 세력을 상대로 수행하는 전쟁 등이 이에 해당한다. 이런 유형의 전쟁은 위험하지만 거주민들을 완전히 그 지방 밖으로 몰아내지는 않는다. 왜냐하면 승자는 사람들이 복종하는 모습을 보고 만족스러워하기 때문이다. 대개의 경우 승자는 정복된 사람들이 스스로 만든 법률 아래에서 살던 집, 가진 재산을 모두 유지하고 예전처럼 살게 해준다.

두 번째 형태는 기근이나 전쟁에 내몰려 어떤 민족 전부가 가족을 데리고 살던 땅을 떠나 새로운 정착지를 찾아 나설 때 발생하는 전쟁이다. 이들은 위에서 언급한 것처럼 지배의 목적이 아니라 소유의 목적을 갖고 있으므로, 원주민들의 사적 재산까지 빼앗으려고 하며 그 과정에서 원주민들을 몰아내거나 죽인다. 이런 유형의 전쟁은 극도로 잔혹하고 끔찍하다. 살루스티우스는 그의 역사서 『유구르타(Jugurtha)』의 결말부에서 이런 유형의 전쟁에 관해 언급했다. 그는 유구르타가 패배하자, 이탈리아로 향하는 갈리아 인들의 움직임이 느껴지기 시작했다고 말했다. 이어 살루스티우스는 로마는 다른 모든 민족을 지배하기 위해 싸웠지만, 갈리아 인들과는 늘 로마의 안전을 위해 싸웠다고 진술했다.

어떤 군주나 공화국이 다른 영토를 공격할 때는 지배권을 가진 이들만 죽이는 것으로 충분하다. 하지만 갈리아 인들처럼 민족 전체가 이동하는 경우, 그들은 빼앗으려는 땅의 원주민들을 모두 죽여야만 한다. 원주민들이 생계를 의지하던 자원을 빼앗아 정착해야 하기 때문이다. 로마는 이런 지극히 위험한 전쟁을 세 번이나 치렀다.

첫 번째는 앞에서 언급했듯 에트루리아 인들로부터 롬바르디아를 빼앗고 그곳을 영토로 삼은 갈리아 인들이 로마를 점령했을 때이다. 리비우스는 이런 침략의 이유로 두 가지를 들었다. 하나는 이미 말했듯이 갈리아에는 없는 이탈리아의 달콤한 과일과 와인에 갈리아 인들이 매료되었다는 것이고, 다른 하나는 갈리아 왕국이 지나치게 인구 조밀하여 더는 국민들을 부양할 수가 없어지자 통치자들이 새로운 땅을 찾아 나서기로 결정한 것이다. 이주를 결정하자 갈리아 인들은 이주할 사람들을 이끌 지도자로 두 명의 갈리아 왕 벨로베수스(Bellovesus)와 시코베수스(Sicovesus)를 추대했다. 벨로베수스는 이탈리아로, 시코베수스는 스페인으로 향했다. 벨로베수스는 이탈리아로 들어와 롬바르디아를 점거했고, 그 결과 갈리아 인들이 로마를 상대로 치른 첫 번째 전쟁이 터졌다.

두 번째는 제1차 포에니 전쟁 이후 갈리아 인들이 일으킨 전쟁이었다. 피옴비노와 피사 사이에서, 로마 인들은 20만 이상의 갈리아 인들을 죽였다.

세 번째는 튜튼 인들과 킴브리 인들이 이탈리아를 공격했을 때였다. 여러 차례 로마 군대에 패배를 안겼지만, 갈리아 인들은 결국 마리우스에 의해 무너졌다. 그 결과 로마는 이런 지극히 위험한 세 번의 전쟁에서 모두 승리를 거뒀다. 그런 승리를 거두기 위해선 굉장한 능력이 필요했다. 이는 나중에 로마가 그 능력을 잃어버리고 군대도 과거의 용맹을 상실하자 갈리아 족과 비슷한 고트 족, 반달 족, 그 외의 다른 종족에게 제국의 서부를 통째로 빼앗긴 것에서 확인된다.

이주를 위한 전쟁은 잔인하다

위에서 언급한 바와 같이, 이런 민족들은 상황적 필요에 내몰려서 그들의 땅을 떠나야 했다. 그런 필요성은 기근이나 전쟁, 그리고 고국에서 겪은 억압 등이다. 그래서 그들은 새롭게 고향이 될 곳을 부득불 찾아 나섰다. 이런 사람들은 굉장한 숫자로 몰려오는데, 곧 다른 이들의 땅으로 난폭하게 침입해 원주민들을 살해하고 그들의 자산을 빼앗은 뒤 새로운 왕국을 세우고 지역의 이름마저 바꾼다. 모세도 그렇게 했고 로마제국을 점령했던 다른 민족들도 이와 똑같은 잔인한 짓을 했다. 그런 이유로 이탈리아와 다른 지역에 존재하는 새로운 지명들은 위와 같은 방식으로 새로운 점령자들에 의해 명명되었다.

롬바르디아는 갈리아 키살피나(알프스 이쪽의 갈리아)로 불렸고, 프랑스는 갈리아 트란살피나(알프스 저쪽의 갈리아)로 불렸지만 지금은 그곳을 점령한 프랑크 족(롬바르디아는 긴 수염을 가진 프랑크 족의 이름에서 나왔다. -옮긴이)의 이름을 따서 그런 지명을 가지게 되었다. 슬라보니아는 일리리아로, 헝가리는 판노니아로, 잉글랜드는 브리타니아로 불렸다. 너무도 많은 다른 지방이 명칭을 바꾸어서 일일이 언급하기가 지루할 정도이다. 모세 역시 그가 점령한 시리아의 일부를 유대(Judaea, Judea)라고 불렀다.

어떤 경우에는 전쟁으로 인해 영토에서 내몰린 사람들이 그 때문에 새로운 고향을 부득불 찾게 된다는 말은 앞서 한 바 있다. 여기서 나는 고대 시리아에서 살던 마우루시아 인들의 사례를 인용하고자 한다. 유대인들이 침입했다는 소식을 들은 마우루시아 인들은 저항할 힘이 없으니 고향 도시를 구하려다가 멸망하기보다 나라를 포기하고 목숨을 보전하자는 결정을 내렸다. 그들은 가족들을 모아 아프리카로 떠났고, 적합한 장소를 찾자 원주민들을 몰아내고 나라를 세웠다. 이와 같이 원래의 영토를 지킬 수 없었던 민족도 다른 민족의 영토를 점령할 수 있었다. 유스티아누스 황제 휘하의 군사령관 벨리사리우스가 아프리카를 점령한 반달 족을 상대로 수행한 전쟁의 역사를 기록한 역사가 프로코피우스는 마우루시아 인들이 살았던 곳의 어떤 기둥에 새겨진 글을 읽었던 사실을 언급했다. 그 기둥에 이렇게 적혀 있었다는 것이다. "우리 마우루시아 인들은 나바(Nava)의 아들 약탈자 여호수아에게 밀려난 자들이다." 이는 그들이 시리아를 떠나야 한 이유를 잘 말해 준다. 극단적인 필요에 내몰려 도망친 이런 민족은 아주 강력하다. 뛰어난 무력을 갖춘 군대가 아니면 그들의 이주를 결코 멈추지 못한다.

하지만 부득이하게 고향을 포기한 사람들의 숫자가 그다지 많지 않다면 우리가 여태껏 논한 것처럼 위험하지는 않다. 일단 그들은 폭력에 기댈 수 없기 때문이다. 그들은 땅을 점거하려면 어쩔 수 없이 교묘한 술책을 부려야 하고, 점거한 뒤에도 동맹과 연합이라는 수단을 통해 세력을 유지해야 한다. 이는 아이네아스, 디도[→『아이네이스(Aneis, Aeneid)』], 마실리아 인들 등의 사례로 알 수 있다. 그들 모두는 이웃 세력의 동의를 받아 그 영토에 머무를 수 있었다.

또한 엄청나게 많은 사람이 스키타이 땅을 떠났다. 그들이 살던 땅은 춥고 메마른 곳이라 거주민은 많지만, 도저히 부양이 되지 않았다. 따라서 사람들은 이주를 선택해야 되었다. 그들을 밖으로 내모는 이유는 너무도 많았고 반면에 망설일 이유는 단 한 가지도 없었다. 지난 5백 년 동안 이들 중 그 누구도 다른 나라로 몰려오지 않은 데에는 여러 이유가 있다. 첫째는 스키타이에서의 대규모 퇴거는 로마제국 몰락기에 벌어진 일이라는 것이다. 이때 서른 개 이상의 민족이 그 땅을 떠났다. 둘째는 사람들이 곧잘 떠나갔던 독일이나 헝가리가 이젠 사람들이 살 만한 정도로 그 땅을 개선시켜 다른 곳으로 이주할 필요성을 느끼지 못했다는 것이다. 거기다 독일이나 헝가리의 사람들은 극도로 호전적이어서 국경을 맞댄 스키타이 인들을 막아주는 보루 역할을 했다. 따라서 스키타이 인들은 그들을 정복하거나 돌파할 생각은 하지 못했다. 하지만 타타르 족의 거대한 움직임이 종종 발생했고, 헝가리 인들과 폴란드 인들이 그것을 막아냈다. 따라서 그들은 자신들의 무력이 없었다면 이탈리아와 가톨릭교회는 타타르 군대의 압력을 무수히 받았을 것이라고 종종 거드름을 피우며 말한다. 지금까지 언급해 온 민족들에 관련해선 이것으로 충분한 설명이 되었길 바란다.

제9장

일반적으로 강국들 사이에서
전쟁이 벌어지는 원인들

오랜 동맹이던 로마 인들과 삼니움 인들 사이에 벌어진 전쟁은 모든 강국들 사이에서 일반적으로 전쟁을 유발하는 원인에서 비롯되었다. 이런 원인은 우연히 발생하거나 아니면 전쟁의 시작을 바라는 사람이 만들어 냈다. 로마 인들과 삼니움 인들 간의 전쟁은 우연히 생긴 것이었다. 시디키니 인들과 캄파니아 인들을 상대로 전쟁을 수행한 삼니움 인들은 로마까지 그 전쟁에 휘말리게 할 의도는 전혀 없었다. 하지만 로마 인들과 삼니움 인들의 예상과는 정반대로 캄파니아 인들은 삼니움 인에게 정복당한 뒤 로마에게 도움을 요청했다. 캄파니아 인들이 스스로 로마 인들의 보호를 받겠다고 했으므로, 로마 인들은 자국을 방위하는 것처럼 그들을 지켜줘야만 했고, 명예를 위해서라도 전쟁을 피할 수 없게 되었다. 로마 인들이 우방인 삼니움 인들을 위해 캄파니아 인들을 지켜주지 않는 것도 합리적으로 보였지만, 속국이나 보호 중인 민족들을 지켜내지 못하는 것도 수치스러운 일이었다. 로마 인들은 캄파니아 인들을 지켜내지 못한다면 로마의 힘에 기대려는 모든 이들을 가로막는 것이라고 생각했다. 따라서 평화보다는 제국의 건설과 로마의 영광을 중요한 목표로 생각한 로마는 캄파니아 인들의 보호를 거부하지 못했다.

포에니 전쟁의 발발 사유

카르타고 인들과 벌어진 제1차 포에니 전쟁도 동일한 원인에서 발생했다. 로마 인들은 시칠리아의 메시니아 인들을 보호하기로 한 것 역시 우연한 일이었다. 하지만 이후의 제2차 포에니 전쟁은 우연하게 발생한 것이 아니었다. 카르타고 장군 한니발이 로마 군대와 전투를 벌이고 이탈리아를 침공하기 위해 의도적으로 스페인에 있는 로마의 동맹 세력인 사군툼 인들을 공격했기 때문이다.

이런 새로운 전쟁을 시작하는 방식은 자신들의 명예로운 약속이나 기타 협정을 존중하는 강국들 사이에서 통상적으로 발견되는 것이다. 협정을 맺고 오랫동안 그것을 굳게 지켜온 군주를 상대로 전쟁을 걸고 싶다면, 그 군주를 직접 공격하기보다는 공격을 정당화하거나 구실을 잡기 위해 그의 우방을 공격하는 것이다. 이때 상대방의 반응이 어떨지는 이미 예상되는 바이다. 우방의 피습으로 인해 그 군주가 분개한다면, 그를 상대로 전쟁을 수행하고자 하는 목적은 충족되는 것이다. 만약 그가 분개하지 않는다면, 보호받는 세력을 지켜주지 못해 신뢰할 수 없다는 평가와 더불어 나약하다는 인상을 우방에게 안겨줄 수 있었으므로, 그것 나름대로 소기의 목적을 달성하는 것이다. 그 군주가 둘 중 어떤 반응을 보여도, 그의 위신은 하락되거나 아니면 아군 측의 전쟁 계획 수행을 한결 쉽게 해줄 것이다. 따라서 전쟁을 시작하는 것과 관련해서는 위에서 언급한 캄파니아 인들의 항복을 반드시 주목해야 한다. 또한 어떤 도시가 다른 세력의 공격에 대항해 스스로 방어할 역량은 안 되지만 어떻게든 도시를 지키고자 할 때 선택하는 해결책도 우리는 주목해야 한다. 그 해결책은 바로 보호를 요청하고자 하는 세력에게 자발적으로 의탁하는 것이다. 카푸아 인들은 로마 인들에게 의탁했고, 피렌체 인들도 나폴리의 왕 로베르토에게 의탁했다. 로베르토 왕은 물론 피렌체를 동맹으로서 보호할 생각은 없었지만 피렌체를 공격하는 루카의 카스트루치오 (Castruccio) 군대와 맞서 싸우면서 속국인 피렌체를 보호해야 한다고 보았다.

제10장

여론과는 반대로,
부는 전쟁의 근육이 아니다

전쟁은 돈이 아니라 칼로 한다

어떤 세력이든 전쟁을 시작할 수는 있지만 원하는 대로 종결을 지을 수는 없으므로, 군주는 반드시 전쟁에 나서기 전에 휘하 군대를 잘 평가하고 그에 따라 처신해야 한다. 또한 군주는 자신이 지닌 힘에 관해 자기기만을 하지 않도록 필히 신중해야 한다. 그 자신의 보유 병사가 부족한 데도 재력, 지형, 국민들의 호의 등으로 자신의 부족한 힘을 보충할 수 있다고 생각하는 것은 언제나 자기기만을 하는 것이다. 그런 모든 것은 분명 군주의 힘을 증대시키겠지만, 힘 그 자체가 되지는 못한다. 충직한 군대가 없으면 그런 것들은 무용지물이고, 또 거대한 부(富)는 불충분한 것이 되며, 국가의 유리한 지형은 아무 짝에도 쓸모가 없다. 또한 국민들의 신뢰와 호의도 오래 지속되지 않는다. 군주가 그들을 보호하지 못한다면 그들은 충직한 상태로 남아 있지 못하기 때문이다.

산과 호수처럼 접근하기 어려운 곳이라도 강한 수호자들이 부족하다면 평지와 마찬가지가 되어버린다. 게다가 재력은 영토를 방어하지 못할 뿐만 아니라 머지않아 모든 세력에게 약탈의 원인을 제공한다. 부가 전쟁의 동력이라는 격언만큼 거짓된 생각도 없다. 그 격언은 마케도니아의 안티파트로스와 스파르타의 왕 사이에 벌어진 전쟁 기록을 남긴 퀸투스 쿠르티우스가 말한 것이었다. 그 기록에서 그는 스파르타의 왕이 싸움을 해야만 했던 과정, 재력이 부족해 그 왕이 겪어야 한 패배를 다음과 같이 언급했다. "며칠만 전투를 미뤘다면 알렉산드로스 대왕의 죽음에 관한 소식이 그리스에 도착했을 것이고 그 경우 스파르타의 왕은 싸우지 않고서도 이길 수 있었다. 하지만 재력이 부족한 탓에 휘하 군대가 등을 돌릴지도 모른다는 두려움에 휩싸여 무리하게 전투에 나섰다." 이처럼 퀸투스 쿠르티우스는 부가 전쟁의 동력이라고 단언했다.

이런 격언은 늘 인용되고 있고, 특히 별로 신중하지 못한 군주들이 그것을 믿고 있다. 그런 군주들은 이런 격언에 입각하여 행동하면서 엄청난 재력을 가지면 자기 방위를 충분히 할 수 있다고 생각하지만 하나만 알고 둘은 모르는 것이다. 승리하는 것이 재력만으로 충분하다면, 다리우스 3세는 알렉산드로스 대왕을, 그리스 인들은 로마 인들을 물리쳤어야 마땅하다. 현대의 예를 들면 부르고뉴의 대담공(大膽公) 샤를은 스위스 인들에게 승리했어야 했을 것이다. 며칠 전의 예를 들면 교황 레오 10세와 피렌체 인들의 연합은 우르비노 쟁탈 전쟁에서 전임 교황 율리우스 2세의 조카 프란체스코 마리아를 어렵지 않게 물리쳤어야 했다.(프란체스코 마리아는 1517년 9월 17일 전쟁에서 승리하고 우르비노를 점령했는데, 이 문장은 『사론』의 집필 시기에 대하여 중요한 단서를 제공한다. ─옮긴이)

이런 사례들에선 재력이 아닌 훌륭한 병사가 전쟁의 동력이라고 생각한 이들이 전부 승리를 거두었다. 리디아의 왕 크로이소스는 아테네 인 솔론에게 엄청난 재보(財寶)를 내보이면서 이런 권세를 어떻게 생각하느냐고 물었다. 그러자 솔론은 전쟁은 돈이 아니라 칼로 하는 것이며, 더 많은 칼을 가진 이들은 이런 재보를 얼마든지 빼앗을 수 있다며 별달리 권세를 못 느끼겠다고 대답했다. 이 외에도 알렉산드로스 대왕의 사망 이후 갈리아 인 무리가 그리스를 거쳐 아시아로 들어갔을 때, 그들은 마케도니아의 왕에게 사절을 보내 평화 협정을 체결하려고 했다. 그러자 왕은 갈리아 인들을 두렵게 하려는 의도로 엄청난 양의 금과 은을 내보이며 자신의 권세를 과시했다. 그 결과 갈리아 인들은 거의 평화 협정을 체결하기 직전이었으나 이를 중단하고 말았다. 왕에게서 금과 은을 빼앗자는 강한 욕구에 사로잡혔기 때문이다. 이렇게 마케도니아의 왕은 방위를 위해 모은 바로 그 금과 은 때문에 약탈을 당할 위험에 처한 것이었다. 몇 해 전 베네치아 인들도 엄청나게 부유한 국고를 자랑했지만, 국가 방위에 써보지도 못하고 나라를 통째로 잃었다.

훌륭한 병사는 전쟁의 동력

따라서 나는 전쟁의 동력은 금이 아니라 훌륭한 병사들이라고 분명히 말하고자 한다. 금은 훌륭한 병사들을 얻는 수단으로서 부적합하지만, 훌륭한 병사들은 금을 얻는 수단으로 훨씬 더 적합하다. 만약 로마 인들이 칼보다 돈으로 전쟁을 수행하기를 고집했다면, 그들이 성취한 업적의 위대함과 극복한 고난을 감안할 때 전 세계의 보물 전부를 들이부어도 충분치 못했을 것이다. 하지만 전쟁을 칼로 수행하던 로마 인들은 금이 부족한 적이 없었다. 그들을 두려워 한 자들이 심지어 야영지 안까지 들어와 금을 바쳤기 때문이다. 스파르타의 왕이 재력 부족으로 할 수 없이 전쟁에 내몰렸다고 하지마는, 돈 때문에 일어나는 전쟁은 종종 다른 이유로도 일어난다. 보급이 부족하여 굶어죽거나 아니면 전투에서 열심히 싸울 수밖에 없는 양자택일의 상황이 군대에 강요된다면 군대는 늘 싸우는 것을 선택한다. 왜냐하면 전장에서 싸우는 것이 가장 명예로운 행동인 데다 그렇게 하다 보면 무운(武運)이 따를지도 모르는 일이기 때문이다. 적군을 지원하는 원군이 오는 중이라는 사실을 알게 된 지휘관은 그 원군이 도착하면 모든 면에서 극도로 불리하다는 것을 알기에 기다리는 것보다는 전투를 치러 무운을 시험해 보는 것이 바람직하다고 생각하게 된다. 이런 경우도 위와 같은 상황이 발생한다.

다음도 마찬가지의 경우이다. 한니발의 동생 하스드루발이 메타우르스 강변에서 클라우디우스 네로와 다른 로마 집정관에게 공격을 받았을 때처럼, 퇴각이냐 교전이냐를 선택해야만 할 때 지휘관은 늘 교전을 선택해야 한다. 결과가 극히 의심스러운 상황이더라도 교전에 나서면 승리의 가능성이 있지만, 퇴각은 어떤 경우든 패배로 귀결되기 때문이다. 따라서 지휘관이 교전을 피하고 싶더라도 교전에 나설 수밖에 없는 많은 상황적 필요가 있다. 어떤 경우엔 재력의 부족이 전쟁의 원인이 될 수도 있으나 이것 때문에 돈이 전쟁의 동력이라고 판단해서는 안 될 것이다. 또 지휘관을 그와 유사한 곤경으로 몰아넣는 다른 상황들 역시 전쟁의 동력이 되지 못한다. 다시 말하지만, 전쟁의 동력은 금이 아니라 훌륭한 병사들이다.

재력은 부차적으로 필요한 것이지만, 이런 필요는 훌륭한 병사들이 스스로 극복할 수 있는 것이다. 왜냐하면 돈만으로 훌륭한 병사들을 획득하는 것이 불가능한 것처럼, 훌륭한 병사들이 돈 떨어지는 것 역시 불가능하기 때문이다. 온 지방의 수많은 역사가 지금 논하는 바가 사실이라는 것을 보여준다. 물론 예외적인 경우도 있다. 가령 페리클레스는 아테네 인들에게 근면성과 재력으로 승리를 거둘 수 있다고 주장하며 펠로폰네소스 전역에 전쟁을 선포하라고 권고했다. 그 전쟁에서 아테네 인들이 때로는 행운을 경험했음에도 불구하고, 궁극적으로 전쟁에서 패배했다. 스파르타의 강건함과 훌륭한 병사들이 아테네의 근면성과 부보다 더 뛰어난 가치를 발휘했던 것이다.

리비우스는 그 누구보다도 이런 진술의 진실성을 아주 잘 입증해 줄 증인이다. 그는 알렉산드로스 대왕이 이탈리아로 침공했다면 로마를 정복할 수 있었을지 논하면서 전쟁에서 필요한 세 가지 필수사항을 다수의 훌륭한 병력, 신중한 지휘관, 행운이라고 말했다. 이 문제와 관련해 로마 인들과 알렉산드로스 대왕 중 어느 쪽이 승리할지를 숙고하면서, 리비우스는 재력은 전혀 언급하지 않고 결론에 도달했다(→ 알렉산드로스 대왕). 카푸아 인들이 시디키니 인들로부터 삼니움 인들에 대항하여 맞서 싸우자고 요청을 받았을 때, 그들은 틀림없이 그들 자신의 능력을 병력의 질보다는 부유함의 정도로 평가했다. 그리하여 시디키니 인들을 돕겠다고 결정한 뒤 카푸아 인들은 두 번의 패배를 당하고 나서 그들의 목숨을 구하려면 로마의 속국이 될 수밖에 없었다.

제11장

실력보다 허명이 높은 군주들과 동맹 관계를 맺는 것은 신중한 정책이 아니다

리비우스는 캄파니아 인들의 조력을 믿은 시디키니 인들의 실수와 시디키니 인들을 지킬 수 있다고 믿은 캄파니아 인들의 오판을 잘 보여주기 위해 다음과 같은 너무도 선명한 기록을 남겼다. "캄파니아 인들은 동맹국의 보호에 실질적인 힘을 보태준 것이 아니라, 그들의 허울 좋은 이름만 제공했을 뿐이다." 주목해야 할 것은 거리가 멀어서 조력할 능력이 없거나 형편없는 체계 혹은 그 외의 원인 때문에 힘을 발휘하지 못하는 군주들과 맺은 동맹은 지원을 요청해 온 세력에게 실질적인 도움을 주지는 못하고 동맹이라는 이름만 제공할 뿐이라는 점이다. 이런 일은 현대의 피렌체 인들에게도 일어났다. 1479년 교황 식스투스 4세와 나폴리의 왕이 가한 공격을 받았을 때, 프랑스 왕의 동맹으로서 피렌체 인들이 받은 것은 "실질적인 힘이 아닌 이름뿐"이었다. 이런 일은 막시밀리안 황제를 믿은 군주들에게도 일어났다. 그들은 이런 동맹 관계를 믿고 전쟁에 나섰으나, 그들이 받은 것은 "실질적인 힘이 아니라 이름뿐"이었다. 리비우스가 언급한 바와 같이, 시디키니 인들이 동맹인 카푸아 인들으로부터 받은 것과 똑같은 공허한 이름만 받았던 것이다.

따라서 이런 문제와 관련하여 카푸아 인들도 자신들이 실제보다 더 큰 힘을 지닌 것으로 착각하는 잘못을 저질렀다. 이와 같이 신중함이 부족한 이들은 자기 방위의 방법과 필요한 능력을 제대로 알지도 못한 채 때때로 다른 이들을 지켜내는 일에 끼어든다. 타렌툼 인들도 이런 잘못을 저질렀다. 로마 군대가 삼니움 인들에게 진격하는 동안 그들은 로마 집정관에게 특사를 보내 두 세력이 평화롭기를 바라며, 평화를 거부하는 쪽과 전쟁을 하겠다고 알렸다. 그러자 로마 집정관은 이런 제안을 비웃으며 특사들이 보는 데서 로마군에게 적을 치러 나가라고 명령했다. 로마는 타렌툼 인들의 실력을 비웃으며 그들에게 말이 아니라 행동으로 대답한 것이었다. 여기서는 다른 세력을 지키기 위해 군주들이 내린 형편없는 결단에 관해 논했으니, 다음 장에서는 군주들이 자기 방위를 위해 내리는 결단에 관해 이야기한다.

제12장

침공을 우려하여 먼저 전쟁을 거는 것과,
공격해 올 때까지 기다리는 것 중
어느 것이 더 나은가?

나는 전쟁 경험이 많은 사람들이 어떤 문제로 논쟁하는 것을 우연히 들은 적이 있다. 그것은 거의 동등한 힘을 가진 두 군주가 있을 때, 좀 더 대담한 쪽이 전쟁을 선포하면 받아치는 군주 쪽에선 자국의 영토 안으로 적이 침입할 때까지 기다려야 하는지, 아니면 역으로 적국의 영토 안으로 미리 공격해 들어가야 하는지, 둘 중 어떤 것이 더 좋은가 하는 문제였다. 나는 양쪽 모두의 주장을 들어봤다. 적국을 먼저 공격하는 것을 지지하는 이들은 크로이소스가 키루스에게 전한 조언을 인용한다. 키루스가 마사게타이 인들의 국경에 도착하여 전쟁을 벌이려고 하자, 그들의 여왕 토미리스는 전령을 보내 두 가지 안 중 하나를 선택하라고 했다. 하나는 여왕이 기다리고 있는 왕국으로 그들이 공격해 오는 것이고 다른 하나는 반대로 그들이 여왕이 공격해 올 때까지 기다리는 것이었다. 이런 전언을 받고 논쟁이 벌어지자 크로이소스는 다른 이들의 의견에 반대하며 곧바로 공격하여 여왕을 잡아야 한다고 말했다. 그는 마사게타이 인들의 영역에서 멀리 떨어져 싸우면 승리하더라도 여왕이 재정비할 수 있기 때문에 정복은 불가능할 것이지만, 마사게타이 인들의 영역 안에서 승리하면 도망치는 여왕을 곧바로 잡아서 정복 사업을 완수할 수 있다고 보았다.

적국을 먼저 공격하자는 이들은 안티오코스 왕이 로마를 상대로 전쟁 계획을 세울 때 한니발이 그에게 전한 조언을 인용하기도 한다. 한니발은 로마는 오로지 이탈리아 내부에서만 정복할 수 있다고 설명했다. 이탈리아에 침략한 세력은 로마의 무기, 부, 동맹들을 활용할 수 있지만 이탈리아 밖에서 로마와 싸우는 세력은 필요할 때마다 로마 군세에게 성공적으로 보급해 주는 근원인 이탈리아를 그냥 내버려두는 것이기 때문에 필연적으로 패배할 수밖에 없다는 것이었다. 따라서 한니발은 제국보다도 로마를 더 빠르게 로마 인들로부터 빼앗아야 하며, 다른 지방보다는 이탈리아를 먼저 빼앗아야 한다고 결론지었다. 적국을 먼저 공격하자는 이들은 또한 아가토클레스의 사례를 인용한다. 그는 시칠리아에서 전쟁을 지속할 수 없다고 판단해 전쟁 중이던 카르타고를 침략했고, 이는 성공을 거두어 카르타고가 먼저 화평을 청하는 결과를 낳았다. 이에 더하여 스키피오도 이탈리아 내부의 전쟁을 종식하기 위해 아프리카를 침공했다.

적들을 본거지에서 끌어내라

이와 정반대의 의견을 가진 이들은 적에게 피해를 입히려면 그들을 고국에서 끌어내야 한다고 단언한다. 그러면서 아테네 인들이 자국에서 손쉽게 전쟁을 수행하는 동안엔 우세한 모습을 보였지만, 고국에서 멀리 떨어진 시칠리아로 진군하자 자유를 잃게 되었다는 사실을 인용한다. 이들은 또한 시적인 우화를 인용한다. 이 우화에 의하면, 리비아의 왕 안타이오스(Antaeus)가 이집트 헤라클레스의 공격을 받았을 때 자신의 왕국 안에서는 무적이었지만 헤라클레스의 꾀에 넘어가 국경을 넘게 되자 나라는 물론 자신의 목숨까지 잃게 되었다. 이 우화는 새로운 우화를 만들어냈는데 그 내용은 이러하다. 안타이오스가 대지모(大地母)의 아들이기 때문에 발을 땅에 붙이고 있는 동안엔 계속해서 힘을 얻는다는 것을 깨달은 헤라클레스가 그를 땅에서 번쩍 들어 올려서 해치웠다는 것이다.

이 주장을 펼치는 이들은 또한 현대의 사례도 인용한다. 나폴리의 왕 페르난도가 생전에 아주 현명한 군주로 간주된 사실은 모두가 알고 있다. 사망하기 2년 전, 그는 프랑스 왕 샤를 8세가 자신을 공격하려 한다는 풍문을 듣고 대대적으로 준비하다가 병에 걸려 쓰러졌다. 그는 임종의 자리에서 아들 알폰소에게 유언을 남겼는데, 그중엔 적이 나폴리 영토로 들어올 때까지 기다려야만 한다는 것도 있었다. 죽어가는 왕은 영토 밖으로 군대를 내보낼 이유가 전혀 없으니 샤를이 전군을 이끌고 나폴리 영토에 들어올 때까지 기다리라고 했던 것이다. 하지만 알폰소는 아버지의 유지를 따르지 않고 로마냐로 군대를 보냈으며 그 결과 싸움 한 번 못해 보고 나라를 잃었다.

해외 원정과 본토 사수의 장단점

위에서 언급한 주장들 외에도 각 측에서 내세우는 주장들은 이렇다. 선제공격을 지지하는 이들은 공격을 가하는 측은 공격을 기다리는 측보다 훨씬 더 많은 용기를 갖게 되며, 공격하는 군대는 더욱 자신감을 가지게 된다고 주장한다. 공격은 또한 적으로부터 그들의 자원 활용 능력을 박탈하여 적의 이점을 크게 빼앗아버린다. 적은 약탈당한 물자는 물론이고 국민들도 제대로 활용할 수 없는 것이다. 게다가 자국 영토에 적의 공격 군대가 들어온 상태면 그 군주는 국민들에게 지나친 과세를 하거나 지나친 부담을 줄 수가 없다. 한니발이 말한 것처럼, 침입 세력은 영토를 방어하는 측으로 하여금 전쟁 자원을 고갈시키도록 하는 것이다. 이 외에도 침입 세력의 병사들은 다른 나라에 있다는 이유로 더욱 용맹하게 싸울 수밖에 없으며, 이런 상황적 필요는 병사들로부터 평소보다 뛰어난 능력을 이끌어낸다. 이에 관해선 앞에서 이미 여러 번 언급한 바 있다.

반면, 적을 기다린다는 것은 상당한 이점을 가지고 기다리는 것이라는 주장도 있다. 우선 방어하는 측은 별 어려움 없이 식량 및 그 외의 보급 물자를 적군이 제때 확보하지 못하게 타격을 안길 수 있다. 여기에 더해 지형지물에 대한 풍부한 지식으로 적군의 계획을 더 효율적으로 방해할 수 있고, 비록 국민 모두를 동원하여 병사로 만들지는 못하더라도 국내에서는 모병이 수월하고 또 쉽게 단결시킬 수 있으므로 대규모 군대로 적과 맞설 수 있다. 또 패배를 하더라도 쉽게 군대를 재편성할 수 있다. 대부분의 병사들이 근처의 피난처 덕분에 목숨을 구제할 수 있는 데다 원군도 머지않아 도착할 것이기 때문이다. 따라서 방어하는 측은 결국 전력을 다해 적과 상대하면서도 무운을 그 전투에 모두 걸지 않아도 된다. 반면 먼 거리로 원정을 떠난 군대는 전력을 다 발휘하지 못하면서도 그 원정전에 단판 승부를 걸어야 한다. 어떤 나라는 더욱 효율적으로 적을 약화시키기 위해 적이 자국 내에서 며칠간 행군하여 몇 개의 마을을 점령하도록 내버려둔다. 그러면 적은 그 점령지에 위수군을 남겨두어야 하는데, 이처럼 병력 수가 줄어든 적은 훨씬 상대하기가 수월한 것이다.

무장 군대가 있으면 본국 사수를

이 문제에 관한 나의 의견을 말하기 위해서는 미리 반드시 구분해 놓아야 할 것이 있다. 즉, 과거의 로마나 현재의 스위스처럼 무장이 된 국가인지, 과거의 카르타고 인들이나 현재의 프랑스나 이탈리아처럼 무장이 되지 않은 국가인지를 구분해야 한다. 후자의 경우, 적은 반드시 자국 영토에서 멀리 떨어진 곳에 있도록 유도해야 한다. 이런 나라들은 국력이 군대가 아니라 부(富)에 있으므로 부에 접근하는 길이 단절되면 끝장나게 된다. 그리고 본국 영토 안에서 벌어진 전쟁만큼 부에의 접근을 차단하는 것도 없다. 예로 카르타고 인들을 들어보자. 본국이 전쟁의 영향을 받지 않을 때, 그들은 거두어들인 수입을 통해 로마 인들과 대적해 전쟁을 계속 수행할 수 있었지만 본국 영토가 공격당했을 때는 로마 인은커녕 아가토클레스조차도 당해 낼 수 없었다.

피렌체 인들도 루카의 영주 카스트루치오에게 맥없이 당하고 말았다. 그가 피렌체 본국에 들어와 전쟁을 벌였기 때문이다. 피렌체 인들은 자국의 방위를 위해 나폴리의 왕 로베르토에게 거의 항복해야 할 지경까지 내몰렸다. 하지만 카스트루치오가 죽자 피렌체 인들은 용기를 냈고 그 나라를 빼앗으려는 욕심으로 밀라노 공작의 영토에 침입했다. 그들은 원정에선 이처럼 탁월한 능력을 뽐냈지만 본국 근방에서 일어난 전쟁에선 너무도 허약한 모습을 보였다. 하지만 나라가 과거의 로마나 현재의 스위스처럼 무장 국가일 때는 침입 세력이 이런 무장 국가에 가까이 다가갈수록 더욱 정복하기 어려워진다. 무장 국가들은 다른 나라를 공격할 때보다는 그들을 침입해 온 공격에 저항할 때 더 잘 단결하고 또 더 큰 힘을 낸다.

이런 사례에 있어선 한니발의 권위조차도 내게 확신을 주지 못한다. 왜냐하면 안티오코스에게 조언을 할 때 한니발은 격정에 휩싸인 데다 사리사욕을 노리고 있었기 때문이다. 로마 인들이 이탈리아 국내에서 한니발에게 당했던 세 번의 패배를 같은 기간에 갈리아 지역에서 당했다면 로마 인은 의심할 여지없이 분쇄되었을 것이다. 왜냐하면 군대 재편성의 문제와 관련하여 그 지역에서는 이탈리아 본국에서처럼 남은 군대를 활용할 수도 없었을 것이고, 또 설사 재편성을 했다고 하더라도 그 병력으로는 적에게 저항할 수 없었을 것이기 때문이다. 로마는 어떤 지역을 공격할 때 5만이 넘는 병력을 보낸 적이 없었는데, 제1차 포에니 전쟁이 끝난 뒤 갈리아 인들에 대항하여 본국 영토를 방어할 때에는 180만에 이르는 병사들을 동원했다.(180만이라는 숫자는 마키아벨리의 착오인 것으로 보인다. 주석자들은 폴리비오스의 『역사』 2-24에 근거하여 80만이었을 것으로 추정하나, 이 숫자 또한 과장일 것으로 판단한다.—옮긴이)

하지만 그들은 에트루리아에서는 승리를 거두었으나, 롬바르디아에서는 갈리아 인들을 물리치지 못했다. 너무도 거대한 적의 병력에 맞서 싸울 수 있는 많은 병력을 멀리까지 보낼 수도 없었고, 대규모 병력인 만큼 지휘도 어려웠기 때문이다. 로마군은 독일에서 킴브리 인들에게 완패했지만 전혀 대처를 할 수 없었다. 하지만 킴브리 인들이 이탈리아로 침입해 오자 로마 인들은 병력을 전부 끌어 모아 승리를 거뒀다. 스위스는 3~4만의 병사 밖에 보낼 수 없기 때문에 나라 밖으로 나가면 쉽게 제압당하지만, 본국에선 10만을 동원할 수 있기 때문에 그들을 제압하기란 극도로 어렵다.

그러므로 나는 다시 한 번 이렇게 결론을 내리겠다. 전쟁을 대비해 잘 무장되고 조직된 병력을 가진 군주는 늘 격렬하고 위험한 전쟁을 본국에서 치를 수 있을 때까지 기다려야 하며 섣부른 공격을 하겠다며 원정을 떠나서는 안 된다. 하지만 무장된 병력도 없고 나라 자체가 전쟁에 익숙하지 않은 나라의 군주는 가능한 한 본국에서 멀리 떨어진 곳으로 원정을 가야 한다. 이런 식으로 해나간다면 각각의 나라는 그들이 처한 상황에 따라 더 효율적으로 자기 방위를 할 수 있다.

제13장

비천한 상태에서 대운을 거머쥔 사람은
종종 힘보다는 기만에 의존한다

세습으로 거저 높은 지위를 획득하지 않는 이상, 힘과 기만술을 쓰지 않고 비천한 상태에서 높은 지위로 상승하는 경우는 아주 드물거나 없다는 말은 그야말로 진실이라고 생각한다. 나는 힘 하나만으로도 그렇게 되기엔 충분치 않다고 생각하지만, 반면 기만 하나만으로는 충분한 경우를 종종 본다. 마케도니아의 필리포스, 시칠리아의 아가토클레스, 아니면 그 외에 지극히 초라하거나 아니면 최소한 아주 초라한 상태에서 도약하여 나라나 대제국을 손에 넣은 많은 이들의 생애에 관해 읽은 사람이라면 이것(기만술의 중요성)을 분명히 보았을 것이다.

크세노폰(Xenophon)은 자신이 쓴 『키루스의 교육(*Cyropaedia*)』[『키루스의 전기(*Life of Cyrus*)』]에서 기만의 필요성을 잘 보여줬다. 키루스가 아르메니아의 왕을 상대로 펼쳤던 첫 원정은 기만으로 가득하고 키루스 역시 힘이 아닌 기만이라는 수단으로 아르메니아 왕국을 점령했다. 키루스의 행동에서 끌어낼 수 있는 결론은 전쟁을 수행하려는 지도자는 반드시 기만술을 배워야 한다는 것이다. 크세노폰은 또한 키루스가 외삼촌이자 메디아의 왕인 키아크사레스를 여러 방식으로 속였음을 언급했다. 그리고 그런 기만이 없었더라면 키루스는 결코 위대한 업적을 성취하지 못했을 것이라고 역설한다. 초라한 상태에 있는 사람이 순전히 공적인 힘과 정직함만으로 최고의 권위를 획득할 수 있다는 말을 나는 믿지 않는다. 하지만 기만술을 잘 활용하여 그렇게 된 경우는 분명히 존재한다. 지오반 갈레아초는 삼촌 베르나보 비스콘티에게서 롬바르디아를 빼앗아 밀라노 공국의 지배자가 되는 과정에서 이 기만술을 잘 활용했다.

로마는 기만술을 마다하지 않았다

공화국들도 강국이 되어 자력으로 충분하다는 것이 증명될 때까지는, 국가 발전의 초창기 단계에서 군주들이 써먹는 수법을 때때로 사용해야 한다. 로마도 모든 경우에 있어 우연이든 선택이든 대업의 달성에 필요한 모든 수단을 활용했기에 이런 기만술의 활용도 마다하지 않았다. 위에서 논했듯이, 로마로서는 동맹국들을 만드는 방법을 선택하는 것 외에 더 효율적인 기만책은 없었다. 동맹이란 이름으로 로마 인들은 마치 라티움 인들과 그들 주변의 다른 민족들에게 그랬던 것처럼 동맹 세력들을 노예로 만들었다. 그렇게 로마는 처음엔 인근 민족들을 정복하면서 점차적으로 강국이라는 명성을 획득하기 위해 동맹의 군대들을 활용했다.

이어 정복이 끝나자 로마는 동맹 중 그 어떤 세력도 제압할 수 있을 정도로 성장했다. 삼니움 인들이 두 번의 패배를 겪고 강제로 합의를 보는 것을 목격할 때까지, 라티움 인들은 자신들이 완전히 노예 같은 처지가 되었다는 것을 단 한 번도 깨닫지 못했다. 로마로부터 멀리 떨어진 곳의 군주들은 로마의 명성은 들었지만 로마군에 관해서는 알지 못했다. 하지만 로마 인들이 삼니움 인들에게 승리를 거두자 그들 사이에서도 로마의 명성은 높아지게 되었다. 이렇게 하여 로마의 무력을 실감한 이들은 질투를 하고 의심을 품기 시작했는데, 그들 중에는 라티움 인들도 있었다.

그들이 품은 질투와 두려움은 실로 너무도 강력했다. 어느 정도였느냐면, 심지어 라티움 안의 로마 식민지들마저도 로마에 대적하는 음모에 가담할 정도였다. 그 음모는 라티움 인들이 얼마 전 로마 인의 보호를 받았던 캄파니아 인들과 함께 꾸민 것이었다. 라티움 인들은 우리가 언급한 바 있는 전쟁의 시작 방식을 따라서, 그러니까 로마 인을 직접 공격한 것이 아니라, 삼니움 인들과 싸우는 시디키니 인들을 보호하려다가 그렇게(결국 로마와 전쟁) 된 것이다. 당시 삼니움 인들은 로마의 허락을 받고 시디키니 인들과 전쟁 중이었는데 이런 간접적인 방식에 의해서 라티움 인은 로마와의 전쟁에 말려들게 되었다.

라티움 인들은 로마의 속임수를 깨달으면서부터 전쟁을 시작했다. 리비우스는 그런 사정을 라티움 집정관 안니우스 세티누스의 의회 발언으로 보여주었다. "우리는 겉으로만 평등 조약인 이런 상황에서 노예제를 견디도록 강요당하고 있습니다……" 그러므로 세력 판도를 확장하던 초기에는 심지어 로마 인들도 기만술을 썼다. 그러니 보잘것없는 지위에서 시작한 이들이 지고한 위치로 상승하기를 바란다면 반드시 기만술을 어느 때라도 활용해야 한다. 또 그런 기만술을 로마처럼 잘 은폐한다면 비난도 적게 받을 수 있다.

제14장

사람은 종종
겸양으로 자만을 억누를 수 있다고 생각하며
자신을 기만한다

많은 경우 겸양을 하면 득될 것이 하나도 없을 뿐 아니라 오히려 해까지 입을 수 있다는 점은 명백하다. 특히 질투나 그 외의 다른 이유로 당신에게 증오를 품고 있는 거만한 자를 대할 때에는 겸양은 아무 짝에도 쓸모가 없다. 리비우스는 로마 인들과 라티움 인들 간의 전쟁 원인을 논하며 이를 증언한다. 라티움 인들의 공격을 받았다고 삼니움 인들이 불평했음에도 불구하고, 로마 인들은 라티움 인들을 자극하지 않으려 했으므로 그들이 전쟁에 끼어드는 것을 딱히 막지 않았다. 로마의 이런 결정은 라티움 인들을 자극했을 뿐만 아니라 더욱 맹렬하게 로마에 대항하는 결과를 낳았다. 그런 식으로 해서 라티움 인들은 얼마 지나지 않아 자신들이 로마의 적임을 밝혔다. 앞에서 언급한 라티움 집정관 안니우스의 의회 발언은 그에 관한 증명을 제공한다. "여러분께선 로마 인들이 파병을 하지 않고 인내하는 것을 보셨습니다. 우리가 2백 년의 전통을 무너뜨렸는데 얼마나 부아가 치밀어 오르겠습니까? 그럼에도 그 분노를 참고 있단 말입니다. 협정을 맺은 동맹인 삼니움들에게 맞서려고 우리가 군대를 보냈다는 이야기는 그들도 들은 바입니다. 하지만 꾸물대고 로마를 떠날 생각을 하지 않고 있습니다. 자신들의 힘을 우리가 가진 힘과 견주어보지 않았다면 왜 그렇게 과도하게 자제를 하겠습니까?" 따라서 우리는 이 문장 덕분에 로마의 인내가 라티움 인들의 거만함을 얼마나 많이 의도적으로 부풀렸는지 분명하게 알 수 있다.

무력에 의해 빼앗기는 것이 무력을 겁내 굴복하는 것보다 낫다

군주는 절대로 위신이 떨어지는 것을 허용해서는 안 된다. 또한 어떤 합의사항을 단속할 수 없거나 단속할 수 없다고 생각되어 그것을 명예롭게 포기하고 싶더라도 결코 순순히 포기해서는 안 된다. 이처럼 소유한 것을 명예롭게 포기하지 못하는 때가 오면, 상대방의 위세에 눌려 두려워 포기하는 것보다 힘에 눌려 포기하는 것이 거의 모든 경우에서 더 낫다. 요컨대 두려워서, 그러니까 전쟁을 피하고 싶어서 소유한 것을 내어주는 경우라면 대개 전쟁을 피하지 못한다. 그 이유는 다음과 같다. 명백히 겁에 질려 소유한 것을 내어주게 되면 득롱망촉(得隴望蜀)이라고, 상대는 그것만 받아먹고 멈추는 것이 아니라 먹을수록 양양이 되는 것이다. 또한 그로 인해 상대는 겁먹은 군주를 하찮게 보고 맞서는 일도 서슴지 않는다.

이렇게 되면 지지 세력도 미온적인 모습을 보일 것이다. 그들은 그 군주의 세력이 허약하거나 군주가 겁을 먹었다고 생각할 것이기 때문이다. 하지만 군주가 적의 계획을 간파하고 즉시 군대를 준비시키면, 적이 더 우세하더라도 그처럼 씩씩하게 대항하는 군주를 달리 보게 된다. 인근의 다른 군주들도 그 군주를 심지어 더 존경하게 될 것이며 싸울 준비를 갖추면 지원을 하고자 할 것이다. 반면 위세에 눌려 포기하면 그들은 결코 그 군주를 도와주려고 하지 않는다. 이러한 대응책은 적이 하나뿐일 때에 적용되는 것이다. 적이 여러 명일 때에는 비록 전쟁이 이미 시작되었더라도 그 적들 중 어느 하나에게 가진 것 일부를 떼 주어 매수함으로써 동맹에서 분리시키는 것이 현명한 방침이다.

제15장

약소국은 늘 애매모호한 결정을 내리는데
우물쭈물하는 결정은 언제나 해롭다

라티움 인들과 로마 인들 간의 전쟁 그 자체와 전쟁의 시작을 살펴보면, 의회에서는 반드시 결정해야 하는 것은 구체적으로 결정하고, 그 결정 사안에 대하여 애매모호하거나 불확실한 태도를 취하면 안 된다는 점을 알 수 있다. 이는 로마 인들과의 관계 단절을 논하기 위해 소집한 라티움 의회의 모습에서 명백히 확인할 수 있다. 로마 인들은 이미 라티움 인들의 적대적인 분위기를 파악하고 있었다. 그래서 로마 인들은 일이 어떻게 되어 갈 것인지 판단하기 위해, 또 무력에 의존하지 않고 라티움 인들의 지지를 다시 얻을 수 있는지 알아보기 위해 여덟 명의 라티움 시민들을 로마로 보내달라고 전언을 보냈다. 그들과 충분히 현재의 사태에 대하여 상의하고 싶다는 것이었다. 라티움 인들은 로마의 목적을 꿰뚫어 보았고 또 그들이 로마의 뜻에 거슬리는 많은 일을 많이 해왔다는 것을 알고 있었다. 그래서 라티움 의회를 열어 어떤 이들을 로마로 보낼지, 어떤 말을 하도록 지시할지를 결정하기로 했다. 의회에서 논의를 하던 중 집정관 안니우스는 이렇게 말했다. "여전히 저는 무엇을 말해야 하는지 보다, 어떻게 행동해야 하는지가 핵심 쟁점에 영향을 미칠 수 있다고 생각합니다. 제대로 된 계획을 수립하면 행동과 말을 일치시키는 일은 쉽습니다."

그의 말은 의심할 여지없이 전적으로 옳으며, 모든 군주와 공화국은 이 말을 가치 있게 여겨야만 한다. 다른 이들이 바라는 행동이 무엇인지 의심이 들고 불명확하다는 생각이 들면 말과 행동의 일치는 불가능하지만, 일단 결심이 서서 무엇을 해야 할지 결정된다면 거기에 일치되는 말을 찾는 것은 쉬운 일이기 때문이다. 나는 여러 차례 그런 불명확함이 공적 행동에 피해를 주고 우리 공화국에 손해와 치욕을 안긴 것을 봐왔으므로 이 점을 더욱 강조한다. 이런 우유부단함은 늘 용감하게 결정을 내려야 하는 불확실한 경우에서 발생한다. 그리고 그런 불확실성은 잘 생각하여 결정을 내려야 하는 이들이 나약할 때 생겨난다.

더딘 결정은 불명확한 결정만큼이나 해롭다. 특히 동맹에 도움을 주기 위해 결정을 내려야 할 때에는 태도가 불명확해서는 안 된다. 왜냐하면 이 경우 결정이 지체되면 아무도 도울 수 없고 자국에도 해를 입히기 때문이다. 이런 부류의 결정은 정신의 나약함이나 무력의 허약함, 혹은 논의하는 사람들의 악의적 성향에서 비롯된다. 이들은 국가를 무너뜨리거나 다른 욕망을 채우려는 이기적 열망에 따르면서 신속한 결정을 회피하면서 오히려 지연하거나 방해한다. 선량한 시민들은 중대한 사안의 논의를 지연하지 않으며 특히 시간이 촉박한 일이라면 더욱 결정을 서두른다. 설사 대중의 정서가 그들의 판단과는 다른 유해한 선택 쪽으로 기울어질 때에도 망설이지 않고 적시에 결정을 내리는 것이다.

불확실성과 우유부단함은 국가 멸망의 사유

시라쿠사의 참주 히에로니무스가 사망한 뒤 카르타고와 로마 간의 대규모 전쟁이 맹렬히 계속되는 동안 시라쿠사의 시민들은 로마와 카르타고 중 어느 곳과 동맹을 맺어야 하는지 의논했다. 로마파와 카르타고파 모두 너무도 열성적이어서 해당 문제는 불확실한 채로 결정을 내리지 못했는데 시라쿠사의 주요 인사인 아폴로니데스가 시민들을 상대로 아주 신중한 연설을 했다. 그는 로마와 동맹을 맺자는 의견이든, 카르타고의 편을 들자는 의견이든 어느 쪽도 비난받을 이유가 없다고 말하면서, 정책을 선택함에 있어 불확실성과 우유부단함을 지양해야 하며 그런 불확실성이 공화국을 무너뜨린다고 주장했다. 그는 이어 일단 결정이 내려지면 그 내용이 무엇이든 간에 그로부터 어느 정도 좋은 결과를 낼 수 있다는 희망을 품는 것도 가능하다고 했다. 리비우스는 우유부단함이 미치는 손해를 다른 어떤 곳보다도 이 부분에서 가장 잘 보여준다.

그는 라티움 인들의 경우에서도 이것을 보여주었다. 그들은 라비니움 인들에게 로마와 싸우는데 지원이 필요하다는 요청을 했고, 라비니움 인들은 이 문제를 가지고 논의하는 데 너무도 오래 지체하여 막상 병사들을 데리고 성문을 넘자마자 라티움 인들이 완패했다는 소식을 들었다. 이때 라비니움 집정관 밀리오니우스는 말했다. "이 몇 발자국 안 되는 행군 때문에 우리는 로마 인들에게 큰 대가를 치러야 할 것이다." 라비니움 인들이 우선 라티움 인들을 도와줄지 혹은 말지 명백하게 결정을 내렸다면, 도와주지 않기로 했을 경우 로마 인들을 자극하지 않을 수 있었고, 도와주기로 했을 경우 때맞춰 원군을 보내 증강된 병력으로 라티움 인들을 승리하게 도울 수 있었다. 하지만 결정을 차일피일 미루면서 어떤 결정을 내리든 손해를 보게 생겼고 실제로 그렇게 되어버렸다.

피렌체 인들이 이런 우유부단함의 해로움을 주목했다면 밀라노의 공작 루도비코를 치기 위해 프랑스 왕 루이 12세가 이탈리아 원정에 나섰을 때 프랑스 인들로부터 그토록 피해를 입지는 않았을 것이다. 원정을 준비하면서 루이 12세는 피렌체 인들과 동맹을 맺고자 했고, 프랑스 궁정에 파견된 피렌체의 특사들은 프랑스 왕과 다음과 같이 합의했다. 즉, 피렌체는 중립을 유지하고 루이 12세는 이탈리아로 들어오면 피렌체를 보전해 준다는 것이었다. 프랑스 왕은 특사들이 본국으로 돌아가서 협정을 비준할 시간 말미로 한 달을 주었다. 하지만 비준은 어리석은 피렌체의 루도비코 공작 지지파들의 반대로 지연됐다. 결국 루이 12세가 확실히 승기를 잡은 뒤에야 피렌체는 비로소 협정을 비준하려 했으나 거절당했다. 프랑스 왕은 피렌체가 확실한 의사가 있어서가 아니라 상황적 필요에 밀려서 동맹을 맺으려 한다는 점을 꿰뚫어 보았던 것이다. 피렌체는 이로 인해 막대한 자금을 바쳐야 했고 통치 불능 직전까지로 내몰렸다. 그리고 나중에는 비슷한 원인으로 실제로 피렌체 공화 정부가 붕괴했다.(1512년 9월 스페인 군대의 이탈리아 침공으로 메디치 가문이 피렌체의 정권을 다시 잡은 사건을 말한다.─옮긴이)

따라서 이런 결정은 비난받아 마땅한 것이다. 이런 결정은 루도비코 공작에겐 아무런 도움을 주지 못하는 것이었고 만약 공작이 전쟁에서 승리했다면 루이 12세보다 피렌체에 대하여 루이 12세의 적개심보다 더 강한 적개심을 드러냈을 것이다. 이런 우유부단함 때문에 공화국이 입는 피해는 다른 장(『사론』 1-38)에서 논한 바 있지만, 그럼에도 불구하고 새로운 상황으로 인해 다시 그럴 필요가 있어 논해 보았다. 왜냐하면 개인적으로 이 문제가 우리 피렌체와 유사한 국가들이 반드시 주목해야 할 가장 중요한 일이라고 보기 때문이다.

제16장

우리 시대 병사들은 고대 제도로부터
얼마나 멀리 벗어나 있는가?

로마 인과 라틴 인의 차이

로마 인들이 다른 국가를 상대로 펼친 전쟁 중 가장 중요한 것은 토르콰투스와 데키우스(Mus Publius Decius)가 집정관을 맡던 시기에 라티움 인들을 상대로 한 것이었다. 라티움 인들이 전쟁에서 패배하여 노예가 된 것처럼, 로마도 패배했더라면 노예가 됐을 것이라는 점은 모든 논의에서도 확인되는 바이다. 리비우스 또한 그런 의견을 갖고 있었다. 그의 저술을 보면 양국의 군대는 조직, 출중한 능력, 완강함, 병력을 포함한 모든 면에서 동등했다. 차이점이라면 로마군의 지휘자가 라티움군의 지휘자보다 더 유능했다는 것뿐이다. 게다가 이 전투를 논하면서 명백하게 알 수 있는 점은 그 전엔 일어나지도 않았고 그 후로도 거의 반복되지 않은 두 가지 사건이 일어났다는 것이다. 즉, 병사들이 굳게 확신을 갖고 집정관들의 명령에 따르고 전투에서 단호한 모습을 보이게 하기 위해 한 명의 집정관은 스스로 목숨을 데보티오[→ 데키우스 부자(父子)]로 내놓았다는 것이 그 하나요, 다른 집정관(→만리우스 토르콰투스)은 아들을 죽게 한 것이 그 둘이다.

로마 인들과 라티움 인들은 오랜 기간 함께 싸웠고, 언어, 조직, 무기 면에서 비슷했으며 같은 방식으로 전투를 준비했고 전투 진형이나 그것을 지휘하는 책임자의 명칭도 같았다. 이렇기에 리비우스는 양국 군대가 동등하다는 주장을 했던 것이다. 그러므로 군사력이나 재능 면에서 양국이 동일했다는 점을 고려할 때, 병사들을 적군보다 더욱 단호하게 사기를 고취하려면 비범한 행동을 할 필요가 있었다. 다른 곳(『사론』1-14와 1-15)에서 언급했던 것처럼, 승리는 그런 완강함에 달린 것이었다. 전투하는 병사들의 마음속에 그런 완강한 투쟁 정신이 있으면, 퇴각할 때조차 군대는 절대 등을 돌리지 않기 때문이다. 라티움 인들보다 로마 인들의 가슴 안에 그런 완강한 정신이 더 오래 머무른 것은 어느 정도는 운명이기도 했지만 마찬가지로 어느 정도는 아들을 군법으로 다스린 토르콰투스와 데보티오를 선택한 데키우스 같은 로마 집정관들의 출중한 능력도 상당한 작용을 했다.

로마군의 3열 전투 대형

양국 군사력의 동등함을 묘사하면서, 리비우스는 군대와 전투에서 로마 인들에 의해 유지되었던 조직을 전반적으로 서술한다. 그가 너무도 자세히 설명했기 때문에 나는 그 전부를 반복하지는 않을 것이지만, 주목할 만하다고 생각하는 것과 이 시대의 모든 군사 지휘관들이 등한시하여 군대와 전투에서 무질서를 초래한 부분만을 검토하고자 한다. 리비우스의 글을 보면 로마군은 세 개의 주요 부분으로 구성되어 있는데, 토스카나식으로 말하면 schiere(전투 대형)이라고 할 수 있다. 로마 인들은 처음을 선봉(hastati), 두 번째를 중견(principes), 세 번째를 후진(triarii)이라고 명명했으며 이런 대형 각각엔 기병이 배치되었다. 전투 배치를 하게 되면, 로마 인들은 전면에 선봉을, 바로 그 다음 두 번째 자리엔 중견을, 마지막 자리엔 후진을 배치했다.

그들은 또한 기병을 세 대형 양옆에 배치했다. 형태와 배치로 인해 이 기병대는 날개(alae)라 불렸다. 전투 대형에 달린 두 개의 날개처럼 보인다는 이유 때문이었다. 로마 인들은 전면에 선봉을 밀집시켜 적을 공격하거나 막아내게 했다. 두 번째 중견은 처음에는 전투를 하지 않고 선봉이 붕괴되거나 밀릴 때 지원하는 임무를 맡았다. 또한 중견은 빽빽하게 정렬하기보다는 공간적으로 벌어진 형태를 유지했는데, 적의 맹습에 의해 선봉이 어쩔 수 없이 퇴각해야 할 경우 무너지지 않고 중견에 합류시키기 위해서였다. 후진은 심지어 중견보다 더 공간적으로 열린 형태를 유지했는데, 필요할 경우 선봉과 중견을 모두 받아들이기 위해서였다.

로마군은 이런 식으로 전투 대형을 정립하여 전투를 벌였고, 선봉이 후퇴해야 하거나 붕괴되었을 때 그들은 중견의 남은 자리에 들어가 한 대형으로 재편성한 후 다시 전투에 돌입했다. 이러다가 격퇴를 당하면 그들은 모두 후진의 남은 자리에 들어가 최후의 한 대형이 되어 전투를 계속 이어나갔다. 후진까지 밀린 시점에서도 적에게 압도당하면 더는 군대를 재편성할 수 없으므로 패전하게 된다. 최후의 대형인 후진이 전투에 돌입하면 군대는 심각한 위험에 처한 것이기 때문에 "후진에 이르렀다"는 속담도 생겨나게 되었다. 토스카나식으로 말하면 사태가 위급하여 "최후의 카드를 내밀었다" 정도의 뜻이다.

현대의 군사령관들은 1열 전투 대형을 지지

우리 시대의 군사 지휘관들은 모든 고대 제도를 포기했고 고대 규율의 그 어떤 부분도 인정하지 않으므로 이런 로마의 전투 대형도 마찬가지로 포기하고 말았다. 하지만 로마의 전투 대형은 정말로 많은 중요성을 지니고 있다. 이런 전투 대형이라면 세 번 싸우는 기회를 얻을 수 있기 때문에 무운이 세 번 연달아 나쁘거나 세 번 연달아 돌파해 오는 상대를 만나야만 전투에서 패배하는 것이었다. 하지만 오늘날의 모든 기독교 군대처럼 첫 공격에만 저항할 수 있게 조직된 전투 대형은 쉽게 패배할 수 있다. 부대가 조금만 무질서해져도 무너지므로, 상대가 그다지 능력이 뛰어나지 않더라도 얼마든지 공격해 올 수 있는 것이다. 오늘날 우리의 군대가 재편성을 할 수 없게 된 이유도 다른 예비 대형으로 합류하는 방법을 모르기 때문이다.

이런 현상은 현재의 전투가 다음 두 가지 결점 중 하나를 가지고 일어나기 때문에 발생한다. 한 결점은 전투 대형 속의 병사들이 어깨를 맞대고 차례로 배치되는 것이며, 이렇게 되면 전선이 가로로 넓게 퍼져 나가 뒤를 향할수록 얇아진다. 이렇게 되면 전투 대형 그 자체가 허약해진다. 전면에서 후면까지의 깊이가 없기 때문이다. 다른 결점은 전열의 깊이를 확보하기 위해 로마군이 취한 방식처럼 3선의 대형을 준비하되 그것을 철저하게 운영하지 않는 것이다. 하지만 2선에 최전선을 받아줄 여유가 없기에 최전선이 무너지면 대형 자체가 뒤엉켜 무너지고 말았다. 즉, 대형의 최전선이 후퇴하면 2선과 충돌하게 되고, 2선이 전진하고 싶어도 최전선에 의해 방해받게 된다. 따라서 최전선은 2선과, 2선은 3선과 충돌하여 엄청난 혼돈이 생겨나고 종종 아주 작은 사고로도 군의 전열이 무너지는 일이 발생한다.

스페인군과 프랑스군은 우리 시대에서 굉장히 잘 수행되었다고 간주되는 라벤나 전투(프랑스 지휘관 드 푸아가 이 전투에서 전사했다)에서 위에 서술한 두 가지 방식 중 앞의 방식으로 전투 배치했다. 즉, 양측은 전군을 어깨를 맞대고 늘어서게 하여 단일 전선을 형성한 채로 대치하며 진군한 것이다. 분명 깊이보다는 넓이 면에서 훨씬 강점을 보이는 전투 대형이었다. 이런 대형은 라벤나처럼 커다란 전장에서 싸우게 되었을 때 늘 나타난다. 후퇴를 하면서 생겨날 무질서를 알기에, 스페인군과 프랑스군은 병사들을 한 줄로 배치하여 드넓은 전선을 형성하는 것으로 그런 무질서를 피했다. 하지만 지형의 제약이 있으면 그들은 별다른 대책을 강구하지 못한 채 위에서 서술한 좋지 못한 대형을 그대로 유지한다. 이런 나쁜 전열 구성은 기병에게서도 나타나는데, 적의 영토에 들어가 약탈을 하든 다른 전략을 수행하든 그 효과는 미미한 것이다.

프랑스 왕 샤를 8세가 이탈리아를 침공하자 피사가 반란을 일으켰고, 이로 인해 피렌체와 피사 간에 전쟁이 벌어졌으며 피렌체는 결국 패배했다. 이런 패배의 원인이 된 피사 영토 내의 산토 레골로와 그 외의 장소에서의 전투에서 피렌체 기병대는 파멸과도 같은 결과를 만났다. 최전선에 위치한 그들은 적에게 밀리면서 아군 보병대와 뒤엉켰고 결국 대형이 붕괴된 피렌체군은 퇴각할 수밖에 없게 되었다. 피렌체 보병대의 노장(老將) 치리아코 달 보르고는 나와 동석한 자리에서 아군 기병대만 아니었다면 절대로 그 전투에서 패배하지 않았을 것이라고 여러 차례 힘주어 말했다.

현대전에 통달한 스위스군이 프랑스군과 싸울 때 무엇보다도 신경을 쓴 부분은 밀리더라도 전투 대형을 무너뜨리지 않기 위해 아군 기병대를 한쪽으로 몰아서 배치하는 것이었다. 이런 문제는 이해하기 쉽고 실행에 옮기는 것도 극히 쉬움에도 불구하고 고대 제도를 모방하여 현대에 맞게 고쳐 활용하는 현대의 지휘관을 단 한 명도 찾아볼 수가 없다. 비록 지휘하는 부대를 세 부분으로 나눠 선봉, 본대, 후위라고 부르는 지휘관들이 있다고 하더라도, 병영에서 통제를 하기 위한 목적 이외에 다른 목적은 없다. 우리가 위에서 논한 대로, 그들이 병사들을 활용함에 있어서 1

열 전투 대형을 사용하기 때문에, 3열 대형처럼 전운(戰運)이 각각 다르게 벌어지는 경우는 드물다.

이런 문제에 관한 무지를 변명한답시고 많은 이들이 대포가 위력적인 이 시대에 그런 고대 제도들이 무슨 소용이냐고 주장한다. 이와 관련해선 다음 장에서 대포가 정말로 고대 전술을 무용지물로 만들었는지 검토해 볼 것이다.

제17장

현재 군대에서 대포는 어느 정도의 가치를 지니며, 대포에 관한 통설은 진실인가?

대포에 관한 세 가지 잘못된 주장

나는 앞서 논한 문제 이외에 각기 다른 시대에서 로마 인들이 야전에서 얼마나 많은 전투를 치렀는가[프랑스 어로는 giornate(전쟁의 일수), 이탈리아 어로는 fatti d'arme(무기의 공적)]를 고려해 보았다. 그리고 많은 이들이 주장하는 어떤 공통적인 의견을 숙고해 보기로 했다. 그 주장은 다음 세 가지로 나누어 볼 수 있다.

첫째, 로마 인들의 시대에 대포가 존재했다면, 그들은 쉽게 다른 지방을 점령해 속국으로 만들 수 없었을 것이며 따라서 그런 대제국도 형성하지 못했을 것이다.

둘째, 이제 대포가 존재하므로 사람들이 고대에 보여주었던 출중한 능력은 이제 보여줄 수 없고 또 그럴 필요도 없다.

셋째, 현재는 고대 로마보다 전투 수행이 훨씬 어렵고 따라서 고대 로마의 전투 대형을 유지하는 것은 불가능하다. 앞으로 시간이 흐를수록 전쟁은 오로지 대포만 가지고 진행될 것이다.

이러한 주장이 진실인지, 대포가 군대의 힘을 얼마나 증강 혹은 감소시켰는지, 대포가 훌륭한 군사 지휘관의 능숙한 전투 기회를 빼앗았는지 아니면 제공했는지 등을 논의하는 것이 주제에서 벗어나지는 않는다고 생각한다. 따라서 나는 첫 번째 의견, 즉 대포가 존재했더라면 고대 로마군은 당시의 영토 확장을 해낼 수 없었을 것이라는 점부터 논하겠다.

이 주제에 관한 대답으로 나는 전쟁에는 수비 혹은 공격이 있다고 말해야만 하겠다. 따라서 가장 먼저 해야 하는 일은 전쟁의 두 가지 양상 중 어느 쪽에 대포가 이득을 주고 손해를 입히는지 검토하는 것이다. 비록 이 쟁점에 관해 양쪽 모두 주장하는 바가 있겠지만 그럼에도 불구하고 나는 비교가 안 될 만큼 대포가 공격보다는 수비에 더 큰 피해를 입힌다고 생각한다. 이런 주장을 하는 이유는 수비를 하는 측은 도시 안이나 전장에서 방어 공사를 한 진지 안에 위치하고 있기 때문이다. 만약 도시 안이라고 생각해 보자. 도시는 다수의 요새가 그런 것처럼 작을 수도, 클수도 있다. 전자의 경우라면 수비 측이 완패할 것이다. 그 이유는 다음과 같다. 대포의 힘은 너무도 강력하여 며칠 안에 무너트리지 못하는 벽이 없을 정도이다. 또한 도시 안의 사람들은 도랑이나 방어 시설을 갖춘, 후퇴할 수 있는 훌륭하고 넓은 공간이 없다면 항아리에 갇힌 꼴이 되어 완전 패배하게 된다. 나중에 벽에 생긴 틈을 통해 들어올 적의 기세에도 저항할 수 없다.

이렇게 밀리게 되면 대포도 소용이 없다. 기세 좋게 밀려오는 대규모의 병사들을 대포가 막을 수 없다는 건 자명하기 때문이다. 따라서 울트라몬테인(알프스 산 저편에서 공격해 오는 민족들)의 맹공을 받은 도시들은 버텨낼 수 없다. 하지만 이탈리아 내부 거주자들의 공격은 충분히 저지할 수 있었다. 왜냐하면 그들은 대규모가 아닌 소규모 부대로 전투를 수행하기 때문이다. 이를 이탈리아 인들은 참으로 적절하게도 작은 충돌(skirmish)이라 불렀다. 그런 형편없는 조직을 가지고 진격하는 데다 공격에 임할 때 딱히 열정적이지도 않은 병사들로 성벽의 틈을 향해 공격한다면 대포의 세례를 받아 개죽음만 하게 될 것이다. 이런 군대에게 대포는 효과적이다.

하지만 빽빽하게 무리를 지은 대규모 병사들이 죽음을 각오하고 성벽의 틈으로 밀고 들어올 때, 수비 측이 도랑이나 제방 같은 것으로 저지하지 않는다면 그들은 모든 곳으로 침입해 들어올 것이고 대포도 그들을 막을 수 없다. 공격 측에 사망자가 생겨날 수 있겠지만 승리하지 못할 만큼 막대한 손해는 입지 않는다. 이 점이 사실이라는 것은 울트라몬테인이 수행한 많은 이탈리아 원정에서 알 수 있고, 특히 브레시아 침공 때 잘 드러났다. 브레시아가 프랑스에 대항하여 반란을 일으켰을 때 여전히 요새는 프랑스가 점거 중이었고, 베네치아 인들은 요새에서 도시로 가해질 프랑스의 맹습에 견디기 위해 공격의 모든 적합한 길목에 전면과 양 측면을 가리지 않고 대포를 배치했다. 하지만 드 푸아 장군은 대포 따위는 전혀 신경 쓰지 않았다. 오히려 그는 부대의 기병들에게 말에서 내릴 것을 명령한 뒤 대포가 배치된 곳을 뚫고 지나가서 브레시아를 점령했다. 드 푸아 장군의 부대가 주목할 정도로 피해를 입었다는 말은 아직 들어보지 못했다. 따라서 앞서 말했듯이, 작은 도시에서 수비하는 측은 성벽이 무너진 후 후퇴할 수 있는 제방과 도랑이 없이 대포만 믿고 있다가는 순식간에 패배하게 된다.

큰 도시를 수비하고 있어 퇴각의 기회가 있더라도 대포는 비교할 수도 없이 내부보다는 외부에 있는 군대에게 훨씬 더 유용하다. 가장 먼저 지적할 것은 외부에 있는 적에게 대포로 피해를 주기 위해서는 지면보다 높은 지점으로 대포를 끌어올려야 한다는 점이다. 대포를 지면에 놓는다면 적이 세워놓은 작은 제방이나 방벽이 포격을 막아버려 피해를 입히지 못한다. 이처럼 대포를 끌어올려 성벽 맨 위 통로에 두거나 다른 방식으로 지면보다 높은 곳에 위치시키더라도 다음의 두 가지 곤경에 처하게 된다.

첫째, 외부의 공격 측이 사용할 수 있는 크기와 위력을 가진 대포를 사용할 수 없다. 작은 공간에서 큰 물건을 다루는 것은 어렵기 때문이다.

둘째, 그런 대포를 사용할 수 있더라도, 공격 측이 할 수 있는 것처럼 대포를 보호하는 효율적이고 안전한 제방을 쌓을 수 없다. 견고한 지면에 자리를 잡고 모든 편의를 누리고 원하는 대로 공간 활용을 할 수 있는 공격 측과는 사정이 다르기 때문이다.

그 결과 외부 공격 측이 많은 훌륭하고 강력한 대포를 배치할 때 도시를 수비하는 측이 높은 곳에 대포를 올려놓는 일은 불가능하다. 그렇다고 낮은 곳에 대포를 배치하면 이미 언급한 대로 아무 소용이 없다. 그러므로 도시 방위는 고대처럼 백병전으로 전개되며 가벼운 대포만 사용하게 된다. 가벼운 대포로 이끌어낼 수 있는 이점이 일부 있다고 하더라도, 불편함이 그 이점을 상쇄해 버린다. 위에서 언급한 이유로 인해 도시의 성벽은 낮아져야 하고 거의 도랑에 묻히는 수준이 되어야 하기 때문이다. 따라서 성벽이 붕괴되거나 도랑이 메워져 백병전을 벌이게 되면 내부의 수비 측은 대포가 없었던 고대의 수비 측보다 더 큰 불리함에 직면한다. 이미 위에서 언급한 것처럼, 대포는 수성하는 이들보다 공성하는 이들에게 더 쓸모가 있다.

세 번째 주장은 이로울 때가 아니면 전투를 하지 않기 위해 방책 안에서 야영하는 것인데, 이 경우는 통상 싸움을 피하는 수단에 있어서 고대인들보다 나을 것은 없다고 봐야 한다. 게다가 때로는 대포 때문에 더 큰 불리함을 안게 된다. 그런 이유로 적이 조금이라도 유리한 입장이라면, 즉 더 높은 위치에 있거나 적이 제방이나 방벽을 제대로 설치하지 못했을 때 공격해 온다면(이런 일은 쉽게 일어난다), 적은 즉시 당신을 몰아내려고 할 것이며 대책이 없는 당신은 어쩔 수 없이 요새를 떠나 전투에 돌입해야 할 것이다.

이것은 라벤나 전투에서 스페인군에게 벌어진 일이다. 그들은 론코 강과 제방 사이에 요새 공사를 했는데 제대로 높게 만들지도 못한 상태에서 프랑스군이 도착하여 스페인군보다 조금 우월한 입지를 가지게 되었다. 결국 스페인군은 대포의 압력에 어쩔 수 없이 요새를 떠나 일전을 벌여야 했다. 하지만 야영할 곳을 적보다 높은 곳으로 선택하고 제방을 훌륭하고 안전하게 쌓았다면, 적은 당신의 위치와 대비를 감안하여 감히 공격해 오지 못할 것이다. 이런 경우라면 적은 공격할 수 없는 위치에 있는 군대를 상대로 고대에서 활용하던 방식을 똑같이 채용할 것이다. 그것은 당신의 다른 영토를 황폐화하거나 우방의 도시를 약탈 혹은 점거하거나 하여 당신의 진지로 들어가는 보급을 끊는 것이다. 적은 당신이 필요에 내몰려 야영지를 떠나 전투에 응할 때까지 이런 목조르기 작전을 계속할 것이며, 이런 경우엔 앞으로 언급하겠지만 대포가 할 수 있는 일이 거의 없다. 따라서 로마 인들이 수행한 전쟁을 고려해 보면, 또 그들이 거의 모든 전쟁을 수비보다는 공격을 선택했다는 점을 생각하면, 앞서 언급한 사항들이 진실이라고 가정했을 때 다음과 같은 명백한 결론이 유도된다. 로마 인들 당시에 대포가 존재했더라면 그들은 더 큰 이득을 얻고 더 빠른 영토 확장을 했을 것이다.

대포가 있었더라면 과거의 뛰어난 능력은 무용지물?

이젠 대포 때문에 고대의 출중한 능력 같은 것은 보여줄 수 없다는 두 번째 주장에 관해 논해 보자. 도시의 성벽을 올라가거나 비슷한 공격을 수행해야 할 때, 전열(戰列)이 함께 가까이 모이지 않고 차례로 나타난 고대보다 분산된 집단으로 나타나야 하는 현대가 위험이 더 높다. 현대의 군지휘관들이 고대보다 죽음의 위험에 더 많이 노출된다는 점도 역시 사실이다. 어느 곳에 있더라도 대포가 그들을 공격할 수 있으므로 그들이 후위에서 극히 강력한 병사들의 엄호를 받더라도 소용이 없다.

그럼에도 불구하고 이 두 가지 위험이 심각한 손해를 입히는 경우는 거의 드물다. 잘 방비된 도시 성벽은 오를 수가 없고, 무기력하게 공격해서는 소용도 없기 때문이다. 하지만 그런 도시도 고대에서 그랬던 것처럼 포위하면 함락시킬 수 있다. 포위 공격을 하더라도 고대에 비해 그다지 위험할 것도 없다. 왜냐하면 그 당시에도 도시를 수비하는 이들은 바위 등 내던지는 무기가 부족하지 않았고 심지어 그런 무기가 대포처럼 매섭지 않더라도 사람을 죽이는 면에선 결국 같은 결과를 볼 수 있었기 때문이다.

그러면 이제 지휘관과 용병 대장의 죽음에 관해 말해 보자. 최근 이탈리아에서 지난 24년 동안 일어난 전쟁 중 위에 지휘관이 죽는 경우는 고대의 10년 동안보다도 적었다. 몇 년 전 베네치아 인들의 침공으로 페라라에서 죽은 루도비코 델라 미란돌라 백작과 키리뇰라(Cirignola) 외곽에서 죽은 네무르 공작 이후 대포 때문에 죽은 지휘관은 없었다. 드 푸아 장군이 라벤나에서 죽은 것은 대포 피격이 아니라 칼에 베인 상처 때문이었다. 그러므로 개인이 출중한 능력을 보이지 못했다면 이는 대포가 없어서가 아니라 그들 군대의 열등한 제도와 나약함에 말미암은 것이다. 다시 말해 집단 전체가 출중한 능력이 없으므로 어떤 식으로든 그런 능력을 발휘하지 못하는 것이다.

대포가 있으면 백병전은 없다?

앞으로는 백병전이 사라지고 전쟁이 전적으로 대포에 의해 수행될 것이라는 세 번째 주장은 전적으로 잘못된 생각이다. 고대의 탁월한 기준을 자신의 군대가 지켰으면 하고 바라는 이들 역시 그 주장을 틀렸다고 할 것이다. 왜냐하면 훌륭한 군대를 만들고자 하는 이들은 반드시 실전이든 모의전이든 병사들이 적에게 접근하여, 적과 칼로 싸우고, 적의 멱살을 잡는 것에 익숙해지도록 훈련하고 또 아래에 설명할 이유로 기병보다는 보병에 주로 의존하기 때문이다. 앞에서 얘기한 방식으로 보병에 의존하게 되면, 대포는 완전히 무용지물이 된다. 적에게 접근하는 보병들은 훨씬 수월하게 포격을 피할 수 있다. 이는 코끼리의 맹습, 낫을 단전차, 그리고 그 외의 예상 밖의 수단을 마주했던 로마 보병대의 입장보다도 더 쉬운 것이다. 로마 인들은 전투를 수행하면서 늘 새롭게 대책을 찾아야 했다. 따라서 포격이 피해를 줄 수 있는 시간은 코끼리나 전차보다 훨씬 짧기 때문에, 로마 보병대는 더욱 쉽게 대포에 대항하는 법을 찾아냈을 것이다. 코끼리나 전차는 전투 중에 혼란을 일으키는 반면, 대포는 전투가 일어나기 전에만 보병들을 방해한다. 로마 보병대는 그런 장애를 자연적인 지형지물의 엄폐 아래로 들어가거나 발포가 될 때 땅에 엎드리는 식으로 쉽게 회피할 수 있었을 것이다.

실제 경험은 이것조차도 필요치 않다는 점을 보여줬다. 특히 큰 대포를 상대할 때는 더욱 그렇다. 그런 대포는 어떻게 해도 정밀하게 가늠할 수가 없어서 조준을 높게 하면 포격이 맞지 않고, 조준을 낮게 하면 포격이 닿지 않는다. 군대가 백병전에 돌입한 이후에는 대포가 크건 작건 해를 입힐 수 없다는 점은 명약관화하다. 포병이 전면에 있다면 포로가 될 것이고, 후위에 있다면 적군보다 아군에게 더한 피해를 입힐 것이고, 설사 대포가 측면에 있어도 적의 공격을 저지할 정도의 피해를 입히지 못하니 그 결과는 이미 논한 것처럼 되어버릴 것이다. 이는 논박의 여지도 없는 것이, 스위스군의 사례에서 분명하게 알 수 있기 때문이다. 1513년 노바라에서 그들은 대포도, 기병대도 없이 요새 내부에서 대포로 무장한 프랑스군과 조우했는데 대포에 의해 단 한 번도 저지당하지 않고 승리를 거뒀다. 앞서 언급한 이유들을 제외하고 말해 보자면, 대포가 적절히 효력을 발휘하려면 벽이든, 도랑이든, 제방이든 보호 시설이 있어야 한다는 점이 바로 이런 결과를 만들어낸 이유이다.

보호 수단이 사라지면 대포는 포획되거나 무용지물이 된다. 대치전이나 탁 트인 들판에서의 교전 등 대포가 사람에 의해 보호를 받을 때에도, 상황에 따라서, 그와 똑같은 일이 벌어진다. 설사 측면에 배치된다고 하더라도 대포는 고대인들이 투척 무기를 활용할 때 썼던 방식 말고는 다른 방식으로 이용될 수 없다. 고대의 투척병들은 부대 외부에 머물러 전선에서 벗어나 싸웠고, 기병의 공격을 당하거나 다른 부류의 부대에 밀릴 때마다 아군 부대의 대열로 피신했다. 대포도 모름지기 이런 운용을 해야 한다. 다른 식으로 대포에 의존하는 자들은 이런 문제를 제대로 이해하지 못한 것이고 따라서 잘못 믿은 도끼에 발등을 찍히게 된다. 대포를 가진 튀르크가 페르시아 왕이나 이집트 황제에게 승리를 거뒀다고 하더라도 이는 대포 자체의 특별한 우월함이라기보다 이례적인 소음으로 인해 적의 기병대에게 두려움을 안겼기 때문이다.

이 논의도 끝에 온 것 같으니 나는 이렇게 결론을 내리겠다. 대포는 고대의 탁월한 능력이 확고하게 주입된 군대에선 유용하지만, 그렇지 못한 군대에서 대포는 훌륭한 군대를 만나면 무용지물이 된다.

제18장

로마 인들의 권위와 고대 민병대의 사례에 근거하여
기병보다 보병을 더 중시해야 하는 이유

로마 인들이 모든 군사 행동에서 기병보다는 보병을 더 높이 평가했고, 모든 전투 계획을 보병에 기반을 두고 만들었음을 많은 논의와 사례가 명백히 증명한다. 이는 수많은 사례에서 알 수 있고, 그중엔 레길루스 호수 근처에서 라티움 인들과 벌인 일전도 포함된다. 그 전투에서 로마군은 이미 기세가 꺾이고 있었으나, 기병대를 말에서 내려 보병에 합류하게 함으로써 전투를 새로운 국면으로 이끌 수 있었고 결국 승리를 얻어 냈다. 이 경우를 보면 로마 인들이 병사들을 말에 태울 때보다 걷게 할 때 더 자신감을 보였음을 명백하게 알 수 있다. 그들은 많은 다른 전투에서도 같은 방편을 활용했고, 늘 그것을 위험에 대처하는 훌륭한 대책으로 생각했다.

보병이 기병보다 더 중요한 이유

그렇지만 우리는 이것을 한니발의 주장으로 반박하지 말아야 한다. 그는 칸나이 전투 중 로마 집정관들이 기병대를 말에서 내리게 하는 것을 보고 단호한 어조로 조롱했다. Quam mallem vinctos mihi traderent equites!(차라리 저들이 기사들을 줄에 묶어서 내게 건네주는 것이 더 좋았을 텐데!) 비록 이 판단은 지극히 훌륭한 장군의 입을 통해 나온 것이지만, 그럼에도 불구하고 권위를 믿어야 한다면 한니발이라는 단일 사례보다는 많은 훌륭한 군사 지휘관을 배출한 로마 공화국을 더 믿어야 한다. 뿐만 아니라 권위자들을 인용하지 않아도 이에 관한 명백한 이유들이 있다. 보병은 말이 갈 수 없는 많은 장소에 들어갈 수 있다. 보병은 또한 전투 대형에 머무르는 법과 전선에서 이탈하더라도 대형으로 되돌아가는 법을 배우는 것도 가능하다. 기병이 대형에 머무르기란 어려운 일이고, 전선에서 이탈했을 때 재조직하는 것은 더 나아가 불가능한 일이다. 이 외에도 일부 말들은 일부 사람처럼 용기가 거의 없기도 하고 정반대로 엄청난 용기를 가지고 있기도 하다. 용맹한 말이 겁쟁이 기사를 태우는 일이나 겁 많은 말이 용맹한 기사를 태우는 경우도 따라서 종종 일어난다. 이런 불균형은 그 형태가 어찌 되었든 불리함과 무질서를 일으키는 원인이 된다. 전투 대형을 갖춘 보병대는 기병대를 쉽게 무찌를 수 있고 역으로 기병대가 그런 보병대를 무너뜨리는 일은 굉장히 어렵다.

이런 의견은 많은 고대와 현대 사례뿐만 아니라 도시의 일과 관련해 규정을 만드는 이들의 권위로도 확실히 증명된다. 그들은 보병과 관련한 제도가 없었기 때문에 우선 전쟁을 기병대로 수행하기 시작했음을 보여줬다. 하지만 보병들이 조직화되자 그들은 보병이 기병보다 더욱 유용하다는 점을 즉시 인정했다. 그렇지만 이 때문에 기병이 군대에 불필요하다는 얘기는 아니다. 정찰을 하거나, 적의 영토를 급습하여 약탈하거나, 패주하는 적을 쫓거나, 적의 기병에 맞대응하기 위해서는 기병이 반드시 필요하다. 하지만 군대의 토대와 원동력이자 그리고 가장 가치가 있다고 평가받는 부대는 반드시 보병이어야 한다.

이탈리아 민병대가 허약해진 까닭

이탈리아를 외국인의 노예로 만든 이탈리아 군주들의 죄악 중에서 가장 심각한 것은 보병 부대의 양성에 거의 무관심하고 기병대에만 관심을 쏟았다는 점이다. 이런 무질서는 지휘관들의 사악함과 국가 통치자들의 무지 때문에 생겨났다. 약 25년 전, 이탈리아의 민병대 지휘권은 용병 대장 같은 국적도 없는 자들의 손에 맡겨졌는데, 이렇게 되자 이들은 즉시 자신의 지위를 어떻게 유지할 수 있을지 그것만 생각했다. 그들은 계속 무장을 하고 군주들은 비무장의 상태(민병대를 직접 지휘하지 않는 상태. -옮긴이)로 있어야만 용병 대장의 지위가 유지되는 것이었다.

용병 대장은 대규모 보병대에 지속적으로 급료를 지급할 수 없었고 또 활용할 수 있는 국민들도 없었다. 게다가 소수의 보병 병력으로는 높은 지위를 확보할 수가 없었기에 용병 대장은 기병대를 보유하는 쪽으로 시선을 돌렸다. 용병 대장은 2백에서 3백에 이르는 기병만 돈을 주고 데리고 있어도 충분히 위신을 세울 수 있었고, 그 정도의 예산은 국가 통치자가 얼마든지 대어줄 수 있었다. 따라서 기병을 선호하는 일이 더 많이 벌어졌고 용병 대장들도 이를 통해 신속히 위신을 세울 수 있게 되자, 보병을 무시하고 기병을 중시하면서 모든 호평과 명성을 기병대에 부여했다. 또한 용병 대장들은 이런 잘못된 정책을 이탈리아 내에 널리 퍼트렸고 그 결과 가장 크다고 하는 군대에도 보병은 최소한만 남게 되었다. 이런 악습은 그 자체가 지닌 많은 단점들을 동반했고 이탈리아 민병대를 너무도 허약하게 만들었다. 따라서 이런 일을 허용한 이탈리아 각 지방은 쉽게 울트라몬테인에게 짓밟히게 되었다.

보병보다 기병을 높이 평가하는 이런 어리석음이 또 다른 로마 인의 사례에 의해 더욱 분명하게 지적된다. 로마 인들이 소라(Sora) 시 인근에서 야영을 하자, 그 도시에서 기병대가 출격해 로마군 진영을 공격했다. 이에 로마의 사마관은 휘하 기병대를 이끌고 그들과 교전했고, 서로 돌격을 마치자 양측은 지휘관이 전사하는 운명을 맞게 되었다. 비록 지휘관이 죽고 없었지만 남은 병력은 계속 전투를 이어갔고, 로마 기병대는 더욱 쉽게 적을 압도할 목적으로 말에서 내려 보병에 합류했다. 적들은 제대로 방어를 해내기 위해 어쩔 수 없이 똑같이 말에서 내렸고, 이런 전술로 로마 인들은 승리를 거뒀다. 기병보다 보병이 얼마나 더 유능한지 보여주는 사례로 이것만 한 것은 없으리라. 다른 경우에 집정관들이 기병대에게 말에서 내리라는 명령을 내린 것은 어려움에 빠져 도움이 필요한 보병대에게 지원하기 위해서였다. 하지만 이 사례에선 보병을 지원하거나 적의 보병을 상대하기 위해 기병대가 내린 것이 아니었다. 적의 기병과 싸우면서, 로마 기병대는 말에 타고 있으면 적을 이길 수 없지만 말에서 내리면 쉽게 이길 수 있다고 판단한 것이었다.

훌륭한 보병은 훌륭한 보병만이 패배시킬 수 있다

따라서 나는 잘 조직된 보병대는 다른 보병대가 아니라면 이기기가 굉장히 어렵다는 결론을 내린다. 로마 인 크라수스와 마르쿠스 안토니우스는 몇 안 되는 기병과 많은 보병을 데리고 여러 날을 진격해 파르티아(카스피 해 남동쪽의 고대국가로 현재는 이란 북동부의 일부. -옮긴이)의 영토로 침입했고 무수한 파르티아 기병대를 그 과정에서 상대했다. 크라수스는 지휘하던 부대 일부와 함께 전사했고 마르쿠스 안토니우스는 이런 위협을 뛰어난 능력으로 돌파하여 그 자신의 목숨을 건졌다. 그럼에도 불구하고 로마 인들이 겪은 곤경에서 보병이 기병보다 우세하다는 점은 명백하게 드러났다. 산이 적고 심지어 강은 더 적은 데다 바다로부터도 멀리 떨어지고 지원도 받을 수 없는 대국에서 마르쿠스 안토니우스는 이런 역경을 훌륭한 능력으로 극복하고 살아남아 파르티아 인들마저도 그 능력을 인정하게 만들었다. 거기다 파르티아 기병대는 감히 마르쿠스의 보병대 진영을 시험해 볼 생각조차 하지 않았다. 크라수스가 전사한 것에 관해선 그의 행동을 유심히 지켜본 사람이라면 힘이 아닌 기만에 당했음을 알 수 있다. 크라수스가 분명 어려움을 겪고 있음을 알았지만 파르티아 인들은 감히 직접적으로 그의 군대를 향해 돌격하지는 못했다. 그와는 정반대로 그들은 늘 크라수스의 측면에 머무르며 보급을 끊고 지키지도 않을 약속을 하면서 크라수스를 철저하게 고립된 상황으로 몰고 갔다.

많은 현대의 사례가 그토록 충분하게 증거를 제공하지 않았더라면, 나는 기병보다 보병의 능력이 훨씬 출중하다는 사례를 논하는데 꽤나 곤란함을 겪었을 것이다. 앞에서 언급한 것처럼, 노바라에서 보병 9천의 스위스군은 1만의 기병대와 같은 수의 보병대와 충돌해 승리를 얻었다. 기병대가 스위스군에 피해를 주지 못했을 뿐만 아니라, 보병대의 대부분은 가스코뉴에서 온 형편없는 훈련을 받은 오합지졸이었기 때문에 스위스군은 그들을 거의 무시해 버렸다. 이어 우리는 보병 2만 6천의 스위스군이 밀라노 북부에서 2만의 기병대와 4만의 보병대, 1백 문의 대포를 갖춘 프랑스 왕 프랑수아 1세를 공격하는 모습을 봤다. 노바라에서처럼 승리를 거두지는 못했지만, 그들은 이틀 동안 용맹하게 싸웠고 패배를 당하긴 했지만 절반은 도망칠 수 있었다.

마르쿠스 아틸리우스 레굴루스(Marcus Atilius Regulus)는 자신의 보병대로 기병대뿐 아니라 코끼리도 공격할 수 있다고 할 정도로 굉장히 용감했다. 그의 계획은 실패했지만, 그는 자신의 보병대가 그런 역경도 극복할 수 있다고 생각했고, 실제로 그런 능력을 충분히 가지고 있었다. 그의 계획이 실패한 데에는 그와는 다른 원인이 있었다. 그러므로 나는 잘 조직된 보병대를 이기기 위해서는 그보다 더 잘 조직된 보병대로 상대해야 한다는 점을 반복해서 말하겠다. 그렇게 하지 않으면 패배가 있을 뿐이다. 밀라노의 공작 필리포 비스콘티가 통치하던 시기에 약 1만 6천의 스위스군이 롬바르디아로 내려오는 일이 있었다. 당시 공작은 카르미뇰라를 장군으로 삼아 약 1천의 기병과 소수의 보병을 주어 스위스군과 맞서게 했다. 스위스군의 전투 대형을 모르던 카르미뇰라는 즉시 그들을 물리칠 수 있을 것이라 여기고 기병대로 공격했다. 하지만 그는 도저히 그들을 제압할 수 없다고 생각하여 후퇴했으나 그때는 이미 많은 병사를 잃은 뒤였다. 그럼에도 카르미뇰라는 굉장히 유능한 지휘관이었고 새로운 상황에 따라 새로운 방침을 계획하는 법을 알았기에 군대를 보강하고 스위스군과 대적하러 갔다. 대치하게 되자 그는 중기병들을 모두 말에서 내리게 한 뒤 보병대의 맨 앞에 세우고 스위스군을 공격했다. 스위스군은 이에 대처할 수 없었다. 카르미뇰라의 중기병들이 말에서 내려와 잘 무장한 채로 피해도 입지 않고 스위스 진영으로 쉽게 침입했기 때문이다. 일단 보병으로 전환한 중기병들은 손쉽게 스위스군에 피해를 줬고 그 결과 스위스군 중 목숨을 부지한 이들은 카르미뇰라가 자비를 베풀어 준 이들뿐이었다.

나는 많은 이들이 보병과 기병의 차이점을 알아본다고 생각한다. 하지만 이 시대는 너무나 비참한 시대여서 고대나 현재의 사례도, 심지어 실수의 고백도 현대 군주들을 재고하도록 만들지 못한다. 그들은 또한 그런 이야기를 들어도 묵묵부답이다. 국가의 시민군에 위신을 부여하기 위해선 고대의 보병 제도를 복원하여 이를 유지하고 명성을 부여하고 생기를 불어넣는 일이 필요하며, 그렇게 하면 국력과 군주의 위신은 저절로 따라올 것이라는 점을 이해하지 못한다. 현대 군주들은 이런 방법뿐만 아니라 앞에서 논의한 다른 방법들도 무시한다. 이로 인해 영토 확장을 하더라도 국가의 명성이 위대해지지 않고 오히려 피해를 입는다. 이에 관해선 아래에서 논할 것이다.

제19장

로마 인들의 탁월한 기준을 따르지 않고 조직도 엉성한 공화국의 정복 사업은 영광을 가져오는 것이 아니라 국가의 몰락을 초래한다

우리의 부패한 시대에 발생한 좋지 못한 사례에 기반을 둔, 진실에 반하는 의견들이 있다. 이것들 때문에 우리 현대인은 통상의 방법에서 벗어나는 생각을 하지 못한다. 우리가 자주 인용했던 노바라 전투에서 알아본 사례, 즉 1만의 보병대가 1만의 기병대와 그와 동수인 보병대를 평지에서 상대할 수 있을 뿐만 아니라 물리칠 수 있다는 점을 30년 전의 이탈리아 인에게 말하면 납득할 수 있었을까? 역사에는 그런 사례가 가득한데도 불구하고, 사람들은 그 점을 믿지 않으려 한다. 믿는다고 하더라도, 그들은 요즘엔 무장도 좋은 데다 말까지 탄 기병대는 보병은 물론 바위에도 돌격할 수 있다고 말할 것이다. 그들은 그런 잘못된 이유로 자신들의 분별력을 해친다. 그들은 루쿨루스가 소규모 보병대로 티그라네스의 15만 기병대를 물리친 방법은 고려하지도 않는다. 그 15만의 기병대 중 오늘날의 중기병과 굉장히 유사한 기병이 있었다는 점 역시 고려하지 않는다. 따라서 알프스 너머에서 침공해 온 병사들의 사례가 이런 오류를 밝혀냈으니(그 때문에 우리는 보병에 관한 역사적 사실이 모두 진실임을 알게 된다), 그들은 모든 다른 고대 제도가 진실하고 유용하다는 것을 믿어야만 한다.

이를 믿는다면, 공화국들과 군주들은 실수를 범하는 일이 크게 줄 것이고 그들을 향한 공격에 더 강하게 맞설 수 있을 것이며, 퇴각은 별로 믿지 않게 될 것이다. 또한 영토를 확장하든 유지하든 시민 사회를 통치하는 자들은 지도하는 법을 더 잘 알게 된다. 그들은 도시의 거주민 수를 늘리는 것, 속국이 아닌 동맹을 만드는 것, 획득한 영토를 지키기 위해 식민지에 병사를 보내는 것, 전리품에서 자금을 얻는 것, 포위보다는 습격과 전투로 적을 정복하는 것, 국고를 부유하게 만들고 개별 시민은 검소하게 하는 것, 철저한 근면함으로 군사 훈련을 지속하는 것 등이 국력을 신장하고 위대한 공화국으로 가는 진정한 길임을 믿을 것이다. 이런 성장 방법을 만족스럽게 여기지 않는 세력은 다른 수단에 의한 영토 확장은 공화국에 붕괴를 가져올 것이라는 점을 기억해야 한다. 여기에 더해 그들은 모든 야망을 억제하고 법과 관습을 통해 도시를 세심하게 규제하고 자기 방위만을 생각하고 방어 수단이 훌륭하게 조직된 채로 유지가 되게 하며 확장을 금지해야 한다. 독일의 공화국들은 이처럼 하여 한동안 그랬듯 현재도 자유롭게 살고 있다.

국가가 존속하기 위해서는 세력 확장이 필요하다

그럼에도 불구하고 영토를 확장하려는 체제와 안정을 도모하는 체제의 차이를 논할 때 언급했던 것처럼, 공화국이 좁은 국경 안에서 자유를 누리는 동안에는 현상 유지가 불가능하다. 그들이 다른 세력과 문제를 일으키지 않더라도, 다른 세력이 그들을 괴롭히려 들 것이기 때문이다. 이런 괴롭힘을 받으면 사람들은 영토 확장의 필요성을 느끼고 해외 진출의 의지를 불태우게 된다. 모든 대도시가 필연적으로 겪는 것처럼, 외부에 적이 없을 때는 본토 내부에서 적이 생겨나게 된다. 독일의 공화국들이 자유로운 방식으로 오랫동안 살아왔다면, 이는 다른 나라에는 존재하지 않는 그 나라만의 특정한 상황에 기인하는 것이다. 그것이 없었다면 그들은 그런 삶의 방식을 유지하지 못한다.

내가 말하는 독일 지방도 한때는 프랑스와 스페인처럼 로마제국의 속국이었다. 하지만 이후 로마제국의 힘이 쇠락하기 시작하자 이 지방에 제국이라는 칭호가 넘어왔고(→신성로마제국), 이 지역의 굉장히 강력한 도시들은 황제들의 소심함 혹은 필요를 잘 활용하여 매년 소량의 공물을 준비해 바침으로써 이전 같은 관계를 청산하고 자유로워지기 시작했다. 따라서 황제에게 직접적으로 종속되었지만 다른 어떤 군주와도 종속 관계가 없는 모든 도시들이 서서히 제국과의 관계를 청산했다. 이렇게 도시들이 자유를 찾던 당시 오스트리아 공작에 종속된 특정 공동체들이 공작에게 항거하는 일이 발생했다. 그런 도시들 중엔 프리부르, 스위스 등이 있었다. 그들은 처음부터 번영했고 천천히 힘을 키워 오스트리아의 굴레로 되돌아가지 않는 것은 물론 주변 모든 다른 세력이 그들을 두려워할 정도로 세력을 과시했다. 이들이 현재 스위스 인이라 불리는 자들이다.

따라서 독일 지방은 스위스, 자유도시라 불리는 공화국들, 군주국들, 황제 직할지로 나뉘었다. 그렇게도 많은 다양한 부류의 정권이 들어섰는데도 그들 사이에서 전쟁이 일어나지 않거나 일어나더라도 길게 끌지 않는 이유는 황제의 상징성 때문이다. 황제는 힘은 없지만 그럼에도 정권들 사이에서 굉장한 위신을 가지고 있다. 따라서 그는 조정자처럼 행동하고 중재자처럼 권위를 가지고 여러 세력들 사이에 끼어들어 어떤 다툼이라도 재빨리 중지시킨다. 가장 규모가 크고 긴 전쟁은 스위스와 오스트리아 공작 사이에서 벌어진 것이었다. 비록 황제와 오스트리아 공작은 오랫동안 겸직되었지만, 그럼에도 대담무쌍한 스위스 인들을 제압할 수는 없었고 힘 이외에 다른 방식으로 그들과 합의를 보는 것은 불가능했다.

　다른 독일 국가들은 황제에게 도움을 제공하지 않았다. 자신처럼 자유롭게 살고 싶어 하는 측을 공격하고 싶지 않았기 때문이다. 군주국들 일부는 나라 사정이 좋지 않아 도와줄 수도 없었고, 다른 군주국들은 황제의 권력을 시기했기에 도움을 주지 않았던 이유도 있었다. 따라서 이런 공동체들은 작은 영토에 만족하며 살 수 있었다. 황제의 권력을 고려하면 더 큰 영토를 가질 이유가 없었기 때문이다. 그들은 성벽 안에서 단합된 모습으로 살았는데, 불화하는 모습을 보이면 인근의 적이 그 기회를 틈타 침공해 오기 때문에 단합이 정말 중요했다. 만약 독일 지방의 상황이 지금과 다르게 흘러갔다면, 그곳의 세력들은 그들의 평온함에서 벗어나 영토 확장을 추구했을 것이다.

해외 정복은 부작용이 따른다

하지만 독일 지역 같은 상황은 다른 곳에서 찾아볼 수 없어 독일식 생활 방식을 선택하는 것은 불가능하다. 그러므로 연합이라는 수단이나 로마가 했던 방식 중 하나를 택하여 영토 확장에 나설 필요가 있다. 그 외의 방식으로 행동하는 세력은 삶이 아닌 죽음과 몰락을 얻게 될 것이다. 그런데 정복 활동은 수많은 방식과 이유로 정복 활동은 손해를 입힌다. 따라서 영토를 얻는 것이 동시에 힘을 부여하는 것이 아니라는 설명은 아주 현실성 높은 이야기이다. 영토를 얻었지만, 그에 따라 힘을 얻지 못한 세력은 필연적으로 몰락하게 된다. 전쟁으로 빈곤하게 된 세력은 심지어 전쟁에서 승리를 거두더라도 힘을 얻을 수 없다. 영토 획득으로 얻은 것보다 더 많은 문제가 발생하기 때문이다.

　베네치아 인들과 피렌체 인들이 그런 경우이다. 베네치아는 롬바르디아를, 피렌체는 토스카나를 얻고서 지배한 뒤부터 훨씬 쇠퇴했다. 베네치아가 바다에만 만족하고 피렌체가 주변 약 10킬로미터의 영토에만 만족했다면 이런 쇠퇴는 없었을 것이다. 사실 이 모든 것은 영토 확장 방법을 어떻게 선택하는지 제대로 모르고 확장 정책을 추진한 데서 나온 결과이다. 베네치아와 피렌체는 변명의 여지가 별로 없기에 더 강한 비판을 받아 마땅하다. 그들은 로마가 채택한 방법을 알았으므로 그들의 사례를 따를 수도 있었는데 그렇게 하지 않았다. 반면 로마는 선례가 없음에도 불구하고 신중하게 행동하여 올바른 방식을 스스로 찾아냈다.

이 외에도 정복 활동은 때로 잘 조직된 공화국에 적지 않은 피해를 준다. 사치가 만연한 도시 혹은 지방을 정복했을 때, 그들과 접촉하는 경험을 통해 그런 좋지 않은 버릇 일부가 전염될 수 있다. 이는 처음에 카푸아를 정복한 로마에게, 그 다음엔 한니발에게 벌어진 일이었다. 만약 카푸아가 로마에서 훨씬 멀리 떨어져 있어서 병사들의 비행을 가까이에서 단속하지 못했거나 로마가 일정 수준 타락해 있었더라면 의심할 여지없이 카푸아 점령은 로마 공화국의 몰락을 가져왔을 것이다. 리비우스는 이것이 진실임을 다음과 같은 말로 증언했다. "카푸아는 당시 군기에 가장 해로운 곳이어서, 병사들의 마음을 온갖 쾌락으로 유혹하여 고향조차 잊게 했다." 카푸아와 같은 도시나 지방은 진정으로 전투나 피를 흘리는 일 없이 정복자에게 복수를 가한다. 정복자들에게 자신들의 좋지 못한 버릇들을 심어서 공격에 취약한 군대로 변질시키기 때문이다. 로마의 풍자 시인 유베날리스(Juvenal)는 이 문제에 관하여 그의 『풍자시(Satires)』에서 언급했는데, 이보다 더 잘 표현할 수는 없을 것이다. 그는 외국의 영토를 얻은 결과, 외국 관습이 로마 인들의 마음속에 들어와 검소함과 기타 훌륭한 자질을 밀어낸 세태를 이렇게 개탄했다.

칼보다 더 무서운 사치가 자리 잡았고

그리하여 정복된 나라가 복수를 가했네.

로마 인들이 그렇게나 신중하고 많은 능력을 갖추고 처신하던 때에도 영토 확장이 그런 피해를 입혔는데, 하물며 로마 인들의 방법과 너무나 동떨어진 데다 위에서 자세하게 언급한 실수들 외에 용병이나 외인부대를 전투 병력으로 선택하는 세력에게 있어서랴. 그 결과 그들은 각종 피해를 봤는데 이 점에 대해서는 다음 장에서 살펴본다.

제20장

보조 부대나 용병 부대를 고용하는
군주나 공화국은 어떤 위험을 초래하는가

나의 다른 저술에서(『군주론』 12장과 13장. ─옮긴이) 용병이나 보조 부대를 고용하는 일이 얼마나 무익하고, 본국의 병사를 활용하는 일이 얼마나 유익한지에 관해 논하지 않았더라면 이 장에서 이 주제와 관련하여 더 길게 논해야겠지만, 이미 상세하게 언급했으니 간략하게 짚어보기로 한다. 리비우스가 보조 부대라는 주제에 관해 수많은 사례를 들었다고 해서 전적으로 이 문제를 넘겨버리는 것은 적절치 못하다는 생각이 든다. 보조 부대는 군주나 공화국이 전장에 나가 있는 아군 사령관을 지원하기 위해, 보조 부대장을 지명하고 또 그 부대원의 임금도 지불하는 부대를 말한다. 이제 리비우스의 기록에 관해 이야기해 보자. 로마 인들은 로마군을 출병시켜 두 군데 다른 장소에서 삼니움 인들을 패배시켰다. 로마군이 이렇게 파병한 것은 삼니움 인들과 싸움을 벌이는 카푸아 인들을 그 전쟁으로부터 해방시키기 위해서였다. 이제 임무를 완수했으므로 로마군은 로마로 돌아가며 2개 군단을 방어 목적으로 카푸아에 위수부대로 남겨뒀다. 다시 카푸아 인들이 삼니움 인들의 사냥감이 되는 것을 막기 위한 예방 조치였다.

하지만 나태함에 쇠약해진 로마 군단은 카푸아에서 쾌락을 즐기다 조국과 원로원을 향한 공경심도 잊어버리고 무기를 들고 도시의 지배자가 되자는 생각을 품기 시작했다. 그들은 카푸아를 자신의 무용으로 지켜 냈다는 방자한 생각을 하면서 도시를 제대로 방어할 줄도 모르는 주민 들은 재산 소유의 자격도 없다는 생각마저 하고 있었다. 하지만 이를 탐 지한 로마 인들은 카푸아의 2개 군단에 적절히 대응하여 그런 태도를 즉 시에 교정했다. 이에 관해선 뒤에서 음모에 대해 다룰 때(『사론』 3-6) 충분 히 설명하도록 하겠다.

용병 부대는 제일 해로운 부대이다

따라서 반복하여 말하는데 모든 부류의 병사들 중 용병 부대가 가장 해 롭다. 도움을 받는 군주나 공화국은 그들에게 아무런 권위도 없고, 용병 부대를 파견한 쪽만 유일하게 그 권위를 가지기 때문이다. 위에서 언급 했듯이 보조 부대 병사들은 한 군주가 현지 아군 사령관에게 보낸 병력 이다. 군주가 임명한 용병 대장, 그 군주의 깃발, 그 군주가 제공하는 보 수를 받는 이들이라는 뜻이다. 로마 인이 카푸아로 보낸 로마군이 이 경 우에 해당한다. 이런 부류의 병사들은 승리를 얻게 되면 대개 대적한 세 력뿐만 아니라 그들을 고용한 세력도 괴롭히는데, 이는 그들을 보낸 군 주가 악의를 가지고 있거나 그들 자신의 야욕 때문에 일어난다. 로마 인 들이 카푸아 인들과 맺은 합의를 저버리려는 의도는 없었지만, 그럼에 도 불구하고 카푸아의 로마 군단 병사들에겐 도시를 빼앗기가 너무도 쉬워 보였으므로 카푸아 인들로부터 도시를 빼앗자는 생각을 저절로 하 게 된 것이었다.

이에 관한 많은 사례를 인용할 수 있지만 카푸아에 더하여 레기움의 사례를 드는 것으로 충분하다고 본다. 레기움 사람들은 주둔군으로 있 던 로마 군단에게 땅은 물론 목숨까지 빼앗겼다. 그러므로 군주나 공화국은 방위를 위해 국내로 보조 부대를 들여오는 것을 최후의 수단으로 삼아야 한다. 그럴 바엔 차라리 적과 협정을 체결하라. 얼마나 오래 지속되든 간에, 보조 부대에 전적으로 의존하는 방침보다는 이것이 덜 부담스러울 것이다. 과거 사건에 관해 읽고 현재 사건을 논해 보면, 보조 부대로 혜택을 본 이들보다는 기만당한 이들이 셀 수 없이 많다. 군주나 야심을 품은 공화국이 볼 때, 방위를 위해 군사를 파견해 달라는 요청은 곧 그 요청해 온 도시나 지방을 점령해 버리는 아주 좋은 기회가 된다. 따라서 자신도 보호해 주고 또 다른 세력도 공격해 주기를 바라며 외부에 도움을 요청하는 야심 찬 세력은, 유지할 수 없는 영토를 추구하는 것이고 또 그 도움을 파견한 세력이 얻어준 영토를 쉽게 빼앗기고 만다.

하지만 사람의 야욕은 너무도 크다. 그래서 순간의 욕망을 충족시키기 위해 자신이 저지르는 행동이 아주 신속하게 가져올 폐해는 생각하지 못한다. 앞에서 논했던 다른 일에서 그랬던 것처럼, 사람들은 이런 고대의 사례로부터 교훈을 얻지 못한다. 만약 교훈을 얻었다면 그들은 인근 세력에 더욱 자비로운 모습을 보이고 그들의 영토를 점령할 생각을 멀리할수록 인근 세력이 더욱 자신을 의탁해 온다는 점을 깨달았을 것이다. 이와 관련해선 카푸아 인들의 사례를 통해 설명하고자 한다.

제21장

로마가 지방 총독을 처음으로 파견한 곳은 카푸아였고, 그것도 전쟁을 벌인 지 4백 년이 지난 뒤였다

영토 확장을 위해 로마 인들이 정복전을 벌이는 방식이 오늘날의 그것과 얼마나 다른지는 위에서 충분히 언급했다. 더불어 도시를 파괴하지 않았을 경우, 그 도시가 동맹이든 속국이든 가리지 않고 원래 따르던 그들의 법에 따라 살도록 허용한 것도 이미 언급했다. 그런 도시들에 로마인들은 로마 권력의 흔적을 남기지 않았을 뿐더러 특정 조건의 준수만 의무 사항으로 부과했다. 제대로 조건을 준수하면 로마에 정복당한 도시들은 예전과 같은 상태와 위엄을 유지하게 살아갈 수 있도록 허용했다. 이런 방식은 로마 인들이 이탈리아 외부로 향할 때까지 준수되었고 해외 진출 이후에 정복된 왕국과 국가는 속주로 전환되었다.

이에 관한 명백한 사례로 최초로 지방 총독이 파견된 곳이 카푸아라는 사실을 들 수 있다. 로마는 야심 때문에 이런 결정을 한 것이 아니었다. 그보다는 오히려 내부 갈등을 겪던 카푸아 인들이 요청해 왔기 때문이다. 그들은 로마 시민이 도시에 들어와 도시를 재편성하고 재결합해 주어야 한다고 생각했던 것이다. 동일한 필요성을 느끼고 있던 안티움 인들은 이를 보고 고무되어 로마에 총독을 보내줄 것을 요청했다. 이 사건과 새로운 지배 방식에 대하여 리비우스는 이렇게 말한다. "로마의 군대뿐만 아니라 법률도 그 권세를 널리 퍼뜨리기 시작했다."

그러므로 이 방법이 로마의 영토 확장을 얼마나 용이하게 했는지 우리는 명백히 알 수 있다. 특히 자유롭게 살면서 자국민에 의한 통치에 익숙한 도시들은 자신이 굴종 상태라는 치욕을 매일 깨닫게 되는 지배를 받는 것보다 약간의 가혹함이 있더라도 보이지 않는 지배 하에서 평온을 유지하며 사는 것에 더욱 만족한다. 그런 지배 방식은 정복자에게 또 다른 이점을 가져다주었다. 그런 도시에 파견된 지배 세력의 총독은 도시에서 일어난 민사와 형사 사건을 재판하는 판사들에게 영향력을 행사하지 않았고, 따라서 그 어떤 사법적 선고가 내려지더라도 지배 세력은 비난을 당하지 않았다. 거기다 근거 없는 비난이나 증오를 낳는 수많은 원인도 피하게 되었다.

고대 사례를 제외하고, 이 점이 진실인지를 증명해 주는 것으로 최근 이탈리아에서 벌어진 사례가 있다. 모든 이들이 알다시피 제노바는 프랑스에 수도 없이 점령당했다. 최근을 제외하고 프랑스 왕은 늘 총독을 보내 자신의 이름으로 통치하도록 하명했다. 하지만 이제 프랑스 왕은 선택이 아닌 상황적 필요에 내몰려서 도시에 자치권을 부여하고 제노바 총독도 스스로 뽑도록 허용했다. 두 가지 방법 중 어떤 것이 프랑스 왕의 점거를 더 안정적으로 하고 또 도시 내의 사람들 역시 더 만족스럽게 하는지를 알아본 자라면 주저하지도 않고 후자의 방법을 택할 것이다.

자치 허용이 가장 좋은 통치 방법이다

이는 의심할 필요조차 없다. 뿐만 아니라 지배자는 도시를 점령하겠다는 모습을 보이지 않을수록 현지 주민들은 더욱 의탁해 오게 된다. 또한 지배자가 더욱 인간적이고 상냥한 모습으로 대할수록 그들은 자신의 자유에 관해 두려움을 품지 않게 된다. 바로 이런 친절함과 관대함이 카푸아 인들로 하여금 스스로 로마에 총독을 파견해 달라고 요청하게 만든 배경이다. 그렇지만 만약 로마가 먼저 총독을 파견할 의향을 내비쳤다면 카푸아 인들은 그 즉시 의심을 품고서 로마 인들과 거리를 뒀을 것이다.

하지만 피렌체와 토스카나의 사례가 충분히 있는데 무엇 때문에 굳이 카푸아와 로마의 사례를 인용할 것인가? 오래전 피스토이아라는 도시 가 피렌체의 통치에 자발적으로 의탁해 왔다는 사실은 모두가 알고 있 다. 또 피렌체 인들, 피사 인들, 루카 인들, 시에나 인들 등 이들 시민들 사 이의 적대감이 얼마나 깊은지는 잘 알려진 사실이다. 이런 감정의 골은 왜 생겨났을까? 피스토이아의 사람들은 다른 도시의 사람들처럼 자유 를 중시했고 또 자신이 다른 사람들과 다르다고 생각하지도 않았다. 그 런데도 피스토이아는 피렌체와 친했다. 그 이유는 피렌체 인들이 다른 세력과는 적처럼 지냈지만 피스토이아 사람들과는 항상 형제처럼 지냈 기 때문이다. 이런 이유로 피스토이아 사람들은 기꺼이 피렌체의 통제 를 받았다. 다른 세력은 피렌체의 통제를 받지 않기 위해 과거건 현재건 전력을 다했고, 또 하고 있다. 만약 피렌체 인들이 인근 세력의 화를 돋우 지 않고 연합이나 원조라는 방식을 통해 자신과 친해지게 유도했더라면 지금쯤 틀림없이 토스카나의 지배자가 되었을 것이라는 점은 너무나 분 명하다. 이런 주장을 한다고 해서 무력 사용은 안 된다는 얘기는 아니다. 그러나 무력은 다른 수단이 충분치 않을 때 최후의 수단으로 아껴둬야 만 한다.

제22장

사람들이 중요한 문제를 판단할 때 종종
잘못된 의견을 내놓는 이유

어떤 문제와 관련해 의사 결정의 토론을 지켜본 사람이라면 많은 경우에 사람들이 얼마나 많이 그릇된 결정을 하는지 알게 된다. 종종 그런 결정을 내리는 사람은 탁월한 사람이 아니며, 그리하여 진실과는 정반대되는 결정을 내린다. 부패한 공화국의 훌륭한 시민들은 적으로 간주되는데(특히 평화로운 시기에는 더욱 그렇다), 시기와 야욕을 품은 자들이 중상모략하기 때문이다. 사람들은 공통적인 자기기만에 의해 선량한 것처럼 보이는 사람을 따르거나 공익보다는 특혜를 바라는 사람들이 내세운 자를 따른다. 하지만 나중에 역경의 시대가 오면 여론의 자기기만이 드러나게 되고 상황적 필요에 의해 평화로운 시기에 거의 잊힌 이들에게 의지하게 된다. 이와 관련해선 적절한 곳(『사론』3-16)에서 충분히 논할 것이다.

경험이 거의 없는 이들이 쉽게 속아 넘어가는 특정한 경우도 또한 발생한다. 가령 어떤 일들은 아주 진실하게 보이고 그래서 이런 일들에 관여한 사람들의 판단이 정확하다고 믿게 되는 것이다. 내가 이렇게 말한 것은 누미시우스와 프랑스 왕의 사례가 있기 때문이다. 로마 인들에게 패배한 이후 라티움 집정관 누미시우스가 동족을 설득하려고 했던 것과, 몇 년 전 스위스가 방어하는 밀라노를 점령하러 온 프랑스 왕 프랑수아 1세의 일과 관련하여 많은 사람들이 그릇된 믿음을 갖고 있었다. 루

370

이 12세가 사망한 뒤 앙굴렘의 프랑수아가 프랑스 왕위에 올랐다. 프랑수아 1세가 된 그는 몇 년 전 교황 율리우스 2세의 지원을 받아 스위스군에 점령된 밀라노 공국을 되찾기를 바랐고, 이 수복 사업을 용이하게 해줄 동맹을 이탈리아 내에서 구했다. 루이 12세에게 지지를 약속한 베네치아 인들 외에도, 프랑수아 1세는 피렌체 인들과 교황 레오 10세의 의향을 타진했다. 스페인의 왕이 롬바르디아에 군세를 가지고 있고, 황제도 베로나에 추가로 군세를 가지고 있었기에 두 세력의 지원만 얻을 수 있다면 수복 사업은 쉬워질 것이었다.

하지만 교황은 조언하는 자들에게 설득당해(일설에 따르면) 프랑스 왕의 지원 요청을 거부하고 중립으로 남기로 했다. 교황에게 조언한 이들은 프랑스 왕이나 스위스의 세력이 이탈리아 내부에 있는 것이 교회에겐 이롭지 못하며, 이탈리아가 고대에 누렸던 자유를 회복하길 바란다면 양쪽에 굴종하는 것으로부터 벗어나야 하므로 중립을 지키는 것이 확실한 승리의 길이라고 주장했다. 하지만 교회가 어느 한쪽을, 혹은 양쪽을 자력으로 제압하는 것은 불가능했다. 따라서 교황의 입장에선 어느 한쪽이 승리를 거두게 내버려둔 다음, 그 후에 교회의 세력과 동맹군과 함께 그 승자를 공격할 필요가 있었다. 교황에겐 이보다 더 나은 기회를 찾기란 불가능했다. 프랑스와 스위스가 이미 전장에 나타났고, 교황의 군대는 영토를 지킨다는 구실로 양쪽 군대 근처의 롬바르디아 경계지에서 잘 조직된 채로 대기하며 승자가 결판날 때까지 기다렸다. 프랑스군과 스위스군이 모두 강했기에, 혈전이 벌어질 것이고 승자는 쇠약한 상태가 될 것이니 그때 어부지리를 노리면 된다는 생각은 합리적이었다. 따라서 교황이 그 승자를 공격하여 물리치는 일은 쉬울 것이고 이런 빛나는 위업을 달성한 그는 롬바르디아의 지배자이자 이탈리아 전역의 결정권자가 될 것이라는 생각 또한 합리적이었다. 하지만 이 의견이 얼마나 잘못됐는지는 전투가 실제로 전개되자 금방 알 수 있었다. 오랜 전투 끝에 스위스군이 제압되자 교황과 스페인의 군대는 승자를 공격할 용기도 내지 못하고 퇴각을 준비했기 때문이다. 승리의 여세를 몰아 추가 승리를 노리지 않고 교회와 협정을 맺는 것으로 충분하다고 생각한 프랑수아 1세의 자비 혹은 우유부단함이 아니었더라면, 그런 퇴각도 교황과 그의 동맹에게 그리 유익한 일이 되지 못했을 것이다.

승리한 군대는 군사력이 더욱 강해진다

교황파의 의견은 멀리서 보면 진실처럼 보이지만 가까이서 보면 진실과는 전혀 관련이 없다. 이를 지지하는 확실한 논거는 다음과 같다. 승자가 부대 대부분을 잃는 일은 아주 드물다. 승리한 부대의 병사들은 전투 중에 전사해도 패주하지는 않기 때문이다. 한창 전투 중일 때 병사들이 백병전으로 맞붙게 되면 실제로 그중에서 전사하는 병사는 몇 명 되지 않는다. 대개 그런 전투가 지속되는 시간이 짧기 때문이다. 심지어 백병전이 길어져 승자의 부대에서 전사자가 많이 났더라도, 승리는 승자의 위세를 엄청나게 높일 것이고 적에게 엄청난 두려움을 안겨줄 것이다. 이는 전사자의 발생으로 입은 손해를 훨씬 능가하는 위력적인 힘이 된다. 따라서 승자가 약해졌다고 믿고 공격하는 군대는 단단히 속고 있는 것이다. 승부가 결정되기 전이나 후를 가리지 않고 어느 때나 승자와 전투할 수 있을 정도로 군사력이 강성하지 않는 한, 승자를 상대로 한 어부지리는 자기기만에 지나지 않는다.

  승자와 호각을 겨룰 수 있는 수준이라면 무운이나 출중한 능력에 따라 승패가 결정되겠지만 그래도 이미 싸워 승리한 군대가 여전히 유리한 입장에 있다. 이 주장이 진실이라는 것은 라티움 인들의 경험과 그들의 집정관 누미시우스가 저지른 잘못, 그리고 집정관을 믿은 라티움 인들에게 가해진 손해 등으로 알 수 있다. 로마 인들이 라티움 인들을 정복한 뒤, 누미시우스는 여태까지의 전투로 쇠약해진 로마 인들을 공격할 적기라고 라티움 전역에 선포했다. 그는 로마 인들은 패배나 다름없는 손해를 입어 상처뿐인 승리를 거두었다고 주장했다. 그러면서 누미시우스는 로마 인들을 이참에 공격할 군세가 조금만 있어도 그들을 타도할 수 있다고 말했다. 그리하여 라티움 인들은 집정관을 믿고 새로운 병력을 모아 로마 인들을 공격했지만 순식간에 패배했고, 그런 엉뚱한 의견을 가진 자들이 늘 당하는 피해를 당했다.

제23장

속국이 문제를 일으켜 판결을 내려야 할 때
로마 인들이 중간노선을 피했다

"라티움의 상황은 너무 혼란스러워 평화든 전쟁이든 견딜 수 없는 수준이 되었다."

모든 불행한 상황 중 가장 심한 것은 군주나 공화국이 평화를 받아들이지도, 전쟁을 지속하지도 못하는 어정쩡한 상태가 되는 것이다. 평화 협정을 받아들이자니 피해가 막심하고, 전쟁을 하자니 원조 받은 나라나 적군의 먹이가 될 것 같은 그런 상태라는 뜻이다. 그런 가혹한 곤경에 처한 나라들은 앞서 말했듯이 아군의 힘을 신중하게 판단하지 못했기에 형편없는 조언과 계획을 받아들였고 그 대가를 치르는 것이었다. 그러므로 자신의 힘을 잘 판단하는 공화국이나 군주는 라티움이 겪게 된 곤경에 빠질 일이 거의 없다. 라티움 인들은 로마 인들과 협정을 맺지 않아야 할 때 맺었고, 로마 인들에게 전쟁을 선포하지 않아야 할 때 선포했다. 이렇게 하여 그들은 로마 인들이 적으로 남든 우방으로 남든 똑같이 손해인 상황을 초래했다.

그 결과 라티움 인들은 처음엔 만리우스 토르콰투스에게, 이후는 카밀루스에게 패배하여 완전 압도당했다. 카밀루스는 라티움 인들로부터 항복을 받아낸 뒤 그 나라를 다시 로마의 수중에 넣었다. 그는 이어 라티움의 모든 도시에 주둔군을 두고 인질을 잡아 로마로 돌아온 뒤 원로원에 라티움 전역이 로마의 수중에 들어왔다고 보고했다. 이런 판단은 탁월하기 때문에 비슷한 상황이 벌어졌을 때 군주들은 이를 모방할 가치가 있다. 그래서 나는 이 장의 시작에서 카밀루스의 입을 빌린 리비우스의 말을 인용했다. 이 말은 영토 확장을 할 때 로마에 의해 활용된 수단과 통치에 관한 결정에서 로마가 늘 중간노선을 피하고 극단적인 처방에 의지했다는 사실을 증언한다.

정부는 속국을 통제하기 위한 것이다

사실, 정부는 속국들을 통제하는 기구이다. 그들이 정부에 해를 입히지 못하고 또 해를 입힐 생각도 하지 못하게 만드는 기구에 지나지 않는다. 속국의 통제는 이렇게 이루어진다. 즉, 속국으로부터 가해 수단을 모조리 빼앗는 것, 혹은 운명에 변화를 가져오고자 하는 소망이 합리적이 아니라는 생각이 들도록 혜택을 안겨주는 것 등으로 완전한 안전을 확보하는 것이다. 이런 면모는 카밀루스의 보고, 그리고 그에 관련하여 이어지는 원로원의 판단으로 아주 명확하게 알 수 있다. 카밀루스는 이렇게 말했다.

"불멸하는 신들께선 여러분께 이 상황을 통제하도록 하셨고, 따라서 장래에도 라티움을 존속하게 할지 아닐지는 여러분의 결정에 달렸습니다. 따라서 라티움 인들에 관해서 여러분은 무자비를 보이거나 용서를 함으로써 항구적인 평화를 만들어낼 힘을 가지고 계십니다. 여러분은 굴복하고 패배한 이들에게 가혹한 수단을 사용하길 바랍니까? 그렇다면 라티움 전역을 파괴하여 많은 큰 전쟁에서 우리를 도왔던 훌륭한 동맹군이 살던 그 땅을 광활한 사막으로 변모시킬 수 있습니다. 아니면 여러분은 선조들의 사례를 본받아 패배한 적을 시민으로 받아들여 로마의 판도를 넓힐 수도 있습니다. 그런 세력 확대를 위한 요소는 지천에 있습니다. 그것으로 최고의 영광을 누릴 수가 있는 겁니다. 단언컨대 라티움 인들은 가장 강력한 통치에 기꺼이 굴복하려 할 것입니다. 하지만 어느 쪽으로 결정하든, 서둘러야 합니다. 지금 많은 이들이 희망과 두려움 사이에서 초조해하고 있습니다. 여러분은 가능한 서둘러 라티움 인들에 관한 의혹을 반드시 풀고 라티움 인들이 불안으로 정신을 잃기 전에 처벌을 하든 관대한 처사를 하든 둘 중 하나의 확실한 모습을 보여야 합니다."

카밀루스의 제안 이후에 원로원에 벌어진 심의 내용은 집정관의 말과 완전 일치를 이뤘다. 그들은 도시별로 중요성을 따져 상을 내리거나 아니면 파괴했다. 상을 받은 도시는 로마 인들로부터 세금 면제, 특권, 시민권을 받고 모든 면에서 안전을 보장받았다. 그 외의 도시의 경우 파괴되거나 식민지가 세워지거나 살던 시민들이 로마로 끌려오게 되었다. 이어 로마 인들은 로마에 살게 된 라티움 인들이 무장봉기를 하거나 음모를 꾸며 해악을 끼치는 일이 없도록 흩어져 살게 조치했다. 앞에서도 말했지만, 로마 인들은 중대한 일에 있어서 어정쩡한 중간노선을 취한 적이 없었다.

전쟁이나 외교에서 중간노선은 없다

통치자들은 카밀루스의 이러한 판단을 본받아야 한다. 1502년 아레초와 발디키아나에서 반란이 일어났을 때, 피렌체 인들은 로마처럼 행동했어야 했다. 그렇게 했다면 그들은 지배력을 유지했을 것이고 피렌체를 더욱 훌륭한 도시로 만들 수 있었을 것이며, 식량 부족을 해결해 주는 농촌 지대도 확보했을 것이다. 하지만 피렌체 인들은 사람들에 대해서 판단을 내릴 때 극히 해로운 중간노선을 취하고 말았다. 그들은 아레초의 시민 중 일부는 추방하고 다른 일부는 사형에 처했다. 그러면서 특권이나 예전부터 내려온 계급을 없앴지만 도시는 온전히 남겨뒀다. 이와 관련하여 심의가 진행되던 중 어떤 시민이 아레초는 파괴해야 한다고 조언을 하자, 스스로 현명하다고 여기는 이들은 그런 짓을 하면 피렌체가 그 도시를 유지할 힘이 없다는 인상을 다른 국가에 주지 않겠냐고 말하면서 도시의 명예에 도움이 되지 않는다고 주장했다. 이런 주장은 진실처럼 보이지만 실은 진실이 아니다. 이와 같은 논리로는 반역자나 사악한 선동가도 절대 처형할 수 없다. 결국 그 논리의 끝에는 통치자가 힘이 부족하여 일개 시민 하나 제압하지 못한다는 수치스러운 입증만이 남는 것이다.

이런 의견을 가진 이들은 때로 그런 식으로 국가에 대한 반역죄를 저지른 개인이나 도시 전체에 대하여 국가 안보를 위해 일벌백계의 본보기를 보여주어야 한다는 사실을 알지 못하는 것이다. 명예는 그런 이들을 처벌할 수 있고 또 처벌하는 법을 아는 데 있지, 산적한 위험 가운데 그런 반역자들을 그대로 놔두는 것에 있지 않다. 반역죄를 범한 자들을 처형하여 미래의 동일한 소행의 싹을 잘라버리지 않는 한, 그 통치자는 무지하거나 소심하다는 소리를 듣게 된다.

로마 인들이 실천한 그런 가혹한 판단의 필요성은 그들이 프리베르눔 인들에게 내린 선고로도 확인된다. 이 문제와 관련해서 리비우스의 역사서에서 주목해야 하는 사항은 두 가지이다. 첫째, 이미 언급한 것처럼 속국은 반드시 혜택을 내려 주거나 파멸해야 한다. 둘째, 현명한 사람 앞에서 기개 있게 진실을 말하는 것이 굉장히 중요하다.

반란을 일으켰다가 힘으로 제압당하고 로마의 통제 안으로 되돌아온 프리베르눔 인들에게 판결을 내리기 위해 로마 원로원이 소집되었다. 프리베르눔 인들은 많은 시민들을 로마에 보내 원로원 앞에서 용서를 구했고, 의원 중 한 명은 한 프리베르눔 인에게 이렇게 물었다. "프리베르눔 인들이 마땅히 받아야 할 처벌이 무엇이라 생각하시오?" 이에 그 시민은 대답했다. "스스로 자유를 받아 마땅하다고 생각하는 이에게 합당한 처벌입니다." 이에 집정관이 다시 물었다. "처벌을 면해 주면 우리가 귀국에게서 바랄 수 있는 평화는 어떤 것이라고 보시오?" 이에 앞서 말한 시민이 다시 대답했다. "훌륭한 처우를 허락해 주시면 평화는 충실하게 항구적으로 유지될 것입니다. 처우가 좋지 않으면 평화는 그리 길지 못할 것입니다." 이 시점에서 많은 다른 의원들이 분개하고 있음에도 불구하고 아주 현명한 의원들은 이렇게 주장했다. "참으로 자유인으로 태어난 자가 할 법한 말이 아닌가. 시민 전체이건 한 사람이건 필요 이상으로 오래 고통스러운 상황에 있는 것은 불가능한 일 아니겠습니까? 평화는 자발적으로 받아들인 조건 아래에서만 충실하게 유지됩니다. 굴종을 강요받은 이들에게선 충성을 기대할 수 없습니다."

이 말에 근거하여 원로원은 프리베르눔 인들을 로마 시민으로 인정하고 그들에게 시민이 누리는 특권을 부여하기로 결정하고 이렇게 선언했다. "오로지 자유를 생각하는 이들만이 로마 인이 될 자격이 있다." 한 프리베르눔 인의 진실하고 기개 있는 답변은 로마 인들의 관대한 영혼을 크게 만족시켰다. 그 외의 다른 답변은 기만적이고 비겁한 것에 지나지 않을 터였다. 스스로 자유로운 데 익숙하거나 자유롭게 생각하는 데 익숙한 사람들은 자유 이외의 다른 삶을 원하지 않는다. 이런 사람들에 대하여 자유 아닌 것을 강제할 수 있다고 생각하는 사람은 그 자신을 속이는 것이다. 이런 기만 속에서 살면, 남을 만족시킬 수 없는 것은 물론 자신에게도 좋지 못한 방침을 선택하게 된다. 그와 같은 상황에서 반란과 나라의 붕괴가 빈번하게 발생한다.

자유로운 공화국 점령 시 혜택과 파괴 중 택일

여하튼 원래 주제로 돌아가자. 나는 이렇게 결론을 내리고자 한다. 로마 인들이 라티움 인들에게 내린 판단에 근거했을 때, 강력한 도시와 자유 롭게 사는 데 익숙한 도시에 판결을 내려야 할 때는 파괴와 혜택 중 어 느 하나를 선택해야 할 필요가 있다. 그 외의 다른 것은 모두 헛된 것이 다. 무엇보다 중간노선을 취하는 방식은 반드시 피해야 한다. 아주 해롭 기 때문이다. 이는 삼니움 인들의 사례에서 알 수 있다. 로마 인들을 카우 디네 산중의 분기점(Caudine Forks)에 가둬놓은 삼니움 인들에게 한 원로 (삼니움 군사령관 폰티우스의 아버지. ─옮긴이)는 로마 인들을 전부 명예롭게 풀 어주던가 아니면 전부 죽여야 한다고 조언했다. 하지만 원로의 말은 거 부당했고, 삼니움 인들은 로마 인들의 무장을 해제하고 굴레 밑을 걸어 가게 하여 깊은 수치와 분노를 품고서 고국으로 돌아가게 하는 어정쩡 한 중간노선을 선택했다. 그 결과 얼마 지나지 않아 삼니움 인들은 크게 대가를 치렀고, 그제야 원로의 판단이 얼마나 현명했고 자신들의 판단 이 얼마나 해로웠는지 깨닫게 되었다. 이와 관련해서는 적절한 곳(『사론』 3-40)에서 길게 논할 것이다.

제24장

요새는 일반적으로 말해서
유용할 때보다 해로울 때가 훨씬 많다

로마 인들은 라티움 인들과 프리베르눔 인들로부터 본국을 지키는 수단으로 요새를 짓는 것을 고려하지 않았다. 우리 시대의 현명한 이들은 로마가 요새를 무시한 것은 사려 깊지 못한 일이라고 생각할 것이다. 그런 요새를 지었더라면 그 다른 민족들의 충성을 강제할 수 있었을 것이라고 보면서 말이다. 사실 피사와 다른 도시들에 요새를 세워야 한다는 말이, 피렌체에 사는 우리 시대 현인들에 의해 널리 인용되고 있다. 만약 로마 인들이 이런 피렌체 인들 같은 기질이었더라면 그들은 요새를 건설하려 했을 것이다. 하지만 로마 인들은 다른 부류의 능력, 판단, 힘을 지녔기에 요새를 건설하지 않았다. 로마가 자유롭게 살고 자신만의 제도와 고결한 법을 유지하는 동안, 도시나 속주를 억제하기 위한 요새는 짓지 않았으나, 이미 지어진 일부 요새는 보존하기도 했다. 이런 이유로 로마 인들이 이 문제에 관해 어떻게 행동했는지, 또 지금의 통치자들은 어떻게 행동하는지를 살펴봄으로써 요새 건설이 좋은 생각인지, 그리고 요새가 그 건설자들에게 어떤 피해를 입히고 또 이로움을 주는지 숙고해 보고자 한다.

대적용 요새는 불필요하고 대내용 요새는 해롭다

일단 적을 막기 위해 건설된 요새와 내부의 피지배자를 막기 위해 건설된 요새를 고려해 보자. 전자는 필요치 않고, 후자는 해롭다. 후자가 왜 해로운지에 관한 이유로 시작해 보자. 자국민과 그들이 일으킬 반란 가능성을 두려워하는 공국이나 공화국이 있다. 그리고 이런 나라들의 두려움은 무엇보다도 인민이 품은 증오에서 비롯된다. 인민의 증오는 국가의 사악한 행동에서 발생하며, 국가의 사악한 행동은 힘으로 인민을 억제할 수 있다는 믿음이나 통치자의 신중함 부재에서 발생한다. 통치자가 힘으로 나라를 다스릴 수 있다고 생각하는 이유 중 하나는 인근의 요새이다. 민중의 증오를 유발하는 좋지 못한 태도는 군주나 공화국이 요새를 소유하고 있다는 사실에서 나오는 것이다. 하지만 이 경우 요새는 해롭기만 할 뿐 도저히 유용하다고 할 수 없다. 우선 언급했듯 군주가 국민들을 뻔뻔하고 폭력적으로 대하도록 만드는 것이 바로 요새이기 때문이다.

통치자는 요새 안에 있으면 안전하다고 확신하지만 실은 그리 안전하지도 않다. 두 가지 예외사항을 빼놓고는 그 어떤 위세나 폭력도 인민을 억제할 수 없기 때문이다. 그 두 가지 예외는 로마 인들이 그랬던 것처럼 늘 훌륭한 군대를 전장에 투입할 준비를 하는 것과, 반란을 위한 단결을 하지 못하게 사람들을 분산시키고, 죽이고, 와해시키고, 분열시키는 것이다. 따라서 인민들은 피폐해지더라도 "가진 것을 빼앗긴 그들에겐 무장이 남아 있을 것이며", 인민들이 무장을 해제당하더라도 "울분이 무기를 공급하게 된다." 지배자가 주동자를 처형하고 다른 사람들을 계속 살상하더라도 주동자는 히드라의 머리처럼 다시 나타날 것이다. 요새를 지으면 평화로운 시기엔 무용지물일 것이다. 요새로 인해 통치자는 더욱 국민을 학대하는 경향이 생길 것이기 때문이다. 하지만 요새는 전쟁 때에는 더 무용지물이다. 요새는 적과 인민들로부터 공격받을 것이기 때문이다. 적과 인민들 양쪽에 저항하는 것은 불가능하다. 요새는 특히 대포가 사용되는 오늘날의 시대에 더욱 무력하다. 대포의 파괴적인 위력은 제방 뒤로 후퇴하는 것을 어렵게 만들고 따라서 앞에서 논한 것처럼 요새는 방어가 불가능한 것이다.

요새의 건설보다는 인민의 호의를 얻어야 한다

나는 좀 더 상세히 이것을 논하고자 한다. 당신이 군주라면 도시 주민들을 억제하고 싶어 할 것이고 혹은 당신이 군주국 혹은 공화국이라면 전쟁을 통해 얻은 도시를 억제하러 들 것이다. 이제 나는 군주를 향해 이렇게 주장하고자 한다. 앞서 인용한 이유로, 인민을 억제하기 위해 그런 요새를 설치하는 것은 무익하기 짝이 없는 일이다. 요새를 지어놓으면 당신은 국민을 억압하는 것을 덜 망설이면서 더 적극적으로 억압에 나설 것이다. 그런 억압은 국민들을 격앙케 하여 당신의 파멸을 바라게 만든다. 그러면 이 모든 일의 원인인 요새는 더는 당신을 지켜줄 수 없다. 이런 이유로 현명하고 훌륭한 군주는 자신의 명성을 유지하기 위해 결코 요새를 건설하지 않을 것이다. 그래야 후손이 무모하게 사악한 행동을 저지르는 것을 막을 수 있고 국민의 호의를 무시하고 요새에 의지하는 것을 막을 수 있다.

밀라노의 공작이 된 프란체스코 스포르차는 그 현명함으로 명성이 드높았지만 밀라노에 요새를 건설한 점을 미루어 볼 때 그리 현명하다는 생각이 들지 않는다. 그의 요새는 후계자들에게 안전보다는 해를 가져왔기 때문이다. 스포르차 공작의 후계자들은 요새 덕분에 안전하니까 인민의 뜻을 마음대로 거스를 수 있다고 생각했다. 따라서 그들은 학정을 망설이지 않았고 인민들의 공분을 사게 된 상태에서 적이 공격해 오자 나라를 잃고 말았다. 요새는 전쟁 중엔 그들을 보호해 주지 못했고 유용하지도 않았으며, 평화 시에는 오히려 큰 피해를 입혔다. 요새가 없었더라면 무모하게 인민들을 학대하는 데 따르는 위험을 신속하게 발견했을 것이고 그 결과 자제했을 것이다. 밀라노 통치자들은 프랑스가 맹공격을 가했을 때 요새를 의지하여 모든 인민을 적으로 돌리는 것보다, 요새 없이 모든 인민을 아군으로 삼아 큰 용기와 함께 저항했어야 마땅하다. 그러면 적의 침공을 물리칠 수 있었을 것이다.

이렇게 볼 때 요새는 무익하다. 또한 수비하던 자들의 배반, 공격하는 군대의 맹위, 굶주림 등으로 요새를 잃을 수도 있다. 잃어버린 정권을 되찾는 데 유용하게 요새를 활용하려면 요새만 가지고는 안 되고 당신을 몰아낸 세력을 공격할 군대가 필요하다. 또 국가를 되찾을 군대를 소유하게 된다면 비록 요새가 없더라도 훨씬 더 수월하게 일을 도모할 수 있다. 요새를 믿고 거만을 떨면서 학정을 저지르는 것보다 오히려 요새가 없는 게 더 인민에게 우호적이다. 역경의 시기에 밀라노의 요새가 스포르차 가문이나 프랑스에게 도움을 주지 못했다는 점은 경험이 보여준다. 요새는 도움은커녕 모두에게 큰 손해만 입혔을 뿐이다. 요새만 믿다가 국가를 지키기 위한 더 명예로운 방법을 생각하지 못했던 것이다.

페데리고의 아들이자 우르비노의 공작 귀도발도(Guidobaldo)는 군사 지휘관으로 크게 존경받았지만, 교황 알렉산데르 6세의 아들 체사레 보르자(Cesare Borgia)에 의해 자신의 나라에서 쫓겨났다. 그렇지만 이후 뜻밖의 사건으로 그는 고국으로 돌아왔고, 그곳의 모든 요새를 해롭다고 판단하여 무너뜨렸다. 국민들의 사랑을 받았던 그는 자신을 보호해

줄 요새가 필요 없었고 요새가 아닌 야전군으로 적을 막아야 한다고 생각했기에 요새를 무너뜨리는 결정을 한 것이다. 볼로냐에서 벤티볼리오 가문을 축출한 교황 율리우스 2세는 그곳에 요새를 건설했다. 이후 그가 보낸 총독 중 하나는 그 요새를 믿고 사람들을 잔혹하게 다루었다. 그 결과 볼로냐 사람들은 반란을 일으켰고, 교황은 순식간에 요새를 잃었다. 그러므로 요새는 혜택은커녕 피해만 입힌 셈이었다. 차라리 요새를 믿지 말고 인민의 마음을 얻으려고 애썼다면 그보다 좋은 결과를 얻었을 것이다. 비텔리 가문의 시조 니콜로 다 카스텔로는 추방된 고국으로 돌아와 그 즉시 교황 식스투스 4세가 건설한 두 요새를 파괴했다. 요새가 아니라 국민의 호의가 국가 유지에 더 도움이 된다고 판단한 것이었다.

요새 건설의 무익함과 요새 해체의 유용함을 드러내는 모든 사례 중 어느 모로 봐도 가장 최신, 최적 사례는 근년에 제노바에서 일어난 일이다. 1507년 제노바가 루이 12세에 항거하여 반란을 일으킨 것은 모두가 아는 일이다. 이 프랑스 왕은 도시를 다시 정복하기 위해 친히 모든 군대를 끌고 원정에 나섰다. 그의 정복은 성공했고 왕은 곧 요새를 건설했는데, 이는 우리가 지금까지 알고 있던 그 어떤 요새보다도 강력한 것이었다. 제노바 인들이 코데파라고 부르는 바다까지 뻗은 언덕 맨 위에 자리를 잡은 루이 12세의 요새는 그 입지나 세부 사항이 가히 난공불락에 무적필승이라 할 만했다. 이 요새로부터 그는 제노바 항구 전역과 도시의 대부분 지역을 지배했다. 이후 1512년, 프랑스군이 이탈리아에서 쫓겨나자 제노바는 요새의 존재에도 불구하고 반란을 일으켰다. 오타비아노 프레고소는 16개월 동안 요새의 보급을 끊는 방법을 써서 힘들게 제노바를 되찾았다. 요새를 긴급 상황에 피난처로 사용하기 위해 남겨둬야 한다고 모두가 생각했고 또 많은 이들이 그에게 조언했지만, 굉장히 신중한 사람인 데다 통치자의 권력을 유지시키는 건 요새가 아닌 인민의 의지라고 알고 있던 그는 요새를 파괴했다.

따라서 요새가 아니라 자신의 출중한 능력과 신중함에 권력의 근거를 둔 프레고소는 지금까지도 권력을 잡고 있다. 한때 1천의 보병으로도 충분히 점령할 수 있었던 제노바 정권은 1만의 군사를 동원하더라도 공격할 수 없을 정도로 크게 변모했다. 따라서 요새를 해체한 것이 프레고소에게 아무런 피해를 주지 않았고, 요새 건설이 프랑스 왕을 지켜주지 못했다는 사실은 너무나 명백하다. 루이 12세는 군사를 이끌고 이탈리아를 침공했을 때 요새가 없이도 제노바를 점령할 수 있었지만, 군사를 움직일 수 없을 때에는 요새가 있었는데도 불구하고 제노바를 지키지 못했다. 프랑스 왕은 요새를 건설하느라 값비싼 비용을 지불했지만 그것을 잃어버리는 치욕을 당했다. 반면 프레고소는 요새를 탈취하고 영예를 얻었으며 이어 요새를 파괴하여 그로부터 이익을 얻었다.

해외 요새의 건설도 무익하다

이젠 고국이 아닌 해외 정복지에서 요새를 짓는 나라들의 경우를 알아보자. 요새 의존증의 어리석음을 드러내려고 이미 인용한 프랑스와 제노바의 사례가 충분치 못하다면 피렌체와 피사의 사례를 들면 충분하리라 본다. 피렌체 인들은 피사를 방어하기 위해 여러 요새를 지었다. 하지만 그들은 늘 적대적인 어떤 도시가 자유롭게 살고 있고 반란의 명분을 그 자유에서 찾는 상황에서, 그 도시를 점령하고 싶다면 로마 인들의 방식, 즉 동맹으로 만들거나 파괴하거나 둘 중에 하나를 선택해야 된다는 걸 깨닫지 못했다. 피렌체가 세운 요새들의 쓸모없음은 프랑스 왕 샤를 8세의 침공 때 벌어진 일로 알 수 있다. 요새를 수비하는 자들이 배신을 했는지 아니면 더 큰 해를 입을 것을 두려워했는지 피사는 샤를 8세에게 항복했다. 요새가 없었다면 피렌체 인들은 피사의 방어를 요새에만 의존하지 않고 다른 능력을 발휘했을 것이고, 프랑스 왕도 그런 식으로 피사를 피렌체 인들에게서 빼앗아가지 못했을 것이다. 요새의 건설 이전에 피렌체가 피사 방어를 위해 활용한 방식만으로도 프랑스군을 충분히 막아낼 수 있었을 것이다. 요새에 의존하는 방식은 의심할 여지없이 최악의 방식이었다.

그러니 나는 고국을 지키는 데 요새는 해롭다는 결론을 내리고자 한다. 점령한 도시를 지키는 데도 요새는 무익하다. 내가 볼 때, 도시를 지키는 데에는 로마 인들의 권위 같은 것으로 충분하다. 그들은 무력으로 지키고자 했던 도시의 경우 성벽을 건설하기는커녕 오히려 파괴했다. 이 의견에 반대하는 이들은 고대 타렌툼과 오늘날 브레시아의 사례를 인용할 것이다. 사람들이 반란을 일으키자 요새의 도움으로 재탈환한 사례이기 때문이다. 타렌툼 수복에 관해선 이렇게 답하고자 한다. 파비우스 막시무스는 집정관에 취임한 새해 초에 전군을 이끌고 파견되었는데, 이 군대는 요새가 없었더라도 충분히 도시를 재탈환할 수 있었다. 비록 파비우스가 요새를 활용하긴 했지만, 요새가 없어 다른 수단을 활용했더라도 결과는 같았을 것이다. 따라서 도시 수복에 집정관 파비우스 막시무스가 직접 이끄는 군대가 파견되었으므로 요새는 있든 없든 대세에 큰 지장이 없었다. 어떻게든 로마가 도시를 수복했을 것이라는 점은 카푸아의 사례로 알 수 있다. 요새는 없었지만 로마군은 출중한 실력으로 카푸아를 수복했다.

이제 브레시아의 사례를 알아보자. 우선 그 반란에서 일어났던 일은 드물게 벌어지는 일이었다. 즉, 도시가 당신에게 반란을 일으킨 뒤에도 요새가 당신의 수중에 남고 프랑스군 같은 대군이 가까이 있는 경우인 것이다. 프랑스의 드 푸아 장군은 볼로냐에 자신의 군대를 주둔시키고 있다가 브레시아 반란 소식을 듣고 곧바로 브레시아로 진군했다. 사흘 만에 도착한 그는 요새를 활용하여 도시를 재탈환했다. 이때에도 그 요새는 이롭게 사용되려면 사흘 만에 도착한 드 푸아 장군 휘하의 프랑스군을 필요로 했던 것이다. 따라서 브레시아의 사례는 여태까지 해온 나의 주장(요새는 불필요)을 물리칠 수 있을 정도로 충분한 반론이 되지는 못한다. 왜냐하면 우리 시대의 전쟁에서 많은 요새들이 끝도 없이 탈환되는데, 이는 지방들의 연속적인 탈환과 같은 운명으로 묶여 있기 때문이다. 이것은 롬바르디아, 로마냐, 나폴리 왕국뿐 아니라 이탈리아 전역에서 발견되는 현상이다.

요새는 여자들만 사는 도시를 위한 것

외적을 방어하기 위해 요새를 건설하는 것과 관련해서, 나는 훌륭한 군대가 있는 나라에는 그것이 불필요하고, 그런 군대가 없는 나라에는 쓸모없는 일이라고 말하고자 한다. 훌륭한 군대는 요새가 없이도 방위를 해낼 수 있지만 훌륭한 군대가 없는 요새는 방어가 불가능하기 때문이다. 이는 정사(政事)나 그 외의 문제에 뛰어나다고 간주되던 로마 인들이나 스파르타 인들의 사례를 통해서도 알 수 있다. 로마 인들은 요새를 아예 짓지 않았고, 스파르타 인들은 요새 건설을 삼갔을 뿐 아니라 도시에 성벽을 세우는 일도 허용하지 않았다. 개인의 출중한 능력만으로 도시를 보호할 수 있다고 보았기 때문이다. 그러므로 한 아테네 인이 한 스파르타 인에게 아테네의 성벽이 아름답지 않느냐고 묻자 이런 대답이 돌아왔다. "실로 그렇군요. 성안에 여자들만 산다면 말입니다." 때로 훌륭한 군대를 지닌 군주가 며칠 정도 적을 저지하는 데 해안과 국경 요새를 활용하기도 하지만 필수적인 것은 아니다. 더군다나 군주가 훌륭한 군대가 없다면, 나라나 국경에 요새를 보유하는 건 해롭거나 무익하다. 해로운 이유는 요새를 쉽게 잃을 수 있기 때문이고, 잃게 되면 오히려 그 요새로부터 공격을 받을 수 있기 때문이다. 요새가 굉장히 강력해 적이 점령할 수 없는 경우라면 적은 이를 지나칠 것이고, 그래서 또 무익하다. 훌륭한 군대는 강력한 저항이 없으면 도시나 요새는 무시해 버리고 곧바로 적의 영토로 들어가기 때문이다. 이는 고대사에서도 발견할 수 있고, 또 최근 우르비노를 공격하기 위해 열 개의 도시를 신경 쓰지 않고 지나친 프란체스코 마리아의 행동에서도 찾아볼 수 있다.

그러므로 훌륭한 군대가 있는 군주는 요새를 짓지 않고도 일을 도모할 수 있지만, 훌륭한 군대가 없는 군주는 요새를 지어서는 안 된다. 이런 군주는 반드시 자신이 사는 도시의 경계를 주의 깊게 강화하고 보급을 잘 해두고 인민들의 호의를 얻어야 한다. 그래야 인민들의 합의나 외부의 도움을 통해 자유로워질 때까지 장기간 적의 공격을 저지할 수 있다. 그 외의 다른 계획은 전부 평화로운 시기엔 비싼 대가를 내야 하고 막상 전쟁에 돌입해서는 무익하다. 따라서 내가 말한 모든 사항을 고려할 사람은 로마 인들이 모든 다른 제도에서 굉장히 현명한 모습을 보인 것처럼 라티움 인들과 프리베르눔 인들에 대해서도 신중한 판단을 내렸다는 점을 알게 된다. 로마 인들은 위기 상황에서 요새의 건설을 전혀 고려하지 않았고 오히려 더 능숙하고 현명한 방법으로 국가의 안전을 보장했던 것이다.

제25장

분열된 도시를 그 분열 때문에 점령할 수 있다고 보아 공격하는 건 잘못된 정책이다

로마 공화국에서 평민과 귀족 사이에 심각한 분열이 있을 때, 베이이 인들은 에트루리아 인들과 함께 힘을 합치면 그 분열을 틈타서 로마를 멸망시킬 수 있다고 생각했다. 그들이 군대를 모아 로마 지방에 급습을 가하자, 로마 원로원은 가이우스 만리우스와 마르쿠스 파비우스를 사령관으로 임명하여 적과 대적하도록 파견했다. 두 지휘관은 베이이 인들의 근방으로 군대를 인솔하여 갔는데, 그들은 로마의 명성에 해를 입히고 더럽히는 맹비난과 모욕을 멈추지 않았다. 그들의 무례함이 어찌나 심했던지 한때 분열했던 로마 인들은 다시 뭉쳐 전투에 돌입했고, 결국 베이이 인들을 무찔렀다. 따라서 앞서 언급했던 것처럼(『사론』 2-22), 특정 결정을 내릴 때 사람이 얼마나 많이 자기기만을 하는지, 이득을 챙길 수 있다고 오판하여 일을 벌였지만 얼마나 자주 손해를 보게 되는지 이 일로 명백히 알 수 있다. 베이이 인들은 로마가 분열되는 동안 공격하여 그들을 정복할 수 있다고 생각했지만, 오히려 이 공격은 로마 인들의 단합과 베이이 붕괴의 원인이 되었다.

나태함은 분열을 가져오고 두려움은 단합을 가져온다

공화국에서 분열이 발생하는 것은 대부분의 경우 나태함과 평화가 그 원인이다. 반면 단합의 원인은 두려움과 전쟁이다. 이런 이유로 베이이인들이 현명했다면 로마의 분열이 심화될수록 로마와의 전쟁은 피하고 평화라는 기술을 통해 로마를 정복하는 일에 더욱 몰두했어야 했다. 제대로 된 방법은 분열된 도시의 신뢰를 얻고서, 도시의 시민들 사이에 싸움이 일어나는 시점까지 두 당파 사이에서 교묘하게 중재자로 행동하는 것이다. 막상 싸움이 벌어지면 가장 약한 편을 티 안 나게 도와주는 것이 적절하다. 그래야 그들은 장기간 싸움을 계속할 것이고 그로 인해 나라는 허약해지는 것이다. 하지만 너무 강력하게 개입하지는 말아야 한다. 그렇게 하면 그 나라를 정복하여 통치자가 되려는 의도가 드러나 그들 모두가 의심을 품을 것이기 때문이다. 그런 방침이 잘 처리되면 거의 항상 목표에 다가갈 수 있다.

내가 다른 주제의 담론에서 언급했던 것처럼(『사론』2-21), 피스토이아는 다름 아닌 이 방법으로 피렌체 공화국의 통치를 받게 되었다. 피스토이아는 분열된 상태였고 피렌체는 번갈아가며 각 당파의 편을 들어 그 도시의 어느 쪽도 피렌체를 비난할 수 없게 했다. 결국 피스토이아는 시민 사회의 혼란으로 인해 크게 힘이 빠진 상태가 되었고 자발적으로 피렌체에 의탁하게 되었다. 시에나의 정정(政情)은 피렌체 인들의 후원이 약하고 별로 중요시하지 않을 때는 결코 변하지 않았으나, 그것이 후하고 대담할 때는 자신들의 정권을 지키기 위해 단합했다. 나는 여태껏 인용한 것 외에 또 다른 사례를 거론하고자 한다. 밀라노의 공작 필리포 비스콘티는 피렌체 인들의 분열에 근거하여 피렌체에 종종 전쟁을 선포했지만 늘 패배했다. 패배에 익숙해지자 여태까지 수행한 전쟁을 후회하면서 피렌체 인들의 우매한 분열로 인해 막대한 자금을 헛되이 써버렸다고 불평했다.

따라서 위에서 언급한 바와 같이, 베이이 인들과 에트루리아 인들은 이런 오판을 저지르고 결국 로마 인들과의 전투에서 패배하고 말았다. 그러므로 장래에도 유사한 방식이나 원인으로 다른 세력을 정복할 수 있다고 오판하면 똑같은 결과를 당하게 될 것이다.

제26장

모욕과 욕설은 그것을
활용하는 이들에게 아무런 이득도 주지 않고
적의 증오만을 키운다

나는 신중함을 발휘하기 위해 사람이 채택할 수 있는 가장 훌륭한 방법 중 하나는 다른 이를 위협하거나 말로 상처 주지 않는 것이라 생각한다. 그런 행동을 한다고 적의 힘이 빠지는 것도 아니고, 오히려 그로 인해 적군은 더욱 신중한 자세를 취하고, 더 지독한 증오를 품는다. 그러면서 더욱 맹렬하게 당신을 해치는 일을 꾸미게 된다. 이는 앞 장에서 논한 베이이 인들의 사례에서 알 수 있다. 그들은 로마 인들에게 전쟁으로 타격을 입혔을 뿐 아니라 모욕적인 언사를 퍼부었다. 이는 신중한 지휘관이라면 반드시 병사들에게 금지시켜야 하는 일이다. 왜냐하면 그런 모욕은 적군을 격분시켜 어떻게든 복수하도록 만들기 때문이다. 따라서 언급한 대로 적군은 아무런 거리낌 없이 당신을 해치려 들 것이다. 결국 모욕은 오히려 당신을 공격하게 만드는 무기가 되고 만다.

이에 관해 주목할 사례는 아시아에서 찾아볼 수 있다. 페르시아의 지휘관 코바데스(Cobades)는 아미다(Amida)라는 도시 앞에서 한동안 진을 치고 포위 공격을 하다 부진하자 퇴각을 결정했다. 그가 진영을 철거하자 아미다의 주민들은 성 위로 올라왔고, 곧 잔뜩 거드름을 피우며 아무런 거리낌 없이 온갖 욕설을 퍼부으며 비겁하고 쓸모없는 군대라며 호통치고, 폄하하고, 비난했다. 코바데스는 이에 격노했고 마음을 바꿔 다시 포위 공격에 돌입했다. 그의 분노가 어찌나 큰지 그는 며칠 만에 도시를 함락하고 약탈했다.

모욕의 부메랑 효과

같은 일이 베이이 인들에게도 벌어졌다. 이미 언급했듯이 그들은 로마와 전쟁을 하는 것으로 충분치 못했는지 욕설을 퍼부었다. 베이이 인들은 로마군의 방책까지 다가가서 모욕을 주었고, 무기보다도 말로 더욱 로마 인들을 자극했다. 이에 처음엔 내키지 않는 마음으로 싸웠던 로마 병사들은 분노하여 전투를 계속하자고 집정관들을 졸랐다. 그 결과 언급한 아미다 주민들처럼 베이이 인들도 무례함에 대한 대가를 치렀다. 그러므로 훌륭한 군 지휘관들과 훌륭한 통치자들은 반드시 그런 모욕이나 비난이 자국(自國)이나 자대(自隊)에서 동포나 혹은 적을 향해 사용되지 않도록 적절한 대책을 마련해야 한다. 왜냐하면 적을 향해 그런 모욕적 언사를 했다간 위에서 언급한 손해를 볼 것이고, 아군을 향해 그랬다간 더욱 좋지 못한 결과를 가져올 것이기 때문이다. 신중한 자가 늘 이를 막을 적절한 대책을 세우지 않는 한 이런 일은 언제든 발생한다.

적절한 곳(『사론』 3-6)에서 언급할 것이지만, 카푸아에 남은 로마 군단들이 카푸아 인들을 대상으로 음모를 꾸몄고 이 음모는 폭동으로 이어졌다. **발레리우스 코르비누스**는 이를 무력 진압한 뒤 수습 과정 중 만든 합의 사항에 폭동에 참가한 병사들을 비난한 자는 누구든 엄중한 처벌을 받을 것이라는 내용을 명기했다. 티베리우스 그라쿠스는 한니발과 전쟁을 하던 중 병사의 부족으로 무장시킨 특정 숫자의 노예를 받아들인 부대의 지휘관이 되었는데, 그가 맨 먼저 한 일 중 하나는 병사로 받아들인 노예를 노예라고 망신 주는 자는 누구든 이유를 막론하고 사형에 처하겠다는 명령을 내린 것이었다. 로마 인들은 사람에게 모욕을 주고 수치를 입은 사람에게 망신을 주는 것이 극도로 해롭다고 생각했다. 진담이든 농담이든 그것처럼 사람을 격분시키는 것은 없기 때문이다. "사실에 바탕을 둔 상스러운 농담은 상대방의 마음에 맺히는 법이다."(→코르넬리우스 타키투스)

제27장

신중한 군주와 공화국들은
승리에 만족해야 하며, 그러지 못할 경우
승리가 패배로 전환된다

적에게 가하는 모욕적인 언사는 대부분의 경우 승리나 승리의 잘못된 기대에서 나오는 오만함 때문이다. 사람은 이런 잘못된 기대로 인해 말은 물론이고 행동에서도 실수를 범하게 된다. 이런 부류의 희망이 사람의 마음속으로 들어오면 도를 넘게 되고 대부분의 경우 불확실한 더 나은 어떤 것을 얻기 위한 엉뚱한 기대 때문에 눈앞의 확실하게 좋은 것을 얻는 기회를 잃게 된다. 그렇게 속아 국가에 손해를 가하는 일이 굉장히 흔하기에 이 문제는 깊이 고려해 볼 만하다. 그래서 고대와 현대의 사례를 들어 이 문제를 상세하게 설명할 필요가 있다. 이론적 주장만으로는 명쾌하게 설명을 해낼 수 없기 때문이다.

자만심이 국가를 망친 세 가지 사례

칸나이에서 로마 인들을 물리친 한니발이 카르타고에 사자를 보내 승전보를 전하고 지원을 요청했을 때, 카르타고 원로원은 어떻게 대응해야 할지 논의했다. 신중한 카르타고 원로 한노(Hanno)는 이 승리를 활용해 현명하게 로마 인들과 평화 협상을 하자고 조언했다. 승리했기에 좋은 조건으로 협정을 맺을 수 있으며, 패배 후엔 이런 일을 기대할 수 없다는 이유였다. 그는 카르타고의 의도는 로마 인들을 물리치는 것으로 충분하다는 점을 드러내는 것이지, 승리 후 더 큰 것을 얻기 위한 기대로 이미 확보한 것마저 잃어버려서는 안 된다고 주장했다. 한노의 방침은 수용되지 않았고 나중에 기회를 잃어버리고 나서야 카르타고 원로원은 그것이 굉장히 현명한 조언이었음을 깨달았다.

알렉산드로스 대왕이 동방 전역을 정복한 뒤 베네치아처럼 물에 둘러싸인 고귀하고 강력한 국가 티루스는 대왕의 위대함을 알아보고 사절을 보내 속국이 되어 요구하는 것에 복종하겠지만 그와 그의 군대를 도시 안으로 들여보낼 준비는 되지 않았다는 말을 전했다. 그 결과 전 세계가 자신을 받아들이는 상황에서 문을 닫겠다는 말을 한다면서 분노한 알렉산드로스 대왕은 티루스의 요구에 퇴짜를 놓고 그들에게 포위 공격을 가했다. 하지만 물에 둘러싸인 티루스는 보급도 잘된 데다 방위에 필요한 군수품도 충분해서 4개월이 지나도 함락되지 않았다. 도시 하나를 공략하는 데 다른 많은 정복을 이뤄낸 시간보다 더 오래 걸리자 결국 대왕은 협상하기로 결심하고 예전 티루스가 요청했던 것을 받아들이기로 했다. 하지만 자만심에 부풀어 오른 티루스 인들은 협상을 거부했을 뿐만 아니라 대왕이 보낸 사절까지 살해했다. 격분한 알렉산드로스 대왕은 엄청난 기세로 공격을 가해 결국 도시를 함락시켰고 아예 도시 자체를 파괴했다. 티루스 인들은 죽거나 노예가 되었다.

1512년 스페인군은 피렌체에 메디치 가문을 복귀시켜 조공을 받을 목적으로 피렌체 영토에 침입했다. 그들은 내통한 피렌체 인들의 도움을 받아가며 도시를 침입했고 이로 인해 일단 피렌체 영토로 들어서면 주민들이 무장을 하고 그들을 지원할 것이라는 기대를 가지고 있었다. 하지만 스페인군이 평원에 들어선 뒤에도 아무도 나타나지 않았고 보급 상태가 좋지 못한 그들은 협정을 맺으려고 했다. 피렌체 인들은 이에 한껏

자만심을 품고 스페인군의 제안을 거절했고, 그 결과 프라토는 물론 피렌체 공화국 자체가 몰락하게 되었다.

그러므로 자신의 세력보다 훨씬 더 강한 세력의 공격을 받은 군주가 저지르는 가장 큰 실수는 모든 협상을 거절하는 것이다. 특히 먼저 요청을 받았다면 더욱 중대한 실수가 된다. 왜냐하면 협상을 받아들이는 쪽에 혜택이 돌아가지 않는 비열한 협상은 없는 데다, 어떤 면에선 부분적으로 승리를 거두는 게 되기 때문이다. 따라서 티루스 인들은 알렉산드로스 대왕이 처음에 거부했던 조건을 수락했을 때 그것으로 만족해야 했다. 대왕 같은 인물에게 무장을 하고 의지를 관철시킨 것으로도 충분히 승리를 거둔 것이었다.

마찬가지로 피렌체 인들도 만족했어야 했다. 스페인군이 목적을 모두 달성하지 못하고 일부만을 요구했으니 그들에겐 충분히 승리라고 할 수 있었기 때문이다. 애초에 스페인군의 목적은 피렌체 정부를 타도하고 프랑스와의 동맹을 끊게 하며 자금을 얻어내는 것이었다. 협상이 이루어졌다면 스페인군은 세 가지 목표 중 후자의 둘을 성취했을 것이고, 피렌체 인들은 정부의 보존이라는 목표를 성취했을 것이다. 그러니 이 문제에 있어 각 세력은 명예롭고 만족스럽게 일을 처리한 게 되었을 것이다. 피렌체 인들은 공화국이 살아남았을 것이니 앞의 두 목표에 관해서는 신경을 쓰지 말았어야 했다. 비록 그들이 더 크고 거의 확실한 승리를 기대했더라도 어떻게든 결과를 운에 맡기고 마지막 하나 남은 것까지 잃는 일은 피해야 했다. 하지만 피렌체 공화국은 그렇게 하지 못하여 몰락했다. 신중한 사람이라면 어쩔 수 없을 때를 제외하고 그런 마지막 위험까지 떠안는 일을 하지 않는다.

먼저 화평을, 그리고 최후의 수단으로 전쟁을

고국을 구하라는 부름을 받고 16년 동안 영광을 누린 이탈리아에서 떠난 한니발은 하스드루발과 시팍스가 패배하고 누미디아 왕국을 잃었다는 소식을 들었다(→ 자마 전투). 카르타고의 영토는 성벽 안으로 줄어들었고, 고국이 의지할 곳은 그야말로 한니발과 그의 군대밖에 없었다. 한니발은 이 도시만이 나라에 마지막으로 남은 것이라는 사실을 잘 알고 있었기에 우선 다른 대책을 철저하게 찾아볼 때까지 도시가 위험에 처하는 일을 막았다. 그는 나라를 구할 수 있는 대책이 있다면 그것이 전쟁에 있지 않다는 결론을 내렸고 이에 거리낌 없이 화평을 청했다.

하지만 화평 요청이 거부되자 한니발은 상황이 불리하다는 것을 알면서도 전쟁을 피하려고 하지 않았다. 어쩌면 무운이 좋아 이길 수 있을지도 모르고, 지더라도 명예롭게 지는 것이라는 결론을 내렸기 때문이다. 아주 유능한 장군이었고 또 휘하 군대도 잘 거느리고 있던 한니발은 로마와의 전투에서 패배하면 조국이 노예 상태에 빠진다는 것을 알았기에 우선 전투보다는 평화를 추구하려고 했다. 한니발이 이러할진대 하물며 능력과 경험이 부족한 장군들에 있어서랴. 하지만 사람은 자신의 희망을 일정하게 억누르는 법을 알지 못하기에 잘못을 저지르고 만다. 그런 헛된 기대에 근거를 두고 행동하며 자신을 가늠하지 못한다면 결국 몰락할 수밖에 없다.

제28장

공화국이나 군주가 공적,
혹은 사적으로 해를 입고도 보복하지 않는 것은
굉장히 위험하다

분노가 사람에게 어떤 영향을 미치는지는 에트루리아와 특히 키우시를 공격하던 갈리아 인들에게 파비우스 가문의 세 사람을 사자로 파견한 일에서 쉽게 확인할 수 있다. 키우시 인들이 로마에 사자를 보내 갈리아 인들에게 대항하는 데 도움을 달라고 하자, 로마 인들은 갈리아 인들에게 특사를 보내 에트루리아 인들과의 전쟁을 중지하라는 로마 당국의 말을 전하려 했다. 그런데 이 특사들은 현장에 도착하자 말보다는 행동에 더 유능하다는 것을 스스로 증명했다. 그들은 갈리아 인들과 에트루리아 인들이 전투를 벌이자 최전선에서 갈리아 인들을 상대로 싸우기 시작했다. 갈리아 인들은 이를 알게 되자 에트루리아 인들에게 느끼던 분노를 모조리 로마 인들에 돌렸다. 이어 갈리아 인들의 분노는 점점 더 커져갔다. 갈리아 인들은 로마에 특사를 보내 이번 일과 관련하여 로마 원로원에 항의하며 손해 배상 차원에서 특사로 온 파비우스 가문 사람들의 신병을 그들에게 건네 달라고 요구했다. 하지만 로마 인들은 인도를 거부했을 뿐만 아니라 처벌도 하지 않았고, 더욱이 선거를 할 때가 되자 그들에게 집정관 권한을 지닌 호민관 자리까지 줬다.

따라서 마땅히 처벌을 받아야 할 자들이 예우를 받는 것을 본 갈리아 인들은 이 모든 일이 자신들을 경멸하기 위해, 또 수치를 안기기 위해 벌어졌다고 생각했다. 따라서 격분에 휩싸인 그들은 로마를 공격했고 카피톨리움 신전을 제외한 모든 곳을 점령했다. 이런 재앙은 로마 인들이 "민족들 사이의 법률"을 어긴 특사들을 처벌했어야 마땅했지만, 오히려 예우함으로써 정의를 실현하지 못했기 때문에 발생한 것이었다. 그래서 공화국이나 군주는 대중뿐만 아니라 개인에게 그런 모욕이 가해지지 않도록 신경을 써야 한다. 왜냐하면 어떤 이가 나라나 개인에 의해 큰 모욕을 당했는데 보복으로 보상이 되지 않으면 그는 아래와 같은 반응을 보일 것이기 때문이다. 먼저 그가 공화국의 주민일 경우, 공화국에 해를 끼치는 결과가 생기더라도 어떻게든 그가 당한 모욕에 보복할 방법을 찾을 것이다. 만약 군주국의 신민으로 배알이 있는 사람이라면 자신이 해를 입는 한이 있더라도 어떻게든 그 군주에게 보복하지 않는 한 그 분노가 풀어지지 않을 것이다.

모욕을 당한 개인은 복수를 원한다

이를 입증하기 위해 알렉산드로스 대왕의 아버지 마케도니아의 필리포스의 사례를 들어보겠다. 이 사례보다 더 훌륭하고 진실한 것은 없기 때문이다. 필리포스는 궁정에 파우사니아스라는 수려한 용모의 젊은 귀족을 데리고 있었는데(동성애 애인으로 데리고 있었다는 뜻.-옮긴이) 궁정 주요 인물 중 하나였던 아탈루스는 그에게 성적으로 매혹되어 수없이 구애했다. 하지만 파우사니아스는 그의 뜻과는 정반대 모습을 보였고, 아무리 구애해도 소용없다고 생각한 아탈루스는 속임수와 힘을 동원하기로 결심했다. 그는 정식 연회를 개최해 파우사니아스와 많은 다른 귀족들을 초대했고, 손님들이 하나같이 포식하고 만취하자 파우사니아스를 붙잡아 탈출할 수 없는 곳으로 데려간 뒤 강제로 자신의 욕정을 채웠다. 더욱 수치스러운 일은 파우사니아스가 다른 많은 이들에게 같은 방식으로 윤간을 당했다는 것이었다. 모욕을 이기지 못한 파우사니아스는 필리포스에게 여러 차례 불평했고 이에 필리포스는 보복해 주겠다고 답했지만 그것을 차일피일 미뤘고 결국 없던 일이 되었다. 그뿐 아니라 아탈루스는 그리스의 한 지방 총독으로 임명되기까지 했다.

따라서 원수가 처벌은커녕 예우를 받는 모습을 보자 파우사니아스의 분노는 지독한 모욕을 안긴 아탈루스가 아니라 보복을 뭉개버린 필리포스에게로 향했다. 필리포스의 딸과 에페이로스(Epeiros)의 알렉산드로스가 결혼식을 올리던 어느 장엄한 날 아침, 필리포스가 결혼을 축하하기 위해 신전으로 가던 도중 파우사니아스는 사위와 아들 사이에 서 있던 왕을 칼로 찔러 살해했다. 이 사례는 로마 인들의 사례와 굉장히 유사하며, 통치자라면 누구든 주목할 가치가 있다. 따라서 통치자는 결코 지속적인 모욕을 당한 이를 가볍게 여기면 안 된다. 모욕을 당한 이는 그 어떤 위험과 손해를 보더라도 복수를 원하기 때문이다.

제29장
운명은 사람들이 자신의 계획에 도전하려 할 때
그들로부터 분별력을 앗아간다

주의 깊게 인간사의 흐름을 살펴보면, 우리는 어떤 특수한 일이나 사건이 발생한다는 것을 알 수 있다. 그런 일이나 사건은 우리 인간이 감히 도전할 수 없는 하늘의 뜻을 담고 있는 것처럼 보인다. 내가 논의하는 이런 일이 출중한 능력, 굉장한 신앙심, 질서정연한 국제를 가진 로마에서도 일어난다면, 그런 요소(능력, 신앙심, 국제)들이 부족한 도시나 지방에서 더욱 자주 일어났을 것이다. 이런 사례는 인간사에 작용하는 하늘의 힘을 보여주는 중요한 사건이기 때문에, 리비우스는 아주 효율적인 언어로 그것을 상세히 설명한다. 하늘은 어떤 이유에서인지 로마 인들이 하늘의 힘을 인지하길 바랐다. 따라서 하늘은 갈리아 인들에게 특사로 보낸 파비우스 가문 사람들이 실수하게 만들었고, 이를 통해 갈리아 인들이 로마를 상대로 전쟁을 벌이게 했다. 이어 하늘은 로마 인들이 전쟁을 멈출 그 어떠한 일도 하지 못하도록 역사(役事)했다. 일단 그런 큰 재난을 막아낼 수 있는 유일한 인물인 카밀루스가 아르데아로 추방당하게 했다.

이런 일이 있고 나서 갈리아 인들은 로마로 진격했다. 과거 로마 인들은 볼스키 인들이나 다른 인근 적들이 공습할 때 이에 맞서 싸울 독재관을 임명했지만, 이번엔 그러지 않기로 했다. 또한 병사를 징집함에 있어서도 특별히 신경도 쓰지 않고 부적절한 방식으로 일관했다. 이에 무장을 하는 것도 극히 느려 터져서 갈리아 인과 대치하는 것도 로마로부터 고작 16킬로미터 떨어진 알리아 강에서 하게 되었다. 그나마 이런 대응도 겨우 해낸 것이었다. 거기서 군사 호민관들은 으레 보여주던 세심함 없이 진영을 세웠고, 지형을 점검하는 일과, 진영 주변에 해자를 파고 방책을 두르는 일도 무시했다. 사람 혹은 하늘에 기댈 수 있는 사전 대책을 하나도 세우지 않은 것이었다. 전열을 세울 때도 얇고 허약했으며, 병사나 지휘관이나 로마의 군율에 맞는 행동을 보여주는 이는 없었다.

전투가 시작되자 로마군은 피를 흘릴 일이 없었는데, 공격을 받기 전에 도망쳤기 때문이다. 대다수가 베이이로 도망쳤고, 나머지는 로마로 후퇴했다. 로마로 후퇴한 이들은 심지어 집으로 돌아가지도 않고 카피톨리움 신전으로 향했다. 로마의 방위는 생각하지도 않았던 원로원은 심지어 성문조차 닫지 않았다. 원로원 일부는 도망쳤고 다른 일부는 사람들과 함께 카피톨리움 신전으로 향했다. 하지만 카피톨리움 신전의 방위와 관련해서 원로원은 혼란스럽지 않은 방식을 채택했다. 그들은 신전이 소용없는 사람들로 북적이게 하지 않았고 포위 공격에서 살아남기 위해 가능한 모든 곡식을 신전 안에 비축했다. 신전 방위에 도움이 되지 않는 노인, 여자, 아이 대부분은 주변 도시들로 도망쳤고, 나머지는 로마에 남아 갈리아 인들의 처분을 기다리는 처지가 되었다.

따라서 이보다 오래전 로마 인들이 성취한 것에 관해 읽었고 또 그보다 나중에 일어난 이 일을 읽는 사람은, 이 사람들이 도저히 같은 민족이라는 생각이 들지 않을 것이다. 리비우스는 앞서 언급한 모든 무질서를 언급하며 이렇게 결론지었다. "운명은 자신이 바라는 바가 방해받지 않아야 할 때 인간의 눈을 멀게 한다." 이 결론이야말로 지극히 진실이다. 이런 이유로 굉장한 역경을 겪거나 굉장한 번영을 누리는 사람들을 비난하거나 칭송할 필요는 없다. 대부분의 경우 사람은 하늘이 만든 이례적인 상황에 의해 파멸되거나 웅대한 행동으로 이끌리는 것이 분명하기 때문이다. 하늘이 만든 상황은 사람이 엄청난 용맹으로 행동하는 능력을 발휘할 기회를 주기도 하고 반대로 빼앗기도 한다.

인간은 운명을 따를 뿐 거부하지 못한다

운명은 다음과 같은 일을 잘한다. 위대한 행위의 달성을 원할 때, 운명은 자신이 주는 기회를 알아보는 굉장한 기백과 출중한 능력을 가진 사람을 선택한다. 따라서 유사한 방식으로 운명은 대재앙을 불러들이고자 할 때 그런 재앙을 일으킬 만한 사람을 책임자의 자리에 앉힌다. 누군가 운명에 도전한다면, 운명은 그를 죽이거나 훌륭한 일을 성취할 수 있는 수단을 그에게서 모조리 빼앗는다. 운명은 로마를 완전히 파멸시키고자 하지 않았다. 하지만 로마가 달성했던 위대함의 수준에 이르게 하기 위해, 또 로마를 강하게 만들기 위해 운명은 로마를 한 번 무너뜨릴 필요가 있다고 판단한 것이다(이는 다음 제3권의 「서문」에서 상세하게 논할 것이다). 우리는 여태까지의 맥락을 통해 이런 점을 아주 잘 알아볼 수 있다. 이는 운명이 카밀루스를 추방했지만 죽이지 않았다는 사실에서 알 수 있다. 운명은 로마라는 도시를 앗아갔지만 카피톨리움 신전을 온전하게 지켜주었다. 또한 로마 인들이 로마를 보호하는 좋은 방법을 생각하지 못하면서도 카피톨리움 신전을 보호하는 좋은 방법은 생각해 내도록 했다. 로마가 확실히 점령당하게 하기 위해 운명은 알리아 강에서 완패한 병사들 대부분이 베이이로 가게 했고, 이런 식으로 도시를 방어할 방법을 모두 봉쇄했다. 이 모두를 준비하면서도 운명은 도시를 다시 탈환하기 위한 또 다른 준비를 해뒀다. 로마군을 베이이로 도망가게 하고 카밀루스를 아르데아로 추방함으로써, 패배라는 치욕을 안지 않은 드높은 명성의 지휘관이 대규모 전위대를 이끌고 고국을 되찾을 수 있게 한 것이다.

여태까지 논한 문제를 확증하기 위해 몇 가지 현대의 사례를 인용할 수 있겠지만, 생략하도록 하겠다. 위의 사례로도 사람들을 이해시키기에 충분하다고 보기 때문이다. 모든 역사를 보더라도 사람은 운명의 편에 설 수는 있어도 반대할 수는 없다. 나는 이 점이 그야말로 진실이라는 점을 다시 한 번 단언하고자 한다. 사람은 운명의 날실을 짤 수는 있어도 찢을 수는 없는 법이다. 하지만 사람은 결코 포기해서는 안 된다. 운명은 알려지지 않은 복잡한 길을 따라 움직이므로 그 목적을 알 수 없기 때문이다. 그래서 사람은 늘 희망을 가져야 한다. 어떤 상황 혹은 역경에 처하든 사람은 희망을 가지고 결코 포기하지 말아야 한다.

제30장

진정으로 강력한 공화국이나 군주는
돈이 아닌 출중한 능력과 드높은 명성으로
우방을 얻는다

로마 인들은 베이이와 카밀루스로부터의 지원을 기대하며 포위 공격을 버텼지만, 굶주림에 시달린 나머지 배상을 위해 일정량의 황금을 지급한다는 조건으로 갈리아 인들과 협정을 맺었다. 협정에 따라 금을 재고 있을 때, 카밀루스가 군대와 함께 들이닥쳤다. 리비우스도 말했듯이, 운명은 로마 인들이 "황금으로 목숨을 사게 하지 않으려고" 이런 일이 벌어지게 한 것이다. 이 경우뿐만 아니라 로마라는 공화국이 해왔던 일련의 행동에서도 운명의 이러한 조치는 주목할 만한 것이다. 로마 인들은 영토를 얻고 평화를 확립할 때 늘 출중한 무력을 동원했지 돈에 의지한 적은 없었기 때문이다. 이런 모습은 다른 공화국에선 찾아볼 수 없었던 것이다. 어떤 나라의 힘을 알려 주는 신호로는 그 나라가 인근 국가와 관계를 맺는 방식이 있다. 인근 국가가 우호적인 관계를 유지하기 위해 공물을 바친다면 그 나라가 강성하다는 확실한 신호이다. 하지만 인근 국가가 심지어 열등한데도 자금을 얻어간다면 돈을 준 그 나라는 약국(弱國)이라는 중요한 신호이다.

돈을 준 피렌체와 주지 않은 로마

로마의 전 역사를 살펴보면, 마실리아 인들, 아이두이 인들, 로도스 인들,

시라쿠사의 히에론, 에우메네스와 마시니사 같은 왕들처럼 로마제국 경계 인근에서 살던 이들은 로마와 우호 관계를 쌓기 위해, 자국 방위 외엔 그 어떠한 것도 바라지 않고 로마의 필요에 따라 보수와 공물을 주었다. 허약한 국가에선 이와 정반대의 상황이 보인다. 우리 피렌체의 이야기부터 해보자. 피렌체의 과거 명성이 정점에 이르렀을 때도 로마냐 지방에서 피렌체로부터 보수를 지급받지 않는 군주는 없었다. 거기다 페루자 인들과 카스텔로 인들을 포함한 인근 모든 다른 세력들도 피렌체로부터 자금을 받았다. 피렌체가 무장을 갖추고 용맹했다면, 모든 일은 정반대로 벌어졌을 것이다. 많은 도시들이 피렌체의 보호를 받기 위해 자금을 제공했을 것이고, 우호를 팔지 않고 오히려 샀을 것이기 때문이다. 피렌체 인들만 이렇게 비겁하게 살아남은 건 아니다. 베네치아 인들, 프랑스 왕도 그런 모습을 보였다. 특히 프랑스 왕은 그토록 훌륭한 왕국을 가지고 있었음에도 스위스와 잉글랜드의 왕에게 공물을 바치며 살아남았다.

이 모든 사단이 벌어진 것은 언급한 나라들이 무장 해제를 한 탓도 있고, 나라를 안전하고 행복하게 영속시키려 하기보다 온갖 비현실적인 위험을 머릿속에서 상상하며 그 위험을 회피하면서 동시에 즉각적인 이익을 누리기 위해 국민의 것을 강탈하는 수단을 선호한 탓도 있다. 심지어 어느 정도 평온을 가져오더라도 이런 무질서는 필연적으로 시간이 흐르면서 국가적인 피해와 돌이킬 수 없는 몰락의 원인이 된다. 피렌체 인들, 베네치아 인들, 프랑스 왕국이 전쟁에서 벗어나기 위해 얼마나 빈번하게 국가 돈을 썼는지, 또 로마 인들이 단 한 번밖에 겪지 않은 수치에 이들이 얼마나 자주 노출되었는지 설명하자면 굉장히 긴 시간이 필요할 것이다. 마찬가지로 피렌체 인들과 베네치아 인들이 얼마나 많은 도시를 매수했는지 언급하는 것도 이하 동문일 것이다. 나중에 그들 사이에서 무질서가 나타나자, 금으로 얻은 것들은 칼로 지킬 수 없다는 점이 명백하게 드러났다. 로마 인들은 자유롭게 살 때 자랑스러운 행동과 생활 방식을 준수했다. 하지만 나중에 황제 통치기에 이르러 황제들이 사악해지기 시작하고 햇빛보다 그늘을 더 사랑하게 되자 로마 인들도 역시 파르티아 인들, 게르만 인들, 그 외 인근 민족들에게 돈을 지급하고 평화를 사기 시작했다. 이는 그 위대했던 제국의 몰락을 알리는 서곡이었다.

국가는 황금이 아니라 칼로 지켜야 한다

비슷한 불이익이 바로 국민들을 무장 해제하는 것에서 발생하고, 거기서 그보다 더 큰 또 다른 불이익이 발생한다. 가까이 접근할수록 적은 허약하다는 것을 분명히 알게 될 것이기 때문이다. 앞서 기술한 방식, 즉 국민들을 무장시키지 않는 방식으로 통치하는 나라는 영토 내의 국민들을 거칠게 다루고 국경에 사는 국민들은 관대하게 대우한다. 적을 멀리서 저지하기 위해 국경을 강화하자는 것이다. 그 결과 더 멀리서 적을 저지하기 위해 이런 나라들은 국경 근처의 통치자들과 민족들에게 돈을 주었다. 이런 이유로 이런 돈을 주는 나라들은 국경에서 미미한 저항을 할 수는 있겠지만 적이 그곳을 통과해 인근으로 다가오면 그 어떤 대책도 마련하지 못한다. 심지어 그들은 그런 행동 방식이 좋은 제도와는 정반대라는 점을 깨닫지도 못했다. 이것을 반면교사로 삼아서 나라의 심장과 그 외의 주요 기관 역할을 하는 곳은 반드시 잘 무장되어야 한다. 사지(四肢)는 그렇게까지 할 필요가 없다. 사지는 없어도 살 수 있지만, 심장과 주요 기관이 손상되면 생명체는 죽는 것이다. 그런데 이런 나라들은 엉뚱하게도 심장에는 아무런 방비도 갖추지 않고 사지만 무장을 갖추고 있었다.

이런 무질서가 피렌체에 초래한 피해는 여태껏 보아왔고 여전히 날마다 볼 수 있다. 왜냐하면 적군이 국경을 넘어 심장에 가까워질 때마다, 아무런 대책 없이 허둥대는 모습을 보이기 때문이다. 몇 년 전 베네치아에서도 똑같은 일이 일어났다. 그들의 도시가 물에 둘러싸이지 않았다면, 그들은 멸망을 맞이했을지도 모른다. 프랑스가 이런 일을 겪는 적은 드물었다. 워낙 큰 왕국이라 그들보다 우월한 병력을 가진 적국이 몇 없었기 때문이다. 그럼에도 불구하고 1513년 잉글랜드군이 프랑스를 공격했을 때는 온 나라가 떨었다. 프랑스 왕뿐만 아니라 모든 프랑스 인이 단한 번의 패배로도 왕국이 멸망할 수 있다고 생각했기 때문이다.

하지만 로마 인들과 관련해선 그것과는 정반대의 일이 벌어졌다. 적이 로마에 가까워질수록, 저항은 더욱 거세졌다. 이는 한니발의 이탈리아 침공에서도 명백하게 드러난다. 세 번의 패배를 겪으면서 많은 지휘관과 병사들이 전사한 뒤에도 로마는 적을 저지했을 뿐 아니라 전쟁에서 결국 승리를 거뒀기 때문이다. 이런 일은 로마 인들이 심장을 잘 방비하고 사지에 상대적으로 덜 신경을 썼기에 가능한 것이었다. 따라서 로마의 토대는 로마 인들, 라틴 도시 연합, 이탈리아의 다른 동맹 도시들, 식민지들이었다. 그런 토대에서 로마 인들은 전 세계를 상대로 싸우고 지킬 수 있는 수많은 병사들을 뽑아낸 것이다. 이 점이 진실이라는 것은 카르타고 인 한노의 질문에서 명백하게 드러난다. 칸나이 전투에서 대승을 거둔 뒤 한니발이 보낸 사자가 한니발의 공적을 칭송하는 보고를 들은 뒤, 한노는 로마 인들 중 카르타고에 화평을 청하거나 로마에 반란을 일으킨 라틴 도시나 식민지가 있는지 물었다. 그런 일은 없었다는 대답을 듣자 그는 이렇게 말했다. "이 전쟁은 전과 다를 바 없이 여전히 결정 나지 않았다."

능력은 운명을 제압할 수 있다

이런 담론과 다른 곳에서 수많이 우리가 논했던 것 모두가 현재 공화국들과 고대 공화국들의 행동 방식이 얼마나 큰 차이를 보이는지 보여준다. 따라서 우리는 엄청난 손실과 엄청난 이득을 매일 보게 된다. 왜냐하면 어떤 사람에게 출중한 능력이 거의 없을 때 운명은 더욱 강력하게 그녀의 힘을 보여주기 때문이다. 운명은 변덕이 심하기 때문에 나라들은 자주 변화를 겪게 된다. 이럴 때 고대의 것(능력, 신앙심, 국제)에 충실한 누군가가 나타나 고대의 방식으로 운명을 통제하여 운명이 매일 그녀의 강력한 힘을 드러낼 이유를 아예 없애버려야 한다. 이렇게 하지 않는 한, 공화국이나 국가는 끊임없이 운명이 이끄는 대로 시달려야 한다.

제31장

추방된 자를 믿는 것이 얼마나
위험한지에 관해

고국에서 쫓겨난 자들을 믿는 일이 얼마나 위험한지 여기서 논해도 핵심을 벗어나지 않는다고 생각한다. 나라를 통치하는 이들은 그런 문제를 매일 처리해야 하기 때문이다. 비록 그가 다루는 주제의 범위 밖에 있는 것이긴 하지만, 리비우스는 자신의 역사서에서 기억에 남을 사례를 인용했기에 이번 견해는 그것으로 입증하고자 한다.

알렉산드로스 대왕이 휘하 군대와 함께 아시아로 진격하고 있을 때, 그의 매형인 에페이로스의 알렉산드로스는 추방당한 루카니아 인들의 부름에 따라 군대를 이끌고 이탈리아를 침입했다. 루카니아 추방자들은 자신들의 조력이 있다면 이탈리아 전역을 점령할 수 있다는 헛된 기대를 그에게 불어넣은 것이었다. 그 결과 그들의 말과 기대에 근거를 두고 에페이로스의 알렉산드로스는 이탈리아로 들어갔고, 곧 루카니아 추방자들에게 살해당했다. 알고 보니 이들은 에페이로스의 알렉산드로스를 죽이면 추방령을 없던 일로 하고 고국으로 돌아올 수 있게 해주겠다는 동포의 약속을 지킨 것이었다. 그러므로 고국에서 쫓겨난 이들이 하는 말과 약속은 얼마나 헛된 것인지 잘 알아야 한다. 당신의 도움이 아닌 다른 수단으로 고국으로 돌아갈 수 있다면 무슨 약속을 당신과 했든지 간에 언제든 당신을 포기하고 다른 자들에게 접근할 것이라고 보아야 한다.

그들이 하는 헛된 약속과 기대에 관해서는 이렇게 보아야 한다. 고국으로 돌아가고자 하는 그들의 욕망은 너무나 강렬하여 그들은 자연스럽게 많은 엉뚱한 것들을 믿게 되고 그것으로도 부족하여 교묘한 속임수가 담긴 많은 것들을 추가하기까지 한다. 그리하여 그들이 실제로 믿는 것과, 당신에게 헛된 기대를 안겨주기 위해 그들이 믿는다고 말하는 것을 잘 구분해야 한다. 그들은 당신에게 지나친 기대를 심어주려고 무슨 말이든 지껄이는 것이다. 당신은 그런 헛된 기대에 의지하면 엄청난 비용을 치르거나 아니면 당신의 파멸을 맞이하게 된다.

위에서 언급한 알렉산드로스의 사례에 아테네의 테미스토클레스의 사례를 더하면 본보기는 충분할 것이라 생각한다. 테미스토클레스는 반역자라고 공표된 뒤 아시아의 다리우스에게 도망쳤다. 그는 다리우스에게 많은 약속을 했고 심지어는 그리스를 같이 공격하겠다는 말까지 했다. 다리우스는 그 말을 믿고 그리스 침공을 시작했다. 나중에 약속을 지킬 수 없게 되자, 테미스토클레스는 음독자살했다. 수치스러워서인지, 징벌을 당할까 두려워서인지는 그만이 알 일이다. 월등히 뛰어난 테미스토클레스 같은 사람도 이런 잘못을 저지른다면, 그보다 못한 이들은 자신의 욕망과 격정에 끌려 더욱 큰 실수를 저지를 것이라고 보아야 한다. 따라서 군주는 추방자의 보고에 근거를 두고 행동에 착수할 때는 반드시 천천히 진행해야 한다. 대부분의 경우 심각한 수치를 당하거나 엄청난 손해를 보게 될 것이기 때문이다. 은밀한 공격이나 내부 내통자의 첩보를 통해 도시를 점령하는 것이 성공하는 경우는 드물기 때문에, 다음 장에서 이 주제를 논하는 것도 핵심에서 벗어나는 일은 아니라고 생각한다. 따라서 다음 장에서 로마 인들이 도시를 점령할 때 활용한 많은 방법을 논해 보도록 하겠다.

제32장

로마 인들은 도시 점령에 얼마나 많은
방법을 활용했는가?

포위 공격, 기습 공격, 항복 유도

모든 로마 인이 전쟁에 전념했기 때문에 늘 비용과 그 외의 모든 전쟁 관련 사항에서 유리하게 전쟁을 수행했다. 이로 인해 그들은 도시를 점령할 때 포위 공격을 피하고자 했다. 그 방법을 채택하면 점령으로 얻을 수 있는 이득보다 비용도 훨씬 많이 들고 굉장히 불편하다고 생각했기 때문이다. 이런 이유로 로마 인들은 도시 점령에서는 포위 공격보다 더 낫고 유용한 다른 수단이 있다고 생각했다. 그 결과 많은 세월 동안 수도 없는 전쟁을 치렀지만 그들이 포위 공격을 수행한 사례는 극히 드물다.

따라서 로마 인들이 도시를 점령할 때 활용한 방법은 기습 공격을 하거나 항복을 받는 것이었다. 기습은 맹공을 가하거나 기만책을 더한 공격을 가하는 것이었다. 맹공은 벽을 부수는 일 없이 공격을 수행하는 것이었고, 로마 인들은 이를 "도시에 왕관 씌우기"라 불렀다. 도시를 둘러싸고 전군으로 하여금 모든 방면에서 공격을 가하는 형태였기 때문이다. 그들은 자주 한 번의 강력한 기습으로 도시를 점령하는 데 성공했다. 스키피오는 스페인에서 대규모 강습 작전을 수행하여 신(新) 카르타고 (New Carthage) 함락에 성공했다. 이 공격으로도 충분하지 않으면 로마 인들은 충차와 다른 전쟁 기계를 동원해 벽을 부수거나, 베이이를 점령할 때처럼 갱도를 파고 도시 안으로 진입하거나, 성벽을 방어하는 병사들과 같은 높이의 목탑을 만들거나, 외벽에 기대 쌓은 흙으로 만든 제방을 타고 성벽을 공격했다.

첫 번째 사례인 모든 방면에서의 공격은 수비 측이 즉각적인 위험에 빠지고 관련 대책도 불확실해지는 효과가 있다. 이런 공격을 받으면 모든 방면에 수많은 수비병이 필요하지만 모든 방면에 병사나 보충병을 투입할 정도로 병사가 많은 경우는 거의 없으며, 또 병사가 충분하다고 해도 병사들이 일관되게 저항할 용기가 있는 것은 아니어서 전투가 한 방향이 무너지는 양상이면 모두 패할 수도 있다. 그 때문에 이 방법은 앞에서 언급한 것처럼 자주 좋은 성과를 냈다.

하지만 이 방법으로 처음에 성공하지 못하면 로마 인들은 같은 방법을 다시 시도하는 일이 거의 없었다. 일단 이 방법 자체가 굉장히 위험했기 때문이다. 병력이 굉장히 많은 공간에 얇게 펼쳐져 있으므로 성에서 반격해 나오면 전적으로 취약했고 전투 대형이 와해될 수 있는 데다 병사들의 피로가 큰 것이 이 방법의 단점이었다. 그래도 로마 인들은 단 한 번 기습할 때 이 방법을 활용했다. 성벽을 파괴하는 것과 관련해선, 수비 측은 오늘날처럼 성벽에 방어 공사를 하는 것으로 대항했다. 갱도를 파는 것에 대항하기 위해서는 맞대응 갱도를 파서 상대를 무력화시키려 했다. 수비 측은 이런 식으로 무기와 다른 기구를 동원해 맞섰으며, 그중엔 커다란 용기(容器)에 깃털을 담은 뒤 불을 붙여 갱도에 두고 연기와 악취로 적을 막는 것도 있었다. 목탑을 이용한 공격을 받으면 수비병들은 화공을 가해 탑 자체를 파괴했다. 흙으로 만든 제방으로 공격하는 경우 그들은 그 제방의 밑바탕을 지지하는 성벽의 일부를 파괴하여 바깥에서 제방을 만드는 사람들이 쌓아올린 흙을 도시 안으로 빨아들였다. 이렇게 하면 적군은 성 밖에서 제방 자체를 쌓지 못했다.

　이렇게 도시를 점령하는 방법들은 장기간에 걸쳐 활용할 수 없고, 효과를 발휘하지 못했을 때는 철수하거나 승리를 얻는 다른 수단을 찾아야 한다. 가령 스키피오는 아프리카를 침공한 뒤 우티카를 공략했으나 점령에 실패해 철수하고서 카르타고군을 물리칠 다른 방법을 찾았다. 이런 정공법이 어렵다면 포위 공격에 의지해야 한다. 로마는 베이이, 카푸아, 카르타고, 예루살렘 등의 도시를 점령할 때 포위전을 수행했다. 은밀한 폭력으로 도시를 점령하는 방식은 로마 인들이 팔레오폴리스(Paleopolis)를 공격할 때 사용한 수법이다. 그들은 도시 안 내통자들과 협정을 맺고 도시를 점령했다. 로마 인들과 다른 세력은 이런 부류의 공격을 무수히 시도했지만 성공하는 경우는 아주 드물었다. 그 이유는 사소한 장애물도 계획을 무너뜨릴 수 있고, 그런 장애물이 쉽게 나타나기 때문이다. 음모는 공모한 사람들의 부정과 계획을 행동으로 옮길 때 발생하는 어려움으로 인해 실행 전에 곧바로 들통 나는 경우가 많은 것이다. 음모를 행동으로 옮기는 것이 어려운 이유는 적군뿐만 아니라 몇 가지 명목을 제외하고는 음모에 관한 이야기를 들으면 안 되는 이들까지 미리 손을 써둬야 하는데 이게 여의치 않은 것이다.

　하지만 음모가 계획 중에 발각이 되지 않더라도, 실행하는 과정에서 수도 없이 문제가 발생한다. 관련자들이 지정된 시간 이전이나 이후에 나타남으로써 모든 일이 헛수고가 될 수도 있고, 카피톨리움 신전의 거위가 냈던 것과 같은 돌발적인 소음(→ 만리우스 카피톨리누스)이 나거나 일상적인 틀이 무너져 미미한 잘못이나 사소한 실수가 발생해도 일 자체를 망칠 수 있다. 여기에 야음(夜陰)도 추가로 고려해야 한다. 밤중의 어둠은 그런 위험한 일에 가담한 이들에게 더한 두려움을 주기 때문이다. 음모를 수행하는 이들 대부분이 지형지물에 미숙하기 때문에, 그들은 조금이라도 예상치 못한 일이 발생하면 혼란을 느끼고, 점점 더 두려워하며 불안정하게 된다. 따라서 이들은 그 어떤 기만적인 움직임에도 민감하게 반응해 도망치게 된다. 이런 기만적인 야간 공격에서 시키온의 아라토스만큼 운이 좋았던 사람도 없을 것이다. 그는 야간엔 그토록 용맹했지만, 대낮에 공개적으로 펼치는 작전엔 일부러 겁쟁이의 면모를 보였다. 아라토스의 성공은 야간 원정이 성공 가능성이 많다고 하기보다 그가 이런 은밀한 작전에 특별한 재능을 가졌다고 결론 내릴 수 있다. 그러나 은밀한 폭력으로 도시를 점령하는 방식은 많이 계획되었으나, 실제 수행은 드물었고 성공하는 경우는 그보다 더 드물었다.

상대방을 자발적으로 항복시키는 방법

항복으로 도시를 점령하는 방식은 자발적인 항복과, 힘으로 항복을 받아내는 것 이렇게 두 가지가 있다. 자발적으로 항복하고자 하는 생각은 보호를 위해 대피할 수밖에 없는 외부적 필요 때문에 생겨난다. 이는 카푸아 인들이 로마 인들의 보호를 요청한 경우에서 찾아볼 수 있다. 또한 그런 생각은 어떤 군주가 베푸는 선정(善政)에 이끌려 좋은 통치를 받고 싶다는 욕망에서 생겨난다. 그런 생각을 가진 이들은 자발적으로 그런 군주에게 의지한다. 이는 로도스 인들, 마실리아 인들, 그 외의 민족이 로마 인들에게 항복하는 모습에서 확인할 수 있다.

이제 힘에 의한 항복에 관해서 언급해 보자. 항복시키는 힘은 앞서 언급한 것처럼 매우 오래 지속되는 포위전에서 생겨난다. 혹은 공격 측이 급습, 약탈, 그 외의 좋지 않은 방식으로 지속적인 압박을 가하면 도시는 이를 피하고자 하여 항복하기도 한다. 이상 언급한 모든 방법 중에서, 로마 인들은 이 마지막 방법을 다른 어떤 방식보다 많이 활용했다. 450년 이상, 그들은 압승과 급습으로 인근 국가들을 약화하고, 조약이라는 수단으로 인근 국가들 사이에서 명성을 높였다. 이것은 앞에서 이미 여러 번 논했다. 로마 인들은 모든 방식을 시도했음에도 늘 이 특정한 방식에 의존했다. 다른 방식에는 위험하거나 무익한 요소가 있었던 것이다. 포위전은 시간은 물론 비용이 들고, 강력한 기습은 의심스럽고 위험이 있으며, 음모는 불확실했다. 적의 군대를 물리치면 한 나라를 하루 만에도 점령할 수 있지만, 포위전으로 완강하게 저항하는 도시를 얻는 데는 많은 세월이 허비되었다. 이 점을 로마 인들은 잘 알고 있었다.

제33장

로마 인들은 야전 사령관에게
전적인 재량권을 주었다

리비우스의 역사서를 읽으며 어떤 교훈을 얻으려고 한다면, 로마 인들과 로마 원로원이 활용한 모든 행동 방식을 고려할 필요가 있다. 여러 문제 중에서도 고려할 만한 사항은 로마 인들이 집정관, 독재관, 군대 지휘관들을 전투 현장에 파견할 때 부여했던 권한에 관한 사항이다. 명백한 점은 그들에게 부여한 권력이 아주 대단했다는 것이다. 반면 원로원은 새로운 전쟁을 개시하고 평화 협정을 맺는 것 이외에는 아무런 권한도 없었고, 그 외의 모든 일에 관해선 집정관의 의지와 권력에 따랐다. 예를 들면 로마 인들과 원로원이 라티움 인들을 상대로 전쟁을 수행하기로 결정하면, 전투 현장에서의 모든 사항은 집정관의 의지에 맡겼다. 집정관은 자신이 옳다고 판단한 바에 의해 전투를 개시할 수도, 회피할 수도 있었고 도시를 포위할 수도 있었다.

이런 방침은 많은 사례를 통해 확인할 수 있고, 특히 에트루리아 인들을 상대로 한 원정 중 벌어진 일에서 더욱 선명하게 확인할 수 있다. 수트리움(Sutrium) 근처에서 에트루리아 인들을 격파한 뒤, 집정관 파비우스는 키미니아 숲(Ciminian forest)을 통해 에트루리아로 진격하려는 계획을 세웠다. 그는 이에 관해 원로원과 상의하지도 않았을 뿐더러, 위험한 미지의 지역에서 전쟁을 수행할 생각이었으면서도 그 계획과 관련한 어떤

418

정보도 보고하지 않았다. 이런 사실은 파비우스의 방침과 관련하여 원로원이 내린 결정으로도 증명이 된다. 원로원은 파비우스가 승리를 거뒀다는 소식을 듣고 그가 에트루리아로 향할 때 숲을 통해 진격하는 게 아닐까 염려했고, 그렇게 위험을 감수하는 전투 방식이 현명하지 못하다고 여겼다. 따라서 그들은 두 명의 특사를 보내 파비우스가 에트루리아로 진군하지 않게 하려고 했다. 특사들이 도착하자 파비우스는 이미 숲을 통과해 승리까지 해놓은 상태였고, 그들은 전쟁을 막는 대신 본국으로 돌아와 파비우스의 에트루리아 정복과, 그가 얻은 영예를 보고했다.

이 처리 방법을 잘 숙고한 사람이라면 누구나 원로원이 굉장히 신중했음을 알게 될 것이다. 만약 원로원이 맡긴 임무에 따라 차츰 전쟁을 진행하도록 집정관에게 요구했다면, 집정관은 덜 부지런한 모습으로 천천히 전쟁을 수행했을 것이다. 전쟁의 영광을 온전히 자신이 차지하는 것이 아니라, 조언을 받은 원로원과 나눠야 하기 때문이다. 뿐만 아니라 그렇게 되면 원로원은 아무것도 알지 못하는 문제에 관해 조언을 해야 하는 난처한 상황에 놓이게 된다. 물론 원로원엔 전쟁에 지극히 경험 많은 인물들이 수두룩했지만, 훌륭한 조언을 하기 위해선 현장에 있어야 하고 수많은 세부 사항을 필히 알아야 하기 때문에 그들은 조언을 한다 하더라도 많은 잘못을 저질렀을 것이다.

이런 이유로 원로원은 집정관이 스스로 판단하여 행동하고 영광을 혼자서 누리기를 바랐다. 여태까지의 원로원 경험을 고려했을 때 영광을 향한 집정관의 애착이 전쟁에서 최선을 다하게 만드는 보증 수표라고 판단했던 것이다. 나는 이것이야말로 가장 주목해야 할 방침이라고 주장한다. 오늘날의 공화국, 즉 베네치아나 피렌체는 현지 군사령관의 재량권 문제를 전혀 다르게 이해하고 있기 때문이다. 그들의 군사 지휘관,

병참 장교, 공작원들은 대포를 하나 설치할 때에도 공화국 정부는 그 문제를 어떻게 처리하는지 알고 싶어 하고 또 조언을 하려 든다. 이런 꼼꼼한 감독은 그런 류의 다른 방식처럼 칭송받을 수도 있겠으나, 그런 방식들을 다 합쳐놓고 보니 두 공화국에 오늘날 같은 처참한 상황이 발생하고 만 것이다.

제3권

제1장

종교나 공화국이
장수하기 위해서는 종종 원초의 상태로
돌아갈 필요가 있다

이 세상 모든 사물이 일정한 수명을 지닌다는 점은 명백한 진실이다. 천명이 부여한 생의 주기를 완주하는 사물들은 그들의 신체가 무질서에 빠지는 것을 허용하지 않으면서 질서정연한 방식으로 그 신체(조직)를 유지한다. 이렇게 무질서를 철저히 단속하기 때문에 변화는 생기지 않으며 설사 변화가 생기더라도 사물들을 이롭게 하는 것이지 해치는 것은 아니다. 나는 지금 공화국이나 종교 단체 같은 복합적인 조직에 관해 말하고 있는 것인데, 이런 조직(신체)을 그 원초의 상태로 되돌려 놓는 변화는 좋은 변화라고 말하고 싶다. 최고의 조직을 지니고 장수하는 복합체는 자체적인 제도를 통해 스스로 일신(日新)할 수 있거나 제도 밖에서 오는 어떤 상황을 통해 일신할 수 있는 복합체이다. 그들이 일신하지 않는다면 오래가지 못할 것이라는 점은 너무도 분명하다.

종교, 공화국, 왕국의 시작은 훌륭하다

이미 언급했듯이 그들이 일신하는 방법은 원초의 상태로 돌아가는 것이다. 종교, 공화국, 왕국의 시작은 그들로 하여금 초기의 위신과 확장을 되찾게 해주는 장점을 반드시 갖고 있기 때문이다. 시간이 흐르면서 그런 장점은 부패하므로, 그 원래의 틀로 되돌리려는 노력이 없게 되면 필연적으로 그 신체는 죽어버리게 될 것이다. 의사들도 인체에 관해 "매일 몸은 뭔가 흡수하고 그중에는 해로운 것도 있기에 때때로 치료를 할 필요가 있다."라고 말하지 않는가. 시작으로 돌아가는 이런 과정은 공화국의 경우 외부적인 사건이나 본질적인 신중함에 의해 발생한다. 첫 번째 수단에 관해 생각해 보면 로마가 갈리아 인들에게 점령당한 것이 얼마나 소중했는지 명백하게 알 수 있다. 그런 일을 겪었기에 로마는 새롭게 태어날 수 있었다. 일신한 로마는 새로운 삶과 활력을 얻게 되었고 부패하기 시작한 종교와 정의(正義)도 다시 제대로 지킬 수 있게 되었다.

이러한 부패는 리비우스의 역사서에서 아주 명쾌하게 설명된다. 가령 갈리아에 대항하기 위해 군대를 호출하는 과정이나 집정관의 권위를 지닌 호민관 제도를 만드는 과정에서 로마 인들이 종교적인 의식을 준수하지 않았다는 것이다. 마찬가지로 로마 인들은 "민족들 사이의 법률을 어기고" 갈리아 인들에 대항하여 싸운 파비우스 가문의 세 사람을 처벌하지 않았을 뿐만 아니라, 오히려 그들을 호민관으로 임명했다. 로마엔 로물루스와 다른 신중한 통치자들이 자유로운 삶의 방식을 유지하기 위해 도입한 합당하고 필수적인 좋은 규정들이 있었는데, 로마 인들이 그것을 별로 신경 쓰지 않았다는 점을 이로써 쉽게 추측할 수 있다. 따라서 이렇게 외부로부터 타격을 받자, 로마는 모든 제도를 복구해야 한다는 것을 깨달았다. 그리하여 로마 인들은 종교와 정의를 유지할 필요가 있음을 알게 되었을 뿐만 아니라, 훌륭한 시민을 깊이 존중하고 여태껏 그들의 행동을 소루(疏漏)하게 만들었던 편의보다 훌륭한 시민의 출중한 능력을 더 높이 평가해야 한다는 점도 알게 되었다.

로마에서 이러한 갱신 작업이 벌어졌음은 명백하다. 로마가 갈리아 인들로부터 탈환되자마자 로마 인들은 고대 종교의 모든 제도를 복구하고

"민족들 사이의 법률을 어기고" 싸운 파비우스 가문 사람들을 처벌한 뒤 카밀루스의 출중한 능력과 선함을 칭송했던 것이다. 원로원과 다른 로마 인들은 질투심을 내려놓고 공화국 전체를 통치하는 무거운 짐을 카밀루스에게 맡기려 했고 그런 만큼 카밀루스는 굉장한 영예를 얻게 되었다. 앞서 말한 대로, 어떤 질서 안에서 함께 살아가는 이들은 외부적인 사건이나 본질적인 신중함을 통해 스스로 반성할 필요가 있다. 후자의 수단, 즉 본질적인 신중함은 법률(제도)이나 혹은 어떤 개인을 통하여 나타나야 한다. 법률은 그 조직에 속한 사람이 빈번하게 자신의 문제를 재검토하게 하고, 훌륭한 개인은 그의 모범적인 행동과 출중한 업적으로 법적 규제와 똑같은 효과를 만들어낸다.

로마를 소생시킨 제도의 변화

따라서 그런 훌륭함은 공화국 안에서 한 사람의 출중한 능력이나 단일 규정의 특별한 우월성을 통해 발생한다. 후자에 관해서 말하자면, 로마 공화국을 시작점으로 되돌린 제도들은 바로 호민관 제도, 감찰관 제도, 그리고 그 외에 사람들의 야욕과 오만을 금지하는 다른 모든 법률들이다. 이런 규정들은 반드시 특정 시민의 출중한 능력에 의해 활성화 되어야 한다. 그리고 그 시민은 그런 규정들을 무시하는 모든 이들의 힘에 맞서 용맹하게 그것을 단속하려는 사람이어야 한다. 로마가 갈리아 인들에게 점령되기 전 이런 법률이 적용된 방식 중 가장 주목할 만한 사례는 브루투스의 아들들, 10인회, 곡물상 멜리우스(Melius) 등의 죽음이 있고, 갈리아 인 점령 후엔 만리우스 카피톨리누스의 죽음, 만리우스 토르콰투스 아들의 죽음, **파피리우스 쿠르소르**가 자신의 사마관 파비우스를 처형하려고 시도한 일, 스키피오 가문에 대한 고발 등이 그런 사례들이다.

이런 사건들은 이례적이고 주목할 가치가 있었기 때문에 발생할 때마다 사람들을 공화정 초기의 초심으로 되돌리는 효과를 가져왔다. 하지만 이런 사건들이 점점 더 드물게 되자, 사람들이 부패하여 훨씬 더 위험하고 무질서한 방식으로 행동하기 시작했다. 따라서 한 법률이 나와서 다른 법률로 대체되기까지 10년 이상의 시간이 경과하면 안 된다. 그 정도의 시간이 흐르면 사람들은 습관을 바꾸고 법을 어기기 시작하기 때문이다. 사람들의 마음속에 징벌을 상기시키거나 두려움을 재차 강조하지 않는다면 비행을 저지르는 자들의 숫자가 곧 너무도 많아져서 그들을 처벌하려면 위험 부담이 따르게 된다.

이와 관련하여 1434년부터 1494년까지 피렌체를 통치하던 이들은 5년마다 국가의 원래 모습으로 되돌아가야 할 필요가 있으며 그렇지 않으면 국가를 보존하기 어렵다는 말을 하곤 했다. 그들이 언급한 "국가를 되돌리는 일"은 처음 그들이 권력을 장악했을 때, 즉 그들의 삶의 방식에 따라 그릇되게 통치한 이들을 쓰러뜨렸을 때처럼 사람들의 마음에 두려움을 주입하는 일이었다. 하지만 그런 큰 타격을 입었던 기억이 사라지면, 사람들은 새로운 흉계를 꾸미고 점점 더 대담하게 정부를 비방한다. 따라서 국가를 수구초심(首丘初心)으로 되돌림으로써 이에 대비하는 것이 반드시 필요하다.

로마를 소생시킨 영웅들

이런 공화국의 시작으로 돌아가는 일은 그것의 집행을 단속하는 법률에 의존하지 않아도, 한 사람의 재능만으로도 가능하다. 그런 인물은 명성도 높고 하는 행동도 모범적이라 선량한 사람은 그를 따르길 바라고 악랄한 사람은 그와 정반대의 삶을 살고 있다는 사실에 부끄러움을 느끼게 된다. 특히나 훌륭한 결과를 가져온 로마 인물들로는 호라티우스 코클레스, 스카이볼라, 파브리키우스, 데키우스 부자(父子), **마르쿠스 아틸리우스 레굴루스** 등이 있다. 이들 모두는 로마에 비범하고 훌륭한 사례들을 만들었고 법과 제도에 의한 것과 똑같은 효과를 발생시켰다. 위에 언급한 법의 집행이 이런 특정 모범적 행동과 함께 최소 10년마다 발생했다면, 로마는 결코 부패하지 않았을 것이다. 하지만 그런 사례가 줄어들고 발생하는 간격도 멀어지자, 부패는 심화되기 시작했다. 이런 이유로 마르쿠스 아틸리우스 레굴루스 이후로는 그와 유사한 모범적인 행동이 로마에서 나타나지 않았다. 비록 대(大) 카토와 소(小) 카토가 나타나긴 했지만, 레굴루스와는 너무도 큰 시간차가 있었고 또 두 카토 사이의 시간 간격도 컸다. 두 카토는 시간적으로 너무 격리되어 있었으므로 그들은 모범을 보이더라도 좋은 결과를 이뤄낼 수 없었다. 이는 특히 소(小) 카토의 경우에서 더 잘 드러난다. 그의 시대에 로마는 거의 대부분이 부패한 상태였고, 그가 아무리 모범을 보이더라도 시민들은 더 나아질 수가 없었다. 공화국에 관해선 여기까지 만으로도 충분할 것이다.

초심으로 돌아가지 못하는 기독교

종교도 그런 회복이 필요하다는 점은 명백하다. 프란체스코 성인과 도미니크 성인이 기독교의 원래 상태를 어느 정도 되돌려 놓지 않았다면 이 종교는 지금쯤 흔적도 남지 않았을 것이다. 두 성인은 청빈함과 그리스도 적 삶의 모방으로 사람들의 마음속에서 소멸한 신앙심을 회복시켰다. 그들이 새로 만든 수도회는 성직자들과 종교 지도자들의 부패로 기독교가 무너지는 것을 충분히 막을 수 있을 정도로 영향력이 강했다. 또한 계속해서 청빈한 삶을 살며 고해성사와 설교를 통해 사람들에게 신뢰를 받은 두 성인은 사악함을 나쁘게 말하는 것도 역시 사악함이라고 사람을 설득하면서 그런 잘못을 저지른 성직자의 처벌은 하느님께 맡겨야 한다고 말했다. 그리하여 성직자들은 최악의 행동을 했다. 그들은 보이지도 않고, 그들 자신이 믿지도 않는 처벌을 전혀 두려워하지 않았던 것이다. 그러나 두 성인이 보여준 것 같은 회복의 움직임이 있었기에 기독교는 유지되어왔고 여전히 유지되는 중이다.

시작으로 돌아가려는 프랑스 왕국

왕국 또한 스스로 일신하고 법을 시작의 상태로 되돌릴 필요가 있다. 이를 실천하여 좋은 효과를 거두고 있는 사례는 프랑스 왕국이다. 그곳은 다른 왕국에 비해 대단히 차이가 나는 법과 제도로 국민들을 통치한다. 프랑스의 고등법원은 그런 법과 제도의 유지를 담당하는데, 특히 파리의 고등법원이 훌륭한 모습을 보여주고 있다. 고등법원은 왕국 내 영주에 대항하는 판결을 내리거나 왕에게 유죄를 선고할 때마다 법과 제도를 일신했다. 아직도 고등법원은 그 자체로 귀족들의 강력한 적수로 남아 있다. 하지만 그들이 귀족들을 처벌하지 않고 방면하는 순간 그 자체로 그런 범법 행위는 증가할 것이다. 그렇게 되면 의심할 여지없이 엄청난 소동이 일어나지 않고선 그런 범법 행위를 바로 잡지 못할 것이며 나아가 왕국 자체가 무너질 수도 있다.

　결론을 내리자면, 종교, 왕국, 공화국을 가리지 않고 공동체에서 무엇보다 필요한 일은 시초에 드높였던 명성을 회복하는 것이다. 이는 어떤 외부 압력이 아닌 훌륭한 제도나 훌륭한 사람에 의해 달성되어야 하므로 공동체의 노력이 절실히 필요하다. 로마처럼 외부 압력이 때로는 최고의 해결책이 될 수도 있지만, 너무도 위험하기 때문에 이런 외부적 압력은 어떻게든 피해야 한다. 로마를 위대하게 만들고 그곳에 많은 훌륭한 결과를 가져온 개인의 행동엔 어떤 것이 있는지 설명하기 위해 나는 그와 관련한 서술과 논의를 하고자 한다. 리비우스의 첫 열 권에 관한 논평의 마지막 부분이자 세 번째 책이 되는 이 권에서는 그 주제의 경계 안에서 결말을 지을 것이다. 로마 왕들의 행동은 훌륭했고 주목할 만하지만, 여러 역사서가 그들을 상세히 다뤘기 때문에 그 왕들의 사적인 이익과 관련된 일만 언급하도록 하겠다. 우선 로마의 자유의 아버지 브루투스부터 이야기를 시작해 보도록 하자.

제2장

적절한 순간 미친 척하는 것은
아주 현명한 처사다

루시우스 유니우스 브루투스(Lucius Junius Brutus)는 타의 추종을 불허할 정도로 신중한 사람이었다. 우둔함을 가장했던 비범한 일로 인해 그가 다른 이들로부터 받은 깊은 존경 또한 그 누구도 따라올 수 없을 정도였다. 비록 리비우스는 브루투스가 그런 위장을 한 이유는 목숨을 건지고 유산을 지키려는 것 외엔 없었다고 주장하지만, 그럼에도 불구하고 그의 행동 방식을 고려하면 기회가 생겼을 때 왕을 타도하고 로마를 해방하는 일을 더욱 쉽게 하기 위해 감시를 덜 받고자 그처럼 미친 척한 것이었다. 그가 그런 목적을 갖고 있었다는 사실은 우선 아폴로의 신탁을 해석할 때 보인 모습으로 알 수 있다. 그는 땅에 입을 맞추기 위해 넘어지는 척을 했는데, 그렇게 함으로써 자신의 계획을 신들이 찬성할 것이라고 생각했다. 또 루크레티아(Lucretia)의 단검 자살 때, 그녀의 부친, 남편, 친척들이 지켜보는 가운데 가장 먼저 그녀의 시신에서 단검을 뽑아 그곳에 있던 이들이 장차 다시는 왕의 통치를 받지 않겠다고 맹세하게 한 점에서도 브루투스의 깊은 뜻을 알 수 있다. (→ 루시우스 유니우스 브루투스)

불가근(不可近), 불가원(不可遠)은 불가능하다

통치자에게 불만을 가진 이들은 모두 브루투스의 사례에서 교훈을 배울 것이다. 제일 먼저 그들은 자신의 힘을 가늠해야 한다. 그 결과 통치자에게 자신이 적이라는 것을 밝히고 공개적으로 전쟁을 걸 정도로 강력하다면 반드시 그 길을 선택해야 한다. 그 편이 덜 위험하고 더 명예롭기 때문이다. 하지만 그 정도 충분한 힘이 없는 때라면 통치자의 벗이 될 수 있게 아주 부지런히 노력해야 한다. 이를 위해 반드시 필요하다고 생각되는 모든 일을 해야 하며 통치자를 기쁘게 한다고 생각되는 모든 것에서 그의 소망을 따라 함께 즐거워해야 한다. 이런 친밀함은 일단 당신의 목숨을 보전해 줄 것이며 위험 부담 없이 통치자의 좋은 운명을 누리게 해 줄 것이다. 또한 친밀감을 이용해 당신은 계획 실행의 기회를 붙잡을 수 있다.

어떤 이들은 정권이 붕괴될 때 함께 피해를 볼 수 있으니 너무 통치자와 친밀해도 안 되고, 반대로 너무 멀리 떨어지면 정권 붕괴 시에 좋은 자리를 빨리 차지할 수 없으니, 불가근, 불가원이라고 하는데 둘 다 옳은 말이다. 할 수 있다면 중도를 택하는 것이 가장 안정적이다. 하지만 내가 보기로는 그것은 불가능하다. 그렇기에 언급한 두 가지 방법 중 하나, 그러니까 거리를 두느냐, 아니면 밀접하게 지내느냐 둘 중 하나를 선택해야 한다. 시비에 휘말린 사람이 그 외의 방법을 택하면 끊임없는 위험을 안고 살게 될 뿐이다. "그런 일에 신경 쓰지 않는다. 명예도 이익도 필요 없다. 문제없이 조용히 살고 싶다."라고 말해도 아무 소용이 없다. 상대방은 변명이라고 생각하고 받아들이지 않을 것이기 때문이다. 어떤 지위를 지닌 사람이 가만히 있는 선택을 할 수는 없으며, 아무 사심 없이 그렇게 하겠다고 하더라도 아무도 그 말을 믿지 않기에, 홀로 살고 싶어도 그냥 내버려두지 않을 것이다. 따라서 브루투스처럼 미친 척하는 것도 필요하다. 통치자를 기쁘게 하기 위해, 그런 연기를 하면서 당신의 성격과는 정반대로 칭송하고, 말하고, 보고, 행동해야 한다. 로마의 자유를 얻기 위해 브루투스가 보인 신중함에 관해 여태껏 논했으니, 이제부터는 자유를 유지하기 위해 그가 얼마나 엄정했는지를 언급하도록 하겠다.

제3장

새롭게 얻은 자유를 유지하고자
아들을 죽인 브루투스의 행동은 얼마나
필요한 것이었나?

힘들게 획득한 자유를 로마에서 유지시키려고 브루투스가 취한 엄정한 태도는 필수적이었고 또 유용한 것이었다. 아버지가 판관으로 앉아 아들에게 사형 선고를 하고 처형장에도 참석한 일은 기록된 역사를 통틀어도 굉장히 드문 사례이다. 고대사를 읽은 이들이라면 다음과 같은 점을 늘 보게 된다. 공화정에서 참주정으로, 혹은 참주정에서 공화정으로 나라의 틀이 변화한 뒤엔 그 변화한 상황에 대적하는 자들에겐 일벌백계로 가혹한 처벌이 부과된다. 참주정을 수립한 자가 브루투스 같은 이를 죽이지 않거나, 공화정을 수립한 자가 브루투스의 아들 같은 이를 죽이지 않으면 그 체제는 오래갈 수가 없다. 이 주제는 앞에서 상세하게 다뤘으므로(『사론』 1-16) 나는 독자들이 그 부분을 참조하기 바란다. 그렇지만 여기에서 한 가지 주목할 만한 사례를 추가하고자 하는데, 바로 우리 시대, 우리 도시의 사례이다.

어중간한 노선은 공화국을 멸망시킨다

그것은 피에로 소데리니에 관한 이야기이다. 그는 예전 체제로 돌아가고자 하는 브루투스의 아들 같은 이들의 욕망이 자신의 인내와 선의만으로 충분히 극복된다고 생각했다. 하지만 이는 자기 자신을 기만하는 것이었다. 소데리니는 신중한 사람이었기에 본보기를 보일 필요성을 인식하고 있었고, 또 자신에게 반항하는 자들의 야망 그 자체가 일망타진의 기회를 안겨주었는데도 그렇게 하지 않았다. 인내와 호의로 대하면 사악한 의도를 없앨 수 있다고 생각한 것은 물론이요, 반발 세력 일부에게 보상을 주면 자신을 향한 적대감을 일부라도 억누를 수 있다고 판단했기 때문이다. 하지만 이미 그의 친구들에게 많이 말한 바대로, 소데리니는 적대 측과 대담하게 맞서 그들을 제압하려면 법적으로 비범한 권한을 쥘 필요가 있다고 생각했다.

그런데 그는 이런 권한이 시민들 사이의 평등성을 무너뜨리는 행위라고 생각하여 망설였다. 비록 소데리니는 나중에라도 그 권력을 이용하여 압제적인 방식을 취할 생각이 없었지만, 그런 비상대권 요구가 시민들에게 두려움을 심어줘 자신의 사후(死後)에 그들이 종신 지도자의 선출에 동의하지 않을 것이라고 판단했다. 소데리니는 종신 지도자 제도가 나라를 강화하고 유지하기에 좋은 제도라고 생각하여 그 제도를 위태롭게 할지도 모르는 비상 대권의 설정에 신중한 자세를 취했다. 그의 심모원려(深謀遠慮)는 현명하고 훌륭했다. 하지만 그가 생각하는 선(공화국)을 위해 악(반 공화국 세력)이 계속되도록 내버려두어서는 안 되는 것이었다. 특히 그 선이 악에 의해 쉽게 붕괴될 있는 상황이라면 말이다.

그의 사업과 의도는 나타난 결과로 판단되기 때문에, 그는 운명과 삶이 자신과 함께 있다면 누구라도 자신의 사업이 야욕이 아닌 나라의 안녕을 위해서 한 일이라고 받아들일 것이라고 믿었어야 했다. 또한 소데리니는 정부를 안정된 기반 위에 올려놓아 그의 후임자가 그의 선량한 의도 아래 이루어진 사업을 사악한 의도에 활용하지 못하게 정리해 놓을 수(공화국 체제의 강화)도 있었을 것이다. 하지만 그는 처음 가졌던 견해에 기만당했고, 사악함은 시간이 흐른다고 누그러지지도 않고 그 어떤 선물로도 달랠 수 없다는 점을 결국 깨닫지도 못했다. 브루투스처럼 되는 법을 몰랐던 그는 따라서 정권과 명성은 물론 나라마저 잃었다. 자유국을 구해 내는 것이 어려운 것처럼, 왕국을 구해 내는 경우도 역시 어렵다. 이에 관해선 다음 장에서 알아보도록 하자.

제4장

나라를 빼앗긴 이들이 아직 살아있다면
그 나라를 빼앗은 군주는 안전할 수 없다

로마의 5대 왕 타르퀴니우스 프리스쿠스(Tarquinius Priscus)는 4대 왕 안쿠스의 아들들에게 죽었고, 6대 왕 세르비우스 툴리우스(Servius Tullius)는 7대 왕이며 마지막 왕인 오만왕(傲慢王) 타르퀴니우스에게 죽었다. 이 점은 누군가에게서 왕국을 빼앗고 그를 살려두는 것이 얼마나 어렵고 위험한 일인지 보여준다. 심지어 새로 즉위한 왕이 보상을 통해 마음을 얻어 보려고 해도 반발 세력은 여전히 거기에 있다. 타르퀴니우스 프리스쿠스가 로마 사람들이 추대하고 원로원이 인정했으니 왕국을 합법적으로 차지하게 되었다고 믿었던 점은 명백하다. 하지만 그는 안쿠스의 아들들이 품은 분노가 너무도 커서 그들을 제외한 로마 시민 전원이 만족하더라도 정작 그 아들들은 불만이라는 사실을 알지 못했다. 세르비우스 툴리우스는 타르퀴니우스의 아들들에게 보상을 했으니 포섭이 되었다고 홀로 만족했을 뿐이다.

과거의 모욕은 현재의 혜택으로 덮지 못한다

그러므로 첫 번째 사례(안쿠스 아들들의 분노)를 통해 군주는 나라를 빼앗긴 이들이 살아 있다면 결코 안전하게 지낼 수 없다는 경고를 잘 받아들여야 한다. 또한 두 번째 사례(타르퀴니우스의 아들들에 대한 보상)를 통해 권력자들은 오랜 원한이 새로운 이득으로 무마될 수 없고, 오랜 원한에 비해 새로운 이득이 보잘것없을 때는 더욱 무마가 어렵다는 점을 상기해야 한다. 세르비우스 툴리우스는 확실히 현명하지 못했다. 타르퀴니우스의 아들들이 현왕의 사위라는 지위에 계속하여 만족할 것으로 믿었기 때문이다. 하지만 그들은 억울하게 툴리우스에서 왕위를 빼앗겼다는 생각만 하고 있었다. 권력욕이란 것은 참으로 강해서 왕위에 오를 자격이 있는 이들뿐만 아니라 무자격자의 마음속에까지도 꿈틀거리는 것이다. 타르퀴니우스의 작은 아들과 결혼한 세르비우스의 딸(툴리아)은 이런 열망에 사로잡혀 효심을 저버리고 남편에게 아버지를 죽이고 왕국을 빼앗자고 부추겼다. 왕의 딸보다는 왕의 아내가 더 품위 있게 보였기 때문이다. 타르퀴니우스 프리스쿠스와 세르비우스 툴리우스는 그들이 왕위를 찬탈한 이들로부터 안전하게 자신을 지키는 법을 몰라서 왕권을 잃게 되었고, 반면에 오만왕(傲慢王) 타르퀴니우스는 고대 왕들의 좋은 실천을 지키지 않아 왕권을 잃었다. 이는 다음 장에서 살펴볼 것이다.

제5장

무엇이 왕으로 하여금 세습 왕국을
잃게 하는가?

오만왕(傲慢王) 타르퀴니우스는 선왕 세르비우스 툴리우스를 죽였다. 세르비우스는 왕권을 상속할 아들이 없었기에 오만왕은 전임자들처럼 해를 입을 걱정 없이 왕권을 거머쥐게 되었다. 비록 왕위를 찬탈한 방법이 기이하고 혐오스럽긴 했지만(→타르퀴니우스), 즉위한 후에 선왕들의 좋은 실천을 준수했다면 그는 용인되었을 것이다. 더불어 원로원과 평민들이 분노하여 그에게서 왕권을 빼앗는 일도 일어나지 않았을 것이다. 따라서 그는 단순히 그의 아들인 섹스투스가 루크레티아를 강간했기 때문이 아니라, 왕국의 법을 무너뜨리고 원로원의 모든 권위를 빼앗아 자신에게 귀속시킨 뒤 압제적인 통치를 했기 때문에 쫓겨난 것이다. 오만왕은 로마 원로원의 동의를 얻어 공적인 장소에서 수행되던 일을 왕궁 내에서 수행했고, 이 때문에 그는 사람들의 비난과 악의를 사게 되었다. 그런 식으로 그는 선왕들의 치세 시에 로마에서 유지되던 모든 자유를 단기간에 박탈했다. 원로원을 적으로 돌리는 것만으로 충분치 않았는지, 그는 고된 노역을 부과해 평민들을 지치게 함으로써 그들과 등지기까지 했다. 이는 선왕들과는 완전히 다른 모습이었다.

오만왕은 루크레티아 때문에 폐위된 게 아니다

그리하여 로마에서 오만왕의 잔혹하고 거만한 행동에 대하여 원성이 자자해지자, 로마 인들은 전부 기회만 되면 반란을 일으킬 생각을 품게 되었다. 루크레티아 사건이 일어나지 않았더라도, 곧 그런 다른 사건이 일어나 같은 결과를 낳았을 것이다. 오만왕이 다른 왕들처럼 지냈는데 그의 아들 섹스투스가 그런 범죄를 저질렀다면 브루투스와 콜라티누스(루크레티아의 남편)는 곧바로 오만왕에게 그 범죄에 대한 처벌을 호소했을 것이기 때문이다. 그러므로 군주들은 오랜 기간 사람들이 따르며 살아온 오래된 관습과 법을 무너뜨리는 순간 나라를 잃기 시작한다는 점을 명심해야 한다. 나라를 빼앗긴 자가 그 뒤에 갑자기 신중해졌다고 가정해 보자. 그러면 그는 현명한 조언을 받아들인 왕들에 의해 나라가 아주 쉽게 유지되는 것을 깨달을 것이고, 그렇게 되면 나라 빼앗긴 상실감은 더욱 고통스러울 것이다. 그는 또 누구보다도 자기 자신에게 더 가혹한 처벌을 가하게 될 것이다. 이처럼, 사악한 자들보다 선량한 이들에게 사랑받는 것이 더 쉽고, 법을 통제하려 드는 것보다 준수하는 것이 훨씬 더 쉽다.

군주들이 이를 성취하기 위해 반드시 활용할 방법을 이해하고 싶다면, 코린트의 티몰레온이나 시키온의 아라토스 같은 훌륭한 군주의 삶을 거울로 삼으면 충분할 것이고 그 이외에 다른 수고는 할 필요가 없다. 그들의 삶을 살펴보면 지배자나 피지배자가 비슷하게 큰 안도감과 만족을 느꼈다는 점을 알 수 있다. 군주들은 이런 사례를 보면 그런 군주들을 따라 하고자 하는 욕구가 생길 것이다. 그렇게 하는 것은 바로 앞에서 말한 것처럼 쉽게 할 수 있는 일이기도 하다. 통치가 잘되면 사람들은 다른 자유를 추구하지도, 바라지도 않는다. 방금 언급한 두 군주의 통치를 받던 사람들이 바로 그러했다. 그들은 두 군주가 종신 동안 군주 자리에 있어주길 바랐다. 심지어 군주가 여러 번 권력을 내려놓고 하야하고자 할 때에도 간절히 만류했다.

이 장과 앞선 두 장에서 우리는 군주에 대한 반감, 브루투스의 아들들이 고국을 상대로 꾸민 음모, 그 외에 타르퀴니우스 프리스쿠스와 세르비우스 툴리우스를 목표로 한 음모를 논했다. 음모는 통치자나 시민들이나 주목해야 할 문제이기에, 다음 장에서는 음모를 상세하게 논해도 주제에서 벗어나지 않을 것이다.

제6장

음모에 관해

나는 음모에 관한 분석이 생략해서는 안 되는 필수적인 것이라고 생각한다. 음모는 군주나 시민 모두에게 심각한 위험을 가져오기 때문이다. 군주들이 공개적인 전쟁보다 음모로 목숨과 나라를 잃은 경우가 더 많다는 사실은 명백하다. 군주를 상대로 전쟁을 수행하는 것은 극히 소수만 선택할 수 있는 일이지만 군주를 상대로 음모를 꾸미는 일은 누구나 할 수 있기 때문이다. 다른 한편으로 음모를 꾸미는 일은 모든 단계에서 어렵고 극히 위험하므로 개별 시민은 이런 너무도 위험하고 무모한 일에 발을 들일 수 없다. 많은 음모가 시도되지만, 목표를 달성한 사례는 극히 적다. 따라서 군주들은 이런 위험으로부터 자신을 지키는 법을 배우고 개별 시민들은 좀 더 신중하게 음모를 진행하는 방법을 배워야 할 것이니(아니면 운명에 의해 부과된 통치의 형태에 어떻든 만족하고 살아가는 법을 배워야 한다), 나는 음모에 관해 상세히 이야기할 것이다. 또한 어느 쪽이든 주목할 만한 관련 사례가 있다면 빠짐없이 논할 것이다. 타키투스는 사람은 반드시 과거의 일을 명예롭게 여기고 현재의 일을 인내해야 하며, 훌륭한 군주가 나타나길 바라야 하지만 어떤 군주이든 상관없이 인내해야 한다는 격언을 남겼는데 이는 진정으로 귀중한 말이다. 정말로 이와 다르게 행동하는 이들은 대개 자신과 고국을 망치게 된다.

음모의 대상은 군주와 국가

이 주제에 접근하며 우리는 반드시 누구를 대상으로 음모가 꾸며지는지 먼저 고려해야 한다. 그러면 음모가 국가나 군주를 대상으로 꾸며진다는 것을 알게 된다. 나는 이 두 가지 부류를 논하는 것으로 시작하고자 한다. 포위 공격을 하는 적에게 도시를 넘겨주자는 음모나 그와 유사한 몇 가지 이유로 꾸며낸 음모는 이미 앞에서 충분할 정도로 논했기 때문이다. 이런 이유로 첫 번째로는 군주를 대상으로 한 음모를 다룰 것이다. 또한 그런 음모를 꾸미는 수많은 이유를 검토할 것이다. 군주를 대상으로 한 음모에는 굉장히 중요한 이유가 있는데 그것은 바로 군주가 국민들에게 증오의 대상이 될 때이다. 군주가 그런 보편적인 증오를 불러일으켰을 때 그에게 피해를 입은 개인들이 복수를 바랄 것이라고 추정하는 일은 합리적이다. 그런 개별적 소망은 군주가 불러일으킨 보편적인 적대 경향을 발견하게 되면 더욱 커지게 된다. 따라서 군주는 이런 대중적인 비난을 반드시 피해야 한다. 그것을 피하는 방법에 대해서는 여기서 논하지 않는데 다른 곳(『사론』 2-32)에서 이미 다뤘기 때문이다. 어쨌든 이런 점을 주의하면 단순한 개인적 공격은 그리 큰 적대감을 만들어내지 못할 것이다. 그 이유로는 첫째로, 받은 피해가 너무도 중대하다고 생각하여 어떤 큰 위험을 겪더라도 복수를 하겠다는 사람은 드물다는 점이다. 둘째로는 어떤 사람이 그렇게 할 수 있는 용기와 힘이 있다고 하더라도 군주가 인민들을 대하는 보편적인 호의를 보게 되면 그로 인해 망설이게 된다는 점이다.

재산, 목숨, 명예에 대한 위협

군주가 끼치는 피해는 재산, 목숨, 명예를 그 대상으로 한다. 누군가의 목숨을 위협하는 것은 그를 처형하는 일보다 더 위험하다. 위협하는 것은 지극히 위험한 반면 처형을 지시하는 것은 오히려 어떠한 위험도 일으키지 않는다. 죽은 이는 복수에 관해 생각할 수도 없고, 살아남은 이들은 대개 죽은 사람을 보면서 복수하겠다는 생각을 포기하기 때문이다. 하지만 위협을 받아 대응하거나 일방적으로 당하는 것 중 선택의 갈림길에 내몰린 사람은 군주에게 굉장히 위험한 적이 되는데 이는 적절한 곳에서 상세하게 논할 것이다. 상황적 필요에 내몰리는 경우를 제외하고는 재산과 명예에 가하는 피해가 그 어떤 다른 공격보다 더 사람을 불쾌하게 한다. 군주는 반드시 이와 관련해선 자신을 보호해야 한다. 아무리 재산을 빼앗아도 복수를 위해 남겨둔 칼까지 빼앗을 수는 없고, 아무리 창피를 줘도 완강하게 복수에 전념하는 마음까지 무너뜨릴 수 없기 때문이다.

사람에게 빼앗을 수 있는 명예 중에선 여자에 관련된 것이 가장 중대하다. 그 다음으로는 인격을 모욕하는 것이다. 이런 모욕 때문에 파우사니아스가 마케도니아의 필리포스 왕을 향해 암살의 단도를 들었으며 그 외에도 많은 다른 이들이 군주들을 향해 무기를 들었다. 우리가 사는 시대에서도 루치오 벨란티가 시에나의 참주인 판돌포를 대상으로 음모를 꾸민 이유는 다름이 아니라 판돌포가 그의 딸을 벨란티에게 아내로 줬다가 뺏은 것 때문이었다. 이에 관련해서는 적절한 곳에서 논할 것이다. 메디치 가문에 대해 파치 가문이 음모를 꾸민 주된 동기도 조반니 본로메이의 유산에 관련한 문제 때문이었다. 메디치 가문의 명령으로 파치(Pazzi) 가문은 그 상속 권리를 빼앗겼던 것이다.

군주를 상대로 음모를 꾸미게 되는 다른 굉장히 중요한 동기는 점령당한 고국에 자유를 회복시키고자 하는 소망이다. 브루투스와 카시우스는 이런 동기로 카이사르에 대항했고, 같은 동기로 많은 다른 이들도 팔라리스 가문, 디오니시우스 가문, 그리고 그 외 고국을 점령한 다른 세력에게 대항했다. 참주정을 포기하는 것 말고는, 참주가 이런 분위기에 맞서 자신을 지킬 방법이 없다. 하지만 그 어떤 참주도 정권을 내놓지 않을 것은 너무나 분명하다. 따라서 좋은 결말을 맞이한 참주가 거의 없다. 유베날리스의 시구에서도 이를 확인할 수 있다.

상처를 입거나 살해당하지 않고 저승으로
가는 왕은 거의 없다. 제명에 죽는
참주 역시 거의 없다.

앞에서 언급했듯이, 음모에서 초래되는 위험은 막대하고 또 음모를 꾸미는 모든 단계에서 발생한다. 따라서 음모를 계획할 때, 실행할 때, 실행한 이후 모두 위험을 무릅써야 한다. 음모자들은 개인이거나 다수이다. 음모 주체가 개인일 경우 음모를 꾸민다고 말할 수는 없다. 그보다는 군주를 죽이고 말겠다는 개인의 확고한 결심으로 이해하는 것이 좋다. 앞서 언급한 음모에서 발생하는 세 단계 위험 중에 첫 번째는 이렇게 개인이 음모를 꾸밀 경우엔 피할 수 있다. 왜냐하면 실행 전에는 아무런 위험도 겪지 않기 때문이다. 개인이 혼자서 품은 비밀은 아무도 모르기에, 군주의 귀에 그 계획이 들어갈 위험이 없다. 이렇게 음모를 꾸미겠다는 결의는 계급을 막론하고 누구에게나 생길 수 있다. 위대하건 보잘것없건,

신분이 높건 낮건, 혹은 군주와 친밀하건 소루하건 그것은 상관없다. 왜냐하면 자신의 감정을 터뜨릴 힘이 누구에게나 있기 때문이다.

앞에서 언급했듯이 파우사니아스는 마케도니아의 필리포스 왕을 살해했다. 당시 왕은 수천의 무장 병사를 데리고 있었고 곁엔 아들과 사위까지 두고 신전으로 올라가던 중이었다. 하지만 파우사니아스는 그 자신 귀한 신분에다 군주를 알고 지냈기에 이런 일이 가능했던 것이다. 빈곤하고 비참한 어떤 스페인 사람도 페르난도 왕의 목을 단검으로 찔렀다. 이 일격은 치명타는 아니었지만 용기와 기회가 있다면 그와 같은 비천한 처지에서도 그런 일을 실행할 수 있다는 점을 보여줬다. 튀르크의 한 이슬람 수도승은 현 튀르크 황제의 아버지 바야지트(Bajazet)를 언월도로 공격했다. 상처를 입히진 못했지만, 그는 용기 있게 행동할 기회를 마찬가지로 가지고 있었다. 이들이 한 것처럼 하고 싶은 사람들이 내 생각에 아마도 많을 것이다. 단순히 머릿속에서 암살 생각을 한다고 해서 처벌을 받거나 위험에 처하는 것은 아니기 때문이다. 하지만 소수의 사람들은 실제로 그것을 행동에 옮기는데, 그 즉시 암살자는 현장에서 살해된다. 따라서 이처럼 확실히 죽을 것을 아는데도 음모를 꾸미는 사람은 없다. 이제 개인의 음모에 관한 논의는 접어 두고 다수의 사람들이 참여하는 음모에 관해 논해 보자.

음모는 주로 측근들이 꾸민다

역사에서 볼 수 있는 모든 음모는 다수의 인물이나 군주의 측근이 계획한 것이라고 나는 단언한다. 왜냐하면 다른 이들은 정신이 완전히 나가지 않고서야 모의를 할 수 없기 때문이다. 군주와 친분도 없고 힘도 없는 자가 음모 실행에 필요한 기대와 기회를 잡는 일은 거의 없다. 우선 힘이 없는 자는 신의를 지킬 지지자를 찾을 수 없다. 엄청난 위험에도 불구하고 같이 행동에 나서도록 강한 기대감을 심어주어야 하는데 힘없는 자는 그렇게 하지 못하므로 아무도 따르지 않는 것이다. 또한 음모자들의 숫자가 둘에서 셋으로 늘어나면 그 안에서 배신자가 나타나 파멸을 맞이한다. 하지만 운이 좋아 그런 밀고자가 나타나지 않더라도 음모를 실행하는 과정에서 군주에게 쉽게 접근할 수 없는 등의 어려움에 직면한다. 그러니 음모를 꾸미는 과정 중에 파멸을 맞이하는 게 필연적이다. 이후 논할 것이지만, 군주에게 쉽게 접근할 수 있는 신분이 높은 이들이라도 음모를 실행하는 중에 생겨나는 여러 가지 어려움에 압도된다. 그러니 힘없는 자가 음모를 실행하는 과정에서 겪는 어려움은 황차 말해 무엇 하겠는가. 목숨이나 재산이 관계된 일이라면 사람은 완전히 정신을 놓지 않으므로, 음모를 꾸미려는 자들은 자신이 무력하다는 것을 알게 되면 신중한 모습을 보인다. 그리고 통치자에게 점점 질린 그들은 그에게 욕을 잔뜩 퍼붓기는 하겠지만, 복수는 자신보다 더 힘 있는 이들이 직접 군주에게 복수해 주기를 기다리게 된다. 우연히 힘없는 계층의 누군가가 음모를 시도한다면 그 의도는 장하다고 칭찬해 줄지 모르나 그 신중함에는 의문을 표시하는 것이다.

따라서 음모를 계획하는 이들은 모두 지체 높은 사람이거나 군주와 가까운 사람이라는 점은 명백하다. 측근들은 너무 많은 피해를 입어도 음모를 꾸미려 하지만 너무 많은 호의를 받아도 같은 행동을 저지른다. 그런 경우는 상당히 많다. 페렌니우스가 코모두스 황제를 대상으로, 플라우티아누스가 세베루스(Septimius Severus) 황제를 대상으로, 세야누스가 티베리우스 황제를 대상으로 꾸민 음모가 전부 그런 배은망덕에 해당된다. 이 음모자들은 황제가 제공한 엄청난 부, 명예, 지위에 익숙해져 자신의 힘을 완전한 것으로 만드는 데 부족한 점은 딱 하나, 제국 그 것밖에 없다고 생각하게 되었다. 이제 그것만 채우면 된다고 여긴 그들은 군주를 대상으로 음모를 꾸미기 시작했다. 물론 그들의 음모는 실패로 돌아가 배은망덕한 자의 비참한 최후를 맞이했다.

하지만 최근의 유사한 사례에서는 음모가 성공한 경우도 있다. 피사의 통치자 피에로 감바코르티를 대상으로 한 야코포 디 아피아노의 음모가 그것이다. 피에로는 야코포를 양육하고, 위신을 세워줬지만 그에게 나라를 빼앗기고 말았다. 또 우리 시대에선 코폴라가 아라곤의 왕 페르난도를 대상으로 그런 유형의 음모를 꾸미기도 했다. 그는 온갖 위대한 신분을 성취했는데 딱 왕국 하나만 더 추가한다면 자신의 위대함을 완성할 수 있을 것이라고 생각하다가 목숨을 잃었다. 진정으로 신분 높은 이가 군주를 상대로 계획한 음모에서 성공하려면 또 다른 군주가 같이 그 음모를 추진해야 하고, 당연히 그 군주는 그런 욕망을 충족시킬 수 있는 멋진 기회를 가진 사람이어야 한다. 하지만 강한 권력욕은 음모자들을 눈 멀게 하고 음모를 실행하는 과정에서 더욱 눈이 어두워진다. 따라서 신중하게 사악한 행동을 해내는 방법을 안다면 실패를 모면할 수 있다.

권력의 욕망은 복수의 욕망보다 강하다

그러므로 음모로부터 자신을 지키고자 하는 군주는 많은 해를 입힌 이들보다 많은 호의를 베푼 이들을 더욱 경계해야 한다. 왜냐하면 해를 입은 이들은 기회가 없는 반면, 호의를 받은 이들은 차고 넘치기 때문이다. 거기다 권력의 욕망은 복수를 하고자 하는 열망만큼 크거나 오히려 더 클 수 있다. 따라서 군주는 반드시 측근에게 권위를 위임하더라도 그들의 권위와 자신의 통치권 사이에 어느 정도 간격을 만들고 그 공간에 측근들에게 바람직한 뭔가를 놓아두어야 한다. 그렇지 않으면 앞서 언급한 군주들이 겪은 일이 일어난다고 해도 전혀 이상하지 않을 것이다. 여하튼 논의하던 내용으로 다시 돌아가 보자.

음모에는 전(前) 중(中) 후(後)의 세 시기가 있다

앞서 음모를 계획하는 이는 반드시 군주에게 쉽게 접근할 수 있는 신분이 높은 자들이라고 말했다. 그래서 여기서는 그들이 수행한 음모의 결과를 논하고 그들이 성공하거나 실패한 이유를 검토하고자 한다. 이미 언급한 것처럼 음모에는 위험한 세 가지 순간이 있다. 음모 이전, 음모 도중, 음모 이후가 바로 그것이다. 몇 안 되는 음모만이 이로운 결과를 얻어낼 수 있는데, 앞서 말한 전(前) 중(中) 후(後)의 세 순간을 무사히 지나치는 것이 거의 불가능하기 때문이다. 먼저 가장 중요한 예비 단계에서의 위험에 관해 논해 보자.

음모를 수행함에 있어 사전 발각을 피하려면 굉장히 신중해야 하는 것은 물론이고 운도 아주 좋아야 한다. 음모는 밀고나 징후를 통해 발각된다. 밀고는 공모자들 중에서 충성심이나 신중함이 결여된 자가 있을 때 생겨나는 결과이다. 충성심이 없는 자들은 쉽게 만날 수 있다. 당신을 너무도 사랑하기에 죽음도 불사할 수 있는 가장 신뢰할 수 있는 친구나 군주에게 불만이 가득한 이들 말고는 함께 음모를 논해서는 안 되는 이유도 여기에 있다. 한두 명의 신뢰하는 친구를 찾는 일은 가능하겠지만, 공모자를 다수로 늘리면서 신뢰하는 인물로만 채우는 것은 불가능하다. 그러려면 그들 전부가 당신에 대한 호의가 너무도 커서 위험이나 처벌을 두려워하는 마음이 별것 아닌 것처럼 보이는 그런 사람이어야 하는데 이역시 불가능한 일이다.

게다가 대부분의 경우 사람은 상대방이 자신에게 품은 사랑을 판단하는 일에서 자기기만을 하는 모습을 보인다. 상대방의 당신에 대한 사랑은 시험해 보지 않는 한 확신할 수 없고 또 그것을 시험하는 행동은 극히 위험하다. 비록 당신이 다른 어떤 위험한 일로 상대방의 호의를 시험하여 신뢰할 수 있다고 판단하더라도, 섣불리 그 사람의 충성심을 측정해서는 안 된다. 음모는 다른 위험과는 차원이 다르기 때문이다. 당신이 군주를 향해 품는 불만으로 어떤 사람의 충성심을 측정한다면, 쉽게 자기기만에 빠질 수 있다. 왜냐하면 당신이 어떤 불평분자에게 음모 의도를 밝히게 되면 그는 곧 군주에게 밀고하여 보상을 받고 사욕을 채울 것이기 때문이다. 그러니 음모를 함께 논의하려면 공모자의 군주에 대한 증오가 극심하거나, 당신의 권위가 지극히 커서 그런 이들이 음모 계획을 듣더라도 여전히 충성을 바치는 그런 상황이 되어야 한다.

결과적으로 많은 음모가 시작 단계에서 발각되어 무너진다. 음모가 다수의 인물 사이에서 오랜 기간 비밀로 간직되었다면 기적적인 성취라고 할 수 있다. 네로 황제를 노린 피소(Piso)의 음모나 우리 시대의 메디치 가문 로렌초와 줄리아노를 노린 파치 가문의 음모가 그에 해당된다. 특히 파치 가문의 음모는 50명 이상에게 알려졌지만 실행되고 나서야 발각됐다. 신중함이 부족해 발각되는 것에 관해 말해 보자면, 이 경우는 음모자가 부주의해서 하인이나 제삼자로 하여금 엿듣게 할 때 일어난다. 이는 정확히 브루투스의 아들들의 경우가 그렇다. 이들이 오만왕(傲慢王) 타르퀴니우스의 사절과 함께 음모 계획을 세우는 대화를 엿들은 하인은 그들을 고발했다. 신중하지 못하게 음모 계획을 애인이나 그와 유사한 부주의한 인물에게 알리는 경우에도 음모가 발각된다. 딤누스가 그런 경우다. 그는 알렉산드로스 대왕을 대상으로 필로타스가 꾸민 음모에 가담했는데, 이 음모를 사랑하는 청년인 니코마코스에게 발설했다. 니코마코스는 이 이야기를 듣고 곧바로 형제인 케발리누스에게 알렸고, 이어 케발리누스는 이를 대왕에게 보고했다.

징후를 통해 발각되는 것에 관해선 네로를 대상으로 피소가 계획한 음모를 사례로 들 수 있다. 음모에 가담한 스카이비누스는 네로 황제를 암살하기 전날 유언장을 작성했고 이어 해방 노예인 밀리쿠스(Milichus)에게 자신의 낡고 녹이 슨 단검을 예리하게 닦아 두라고 지시했다. 그런 뒤 그는 모든 노예를 해방하고 돈을 나눠준 뒤 상처를 감을 붕대를 준비하라는 지시도 내렸다. 밀리쿠스는 이런 징후를 보고 음모를 냄새 맡았고 곧바로 네로에게 스카이비누스를 고발했다. 스카이비누스가 잡혀가자 또 다른 공모자 나탈리스도 붙잡혔다. 같은 날 스카이비누스와 은밀한 곳에서 오래 이야기를 나눴다는 이야기가 네로의 귀에 들어갔기 때문이다. 무슨 이야기를 나눴는지에 관한 각자의 해명이 일치하지 않은 결과 그들은 진실의 자백을 강요받았고, 이렇게 하여 음모는 발각되었다. 결국 모든 음모 가담자는 이로 인해 파멸하고 말았다.

악의, 부주의, 무심함은 발각의 세 원인

음모 발각의 원인을 고려하면, 악의, 부주의함, 무심함 등인데 이로부터 자신을 보호할 방법은 없다고 봐야 한다. 따라서 음모 주동자가 서너 명을 넘어서는 안 된다. 음모자들이 두 명 이상 붙잡히면 서로 말을 맞추는 것은 불가능하다. 모든 세부 사항까지 같은 대답을 할 수는 없기 때문이다. 한 사람만이 붙잡혔을 때 그가 불굴의 용기를 지닌 강인한 사람이면 공모자들에 관해 불지 않을 수도 있다. 하지만 다른 공모자들 역시 그에 버금가는 용기를 지녀야 한다. 그래야 도망치지 않고 굳건히 버팀으로써 자신의 음모자 신분을 감출 수 있다. 붙잡힌 쪽이나 아직 자유로운 쪽 중 어느 한쪽이라도 용기가 부족하면 음모는 드러날 수밖에 없다.

리비우스는 이를 보여주는 사례를 제시했는데, 바로 시라쿠사의 왕 히에로니무스를 노린 음모인데, 참으로 보기 드문 사례이다. 공모자 중 하나인 테오도로스는 붙잡혔음에도 불구하고 비상한 용기로 음모자들의 이름을 전혀 발설하지 않았다. 오히려 그는 왕의 친구들을 맹렬히 비난하는 모습을 보였다. 따라서 다른 공모자들은 테오도로스의 비상한 용기를 전적으로 믿고 아무도 시라쿠사를 떠나지 않았고, 두려워하는 기색도 내비치지 않았다. 음모 실행은커녕 음모의 시작 단계에서 이런 모든 위험을 반드시 넘어야 하는 것이다. 이런 위험을 피하기 위해선 다음과 같은 대책들이 있다. 다른 무엇보다 더 안정적인, 아니 좀 더 낫게 표현하자면 유일한 대책은 공모자들에게 당신을 밀고할 여유를 주지 않기 위해 실행 직전에 음모의 세부사항을 알려 주는 것이다. 그처럼 행동한 사람은 분명 음모 준비 단계의 위험을 피하게 될 것이다. 대개는 다른 위험들 역시 피할 수 있다. 실제로 그렇게 실행된 음모는 모두 성공적인 결과를 얻었다. 신중한 사람이라면 누구든 그런 방식으로 행동하면서 기회를 잡을 것이다. 이와 관련해선 두 가지 사례면 충분할 것이다.

에페이로스의 참주 아리스토티무스의 폭정을 견딜 수가 없던 넬레마토스는 친척과 친구를 포함한 많은 이들을 집으로 모으고 고국을 해방시킬 것을 촉구했다. 그러자 그들 중 일부는 생각하고 계획을 짤 시간을 달라고 요청했다. 그러자 넬레마토스는 하인들에게 문을 걸어 잠그게 한 뒤, 그런 요청을 한 이들에게 선언했다. "이 계획을 지금 실행하러 가겠다고 맹세하시오. 그렇지 않으면 나는 여러분 모두를 아리스토티무스에게 죄수로 넘기겠소." 이 말에 동요된 그들은 모두 그러겠다고 맹세했고, 곧장 넬레마토스의 계획을 실행하여 성공을 거뒀다.

마기승(Magi僧: 고대 조로아스터교 승려) 중 하나가 기만으로 페르시아 왕국을 장악하자, 페르시아의 귀족 오르타네스는 이 기만을 알아채고 그것을 폭로하고자 했다. 그는 나라의 다른 여섯 명의 귀족을 모아 협의했는데, 그 자리에서 마기승의 압제로부터 나라를 해방시킬 것이라고 선언했다. 하지만 그중 한 명이 시간을 달라고 요청하자, 마찬가지로 오르타네스의 부름에 응한 귀족이었던 다리우스는 벌떡 일어나 이렇게 선언했다. "우리 모두 이 계획을 당장 실행에 옮깁시다. 그렇지 않으면 나는 당신들 전부를 고발하러 갈 것이오." 따라서 그들은 전부 동의하고 벌떡 일어서서 변심할 시간도 없이 계획을 실행했고 성공을 거뒀다.

이 두 가지 사례와 비슷한 것으로 아이톨리아 인들이 스파르타의 참주 나비스를 살해할 때 사용한 방식이 있다. 아이톨리아 인들은 알렉사메네스에게 30명의 기병과 2백 명의 보병을 주어 파견 원군으로 가장해 나비스에게로 보냈다. 그리고 비밀리에 음모 계획은 오로지 알렉사메네스에게만 전하고 다른 병사들에겐 알렉사메네스의 명령이라면 무엇이든 복종하라는 지시를 내렸다. 이를 어길 시엔 추방하겠다는 말도 아이톨리아 인들은 빼놓지 않았다. 그렇게 스파르타로 향한 알렉사메네스는 계획을 실행할 때까지 진짜 임무에 관해선 그 누구에게도 발설하지 않았다. 그 결과 그는 성공적으로 나비스를 살해했다. 그러므로 이런 방식을 활용하면 음모 계획 단계의 위험을 회피할 수 있다. 이 방식을 모방하면 누구든 사전 발각의 위험을 모면할 수 있다.

음모는 거사 직전까지 보안 유지가 필수

누구라도 이런 일을 할 수 있다는 것을 설명하기 위해 나는 앞서 언급한

452

피소의 사례를 들고자 한다. 피소는 굉장히 기품 있고 유명한 사람이자 네로 황제가 크게 신임하는 측근이었다. 네로는 피소의 집 정원에서 그와 함께 식사하기 위해 자주 왕래했다. 당시 피소는 음모를 실행하는 데 적합한 단호하고 용기 있는 사람들을 친구로 둘 수 있었다. 피소에게 그런 일은 신분이 높았으니 극히 쉬웠다. 네로가 피소의 정원에 들렀을 때, 피소가 음모 계획을 친구들에게 전달하고 적절한 말로 그들을 격려하면서 거절할 여유를 주지 않았다면 음모는 성공할 가능성이 높았다. 모든 다른 음모를 검토해 보더라도 성공한 음모는 거의 그런 식으로 전광석화처럼 해치운 것이었다. 하지만 사람은 세상 돌아가는 이치에 관한 이해가 별로 없기에 자주 극도로 심각한 잘못을 저지른다. 특히 음모처럼 아주 이례적인 일에 있어선 그보다 더 큰 잘못을 저지르게 마련이다.

따라서 음모는 불가결하지 않으면 실행 직전까지 결코 밝혀서는 안 된다. 그래도 어떻게든 누군가에게 알려야겠다면 오래 겪었던 사람이나 당신과 같은 이유로 자극을 받은 사람 중 단 한 사람에게만 언질을 줘라. 일단 이런 사람을 하나만 찾는 일은 여럿을 찾는 것보다 쉽다. 게다가 그로 인한 위험도 덜하다. 설혹 당신이 그 한 사람에게 기만을 당해도 여전히 자신을 보호할 대책은 남아 있지만, 다수의 공모자가 관련되었을 때는 그럴 수조차 없다. 나는 어떤 신중한 사람이 이렇게 말하는 것을 들었다. 뭔가 기록을 하지 않는다면, 누군가와 이야기를 할 때 무엇이든 말해도 된다는 것이다. 어차피 어떤 사람에게 "예"라는 것이 다른 사람에게는 "아니오"가 될 수도 있는 것이니까.

서면 약조는 하지 마라

따라서 선박이 암초를 피하듯 글을 써서 문서를 남기는 일은 피해야 하고 그런 식으로 자신을 보호해야 한다. 손수 적은 글보다 쉽게 당신에게 유죄를 선고할 수 있는 것도 없다. 근위대장 플라우티아누스가 세베루스 황제와 그의 아들 안토니누스를 살해하고자 했을 때, 그는 이 음모를 백인대장 사투르니누스에게 알렸다. 그러자 백인대장은 그를 따르자는 생각보다는 고발하자는 생각을 품었지만, 고발을 하더라도 플라우티아누스보다 신용이 없다는 점 때문에 고민하게 되었다. 이에 그는 근위대장에게 계획의 위임을 확인하는 손수 쓴 지령서를 달라고 요구했다. 야욕에 눈이 어두워진 플라우티아누스는 그렇게 했고, 그 결과 사투르니누스의 밀고로 인해 유죄를 선고받았다. 그런 손수 쓴 지령서 같은 명백한 증거가 없었더라면 플라우티아누스는 고발에서 벗어났을 것이다. 잡혀간 근위대장은 너무도 결연하게 죄상을 부인했으나 문서 증거 앞에서는 별 수가 없었다. 따라서 단일 배신자로부터 고발을 당하더라도 사전에 대비하는 것이 가능하다. 즉, 글이나 다른 증거를 남기지 않는 것이다. 그러면 유죄 선고가 나지도 않을 것이고 자신을 보호할 수 있다. 피소의 음모에 가담한 이들 중엔 과거 네로 황제의 정부였던 에피카리스라는 여자도 있었는데, 그녀는 네로의 경호실장인 전(前) 삼단노선(三段櫓船)의 선장도 음모에 끌어들이면 유용할 것이라고 생각하여 음모자들의 이름을 제외하고 음모의 내용을 알렸다. 결국 선장은 배신하고 에피카리스를 네로에게 고발했는데, 그녀가 너무도 단호하게 부인하는 바람에 네로는 혼란스러워져 결국 아무런 선고도 내리지 않았다.

따라서 당신이 어떤 개인에게 음모를 알릴 때에 위험한 사항은 다음 두 가지이다. 하나는 증거를 가지고 그가 당신을 고발하는 것, 다른 하나는 그가 의혹이나 죄의 기미가 보여 체포된 뒤 고문을 못 이겨 강압에 의해 당신을 고발하는 것이다. 하지만 이 두 가지 위험 모두 대책이 있다.

전자의 고발은 고발자가 당신을 증오한다는 이유로 부정할 수 있다. 후자의 고발은 고발자가 강압에 못 이겨 거짓말을 했다는 이유를 들며 부정하면 된다. 그러므로 앞에서 인용한 사례를 보면 음모에 관해서는 누구에게든 알리지 않는 것이 가장 신중한 태도이다. 그래도 누군가에게 알려야겠다면 딱 한 사람에게만 하라. 이 경우에도 위험은 어느 정도 존재하지만 다수가 음모를 알고 있는 것보단 훨씬 위험도가 떨어진다.

상황적 필요가 음모를 강요한다

이 방법과 관련이 있는 방식이 하나 있다. 그것은 바로 군주가 당신을 막 해치려고 하여, 당신의 보신책을 생각할 겨를 없이 급박한 필요에 떠밀려 선택하는 방식이다. 이런 부류의 필요는 거의 항상 음모자가 바라던 결과를 낳게 한다. 두 가지 사례면 충분할 것이다. 코모두스 황제는 근위대장인 레투스와 엘레투스를 가장 친하고 밀접한 벗이라고 여겼다. 여기에다 황제가 아끼는 마르키아라는 애첩도 있었다. 이 세 사람은 황제와 가까워서인지 종종 그를 책망했는데, 황제는 이런 비난이 자신의 체면과 제위에 수치스러운 것이라 여기고 그들을 살해하기로 결심했다. 따라서 그는 살생부를 작성하여 그 다음 날 그 전원을 모두 살해하기로 했는데, 그중엔 마르키아, 레투스, 엘레투스, 그 외에 몇 명이 들어 있었다. 황제가 살생부를 베개 받침 밑에 놓고 목욕을 하러 갔을 때, 황제의 동성애 상대인 어린 소년이 황제의 침실에 있다가 침대에서 살생부를 발견했다. 그는 살생부를 들고 침실에서 나오다 마르키아와 마주쳤고, 수상히 여긴 그녀는 살생부를 빼앗았다. 마르키아는 내용을 읽어본 뒤 즉시 레투스와 엘레투스를 불렀고, 세 사람은 자신들이 어떤 극심한 위험에 처했는지 알게 되자 선제 대응하기로 결정했다. 바로 그날 밤, 코모두스 황제는 그들에게 살해당했다.

안토니누스 카라칼라 황제는 군대를 이끌고 메소포타미아에 있었는데, 사령관으로는 마크리누스를 곁에 두고 있었다. 그런데 그는 무관이라기보다는 문관 쪽에 가까운 사람이었다. 훌륭하지 못한 군주는 다른 이들이 자신에게 항거할까 두려워하는데(이는 그들이 받아야 할 응당한 대가이다), 안토니누스 역시 마찬가지였다. 그리하여 그는 로마의 친구 마테르니아누스에게 전갈을 보내 점성가에게 제국을 찬탈하고자 하는 이가 있는지 물어보게 하고 자신에게 알려 줄 것을 부탁했다. 마테르니아누스는 이에 답장을 보내 마크리누스가 바로 그자라는 결과를 전했는데, 황제에게 도착하기 전 그 답장은 마크리누스의 손에 먼저 들어가게 되었다. 그는 편지를 읽고는 로마에서 새로운 편지가 날아오기 전 황제를 죽이지 않으면 자신이 죽게 된다는 사실을 깨닫고, 곧 자신이 신임하는 백인대장 마르티알리스에게 황제 살해 임무를 맡겼다. 그렇지 않아도 마르티알리스의 형이 며칠 전 황제에 의해 죽음을 당한 뒤여서 그는 황제에게 분노하고 있었다. 곧 마르티알리스는 성공적으로 자신의 임무를 수행했다.

그러므로 여유가 없는 긴급 상황이 앞서 언급한 에페이로스의 넬레마토스가 채택한 방식과 거의 같은 효과를 보인다는 점은 명백하다. 또한 이 논의의 시작에서 내가 주장한 것이 사실이라는 점도 명백하다. 즉, 위협하는 것이 아예 처형하는 것보다 군주에게 더 해를 입히며 더욱 효과적인 음모의 원인이 된다. 그러니 군주는 그런 위협을 하지 않도록 늘 경계해야 한다. 물론 그러기 위해서 군주는 사람들에게 호의로 대우하며 그들이 군주에 대해서 흑심을 품지 않게 해야 한다. 또한 사람들을 내가 죽느냐 아니면 군주를 죽여야 하느냐의 급박한 외통수 벼랑으로 몰아넣는 일 또한 절대로 하지 말아야 한다.

계획 변경은 음모 실패의 큰 원인

음모를 실행하는 과정에서 초래되는 위험에 관해 말해 보자. 그런 위험은 계획의 변화, 음모 수행자의 용기 부족, 음모 수행자의 신중함 부족으로 저질러지는 잘못, 죽이려던 자들 중 일부가 살아남는 불완전한 음모의 실행 등에서 비롯된다. 따라서 여유 없이 짜놓은 계획을 변경하는 일이야말로 모든 행동 중에서 가장 방해가 된다. 그런 변화는 무슨 일에서든 무질서를 초래하는데, 특히 전쟁이나 우리가 논하고 있는 음모 등에서는 더욱 그러하다. 왜냐하면 그런 계획 변경에서도 맡은 역할을 수행하려면 용기를 발휘하는 것이 무엇보다도 필요하기 때문이다. 어떤 한 가지 방식과 한 가지 계획에 여러 날 동안 집중해 왔는데 그런 갑작스러운 계획 변화가 일어난다면 관련자 전원의 마음을 어지럽히고 또 모든 일이 엉망이 될 것이다. 그러니 계획에서 결점이 일부 보이더라도 중지하여 수없는 장애물을 만나는 것보다 원래 계획을 있는 그대로 밀고 나가는 편이 훨씬 낫다. 이런 계획 변화는 새로운 계획을 수립할 시간이 없을 때 벌어진다. 시간이 충분하다면 자신의 방식대로 계획 변경을 반영할 수 있을 것이기 때문이다.

메디치 가문의 로렌초와 줄리아노를 노린 파치 가문의 음모는 유명하다. 그들이 세운 계획은 메디치 가문 사람들이 성 조르조 추기경과 점심 식사를 하는 동안 두 사람을 살해하자는 것이었다. 역할 분담은 이미 이뤄져, 어떤 이는 살해를 담당하고, 어떤 이는 궁정을 장악하고, 어떤 이는 도시 전역을 다니며 사람들에게 자유를 회복하라고 외치기로 되어 있었다. 하지만 파치 가문, 메디치 가문, 그리고 추기경이 피렌체 성당에서 엄숙한 의례를 거행하는 동안 줄리아노가 식사에 참여하지 않는다는 소식이 음모자들에게 전해졌고, 그들은 황급히 회합을 가졌다. 회합에서 그들은 메디치 가문의 집에서 실행할 계획을 성당으로 장소를 변경하자고 결정했다. 하지만 이로 인해 모든 계획이 엉망진창이 됐다. 조밤바티스타 다 몬테세코가 성당에서 살인을 저지르고 싶지 않다고 했기 때문이다. 따라서 음모자들은 모든 행동을 새로운 이들에게 맡겨야만 했다. 하지만 용기를 낼 시간적 여유가 없던 새로운 가담자들은 일을 그르치고 말았고 계획을 실행하던 도중에 제압되고 말았다.

계획을 실행하는 자의 용기는 살해 대상에 대한 경의나 그 자신만의 비겁함으로 인해 사라지기도 한다. 군주가 뿜어내는 위엄은 너무도 커서 음모자는 쉽게 의지가 약해지고 두려움을 느끼게 된다. 마리우스가 북아프리카의 민투르눔 인들에게 붙잡혔을 때, 한 노예가 그를 죽이러 왔지만 그의 존재와 그의 명성이 남긴 기억에 겁을 먹은 노예는 살해 의지를 완전히 잃고 말았다. 불운이 닥쳐 구속되어 갇힌 사람도 이런 위엄을 드러내는데 왕궁에서 휘황찬란한 장신구를 잔뜩 달고 장엄한 모습으로 격식을 갖춘 거동이 자유로운 군주라면 그런 일쯤이야 아주 쉬울 것이다. 그 결과 군주가 기분 좋게 당신을 대한다면 그의 장엄함은 당신을 겁먹게 하거나 유약하게 만들 것이다.

트라키아의 왕 시탈케스에 대해 음모를 꾸민 몇 사람이 있었다. 그들은 음모를 수행할 날을 확정한 상태였다. 그들은 지정 장소로 모였고 왕이 모습을 드러냈으나 아무도 앞장서서 그를 죽이려 하지 않았다. 결국 아무런 시도도 해보지 못한 채 왕이 떠나자 그들은 무엇이 자신을 방해했는지도 모르고 서로를 비난하기에만 바빴다. 그들은 음모가 발각되기 전까지 이런 잘못을 여러 번 저질렀고 결국 왕을 시해하려 했다는 이유만으로 처벌받고 말았다. 페라라의 공작 알폰소의 두 형제는 공작을 대상으로 음모를 꾸몄는데, 중개자로 사제이자 공작의 성가대 선창자인 잔네스를 선택하여 요청을 하면 공작을 자신들 앞으로 데려오도록 했다. 잔네스는 여러 번 공작을 그들에게 데려왔지만, 그들은 공작을 살해하지 못했다. 두 사람 모두 그럴 용기를 내지 못했던 것이다. 이후 음모가 발각되자 그들은 사악함과 무모함에 따른 대가를 치렀다. 두 사람은 분명 공작의 위엄에 두려움을 느꼈거나 그의 인간미에 부끄러움을 느껴 이런 과실을 저질렀다. 그 외의 다른 원인은 생각하기 힘들다.

용기 없음과 경험 부족은 음모를 망친다

음모 계획에서 결점이나 과오는 신중함이나 용기가 부족하기 때문에 발생한다. 신중함이나 용기가 부족하게 되면 하지 않아도 될 말이나 행동을 하고 마음이 혼란에 휩싸이게 되기 때문이다. 사람이 이런 일로 괴로워하고 혼란을 느낀다는 사실은 앞서 우리가 언급한 아이톨리아 인 알렉사메네스의 스파르타 참주 나비스 암살에 관한 리비우스의 서술이 너무나도 잘 설명한다. 암살 계획을 실행할 때가 되어 알렉사메네스가 병사들을 모아 거사를 밝히는 과정을 서술하며 리비우스는 이렇게 말했다. "그 자신도 용기를 내야 했다. 직면한 커다란 일을 숙고하면서 마음이 혼란으로 뒤덮였기 때문이다." 그러므로 마음이 굳건하고 사람을 죽이고 칼을 쓰는 데 익숙한 사람이라도 그런 상황에서 심란해지지 않기란 불가능한 일이다. 그렇지만 그런 계획에선 반드시 경험이 풍부한 이들을 선택해야 한다. 그 외의 다른 이들은 믿어선 안 된다. 그들이 극히 용기 있는 자들이라도 믿을 수 없기는 마찬가지다.

중대한 일에서 용기가 필요하긴 하지만 경험으로 검증되지 않으면 아무도 확실한 결과를 보증할 수 없는 것이다. 정신이 혼란스러워지면 손에서 무기를 떨어뜨릴 수도 있고 그와 비슷한 결과를 낳는 말실수를 저지를 수도 있다. 코모두스 황제의 누이동생 루킬라는 퀸티아누스를 시켜 황제를 살해하려고 했다. 퀸티아누스는 원형 경기장 입구에서 황제를 기다리다 그가 다가오자 단검을 뽑고 이렇게 소리쳤다. "원로원이 이 칼을 당신에게 보냈노라!" 하지만 이 말로 인해 그는 단검이 코모두스를 찌르기도 전에 제압당하고 말았다. 앞서 언급했던 메디치 가문의 로렌초를 살해하기 위해 고용된 안토니오 다 볼테라도 로렌초에게 다가가며 "이 배신자!"라고 외쳤다. 하지만 그 소리 덕분에 로렌초는 목숨을 구했고, 이어 음모는 붕괴되고 말았다.

이미 언급한 이유로 인해 단 한 명의 통치자를 겨냥한 음모도 완벽하게 실행되기란 힘들다. 그러니 두 명의 통치자를 노린 음모가 완벽하게 실행되기란 너무도 어렵다. 실은 이런 부류의 음모는 성공하기 거의 불가능하다고 말해도 될 것이다. 다른 장소에서 동시에 비슷한 일을 수행하는 것도 거의 불가능하며, 첫 번째 계획이 두 번째 계획을 망치지 않는다고 해도 다른 시기에 두 번째 계획을 수행하는 것도 마찬가지로 거의 불가능하기 때문이다. 따라서 한 명의 군주를 상대로 음모를 꾸미는 일이 불확실하고 위험하고 또 무모한 행동이라면, 두 명의 군주를 상대로 음모를 꾸미는 건 전적으로 헛되고 무모한 행동이다. 존경심이 없었더라면, 역사가 헤로디아누스를 존경하지 않았더라면 나는 이 역사가가 플라우티아누스에 관해 했던 말을 믿지 않았을 것이다. 이 역사가는 플라우티아누스가 백인대장 사투르니누스에게 혼자서 각기 다른 곳에 사는 세베루스 황제와 그의 아들 안토니누스를 살해하라는 서면 지시를 남겼다고 기록했는데, 그 계획 자체가 너무나 황당무계하여 그의 역사가로서의 권위만 아니었다면 나는 이것을 사실이라고 보지 않았을 것이다.

젊은 아테네 청년 몇 명이 참주 디오클레스와 히피아스에 대한 음모를 꾸민 일이 있었는데, 그들은 디오클레스는 죽였지만 히피아스를 죽이지 못해 그에게 보복을 당하고 말았다. 또한 헤라클레아의 시민이자 플라톤의 제자였던 키온과 레오니다스도 참주 클레아르코스와 사티루스를 대상으로 음모를 꾸몄으나 클레아르코스만 죽이는 데 성공하는 바람에, 살아남은 사티루스에 의해 보복 당했다. 앞에서 수없이 언급한 파치 가문의 음모자들도 줄리아노 이외에는 메디치 가문의 그 누구도 살해하지 못했다. 이런 이유로 한 명 이상의 통치자를 겨냥한 음모는 반드시 피해야 한다. 그런 일은 음모자 본인은 물론이고, 나라, 그리고 다른 동포 어느 누구에게도 득이 되지 않는다. 살아남은 통치자는 예전보다 더 성마르고 가혹해지기 때문이다. 이는 앞서 언급한 피렌체, 아테네, 헤라클레아의 사례로 알 수 있다.

고국인 테베를 해방하기 위해 펠로피다스가 계획한 음모가 갖은 곤경을 만났다는 사실은 아무도 부정하지 못한다. 그렇지만 그는 성공적인 결과를 얻었다. 펠로피다스는 두 명의 참주가 아닌 열 명의 참주를 대상으로 음모를 계획했다. 그는 군주의 측근도 아니어서 군주에게 쉽게 접근할 수가 없었고 또 추방을 당한 상태이기까지 했다. 그럼에도 불구하고 그는 테베로 들어가 모든 참주를 처치하고 고국을 해방했다. 그뿐만 아니라 그는 참주들의 고문인 카론(Charon)의 지원을 받아 계획을 쉽게 수행해 내기까지 했다. 이런 사례가 있다고 해서 그를 본받고자 해서는 안 된다. 왜냐하면 그 계획 자체가 기적같이 성공한 아주 어려운 일이었고 당시 역사가들도 보기 드물고 거의 비할 바 없는 사건이라며 칭찬할 정도였기 때문이다.

계획의 실행은 잘못된 추정이나 현장에서 발생하는 예견치 못한 사건으로 방해를 받을 수 있다. 브루투스와 다른 공모자들이 카이사르를 살해하기로 한 날 아침, 카이사르는 그나이우스 포필리우스 라이나스와 긴 시간 동안 이야기를 나눴다. 문제는 포필리우스 역시 음모 가담자 중 하나였다는 것이었다. 이런 긴 대화를 지켜본 음모자들은 포필리우스가 카이사르에게 음모를 밀고할까 봐 더럭 겁이 났고 카이사르가 원로원으로 향할 때까지 기다리지 않고 그 자리에서 살해하려고 했다. 대화가 끝나고 카이사르가 딱히 평소와 다른 움직임을 보이지 않아 안심한 그들은 원래 계획을 고수했지만, 그렇지 않았다면 그들은 정말로 그 자리에서 음모를 실행했을 것이다.

이런 잘못된 추정은 신중하게 마음속에 두고 잘 숙고해야 한다. 양심의 가책을 느끼는 자들은 쉽게 다른 사람들이 자신의 이야기를 하고 있다고 믿기 때문이다. 음모자들은 다른 이유에서 나온 말을 들어도 마음이 심란해지게 되고 그 말을 자신의 말로 받아들이게 된다. 그렇게 되면 음모자는 도망치는 것으로 스스로 음모를 드러내는 꼴이 되거나 계획한 것보다 때 이르게 행동함으로써 음모의 실행을 엉망진창으로 만들게 된다. 이런 현상은 음모에 가담한 자들이 많을 때 더 쉽게 일어난다.

돌발적인 사건은 갑작스럽게 일어나는 것이기 때문에, 사람들을 조심하게 만드는 사례를 통해서만 설명할 수 있다. 앞서 언급한 시에나의 루치오 벨란티는 판돌포의 딸을 아내로 맞이했다가 도로 판돌포에게 빼앗기자 격분한 나머지 그를 살해하기로 결심하고 거사의 시기를 정했다. 거의 매일 판돌포는 어떤 병든 친척을 방문했는데 그가 지나치는 길목에 바로 루치오의 집이 있었다. 따라서 이를 알게 된 루치오는 판돌포가 지나갈 때 그를 죽이기 위해 자신의 집 안에 동료 음모자들을 배치하여 준비하도록 했다. 루치오는 음모자들에게 무장을 갖추게 하고 입구에 가까이 배치한 뒤, 한 사람을 창문에 보초로 세워서 판돌포가 입구 근처를 지나가면 신호를 보내게 했다. 창문에 있던 이는 판돌포가 접근해 오자 신호를 보냈지만, 그 직후 판돌포는 길에서 친구를 만나는 바람에 걸음을 멈췄다. 그동안 판돌포를 수행하던 이들 일부는 그를 앞질러 갔고, 그들은 무기의 덜거덕거리는 소음을 듣고 매복한 음모자들을 발견했다. 판돌포는 이리하여 살아났고 루치오와 동료들은 시에나로부터 도망칠 수밖에 없었다. 그야말로 노상에서 우연한 친구와의 만남이 음모의 실행을 막았고 루치오의 거사는 수포로 돌아갔다. 드물게 생기는 이런 사고엔 대책이 없다. 그렇지만 발생할 수 있는 사고를 최대한 검토하고 대책을 마련할 필요는 있다.

음모 실행 이후의 위험들

이제는 음모를 실행한 뒤 초래되는 위험을 논할 차례이다. 주로 이런 위험은 죽은 군주의 복수를 해줄 사람이 살아있기 때문에 발생한다. 복수를 수행할 이들은 살해된 군주의 형제, 아들, 그 외의 추종자들이 있는데 이들은 전부 나라를 물려받기를 기대하던 사람들이다(이렇게 복수를 할 이들이 남아 있다는 것은 음모자들이 부주의했거나 앞서 말한 이유들 때문에 조치를 못한 탓이다). 이런 일이 바로 조반니 안드레아 다 람포냐노에게 일어났다. 그는 공모자들과 함께 밀라노 공작을 죽였지만, 공작의 아들 중 한 명과 공작의 형제 중 두 명이 살아남았고 이들의 복수에 당하고 말았다. 이런 경우는 음모자들의 행동에 변명의 여지가 있다. 그들이 부주의하여 친척들을 살려준 것은 아니었고 따라서 그런 예상 가능한 복수를 피할 수는 없기 때문이다.

하지만 음모자들의 신중함 부족과 부주의로 복수를 해줄 이들이 살아남았다면 용서받을 가치가 없다. 포를리에서 몇몇 음모자들은 군주인 지롤라모 백작을 죽이고 그의 아내와 어린 자식들을 인질로 잡았다. 그들은 요새를 장악하지 못하면 안전이 보장되지 않는다고 생각했지만, 요새 책임자는 그들에게 요새를 넘길 생각이 없었다. 이에 마돈나 카테리나(이는 백작 부인의 이름이다)는 음모자들에게 자신을 요새로 들여보내 주면 요새를 넘겨주도록 설득하겠다고 약속하며 아이들을 인질로 잡아두라고 했다. 음모자들은 그 약속을 믿고 그녀를 요새 안으로 들여보냈고, 요새 안으로 들어간 그녀는 표변하여 성벽 위에서 남편을 죽인 음모자들을 맹비난하며 모든 수단을 써서 복수를 하겠다고 위협했다. 백작 부인은 아이들을 신경 쓰지 않는다는 것을 보여주기 위해 자신의 생식기를 까 보이며 아이는 앞으로 얼마든지 더 낳을 수 있다고 선언했다. 따라서 음모자들은 잘못을 너무도 늦게 깨달은 탓에 어떤 선택을 해야 할지 갈팡질팡하다 결국 영구 추방을 당하게 되었는데 이는 다 그들의 신중함이 부족했기 때문이다.

하지만 음모 계획을 실행한 뒤 초래될 수 있는 모든 위험 중 가장 확실하고 두려운 것이 있는데 그것은 바로 국민들이 살해된 군주에게 호의를 품고 있는 경우이다. 이런 위험과 관련해선 음모자들은 대책이 없고 따라서 보신책을 세울 수가 없다. 한 사례로 카이사르의 경우가 있다. 로마 인들은 죽은 카이사르의 편이었기에 암살당한 그를 위해 복수를 결심했고, 이런 이유로 음모자들은 로마에서 쫓겨나 각기 다른 시간과 장소에서 전부 살해당했다.(→카이사르)

국가에 대한 음모

음모자들이 고국에 대한 음모를 꾸밀 경우 군주에 대한 음모보다는 덜 위험하다. 계획 수립에 있어서도 후자보다는 위험 부담이 적으며, 수행하는 중에도 마찬가지고, 완료된 뒤에도 전혀 위험할 것이 없다. 음모를 준비하며 위험이 그다지 많지 않은 이유는, 그런 시민 음모자가 자신의 의도와 계획을 아무에게도 밝히지 않고 권력을 얻을 준비를 마칠 수 있기 때문이다. 준비 과정에서 방해를 받지 않으면 그는 성공적으로 자신의 음모를 수행할 수 있다. 만약 법에 의해 준비가 방해를 받으면 음모자는 때를 기다렸다 다른 수단을 활용하면 된다. 이는 이미 어느 정도 부패한 공화국에서 일어난다고 보면 된다. 왜냐하면 부패하지 않은 공화국에선 이런 사악한 방침이 뿌리내리지 못하는 데다 시민들이 아예 그런 생각을 하지 않기 때문이다. 따라서 시민들은 제압되는 위험을 겪지 않고 수많은 수단을 통해 나라를 장악하고자 하는 열망을 품을 수 있다. 왜냐하면 공화국은 군주보다 느리게 반응하며, 덜 의심하고 그 결과 덜 조심하기 때문이다. 또 정말 중요한 시민들에겐 엄청난 존경을 표시하므로 그런 이들이 공화국을 상대로 위험하고 배짱 있는 행동을 하게 된다. 살루스티우스가 서술한 **카틸리나**의 음모를 읽어본 사람이라면 그의 음모가 어떻게 발각되었고 그 뒤에 어떤 일이 있었는지 잘 알 것이다. 카틸리나는 온전히 로마에 남았을 뿐만 아니라 원로원에 가서 원로원과 집정관 모두에게 모욕적인 언사를 하기도 했다. 로마는 이 정도로 시민(카틸리나)을 크게 존경하고 있던 것이다. 군대를 이끌고 로마를 떠났던 렌툴루스와 다른 이들은 명백하게 그들이 연루되었음을 드러내는 손 편지가 없었다면 체포되지 않았을 것이다. 굉장히 저명한 카르타고 시민인 한노는 참주가 되길 갈망하여 자신의 딸의 결혼식이 열리는 동안 원로원 전원을 독살하고 군주가 될 계획을 세웠다. 계획이 알려지자 원로원은 축하연과 결혼식의 소비에 제한을 두는 법을 제정하는 것 이외엔 그에 대해 아무런 대비도 하지 않았다. 그 정도로 그들은 한노의 가치를 존중한 것이었다.

고국을 상대로 꾸민 음모의 수행에는 생각보다 더 많은 곤경과 위험이 있다는 것은 분명한 사실이다. 음모자의 세력이 국가를 상대로 음모를 꾸며도 될 정도로 충분히 강한 세력인 경우는 드물기 때문이다. 게다가 모두가 자신의 세력을 움직여 단번에 고국을 장악한 카이사르, 아가토클레스, 클레오메네스 같은 지휘관이 될 수는 없다. 앞서 말한 이들은 굉장히 쉽고 안전하게 방향을 정할 수 있지만, 그들처럼 충분한 힘을 지니지 못한 이들은 기만과 간계, 혹은 외세의 군대를 통해 음모를 실행해야만 한다. 일단 기만과 간계에 관해 말해 보자. 아테네 인 페이시스트라토스는 메가라 인들을 물리친 뒤 사람들의 지지를 얻었다. 그런데 어느날 아침 그는 상처 입은 모습으로 나타나 귀족들이 자신을 질투하여 이런 봉변을 당했다고 주장하며 보신책을 위해 무장 병사를 곁에 둘 수 있도록 허용해 달라고 요청했다. 결국 이런 특권을 얻은 그는 쉽게 힘을 키웠고 결국 아테네의 참주가 되었다. 판돌포 페트루치는 다른 추방자들과 함께 시에나로 돌아왔고 다른 이들이 하찮은 일이라고 거부한 광장치안 유지를 맡게 되었다. 그러나 시간이 흐르면서 판돌포의 무장 병사들은 단기간에 그의 위신을 세워줬고 그는 결국 도시의 통치자가 되었다. 그 외에도 많은 이들이 제각기 다른 계획과 방법으로 위험에 휘말리는 일 없이 충분한 시간을 들여 목표를 달성했다.

음모는 운에 따라 다른 결과를 얻는다

자신의 세력이나 외세의 군대로 고국의 권력을 쥐기 위해 음모를 꾸몄던 이들은 운에 따라 각기 다른 결과를 얻었다. 앞서 언급한 카틸리나는 국가를 상대로 반란을 획책하다가 파멸했다. 역시 앞서 언급한 한노는 독살에 실패하자 자신의 부하 수천 명을 무장시켜 거사를 도모했지만 그를 포함한 전원이 몰살당했다. 테베의 주요 인사였던 일부 시민들은 참주가 되고자 하는 열망에 사로잡혀 스파르타의 군대를 불러들였고, 결과적으로 테베의 참주가 되었다. 따라서 고국을 상대로 하는 모든 음모를 살펴보면 준비 과정에서 제압당한 이는 거의 없으며, 전부 수행 과정에서 성공하거나 실패했음을 알게 된다. 실행한 뒤에는 군주국 그 자체에 내재하는 위험 외에는 어떤 위험도 초래되지 않는다. 누군가 참주가 되면, 참주 살해에 관련된 당연하고 흔한 위험을 마주할 뿐이다. 그에 대하여 참주는 위에서 논의한 것 이외에 다른 대책이 있을 수 없다.

여기까지가 내가 음모에 관해 서술이 필요하다고 생각한 내용이다. 칼로 이뤄진 음모만 분석하고 독을 통한 음모를 배제한 이유는 두 가지 모두 유사한 구성을 가지고 있기 때문이다. 그리고 독을 수단으로 실행되는 음모는 훨씬 불확실하기에 더욱 위험하다. 누구나 독을 쓸 기회를 확보하는 것은 아니기에, 그렇게 할 수 있는 자와 협의해야 하기 때문이다. 또한 이런 다른 이와 협의를 할 필요성이 당신을 위험에 빠트리기도 한다. 게다가 여러 이유로 음독은 상대를 죽이지 못할 수도 있다. 코모두스 황제는 독을 먹었으나 곧 토해 냈고, 음독으로 그를 죽이려 했던 이들은 어쩔 수 없이 그를 목 졸라 살해했다.

음모는 군주의 가장 큰 적이다

따라서 군주에겐 음모보다 큰 적은 없다. 군주를 대상으로 한 음모는 목숨을 앗아가거나 수치를 안기기 때문이다. 음모가 성공하면 군주는 죽게 되고, 음모가 발각되면 음모자들은 처형당한다. 하지만 군주가 이런 대응을 하더라도 사람들은 늘 음모가 허울 좋은 구실일 뿐이라고 믿는다. 죽은 사람들의 목숨과 재산을 빼앗으려는 군주의 탐욕과 잔학함이 드러난 결과라고 생각하는 것이다. 그러니 나는 음모의 대상이 된 군주나 공화국은 반드시 신중을 기해야 한다는 주의를 주고 싶다. 음모가 밝혀졌더라도, 보복을 가하려는 노력을 하기 전에 음모의 성격을 아주 잘 이해하려고 애써야 한다. 그리고 신중하게 음모자들과 자신의 힘을 서로 비교해 보고 음모가 광범위하고 강력하면 그것을 제압할 정도로 힘이 준비되기 전까지는 음모를 알아냈다는 사실을 결코 밝혀선 안 된다. 이렇게 행동하지 않으면 파멸만을 맞이할 뿐이다.

이런 이유로, 군주나 공화국은 그 음모를 모르는 척 감추는 노력을 해야 한다. 음모자들은 탄로 났다는 것을 알게 되면 상황적 필요에 내몰려 거리낌 없이 행동할 것이기 때문이다. 예를 하나 들어보겠다. 앞서 언급한 것처럼 로마 인들은 삼니움 인들에 대비하여 카푸아를 보호하기 위해 두 개의 군단을 남겨뒀다. 그런데 주둔 군단의 지휘관들은 함께 카푸아 인들을 압제하려는 음모를 꾸몄다. 이 사실이 로마에 알려지자 새로 집정관이 된 루툴루스(Gaius Marcius Rutulus)는 이 일을 처리하라는 임무를 받고 파견되었다. 음모자들의 의심을 불러일으키지 않기 위해, 루툴루스는 원로원이 카푸아에 주둔한 두 군단의 임무 연장을 확정했다는 소식을 퍼뜨렸다. 이를 믿은 두 군단의 지휘관들은 계획을 수행할 여유가 충분하다고 생각했고 병사들은 이에 굳이 서두르려고 하지 않았다.

이들은 한동안 꿈쩍도 하지 않다 집정관이 두 군단을 서로 떼어놓으려고 하자 의심이 덜컥 나서 음모 의도를 드러내고 계획을 실행했으나 평화적으로 진압되었다.

군주와 공화국은 음모자들을 사전 봉쇄해야 한다

이 사례야말로 음모에 관한 양면적인 태도를 가장 잘 드러내준다. 왜냐하면 여유가 있다고 생각할 때 음모자들이 얼마나 천천히 행동하는지, 필요에 내몰릴 때 그들이 얼마나 신속하게 행동하는지 잘 보여주고 있기 때문이다. 군주나 공화국에게 있어 음모를 밝히는 것을 연기하며 장래에 기회가 올 것이라며 교묘하게 음모자들을 속인 뒤 더 나은 방책을 찾아 쓰는 것만큼 이로운 방식도 없다. 음모자들이 기회를 기다리거나 충분한 여유가 있다고 생각하여 긴장을 풀면 군주나 공화국은 그들을 처벌할 여유를 벌게 된다.

이와 다르게 행동하는 이들은 자신의 파멸을 재촉할 뿐이다. 아테네 공작(the duke of Athens)과 구글리엘모 데 파치가 그런 경우에 해당된다. 공작이 피렌체의 참주가 되었을 때, 그는 자신을 대상으로 한 음모가 진행 중이라는 사실을 알게 되었다. 그런데 공작은 이 문제에 관해 좀 더 상세하게 검토해 보지도 않고 음모자들 중 하나를 잡아들였다. 이는 즉시 다른 음모자들을 자극하여 그들로 하여금 무기를 들고 일어나게 했고, 공작은 결국 나라를 빼앗기고 말았다. 1501년 발디키아나의 총독이었던 구글리엘모는 아레초를 피렌체로부터 빼앗아 비텔리 가문에게 넘겨주려는 음모가 아레초에서 진행 중이라는 소식을 들었다. 그는 즉시 아레초로 가서 음모자들과 자신의 힘을 비교해 보지도 않은 것은 물론이고 군대를 준비하지도 않은 채 자신의 아들인 주교의 조언만 듣고 음모자들 중 하나를 덜컥 체포했다. 그러자 음모자들은 즉시 무장을 갖춰 도시를 피렌체로부터 빼앗았다. 상황이 이렇게 돌아가자 구글리엘모는 총독에서 전락하여 포로 신세가 되었다. 그렇지만 전력을 비교 검토해 본 결과, 음모 세력이 아군보다 약할 때는 선제공격을 가하여 제압해야 한다.

서로 거의 정반대이지만 절대로 흉내를 내선 안 되는 두 가지 음모 대처 방법에 관해서도 말해 보겠다. 그중 첫째는 바로 위에서 언급한 아테네 공작이 채택한 것이다. 그는 자신이 피렌체 시민들의 호의를 받고 있다는 믿음을 보여주기 위해 그에게 음모를 밀고한 사람을 처형했다. 둘째는 시라쿠사의 디온(Dion)이 채택한 것이다. 그는 의심되는 사람의 의향을 떠보기 위해 신뢰하는 부하 칼리포스에게 자신에 대한 음모를 꾸미는 척하라고 지시했다. 이 두 가지 방법은 끝이 좋지 못했다. 공작이 채택한 방법은 음모를 밀고하려는 사람들의 의지를 꺾었고 오히려 그를 대상으로 음모를 꾸미는 자들의 의욕만 높여주었다. 디온의 경우는 죽음을 자초한 꼴이 되었다. 의도와는 정반대로 스스로 자신에 대한 음모를 꾸미고 말았던 것이다. 그 지시로 인해 칼리포스는 아무런 문제없이 디온에 대한 음모를 꾸밀 수 있었고, 그리하여 디온의 나라는 물론 그의 목숨까지 빼앗는 데 성공했다.

제7장

자유에서 굴종으로, 굴종에서 자유로 상황이 바뀔 때 때로는 무혈, 때로는 유혈 사태가 벌어지는 이유는?

자유 정부에서 독재 정부로, 독재 정부에서 자유 정부로 자주 변화가 발생하는데 어떤 경우엔 유혈, 어떤 경우엔 무혈인 것에 대하여 어떤 이들은 궁금증을 가지게 될 것이다. 유사한 변화에서 어떤 경우는 엄청난 사람들이 죽고, 어떤 경우는 아무도 털끝만큼도 다치지 않았음을 역사에서 흔하게 발견하게 되는 것이다. 실제로 로마가 왕정에서 공화정으로 이행할 때도 타르퀴니우스 가문을 제외하고는 아무도 추방되지 않았고 누구도 해를 입지 않았다. 이는 다음과 같은 정황, 즉 나라의 변화가 폭력에 의한 것인지 아닌지에 달려 있다. 변화가 폭력에 의해 일어나면, 필연적으로 많은 사람들이 피해를 입게 된다. 그렇게 되면 나라가 몰락하게 될 때 피해를 입은 이들은 복수를 바랄 것이고, 이런 복수의 열망으로 유혈 사태가 발생하여 많은 이들이 죽게 된다.

하지만 어떤 나라가 강국을 만들자는 국민들의 일반적인 동의를 얻어 형성되었다면 설사 나중에 그 나라가 붕괴되었다 하더라도 지도자를 제외한 다른 이들은 공격받을 이유가 없다. 타르퀴니우스 가문 추방 이후의 로마는 이런 형태였으며, 메디치 가문의 정부도 그러했다. 그들이 1494년 몰락했을 때도 그들을 제외하고는 그 누구도 피해를 입지 않았던 것이다. 그러므로 이런 형태의 정부 이행은 그다지 위험하지 않다. 하지만 복수를 원하는 이들이 일으키는 정부 이행은 극히 위험하다. 그것은 그 사건들에 대한 역사책을 읽는 독자들마저도 겁먹게 하는 그런 위험이다. 역사서에 그런 이행의 사례들이 가득하니 더 이상 얘기하지 않겠다.

제8장

공화국에 변화를 바라는 사람이라면 반드시
그 기본적 원료를 고려해야 한다

사악한 시민이 부패하지 않은 공화국에 비행을 저지르지 못한다는 점은 위에서 논한 바 있다. 이러한 결론은 위에서 내가 내세운 이유들 외에도 스푸리우스 카시우스와 만리우스 카피톨리누스의 사례로 더욱 강화된다. 야심가였던 스푸리우스는 로마에서 예외적인 권위를 갖고 싶어 했고 이런 이유로 평민들에게 헤르니키 인들로부터 빼앗은 땅을 분배하는 등 많은 호의를 베풂으로써 그들의 지지를 얻으려 했다. 하지만 도시의 원로들은 이런 그의 야심을 파악했으므로 그에게서 의혹의 시선을 거두지 않았다. 어느 날 스푸리우스는 사람들 앞에서 연설하며 시칠리아에서 들여온 곡물을 판매한 이익금을 나눠주겠다고 했지만, 사람들은 이를 절대적으로 거부했다. 스푸리우스에게 돈을 받으면 자유를 파는 것이라고 생각했기 때문이다. 하지만 사람들이 부패했다면 그 돈을 받았을 것이고 그것은 참주정으로 가는 길을 열어줬을 것이다.

이와 관련하여 만리우스 카피톨리누스는 훨씬 중요한 사례이다. 그의 경우는 위대한 정신력과 노력, 나라에 이익을 가져다준 많은 훌륭한 업적이 사악한 통치욕 때문에 무위가 되어버린 사례이기 때문이다. 카밀루스에게 수여된 영예에 시기심을 느낀 만리우스가 그런 사악한 욕구를 품었다는 점은 명백하다. 그는 시기심으로 인해 완전히 눈이 먼 나머지 로마의 생활 방식을 깊이 생각하지 않았고 또한 아직 사악한 정부 형태를 받아들인 적이 없는 로마 시민들의 자질을 검토해 보지도 않았다. 이런 상태로 만리우스는 원로원과 도시의 법에 대항하면서 로마에서 소동을 일으키기 시작했다. 만리우스 사건은 로마 생활의 완벽함과 로마 사회 구조의 우월함을 드러내는 계기가 되었다.

귀족들은 서로 열렬하게 지지하는 것이 보통이었으나 이번엔 그들도 만리우스를 그 어떤 면에서도 지지하지 않았다. 심지어 그의 친척들마저도 등을 돌렸다. 보통 고발당한 이들에겐 사람들의 동정을 구하기 위해 검은 옷을 입고 비탄에 잠긴 표정으로 슬픔을 드러내는 자들이 따라다니지만, 만리우스의 경우 그런 사람은 단 한 명도 없었다. 평민들을 대변하는 호민관도 늘 평민들의 이익 사업을 권장하고 귀족들을 겨냥하는 일일수록 더욱 단호하게 밀어붙이는 모습을 보이는데, 만리우스의 일은 공동의 재난이라고 여기고 이를 제압하기 위해 귀족들과 연합했다. 평민들은 이익이 되는 일을 크게 열망하고 귀족에 반대하는 정책을 사랑하여 만리우스에게 많은 호의를 가지고 있었지만, 호민관들이 만리우스를 소환하여 민회의 재판에 맡기자 그들은 옹호자에서 재판관으로 돌변해 주저 없이 만리우스에게 사형을 선고했다.

부패에 맞서는 로마 공화국의 훌륭한 제도

이런 이유로 나는 리비우스의 역사서가 언급한 사례만큼 로마 공화국의 우월한 관례를 잘 보여주는 책도 없다는 생각이 든다. 공사 양면으로 많은 훌륭한 업적을 남긴 이례적인 능력의 만리우스를 아무도 옹호하지 않았던 점을 잘 보여주기 때문이다. 로마 인들은 그들의 도시에 대한 애국심을 다른 어떤 것보다 중요하게 생각했고 따라서 만리우스가 과거에 이룬 업적보다 현재에 끼치는 위험을 고려하여 사형을 선고했다. 그로 인해 로마 인들은 자유로울 수 있었다. 리비우스는 만리우스에 대하여 이렇게 말했다. "이것이 바로 자유로운 국가에서 태어나지 않았다면 오래 기억되었을 인물의 최후였다."

이와 관련하여 두 가지 사항을 고려해 볼 수 있다. 첫째, 법치를 준수하며 사는 도시와 부패한 도시는 영예를 추구하는 방법이 서로 다르다. 둘째, (첫째와 거의 다를 바가 없지만) 무릇 행동을 함에 있어서, 특히 중요한 행동을 할 때에는 시대의 흐름을 고려하여 그에 부응해야 한다.

부패한 시대가 부패한 권력자를 만든다

잘못된 선택이나 본질적인 성향 때문에 시대와 불화하는 이들은 대부분의 경우 불행한 삶을 살게 되며, 그런 사람들의 행동은 좋지 못한 결과를 가져온다. 반면 시대와 조화를 이루는 이들에게는 정반대의 일이 일어난다. 의심할 여지없이, 앞서 인용한 리비우스의 말에 근거를 두면 이런 결론을 내릴 수 있다. 만리우스가 사회 구조가 이미 부패한 마리우스나 술라의 시대에 태어났더라면 그의 야심을 성취할 수 있었을 것이고, 또한 마리우스나 술라, 그리고 그들 이후 독재 권력을 열망했던 자들처럼 성공하여 그들과 똑같은 결과를 누렸을 것이다. 마찬가지로 술라나 마리우스가 만리우스의 시대에 살았더라면 그들은 음모를 벌이자마자 제압당했을 것이다. 어떤 자가 자신의 방식과 사악한 행동으로 도시 사람들을 부패시키기 시작하는 것은 쉽다. 하지만 그가 엄청난 이익을 얻을 정도로 도시 전체를 부패시키는 일은 그의 한평생 동안에는 수행 불가능하다. 설혹 그것이 가능할 정도로 그의 수명이 길다고 하더라도, 이번에는 도시의 사람들이 기다려주지 못한다. 사람들은 조급한 데다 부패가 완전하게 이루어질 때까지 욕망을 오래 억제하지 못하기 때문이다. 결국 그들은 그들의 일에서 자기 자신을 속이게 되는데 특히 가장 바라는 일에선 그런 자기기만이 더욱 심해진다. 따라서 인내심 부족이나 자기기만으로 인해 그들은 시대에 거스르는 일을 하게 되고 굉장히 좋지 못한 결말을 맞이한다. 그러니 공화국에서 권위를 가지고 사악한 형태를 구축하는 데에는, 시간의 흐름에 따라 세대에서 세대를 거쳐 조금씩 무너져 무질서로 빠져드는 그런 사회적 구조를 추구한다.

앞서 언급했듯이(『사론』 3-1), 수구초심으로 돌아가기 위해 훌륭한 사례나 새로운 법을 도입하여 일신하지 않으면 이런 무질서는 필연적으로 생겨날 수밖에 없다. 그러니 만리우스가 부패한 도시에서 태어났더라면 그는 뛰어난 능력을 발휘하여 오래 기억에 남을 사람이 되었을 것이다. 자유를 위해서 혹은 참주정을 수립하기 위해 공화국에서 어떤 큰 사업을 수행하고자 하는 사람은 반드시 사회의 기본적인 원료(국민의 자질)를 고려해야 하며, 이어서 그 사업을 해내가는 가운데 직면하게 될 곤경을 잘 측정해야 한다. 굴복하며 살기를 바라는 사람들을 해방시키는 일도 어렵지만, 자유롭게 살기를 바라는 사람들을 굴복시키는 일도 그에 못지않게 어렵고 위험하기 때문이다. 위에서 사람이 행동에 나설 때에는 반드시 시대의 흐름을 고려하고 그에 맞춰 일을 진행해야 한다고 말했는데, 다음 장에선 이에 관해 상세히 언급할 것이다.

제9장

늘 행운을 누리고자 하는 이들은
시대에 맞춰 변화해야 한다

나는 행운과 불운의 원인은 시대에 맞는 행동 방식을 얼마나 잘하느냐에 달려 있다고 여러 번 말한 바 있다. 어떤 이는 성급하게, 다른 어떤 이는 신중하게 일을 진행한다. 그렇지만 어느 쪽이든 적절한 한도 내에서 움직일 수 없기에 그 한도를 넘어서게 되고, 성급하든 신중하든 일의 진행에서 실수를 범하게 된다. 하지만 이미 말한 대로 어떤 개인의 방식이 시대의 흐름과 맞으면 그는 실수도 적게 하며 행운을 누릴 수 있다. 그는 늘 자연의 본성이 이끄는 대로 행동할 것이기 때문이다. 파비우스 막시무스가 군대를 얼마나 신중하게 이끌었는지 다들 잘 알 것이다. 성급한 행동이나 로마 인 특유의 대담성과는 완전히 동떨어진 그의 지연 방식은 시대와 잘 맞물려 행운을 누리게 되었다.

공화국이 군주국보다 강한 이유

따라서 젊은 한니발이 이탈리아로 침공해 행운을 누리며 로마 인들을 두 번이나 격파해 거의 완전하게 로마군의 뿌리를 흔들고 로마 전체를 공포로 몰아넣을 때 주도면밀하고 신중하게 적을 저지할 수 있는 장군이 나타났다는 것은 로마로서는 더할 나위 없는 행운이었다. 파비우스도 자신의 방식을 그때보다 더 잘 적용할 수 있는 시대를 만나지 못했을 것이다. 그 결과 그는 영예를 안게 되었다. 파비우스가 이성적 선택보다는 타고난 본성으로 일을 처리했음은 명백하다. 왜냐하면 스키피오가 아프리카로 군을 움직여 카르타고와 결전을 벌이려고 하자 그는 강력하게 반대했기 때문이다. 그것은 파비우스 자신의 방식과 습관을 벗어나지 못하기 때문에 보이는 모습이었다. 따라서 파비우스가 주장하는 대로 결정을 내렸다면 한니발은 여전히 이탈리아에 남아 노략질을 했을 것이다. 시간이 흘러 상황이 변했고 그로 인해 전쟁 방식을 변경할 필요가 있다는 점을 파비우스는 이해하지 못했던 것이다. 더 나아가 파비우스가 로마의 왕이었다면 전쟁에서 쉽게 패배했을 것이다. 시대의 변화에 따라 행동을 달리하는 법을 전혀 알지 못했기 때문이다. 하지만 그는 다양한 기질을 가진 시민들이 있는 공화국에서 태어났다. 따라서 로마는 장기전이 필요할 때는 최고 지도자로 파비우스를 내세웠고, 이후 결정적 승리를 필요로 할 때는 스키피오를 내세웠던 것이다.

따라서 공화국은 군주국보다 더 긴 수명과 더 큰 행운을 누릴 수 있다. 왜냐하면 공화국 시민들의 다양성을 통해 다양한 상황들에 군주보다 더 쉽게 대처할 수 있기 때문이다. 앞에서 말한 이유로 인해, 군주는 결코 익숙한 자신의 행동 방식을 바꿀 수 없다. 따라서 변화한 시대와 군주의 방식이 일치하지 못하게 되면 필연적으로 몰락하게 된다.

이미 여러 번 인용한 피에로 소데리니는 매사를 처리함에 있어 자비를 베풀고 인내하는 모습을 보였다. 시대가 그의 행동 방식과 부합했을 때 그와 그의 나라는 번영을 누렸지만, 시대가 변해 인내심과 자비를 중단해야 되자 그는 어쩔 줄을 몰랐고, 그 결과 자신의 나라와 함께 몰락하고 말았다. 교황 율리우스 2세는 임기 내내 성급하고 광포하게 행동했지만 시대가 그와 완벽하게 부합했기에 그가 수행하는 모든 사업이 성공을 거두었다. 하지만 그와는 다른 자질을 필요로 하는 시기였다면 그는 필연적으로 파멸을 맞았을 것이다. 일을 처리하는 그만의 방식이나 체제를 결코 바꾸지 못했을 테니까.

인간이 바뀌지 않는 두 가지 이유

이렇게 변화가 불가능한 데에는 두 가지 원인이 있다. 첫째는 사람은 타고난 성향에 대항할 수 없다는 점이고, 둘째는 어떤 사람이 한 가지 행동 방식으로 굉장히 성공했을 경우, 마찬가지로 잘될 테니 다른 방식으로 일을 처리하라고 설득하는 것은 불가능하다는 점이다. 이런 식으로 한 사람이 겪는 운명은 가지각색이 된다. 운명은 시대의 변화를 초래하지만 사람은 자신의 방법을 바꾸는 데 실패하는 것이다. 도시의 몰락 또한 시간의 흐름에 따른 제도 변경을 못했기 때문에 발생한다. 공화국에서 발생하는 이런 일과 관련해선 위에서 상세하게 논한 바 있다. 공화국은 더디게 움직이기에 변화하기가 더욱 어렵다. 그런 변화를 도모하려면 공화국 전체가 동요하는 시기가 와야 하기 때문이다. 개인이 행동 방식을 아무리 바꿔봤자 그것만으로는 공화국을 변화시킬 수 없다.

위에서 한니발을 저지한 파비우스 막시무스의 지연작전에 관한 이야기를 했다. 그러니 다음 장에서는 그와는 정반대인 어떤 상황에서도 적과 전투를 벌이고자 하는 장군 얘기를 해보겠다. 또 적측이 그 장군의 전투 의욕을 미리 꺾어놓을 수 있는지도 알아보겠다.

제10장

무조건 싸우고자 하는 적을 상대할 때
지휘관은 그 싸움을 피할 수 없다

"독재관(그나이우스 술피키우스)은 절대 필요할 때가 아니라면 적과 싸워 무운을 시험하는 것을 극히 꺼려했다. 적은 생소한 지역에서 버텨야 했기에 매일 쇠약해지고 있었기 때문이다."

모든 사람 혹은 대다수의 사람이 지속적으로 잘못을 저지를 때, 나는 그런 행동을 반복하여 비판하는 것이 나쁘다고 보지 않는다. 나는 큰일을 맞이하여 우리가 보이는 행동이 고대인들이 보인 행동과 다르다는 점을 앞서 설명했지만, 중요한 문제이므로 여기서 또 한 번 말하는 것이 그리 불필요한 일은 아니라고 생각한다. 많은 점에서 우리는 고대의 관행에서 벗어났지만, 그중에서도 특히 두드러지게 벗어난 것은 군사 분야이다. 이 분야와 관련하여 고대인들이 굉장히 높이 평가한 일들을 현재의 우리는 그 어떤 것도 실천하지 않고 있다. 이런 어려운 상황이 발생하게 된 것은 공화국과 군주가 위험을 피하기 위해 군사 임무를 다른 이들에게 맡기고 그 임무의 수행과는 멀찍이 거리를 두었기 때문이다.

때로 우리 시대의 왕이 친정(親征)하는 경우를 목격하기도 하지만 그런 행동이 더 많은 칭송을 받을 가치가 있는 군사적 방식을 가져온다고 보기는 힘들다. 왕이 친정을 한다면, 그것은 위엄을 과시하고 싶은 것일 뿐 칭찬받아 마땅한 목적으로 그런 일을 하는 것이 아니다. 그럼에도 불구하고 이런 일을 하는 왕들은 공화국, 특히 이탈리아의 공화국들보다는 적게 실수를 저지른다. 최소한 왕들은 때로 직접 군대를 점검하고 최고 사령관이라는 직함을 유지하기 때문이다. 하지만 공화국은 다른 이들에게 전투 임무를 맡겼기에 전쟁과 관련된 일은 그 어떤 것도 이해하지 못한다. 그런데도 그들은 군주처럼 행동하는 모습을 보이려고 군사적 결정의 권한을 고집하는데, 그로 인해 수없는 잘못을 저질렀다.

이런 잘못 중 일부에 관해선 다른 곳(『사론』 2-16~18)에서 논한 바 있다. 따라서 지금은 굉장히 중요한 사항 이외에는 언급하지 않기로 한다. 나태한 군주나 허약한 공화국이 사령관을 파견할 때, 그들은 어떤 이유로든 전투에 돌입하지 말고 아예 적과의 조우 자체를 피하라는 명령을 내려놓고는 너무도 현명하게 지시했다는 생각을 한다. 전투를 미룸으로써 로마를 위기에서 구해 낸 파비우스 막시무스의 신중함을 본받은 것이라고 믿는 것이다. 하지만 그들은 대부분의 경우 그런 명령이 쓸모없거나 혹은 해롭다는 것을 이해하지 못한다. 따라서 이런 결론을 내릴 필요가 있다. 적이 어떤 상황에서도 싸움을 고집한다면 전장에 남아 있는 한 사령관은 전투를 피할 수 없다. 그러니 적과 싸우지 말라는 명령은 이렇게 말하는 것이나 다름없다. "적이 원할 때 싸우고, 당신이 원할 때는 싸우지 마라."

전투를 피하고 싶다면, 그 세 가지 대책은 퇴각과 농성과 도망

전장에 머무르고 싶지만 전투를 원하지 않는다면 최소한 적과 80킬로미터 이상 거리를 두고 날쌘 첩자를 활용해 사전 정보를 파악하고서 적이 접근하면 그만큼 물러날 공간적 여유를 갖추는 것이 가장 안전한 대책이다. 달리 선택할 대책이 있다면 도시의 성문을 닫아걸고 아예 농성하는 것이다. 이런 대책들은 모두 극히 해롭다. 첫 번째 대책은 영토를 적이 마음대로 유린하도록 넘겨주는 셈이 된다. 유능한 군주는 전쟁을 길게 끌어 국민들에게 큰 피해를 안기느니 전투에서 무운을 시험하여 결판내는 쪽을 선호할 것이다. 두 번째 대책도 손해가 명백하다. 군대를 이끌고 도시로 후퇴함으로써 필연적으로 포위 공격을 당할 것이고, 얼마 지나지 않아 굶주림을 못 이기고 결국 항복할 것이기 때문이다. 따라서 이 두 가지 방법으로 전투를 회피하는 것은 극도로 해롭다. 파비우스 막시무스가 채택한 성채에 남는 방법은 아래의 조건에서만 유효하다. 즉, 당신이 훌륭한 군대를 가지고 있어 적이 감히 마음대로 공격할 수 없어야 하는 것이다. 파비우스가 전투를 피해서 달아났다고 아무도 말할 수 없다. 오히려 그는 자신의 생각대로 적을 상대할 수 있을 때 전투를 하려고 했다. 그런 상태에서 한니발이 진군하여 그를 찾아내면, 그는 기다렸다가 전투에 임하면 됐다. 하지만 한니발은 결코 파비우스의 의도대로 싸우려고 하지 않았다. 그 결과 파비우스 못지않게 한니발도 전투를 피했다. 하지만 어느 한쪽이라도 어떻게든 전투를 하기로 결심했다면, 전투를 피하고 싶은 다른 쪽은 다음 세 가지 대책 중 하나를 선택해야 한다. 두 가지는 위에서 말한 퇴각과 농성이고, 나머지 하나는 달아나는 것이다.

내가 말한 바가 사실이라는 점은 수많은 사례에서 분명하게 알 수 있다. 특히 로마 인들이 페르세우스의 아버지인 마케도니아의 필리포스를 상대로 한 전쟁에선 더욱 분명하게 드러난다. 로마 인들이 공격을 가하자 필리포스는 전투를 하지 않기로 결심했다. 그는 전투를 피하기 위해 이탈리아에서 파비우스 막시무스가 활용했던 방식대로 행동하기로 결심했고, 이어 산 정상으로 군대를 끌고 가 그곳에 진을 쳤다. 그렇게 산 정상에 군사력을 집결한 필리포스는 감히 이곳까지는 로마 인들이 들이 닥칠 일이 없다고 생각했다. 하지만 로마 인들은 산 정상까지 와서 전투를 시작했고 끝내 필리포스를 그곳에서 몰아냈다. 도저히 저항할 수가 없게 되자 필리포스는 대다수의 병력을 이끌고 도망쳤다. 완전히 무너질 뻔한 그를 구해 낸 것은 바위투성이 지형이었다. 지형에 익숙하지 않았던 로마 인들은 끝내 필리포스를 쫓는 데는 실패했다. 이후 전투도 하지 않으려 했고 또 로마군 근처에 진영을 세우는 것도 원하지 않았던 그는 결국 도망칠 수밖에 없었다. 이런 경험을 통해 필리포스는 전투를 피하려면 산 정상에 주둔하는 것만으로는 충분치 않다는 걸 알게 됐다. 하지만 성채에서 농성을 하고 싶지는 않았기에 그는 다른 방법을 쓰기로 결심했다. 바로 로마 인들의 진영에서 상당한 거리를 두자는 것이었다. 이런 이유로 로마 인들이 한 지역에 들어서면 필리포스는 다른 지역으로 이동해 갔다. 로마 인들이 나오면 그가 들어가는 식이었다. 이런 식으로 전쟁이 길어짐으로써 군대의 사기가 점점 나빠지고 국민들이 자신과 적 양쪽에 시달린다는 것을 알게 된 필리포스는 결국 무운을 시험해 보기로 결심했고, 얼마 지나지 않아 그는 로마군과 제대로 된 전투를 치렀다.

파비우스나 그나이우스 술피키우스(Gneus Sulpicius)의 경우, 즉, 훌륭한 군대를 가지고 있어 적이 감히 성채로 돌입하지 못하고 거기에 더해 영토 내로 들어온 적이 제대로 지역을 확보하지도 못해 식량 부족으로 고통을 겪는 경우와 유사한 상황이라면 전투를 회피하는 것이 유용하다. 그 유용한 이유를 리비우스는 이미 이렇게 말한 바 있다. "독재관(그나이우스 술피키우스)은 절대 필요할 때가 아니라면 적과 싸워 무운을 시험하는 것을 극히 꺼려했다. 적은 생소한 지역에서 버텨야 했기에 매일 쇠약해지고 있었기 때문이다." 하지만 이 외의 모든 상황에선 전투를 피할 수 없다. 물론 수치를 당하고 위험에 빠지는 것을 신경 쓰지 않는다면 아무

상관없을 것이다. 필리포스의 경우처럼 도망치는 것은 패배하는 것과 마찬가지다. 그렇게 함으로써 출중한 능력을 제대로 증명하지도 못했다면 더욱 수치스러운 것이다. 필리포스는 목숨을 부지할 수 있었지만, 다른 이들은 그의 경우처럼 지형의 도움이 없다면 살아남기 힘들 것이다.

한니발과 파비우스는 서로 상황이 달랐다

아무도 한니발이 전쟁의 대가임을 부정하지 못할 것이다. 그는 아프리카에서 스키피오와 맞섰는데, 장기전으로 끌고 가는 것에 이점이 있었다면 아마도 그렇게 했을 것이다. 본인이 훌륭한 지휘관인 데다 훌륭한 군대까지 있으니 이탈리아에서 파비우스가 했던 것처럼 그도 충분히 장기전을 펼칠 수 있었다. 하지만 한니발은 그런 선택을 하지 않았으므로 우리는 그를 전쟁으로 유도한 어떤 중대한 동기가 있었다고 생각할 수밖에 없다. 이런 이유로 군주가 군대를 소집했으나 전쟁 자금도, 우방도 부족하여 오래 군대를 유지할 수 없다면 그 군대가 무너지기 전에 빠르게 전투를 하여 무운을 시험해야 한다. 그런 상황에서도 속전속결하지 않는 군주가 있다면 정신이 온전치 못한 것이다. 왜냐하면 기다리면 확실히 패배하겠지만, 전투를 하면 혹시 승리할 수도 있기 때문이다. 여기서 신중하게 고려해야 할 다른 사항은 지휘관은 설혹 패배가 예정되었더라도 반드시 영예를 얻고자 한다는 점이다. 패배로 이끄는 여러 다른 곤경보다는 무력에 의해 패배를 당하는 것이 더한 영광을 가져온다는 점을 지휘관은 알고 있다. 따라서 한니발은 이런 상황적 필요에 따랐음이 틀림없다. 한니발이 전투를 지연하고 농성을 하여 스키피오가 감히 공격할 수 있는 상황이 아니었다고 가정하더라도, 스키피오는 곤란하지 않았을 것이다. 그는 이미 시팍스를 물리치고 아프리카 내부의 많은 도시를 점령하여 이탈리아에 있는 것처럼 안전하고 편안했기 때문이다. 그 상황은 한니발 본인이 이탈리아에서 파비우스의 저항을 맞이했을 때나, 갈리아 인들이 술피키우스를 상대했을 때와는 분명 다른 경우였다.(→자 마 전투)

지휘관이 군대를 이끌고 다른 나라를 공격할 때 전투를 피한다는 것 은 더욱 가당치 않다. 적국으로 진군하고 싶다면 응당 적과 조우했을 때 교전에 돌입해야 하고, 도시에 포위 공격을 가할 때는 더욱 전투를 서둘 러야 한다. 우리 시대엔 이렇게 하지 않고 나쁜 결말을 맞은 경우가 있다. 부르고뉴의 대담공(大膽公) 샤를은 스위스의 도시 모라를 포위하다 스위 스 인들에게 공격을 받아 완패했고, 노바라를 포위하던 프랑스군도 마 찬가지로 스위스군에 격퇴당했다.

제11장

많은 적과 싸워야 하는 세력은 열세이더라도
첫 번째 공격만 견디면 승리할 수 있다

모든 것은 그 안에 숨겨진 악을 갖고 있다

여러 번 언급했듯이, 로마에서 호민관의 힘은 굉장했으며 그럴 필요가
있었다. 호민관이 없었더라면 귀족들의 야욕을 누르는 일은 불가능했을
것이며, 그랬다면 실제 역사보다 훨씬 빠르게 로마가 부패했을 것이다.
그럼에도 불구하고 다른 곳에서 여러 번 논한 것처럼(『사론』 1-3, 1-6, 1-18,
1-34, 1-37, 1-49, 3-1), 모든 것은 그 안에 새로운 상황을 일으킬 수 있는 숨
겨진 악을 지니고 있으므로 그런 악에 대항할 새로운 제도를 마련하는
것이 필요하다. 호민관의 권위가 귀족들뿐만 아니라 로마 전체를 두려
워하게 할 정도로 오만방자해졌을 때, 아피우스 클라우디우스가 호민관
의 야욕에 대항하여 로마를 지킬 수 있는 방법을 마련하지 않았다면 로
마는 곤경에 처해 자유를 해치게 되었을 것이다. 그의 방법은 호민관들
사이에서 소심하거나 뇌물이 통하거나 공익을 굉장히 사랑하는 이를 찾
아 설득하여 호민관들이 원로원의 의지에 반한 결정을 밀어붙이고 싶어
할 때 반대하도록 하는 것이었다. 이 대책은 호민관들의 권위를 누그러
뜨리는 데 큰 역할을 했고, 많은 세월 동안 로마에 유익했다.

　이 사례에서 내가 관찰한 것은 많은 권력자들이 단일 권력자에 대항하
여 연합했을 때, 연합한 쪽이 훨씬 더 강력함에도 불구하고 그들보다 힘

이 덜한 단독 권력자 쪽에 늘 더 기대게 된다는 점이다. 한 사람의 단독 결정이 다수인 쪽보다 더 우세할 수 있는 많은 이점들은 따지지 말기로 하자. 그러나 다음과 같은 결정적 이점은 말해 둘 필요가 있다. 그 단독 권력자가 조금만 노력을 기울이면 분열을 통해 그렇게도 용맹한 연합을 약화할 수 있는 일이 늘 일어난다는 것이다. 이와 관련하여 수많은 고대의 사례가 있지만 이번엔 인용하지 않기로 한다. 우리 시대의 사례만으로도 충분하기 때문이다.

1483년, 이탈리아의 모든 세력이 협력하여 베네치아 인들에게 대항했다. 완전히 패배한 베네치아 인들은 더 이상 전장에 군대를 내보낼 수 없는 처지가 되었고, 이에 그들은 밀라노의 통치자 루도비코를 매수하는 대책을 마련했다. 루도비코와 협정을 맺은 베네치아 인들은 이후 빼앗긴 땅을 회복했을 뿐만 아니라 페라라 지역 일부도 점령하게 되었다. 이런 식으로 그들은 전쟁에선 패배했지만 평화 협정 이후엔 더 나은 위치를 차지했다. 몇 년 전엔 모든 세력이 프랑스에 대항했지만, 전쟁이 끝나기도 전에 스페인은 그 동맹을 빠져나와 프랑스와 휴전 협정을 맺었다. 이후 동맹은 얼마 지나지 않아 어쩔 수 없이 프랑스와 협정을 맺을 수밖에 없었다. 따라서 다수의 세력이 한 세력을 상대로 전쟁을 시작했을 때, 단일 세력이 첫 공격을 견딜 능력이 충분하고 적절한 순간이 될 때까지 시간을 벌 수 있다면 우월한 위치를 점하게 될 것이다. 이런 판단은 언제나 의심의 여지가 없다. 다만 그럴 능력이 없다면 그 세력은 1508년의 베네치아 인들처럼 무수한 위험에 처하게 될 것이다. 그들이 프랑스군을 상대로 시간을 벌면서 적의 동맹 중 일부를 자기편으로 끌어들였다면 몰락은 피할 수 있었을 것이다.

하지만 베네치아 인들에겐 적을 저지해 시간을 벌 수 있는 훌륭한 군대가 없었고, 이런 이유로 적의 동맹을 어느 하나 이탈시키지 못하고 붕괴하고 말았다. 우리가 보았듯 이후 교황은 영토를 되찾자 베네치아의 우방이 되었고, 스페인의 왕도 마찬가지였다. 성사 가능했다면 이 두 군주는 기꺼이 프랑스 왕에 대항하여 베네치아가 롬바르디아 지방을 지켜내도록 했을 것이다. 그들로서도 이탈리아에서 프랑스 왕의 힘이 지나치게 커지는 것을 막고 싶었기 때문이다. 그러므로 베네치아 인들은 나머지를 구하기 위해 일부를 포기할 수도 있었다. 물론 그들은 강요당해 포기를 하는 것이 아니라, 적절한 시기에 포기를 할 필요가 있었다. 특히 전쟁 전에 그런 결단을 내렸다면 지극히 현명했을 것이다. 하지만 전쟁 중에 내몰려서 그런 결정을 했다면 멸시 당했을 것이고 그다지 이롭지도 않았을 것이다. 전쟁이 발발할 위험을 아는 베네치아 시민은 거의 없었고 대책을 발견할 수 있는 사람은 그보다 더 없었다. 따라서 아무도 조언을 하지 않았다.

논의의 시작으로 돌아가서, 나는 이렇게 결론을 내리고자 한다. 로마 원로원이 정원 늘어난 호민관들의 야욕에 맞서 고국의 안녕을 지키는 대책을 세웠듯이, 다수의 세력에 공격을 받는 군주는 신중하게 그 세력을 분열시킬 수 있는 수단을 알고 있다면 언제든 대책을 세울 수 있다.

제12장

왜 신중한 지휘관은 휘하 군대엔 싸워야 할 절대적인 필요성을 부과하면서 적의 군대로부터는 그 필요성을 빼앗으려 하는가?

필요가 사람의 행동에 얼마나 유용하고 그로 인해 어떤 영예를 얻는지는 다른 곳(『사론』 1-1, 1-3, 2-12)에서 논한 바 있다. 일부 도덕 철학자들도 필요성에 내몰리지 않았더라면 인류를 고귀하게 한 가장 귀중한 두 신체 기관인 손과 혀가 완벽하게 기능하여 현재의 수준으로 인간의 노력을 끌어올리는 일은 없었을 것이라고 말했다. 고대의 군 지휘관들은 이런 상황적 필요의 힘을 이해한 것은 물론이고 그 필요가 병사들의 투지를 얼마나 완강하게 만드는지 알았기 때문에 병사들이 필요의 압박을 느끼게 만들려는 노력을 아끼지 않았다. 반면 그들은 적의 군사들을 필요의 압박이라는 커다란 고통으로부터 해방시켜 주려는 노력 또한 잊지 않았다. 이런 이유로 고대 군 지휘관들은 종종 적에게 닫힌 길을 열어줬다. 반면 아군의 경우라면 열린 길도 닫아버렸다. 그러므로 완고하게 농성을 하려고 하거나 전장에서 완강하게 싸우고자 하는 지휘관이 무엇보다 가장 먼저 해야 하는 일은 병사들의 마음속에 상황적 필요를 심어주는 것이다. 이런 이유로 신중한 지휘관은 도시를 점령하기 위해 진군해야 할 때 도시 거주민들이 어떤 필요에 의해 방어를 하는지 고려함으로써 점령의 쉽고 어려움을 가늠한다. 방어할 필요성이 엄청나다는 것을 알게 되면 그는 점령이 어렵다고 판단하겠지만, 그렇지 않다면 쉽다고 판단할 것이다.

따라서 도시를 그냥 점령하는 것보다는 그 도시의 시민들이 반란을 일으킨 후 다시 점령하는 것이 훨씬 어렵다. 전자의 경우 죄를 지은 것이 없기 때문에 처벌을 두려워할 이유가 없어 쉽게 항복하지만, 후자는 이미 반란을 일으킨 것으로 죄를 지었다고 생각하기 때문에 처벌을 받을 것이 두려워 더욱 진압하기 어렵게 된다. 이런 완고함은 또한 이웃한 군주나 공화국이 서로에게 품는 자연적인 증오심에서 비롯되기도 한다. 이런 증오심은 지배하려는 야욕과 질투에서 나온다. 특히 공화국일 경우에 더욱 그러한데, 이것은 갈등과 경쟁으로 인해 늘 한 도시가 다른 도시를 장악하는 것이 어려운 토스카나 지방에서 분명하게 볼 수 있다. 따라서 피렌체의 이웃과 베네치아의 이웃에 관해 신중하게 고려한 사람은 누구나 피렌체가 베네치아보다 전쟁에 돈은 더 많이 들이고서 얻은 영토는 덜하다는 점에 별로 놀라지 않을 것이다. 이런 결과는 베네치아 인근 도시들이 피렌체 인근 도시들만큼 방위에 완고하지 않기 때문에 생겨난 것이다. 베네치아 인근의 모든 도시는 자유로운 생활보다는 군주의 통치를 받는 굴종적인 삶에 익숙하므로 지배 세력이 자주 바뀌는 것에 관해 무심하다. 오히려 많은 경우 그렇게 권력자가 바뀌기를 바라기도 한다. 따라서 베네치아는 피렌체보다 더욱 강력한 주변국이 있음에도 불구하고 그들이 완강하지 않아서, 주변에 자유국만 가득한 피렌체보다 더욱 빠르게 그들을 정복할 수 있었다.

도시 공격에는 상대방의 수성 의지를 꺾어야 한다

처음 논의하던 부분으로 돌아가 보자. 도시를 공격할 때 지휘관은 반드시 수비 측의 상황적 필요와 그로 인한 완강함을 제거하는 모든 수단을 써야 한다. 수비 측이 처벌을 두려워하면 사면을 약속하고, 자유를 잃을 것을 두려워하면 공익이 목표가 아니라 도시 내부의 몇몇 야심가들의 목표라는 것을 납득시켜야 한다. 이런 접근법은 많은 경우 도시의 점령을 용이하게 했다. 비록 그런 책략은 신중한 사람이라면 더욱 쉽게 간파하지만, 관대한 약속 밑에 숨겨진 또 다른 함정을 보지 못하는 평화를 바라는 이들은 종종 속아 넘어간다. 이런 식으로 수많은 도시가 함락되었고, 최근 피렌체에도 이런 일이 벌어졌다. 크라수스와 그의 군대도 예외는 아니었다. 그는 로마 병사들에게서 방위 의지의 필요성을 빼앗으려고 파르티아 인들이 내세운 헛된 약속을 꿰뚫어 보았다. 하지만 로마 병사들은 적이 제안한 평화 협정에 눈이 멀었기 때문에 완강한 태도를 유지할 수가 없었다. 이 지휘관의 전기를 읽어보면 더욱 상세하게 이 점을 확인할 수 있다.

삼니움 인들은 몇 사람의 야욕 때문에 휴전 협정을 깬 뒤 로마의 동맹국에 침입하여 습격하고 약탈했다. 이후 그들은 로마에 특사들을 보내 평화를 청하며 약탈당한 재산을 돌려주고 폭동과 약탈의 주모자를 구속하여 인도하겠다고 했으나 로마는 이에 퇴짜를 놓았다. 협정에 관한 일말의 희망도 없이 특사들이 돌아오자, 당시 삼니움군 사령관이었던 클라우디우스 폰티우스는 주목할 만한 연설을 하며 로마 인들은 기어코 전쟁을 원하며, 삼니움 인들은 평화를 바라지만 상황적 필요에 의해 전쟁에 나설 수밖에 없음을 다음과 같이 밝혔다. "동포 여러분, 필요할 때 전쟁은 정당한 것이며, 무기에 유일한 희망을 걸어야 하는 이들에겐 무기야말로 정의로운 것입니다." 이런 상황적 필요만으로 그와 그의 병사들은 승리를 향한 희망을 북돋우게 되었다.

나중에 이 주제를 다시 다루는 일을 피하기 위해 가장 주목할 만한 로마 역사의 사례를 여기서 인용하는 것은 참으로 적절하다고 본다. 가이우스 만리우스와 휘하 군대가 베이이 인들과 대치하고 있을 때, 베이이군 일부가 만리우스의 요새 안으로 침공해 왔다. 그는 재빨리 부대를 움직여 요새의 병사들을 지원했고, 베이이군이 도망칠 수 없도록 요새의 모든 출구에 병사를 배치했다. 이런 이유로 베이이 인들은 갇혔음을 알게 되자 너무도 맹렬하게 싸우기 시작했고, 결국 만리우스마저 전사하고 말았다. 한 호민관이 신중하게 베이이군이 탈출할 수 있게 길을 터주지 않았더라면 나머지 로마군도 하마터면 제압당할 뻔했다. 여기서 명백하게 확인할 수 있는 점은, 베이이 인들은 싸워야 할 궁극적 필요에 내몰리면 지극히 맹렬하게 싸웠지만, 탈출구가 열린 것을 봤을 땐 전투보다 퇴각을 더 생각했다는 것이다.

필요는 가장 강력한 무기이다

볼스키 인들과 아이퀴 인들이 군대를 이끌고 로마 영토로 침공하자, 집정관들이 그들과 대적하기 위해 파견되었다. 전투가 진행되는 중, 베티우스 메시우스가 이끄는 볼스키군은 어느 순간 로마군에 점령된 방책과 로마군 사이에 갇힌 것을 알게 되었다. 그 자리에서 죽거나 힘으로 포위망을 뚫어야 한다는 것을 깨달은 베티우스는 휘하 장병들에게 이렇게 외쳤다. "흙으로 만든 벽이든 돌로 만든 벽이든 무장한 제군을 막을 수 없다. 용기로 따지면 제군은 로마군과 전혀 다를 바 없이 훌륭하다. 거기다 궁극적으로 가장 강력한 무기인 절박함이 제군에게 있지 않은가. 이는 분명히 우리의 이점이다!" 리비우스는 이런 상황적 필요를 가리켜 "궁극적으로 가장 강력한 무기"라고 말했다.

로마 지휘관 중에서도 가장 신중한 카밀루스는 베이이의 도시 내부로 침입하면서 점령을 용이하게 하기 위해 방위를 하려는 궁극적 필요를 적으로부터 빼앗고자 했다. 이에 그는 베이이 인들이 들으라는 듯, 무기가 없는 적은 해치면 안 된다는 명령을 내렸다. 그러자 베이이 인들은 무기를 땅에 팽개쳤고, 도시는 거의 피를 흘리지 않고 점령됐다. 이 방법은 나중에 많은 지휘관들에 의해 채택되었다.

제13장

허약한 군대를 이끄는 훌륭한 지휘관과,
허약한 지휘관을 둔 훌륭한 군대 중 어느 쪽을
더 신뢰해야 하는가?

코리올라누스는 로마에서 추방된 뒤 볼스키 인들에게 갔고, 동포인 로마 인에게 복수하기 위해 그곳에서 군사를 일으켰다. 그는 이후 로마로 진군했다가 군사를 돌려서 퇴각했다. 이는 로마군의 강력함보다는 어머니를 향한 효심 때문에 벌어진 일이었다. 이 일과 관련해 리비우스는 연패를 하던 볼스키 인들이 코리올라누스가 지휘관이 되자 연승하는 모습을 보면 로마 공화국은 병사보다는 지휘관의 출중한 능력으로 더욱 성장했다는 견해를 밝혔다.

비록 리비우스가 그런 견해를 피력했지만, 역사의 많은 맥락에서 출중한 능력을 지닌 병사들이 지휘관 없이 기적적인 업적을 달성하는 것은 물론이고, 집정관이 전사하기 전보다 전사한 후에 더 잘 조직되고 맹렬한 모습을 보이는 것을 우리는 명백하게 볼 수 있다. 이런 사례는 스키피오 가문의 두 형제 장군의 지휘를 받던, 스페인 주둔의 로마군에서 확인할 수 있다. 두 형제 장군이 전사한 뒤에도 로마군은 출중한 능력을 발휘하여 자신을 구원한 것은 물론 적을 완파하여 공화국을 위해 속주를 지켜내는 쾌거를 달성했다. 따라서 모든 점을 고려해 볼 때, 출중한 능력을 지닌 군대가 승리한 사례도 많고 출중한 능력의 지휘관이 승리를 이끈 사례도 많다. 그러니 전자는 후자를, 후자는 전자를 상호 보완한다고 결

494

론을 내릴 수 있다.

　우선 형편없는 지휘를 받는 훌륭한 군대와, 형편없는 군대를 이끄는 훌륭한 지휘관 중 어느 쪽을 더 두려워해야 하는지 고려해 보는 것이 좋다. 이 문제에 관한 카이사르의 견해를 따르면, 어느 쪽이 되었든 상대하는 데 별문제가 없다는 것이다. 따라서 카이사르는 훌륭한 군대를 이끄는 아프라니우스(Afranius)와 페트레이우스(Petraeus)를 상대하기 위해 스페인으로 진격했을 때 그들을 깔보며 이렇게 말했다. "지휘관이 없는 군대와 싸우게 되는군." 이는 명백히 지휘관들이 약점이라고 지적한 것이었다. 반대로 폼페이우스와 싸우기 위해 테살리아로 진군했을 때 그는 이렇게 말했다. "군대 없는 지휘관과 싸우게 되겠군."

군대보다 지휘관이 더 중요하다

이렇게 되면 다른 점도 고려할 수 있다. 훌륭한 지휘관이 훌륭한 군대를 만들어내기가 쉬운가, 아니면 훌륭한 군대가 훌륭한 지휘관을 만들어내기가 쉬운가? 이 주제에 관해서 나는 답이 정해졌다고 본다. 왜냐하면 뛰어난 한 사람이 다수를 훌륭하게 하는 것보다 다수의 뛰어난 사람이 한 사람을 훌륭하게 하는 것이 훨씬 쉽기 때문이다. 루쿨루스가 미트리다테스를 상대하러 파견되었을 때, 그는 전쟁 무경험자였다. 그럼에도 불구하고, 많은 걸출한 하급 지휘관이 배치된 루쿨루스의 뛰어난 군대는 그를 굉장히 빠르게 훌륭한 사령관으로 탈바꿈시켰다. 병력이 부족했기에, 로마 인들은 많은 노예를 무장시키고 셈프로니우스 그라쿠스에게 훈련을 맡겼다. 이에 그라쿠스는 기대에 부응해 단기간에 탁월한 군대를 만들어냈다.

　다른 곳에서 언급했듯(『사론』 1-21), 펠로피다스와 에파미논다스는 고국 테베를 스파르타의 압제로부터 해방시키는 데 성공했다. 하지만 그들은 이에 그치지 않고 테베의 농부들을 굉장히 빠른 시간에 훌륭한 군인으로 변모시켰고, 이후 그렇게 양성한 군대로 스파르타군에 저항하는 것은 물론 그들을 물리치는 일까지 훌륭하게 해냈다. 이런 이유로 지휘관이나 군대는 대등하다 할 수 있다. 훌륭한 한쪽이 다른 훌륭한 한쪽을 구할 수 있기 때문이다. 그렇다고 하더라도 훌륭한 지휘관이 없는 훌륭한 군대는 보통 무례하고 위험한 부대로 변하기 쉽다. 이것은 알렉산드로스 대왕 사후의 마케도니아군이나 내전 시기 로마 고참병들로부터 확인할 수 있다.

이런 이유로 나는 무례한 군대에 의해 충동적으로 선출된 지휘관보다, 여유를 가지고 병사를 훈련하고 그들을 무장할 기회도 가진 지휘관을 더 신임할 수 있다고 생각한다. 그러니 적을 물리쳤을 뿐만 아니라 적과 교전을 하기 전 휘하 군대를 훈련해 뛰어나게 만들기까지 한 지휘관들은 두 배로 영예와 칭송을 받아야 한다. 이 두 가지를 할 수 있는 인물은 너무도 드물기 때문이다. 그런 두 가지 일을 동시에 해내라는 주문을 받았다면 과거의 지휘관들은 대부분 후대에 알려져 있는 것보다 덜한 명성이나 칭송을 받았을 것이다.

제14장

낯선 계책이 드러나거나
전투 중 낯선 소리가 들리면
어떤 일이 일어나는가?

예기치 못한 광경을 보거나 소리를 듣는 등 낯선 사건이 전투에 미치는 중대한 영향은 많은 사례에서 드러난다. 특히 로마 인들이 볼스키 인들을 상대로 수행한 전투에서 이런 일이 벌어졌는데, 퀸티우스는 전투 대열의 양쪽 날개 부분 중 하나가 무너지는 것을 보고 다른 쪽은 승리하고 있으니 굳건히 버티라고 크게 소리치기 시작했다. 이 말로 그는 휘하 병사들을 격려하고 적의 병사는 두렵게 했고, 결국 승리를 쟁취했다.

적절한 호령은 승리를 가져온다

그런 외침이 잘 조직된 군대에도 강한 효과를 낸다면, 다루기 힘들고 형편없는 조직을 가진 군대에는 어마어마한 효과를 발휘한다. 허약한 군대는 바람에 흔들리는 것처럼 쉽게 동요되기 때문이다. 여기서 나는 이런 일이 발생한 우리 시대의 주목할 만한 사례를 들어보고자 한다. 몇 년 전, 페루자는 오디 가문과 발리오니 가문의 두 당파로 나뉘었다. 정권은 후자가 잡게 되었고, 전자는 추방당했다. 이에 오디 가문은 친구들의 지원을 받아 군사를 일으켜 자신들이 다스리는 페루자 근처의 마을 중 하나에 병사들을 모았다. 우방의 도움을 받아 오디 가문의 군대는 어느 날 밤 페루자에 들어섰고, 그들은 발각되지 않은 채 중앙 광장을 점거하러 갔다. 페루자는 길을 봉쇄하기 위해 길목마다 사슬을 걸어놓았으므로, 오디 가문의 군대는 먼저 철퇴를 든 이를 보내서 말이 지나갈 수 있도록 자물쇠를 깨고 사슬을 풀도록 했다. 전투 준비 명령이 내려졌을 때 중앙 광장으로 통하는 길을 막는 사슬은 하나만 남은 상태였는데, 사슬을 부수는 남자는 뒤에 오는 병사들 때문에 방해를 받아 팔을 제대로 들 수가 없자 "물러나!"라고 소리쳤다. 그의 외침은 대열을 지나며 "퇴각!"이란 명령이 되었고, 맨 뒤의 병사들이 먼저 후퇴하기 시작하면서 연속적으로 후퇴가 일어났고 그로 인해 전투 대형 자체가 너무도 빨리 무너졌다. 이렇게 하여 오디 가문의 계획은 하찮은 사건으로 허사가 되었다.

이 일은 사소한 사건에 휘둘려 혼란에 빠지지 않고 질서정연한 형태로 싸울 수 있게 군대에 훌륭한 전투 대형이 필요하다는 점을 드러내는 사례로서, 아직도 사람들의 입에 오르내린다. 이런 이유로 다수의 군중은 전쟁에서 무능하다. 그 어떤 사소한 소음, 외침, 소동에도 금세 동요되어 도망치기 때문이다. 그러니 훌륭한 지휘관이라면 반드시 자신의 명령을 받아 전달할 이들을 지명해야 한다. 또한 그는 반드시 휘하 부대가 이런 지명한 이들에게만 주의를 기울이는 데 익숙해지도록 조치를 취해야 하며, 하급 지휘관들이 권한을 준 것 이외의 말은 하지 않도록 해두어야 한다. 만약 이를 잘 준수하지 않으면 부대에 심각한 무질서가 일어나는 것을 자주 보게 된다.

지휘관은 기만술을 구사하되 적의 기만술을 간파해야 한다

낯선 광경을 보는 것에 관련하여 이야기하자면, 모든 지휘관은 휘하 군대가 백병전에 돌입했을 때 아군은 격려하고 적군은 용기를 잃게 하는 뭔가를 보여주려고 애써야 한다. 승리를 가져다주는 일 중에서도 그것이 가장 효과적이기 때문이다. 이 증거로는 로마 독재관 카이우스 술피 키우스(Caius Sulpicius)의 경우를 인용할 수 있다. 그는 갈리아 인들과 전투를 하는 중 무기가 없는 지원 부대에게 무장을 시켰다. 그 뒤 그는 지원 부대를 노새와 짐을 나르는 짐승에 태워 군기를 들게 하여 기병처럼 보이게 했다. 이어 카이우스는 그들에게 깃발을 들고 언덕 뒤에 숨으라고 한 뒤, 전투가 한창일 때 신호를 보내면 언덕에서 나와 기병대 같은 모습을 연출하라고 지시했다. 이 책략은 계획한 대로 잘 실행되었고 그 결과 갈리아 인들은 크게 겁을 먹고 전투에서 패배했다.

따라서 훌륭한 지휘관은 반드시 두 가지 일을 해야 한다. 첫째는 위와 같은 낯선 기만술로 적을 두렵게 하는 것, 둘째는 잘 대비하여 적이 낯선 기만술을 사용하면 간파하고 그것을 소용없게 만드는 것이다. 이는 바로 인도의 왕이 세미라미스 여왕의 기만술에 대응한 전법이다. 세미라미스는 인도군이 많은 코끼리를 보유하고 있음을 알아채고 많은 낙타를 동원해 물소와 젖소 가죽을 씌워 여왕 자신도 많은 코끼리를 가지고 있는 척했다. 하지만 인도 왕은 그녀의 기만술을 간파했고, 결국 세미라미스는 자신의 계획이 허사가 되었고 더 나아가 오히려 손해가 되었다. 독재관 마메르쿠스는 피데나이 인들과 전쟁을 벌였는데, 그들은 로마군에게 두려움을 심어주기 위해 전쟁이 절정에 달했을 때 많은 병사들에게 창끝에 횃불을 달고 진군하게 했다. 이에 로마군은 이 생소한 광경에 정신이 산만해져 전투 대형이 무너질 뻔했다.

이 주제와 관련하여 알아둬야 할 것이 있다. 그런 기만술은 허구보다 진실을 더 많이 담고 있을 때라야 위력을 발휘할 수 있다. 그래야 대담하게 적을 상대로 책략을 펼칠 수 있고, 기만술의 약점이 빠르게 폭로되지 않는 것이다. 하지만 기만술이 진실보다 허구에 가까우면 적에게 보여주지 않는 것이 최선이다. 그러나 반드시 써먹어야겠다면 카이우스 술피키우스가 노새를 탄 지원 부대에게 지시했던 것처럼 상당한 거리를 두어 금방 탄로 나지 않게 해야 한다. 따라서 기만술이 서투르면 적에게 가까울수록 빨리 탄로 나고 만다. 그렇게 되면 세미라미스 여왕의 위장 코끼리나 피데나이 인들의 횃불처럼 이득은커녕 손해만 입게 된다. 비록 횃불이 처음에는 병사들의 마음을 조금 교란시켰지만, 독재관은 병사들에게 벌처럼 연기(煙氣)를 보고서 도망치는 것은 수치스러운 일이며, 마땅히 뒤돌아서서 적을 노려봐야 한다고 소리쳤다. 그는 이어서 이렇게 말했다. "관대한 친절함으로도 우방을 만들 수 없었으니, 이젠 저 횃불을 든 피데나이 인들을 궤멸해야 한다!" 이렇게 하여 피데나이 인들의 기만술은 아무 소용이 없었고 결국 그들은 전투에서 패배했다.

제15장

군대의 지휘권은 다수가 아닌 단 한 사람에게 있어야 하며, 그렇지 못하면 해롭다

피데나이 인들이 반란을 일으켜 식민지에 파견된 로마 인들을 학살하자, 로마는 집정관의 권한을 가진 네 명의 호민관들을 임명하고 이에 대응하도록 했다. 그들 중 한 사람은 로마를 지키기 위해 남았고, 다른 세 사람은 피데나이 인들과 베이이 인들을 상대하기 위해 진군했다. 그런데 세 사람은 뜻이 맞지 않아 분열하게 되었고, 비록 재앙을 당하지는 않았으나 별로 명성을 올리지 못한 채 군사 작전에서 돌아왔다. 병사들의 출중한 능력 덕분에 그들은 피해를 보지는 않았다. 치욕의 원인은 바로 그들 자신이었다. 세 명의 호민관이 일으킨 무질서를 본 로마 인들은 즉시 독재관을 임명하고 그에게 일처리를 맡겼다. 단일 권력자로 하여금 그들 셋이 불러온 무질서를 개혁하라는 것이었다.

이렇게 볼 때 단일 군대나 혹은 수비를 해야 하는 도시에 다수의 지휘관을 임명하는 것은 무익하다. 리비우스는 이에 관해 너무도 명쾌하게 말했다. "임명된 집정관 권한을 지닌 세 명의 호민관은 분열된 지휘권이 효과가 없음을 몸소 증명했다. 동료들에게 동의하지 못했던 그들은 각각 자신의 판단을 따를 것을 고집했고, 적은 그런 의견 분열을 명백한 호기로 삼았다." 다수의 지휘관이 전쟁에 가져올 수 있는 무질서는 위의 사례로 충분히 설명되지만, 이 문제와 관련하여 더욱 완전한 설명을 제공하기 위해 현대와 고대의 사례를 더 들어보겠다.

평범한 단독 지휘관이 다수의 똑똑한 지휘관들보다 낫다

1500년, 프랑스 왕 루이 12세는 밀라노를 탈환한 뒤 피렌체 인들이 피사를 다시 얻을 수 있도록 군대를 파견했다. 이에 조밤바티스타 리돌피와 루카 디 안토니오 델리 알비치도 공동 지휘관으로 피사 공략에 파견되었다. 조밤바티스타는 명성도 높고 나이도 많았으므로 루카는 모든 일을 완전히 그에게 맡겼다. 루카는 조밤바티스타에게 직접 맞서지는 않았지만, 침묵함으로써 불편한 속내를 은근히 드러냈다. 그래서 만사를 무시하고 귀찮아하는 듯한 태도를 취하면서 그런 불만을 표시했다. 그런 식으로 자신이 아무것도 아닌 사람이라는 듯 전장에서 도움이 되는 행동도 하지 않고, 조언도 하지 않았다. 하지만 사태가 급변하여 피렌체로 조밤바티스타가 복귀하게 되자 루카는 전혀 다른 모습을 보였다. 혼자서 지휘를 맡게 된 루카는 자신의 열의, 근면성, 조언이 얼마나 가치가 있는지를 증명했는데, 그것은 동료 지휘관이 있을 땐 전혀 찾아볼 수 없던 모습이었다.

　이 문제를 확실히 하기 위해 나는 다시 한 번 리비우스의 역사서 내용을 인용하겠다. 아이퀴 인들에 대항하기 위해, 로마는 퀸티우스와 아그리파를 파견했다. 그런데 아그리파는 전쟁과 관련된 모든 일을 퀸티우스가 통제하기를 바랐다. 이에 리비우스는 이런 말을 남겼다. "전쟁을 수행하는 최고 지휘권은 단일 인물에게 맡겨야 한다. 그래야 가장 유익한 법이다." 하지만 오늘날의 공화국과 군주는 리비우스의 말과는 정확히 반대되는 모습을 보인다. 그들은 더 나은 전쟁 수행을 위해 두 명 이상의 지휘관을 파견하고 있다. 하지만 이는 측량할 수 없는 혼돈을 낳는다. 우

리 시대에서 이탈리아군과 프랑스군이 몰락한 이유를 꼽자면 바로 이것
이 주된 이유이다. 따라서 똑같은 권한을 가진 지극히 유능한 두 사람을
지휘관으로 파견하는 것보다, 평범하지만 신중함을 지닌 한 사람을 지
휘관으로 삼아 원정에 보내는 것이 더 낫다고 결론을 내릴 수 있다.

제16장

난세는 참된 재능을 가진 이를 찾지만,
치세는 그런 이들보다 부자나 명문자제를 찾는다

평화로운 시기엔 훌륭하고 비범한 사람들은 늘 도외시되었고 앞으로도 그럴 것이다. 왜냐하면 그들은 출중한 능력으로 명성을 쌓았는데, 이것이 수많은 시민들의 마음속에 시기심을 불러일으키기 때문이다. 시기심에 휘둘린 그들은 비범한 사람들과 최소한 동등하게, 더 나아가 그보다 더 높은 위치에 올라서고자 하는 욕구를 품게 되었으니 그런 결과가 생길 수밖에 없었다.

이와 관련하여 좋은 사례를 그리스 역사가 투키디데스의 책에서 찾을 수 있다. 펠로폰네소스 전쟁에서 아테네는 스파르타의 자긍심을 누르고 그리스 전역을 지배함으로써 최후의 승자가 되었다. 이후 그들은 새롭게 얻은 너무나 높은 위신을 주체하지 못하여 시칠리아를 정복할 계획을 세웠다. 이 정복 사업은 아테네에서 곧 논쟁 대상이 되었다. 알키비아데스와 그 외의 일부 다른 시민들은 공익은 거의 생각하지도 않고 자신의 명예를 드높일 생각으로 침공을 제안했다. 그 자신이 큰 전쟁의 지휘관이 될 생각을 품고 있었기 때문이다.

하지만 아테네에서 가장 저명한 시민으로 꼽히던 니키아스는 침공에 반대했다. 그가 자신을 믿으라며 사람들을 설득할 때 내세운 가장 큰 이유는 다음과 같았다. 즉, 시칠리아 전쟁을 하지 말라는 조언이 자신에게는 크게 득 될 것이 없지만, 그래도 국가를 위해 그렇게 조언할 수밖에 없다는 것이다. 아테네가 평화로운 시기에 들어서면 수많은 시민이 자신을 능가하길 바랄 것이고 또 그렇게 될 것이지만, 전시가 되면 자신을 능가하는 것은 물론 자신과 견줄 시민이 없을 것이라는 점이 바로 그가 내세우는 부전(不戰) 주장의 근거였다.

그러므로 평화로운 시기엔 훌륭한 사람을 그다지 대접하지 않는 이상한 현상이 공화국에 있음은 분명하다. 이것은 훌륭한 사람들로 하여금 두 가지 이유로 분노를 느끼게 한다. 첫째는 그들이 적절한 대우를 받지 못한다는 것을 알게 된다는 점이고, 둘째는 그들의 동료나 상관이 그들보다 경쟁력이 없는데도 필요 이상으로 대접을 받는다는 것을 알게 된다는 점이다. 이런 공화국의 이상한 현상은 많은 것을 무너뜨린다. 왜냐하면 별다른 이유 없이 무시당했다고 생각한 훌륭한 시민들은 시대가 편안해서 이런 일이 생겼다고 이해하게 되고, 따라서 자신의 영달을 위해 나라에 피해를 입히는 새로운 전쟁을 도모할 것이기 때문이다.

평화 시의 혼란을 수습하는 대책

이를 막을 대책이 어떤 것이 있나 생각한 결과, 나는 두 가지를 떠올리게 되었다. 첫째는 시민들을 계속 가난하게 하는 것이다. 그렇게 하면 출중한 능력이 없는 이들이 부를 가지고 자신이나 다른 이들을 타락에 빠지게 하는 일을 막을 수 있다. 둘째는 초창기 로마 인들처럼 늘 전쟁을 준비하는 것이다. 그렇게 하면 전쟁이 늘 벌어질 것이니 항상 뛰어난 시민이 필요할 것이다. 로마는 늘 도시 밖에 군대를 두고 있었기에 언제나 탁월한 능력을 지닌 시민들에게 줄 자리가 있었다. 또한 로마 공화국에서는 실력으로 얻은 지위를 빼앗아 무자격자에게 주는 것은 불가능했다. 몇 번 부주의나 실험으로 이런 일이 벌어져 그 즉시 무질서와 위험을 야기했지만, 로마는 재빨리 옳은 방향으로 선회했던 것이다.

하지만 로마와는 다르게 잘 조직되지 않은 다른 공화국들은 오로지 상황적 필요가 생길 때만 전쟁을 수행했고 따라서 그런 곤경으로부터 자국을 지켜낼 수 없었다. 그들은 늘 그런 곤경과 마주했고, 따라서 소외된 유능한 시민이 복수에 불타 도시에서 명성이나 추종자를 얻으려고 할 때면 늘 혼란이 생겨났다. 일찍이 로마는 그런 무질서로부터 국가를 보호할 수 있었지만, 카르타고와 안티오코스를 정복한 이후, 다른 곳(『사론』1-1)에서 언급한 것처럼, 더는 전쟁을 두려워할 필요가 없어지자 로마는 군대의 지휘를 유능한 지휘관에게 맡기는 것이 아니라, 대중의 인기에 잘 영합하는 사람에게도 맡길 수 있다고 생각하게 되었다. 이런 이유로 인해 **아이밀리우스 파울루스**는 집정관의 자리를 추구했으나 여러 번 거부당했는데, 마케도니아와의 전쟁이 발발하자 겨우 집정관 자리에 올랐다. 위험한 전쟁이라는 판단이 서자, 그에게 전쟁을 맡기자는 로마 전체의 동의가 생겨난 것이다.

1494년 이후 우리 피렌체는 많은 전쟁을 치렀으나 아주 좋지 못한 결과만 겪었는데 우연히 군대를 잘 지휘하는 방법을 보여줄 수 있는 시민이 나타나게 되었다. 바로 안토니오 자코미니였다. 위험한 전쟁을 수행하는 동안엔 다른 시민들의 야욕은 그 자취를 감췄고, 군 지휘관을 선정할 때 안토니오에겐 경쟁자가 없었다. 하지만 결과가 뻔하고 명예와 지위를 얻을 수 있을 것 같은 전쟁을 벌일 때가 오자 안토니오에겐 갑자기 너무도 많은 경쟁자가 생겼고, 결국 피사 포위전에 파견될 세 명의 지휘관에 그는 포함되지 못했다. 안토니오가 파견되지 않음으로써 공화국이 입은 손해는 명확하게 보여줄 수는 없지만 그래도 그것을 추정하기란 쉬운 일이다. 왜냐하면 피사 인들은 방어 수단도, 식량도 없었기에 안토니오가 지휘를 맡았다면 맹렬한 압박에 밀려 피렌체에 무조건 항복했을 것이기 때문이다. 하지만 그들은 포위전도, 압력을 사용해 적을 약화시키는 방법도 모르는 군사 지휘관들이 이끄는 포위 공격을 받았으므로 아주 오래 저항할 수 있었다. 이렇게 하여 피렌체는 무력으로 쉽게 점령할 수 있던 일을 내통자를 매수하는 일까지 해야 하는 지경이 되었다. 안토니오의 분노가 대단했을 것은 뻔한 일이다. 피렌체를 아예 몰락시키거나 일부 인물에게 피해를 입히는 식으로 보복하지 않은 것을 보면 그는 틀림없이 선의를 가진 것은 물론이고 굉장히 참을성도 많은 사람이다. 하지만 공화국은 반드시 이런 나쁜 감정을 일으키지 않도록 경계해야 한다. 다음 장은 이와 관련된 논의를 할 것이다.

제17장

모욕한 자를 요직에
임명해서는 안 된다

공화국은 동료 시민들의 손에 모욕을 당했던 사람을 요직에 임명하는 것을 신중하게 고려해야 한다. 한니발에 맞서기 위해 군대를 이끌고 떠난 클라우디우스 네로는 군대를 나눠 일부를 인솔해 마르케로 가서 다른 집정관과 합류했다. 한니발의 동생 하스드루발이 한니발과 합류하기 전에 전투를 걸어야 한다는 이유 때문이었다. 이전에도 그는 스페인에서 하스드루발과 대결한 적이 있었다. 그곳에서 클라우디우스는 하스드루발을 궁지로 몰아 전투와 아사(餓死) 중 양자택일을 하도록 밀어붙였다. 하지만 하스드루발은 영리하게도 협정을 맺는 척하며 클라우디우스의 손에서 벗어났고, 완전히 속은 클라우디우스는 좋은 기회만 헛되이 날렸다. 이 사실이 로마에 알려지자 그는 원로원은 물론 시민들에게 공공연한 비난을 받게 되었다. 도시 전역에서 그는 수치스러운 조롱과 경멸의 대상이 되었고, 그 비난은 굉장히 모욕적이었다. 하지만 이후 그는 다시 집정관이 되어 한니발과 맞서게 되었는데, 여기서 그는 위에서 언급한 지극히 위험한 전투 방침을 선택했다. 이런 그의 방침은 너무도 위험해서 하스드루발이 완패했다는 소식이 들리기 전까지 전 로마가 불안에 떨 정도였다.

이후 급박한 필요성도 없는데 왜 그런 로마의 자유를 거의 날릴 수도 있는 위험한 결정을 했냐는 질문을 받았을 때, 클라우디우스는 성공한다면 스페인에서 잃은 명예를 회복할 수 있을 것이고, 패배하여 예상과는 정반대인 결과를 얻게 된다면 너무도 감사할 줄 모르고 뻔뻔하게 자신에게 모욕을 안긴 로마와 로마 시민들에게 복수할 수 있을 것이라고 생각했기 때문이라고 대답했다. 로마가 부패하지 않았을 때도 한 시민에게 쏟아지는 모욕이 그렇게 심했으니 당시의 로마 같지 않은 다른 도시에서 한 시민에게 가하는 모욕이 얼마나 심할지는 명백하다. 공화국에서 발생하는 이런 무질서에 대해서는 특정한 대책이 없기 때문에, 영구히 존재하는 공화국을 수립하는 일은 불가능하다. 공화국의 몰락은 수없이 많은 뜻밖의 방법으로 일어나기 때문이다.

제18장

적의 결정을 예측할 수 있는 지휘관이
가장 훌륭한 지휘관이다

테베 사람 에파미논다스는 적의 생각과 결정을 알고 있는 것이야말로 지휘관에게 가장 필요한 사항이라고 말했다. 그런 지식을 얻기란 어려운 일이기에, 추측으로 그렇게 해낼 수 있는 지휘관은 더 많은 칭송을 받아 마땅하다. 때로 적의 행동을 이해하는 것은 어렵지만, 그들의 계획을 이해하는 것은 그만큼 어렵지는 않다. 또한 어느 정도 떨어진 적에 의해 수행되는 행동보다도 근처에 존재하는 적의 행동이 더 이해하기 어렵다. 따라서 전투가 밤까지 지속되었을 때 승자가 패배했다고 생각하고 패자가 승리했다고 오판하는 일이 많이 발생한다. 이런 오판은 지휘관으로 하여금 자신의 안녕과는 정반대인 결정을 내리게 한다. 바로 이런 일이 브루투스와 카시우스에게 발생했다. 브루투스가 양익(兩翼) 중 하나에서 승리를 거두었는데도, 카시우스는 전군이 무너져 패배했다고 생각했다. 전쟁에서 패배했다는 오판을 내린 그는 절망하여 스스로 목숨을 끊었다. 결국 카시우스는 엉뚱한 판단으로 전쟁에서 패배한 것이다.

　우리 시대의 사례로는 프랑스 왕 프랑수아 1세가 롬바르디아의 산타 체칠리아에서 스위스군과 전투하던 중 발생한 일을 들 수 있다. 일전을 겨룬 이후 밤이 되었을 때 전열이 무너지지 않은 스위스군의 일부는 동료 병사들이 완패하여 전사한 것도 모르고 스위스가 승리했다고 생각했다. 이런 실수로 인해 그들은 자신을 구명하지 못하게 되었다. 다음 날 아침 다시 싸우려고 기다리다 커다란 손해를 입었기 때문이다. 또한 이 실수는 교황의 군대와 스페인군이 또 다른 잘못을 저지르게 했다. 그들은 스위스군이 승전했다는 잘못된 소식을 듣고, 포(Po) 강을 건넜다 파멸 직전까지 내몰렸기 때문이다. 조금만 더 진군했더라면 그들은 모두 승리한 프랑스군의 포로가 되었을 것이다.

같은 실수는 로마 인들의 진영과 아이퀴 인들의 진영에도 일어났다. 집정관 셈프로니우스는 적과 교전하기 위해 진군했고, 전투가 시작되자 양군은 밤이 될 때까지 치열하게 싸웠다. 밤이 되자 양군은 절반 정도는 무너진 상태였고, 어느 쪽도 진영으로 다시 돌아가지 않았다. 오히려 그와는 반대로 인근의 언덕으로 후퇴해 자리를 잡았다. 그러는 편이 더 안전할 것이라 생각한 것이다. 이 과정에서 로마군은 두 부대로 나뉘게 되었다. 하나는 집정관이 통솔하고, 다른 하나는 템파니우스라는 백인대장이 통솔하게 되었다. 그의 능력은 참으로 대단해서, 로마군은 그가 없었더라면 완패하고 말았을 것이었다. 아침이 되자 집정관은 적에 관해 더 알아보는 일 없이 로마로 퇴각했고, 아이퀴 인들의 군대도 본국으로 향했다. 서로 적이 승리했다고 생각했기 때문이다.

따라서 그들은 후퇴하면서 자신의 진영을 상대방의 전리품으로 남겨놓는 일을 크게 신경 쓰지 않았다. 템파니우스도 후퇴를 하고 있었는데, 이 과정에서 부상당한 아이퀴 인 몇 명을 붙잡았고, 그들로부터 아이퀴 지휘관이 이미 철수했으며 진영을 포기했다는 사실을 알게 되었다. 따라서 그는 계획을 변경해 로마군 진영으로 되돌아가 그것을 다시 확보하고, 이어 아이퀴 인들의 진영을 약탈한 뒤 로마로 돌아가 승전보를 알렸다. 이 승리는 명백히 누가 먼저 적의 혼란을 알아챘는지에 달린 것이었다. 여기서 알아둘 점은 다음과 같다. 대치하는 두 군대는 종종 같은 혼란을 겪고 같은 상황적 필요에 시달린다. 이 경우 상대방의 필요를 먼저 파악한 쪽이 승리자가 된다.

적정 탐지가 승리를 가져온다

나는 이와 관련하여 현대의 사례, 그것도 우리 피렌체의 사례를 들어보고자 한다. 1498년, 피렌체 인들이 대군을 이끌고 피사의 영토로 침공해 도시를 포위했을 때, 베네치아 인들은 피사를 보호하려고 했지만 그럴 방도가 없다는 것을 알고, 다른 방면의 피렌체 영토를 공격함으로써 피렌체군의 주의를 다른 곳으로 돌리고자 했다. 베네치아 인들은 강력한 군대를 편성한 뒤 발 디 라모나로 침입하여 마라디 마을을 점령하고 언덕 위의 카스틸리오네 성채를 포위했다. 피렌체 인들은 이 소식을 듣고 피사 영토 안의 군세를 줄이지 않고 마라디에 원군을 보내기로 했다. 새로운 보병대와 기병대를 모집한 뒤, 피렌체는 피옴비노의 영주 아피아노 가문의 야코포 4세와 리누치오 다 마르치아노 백작에게 지휘권을 주고 마라디로 파견했다. 이 군대가 마라디를 내려다보는 언덕 정상에 도착했을 때, 적은 카스틸리오네의 포위를 풀고 마을로 후퇴했다.

양군은 서로 며칠 동안 대치했는데, 보급품이나 그 외의 필수 물자가 지극히 부족했다. 그런 이유로 양군은 서로 공격할 용기도 내지 못하고, 적이 겪는 곤란함을 알지도 못했다. 결국 그들은 모두 우연의 일치인지는 몰라도 같은 날 밤에 다음 날 아침이 되면 진지를 철거하여 후퇴하자는 결정을 내리게 됐다. 베네치아 인들은 베르시겔라와 파엔차로, 피렌체 인들은 카살리아와 무젤로로 후퇴한다는 계획이었다. 아침이 되자 각 진영은 짐을 싸기 시작했는데, 우연히 마라디를 떠나온 한 노파가 피렌체 진영으로 들어섰다. 그녀는 자신이 늙고 가난하기에 무사할 것이라고 생각하고 진영 속에 있던 친척을 만나러 온 것이었다. 노파는 곧 피렌체 지휘관들을 만나 베네치아군이 이미 떠났다고 말했고, 그들은 이 소식에 용기가 솟아나 퇴각 결정을 뒤집었다. 그들은 마치 자신이 적을 몰아낸 것처럼 베네치아군이 있던 곳을 향해 진격했고, 피렌체 정부에는 적을 몰아내고 전쟁에서 승리했다는 보고서를 보냈다. 이 승리는 적보다 먼저 후퇴 소식을 들었기에 얻어낸 것에 불과하다. 이 소식이 먼저 베네치아군에 들어갔다면, 그들도 우리의 군대를 상대로 같은 혜택을 누렸을 것이다.

제19장
다수를 억제하기 위해 필요한 것은 존중인가 처벌인가?

로마 공화국은 귀족과 평민 간의 적개심 때문에 동요한 적이 있다. 그럼에도 불구하고 전쟁이 닥쳤을 때 그들은 퀸티우스와 아피우스 클라우디우스에게 군대를 맡겨 파병하는 모습을 보였다. 아피우스는 잔혹하고 거친 지휘관이었는데 그래서인지 병사들은 그에게 복종하는 일이 드물었다. 이런 이유로 그는 전장에서 패배하기 직전에 도망치는 운명을 맞이할 수밖에 없었다. 반면 퀸티우스는 상냥하고 자애로운 성품을 지닌 지휘관이었고 병사들은 기꺼이 복종해 그와 함께 승리를 일궈냈다. 이처럼 다수를 관리할 때는 거만한 것보다 인도적인 것이, 잔혹한 것보다 자비롭게 대하는 것이 더 나아 보인다. 하지만 그럼에도 타키투스는 다음과 같은 정반대의 격언을 전했는데 이는 많은 작가들이 동의하는 바이다. "다수를 통치할 때는 처벌이 관용보다 더 귀중한 법이다."

동료는 존중하고 부하는 통제하라

상반되는 의견이 어떻게 조화될 수 있는지 숙고해 본 결과, 나는 통제 대상이 동료인지 혹은 아랫사람인지에 따라 대처 방법이 다르다고 말하고 싶다. 대상이 동료일 경우 처벌이나, 타키투스가 언급한 혹독한 방법은 활용하기가 전적으로 불가능하다. 로마의 평민들은 귀족과 동등한 권력을 지녔기 때문에, 한시적으로 통치자가 된 사람은 그들을 잔혹하고 거친 수단으로 다룰 수 없었다. 로마에선 존중으로 대우하여 병사들의 사랑을 받은 지휘관이 엄청난 두려움으로 병사들을 통제하는 지휘관보다더 나은 결과를 성취했음이 종종 분명하게 드러난다. 물론 엄청난 능력을 타고난 만리우스 토르콰투스 같은 경우는 예외이다. 하지만 타키투스가 논한 것처럼 아랫사람을 다스리는 사람은 반드시 존중보다는 처벌에 더 의존해야 한다. 과도한 친절을 베풀면 당신에게 오만방자한 짓거리를 해오기 때문이다.

하지만 처벌을 하더라도 증오를 피할 수 있게 온건한 방식으로 해야한다. 어떤 통치자든 증오를 사서 좋을 일은 없다. 증오를 피하는 방법은 아랫사람의 재산을 건드리지 않는 것이다. 재산을 약탈하고자 하는 의도를 드러내지 않으면 피를 볼 일도 없다. 또한 그런 일은 상황적 필요에 내몰리지 않는 한 벌어지지 않고, 그런 필요도 아주 드문 경우에나 생긴다. 하지만 그런 피를 보고자 하는 욕망이 약탈하고자 하는 소망과 어우러질 때 필요는 늘 생기게 되며, 피를 보고자 하는 이유와 욕망은 절대 사라지지 않게 된다. 이 주제에 관해선 다른 논문(『군주론』 17)에서 상세하게 논한 바 있다. 따라서 퀸티우스는 아피우스보다 더 칭송받아야 마땅하다. 타키투스의 격언은 그가 가정한 조건 아래에서는 인정받을 만하나 아피우스의 경우에는 해당되지 않는다.

여태껏 처벌과 존중에 관해 말했으니, 인도적인 친절이 잔인한 무기보다 얼마나 더 많은 것을 팔레리이(Falerii) 인들로부터 얻어냈는지 설명하는 것도 불필요한 일은 아니라는 생각이 든다.

제20장

자비는 로마의 그 어떤 힘보다도
팔레리이 인들로 하여금
더 많은 것을 내놓게 했다

카밀루스가 군대를 이끌고 팔레리이 주변을 포위했을 때, 그 도시의 귀족 아이들을 가르치는 교사 한 명이 카밀루스와 로마 인들의 환심을 사기 위해 실습을 한다는 명목으로 아이들을 이끌고 도시 밖으로 나왔다. 이어 그는 아이들을 데리고 로마 진영으로 와서 카밀루스 앞에 바치며 이 아이들을 활용하면 손쉽게 도시를 장악할 수 있을 것이라 말했다. 하지만 카밀루스는 이 선물을 거절했을 뿐만 아니라 교사의 옷을 벗긴 뒤 양팔을 뒤로 묶고 아이들에게 회초리를 하나씩 들린 뒤 도시로 되돌아가는 동안 혼쭐을 내주라고 했다. 이 이야기를 듣자 팔레리이 시민들은 카밀루스가 보인 자비와 고결함에 굉장히 만족하며 더 이상 저항하지 않고 도시를 넘기기로 결정했다. 맹렬하고 폭력적인 행동보다 관용이 가득한 단 한 번의 인도적인 행동이 얼마나 쉽게 더 사람들의 마음을 움직이는지, 또 무기, 전쟁 기구, 그 외 다른 인간의 힘으로 틈조차 낼 수 없던 지방이나 도시가 단 한 번의 친절, 자비, 고결함, 관용으로 문을 연 사례가 얼마나 많은지를 우리는 카밀루스의 사례를 통해 완벽히 이해할 수 있다. 이런 점은 반드시 고려되어야 할 것이다.

아름다운 스페인 처녀를 물리친 스키피오

이 외에도 역사 속에서 다른 많은 관련 사례를 찾을 수 있다. 로마 인들은 무기로 이탈리아에서 피로스를 몰아낼 수 없었지만, 파브리키우스는 관용으로 그렇게 했다. 파브리키우스는 피로스의 노예 중 한 사람이 그(피로스)를 독살하겠다는 제안을 해온 것을 거부하고 그 사실을 피로스에게 알려 주었던 것이다. 스키피오 아프리카누스도 신(新) 카르타고를 파괴할 때 한 젊고 아름다운 처녀를 진상 받았으나 아무런 해도 입히지 않고 그 약혼자에게 돌려보내는 고결함을 보임으로써 스페인에서 큰 명성을 얻었다. 이 행동이 입소문을 타자 그는 스페인 전역에서 우방을 얻었다. 사람들이 훌륭한 사람들에게서 이런 자질을 정말로 바란다는 것을 이 사실로 잘 알 수 있다. 또한 군주의 삶을 서술하고 군주가 어떻게 처신해야만 하는지를 규정하는 역사가나 저술가들이 그런 자질을 얼마나 칭송하는지도 분명하다. 그런 이들 중에서도 크세노폰은 키루스가 친절하고 인도적이었음은 물론 자만, 잔혹함, 탐욕, 그 외에 인생을 더럽히는 악덕의 행동을 하지 않았다고 말하며, 그가 이런 모습을 통해 얼마나 많은 명예, 승리, 업적을 성취했는지 잘 보여주었다. 그렇지만 한니발은 위와는 정반대의 방식으로 엄청난 명성을 얻고 위대한 승리를 거두었는데, 이것은 다음 장에서 논의할 것이다.

제21장

스키피오와 다른 행동 방식을 취했던 한니발은 어떻게 스키피오가 스페인에서 성취했던 것과 같은 결과를 이탈리아에서 성취했는가?

어떤 사람들은 앞서 언급한 사람들과는 완전히 다른 특정 지휘관들이 그들에게 전혀 밀리지 않는 굉장한 업적을 성취했다는 사실에 대단히 놀랄 것이다. 따라서 그들이 일궈낸 승리는 이전에 논한 원인에 근거하지 않는 것이다. 오히려 앞서 소개한 방법들은 더없는 권력이나 행운을 얻도록 하는 것 같은데, 이것은 정반대의 방법으로 영광과 명성을 얻는 것이 가능하기 때문이다. 따라서 앞서 논한 사람들에 대하여 내가 말하고자 하는 바를 좀 더 정확하고 분명히 밝히고자 한다. 스키피오가 스페인을 침공했을 때 그곳은 즉시 그의 우방이 되었고 그곳의 사람들은 그를 존경하고 칭송하게 되었는데 이는 전부 그의 인정과 자비가 이끌어낸 결과였다.

반면에 한니발은 이탈리아를 침공했을 때 그와는 정반대의 방법을 활용했다. 그는 잔혹함, 폭력, 약탈, 그 외의 온갖 기만술을 사용했지만 스키피오가 스페인에서 성취한 것과 같은 결과를 성취했다. 이는 이탈리아의 모든 도시가 한니발의 편을 들어 반란을 일으키고 모든 사람이 그를 따랐다는 점에서 확인할 수 있다.

인간은 선을 따분하게 여기고 악을 한탄한다

무엇이 이런 일을 일어나게 했는지 생각해 보면, 여러 이유가 명백히 드러난다. 첫째, 사람은 형편이 나쁜 사람들은 물론 형편이 좋은 사람들마저도 새로운 일을 소망한다. 그 소망이 어느 정도인가 하면 유복한 사람이나 별로 유복하지 못한 사람이나 모두 변화를 바랄 정도이다. 이미 다른 곳(『사론』 1-37)에서 언급했듯이, 사람은 선한 일을 따분하게 여기고 악한 일을 겪으면 한탄한다. 그리하여 사람들은 어떤 개혁을 이끄는 자가 한 지역에 나타나면 이런 변화의 욕망에 휘둘리면서 그에게 문을 열어주고 적극 환영한다. 그가 외국인이면 모두가 그를 따를 것이고, 그가 동포라면 그 주위에 몰려들어 그에게 힘을 보태주고 어떤 부탁이라도 들어줄 것이다. 따라서 그는 그 지역에서 무슨 방식으로 일을 진행하든 큰 진전을 보게 된다. 이외에도, 사람은 두 가지 주된 자극에 이끌리는데 그것은 바로 사랑과 두려움이다. 따라서 사람들의 사랑이나 두려움을 마음대로 부릴 수 있다면 다른 이들을 쉽게 휘어잡을 수 있다. 하지만 대부분의 경우 사람들은 사랑을 느끼게 하는 자보다 두려움을 느끼게 하는 자를 더 기꺼이 따르는 모습을 보인다.

사랑과 두려움의 중간 지대는 없다

그런데 지극히 유능한 데다 그 능력으로 존경까지 받고 있는 지휘관이라면, 두 가지 길이 그에게 미치는 영향은 거의 없다고 봐도 된다. 한니발이나 스키피오처럼 능력이 월등하면, 지극히 사랑을 받거나 두려움을 받음으로써 생기는 모든 과실이 상쇄되기 때문이다. 두 가지 방법은 모두 군주를 몰락시키는 커다란 곤경을 가져올 수 있다. 사랑을 받으려는 열망이 너무도 강력한 사람은 올바른 길에서 벗어나면 비열한 사람이 되고, 두려움을 안기려는 열망이 너무도 거대한 사람은 중도를 넘어서게 되면 불쾌한 사람이 된다. 정확히 중용을 지키는 일은 불가능하다. 사람의 본성이 그런 일을 허용하지 않기 때문이다. 따라서 한니발과 스키피오처럼 월등한 능력으로써 지나친 사랑 혹은 지나친 두려움에 균형을 잡을 필요가 있다. 그럼에도 불구하고, 두 사람은 각기 다른 삶의 방식으로 칭송받기도 하고 손해를 보기도 했다.

두 지휘관의 영광은 이미 언급했다. 스키피오는 스페인에 있던 그의 군대가 동맹의 일부와 손을 잡고 반란을 일으켜 피해를 보았다. 이 일이 발생한 원인은 그가 두려움을 심어주지 못했기 때문이다. 사람은 좀처럼 만족하지 못하기 때문에, 자신의 야망으로 통하는 문이 조금이라도 열리면 그 즉시 인정 많은 지도자를 향한 사랑은 깡그리 잊어버리게 된다. 자신의 병사들과 동맹이 그런 모습을 보였기에, 스키피오는 그 문제를 바로 잡기 위해 그동안 피해 왔던 잔혹한 조치를 일부 채택할 수밖에 없었다.

한니발은 그의 잔혹함과 기만으로 인해 손해를 본 특정한 사례는 없다. 하지만 나폴리와 많은 다른 도시들이 로마 인들에게 충실한 채로 남은 것은 그의 잔혹함에 대한 두려움 때문이라고 추정할 수 있다. 로마 인들은 한니발의 무자비한 삶의 방식을 경험하고 그 어떤 적보다 그를 혐오했다. 피로스가 이탈리아에 군대를 이끌고 침입했을 때 로마 인들은 피로스를 독살해 주겠다는 인물을 오히려 피로스에게 알려 주었지만, 한니발만은 절대 용서하지 않았다. 심지어 그가 군대를 잃고 도망자 신세가 되었을 때도 로마 인들은 끝까지 추적하여 그를 죽음으로 내몰았다. 따라서 한니발은 무자비하고, 신뢰할 수 없고, 잔혹했다는 이유로 이런 불이익을 당했다.[자마 전투 후 한니발은 먼저 크레타로 피신했다가 그 뒤 비티니

520

아의 왕 프루시아스에게 피신했는데 로마의 사령관 플라미누스가 그를 끝까지 추적하여 프루시아스를 압박함으로써 한니발을 건네주겠다는 약속을 받아냈다. 이러한 기미를 알아챈 한니발은 기원전 183년에 독약을 마시고 자살했다. 한니발의 상대였던 스키피오도 감찰관 대(大) 카토의 고발을 받아 기원전 183년에 시골 사유지로 은퇴했다가 얼마 뒤에 쓸쓸하게 죽었다. - 옮긴이]

하지만 그는 자신의 행동으로 모든 역사가가 칭찬했던 막대한 이득을 얻기도 했다. 한니발의 군대는 다양한 부류의 병사들로 구성되었지만, 서로 간에 알력이 일어나거나 한니발 본인에게 거역하는 일이 없었다. 이런 현상은 한니발이 안겨준 두려움이 그 원인이라고 보아야 한다. 사람들이 느끼는 두려움 자체도 너무나 큰데, 한니발의 출중한 능력이 가져온 명성까지 더해지니 병사들은 압도되어 단결할 수밖에 없었다. 따라서 나는 어느 쪽이든 삶의 방식을 길들일 수 있는 월등한 능력을 지니고 있다면, 지휘관의 행동 방식은 그리 중요한 영향이 없다고 결론을 내리고자 한다. 따라서 위에서 언급했듯이 두 방법 모두 출중한 능력에 의해 균형을 잡아야만 결점과 위험을 배제할 수 있다. 두 위대한 지휘관 중 한 사람은 선한 행동으로, 한 사람은 악한 행동으로 같은 결과를 달성했다는 이야기를 했으니, 다음 장에서는 각기 다른 방법을 사용한 두 로마 시민이 어떻게 동일한 칭송과 영광을 얻었는지 논해 보고자 한다.

제22장

가혹한 만리우스 토르콰투스와 인정 많은 발레리우스 코르비누스는 어떻게 같은 영광을 성취할 수 있었는가?

만리우스 토르콰투스와 발레리우스 코르비누스는 능력, 승리, 영예 면에서 월등한 지휘관이었는데, 우연찮게도 그들은 동시대를 살았다. 두 사람은 모두 적을 상대함에 있어선 동등한 수준의 능력으로 영광을 얻어냈으나, 병사들의 대우에서는 굉장히 다른 모습을 보였다. 만리우스는 고역이나 고통을 겪는 병사들에게 일체 휴식도 주지 않는 등 온갖 가혹함으로 병사들을 다스렸다. 반면 발레리우스는 친밀하고 호의적인 태도를 유지하며 온갖 인도적인 방법을 동원하고 편의를 봐주는 식으로 병사들을 다스렸다. 다들 아는 일이지만, 병사들의 복종을 얻기 위해 만리우스는 아들을 죽이는 일까지 한 반면, 발레리우스는 아무에게도 해를 입히지 않았다. 이렇게 행동 면에서 큰 차이가 있음에도 불구하고, 두 사람은 전공을 달성하여 공화국과 그 자신을 이롭게 한 점에선 같은 결과를 얻었다. 두 지휘관 휘하 병사들은 전투에서 도망치는 일도, 그들에게 반기를 든 일도, 명령에 불복종한 일도 없었다. 특히 만리우스의 경우 명령이 너무나 가혹하여 그 후 과도한 명령에 "만리우스식 명령"이라는 관용어가 붙었다는 것을 생각하면 병사들의 이러한 반응은 놀라운 일이다.

우리는 이제 다음과 같은 점을 고려해야 한다. 첫째, 만리우스는 왜 그토록 혹독하게 지휘를 했어야 했는가? 둘째, 발레리우스가 그토록 인도적인 지휘를 할 수 있었던 이유는 무엇인가? 셋째, 왜 다른 방법인데 같은 결과가 생겨났는가? 넷째, 둘 중 어떤 것이 더 나으며 모방하기엔 어느 쪽이 더 유용한가? 리비우스가 맨 처음 그에 관해 언급한 내용을 토대로 만리우스의 본성을 신중하게 검토한 사람이라면, 그가 지극히 강인한 성격의 소유자라는 것과, 아버지와 조국에 충성하며 극도로 상급자를 존경하는 인물이라는 점을 알 수 있다. 만리우스의 이런 자질은 갈리아 인들을 쓰러뜨린 일, 고소당한 아버지를 호민관을 위협함으로써 지켜낸 일 등으로 확인할 수 있다. 그는 갈리아 인들과 전투를 하러 떠나기 전 집정관에게 이런 말까지 했다. "집정관께서 명령하지 않으신다면, 저는 확실히 승리할 수 있더라도 결코 군대를 움직이지 않을 것입니다." 따라서 이런 사람이 지휘권을 갖게 된다면 모든 사람이 자신과 비슷하길 바라게 된다. 그는 엄청난 내면의 힘을 가진 인물이었으므로, 강인하게 명령을 내렸고 또 명령이 하달되었을 때 그대로 수행되기를 기대했다. 가혹한 명령을 할 때 그대로 실행되는 것을 보장하기 위해 가혹하게 행동할 필요가 있다는 점은 너무도 당연하다. 그렇지 않으면 일을 그르치게 될 테니까. 여기서 주목할 점은 복종을 받으려면 명령하는 법을 알 필요가 있다는 것이다. 명령하는 법을 아는 이들은 자신의 자질과 복종의 대상인 부하들의 자질을 살펴보고 양자(명령과 복종) 사이에 균형이 맞으면 명령을 내리고, 그렇지 않으면 명령을 삼간다.

명령하는 자와 복종하는 자 사이에는 균형을

과거에 현자(아리스토텔레스)가 주장했듯이 무력으로 공화국을 유지하려면 무력을 행사하는 이들과 그런 무력을 받아들이는 이들 간에 균형이 존재해야 한다. 균형이 존재하면 그런 무력행사가 받아들여진다. 그러나 무력을 가하는 이들보다 그를 받아들이는 이들의 힘이 더 강력하다면 어느 날 그런 상황이 중단될 것이라는 점은 너무도 뻔한 일이다.

원래 논의로 다시 돌아가 보자. 강력한 조치를 명하는 일은 강력한 사람이 해야 한다. 또한 강력한 조치를 명령한 사람은 그 뒤 명령이 실행되길 얌전히 기다려서는 안 된다. 소심하게 기다릴 정도로 내면의 힘을 지니지 못한 사람은 가혹한 명령을 내리는 일이 없도록 반드시 경계해야 한다. 이런 사람은 평범한 상황에선 반드시 친절을 베풀어야 한다. 왜냐하면 통상적인 처벌이 내려지면 그런 벌을 받는 사람은 법이나 제도적 장치를 탓하지 지도자를 탓하지는 않기 때문이다. 따라서 만리우스가 융통성 없게 가혹한 명령을 내린 것은 그의 본성을 따른 것이라고 보아야 한다. 그런 명령들은 공화국에서는 유용하다. 나라의 제도를 초창기의 탁월한 모습으로 되돌릴 수 있기 때문이다.

위에서 언급한 대로 공화국이 굉장히 운이 좋다면, 모범적 행동을 보이는 사람이 자주 나타나게 될 것이다. 이런 사람들은 법과 제도를 일신하여 나라가 파멸로 치닫는 일을 막을 뿐만 아니라 원래의 시작으로 되돌릴 것이며, 그 결과 공화국은 영속할 것이다. 만리우스도 바로 그런 사람들 중 하나였고, 혹독한 명령으로 로마의 군율을 유지했다. 그는 처음엔 본성에 이끌려서, 나중엔 자신의 타고난 성향에 따라 목적 달성의 열망에 이끌려서 혹독한 군율을 유지했다. 반면 발레리우스는 로마군이 따랐던 통례를 준수하는 것으로 충분했기에 인도적인 방식으로 지휘했다. 로마군의 통례는 훌륭했으므로 그는 충분히 명예를 얻을 수 있었다. 통례를 지키는 것은 어렵지 않았고, 발레리우스도 군율 위반자를 처벌하도록 강요받지 않았다. 그 당시 위반자도 없었던 데다 이미 언급한 대로 처벌이 있다면 사람들은 제도를 비난하지 군주가 잔혹하다고 비난하지는 않았기 때문이다. 이런 식으로 발레리우스는 자신이 모든 행동을 인도적으로 할 수 있다는 것을 보여주었다. 따라서 병사들은 그에게 감사를 표하고 만족스러워했다. 이런 이유로 만리우스와 발레리우스는 똑같이 병사들의 복종을 얻었고, 유능하지만 서로 다른 방식으로 같은 결과를 달성했다. 이들을 본받고자 하는 이들은 내가 한니발과 스키피오를 논하며 말했던 경멸과 증오를 받을 수도 있는데, 이러한 반응은 오로지 출중한 능력으로 막아내는 방법밖에 없다.

군주제 지지자는 발레리우스에게 동정적

이제 어떤 행동 방식이 가장 훌륭한지 고려할 일이 남았다. 나는 역사가들이 두 방식 모두를 찬양하므로 논란의 여지가 있다고 생각한다. 그럼에도 불구하고, 군주의 통치 방식에 관해 글을 쓰는 역사가들은 만리우스보다는 발레리우스에 더 공감한다. 이미 인용했듯이, 키루스의 인도적인 태도에 관하여 수많은 사례를 제공한 크세노폰도 발레리우스 코르비누스에 관한 리비우스의 발언에 상당히 부합하는 논평을 남겼다. 발레리우스는 집정관으로서 삼니움 인들과 맞서게 되었고, 전투를 하기로 한 날이 되자 여태까지 보여준 인정 넘치는 태도로 병사들에게 연설했다. 연설 이후의 부분에 대하여 리비우스는 이렇게 적었다. "병사들과 이처럼 친근한 관계로 지낸 지휘관은 찾아볼 수가 없다. 발레리우스는 말단 병사와도 군무에 관한 이야기를 쾌활하게 나눴다. 동년배들끼리 속도와 힘을 겨루는 체력 훈련을 하면서도 그는 쾌활하고 정중했으며, 승패와 상관없이 늘 같은 표정을 보였다. 또한 체육 훈련에서 자신과 호적수인 사람에게도 결코 쌀쌀맞은 모습을 보이지 않았다. 발레리우스는 실제로 모든 상황에서 친절했으며, 말할 때 자신의 위엄만큼이나 다른 이의 자유도 신경 쓰는 모습을 보였다. 또한 집정관이 되었어도 그 모습은 후보자일 때와 다를 바가 없었고, 그것은 큰 인기를 얻는 데 가장 큰 영향을 미쳤다."

이와 비슷하게 리비우스는 만리우스에 관해서도 훌륭하다고 말한다. 그는 만리우스가 아들마저 죽이는 엄격함을 보임으로써 군대를 철저히 복종하게 만들고 그것을 바탕으로 라티움 인들에게 승리를 거뒀다는 점을 기록했다. 리비우스는 이후에도 그를 칭송하는 일을 멈추지 않았다. 라티움 인들에게 승리했다고 적은 뒤, 그는 전투에서 승리를 거두는 과정에서 로마 인들이 겪은 모든 위험과 곤경을 서술하고는 이렇게 결론을 지었다. 만리우스의 출중한 능력이 로마 인들에게 승리를 안겼다. 리비우스는 양군의 전력을 비교했을 때, 만리우스가 지휘관인 쪽이 이길 수밖에 없다고 단언했다.

공화국 지지자는 만리우스에게 동정적

역사가들이 만리우스와 발레리우스의 방법에 관해 언급한 모든 점을 고려했을 때, 둘 중 하나를 선택하기란 어려운 일이다. 그럼에도 불구하고 이 문제를 확실치 않은 상태로 놔둘 수는 없기에 굳이 말을 해보자면, 공화국의 법률에 따라 사는 시민들에겐 만리우스의 행동이 더 칭찬받을 만하고 덜 위험하다고 생각한다. 왜냐하면 그의 방법이 공익을 뒷받침하면서 어떤 식으로든 사욕과 관련되지 않기 때문이다. 만리우스의 방법으로는 그 누구도 지지자를 얻을 수 없다. 언제나 가혹하고, 공익을 사랑한다는 점만 강조하기 때문이다. 마찬가지로 그의 방법으로는 특별한 친구를 만들 수도 없다. 따라서 만리우스의 행동 방식은 공화국에는 더할 나위 없이 유용하고 바람직하다. 공공의 이익이 무시될 염려도 없고 권력이 개인의 물건이 되어버릴 우려도 없기 때문이다.

하지만 발레리우스의 행동 방식에선 정반대의 현상이 일어난다. 공익 면에서 같은 효과가 있다 하더라도, 의혹이 끊이지 않을 것이기 때문이다. 특정 지휘관이 이런 방법을 통해 휘하 병사들의 특별한 호의를 얻는 것을 본 사람들은 그가 지휘권을 오래 유지할수록 자유에 반하는 나쁜 영향이 있을 거라고 생각하므로 그런 의심은 당연한 일이다. 발레리우스와 관련하여 유해한 영향이 나타나지 않은 이유로는 그 당시 로마 인들의 정신이 아직 부패하지 않았다는 점, 그가 장기간 지휘권을 행사하지 않았다는 점 등을 들 수 있다.

하지만 크세노폰처럼 군주의 측면을 고려했을 때는 만리우스는 포기하고 발레리우스의 편에 전적으로 서야만 할 것이다. 왜냐하면 군주는 필히 휘하 병사들과 국민들로부터 복종과 사랑을 얻어야 하기 때문이다. 제도를 존중하고 출중한 능력을 가진 사람이라면 사람들의 복종을 얻게 되고, 발레리우스나 키루스(크세노폰에 따르면)가 보인 친절함, 인정, 자비 등의 자질을 보이면 사랑을 얻게 된다. 특히나 사랑을 받는 군주가 군대를 그의 지지 세력으로 삼을 수 있다면 그건 군주에게 좋은 일이다. 그가 수행할 모든 의무와 이런 현상이 서로 잘 부합하기 때문이다. 하지만 어떤 시민이 군대를 자신의 지지 세력으로 갖고 있다면 그것은 문제가 된다. 법을 준수하고 행정관들의 명령에 복종해야 할 사람이 그런 힘을 갖고 있으면 반란에 나설 가능성이 있기 때문이다.

베네치아 공화국의 초창기 기록엔 베네치아의 갤리선(galley船)들이 본국으로 돌아왔을 때 선원들과 시민들 사이에 어떤 소란스러운 논쟁이 벌어져 싸움으로 번진 사건이 있다. 이 싸움은 정부 관료의 힘으로도, 시민에 대한 존경으로도, 정부에 대한 두려움으로도 가라앉힐 수 없었다.

하지만 갑자기 그 전 해에 함대 지휘관을 지냈던 한 신사가 선원들 앞에 나타났고, 선원들은 그를 경애하고 있었기에 싸움을 포기하고 해산했다. 이런 선원들의 복종은 얼마 지나지 않아 원로원 의원들에게 의혹의 대상이 되었고 그 뒤 베네치아 인들은 그 신사로부터 나라를 지키기 위해 그를 투옥 혹은 처형의 방식으로 제거했다고 한다.

따라서 나는 이렇게 결론을 내리고자 한다. 발레리우스의 행동은 군주일 때는 유용하지만 시민일 때는 고국뿐만 아니라 자신에게도 해롭다. 왜냐하면 그런 방법은 참주정으로 가는 길인 데다 도시는 그런 방법을 사용하는 이를 의심하여 국방의 이유로 그 사람을 손볼 것이기 때문이다. 또한 정반대인 만리우스의 방식은 군주에게는 해가 되지만 시민들에게는 유용하여, 그것이 해가 되는 경우는 거의 없다. 그러나 그런 가혹함이 가져온 증오가, 훌륭한 능력으로 얻은 높은 명성에 대한 시기심으로 더욱 강화된다면 얘기는 달라진다. 바로 카밀루스의 사례가 이에 해당되는데, 바로 다음 장에서 살펴보도록 하겠다.

제23장

카밀루스는 왜
로마에서 추방됐는가?

발레리우스처럼 행동하면 공화국과 본인에게 해를 입히는 결과를 낳고, 만리우스처럼 행동하면 공화국에는 득이 되지만 가끔씩 본인은 해를 입게 된다고 우리는 막 결론을 내렸다. 이는 카밀루스의 사례에서 잘 설명이 된다. 그는 발레리우스보다는 만리우스와 유사한 행동 방식을 취했다. 따라서 리비우스는 카밀루스에 관해 다음과 같이 서술했다. "병사들은 그를 증오했지만 그의 출중한 능력엔 찬탄을 금하지 못했다."

카밀루스의 훌륭한 점은 병사들의 안전에 대한 배려, 신중함, 담대함, 군대를 지휘하면서 보여준 훌륭한 절차와 조직 등이었다. 반대로 그를 증오하게 만든 것은 병사들에게 관대하게 보상하는 것보다 가혹한 처벌을 했다는 점이었다. 리비우스는 이런 증오의 이유를 다음과 같이 예거했다. 첫째는 베이이 인들의 재산을 팔아 생긴 자금을 국고에 귀속시키는 바람에 병사들은 현금은 한 푼도 못 챙기고 전리품만 가지게 되었다는 점, 둘째는 개선 행진에서 자신의 개선 마차를 네 마리의 백마가 끌게 하여 시민들 사이에서 스스로 태양신과 견주려고 하는 오만한 태도라는 평가가 나온 점, 셋째는 아폴로 신에게 베이이 인들로부터 얻은 전리품의 10분의 1을 바치겠고 맹세하는 바람에 병사들의 손에 이미 들어간 전리품도 일부 다시 회수해야 되었다는 점 등이다. 여기서 군주가 사람들에게 증오를 사는 일 중 가장 심각한 것이 무엇인지 분명하고 쉽게 알 수 있다. 그것은 바로 사람들에게 어떤 물질적 혜택을 빼앗는 것이다.

남의 재물을 빼앗는 것은 아주 위험하다

이는 정말로 중요한 문제인데, 이미 손에 쥐고 있는 어떤 물질적 혜택을 빼앗기면 사람들은 결코 그 일을 잊지 않는다. 정말 사소한 필요로도 그 일은 자꾸 기억나게 된다. 필요는 매일 발생하고, 그렇게 되면 매일 손해를 기억하게 되는 셈이다. 이에 못지않게 증오를 사게 되는 원인은 오만해져서 우쭐한 모습을 보이는 것이다. 사람들, 특히 자유민은 그런 모습을 그 어떤 것보다도 혐오한다. 비록 그런 오만함과 세력 과시는 그 누구에게도 물질적 불편함을 주지 않지만 사람들은 그런 거들먹거리는 자를 증오한다. 군주는 위험한 장애물로부터 자신을 지키는 것처럼 이런 일을 반드시 경계해야 한다. 그 어떤 이득도 없는데 증오의 대상이 되는 것은 전적으로 무모하고 경솔한 짓이기 때문이다.

제24장

군 지휘권의 연장이
로마를 노예로 만들었다

공화국 쇠망의 2대 원인: 농지개혁과 군 지휘권

로마 공화국의 행동을 신중하게 고려해 보면, 그들이 쇠망하게 된 원인이 두 가지라는 점이 명백하게 드러난다. 하나는 농지법을 둘러싼 투쟁, 다른 하나는 군 지휘권의 연장이다. 이 두 가지 일이 처음부터 잘 파악되어 적절한 대책을 세웠더라면 자유로운 삶의 방식은 더 오래 지속되었을 것이고 아마도 전보다 더 평화로웠을 것이다. 비록 군 지휘권의 연장이 명백히 로마에 그 어떤 소동도 일으킨 적은 없지만, 그 결정을 통해 권위를 얻은 시민들이 생겨나면서 도시가 입은 커다란 손해는 명백하다. 지휘권자의 임기가 연장된 시민들이 주목할 만한 사례인 루키우스 퀸크티우스 킨키나투스(Lucius Quinctius Cincinnatus)처럼 현명하고 선량했다면 로마는 그런 곤경을 겪지 않았을 것이다.

평민들과 원로원 사이에 협정이 성립된 뒤 평민들은 현직의 호민관들이 귀족들의 야욕에 충분히 대항할 수 있을 정도로 강력하다고 판단하여 그들의 임기를 연장했다. 평민들과 경쟁하던 원로원도 이에 지지 않으려고 당시 집정관인 루키우스 퀸크티우스의 임기를 연장하기로 결정했다. 하지만 킨키나투스는 좋지 못한 사례는 사라져야 마땅한데 심지어 더 안 좋은 사례를 추진하는 건 반드시 지양해야 한다며 원로원의 결정을 완강히 거부했다. 그는 이어 새롭게 집정관을 선출할 것을 주장했다. 그의 선량함과 신중함을 모든 로마 시민들이 공유했다면 집정관의 임기 연장이 도입되지도 않았을 것이고, 따라서 군 지휘권의 연장도 생겨나지 않았을 것이다.

시간이 흐르자, 임기 연장은 관행이 되었고 이에 로마는 무너지고 말았다. 군 지휘권이 처음으로 연장된 사람은 푸블리우스 필로였다. 집정관 임기가 거의 끝나갈 무렵 그는 팔라이폴리스의 도시를 공격하고 있었는데, 원로원은 그가 승기를 잡았다고 생각하여 후임 집정관을 보내지 않고 그를 지방 총독으로 임명했다. 이렇게 하여 그는 로마 최초의 지방 총독이 되었다. 원로원의 결단은 공익을 위한 것이었지만, 이로 인해 로마는 시간이 흘러가면서 장군들의 노예가 되어갔다. 로마 인들이 더 많은 국외 원정을 수행할수록, 지휘권의 연장이 더욱 필요했고 따라서 점점 더 많은 임기 연장을 하게 되었다.

군대를 개인 소유물로 만든 마리우스, 술라, 카이사르

이로 인해 두 가지 불이익이 생겨났다. 첫째는 군 지휘권을 경험한 사람의 숫자가 더욱 줄어들게 되어 군사적 명성이 소수 시민들에게만 국한되었다는 점, 둘째는 한 시민이 상당한 기간 동안 군 지휘권을 가지게 되자 그를 지지하는 병사들이 생겨나 군대 자체가 시간이 흐를수록 원로원의 존재는 잊어버리고 그를 지도자로 인식하게 되었다는 점이다. 이런 이유로 술라와 마리우스는 공익을 거스르고 자신을 따를 병사들을 양성했다. 이들과 똑같은 이유로 인해 카이사르는 고국을 무력으로 장악했다. 로마 인들이 민정 행정관의 임기와 군사 지휘권을 연장하는 일이 없었더라면, 정복 사업을 완수하는 시기도 나중으로 연기되었을 것이고 그토록 빠르게 제국을 건설하지는 못했을 것이다. 하지만 임기를 연장해 주지 않았더라면 독재자에게 굴복하는 일도 그만큼 연기되었을 것이다.

제25장

킨키나투스와 많은 로마 시민의
가난함에 관해

다른 곳(『사론』1-37)에서 설명했듯이 자유로운 사회를 설립하는 데 가장
유용한 일은 시민들을 계속 가난한 상태로 두는 것이다. 어떤 제도가 이
런 가난의 효과를 로마에 가져왔는지 명확하지 않지만(우리는 농지법이 오
랜 저항을 받아왔다는 것을 알고 있다), 로마 건국 이후 4백 년 동안의 경험을
살펴보면 로마 사회는 굉장히 가난했다는 것을 알 수 있다. 어떤 지위나
명예를 얻는 데 가난이 방해가 되지 않으며, 출중한 능력이 있다면 어디
에 있든 나라가 찾아낸다는 믿음이 있었기에 이런 청빈(淸貧)의 효과를
올린 것이다. 이런 삶의 방식은 사람들로 하여금 부를 덜 바람직하게 여
기도록 유도했다.

　이는 다음과 같은 사례에서 명백히 확인할 수 있다. 집정관 미누키우
스(Minucius)와 그의 군대가 아이퀴 인들에게 포위 공격을 당하고 있을
때, 로마는 전쟁에서의 패전을 심히 염려했다. 따라서 그들은 위급한 상
황에 대한 마지막 대책으로 독재관을 임명하기로 했다. 그들은 루키우
스 퀸크티우스 킨키나투스를 그 자리에 임명했는데, 그는 당시 자신의
자그마한 농장에서 직접 농사를 지으며 세월을 보내는 중이었다. 리비
우스는 이 사건에 관하여 다음과 같은 금언(金言)을 남기며 킨키나투스
를 칭찬했다. "이제 나는 돈이 세상의 전부이며, 지위와 능력은 부에서

분리될 수 없다고 믿는 수많은 이들에게 각별한 관심을 기울이기를 촉구한다." 킨키나투스는 4유게라를 넘지 않는 자신의 농장 밭을 일구다 원로원이 보낸 사절을 맞이했는데, 자신이 독재관으로 선출되었다는 소식과 로마 공화국이 처한 위기에 대하여 듣게 되었다.

토가(toga)를 입고 로마로 향한 킨키나투스는 군대를 모은 뒤 위기에 빠진 미누키우스를 구원하기 위해 진군했다. 그는 아이퀴 인들에게 완패를 안기고 그들의 재산을 약탈한 뒤 미누키우스를 구원한 다음 포위되었다가 풀려난 로마군에게 전리품을 나눠주지 않겠다고 선언했다. "여러분은 그들에게 거의 재산을 약탈당할 뻔하지 않았소. 그러니 그들에게 약탈한 물건들을 여러분은 가질 자격이 없소." 이어 킨키나투스는 미누키우스의 집정관 직위를 해제하고 부장(副將)으로 임명하면서 그에게 말했다. "집정관 직을 어떻게 수행해야 하는지 알기 전까지 당신을 그 지위에 남겨두도록 하겠소." 킨키나투스는 이어 너무도 가난해 보병으로 싸워야 했던 루키우스 타르퀴니우스를 사마관으로 임명했다.

청빈을 명예롭게 여긴 로마

킨키나투스 같은 훌륭하고 용맹한 사람도 4유게라의 땅 정도로 충분히 생활이 가능했다는 것을 볼 때, 로마가 청빈을 높이 평가했다는 것을 충분히 알 수 있다. 이와 같은 가난한 모습은 마르쿠스 레굴루스의 시대에서도 확인된다. 군대를 이끌고 아프리카에 주둔했을 때, 그는 원로원에게 일꾼들이 농장을 망치고 있으니 농장 관리를 위해 귀국할 수 있도록 허가해 달라고 청했다. 여기서 굉장히 주목할 만한 점 두 가지를 볼 수 있다. 첫째는 가난이다. 로마 인들은 가난에 만족했고, 전쟁에서 얻는 명예만으로 충분하다고 생각했으며 전쟁으로 인한 모든 이익을 공공 기금으로 넘겼다. 만약 레굴루스가 전쟁으로 부를 거머쥘 생각을 했다면, 그는 자신의 밭이 엉망진창이 되든 말든 신경을 쓰지 않았을 것이다. 두 번째로 고려할 점은 로마 인들의 큰 아량이다. 군을 지휘하게 되었을 때 그들이 보여준 고상한 마음은 그 어떤 군주보다 나았다. 그들은 왕의 권세나 공화국의 고위직을 높이 평가하지 않았고 그 어떤 일이 벌어져도 당황하거나 두려워하지 않았다. 이후 평범한 시민으로 돌아왔을 때, 그들은 검소하고 겸손하게 자신의 작은 땅을 돌보며 정부의 명령에 충실히 따르고 상관을 존중했다. 정말이지 그와 같은 신분의 변화를 전에 고관이었다가 평민으로 돌아온 사람이 의연히 견뎌낸다는 게 불가능해 보일 정도였다.

이런 가난은 **아이밀리우스 파울루스**의 시대까지도 지속되었다. 그가 살던 때는 실질적으로 로마 공화국이 최후로 행복했던 시기였다. 그때까지만 해도 로마 시민은 전쟁에서 개선하더라도 국고를 풍성하게 했을 뿐 여전히 그 자신은 가난한 삶을 살았다. 그리고 청빈은 높은 평가를 받았다. 전쟁에서 뛰어난 활약을 보인 이들을 기리면서, 파울루스는 사위에게 은잔 하나를 줬는데 이는 그의 집에 처음 들이는 은제 물건이었다. 부보다 가난이 더 낫다는 점, 그리고 가난이 시민, 지역, 종파를 존중하는 반면 부는 그것들을 무너뜨린다는 점을 설명하려면 아주 긴 논의가 될 것이다. 하지만 이 주제에 관하여 많은 작가들이 글을 써서 세상에 알렸으므로 추가적인 논의는 생략하기로 한다.

제26장

여자로 인해
나라가 어떻게 무너지는가?

아르데아스라는 도시에서는 결혼 문제를 두고서 귀족과 평민 간의 싸움이 폭동으로 번지는 일이 벌어졌다. 이 도시에서 한 부유한 여자가 결혼할 때가 되었는데, 한 귀족 남자와 한 평민 남자로부터 각각 청혼을 받게 되었다. 그녀는 아버지가 없던 관계로 후견인은 그녀를 평민과 맺어주고자 했다. 하지만 그녀의 어머니는 귀족과의 결혼을 바랐다. 이로 인해 소동이 벌어졌고, 결국엔 무기를 들고 일어나는 정도로 일이 커지게 되었다. 귀족들은 전부 귀족 남자를 도우려고 무장했고, 평민들도 마찬가지로 평민 남자를 돕기 위해 무기를 들었다.

하지만 결국 패배한 평민들은 아르데아스를 떠나 볼스키 인들에게 도움을 청했다. 귀족들은 이에 대응하기 위해 로마로 사람을 보냈다. 먼저 도착한 볼스키 인들은 아르데아스 주변에 진을 쳤다. 그 다음으로 도착한 로마 인들은 도시와 자신들 사이에 갇힌 볼스키 인들을 둘러싸고 압박했다. 결국 볼스키 인들은 굶주림에 지쳐 로마 인들에게 항복했다. 이에 로마 인들은 아르데아스로 진군한 뒤 소동의 주모자들을 처형했고, 도시는 평정을 찾았다.

이 사건에 관해선 주목할 것이 많다. 첫째는 여자들이 많은 몰락의 원인이었으며, 도시를 통치하는 이들에게 커다란 손해를 입혔고, 엄청난 사회 분열을 초래했다는 것이다. 우리 역사에서 살펴보면 루크레티아에게 안긴 모욕으로 타르퀴니우스 왕가는 나라를 잃었고, 비르기니아에게 모욕을 준 것으로 10인회의 대표 아피우스는 권력을 빼앗겼다. 아리스토텔레스는 참주가 몰락하는 주된 원인 중 하나로 여자를 들었다. 그는 여자를 강간하거나, 폭행하거나, 그들의 결혼 생활을 망침으로써 여자들이나 그 배우자 혹은 보호자에게 피해를 입히면 참주는 몰락한다고 했다. 우리도 이와 관련하여 음모를 논하던 장에서 상세하게 다룬 바 있다.

따라서 나는 전제 군주나 공화국의 통치자들은 여자 문제를 결코 가볍게 넘겨서는 안 된다고 말하고 싶다. 오히려 그들은 그런 뜻밖의 사건을 통해 발생할 수 있는 무질서와 그런 무질서가 국가에 손상과 모욕을 주는 일을 경계하면서 그런 일이 발생하지 않도록 사전에 대응책을 반드시 숙고해야 한다. 아르데아스 인들에게 일어난 일은 그런 대책이 없어서 생겨난 무질서이다. 그들은 일부 집단의 적개심이 시민들에게 퍼져 나가도록 방치했고, 그 결과 혹심한 사회의 분열을 겪게 되었다. 소요가 발생한 이후에 아르데아스 인들은 상황을 통제하지 못한 나머지 외세의 도움으로 재결합했고, 이 사건은 굴종의 출발점이 되었다. 자 이제 다른 주목할 만한 문제인 도시를 재결합하는 방법으로 넘어가도록 하자. 그것은 다음 장에서 이야기될 것이다.

제27장

분열된 도시를 통합하는 방법과,
도시의 유지를 위해서는 도시를 분열된 채로 놔두어야
한다는 의견이 옳지 않은 이유

아르데아스 인들을 중재한 로마 집정관들의 사례로, 우리는 분열된 도시를 재결합하는 방법을 살펴볼 수 있다. 그 방법은 곧바로 소동의 주모자를 처형하는 것이며, 그 외의 방식으로는 상처가 치유되지 않는다. 따라서 다음 세 가지 방법 중 하나를 선택할 필요가 있다. 첫째, 로마 인들처럼 주동자를 처형하는 것, 둘째, 주동자를 도시에서 추방하는 것, 셋째, 더 이상 서로에게 해를 입히지 않겠다는 의무를 부과하고 평민과 귀족을 강제로 화해시키는 것이다. 이 방법들 중 최후의 것은 가장 해롭고, 가장 불확실하고, 가장 쓸모없다. 그토록 많은 피를 흘리고 그토록 많은 상처를 입힌 곳에서 양측이 매일 얼굴을 마주 대하는데 강요된 평화가 지속되기란 불가능하기 때문이다. 인근에서 교류하다 보면 매일 새로운 불만이 생겨날 것이고, 이런 상황에서 상대방에 대한 불쾌감을 억제하기는 참으로 어려운 것이다.

어중간한 소요 대책은 사태를 악화시킨다

이 주제와 관련하여 피스토이아의 사례보다 더 나은 것은 없으리라. 이 도시는 현재도 그런 상태이지만, 15년 전에도 판차티키파(派)와 칸첼리에리파(派)로 분열된 상태였다. 하지만 무기를 포기한 지금과는 다르게 그 당시의 피스토이아는 무장을 하고 있었다. 많은 논쟁을 벌인 뒤, 두 파벌은 유혈 사태에 돌입하고, 다른 파벌의 집들을 파괴하고, 상대방의 재산을 약탈하는 등 온갖 적대 행위를 저질렀다. 그들을 중재해야 했던 피렌체 인들은 늘 세 번째 방법(강제 화해)을 활용했고, 그러자 전보다 더 심한 무질서와 곤경이 발생했다. 결국 지친 피렌체 인들은 파벌의 지도 자를 추방하는 두 번째 방법을 채택하게 되었다. 이 때문에 그들 중 일부 는 투옥되었고 다른 일부는 곳곳에서 유배 생활을 하게 되었다. 그 결과 강제로 체결된 합의가 지속될 수 있었고, 그 상태로 오늘날에 이르고 있 다. 그렇지만 첫 번째 방법이 더욱 확실하다는 점은 의심할 여지가 없다. 하지만 그런 처벌은 그 자체로 훌륭하고 고결한 점을 갖춰야 하므로, 허 약한 공화국은 그 방법 자체를 모를 것이고 또 그런 방법의 채택을 주저 할 것이므로 결국 두 번째 대책을 채택할 것이다.

이 장의 서두에서도 언급했듯, 우리 시대의 군주들은 중요한 문제에 관해 결정을 내릴 때 이런 부류의 잘못을 저지른다. 따라서 그들은 유사 한 상황에서 결정을 내려야 했던 고대 군주들의 조치를 주의 깊게 살펴 보아야 한다. 하지만 나약한 현대인은 형편없는 교육을 받고 또 정세에 관하여 지식이 빈약하므로 고대의 처벌을 너무 잔혹하고 비현실적인 것 으로 간주한다. 거기다 요즘 사람들은 얼마 전 우리 도시의 영리한 체하 던 이들이 입버릇처럼 말하던 특정 견해, 즉 피스토이아는 파벌 싸움을 붙여 통치하고, 피사는 요새로 제어해야 한다는 말을 굳게 믿는데, 이는 진실과는 너무도 거리가 멀다. 그들은 두 방법이 무익하다는 점을 깨닫 지 못한 것이다.

이미 위에서(『사론』 2-24) 상세하게 언급한 바 있으므로 요새에 관해선 논하지 않겠다. 하지만 점령한 도시를 분열된 채로 놔두는 데서 오는 불이익에 관해 논하고자 한다. 우선, 파벌 양측을 계속하여 우방으로 유지하는 것은 불가능하다. 군주나 공화국 중 어느 쪽이 그들을 통치하더라도 상황은 같다. 사람은 그 속성상 어떻게든 자신을 흡족하게 해주는 쪽에 붙기 때문이다. 따라서 도시의 한 파벌이 불만을 품게 되면, 전쟁이 벌어지는 즉시 도시를 잃게 된다. 안팎의 적과 상대하며 도시를 지켜내는 일은 불가능하기 때문이다. 공화국이 자국 시민들을 사악하게 하고 자국에 내분을 일으키는 가장 쉬운 방법은 바로 분열된 도시를 지배하는 것이다. 분열된 도시의 각 파벌은 환심을 사기 위해 갖은 타락한 수단으로 친구를 만들려고 할 것이기 때문이다. 따라서 이런 현상에서 두 가지 극심한 불이익이 발생한다. 하나는 결코 그 도시를 우방으로 만들 수 없다는 점이다. 어떤 때는 한 파벌을, 어떤 때는 다른 파벌을 지지하며 통치를 해야 하니 제대로 된 통치가 이루어지지 않는다. 다른 하나는 각 파벌들에 관한 관심사가 필연적으로 통치하는 국가에게 분열을 일으킨다는 점이다. 역사가 **비온도**는 피렌체 인들과 피스토이아 인들에 관해 다음처럼 말하면서 그것을 입증한다. "피렌체 인들은 피스토이아를 재결합하려고 하는 동안 오히려 자신들이 내분을 겪었다." 따라서 그런 분열에서 엄청난 손해가 발생한다는 것을 쉽게 알 수 있다.

1502년, 피렌체는 아레초와 발 디 테베레와 발디키아나 전역을 비텔리 가문과 발렌티노 공작에게 빼앗겼다. 이에 프랑스 왕은 피렌체가 잃은 모든 도시를 수복하고자 무슈 드 랑(Monsieur de Lant, Monsieur de Langres)을 현장으로 파견했다. 드 랑이 한 성채에 들르자 모든 이들은 그에게 경의를 표하며 스스로 마르초코파(피렌체파)라고 소개했다. 그러자 드 랑은 그런 분열을 준엄하게 비판하면서, 프랑스에서는 자신이 왕당파라고 말하는 신민이라면 누구든 처벌을 받을 것이라고 말했다. 그런 언급 자체가 도시에 왕의 파벌이 아닌 역적이 있다는 것을 암시하는 것이며, 왕은 통치하는 모든 도시가 그런 파벌 없이 단결된 채로 왕에게 우호적인 모습을 보이길 바란다는 것이었다. 하지만 이런 진실과 거리가 먼 방법과 견해는 나약한 통치자에게서 나오는 것이다. 나약한 통치자는 나라를 유지할 수 있는 무력과 출중한 능력이 자신에게 없다는 것을 깨달으면 그와 비슷한 책략("나라 안에 파벌은 없다")을 꾸민다. 이는 치세에는 가끔 유용하겠지만, 난세가 도래하면 거짓된 본질이 드러나게 된다.

제28장

훌륭한 행동은 종종 참주가 되려는 야욕을 감추고 있기에 공화국은 시민의 행동에 반드시 주의를 기울여야 한다

로마 시에 식량 부족 사태가 발생하여 공적 공급으로는 도저히 막아낼 수 없던 굶주림의 시기가 있었다. 이때 스푸리우스 멜리우스라는 거대한 부를 가진 시민이 자신의 부담으로 곡물을 사들여 평민들을 먹였다. 이로 인해 그는 굉장히 많은 시민들의 지지를 받았다. 그러자 그런 관대함에서 생겨날 곤경을 경계하던 원로원은 독재관을 임명하여 멜리우스 문제를 처리하게 했다. 독재관은 스푸리우스가 더 힘을 얻기 전에 문제 해결에 나섰고 결국 그를 처형해 버렸다.

여기서 주목해야 하는 점은, 많은 경우 도저히 비난할 수 없는 훌륭한 행동도 제때 처벌하지 않으면 공화국에 아주 위험한 행동이 된다는 사실이다. 이 문제를 좀 더 상세하게 논하기 위해, 나는 공화국은 훌륭한 평판을 받는 시민들 없이는 존속할 수 없음은 물론이고 또 그 어떤 방식으로도 이끌어나갈 수 없음을 미리 말해 두고자 한다. 반면 시민의 명성은 공화국에서 참주가 부상하는 원인이 되기도 한다. 그런 일을 단속하기 위해선 도시와 도시의 자유에 해를 입히는 것이 아니라, 도움을 주는 명성을 시민이 누리도록 사전 조치해야 한다. 즉, 시민이 정당한 명성을 얻게 하는 방법을 검토할 필요가 있다. 명성은 실제로는 공적인 것과 사적인 것 두 가지가 있다. 공적인 방법은 한 시민이 훌륭한 조언을 하고 공익을 위해 더 나은 행동을 할 때 명성을 얻는 것이다. 이런 부류의 명성은 반드시 시민에게 개방되어 모두가 누릴 수 있어야 한다. 또한 그들의 조언과 행동 모두에 관해 보상이 수여되어야 한다. 그래야 그들 역시 만족할 수 있고 자연스럽게 명예를 얻을 수 있기 때문이다.

사적인 명성은 대단히 해롭다

이런 방식으로 얻은 명성은 명백하고 간결하면서 결코 위험하지도 않다. 하지만 위에서 인용한 다른 방법인 사적인 수단에 의한 명성은 지극히 위험하고 또 해롭다. 사적인 수단은 돈을 빌려주거나, 딸을 주어 혼인을 하게 하거나, 관리들과의 소송에서 변호를 해주거나, 그와 유사한 개인적인 청탁을 들어주는 등, 이런저런 방식으로 개별 시민에게 호의를 베푸는 것이다. 이렇게 하여 이 방법을 사용한 자는 열렬한 지지자를 얻게 되고 그것을 통해 대중을 부패시키고 법을 무력화시키려는 야욕을 품게 된다.

따라서 이미 언급한 것처럼 잘 조직된 공화국은 공적인 수단을 통해 인정받고자 하는 시민들에겐 반드시 길을 열어주고, 사적인 수단을 통해 인정받으려는 시민들에겐 반드시 길을 막아야 한다. 물론 로마는 명백히 그렇게 했다. 로마는 공익을 위해 생산적으로 일했던 시민에게 보답하기 위해 개선식을 열어주었고 온갖 명예를 수여했다. 또한 갖은 핑계를 대며 사적인 수단을 통해 권좌에 앉으려는 시민을 처벌하기 위해 고발 제도를 도입했다. 시민들이 거짓된 선에 눈이 멀면 로마는 왕 못지않은 권력을 가진 독재관을 임명하여 한도를 넘어선 시민을 처벌하여 일벌백계로 삼았는데, 스푸리우스 멜리우스가 좋은 사례이다. 만약 멜리우스 같은 사례가 단 하나라도 처벌 없이 그냥 지나가게 되면 공화국은 몰락을 면치 못한다. 선례가 되면 나중에 그것을 올바른 길로 되돌리기란 어려운 일이기 때문이다.

제29장

국민들의 잘못은
군주에게서 비롯된다

군주들은 통치하는 국민들이 저지르는 죄악에 대해 결코 불평해서는 안 된다. 왜냐하면 그런 죄악은 필연적으로 군주의 무관심이나 이미 군주가 저지른 유사한 죄악에서 생겨나기 때문이다. 우리 시대에 강도질이나 그와 유사한 죄악들이 넘치는 이유를 검토한 사람이라면 그 모든 것이 사악한 본성을 지닌 통치자에게서 비롯되었음을 알게 된다. 교황 알렉산데르 6세가 로마냐를 지배하던 영주들을 무너뜨리기 전까지, 그곳은 온갖 사악한 삶의 온상이었다. 로마냐에선 정말 사소한 일로 무자비한 살인이나 심각한 강도질을 저지르는 경우가 빈번했다. 이런 상황의 원인은 군주들의 사악함이었는데도, 그들은 죄악을 저지른 사람들의 본성이 사악해서 그렇게 되었다고 주장했다. 로마냐의 군주들은 빈곤했지만 부유한 것처럼 살길 바랐고, 그래서 그들은 온갖 수단을 활용해 빈번한 약탈을 해야 했다. 그들이 저지른 부정한 방법 중엔 특정 행위를 금지하는 법의 제정도 있었다. 시간이 어느 정도 흐르면 군주들은 위법을 할 기회를 자신들이 나서서 제공했다. 그리고 법을 지키지 않은 이들을 처벌하지도 않았다.

이후 그들은 많은 이들이 법을 위반할 때까지 기다리다가, 그제야 처벌을 하기 시작했다. 벌금 액수를 높이자는 탐욕이 없었다면 이런 짓은

할 수 없는 것이었다. 당연히 제정된 법을 지키겠다는 열의는 그들에게서 기대할 수 없었다. 따라서 많은 부작용이 발생했는데, 그중에서도 가장 심각한 것은 사람들이 가난에 떨어지고 올바른 삶을 살지 못하게 되었다는 점이다. 그들은 그들이 입은 손해를 그들보다 힘없는 사람들에게서 벌충하려고 했다. 이렇게 하여 위에서 언급한 모든 사악한 일이 벌어졌고 그 원인은 군주라고 볼 수밖에 없다.

이게 사실임은 리비우스가 서술한 이야기에서 드러난다. 로마 사절들이 베이이 인들에게 빼앗은 전리품을 아폴로 신에게 바치기 위해 이동하던 중에, 시칠리아의 리파리 해적들에게 붙잡혀 그들의 소굴로 끌려갔다. 두목인 티마시테우스는 로마 사절들로부터 이 물건들이 무엇이며, 어디로 가며, 누가 보냈는지에 관한 이야기를 듣자 리파리에서 태어났지만 로마 인과 같은 처신을 보였다. 그는 부하들에게 신에게 바칠 공물을 빼앗다니 얼마나 불경한 일이냐고 말한 뒤, 부하들 전원의 동의를 얻어 전리품을 고스란히 사절들에게 돌려주고 다시 고국으로 돌아가게 했다. 이에 리비우스는 말했다. "티마시테우스는 부하들에게 종교적인 두려움을 심어주었고, 부하들은 늘 대장을 닮는다." 로렌초 데 메디치도 리비우스의 격언을 확인하듯 이렇게 말했다.

많은 이들이 통치자의 행동을 따라한다.
모든 이들의 눈이 그를 보기 때문이다.

제30장

공화국에서 어떤 시민이 권위를 활용하여 훌륭한 일을 해내고 싶다면 먼저 시기심을 버려야 한다. 또 도시는 적이 다가올 때 도시 방어를 조직해야 한다

로마 원로원이 에트루리아가 새롭게 병사를 동원하여 로마를 공격하려 한다는 점과, 우방이었던 라티움 인들과 헤르니키 인들이 로마의 숙적 볼스키 인들의 편에 섰다는 점을 알게 되었을 때, 그들은 임박한 전쟁이 위험하다고 판단했다. 당시 카밀루스는 집정관 권한을 지닌 호민관이었는데, 그는 동료 호민관들이 자신에게 군 지휘권을 기꺼이 양보해 주면 독재관을 임명하지 않아도 된다는 견해를 갖고 있었다. 그러자 동료 호민관들은 기꺼이(리비우스의 말에 따르면) 그렇게 해줬다. "카밀루스를 위해 양보한다고 하더라도 그들의 위엄엔 어찌 됐든 해가 될 일이 없다고 생각했기 때문이다."

카밀루스는 동료들의 복종 약속을 받자 곧 세 부대를 준비하라는 명령을 내렸고, 자신은 에트루리아 인들과 맞서기 위해 첫 번째 부대의 지휘관이 되었다. 이어 카밀루스는 퀸크티우스 세르빌리우스(Quinctius Servilius)를 두 번째 부대의 지휘관으로 임명한 뒤 로마 근처에 머무르다 라티움 인들과 헤르니키 인들이 움직이면 맞서 싸우라고 지시했다. 세 번째 지휘관으로는 루키우스 퀸크티우스(Lucius Quinctius)가 임명됐는데, 카밀루스는 그에게 도시 방어의 상황이 발생하면 성문과 원로원을 방어하여 도시를 지켜내라고 지시했다. 이 외에도 그는 동료 호민관인 호라티우스에게 무기와 곡식, 그리고 전시에 필요한 다른 군수품들을 제공하라고 지시했다. 또 다른 카밀루스의 동료 호민관인 코르넬리우스는 원로원과 공공 의회를 담당하여 일상적 업무에 대한 조언을 하라는 지시를 받았다. 이런 식으로, 당시의 호민관들은 도시의 안녕을 위해서라면 기꺼이 맡은 임무를 성심껏 지휘하고 또 카밀루스에게 복종하는 모습을 보였다.

이 일은 훌륭하고 현명한 사람이 어떻게 행동해야 하는지, 그렇게 하면 얼마나 훌륭한 결과를 낼 수 있는지, 또 시기심을 버리고 출중한 능력을 발휘하면 그런 행동으로 고국이 얼마나 큰 혜택을 보게 되는지 보여준다. 많은 경우, 시기심은 사람들의 훌륭한 행동을 가로막는 원인이다. 시기심이 발동하면 남들이 중요한 문제에서 필요한 권위를 발휘하도록 놔두지 않기 때문이다. 이런 시기심은 두 가지 방법으로 없앨 수 있다. 하나는 심각하고 어려운 일이 발생했을 때 어쩔 줄 모르는 사람들이 자신의 모든 야욕을 내려놓고 기꺼이 출중한 능력을 가진 자에게 권한을 넘겨주고 따르는 것이다. 이런 일이 바로 카밀루스에게 벌어졌다. 그는 자신이 가장 뛰어난 시민이라는 것을 수없이 증명했다. 세 번이나 독재관을 맡아 선공후사의 공공정신을 발휘했으며, 자신의 위대함을 다른 시민들이 두려워하지 않도록 조심스럽게 처신했다. 그가 너무도 훌륭하고 명성이 드높아 사람들은 그보다 밑에 있는 것을 부끄러워하지 않았다(그런 이유로 리비우스는 현명하게도 "그들은 또한 리비우스보다 낫다는 생각조차 하지 않았다"라고 논평했다). 그런 시기심을 없애는 또 하나의 방법은 폭력이든 자연스러운 사건의 진행이든 특정 명성과 특정 수준의 위대함을 획득하는 과정에서 경쟁했던 자가 사망하는 것이다. 그런 경쟁자들은 당신이 그들보다 더 높은 평가를 받는 것을 절대로 묵인하거나 용납하지 않을 것이다. 더욱이 교육으로는 도저히 사람을 개선시킬 수 없는 부패한 도시에서 사는 데 익숙하다면, 그들은 자신들의 소망을 이루고 사악한 마음을 충족시키기 위해 고국의 파멸도 마다하지 않는다.

파멸을 피하려면 시기심을 극복하라

그런 시기심을 억누르려면, 그런 마음을 품은 이들이 사망하는 것보다 더 나은 대책은 없다. 출중한 능력을 지닌 사람이 행운이어서 그에게 시기심을 품은 이들이 자연스럽게 죽음을 맞이하면, 그는 그 순간부터 중상(中傷)에서 자유롭게 되어 방해를 받거나 피해를 당하는 일 없이 자신의 출중한 능력을 발휘할 수 있다. 하지만 운이 나쁘다면 그는 길을 가로막는 질투꾼들을 제거할 모든 수단을 반드시 생각해 둬야 한다. 또한 행동에 돌입하기 전에, 거기에 따르는 어려움을 극복할 방법을 채택할 필요가 있다. 총명하게 성경을 읽어본 사람은 법과 제도를 향상시키기 위해 모세가 그의 계획에 반대한 수많은 질투꾼을 죽였다는 점을 알 것이다. 수도사 지롤라모 사보나롤라도 이런 필요성을 아주 명쾌하게 알고 있었다. 피렌체의 지도자 피에로 소데리니도 마찬가지였다. 하지만 지롤라모는 다른 이들의 시기심을 억누르지 못했다. 그렇게 할 수 있는 권한을 충분히 확보하지 못했고 자신을 따르는 사람들과 권력을 가진 사람들에게 사정을 잘 이해시키지도 못했다. 그럼에도 불구하고, 그는 자신이 할 수 있는 일을 다 했다. 지롤라모의 설교는 세상의 현인, 즉 자신을 시기하는 이들과 자신이 추진하는 제도에 반대하는 이들에 대한 비난과 욕설로 가득했다.

소데리니는 자신의 친절함, 행운, 호의로 시간이 흐르면 사람들의 시기심을 없앨 수 있다고 믿었다. 그는 자신이 아직 젊고, 여태까지의 행동 방식으로 많은 지지를 새로 얻었기에 이례적인 행동, 폭력, 소란을 동원하지 않고도 자신에게 시기심을 느끼는 많은 이들을 제지할 수 있으리라 생각했다. 하지만 그는 시간이 기다려주지 않으며, 친절함만으로는 충분치 않고, 운명은 때에 따라 달라지며, 악의는 위로용 선물로는 해소되지 않는다는 점을 몰랐다. 이렇게 하여 두 사람은 몰락하게 되었다. 그런 결과는 다른 이들의 시기심을 억누르지 못했거나 그렇게 할 수 있는 방법을 몰랐기 때문이다.

혼란 속에서 시민을 무장시켜서는 안 된다

또 다른 주목할 점은 로마의 안녕을 위해 로마 안팎에서 카밀루스가 수립한 용의주도한 대책이다. 리비우스처럼 훌륭한 역사가가 어떤 특정 사례를 굉장히 상세하고 분명하게 서술하는 것은 다 이유가 있다. 이 경우에 그의 목적은 후세에게 유사한 상황에 처했을 때 어떻게 방비를 해야 하는지 알려 주려는 것이다. 여기서 반드시 주목할 점은 무질서한 소동 중의 방어 행위는 아주 위험하고 무익하다는 것이다. 이는 카밀루스가 도시 방어를 목적으로 로마에 남긴 세 번째 부대를 통해 확인할 수 있다. 그때나 지금이나 많은 사람들이 이런 조치를 불필요한 것으로 생각한다. 로마 인들이 보통 잘 무장하고 호전적이기 때문에 위기 상황이 발생하면 비로소 무장하는 것으로 충분하기 때문에 굳이 따로 부대를 편성하지 않았다는 것이다. 하지만 카밀루스는 다른 현인들이 그렇듯 차원이 다른 생각을 했다. 그는 미리 확립된 방식으로 사전 지시를 받아서 무장하는 것 이외에는 군중의 무장을 허용하지 않았다. 그러므로 이런 전례를 감안할 때 도시 방어의 책임자라면 반드시 엄청난 혼란 중에 병사를 무장시키는 일은 장애물 피하듯 피해야 한다. 또 책임자는 우선 무장하고 명령에 순응할 사람을 선정하고, 어디에 모이는지, 일을 어떻게 진행할 것인지를 결정하여 그들에게 알려 주어야 한다. 그렇게 지시하면서도 그는 호출되지 않은 사람들은 집에 머물러 그곳을 방어하라고 해야 한다. 포위 공격을 당하는 도시에서도 이런 용의주도한 지시를 잘 준수하면 도시를 쉽게 방어를 할 수 있다. 다른 방식을 시도하려고 하면 그것은 카밀루스의 전례를 무시하는 것이고 따라서 도시를 지키지 못할 것이다.

제31장

강한 공화국과 탁월한 사람은
운명이 어떻게 바뀌더라도 예전과 같은
기개와 위엄을 유지한다

강한 사람과 약한 사람의 차이점

리비우스는 카밀루스의 감동적인 언행을 여러 차례 서술했는데, 그중에서도 사람이 어떻게 훌륭한 인물이 되어야 하는지를 보여주는 부분이 있다. 이를 보여주기 위해 리비우스는 카밀루스의 입을 빌려 다음과 같은 말을 했다. "내 용기는 독재관이 되었다고 더 힘을 얻지도 않았고, 추방 중이라고 하여 더 힘을 잃지도 않았다." 그의 말은 훌륭한 사람은 운명이 어떻게 바뀌더라도 늘 한결같다는 점을 보여준다. 운명은 상황에 따라 달라지며 때로는 사람을 받들고 때로는 억눌러도, 훌륭한 사람은 결코 단호한 결심을 변함없이 유지하며, 삶의 방식에도 이를 반영하기에 운명이 그에게 어떤 힘도 발휘하지 못한다. 이는 그 누구라도 쉽게 알 수 있는 것이다.

하지만 허약한 사람은 다르게 처신한다. 그는 자만심이 강한 데다 행운에 도취해서, 자신이 가진 모든 훌륭함이 자기 자신도 잘 알지 못하는 출중한 능력 덕분이라고 생각한다. 그 결과, 그는 주변 모든 사람들의 비위를 거스르고 증오를 한 몸에 받게 된다. 이런 상황은 그의 운명에 갑작스런 변화를 초래하게 되고 그런 변화에 직면한 그는 즉시 정반대의 상황으로 치달아 사악하고 비참한 사람이 되어버린다. 이런 점으로 미루어볼 때 허약한 군주는 역경의 시기에 방위보다는 도망을 먼저 생각하게 된다. 행운을 엉망으로 활용했기에 그 어떤 방어도 준비하지 않았던 것이다.

개인의 장단점은 공화국의 장단점과 유사하다

어떤 개인에게서 찾아낸 이런 능력과 결점은 공화국에서도 찾을 수 있다. 그 예로 로마 인들과 베네치아 인들이 있다. 어떤 불운도 로마 인들을 비참하게 만들지 못했고, 어떤 행운도 로마 인들을 오만하게 하지 못했다. 이는 칸나이의 패배와 시리아의 안티오코스를 상대로 거둔 승리에서 명백히 드러난다. 칸나이에서의 패배는 세 번째의 패배라 지극히 심각한 상황이었음에도 불구하고, 로마 인들은 절대 겁먹지 않고 여전히 군대를 파견했다. 그들은 관행과는 다르게 포로에게 몸값을 지불하는 것을 거절했고, 한니발이나 카르타고에 평화 협정을 위한 사절도 보내지 않았다. 이런 모든 비굴한 행동을 거부한 로마 인들은 오로지 전쟁만을 생각했다. 병사가 부족하자 로마 인은 노인과 노예들까지 무장시켰다. 앞서 언급했듯이 한노는 카르타고 원로원이 칸나이의 승리 이후의 상황을 너무도 가볍게 보고 있다고 지적했다. 따라서 난세에도 로마 인들은 결코 겁먹지 않고 초라해지지도 않았다.

반면 번영하던 시기에도 로마 인들은 결코 오만한 모습을 보이지 않았다. 안티오코스는 전투에서 패배하기 이전에 협정을 요청하기 위해 스키피오에게 사절을 보냈는데, 여기서 스키피오는 평화를 위한 조건으로 시리아에서의 철수와 그 외의 나머지 사항을 전부 로마 인의 뜻에 맡길 것을 내세웠다. 안티오코스는 이 제안을 거절했고 전투에 돌입했으나 결국 패배했다. 그는 이후 다시 스키피오에게 사절을 보내면서 그 사절에게 스키피오가 부과하는 모든 조건을 받아들이는 권한을 주었다. 하지만 스키피오가 승리 이전에 내세웠던 조건 외에 추가한 것은 이 말뿐이었다. "로마 인들은 패배하더라도 낙담하지 않고, 승리하더라도 오만하게 되지 않는다."

이에 비해 베네치아 인들은 로마 인들과 정반대의 모습을 보였다. 행운이 함께하는 시기에 그들은 갖고 있지도 않은 출중한 능력으로 행운을 얻어냈다고 착각했다. 너무도 오만해진 나머지 그들은 프랑스 왕을 성 마르코의 아들이라 부르고 교회를 존중하지도 않았다. 그들은 이탈리아 반도로는 성에 차지 않으며, 로마와 같은 세계 제국을 건설할 것이라는 황당한 생각을 품고 있었다. 나중에 행운이 떠나자 베네치아 인들은 프랑스 왕에게 바일라에서 절반의 패배를 당했고, 반란으로 영토 전부를 잃었을 뿐만 아니라 영토 대부분을 교황과 스페인 왕의 손에 넘겨주고 말았는데 이런 결과는 비겁하고 조악한 그들의 정신 상태 때문이었다.

베네치아 인들은 이때 밑바탕을 완전히 드러냈는데, 어느 정도였냐면 황제에게는 사절을 보내 속국이 되겠다고 애걸했으며, 교황에게는 연민을 사고자 비겁하고 굴종하는 어조로 가득한 편지를 보내기도 했다. 프랑스 왕에게 반패(半敗)를 당한 지 나흘 만에, 그들은 이런 비참한 상태로 전락했다. 그들은 전투를 하다 퇴각했으나, 병력 중 절반만 실제로 싸웠고 당연히 패배를 당했다. 그들의 장교 중 한 사람은 겨우 목숨을 부지하여 베로나에 2만 5천 이상의 보병 및 기병을 이끌고 도착했다. 이 상황에서, 베네치아의 제도에 출중한 능력을 발휘할 수단이 있었다면 그들은 쉽게 군대를 재조직하여 다시 한 번 무운을 시험할 수 있었다. 그렇게 되면 적에게 승리를 거두거나, 영예롭게 패배하거나, 좀 더 호의적인 합의를 이뤄낼 수 있었다. 하지만 전쟁엔 적합하지 못한 낮은 수준의 제도에서 나오는 비겁한 정신 탓에 그들은 나라와 용기를 둘 다 잃었다.

행운에 오만하지 말고 불운에 낙담하지 말라

이런 일은 베네치아 인들처럼 행동하는 자에게는 언제나 생겨난다. 행운이 함께할 때는 오만하고 불운이 찾아올 때는 비굴해지는 이런 처신은 사람의 평소 행동 방식과 그 사람을 키운 교육에서 비롯된다. 교육이 서투르고 공허하면 배우는 이들도 그처럼 변하고 만다. 하지만 교육이 그와 정반대로 주도면밀하고 충실하다면 배우는 이들은 다른 운명을 맞이한다. 그들은 교육을 통해 세상에 관해 더 잘 알게 되고, 그로 인해 행운에 덜 기뻐하고 불운에 덜 슬퍼한다. 어떤 개인의 장단점에 대해서 말한 것은 무엇이 되었든 공화국에 사는 다수의 사람들에게도 적용된다. 그들은 공화국에서 운영되는 삶의 방식을 고스란히 반영하기 때문이다.

모든 국가의 근간은 훌륭한 군대이고, 현실이 그렇지 못한 나라는 훌륭한 법과 그 외의 훌륭한 것들이 존재할 수 없다는 점을 다른 곳(『군주론』 12장)에서 이야기했지만, 나는 이를 반복해서 말하고 싶다. 왜냐하면 리비우스의 역사서를 읽으면 거의 모든 페이지에서 이런 필요성이 명백하게 드러나기 때문이다. 훈련이 되지 않은 군대는 훌륭할 수 없으며, 자국민으로 구성된 군대가 아니면 제대로 훈련시킬 수 없다. 늘 전쟁 중인 나라는 없으며 그러기도 불가능하니까, 평화로운 시기에 미리 미리 군대를 훈련시켜야 한다. 또한 엄청난 훈련비 때문에라도 자국민이 아닌 다른 이들을 훈련시키는 일은 현실성이 없다. 앞서 언급한 것처럼, 카밀루스가 군대를 이끌고 에트루리아 인들을 상대했을 때, 그의 병사들은 적의 군세를 보고 모두 두려워했다. 아군이 에트루리아군과 비교하면 너무도 열등해 보였기에 상대방의 공격을 버텨낼 수 없다고 본 것이다. 전장에서 이런 겁먹은 태도를 보였다는 소식이 카밀루스의 귀에 들어가자, 그는 병사들 사이로 파고들어가 진영 곳곳을 오가며 이런저런 병사들과 이야기를 나눠 그들의 머릿속으로부터 비겁한 생각을 몰아냈다. 마지막으로 카밀루스는 아무런 구체적 명령을 내리지 않은 채 병사들에게 이렇게 명령했다. "제군들, 훈련하여 익숙해진 방식으로 행동하라."

적과 맞서기 위한 충분한 용기를 심어주려고 그가 보여준 방법과 그의 발언을 신중히 고려한 사람이라면 평시든 전시든 잘 조직되고 훈련된 군대가 아니었더라면 카밀루스가 그런 말이나 행동을 하지 못했으리라 점을 깨달았을 것이다. 지휘관은 어떤 대처를 해야 하는지 배우지 못한 병사들을 신뢰할 수 없고, 따라서 그들이 훌륭하게 싸우리라는 믿음을 가질 수도 없다. 설혹 한니발에 필적하는 장군이 새로이 나타나 그런 미숙한 병사들을 지휘한다고 하더라도 그는 결국 몰락하게 될 것이다. 지휘관은 전투가 맹렬하게 진행되는 동안 모든 곳에 나타날 수 없기에, 먼저 곳곳에 자신과 같은 정신, 원칙, 행동 방식을 가진 이들을 배치해 놓아야 패배하지 않는다. 이렇게 하지 않는다면 그는 필연적으로 몰락할 수밖에 없다. 그러므로 어떤 도시가 로마처럼 잘 무장되고 조직되고 그 안의 시민들도 늘 공적으로나 사적으로나 자신의 능력과 운명의 힘을 시험할 기회를 가지고 있다면, 그들은 어떤 경우든 변함없는 정신으로 행동할 것이고 또한 전과 같은 위엄을 유지할 것이다. 하지만 무장도 되어 있지 않고 능력보다는 운명의 시험에 의존하는 도시는 운명의 변화에 따라 도시의 형편이 바뀔 것이고 결국 베네치아와 같은 꼴이 될 것이다.

제32장

일부의 사람들이
평화를 교란하기 위해
활용한 방법들

로마의 식민지였던 키르케와 벨리트라이는 라티움 인들이 보호해 줄 것이라는 기대로 로마 인들에게 반란을 일으켰지만, 이후 라티움 인들은 로마에 정복되었고 더 이상 희망을 가질 수가 없었다. 따라서 두 식민지의 시민들 다수는 로마에 사절을 보내 원로원의 자비를 간청해야 한다고 조언했다. 이어 그렇게 하기로 결정이 됐지만 그 방안은 처벌을 받을까 전전긍긍하던 반란 주모자들에 의해 뒤집혔다. 평화에 관한 논의를 없애기 위해, 반란 주모자들은 군중을 선동하여 무기를 들게 하고 로마 국경을 건너 공격하게 했다.

  누군가가 민중이나 군주가 협정을 맺으려는 의향을 포기하게 만들 생각이라면, 그 민중이나 군주로 하여금 협정을 맺기 원하는 상대에게 심각하게 부정한 행위를 저지르게 만드는 것처럼 정확하고 항구적인 대책은 없다. 왜냐하면 일단 그런 행위를 저지르면 그 잘못에 합당한 처벌을 받는 것이 두려워 협정을 맺으려는 마음이 사라지기 때문이다. 카르타고 인들이 로마 인들을 상대로 벌인 첫 전쟁 이후, 시칠리아와 사르데냐에서 전쟁을 하기 위해 카르타고에 고용된 병사들은 평화 협정이 체결되자 아프리카로 돌아가게 되었다. 하지만 그들은 급여에 불만이 많았고, 이에 카르타고 인들을 상대로 무기를 들고 일어났다. 병사들은 마토와 스펜디우스를 지도자로 삼고 많은 카르타고의 도시를 장악하고 약탈했다. 처음에 카르타고 인들은 무력 충돌을 제외한 모든 수단을 시도하면서 하스드루발(Hasdrubal: 한니발의 동생과 동명이인)이라는 시민을 그 반란자들에게 사절로 보냈다. 하스드루발이 반란 병사들의 과거 지휘관이었기 때문에 그들에게 어느 정도 권위를 세울 수 있으리라 판단한 것이었다. 하스드루발이 도착했을 때, 스펜디우스와 마토는 병사들이 카르타고 인들과의 평화 협정에 기대를 걸지 않고 계속 전쟁에 몰두하도록 유도하려 했고, 그래서 포로로 잡은 카르타고 시민 전원과 함께 하스드루발을 죽이는 것이 낫다고 조언하며 설득했다. 그 결과로 반란군은 하스드루발과 카르타고 인 포로들을 죽인 것은 물론이고 죽이기 전에 셀 수 없는 고문을 가했다. 이런 사악한 행위에 더하여 그들은 앞으로 잡히는 카르타고 인은 모두 이처럼 죽이겠다고 선포했다. 이런 결정과 실행은 반란군이 카르타고 인들을 상대로 아주 잔인하고 완고하게 행동하도록 만들었다.

제33장

군대가 전투에 이기려면
먼저 그 자신과
지휘관을 믿어야 한다

군대가 전투에서 승리하려면 그 자신에 대하여 확신을 가져야 한다. 그래야 어떤 일이 벌어져도 반드시 승리한다고 믿게 되기 때문이다. 군대는 잘 무장하고 조직되어 병사들이 서로를 알게 되면 승리의 확신을 가지게 된다. 이런 확신이나 조직력은 함께 태어나고 자란 병사들 사이에서만 생겨난다. 지휘관은 언제나 그 신중함을 신뢰받아서 휘하 군대가 그를 존경하게 해야 한다. 병사들은 지휘관이 조직적이고, 주의 깊고, 용맹하고, 자신의 자리에 맞는 위엄을 보이는 훌륭한 명성의 인사라면 그에게 항상 신뢰를 보낼 것이다. 지휘관은 잘못을 처벌하고, 병사들이 무익한 일을 피하게 하고, 승리하는 손쉬운 방법을 약속하거나 보여주고, 멀리서 보면 위험하게 보일 수도 있는 것을 은폐하거나 경시하는 행동 등을 함으로써 위엄을 유지할 수 있다. 이런 원칙들이 효율적으로 준수될 때 군대는 지휘관을 강력하게 신뢰하게 되고, 그런 신뢰를 바탕으로 승리하게 된다.

로마 인들은 종교라는 수단으로 군대에 확신을 불어넣곤 했다. 따라서 집정관을 임명하거나, 병사들을 동원하거나, 진군하거나, 전투에 돌입할 때 그들은 점치는 의식을 거행했다. 훌륭하고 현명한 지휘관은 군사 행동을 하기 전에 반드시 복점을 했는데, 이는 병사들에게 신들이 그들의 편이라는 점을 먼저 각인시키지 못하면 쉽게 패배할 수 있음을 파악했기 때문이다. 만약 어떤 집정관이나 지휘관이 복점 결과와 반대로 싸웠다면, 로마 인들은 클라우디우스 풀케르의 경우처럼 그를 처벌했을 것이다. 로마 역사 전반에서 이런 점을 발견할 수 있는데, 그중에서도 리비우스가 아피우스 클라우디우스의 입을 통해 한 말은 아주 명확한 증거이다. 그는 평민들에게 호민관의 오만을 호소하며 그들이 복점과 그 외의 종교에 관한 문제를 부패시키는 일을 묵인한다면서 이렇게 말했다. "호민관들은 이렇게 말합니다. '성스러운 새가 먹이를 먹지 않는 것, 새장에서 천천히 나오는 것, 불길한 울음을 내는 것, 그래, 대체 이게 무슨 상관이란 말이요?' 물론 사소한 문제입니다. 하지만 선조들께선 사소한 문제라도 경멸하지 않으셨습니다. 그렇기에 이 공화국을 그토록 위대하게 세우실 수 있었습니다."

이런 사소한 문제에 병사들을 단결시키고 확신시키는 힘이 있고, 그 힘은 모든 승리의 주된 원인이다. 하지만 그런 일은 반드시 출중한 능력이 동반되어야 한다. 그렇지 않으면 아무런 가치도 없다. 프라이네스테 인들은 전장에서 로마 인들과 상대하게 되었을 때 알리아 강 근처에 진을 쳤다. 이 장소는 로마 인들이 갈리아 인들에게 패배했던 바로 그 장소였다. 그들은 아군 병사들에게 확신을 불어넣고 로마군에겐 예전의 불운을 떠올려 겁줄 생각으로 거기에 진을 친 것이었다. 비록 프라이네스테 인들의 결정은 앞서 논한 이유로 적절한 것이었지만, 일의 결말은 진정한 능력은 사소한 정황을 두려워하지 않는다는 점을 보여주었다. 리비우스는 사마관과 대화하는 독재관의 입을 빌려 이를 아주 잘 보여준다. "적은 예전 우리에게 닥친 불운을 믿고 알리아에 진을 친 모양이구려. 우리의 무기와 사기를 믿고 단숨에 적의 중심으로 돌격하시오."

따라서 진정한 능력, 훌륭한 조직력, 그리고 수많은 승리에서 얻은 확신은 단기간에 사라지지 않는다. 또한 그런 것을 지닌 군대는 공허한 것을 보고 두려워하지 않으며, 약간의 무질서가 생기더라도 해를 입지 않는다. 이는 두 만리우스(Manlii)가 집정관으로서 볼스키 인들과 맞섰을 때의 사례로 분명해진다. 그들은 무모하게 군대의 일부를 약탈하는 데 파견했고, 그 결과 약탈을 떠난 군대와 남은 군대가 동시에 공격을 당하게 되었다. 하지만 이런 위험한 상황에서 로마군을 구한 건 집정관들의 신중함이 아닌 병사들의 출중한 능력이었다. 리비우스는 이렇게 기록했다. "지시하는 지휘관이 없을 때도 망설이지 않은 병사들의 용기 덕분에 로마 인들은 구원받는 행운을 누렸다."

나는 에트루리아로 처음 군대를 이끌고 갔을 때 파비우스가 아군에게 확신을 심어주기 위해 채택한 방책도 언급하고 싶다. 새로운 영토로 들어가 새로운 적을 상대하게 되었기 때문에 파비우스는 확신이 더욱 필요하다고 생각했다. 그는 전투 전에 병사들에게 연설하는 중 승리를 기대할 수 있는 많은 이유가 있고, 승리가 확실하다는 것을 알려 주는 특정 훌륭한 사항들을 실제로 말할 수도 있지만 그것을 밝히면 위험에 빠질 수 있기 때문에 그렇게 하지 않겠다고 했다. 이 방법은 아주 현명하게 활용되었으므로 모방할 가치가 있다.

제34장

어떤 부류의 명성, 풍문, 혹은 견해 덕분에
사람들이 한 시민에게 호의를 보내는가?
사람들은 행정관을 임명할 때
군주보다 더욱 신중함을 보이는가?

우리는 다른 곳에서(『사론』 1-11) 나중엔 토르콰투스로 불린 티투스 만리우스가 호민관 마르쿠스 폼포니우스의 고발로부터 그의 아버지 루키우스 만리우스를 어떻게 구해 냈는지에 관해 논했다. 비록 구원 방식이 폭력적이고 터무니없었지만, 그럼에도 불구하고 아버지를 향한 그의 효심은 군중을 아주 흡족하게 했다. 따라서 티투스는 이후 책망을 받지 않았을 뿐만 아니라, 군단 사령관을 선출할 때가 되자 부사령관에 선출되기도 했다. 그의 성공 때문에 나는 사람들이 공직을 임명하면서 후보를 판단하는 방법과, 위에서 결론을 내린 것처럼 사람들이 군주보다 더 나은 임명을 하는 게 사실인지 살펴보려 한다.

사람을 알아보는 세 가지 방법: 명성, 친구, 행동

그러므로 공직을 임명함에 있어 후보자가 행동으로 보여준 것이 없어 그를 잘 모르는 경우에는 그 후보에 관한 세간의 소문이나 평판을 따르거나, 아니면 그에 관한 추정이나 판단을 근거로 삼게 된다. 이 두 가지 (소문과 추정)는 후보의 조상이 도시 발전에 기여한 훌륭한 사람이기에 후보의 행동이 그와는 정반대라는 점이 드러나지 않는 한, 도시의 모든 사람들이 후보가 조상과 비슷한 사람일 것이라고 생각한다는 사실에서 유래하거나, 아니면 후보가 보이는 행동 양식에서 유래한다. 후보가 채택할 수 있는 최선의 행동 양식은 모두가 현명하다고 여기는 훌륭한 습관을 지닌 진지한 사람들을 벗으로 두는 것이다. 주변에 있는 벗보다 어떤 사람을 더 잘 보여주는 것도 없다. 정직한 벗과 사귀는 이는 명성을 얻을 수밖에 없는데, 이는 가까이하는 벗들은 서로 닮기 때문이다.

아니면 명예로운 성공을 거둔 비범하고 눈부신 행위(비록 사적인 것이더라도)를 통해 대중의 인정을 얻는 법도 있다. 위에서 언급한 훌륭한 명성을 가져다주는 세 가지 중에서, 가장 나은 방법은 마지막의 것이다. 친척이나 조상으로부터 명성을 얻는 첫 번째 방법은 잘못되기가 너무 쉽기에 사람들은 이와 관련하여 신중한 모습을 보인다. 거기다 후보의 실제 능력이 명성에 걸맞지 않는다는 판단이 들면 단기간에 얻은 명성은 속절없이 사라져버린다. 벗으로 인해 인정받는 두 번째 방법은 첫 번째보다는 낫지만 세 번째에 비해선 굉장히 열등하다. 능력을 보이지 못하면 당신의 명성은 남들의 의견에 기대어야 하는데 그 의견이라는 것은 아주 간단히 사라져버린다. 하지만 후보자에 관련한 사실과 후보자의 행동에 근거를 두고 나타나는 세 번째 방법은 처음부터 구체적이고 단단한 명성을 부여한다. 이런 명성이 소멸되려면 이뤘던 성취에 반대되는 많은 일들이 나타나야 한다.

공화국에서 태어난 사람은 반드시 세 번째 방법을 선택해야 한다. 따라서 비범한 행동을 통해 이름을 떨치기 위해 부단한 노력을 해야만 한다. 로마에선 많은 이들이 젊을 때 그런 방법을 선택했다. 그들은 공익을 위한 법을 공표하거나 권력을 쥔 시민을 법률 위반으로 고발하거나 아니면 이 두 가지와 비슷할 정도로 두드러지거나 혁신적인 행동을 하여 시민들의 입에 오르내리는 것으로 명성을 얻으려 했다. 이런 행동은 처음에 명성을 얻기 위해서도 필요하지만, 얻은 명성을 유지하고 키우기 위해서도 필요하다. 명성의 유지를 위해선 자신의 명성을 새롭게 할 필요가 있는데, 티투스 만리우스는 평생 그런 모습을 보였다. 그는 대단히 능숙하고 비범하게 아버지를 고발로부터 지켜내 초기의 명성을 얻었고, 그로부터 몇 년 뒤 저 유명한 갈리아 인과의 결투를 벌여 승리하고 갈리아 인이 차고 있던 금목걸이를 빼앗았다. 이 덕분에 만리우스는 토르콰투스라는 이름을 얻었다. 그는 이 정도도 충분치 않았는지 나중에 원숙한 나이가 되었을 때는 적에게 승리를 거두었는데도 불구하고 자신의 허락 없이 전투를 벌였다는 이유로 자신의 아들을 사형에 처했다. 이 세 가지 행동은 그에게 엄청난 명성을 가져다주었고 몇 세기 동안 칭송을 받게 했다. 만리우스는 다른 로마 인들 못지않은 전공을 세웠으나 전공의 명성은 방금 언급한 세 가지 행동이 가져온 명성에는 미치지 못했다. 이렇게 명성의 차이가 있는 것은, 만리우스만큼 전공을 세운 사람은 굉장히 많지만, 만리우스 같은 행동을 한 사람은 거의 없거나 아예 없었기 때문이다.

뛰어난 언행은 명성을 가져온다

대(大) 스키피오(Scipio the Elder)는 전공으로 얻은 영예도 상당하지만, 청년 시절에 보여준 행동들로 그보다 더 큰 영예를 얻었다. 그는 티키누스 강에서 한니발 군대와 싸우다가 부상당한 아버지를 죽음으로부터 구해냈고, 이후엔 칸나이에서 완패당한 뒤 칼을 뽑아들며 로마 청년들에게 이탈리아 반도를 포기하지 않을 것이라고 맹세하도록 강요했다. 실제로 청년들 중엔 반도 포기를 결심한 이들도 있었다. 이 두 가지 행동은 스키피오가 떨친 명성의 기반이었고, 스페인과 아프리카에서 거둔 승리의 발판이 되었다. 그의 명성은 스페인에서 딸을 아버지에게, 아내를 남편에게 돌려보낸 일로 더욱 높아지게 되었다.[리비우스, 『로마사』 26. 50을 보면 스페인 여자는 아내가 아니라 약혼녀이다. 참조 〈용어·인명 풀이〉, 스키피오.-옮긴이] 이런 행동 방식은 공화국에서 명예와 명성을 얻길 원하는 시민들에게 필요할 뿐만 아니라, 군주가 나라에서 자신의 명성을 유지하기 위해서도 필요하다. 공익에 부합하는 탁월한 언행을 통해 두드러진 사례를 남기는 것보다 더 존경을 얻을 수 있는 방법은 없다. 이런 언행은 군주를 관대하고, 자비롭고, 정의롭게 보이게 할 것이며 이를 통해 군주는 국민들 사이에서 일화의 주인공이 된다.

이제 시작했던 논의로 되돌아가도록 하자. 사람들이 어떤 후보에게 지위를 승인할 때 앞서 논한 세 가지 이유를 근거로 결정을 내린다면, 일을 그르치는 경우가 거의 없을 것이다. 하지만 나중에 선출된 시민이 훌륭한 행동을 보여주는 많은 사례를 만들어내 더욱 이름을 떨치게 된다면, 더 나은 근거를 갖게 되는 셈이다. 왜냐하면 그런 경우 사람들은 거의 속는 일이 없기 때문이다. 여태까지 나는 시작 단계에 있는, 즉 꾸준한 경험을 통해 이름을 알리기 전, 혹은 어떤 행동 영역에서 다른 행동 영역으로 옮겨 가기 전에 있는 시민에게 지위가 주어지는 경우에 관해서만 이야기했다. 그런데 이런 임명의 문제와 편견 및 부패에 관한 문제라면 사람들은 늘 군주보다 덜 잘못을 저지른다.

하지만 사람들도 명성, 판단, 행동에 의해 속을 수 있으며, 그로 인해 실제보다 어떤 후보를 더 훌륭하게 여길 수 있다. 이런 문제는 군주에게는 일어나지 않는데, 측근의 조언자가 이를 사전에 말해 주고 경고하기 때문이다. 따라서 민중들도 그런 조언을 받을 수 있도록 공화국을 훌륭하게 조직하는 이들이 그에 상응하는 조치를 취했다. 도시 최고 지위에 부적합한 사람이 선출되면 국정이 위험해질 것은 자명하다. 따라서 민중이 부적합한 사람을 그런 자리에 임명하길 바라는 경우엔, 그 후보의 결점에 관해 대중 연설을 할 수 있는 권리가 시민에게 부여되었다. 이 경우 어떤 시민이 그런 비난 연설을 하면 그는 명예를 얻었다. 그 결과 사람들은 공직 후보자에 관해 더 잘 알게 되었고, 더 나은 판단을 할 수 있었다.

이것이 로마에서 하나의 관습이었다는 점은 제2차 포에니 전쟁 동안 파비우스 막시무스가 시민들에게 한 연설로 증명된다. 집정관을 선출하는 과정에서 시민들은 티투스 오타킬리우스를 임명하길 바랐는데, 당시 파비우스는 그가 집정관 직을 수행하기엔 부적합하다고 판단하여 반대 연설을 펼쳤다. 파비우스는 연설을 통해 티투스의 자질 부족을 지적했고, 시민들은 이에 그 사람을 포기하고 더 자격 있는 사람을 임명하는 쪽으로 선회했다. 따라서 행정관의 선출에서 사람들은 가장 정확하다고 생각되는 근거에 따라 후보자를 판단한다. 군주처럼 조언을 받을 수 있을 때, 사람들은 군주보다는 잘못을 덜 저지르게 된다. 대중의 호의를 얻길 바라는 시민이라면 반드시 티투스 만리우스가 그랬던 것처럼 먼저 뛰어난 업적을 달성해야 한다.

제35장

적극적으로 일에 관한 조언을 함으로써
직면하게 될 위험엔 어떤 것이 있으며,
그 일이 비범한 것일 때
그런 위험은 얼마나 더 위험해지는가?

많은 사람들을 위해 새로운 일을 주도하고, 그 일을 지시하고 실행하며, 그 일이 수행된 이후 유지하는 것이 얼마나 위험한지는 여기서 논하기엔 너무도 엄청난 주제이다. 따라서 그것은 좀 더 형편이 좋을 때로 미루고 여기서 내가 우선 논할 것은 다음과 같다. 심각하고 중요한 문제에서 시민이나 군주의 조언자가 주도적인 역할을 하면 그 문제에 관한 모든 제안의 결과를 책임져야 하는데, 이렇게 될 경우에 초래되는 위험이 바로 이번 장의 논제이다. 사람들은 결과로 일을 판단하기 때문에, 발생되는 모든 해로운 결과는 그 조언자의 책임으로 돌아간다. 만약 일이 잘 풀리면 찬사를 받겠지만, 보상은 비난에 비하면 아주 미미한 수준이다.

위대한 황제라 불리는 현재의 술탄 셀림은 그 고장에서 온 이들이 알려 준 바에 따르면 시리아와 이집트를 상대로 전쟁 준비를 했는데, 이때 페르시아와의 국경을 지키던 한 사령관이 그에게 소피아를 공격하라고 권유했다. 이 조언에 고무된 술탄은 대군을 이끌고 침공했지만, 페르시아라는 광대한 나라는 사막은 많지만 강은 별로 없어 술탄은 예전에 많은 로마군을 무너뜨렸던 수많은 장애를 만나게 되었다. 이런 장애물에 너무도 압도당한 나머지 술탄은 전쟁에서 승리했음에도 불구하고 많은 병사를 기근과 역병으로 잃었다. 따라서 이런 일을 벌이게 조언한 사령관에게 격분한 술탄은 결국 그를 처형해 버렸다.

우리는 또한 어떤 모험을 지지하던 시민들이 결과가 비참하게 나타났을 때 얼마나 많이 추방되었는지 잘 알고 있다. 로마에서 최초로 평민을 집정관으로 선출했을 때, 이를 주도하던 시민들이 있었다. 하지만 이 최초의 평민 집정관은 군대를 이끌고 나갔다 패배했는데, 그가 선출되도록 주도한 시민들은 강한 파벌이 지켜주지 않았더라면 분명 그에 따른 처벌을 받았을 것이다.

사람들은 일의 결과로 선악을 판단한다

따라서 공화국과 군주에게 조언하는 사람이 다음과 같은 곤경에 처하게 된다. 즉, 도시나 군주에게 기탄없이 유용한 방침을 권하지 않는다면, 그는 의무를 다하지 않은 것이 된다. 그렇지만 조언을 하게 된다면 지위는 물론 목숨마저 위험해진다. 왜냐하면 모든 사람은 결과에 의해 조언이 좋은지 나쁜지를 판단하는 맹목적인 모습을 보이기 때문이다. 이런 오명이나 위험을 피할 수 있는 방법을 숙고한 결과, 나는 적당한 사업을 선택하여 조언하고, 절대 자신의 일인 것처럼 몰입하지 않으며, 자신의 생각을 열정적으로 말하지 않고 또 겸손하게 그 생각을 옹호하는 것 외엔 방도가 없다고 생각한다.

따라서 도시나 군주가 그 조언을 따른다면 그들이 기꺼이 조언을 따르는 모양새가 되어야지 조언자의 고집을 따라가는 모양새가 되어서는 안 된다. 이런 식으로 행동했는데도 군주나 시민들이 그 조언자를 처벌하려고 하면 그건 부당한 일이 된다. 조언자의 조언이 많은 이들의 뜻을 거스르지 않았기 때문이다. 실제로 많은 사람들이 조언자에게 반대할 경우 위험이 따른다. 나중에 바람직하지 않은 결과가 나타나면 그들은 조언자를 파멸시키려고 할 것이기 때문이다. 많은 이들의 반대에도 조언을 하여 좋은 결과가 났다면 영예를 얻을 것인데, 이런 경우에는 설사 영예를 받지 못하더라도 두 가지 이점이 있다. 첫째는 덜 위험하다는 것이다. 둘째는 겸손하게 조언했지만 반대를 만나 채택되지 못했는데 다른 사람의 조언에 따른 일이 참사를 불러오면 오히려 더한 영예를 얻게 된다는 점이다. 당신의 도시나 군주가 겪는 피해를 통해 얻은 영예는 그리 즐길 만한 일은 아니지만, 한번 고려해 볼 만한 사항이다.

조언은 침묵과 발언의 때를 가려야 한다

나는 이 문제에 관해서 다른 조언을 하는 것이 불가능하다고 본다. 왜냐하면 내가 입 다물고 아무 말도 하지 말라고 하면 그것은 공화국이나 군주에게 무익한 일이 되고 또 위험을 피하지도 못할 것이기 때문이다. 또한 가만히 있는 자는 굉장히 빠르게 의심을 받게 된다. 마케도니아의 왕 페르세우스의 친구에게 일어났던 일이 바로 그런 경우다. 아이밀리우스 파울루스에게 패배한 뒤 페르세우스는 몇 안 되는 측근들과 함께 도망쳤는데, 과거의 일을 되짚는 과정에서 그들 중 한 사람이 페르세우스에게 이런 몰락의 이유가 된, 그가 저지른 수많은 잘못을 지적하기 시작했다. 이에 그 측근을 노려보며 페르세우스는 이렇게 소리쳤다. "이 역적! 그래서 네놈은 이렇게 대책 없는 상황에 빠질 때까지 그런 말을 참고 있었구나!" 이 말과 함께 페르세우스는 직접 그의 손으로 그 측근을 죽였다. 그 측근은 말을 해야 할 때 침묵하고 침묵해야 할 때 말을 해서 중벌을 받은 것이었다. 그는 조언을 하지 않은 자에게 발생하는 위험을 피하지 못한 것이다. 그래서 앞에서 언급한 한도를 준수하고 중요시하는 것이 최선이다.

제36장

갈리아 인들(프랑스 인들)이 예나 지금이나
전투 초기엔 누구보다 남자답지만 나중에
여자보다 못한 모습을 보이는 이유

아니오(Anio) 강 근처에서 로마 인들을 도발하며 자신과 싸움을 하자고 외친 한 갈리아 인의 광포함과 이에 응해 티투스 만리우스가 그와 분투한 사건을 살펴보면 리비우스가 여러 차례 했던 말이 생각난다. 그것은 바로 갈리아 인들이 전투 초기엔 누구보다 남자답지만 계속되면 여자보다 못한 모습이 드러난다는 점이다. 이런 이유를 숙고한 많은 이들은 그들의 본성이 그런 식으로 형성되었다고 생각하는데, 나도 그것이 맞다고 본다. 하지만 열심히 훈련을 하더라도 초반에 맹렬한 갈리아 인들의 본성이 끝까지 유지될 수 없다는 주장은 옳지 않다.

군대의 핵심은 용맹과 기강

이를 증명하기 위해 군대는 세 부류가 있다는 것을 지적하고자 한다. 첫째는 맹위와 질서를 모두 가진 군대다. 로마군이 그랬듯, 맹위와 출중한 능력은 질서에서 나타난다. 오랜 군율을 지켜왔기에 로마군은 훌륭한 조직력을 가졌고 이것은 역사 속에서 명백히 확인된다. 잘 조직된 군대에선 원칙에 부합하지 않으면 아무도 군사적 행동을 하지 않는다. 이런 이유로, 세계를 정복하여 다른 모든 군대의 모범이 된 로마군은 집정관의 명령 없이는 먹지도, 자지도, 군사나 국내 문제에 관련된 그 어떠한 행동도 하지 않았다. 이와 다르게 행동하는 군대는 진정한 군대가 아니며, 그들이 어떻게든 일을 성취했다면 그것은 맹위나 성급함으로 해낸 것이지 출중한 능력을 바탕으로 성취한 것이 아니다.

하지만 잘 조직된 능력이 올바른 방법으로 적시에 맹위를 떨치게 하면, 어떤 곤경도 그 군대를 겁먹게 할 수 없고 또한 그들로부터 용기를 빼앗을 수도 없다. 왜냐하면 훌륭한 제도는 승리를 목적으로 양성된 군대의 용기와 맹위를 날마다 지원하고, 그 제도가 버티고 있는 한 승리의 희망은 결코 사라지지 않는다. 대개 전투에서 패배하는 갈리아군처럼 맹위만 있고 질서가 없는 군대에는 위와는 정반대의 상황이 나타난다. 갈리아군은 아군의 맹위에 큰 기대를 걸었지만 이는 잘 조직된 능력으로 유지된 것이 아니었다. 그리하여 그들은 의지할 곳이라곤 맹위밖에 없는 만큼 첫 번째 돌격에 모든 것을 걸었는데, 이것이 실패하자 맹위도 사그라지고 결국 패배하고 만 것이다. 이와는 반대로 로마 인들은 위험을 덜 두려워했다. 좋은 조직력이 있는 데다 승리를 의심하지 않았기에 처음부터 끝까지 동일한 용기와 능력으로 완강하게 싸웠다. 거기다 로마군은 전투에서 자극을 받으면 늘 더 맹렬하게 싸웠다.

세 번째 부류의 군대는 내재된 맹위도, 획득한 질서도 없는 군대이다. 우리 시대의 이탈리아 군대가 바로 여기에 해당한다. 이런 군대는 완전히 무익하고, 무슨 이유에서인지 도망부터 치고 보는 군대를 만나지 않는 한 절대로 승리를 거머쥘 수 없다. 따로 사례를 들 필요가 없을 정도로 이탈리아군은 그 어떤 능력도 없다는 것을 매일 증명하고 있다.

리비우스의 증언으로 누구나 훌륭한 군대와 조악한 군대가 어떻게 결성되는지 이해할 수 있는데, 그중에서도 나는 파피리우스 쿠르소르가 사마관인 파비우스를 처벌하기 위해 했던 말을 인용하고자 한다. 그는 이렇게 말했다. "(이처럼 독재관의 말을 무시한다면) 그 누구도 사람은 물론이고 신에게도 존경을 품지 않을 것이다. 장군의 명령이나 복점도 역시 신경 쓰지 않을 것이다. 병사들은 외출 허가도 받지 않은 채 호의적인 영토든 적대적인 영토든 제멋대로 배회할 것이다. 그들은 맹세는 아랑곳하지 않고 자기들 좋을 때 멋대로 의무를 저버릴 것이다. 지키는 사람이 없기에 기준은 없어질 것이다. 군대는 모이라는 지시에도 움직이지 않을 것이며, 낮이든 밤이든, 좋은 위치이든 나쁜 위치이든, 장군이 지시하든 금지하든 대열이나 진형을 유지하지 않고 제멋대로 싸울 것이다. 이 때문에 군대는 구래의 헌신적인 면모 대신 산적과 같은 맹목적이고 대중없는 모습을 보이게 될 것이다." 따라서 이런 글을 통해 우리는 현대의 군대가 맹목적이고 닥치는 대로 행동하는지, 아니면 엄숙한 맹세에 따라 의무를 다하고 있는지 정말 쉽게 알 수 있다. 또한 현대의 군대가 진정한 군대라고 불릴 수 있는 것과는 얼마나 비교도 할 수 없게 부족한지, 그리고 맹위와 훌륭한 조직력을 완벽히 갖춘 로마군, 혹은 단순히 맹위만 넘치는 갈리아군으로부터도 얼마나 동떨어져 있는지 쉽게 알 수 있다.

제37장

전투 전에 소규모 접전을 펼치는 것이 필요한가?
소규모 접전을 피하고 새로운 적을 이해하려면
어떤 일을 해야 하는가?

앞에서 논했듯이(『사론』1-2), 어떤 일을 완벽하게 결론을 내고자 하면 다양한 곤경이 생기는데, 그중에서도 선에 악이 너무도 쉽게 동반되는 곤경은 불가피해 보인다. 거기다 선과 악을 칼같이 분리하는 일은 불가능하다. 이런 곤경은 사람이 수행하는 모든 일에서 반드시 일어난다. 따라서 일상적이고 자연스러운 결점을 극복할 수 있도록 운명이 도와주지 않으면 선은 아주 어렵게 얻어진다. 이와 관련하여 내게 떠오른 점은 만리우스와 갈리아 인의 싸움이다. 해당 구절에서 리비우스는 이렇게 주장한다. "이 전투는 실제로 전쟁 전체에 엄청난 영향을 주었는데, 그 영향이 너무나 거대한 나머지 갈리아 인들은 놀라서 그 다음 날 밤 진지를 내버리고 티부르티움 영토로 후퇴했다. 그들은 티부르티움 인들과는 군사 동맹을 맺고 있었으므로, 그곳에서 보급을 많이 받은 뒤 곧 캄파니아로 이동했다."

　따라서 나는 훌륭한 지휘관은 아무리 사소한 것일지라도 아군에 나쁜 영향을 미칠 수 있는 일은 무슨 수를 써서든 피해야 한다고 생각한다. 왜냐하면 앞서 내가 요충지만 지키는 것을 비난했을 때 지적한 것처럼(『사론』1-23), 전군을 이용하지 않고 소규모 접전을 펼쳐 위험에 빠지는 것은 전적으로 무모한 일이기 때문이다.

반면 명성을 지닌 새로운 적과 조우하게 되었을 때 현명한 장군이라면 부득불 전투에 돌입하기 전에 소규모 접전을 통해 적의 전력 상태가 어느 정도인지 미리 파악하여 아군에게 알려 주어야 한다. 그렇게 적을 알고 대처해야 아군은 적의 명성으로 유발된 두려움을 없앨 수 있다. 이런 행동은 지휘관에게 지극히 중요한 일이다. 실제로 이런 필요성은 지휘관에게 거의 강요되는데, 우선 소규모 접전을 통해 적의 명성이 아군의 머릿속에 심은 두려움을 제거하지 않으면 패배로 기울 것은 명확하기 때문이다.

로마 인들은 발레리우스 코르비누스에게 군 지휘권을 주어 새로운 적인 삼니움 인들과 맞서게 했는데, 과거에 양측은 단 한 번도 무력을 겨룬 적이 없었다. 리비우스는 발레리우스가 군을 이끌고 소규모 접전을 벌였다고 기록했는데, 이는 병사들로 하여금 "낯선 전쟁과 적에 대한 두려움을 없애기 위해서"였다. 그렇지만 그런 소규모 접전에서 병사들이 패배하게 될 경우 굉장히 중대한 위험에 처하게 된다. 계획과는 정반대로 병사들의 두려움이 더욱 커지는 것이다. 즉, 그들을 안심시키기는커녕 두려움만 더 심어주게 된다.

선의 근처에는 늘 악이 어른거린다

그러므로 이 경우도 악이 선에 너무도 가까이 있는 문제에 해당한다. 선과 악은 너무도 밀접하게 결합되어 있어서 누군가가 선만 얻고자 해도 쉽게 악을 함께 얻게 된다. 나는 앞에서 훌륭한 지휘관은 예기치 못한 일로 인해 아군이 용기를 잃지 않도록 철저한 주의를 기울여 예방해야 한다고 말했다. 전투에서 패색(敗色)이 드리우면 병사들은 용기를 잃게 된다. 따라서 소규모 접전이 일어나는 것을 경계할 필요가 있으며, 막대한 이득이 있고 확실한 승리를 기대할 수 있을 때에만 접전을 허용해야 된다. 지휘관은 전군을 주둔시킬 수 없는 요충지를 지키는 일을 해서는 안된다. 또한 도시를 지키지 못할 경우 지휘관의 몰락을 가져오는 그런 도시에 주둔병을 두면 안 된다. 주둔병을 둔 도시는 반드시 주둔병과 지휘관의 군대가 잘 구성되어 적이 점령을 시도하면 지휘관이 온 힘을 기울여 대적할 수 있어야 한다. 그 외의 도시는 방어를 하지 말고 그대로 놔둬야 한다. 따라서 뭔가 포기하여 잃는다고 하더라도, 군대가 여전히 온전하다면 전쟁에서 지휘관의 명성과 승리의 희망은 상실되지 않는다. 하지만 모두가 지휘관이 지켜낼 것이라고 믿고 지휘관 역시 지키려고 했던 곳이 점령당하면 피해를 입게 된다. 그렇게 되면 갈리아 인들처럼 사소한 문제로 전쟁에서 패배하는 꼴이 되어버린다.

페르세우스의 아버지 마케도니아의 필리포스는 당시 굉장한 명성을 지닌 군사 지휘관이었다. 로마 인들에게 공격받자, 그는 지켜낼 수 없다고 판단한 많은 도시들을 포기하고 파괴했다. 필리포스는 참으로 신중했는데, 도시를 아무것도 아닌 것처럼 포기하고 파괴하는 것이 명성에 덜 해롭다고 보았다. 그것(도시를 포기하고 파괴하는 것)이 도시를 방어하려고 했으나 결국은 방어하지 못하는 것보다 더 나은 방법이라고 보았다. 칸나이의 완패 이후 비참한 상태에 빠졌을 때, 로마는 자국을 의존하는 많은 동맹 도시의 지원 요청을 거절하면서 가능한 한 최선을 다해 그들 스스로 도시를 지키라는 뜻을 전했다. 그런 방침은 그들을 위해 방어선을 구축했다 패배하는 것보다 훨씬 낫다. 이러한 방침이 실패하면 로마는 우방만 잃겠지만, 방어선을 구축했다가 실패하면 우방은 물론 국력까지 잃게 되기 때문이다.

지휘관은 진퇴의 시기를 잘 파악해야 한다

이제 소규모 접전의 문제로 되돌아가자. 지휘관이 새로운 적을 만났기 때문에 소규모 접전을 해야 한다면, 그는 반드시 패배할 위험이 없는 지극히 유리한 상황에서만 접전에 나서야 한다. 아니면 이탈리아를 약탈하기 위해 침공한 지극히 흉포한 킴브리 인들과 맞서기 위해 진군한 마리우스가 활용한 방법을 따라야 한다. 이는 실로 최고의 방법이라 할 수 있다. 킴브리 인들의 침공은 로마군에게 엄청난 두려움을 안겨주었다. 그들의 흉포함, 많은 병력, 그리고 이미 한 번 로마군을 무찌른 사실 등은 충분히 공포의 사유가 됐다. 따라서 마리우스는 전투 돌입에 앞서 적이 아군에게 심은 두려움을 해소하려면 어떤 선제적 행동이 필요하다고 판단했다. 지극히 신중한 지휘관이었던 그는 여러 번 아군을 킴브리 인들이 지나칠 장소에 배치했다. 마리우스는 방어 시설을 갖춘 진지에서 병사들이 킴브리 인들을 보고 눈에 익히도록 하려는 것이었다. 이후 로마군은 질서가 없는 킴브리 인들을 보게 되었다. 그들은 짐을 잔뜩 들고 있었는데, 일부는 무장을 게을리 하거나 아예 하지 않았다. 로마군은 이에 안심이 되었고, 오히려 전투를 바라게 되었다. 지휘관이라면 앞서 언급한 위험(미리 겁먹는 것)을 피하기 위해 마리우스가 현명한 결정을 한 모습을 반드시 주의 깊게 모방해야 한다. 그렇게 하면 "사소한 일에 두려움을 느끼고 티부르티움 영토로 후퇴한 뒤 캄파니아로 갔던" 갈리아 인들처럼 행동하는 일을 피할 수 있다. 이번 장에서 발레리우스 코르비누스를 언급했으므로, 다음 장에서는 그의 말을 통해 지휘관은 어떤 사람이어야 하는지 설명하도록 하겠다.

제38장

군대의 신임을 얻으려면 지휘관은
어떤 사람이어야 하는가?

위에서 언급했듯이, 발레리우스 코르비누스는 로마 인들에겐 새로운 적인 삼니움 인들과 맞서기 위해 군대를 이끌고 있었다. 병사들을 안심시키고 그들이 적과 익숙해지게 하기 위해, 그는 몇 차례의 소규모 접전을 펼쳤다. 하지만 이것으로도 불충분했기에 그는 전투 전에 병사들에게 연설을 하여 자신과 병사들의 출중한 능력을 인용하며 적을 얼마나 가볍게 여겨야 하는지를 굉장히 효율적으로 보여줬다. 여기서 리비우스는 지휘관이 군대의 신임을 얻으려면 어떻게 해야 하는지 발레리우스의 입을 빌려 다음과 같이 말하는데, 정말 주목할 만하다. "병사들은 여태까지의 전쟁에서 세운 영예로운 기록과 자신의 용맹에 확신을 갖고 전투에 임해야 한다. 그리고 전투에 임할 때 반드시 누구의 지휘와 보호를 받을 것인지 염두에 둬야 한다. 그 지휘관은 멋진 연설로 병사들의 관심을 끄는 사람인가, 말은 사납게 하지만 군사 작전은 잘 모르는 사람인가, 아니면 무기를 다루는 법, 군기(軍旗) 앞에 서는 법, 한창 전투가 진행되는 중 있어야 할 곳에 있는 법을 경험으로 아는 지휘관인가? 발레리우스는 이렇게 말했다. '제군들, 따를 것은 나의 말이 아니라 행동이다. 제군은 훈련 때뿐만 아니라 전투에서도 나를 모범으로 삼도록 하라. 나는 정치 파벌의 지원을 받지 않은 것은 물론이고, 귀족들이 사랑하는 음모로 혜택을 받은 적도 없다. 오로지 이 오른손만으로 세 번의 집정관 직과 드높은 찬사를 거머쥔 것이다.'"

지휘관은 말보다 행동이 중요하다

이 말을 세심히 검토하면 지휘관의 지위를 유지하길 바라는 사람은 어떻게 처신해야 하는지알 수 있다. 하지만 이것을 깨우치지 않는 이들은 시간이 흐르면서 지휘관의 지위가 운이나 야욕을 통해 유지가 되더라도 명성을 얻기는커녕 오히려 잃게 된다. 왜냐하면 지위가 사람을 유명하게 하는 것이 아니라, 사람이 지위를 유명하게 하기 때문이다. 이 장의 서두에서 주목했듯이, 훌륭한 지휘관은 생소한 적과 맞설 때 숙련된 군사들의 용기를 강화하기 위하여 비범한 방책을 활용한다. 그렇다면 적을 단 한 번도 만나보지 않은 새로운 군대를 지휘하게 된다면 지휘관은 더욱 빈틈없는 대책을 써야 하는데, 이것은 심사숙고해야 할 부분이다. 왜냐하면 새로운 적이 숙련된 군사들에게도 두려움을 안겨준다면, 미숙한 군대는 그 어떤 적을 만나더라도 그들보다 더한 두려움을 가질 것이기 때문이다. 그렇지만 우리는 훌륭한 지휘관들이 어떻게 극도의 신중함으로 그런 곤경들을 극복했는지 여러 차례 보았다. 다른 곳에서도 논했지만(『사론』 2-13), 실제로 로마의 그라쿠스나 테베의 에파미논다스는 새로운 군대를 가지고서도 잘 훈련된 경험 많은 군대를 완파하는 모습을 보였다.

두 지휘관이 활용한 방법은 다음과 같았다. 그들은 여러 달 동안 병사들에게 모의전을 경험하게 했고 이를 통해 복종과 훈련에 익숙해지게 함으로써 실전에서도 엄청난 확신을 가지고 임할 수 있게 했다. 따라서 군사 지휘관은 병사가 부족한 경우가 아니라면 훌륭한 군대를 만드는 자신의 능력에 대해 낙담하지 않아도 된다. 또한 군주는 국민은 많은데 병사가 없다고 국민들의 소심한 면에 대해 불평해선 안 된다. 그는 오히려 나태하고 신중치 못한 자신을 불평의 대상으로 삼아야 한다.

제39장

지휘관은 반드시
현장의 지리를 잘 알아야 한다

군 지휘관에게 필요한 것 중엔 현장과 지역에 관한 지식이 있다. 왜냐하면 그런 일반적이고 특정한 지식이 없으면 어떤 행동도 수행할 수 없기 때문이다. 실제로 모든 지식은 완전히 통달하려면 경험이 필요하고, 특히 이런 지리 관련 지식은 엄청난 경험을 필요로 한다. 이런 특정한 지식, 즉 지형에 관한 지식을 습득하기 위한 최고의 훈련은 다름 아닌 사냥이다. 따라서 고대 작가들은 당시 세계를 정복했던 영웅들이 숲과 사냥으로 성장했다고 언급했다. 사냥은 지형에 관한 지식을 제공해 주는 것 외에 전쟁에 필요한 수많은 사항들을 가르쳤기 때문이다. 키루스의 삶에 관해 서술한 크세노폰은 그가 아르메니아의 왕을 공격했을 때의 일 또한 기록으로 남겼다. 이때 키루스는 전쟁을 계획하고 실행하는 단계에서 병사들에게 자신과 함께한 무수한 사냥을 떠올리라고 하면서, 이 일은 그것과 다를 것이 없다고 말했다. 그는 산 정상에 매복하러 가는 병사들에겐 산등성이에 덫을 놓으러 가는 것과 유사한 일이라고 했으며, 지역을 정탐하는 병사들에겐 짐승을 굴에서 나오게 하여 덫에 걸리도록 하는 것과 유사한 일이라고 했다.

크세노폰이 확인한 바에 따르면 사냥은 전쟁의 모의실험이며, 이런 이유로 위인들은 사냥을 명예롭고 필수적인 것이라고 여겼다. 다른 지역에 관한 지식을 배울 때는 사냥만큼 편리한 수단도 없다. 사냥에 참가한 사람은 사냥하는 곳의 지세에 밝아지기 때문이다. 한 지역에 굉장히 익숙해지면 나중에 쉽게 모든 새로운 지역을 이해하게 된다. 왜냐하면 각 지역과 그 일부는 서로 유사성을 지니고 있어 한 곳의 지식이 쉽게 다른 곳의 지식으로 이어질 수 있기 때문이다. 하지만 한 지역과도 익숙하지 못한 사람은 다른 지역을 결코 알지 못하거나 알게 되더라도 아주 오랜 시간이 걸린다. 사냥 경험이 많은 사람은 평원의 지형, 산의 오름세, 계곡이 끝나는 부분 등을 과거에 탄탄하게 이해한 것을 바탕으로 순식간에 파악한다.

이 점이 사실이라는 것은 리비우스가 푸블리우스 데키우스의 사례를 통해 설명한다. 푸블리우스는 삼니움 인들을 상대하던 집정관 코르넬리우스를 따라 보병 대장으로 참전했는데, 그는 집정관이 군을 이끌고 삼니움 인들에게 포위될지 모르는 계곡으로 들어가려 하자 굉장히 위험하다는 것을 깨닫고 이렇게 말했다. "집정관님, 적의 위에 솟은 언덕 꼭대기가 보이십니까? 빨리 움직여 점령한다면, 저기가 바로 우리가 희망과 안전을 찾을 수 있는 방어벽이 될 겁니다. 삼니움 인들은 저곳을 내버려둘 정도로 안목이 없으니까요." 푸블리우스가 이 말을 꺼내기 전, 리비우스는 이미 이런 기록을 남겼다. "군사령관인 푸블리우스 데키우스는 숲 위에 솟은, 적의 진영을 내려다볼 수 있는 외딴 언덕을 발견했다. 제대로 무장한 군대는 그곳에 접근하기 어렵겠지만, 가볍게 무장한 군대엔 쉬운 일이었다." 따라서 집정관은 푸블리우스에게 3천의 군사를 주어 언덕 정상으로 보냈다. 이후 그는 다른 곳의 로마군을 구하는 것은 물론이요 자신과 자신이 이끄는 병사들을 구하기 위해 밤이 되자 계획한 대로 움직였다. 리비우스는 푸블리우스의 입을 빌려 이렇게 말한다. "'자, 이제 나를 따르라. 햇빛이 조금이라도 남아 있을 때 적의 경계초소가 있는 위치와 탈출할 곳의 위치를 봐두어야 한다.' 일반 병사의 망토를 두른 그는 백인대장에게도 같은 것을 걸치게 한 뒤 모든 사항을 살폈다. 따라서 적은 정찰대에 지휘관이 있다는 것을 알 수가 없었다."

　따라서 이 구절을 검토한 사람은 다른 지형의 특징을 아는 것이 지휘관에게 얼마나 유용하고 필수적인지 파악할 것이다. 푸블리우스가 이런 일을 잘 알지 못했다면 그는 언덕을 점령하는 일이 로마군에 얼마나 유용한지 판단하지 못했을 것이다. 그렇다면 또한 언덕이 접근할 수 있는지 없는지 멀리서 알아볼 수도 없었을 것이다. 또 부하들을 이끌고 정상에 오른 이후에도, 적에게 포위된 집정관을 지원하러 가야 할 때, 멀리서 탈출 경로와 적이 지키는 곳을 미리 찾아내지도 못했을 것이다. 하지만 푸블리우스는 지리에 대하여 완벽한 지식을 가지고 있었으므로 언덕을 점령하여 로마군을 구해냈고, 나중에 포위되었을 때 자신과 휘하 병사들이 안전하게 빠져나갈 수 있는 길을 찾아낼 수 있었다.

제40장

전쟁 수행 중에 속임수를 활용하는 일이
어째서 영광스러운가?

모든 행동을 할 때마다 속임수를 쓴다면 혐오스럽겠지만, 전쟁을 수행할 때의 속임수는 칭찬할 만하고 영광스러운 것이다. 적에게 승리를 거두기 위해 속임수를 쓴 사람은 무력으로 적에게 승리를 얻은 사람만큼이나 칭송받을 만하다. 이런 점은 위인의 삶에 관한 글을 쓴 이들의 판단에서 명백하게 드러난다. 그들은 한니발이나 그 외에 굉장한 명성을 얻은 무장들이 전쟁에서 속임수를 잘 사용했다고 칭찬하고 있다. 이에 관해선 참고할 사례가 많기에, 여기서 내가 반복하지는 않겠다. 단 언약과 협정을 파기하게 만드는 속임수는 그리 영광스럽지 못하다는 점만 말하겠다. 위에서 논한 대로, 그런 부류의 속임수로는 나라는 얻을지언정 영예는 결코 얻을 수 없다. 내가 말하는 부류의 속임수는 당신을 신뢰하지 않는 적에게 써먹는 것으로서, 특히 전쟁 수행에 관련된 것이다. 한니발이 페루자의 호수에서 집정관과 로마군을 끌어들이기 위해 위장 퇴각을 한 것이나, 소 떼의 뿔에 불을 붙여 날뛰게 만들어 파비우스 막시무스의 손에서 벗어난 것 같은 속임수가 바로 이에 해당한다.

삼니움군의 지휘관 폰티우스는 카우디네 분기점에 로마군을 가두고 포위할 목적으로 유사한 속임수를 활용했다. 산에 보이지 않게 병사를 배치한 뒤, 그는 병사 몇 명을 양치기로 변장하여 평야에서 양 떼를 치게 했다. 이어 그들은 로마군에 잡혀 삼니움군이 어디 있는지 추궁 당했고, 그들은 전부 폰티우스의 지시에 따라 노케라를 포위 중이라고 입을 맞춰 말했다. 이를 믿은 집정관들은 카우디네 계곡에 진군했고, 곧이어 삼니움군에게 완전 포위되었다. 속임수에 의해 얻은 이 승리는 폰티우스가 아버지의 조언을 따라 로마군을 완전히 자유롭게 풀어주거나 전부 처형하여 "우방을 얻지도 못하고 적을 제거하지도 못한" 어중간한 길을 선택하는 일을 피했다면 너무도 영광스러웠을 것이다. 그런 어정쩡한 중도 노선은 나라와 관련된 문제에 있어선 늘 치명적이다. 이에 관해선 다른 곳에서(『사론』 2-23) 이미 논한 바 있다.

제41장

고국은 반드시 지켜내야 하며,
치욕을 입든 영예를 얻든 잘 지켜낸다면
성공한 것이다

위에서 말한 것처럼, 삼니움 인들에게 둘러싸인 집정관들과 로마군은 굴레를 쓰고 무장을 해제당한 채 로마로 돌아가라는 너무도 수치스러운 조건을 맞았다. 이렇게 되자 집정관들은 충격을 받아 아무런 생각도 할 수 없었고 전 로마군은 절망에 빠지게 되었다. 이런 가운데 부장(副將) 루키우스 렌툴루스는 고국을 구하기 위해서라면 어떤 기회도 차버려선 안 된다고 집정관에게 조언했다. 그는 로마의 생존은 이 군대의 생존에 달렸고, 고국은 무슨 수를 써서든 구해야 한다고 생각했다. 이어 루키우스는 치욕으로든 영예로든 고국은 반드시 지켜야 하며, 지금 이 군대를 구하면 로마는 앞으로 치욕을 씻을 수 있는 시간이 있지만, 지금 이 군대를 구해내지 못하면 비록 영예롭게 죽더라도 로마와 로마가 누리던 자유는 잃을 수밖에 없다고 주장했다. 이렇게 하여 로마군은 그의 조언을 받아들였다.

고국에 조언을 하려는 시민이라면 위의 접근법을 주목하고 모방할 가치가 있다. 고국의 안위에 관련된 궁극적인 결정을 내리는 데 있어서 수단이 정당한지 부정한지, 자비로운지 잔혹한지, 칭찬할 만한지 수치스러운지는 고려의 대상이 아니기 때문이다. 고국을 구하고 자유를 지키기 위한 정책이라면 정당하든 말든 온전히 그것을 추구해야 마땅하다.

프랑스 인들은 왕의 위엄과 왕국의 권력을 옹호할 때 그들의 말과 행동에서 이런 접근법을 모방한다. 이런 이유로 그들은 누군가 "이 정책은 왕께 수치를 안기는 것이다"라고 주장하면 결코 참지 않는다. 프랑스 인들은 행운이든 불운이든 왕의 결정은 그 어떤 경우에도 수치를 당할 수 없다고 말한다. 왜냐하면 왕이 성공하건 실패하건, 그것은 전적으로 왕의 고유 권한이라는 데 그들 모두가 동의하기 때문이다.

제42장

강압에 의한 약속은
지킬 필요가 없다

집정관들이 굴욕스러운 모습으로 무장을 해제당한 채 로마로 돌아온 뒤, 카우디네에서 맺은 평화 협정을 지켜서는 안 된다고 원로원에 맨 처음 이야기한 사람은 그 협정의 당사자인 집정관 스푸리우스 포스투미우스였다. 그는 로마 인들은 협정 준수의 의무가 없으며, 그럴 의무를 지켜야 할 사람은 자신과 평화 협정을 약속했던 다른 이들뿐이라고 주장했다. 스푸리우스는 이어 로마 인들은 그런 의무에서 벗어나야 하므로 삼니움 인들과 그런 약속을 한 자신과 다른 모든 이들을 죄수로 삼니움에 다시 돌려보내라고 주장했다. 그는 자신이 내린 결론을 너무도 완강히 주장했다. 그래서 원로원은 동의하고 그와 다른 이들을 죄수로 삼니움에 되돌려 보내며 평화 협정은 무효라고 삼니움 인들에게 말했다. 스푸리우스의 운이 좋았는지, 삼니움 인들은 그를 억류하지 않았다. 로마로 돌아오자, 스푸리우스는 패배했음에도 불구하고 로마 인들 사이에서 굉장한 영광을 누리게 되었다. 이는 폰티우스가 승리하여 삼니움 인들 사이에서 누리던 영광보다 더 큰 영광이었다.

　여기서 주목할 점이 두 가지 있다. 첫째, 영광은 어떤 행동으로든 획득할 수 있다는 점이다. 영광은 대개 승리를 통해 얻어지지만, 패배를 하더라도 그것이 당신의 잘못이 아니라는 것을 보여주거나, 패배를 상쇄할 수 있는 훌륭한 행동을 곧장 사후에 실행하면 승리와 마찬가지로 영광을 획득할 수 있다. 둘째, 강압에 의해 부득이하게 응한 약속은 지키지 않더라도 수치스럽지 않다는 점이다. 나라 일과 관련하여 강압에 의해 어쩔 수 없이 해준 약속은 강압하는 힘이 사라지면 언제든 파기된다. 또한 파기한 쪽도 그 행동에 수치심을 느낄 필요가 없다. 이와 관련하여 다양한 사례를 역사 속에서 찾아볼 수 있으며, 현대에서도 매일 그런 사례를 과거보다 더 많이 목격하고 있다. 군주들 사이에서는 강압에 의해 요구된 약속이 강압하는 힘이 없어졌을 때에는 지켜지지 않을 뿐만 아니라, 다른 약속들 또한 근거가 사라지면 준수되지 않는다. 이런 모습이 칭찬할 만한 것인지 아닌지, 이와 비슷한 방법을 군주가 사용해야 하는지 여부는 『군주론』(18장)에서 상세하게 검토했으므로 여기서는 논의를 생략한다.

제43장

한 지역에서 태어난 이들은 고금을 통틀어
거의 같은 본성을 보인다

미래를 보려거든 과거를 되돌아보라

신중한 사람들은 앞으로 다가올 일을 알고 싶은 사람은 여태껏 발생했던 일을 반드시 고려하라고 말하는 습관이 있다. 그런데 이것은 넘겨짚거나 근거 없이 하는 말이 아니다. 어느 시대에 벌어진 사건이든, 고대를 찾아보면 그에 대응하는 사건이 발견된다. 이런 현상이 나타나는 것은 같은 열정을 가진 사람들이 일을 수행하기에 필연적으로 같은 결과가 나오기 때문이다. 사람들의 행동이 어떤 때는 이 지역보다 저 지역에서, 다른 때는 저 지역보다는 이 지역에서 더 효율적으로 나타난다는 것은 정확한 지적이다. 삶의 방식은 그들이 받는 교육의 형태에서 비롯되기 때문이다. 한 나라가 오랜 기간 어떻게 같은 관습을 지켜왔는지, 즉 그들이 지속적으로 탐욕스럽거나 부정했는지, 혹은 현재와 비슷한 악덕이나 미덕을 과거에도 지니고 있었는지 등을 관찰하면 과거의 일을 통해 미래의 일을 이해하는 것 또한 용이하다.

우리 도시 피렌체의 역사를 읽어보고 최근에 어떤 일이 있었는지 검토한 사람이라면 독일인과 프랑스 인이 탐욕, 자만심, 야만, 불의함으로 가득하다는 것을 알게 된다. 왜냐하면 이 네 가지 본성은 다른 시기에도 우리나라에 해를 입혔기 때문이다. 신의를 배반한 일에 관해선 모두가 아는 사례를 들어보겠다. 샤를 8세는 우리에게서 수없이 돈을 받아갔고 피사의 요새를 돌려주겠다고 약속했지만 결코 그렇게 하지 않았다. 이 사건으로 프랑스 왕은 그의 부당한 측면과 극도로 탐욕스러운 성격을 드러냈다.

하지만 그런 최근의 사례는 제쳐놓도록 하자. 밀라노의 공작 비스콘티에 맞서 피렌체 인들이 수행한 전쟁에서 어떤 일이 발생했는지에 관해선 아마 모르는 사람이 없을 것이다. 피렌체는 준비한 방책을 전부 쓸 수 없게 되자, 위명과 군세를 지닌 황제를 이탈리아로 불러들여 롬바르디아 지방을 공격해 달라고 요청했다. 이에 황제는 대군을 이끌고 비스콘티에 맞서 싸우고 피렌체를 지켜줄 것을 약속했다. 다만 조건이 있었는데, 군대를 움직이면 10만 두카를, 이탈리아에 들어오면 추가로 10만 두카를 달라는 것이었다. 피렌체 인들은 이런 조건에 동의하고 첫 번째는 물론 두 번째 조건에 해당하는 금액을 지불했지만, 이후 황제는 베로나에 도착한 뒤 피렌체가 협정을 지키지 않았다고 억지 주장하며 아무런 행동도 취하지 않고 귀환했다.

따라서 피렌체가 어쩔 수 없이 상황적 필요에 휘둘리지 않았거나 격정에 사로잡히지 않았더라면, 또 야만인들의 고대 관습에 관해 읽고 이해했더라면, 이 경우는 물론 다른 많은 경우에도 결코 속지 않았을 것이다. 야만인들은 늘 모든 상황에서 다른 이들을 상대로 같은 방식으로 행동하고 같은 방법을 활용했기 때문이다. 이는 고대에 갈리아 인들이 에트루리아 인들을 대한 선례로 명백히 알 수 있다. 로마 인들의 압박으로 많은 후퇴와 패배를 경험한 에트루리아 인들은 독자적으로는 도저히 로마군의 공격을 버틸 수 없다는 점을 깨달았다. 따라서 그들은 이탈리아 쪽 알프스 산맥에 살던 갈리아 인들에게 자금을 대고 협정을 맺어 로마군을 향해 함께 공격해 달라고 요청했다. 하지만 갈리아 인들은 돈을 챙긴 뒤 에트루리아 영토의 약탈을 자제하는 조건으로 돈을 받은 것이지 로마군과 싸우겠다는 명목은 아니었다고 적반하장식의 주장을 하며 때가 되었을 때도 에트루리아 인들을 위해 무기를 들지 않았다. 이처럼 갈리아 인들의 탐욕스럽고 신의 없는 모습으로 인해 에트루리아 인들은 단번에 아까운 자금과, 갈리아 인들로부터 기대했던 지원을 빼앗기게 되었다. 따라서 고대 에트루리아 인들과 피렌체 인들의 사례는 프랑스 인들이 늘 같은 편법을 활용했다는 점을 분명히 보여준다. 따라서 군주들이 그런 편법을 얼마나 좋아하는지 쉽게 추측할 수 있다.

제44장

평범한 방법으로는 결코
얻을 수 없는 것을 거칠고 대담한 방법으로
흔히 얻게 된다

굴종 속의 평화는 자유 속의 전쟁보다 못하다

로마군에 공격받아 전장에서는 도저히 맞설 수 없는 지경에 이른 삼니움 인들은 자국 영토의 마을들에 방어용 병력만을 남겨두고 전군을 이끌고 당시 로마와 휴전 중인 에트루리아로 향했다. 삼니움 인들은 이렇게 자국의 군대를 움직여 에트루리아 인들에게 보여줌으로써 그들에게 다시 무기를 들게 할 생각이었다. 하지만 에트루리아 인들은 과거 삼니움 사절들에게 참전 거부 의사를 이미 내비친 상태였다. 삼니움 인들이 에트루리아 인들에게 한 연설 중 특히 무엇이 그들로 하여금 무기를 들게 했는지를 말하는 부분은 주목할 만한데, 다음과 같다. "자유 속에 살며 전쟁을 하는 것보다 더 견디기 힘든 것은 굴종하며 평화롭게 사는 것입니다." 따라서 일부는 이런 주장에 감동받아, 일부는 삼니움군의 존재로 인해 에트루리아 인들은 다시 한 번 무기를 들기로 결정했다. 여기서 주목할 점이 하나 있다. 군주는 다른 이의 것을 얻고자 할 때 상황이 허락하는 한 상대에게 생각할 여유를 주지 말고 즉각적인 결정을 내리도록 유도해야 한다. 이렇게 하면 상대는 거절하거나 미루는 것이 즉각적이고 위험한 도발을 가져온다는 점을 깨닫게 된다.

이런 편법은 우리 시대에서도 잘 활용이 되었음을 알 수 있다. 프랑스 인들을 상대로 율리우스 2세가 보인 모습과, 만토바 후작을 상대로 프랑스 장군 드 푸아가 보인 모습이 바로 그것이다. 율리우스 2세는 볼로냐에서 벤티볼리오 가문을 몰아내고자 했고, 이를 위해 프랑스와 베네치아는 중립을 지켜야 한다는 결론을 내렸다. 두 나라에 접근했지만 모호하고 우유부단한 대답을 들은 교황은 곧 결심을 했다. 그들에게 생각할 여유를 주지 않는 방식으로 자신의 뜻에 강제로 따르게 하겠다는 것이었다. 이어 율리우스 2세는 긁어모으듯 많은 병사를 동원해 로마를 떠나 볼로냐로 진군했다. 그리고 베네치아 인들에게 전언을 보내 중립을 지키라고 하고, 프랑스에게 전언을 보내 군대를 파견하라고 했다. 이렇게 되자 두 세력은 생각할 시간도 촉박한 데다 결정을 미루거나 거부하면 교황을 자극할 것이 너무도 뻔해 그의 뜻에 따를 수밖에 없었다. 이렇게 하여 프랑스 왕은 지원병을 보냈고 베네치아 인들은 중립으로 남았다.

드 푸아 장군은 휘하 군사들과 함께 볼로냐에 있다 브레시아에서 반란이 일어났다는 소식을 듣고 탈환하기로 결정했다. 그에겐 두 가지 길이 있었는데, 하나는 길고 지루한 프랑스 왕의 영토를 지나는 길이었고 다른 하나는 짧으면서도 신나는 만토바 후작의 영토를 가로지르는 길이었다. 후작의 영토를 지나는 것도 문제였지만, 드 푸아는 늪과 호수 사이의 길을 지나야만 했는데 여기 역시 후작에 의해 요새와 전쟁 장비까지 갖춰진 채로 충분한 수비대가 배치되어있었다. 하지만 그는 도중에 생길 어려움을 그때그때 극복하면서 지름길을 나아가는 방법을 선택했다. 드 푸아는 후작에게 숙고할 여유를 주지 않기 위해, 즉시 군대를 이끌고 지름길로 들어서서 통행 허가를 내달라고 후작에게 요청했다. 부득이하게 급한 결정을 내릴 상황이 되자, 후작은 허가를 내주고 말았다. 드 푸아가 좀 더 신중하게 행동했더라면 이런 허가는 결코 나오지 않았을 것이다. 후작은 교황 및 베네치아와 결탁하고 있었고 아들 중 하나를 교황에게 볼모로 보냈기 때문에 정중하게 거절할 이유는 얼마든지 있었다. 하지만 이미 언급한 것처럼 갑작스럽게 결정할 상황에 부딪치자 그는 마지못해 허락하고 말았다. 이런 급박한 방식으로 삼니움 군이 모습을 드러냈으므로 에트루리아 인들도 무기를 들 수밖에 없었고, 전에 여유가 있을 때에는 거절했던 일을 하게 되었다.

제45장

적의 공격을 견디면서 반격하는 것과, 처음부터 맹렬히 적을 공격하는 것 중 어떤 것이 더 나은가?

로마 집정관 데키우스와 파비우스는 각각 군을 이끌고 삼니움군과 에트루리아군에 맞섰다. 그들은 동시에 소규모 접전과 전투를 벌이게 되었는데, 여기서 주목할 점은 두 집정관이 보여준 서로 다른 전투 방법 중 어떤 것이 더 나은가 하는 것이다. 데키우스는 가능한 모든 힘을 끌어내 적과 격돌했다. 반면 파비우스는 천천히 공격하는 것이 더 유용하다는 판단을 내리고 적의 전투 의욕이 꺾일 때까지 끈질기게 기다리다가 마지막에 맹렬한 공격을 가했다. 일의 결과로 보면 파비우스의 계획이 데키우스의 그것보다 더 큰 성공을 거두었다. 데키우스의 군대는 처음 맹공을 가한 뒤 힘이 떨어졌고, 그는 완강히 버티는 병사들보다 등을 돌리는 병사들이 더 많은 것을 보게 되자 아버지의 모범을 따라 로마군을 위해 자신을 희생했다[→ 데키우스 부자(父子)]. 그는 이렇게 해서 승리로 얻을 수 없던 영광을 죽음으로 얻었다. 파비우스는 이 소식을 듣고 동료가 죽음으로 이룬 명예에 걸맞은 명예를 살아서 얻기 위해 긴급한 때를 대비하여 힘을 아껴뒀던 병사들을 돌격시켰다. 그리하여 가장 훌륭한 승리를 고국에 안겼다. 이 때문에 명백히 파비우스의 전투 방법이 훨씬 안전하고 본받을 만하다.

제46장

오랜 세월 한 도시에서 한 가문이
같은 관습을 유지하는 것은
어떤 이유에서인가?

도시는 각기 다른 방법과 교육 형태를 보일 뿐만 아니라 용맹하거나 나약한 사람들을 배출하기도 한다. 하지만 같은 도시 안에서도 가문마다 차이를 보인다. 이는 모든 도시에 적용되며, 로마에서도 그런 사례가 많다. 우리는 만리우스 가문은 용맹하고 완고하며, 푸블리콜라(발레리우스 코르비누스) 가문은 사람들에게 친절하고 우호적이며, 아피우스 가문은 야심이 크고 평민에게 적대적이라는 점을 알 수 있다. 또한 비슷하게 많은 다른 가문도 서로 구별되는 특성을 가지고 있다. 이런 일은 혈통만이 그 원인이 아니다. 혈통은 다양한 결혼을 통해 반드시 변화하기 때문이다. 따라서 가문끼리 다른 교육이 그 결정적 원인이다. 예민한 시기의 청년은 어떤 것에 관한 선악 시비를 배우는 일이 굉장히 중요하다. 왜냐하면 필연적으로 그때 받은 인상에 따라 평생 동안 자신의 행동 방식을 규정하기 때문이다. 이 말이 틀렸다면 리비우스가 서술한 것처럼 아피우스 가문 전체가 그렇게 일관되게 야망을 품고 같은 열정에 자극되었다는 점을 설명하기란 불가능하다.

마지막으로 한 가지 사례를 들어보겠다. 아피우스 클라우디우스는 감찰관이었는데, 동료 감찰관이 법에서 규정한 것처럼 18개월의 임기를 마치고 자리를 내려놓은 것과는 달리 감찰관에 관련하여 제정된 최초의 법에 따라 5년 동안의 임기를 유지할 수 있다고 주장하며 그대로 유임하고자 했다. 이 문제와 관련하여 많은 이야기가 오갔고 많은 소동이 일었지만 그럼에도 클라우디우스를 물러나게 할 수는 없었다. 아무리 그가 시민들 및 원로원 다수의 의지를 거스르는 행동을 한다고 해도 어쩔 수 없는 일이었다. 호민관 푸블리우스 셈프로니우스를 비판하기 위한 클라우디우스의 연설을 읽어보면, 아피우스 가문의 오만함을 알게 되는 것은 물론이고 고국의 법과 보호에 복종하는 수많은 시민들의 훌륭하고 인도적인 모습도 알게 된다.

제47장

훌륭한 시민은
애국을 위해 사사로운 손해는
잊어야 한다

집정관 마르키우스는 삼니움군과 맞서고 있었는데, 소규모 접전에서 부상을 입어 휘하 군대가 위험에 처하게 되었다. 이에 원로원은 집정관의 허약한 상태를 보강하기 위해 독재관으로 파피리우스 쿠르소르를 파견하기로 했다. 독재관은 집정관인 파비우스가 임명해야 했는데, 그는 에트루리아에서 전쟁을 하는 중이었다. 당시 파비우스는 파피리우스와 적대 관계에 있었고, 이런 관계를 알던 원로원은 그가 독재관의 임명을 꺼릴까 두려워하며 두 명의 사절을 보내 사사로운 감정은 제쳐놓고 공익을 먼저 생각해 달라고 간청했다. 이에 파비우스는 침묵과 다른 많은 방식을 통해 그 임명 건에 심기가 불편함을 드러냈으나 결국엔 도시를 사랑하는 마음으로 동의했다. 훌륭한 시민으로 간주되길 바라는 모든 이들은 이런 모범을 따라야 한다.

제48장

적이 중대한 잘못을 저지른 것처럼 보일 때,
반드시 그 뒤에 함정이 있다고 생각해야 한다

집정관이 어떤 의식에 참가하기 위해 로마로 돌아갔을 때, 풀비우스는 부장(副將)으로서 에트루리아의 로마군을 이끌게 되었다. 이를 알게 된 에트루리아 인들은 그를 생포할 수 있는지 보기 위해 로마군 요새 근처에 함정을 파놓고 병사들 일부를 양 무리를 거느린 양치기로 위장하여 보냈다. 위장한 에트루리아 병사들은 일부러 로마군의 시야로 이동했고, 대담하게도 요새의 방책 근처까지 오기도 했다. 풀비우스는 이런 무례한 행동에 놀랐지만 아무래도 상황이 사리에 맞지 않아 속임수를 의심하게 되었다. 이렇게 하여 에트루리아 인들의 계략은 좌절됐다. 여기서 쉽게 주목할 수 있는 것은 군 지휘관은 적이 일부러 저지르는 잘못을 그대로 믿으면 절대로 안 된다는 점이다. 사람이 그렇게 부주의한 행동을 하는 건 불합리하므로, 그 뒤엔 늘 어떤 속임수가 있게 마련이다. 그럼에도 승리하고자 하는 욕망은 자주 사람을 눈멀게 하며, 이런 상태에 빠진 사람은 자신의 목적에 소용되는 것 이외에는 아무것도 보지 못한다.

승리의 욕망이 사람을 눈멀게 한다

로마 인들을 알리아 강에서 물리친 갈리아 인들은 로마에 도착했을 때 도시의 문이 열린 채로 방비가 없다는 점을 알게 되었다. 그들은 속임수를 두려워하며 도착한 날 내내 성안으로 돌입하지 않고 밖에 머물렀다. 갈리아 인들은 조국을 포기할 정도로 로마 인들이 비겁하고 분별이 없다는 생각은 아예 하지 못했던 것이다. 1508년 피렌체 인들은 피사를 포위했는데, 공격 중 알폰소 델 무톨로라는 한 피사 시민을 포로로 붙잡았다. 붙잡힌 알폰소는 그를 자유롭게 풀어주면 피렌체군이 돌입할 수 있게 피사의 문을 하나 열겠다고 약속했다. 피렌체 인들은 이 약속에 솔깃하여 그를 풀어주었고, 이후 알폰소는 계책을 실행하는 일로 여러 번 피렌체 사령관의 부장들과 이야기를 나누러 왔다. 그런데 그는 매번 비밀리에 온 것도 아니고 공개적으로, 그것도 피사 인들을 동원해서 왔다. 물론 이야기를 나누고 있을 때는 대동한 피사 인들은 다른 곳에서 기다렸다. 따라서 피렌체 인들은 그가 두 마음을 품고 있다는 점을 추측할 수 있었다. 왜냐하면 진짜로 계책을 실행하려고 하는데 그렇게 공개적으로 행동한다는 건 사리에 맞지 않기 때문이다. 그러나 피렌체 인들은 피사를 점령하고 싶다는 열망에 이성을 잃어 합의한 대로 루카 성문에 도착했고, 그 뒤 알폰소의 배신으로 인해 많은 지휘관과 병사가 치욕을 당했다.

제49장

공화국이 자유롭게 유지되려면
매일 새로운 수단이 필요하다는 점과,
막시무스(위인)라는 칭호를 얻은
퀸크티우스 파비우스의 훌륭한 자질에 관해

앞에서 여러 번 언급했듯이, 대도시에서는 심각한 질병(사건)이 날마다 발생하여 그것을 치료해 줄 의사를 필요로 한다. 그 사건이 굉장히 심각하면, 그만큼 현명한 의사를 찾을 필요성도 커진다. 그런 사건들은 어느 도시에나 일어나며, 따라서 로마에서도 그런 사건들이 일어났는데 기이하고 예기치 못한 것들이었다. 예를 들면 로마 여자들 모두가 가담했다고 생각될 정도로 많은 여자들이 남편의 독살을 공모한 사건이 있었다. 실제로 남편을 독살하고, 독살을 위해 독을 준비한 많은 여자들이 발각됐다. 또 다른 사건은 마케도니아 전쟁 중에 발견됐는데, 이는 주신(酒神) 바쿠스(Bacchus)의 신도들이 꾸민 음모였다. 여기엔 남녀 가리지 않고 수많은 사람들이 가담했는데, 이런 일이 발각되지 않았거나 로마가 다수의 범법자를 처벌하는 데 익숙하지 않았다면 로마는 분명 국정이 위태롭게 되었을 것이다. 로마 공화국의 위대함과 그들이 보여준 행정 조치의 위력은 다른 무수한 방법으로는 사람들에게 알려지지 않을 수도 있지만, 그것들(위대함과 위력)은 잘못을 저지른 이들에게 로마가 부과하는 엄중한 처벌에서 잘 드러났다. 로마는 정의를 위해서라면 한 군단이나 도시를 일거에 몰살하는 일, 그리고 단 한 사람에게 부과해도 터무니없는 조건을 무려 8천에서 1만에 이르는 사람들에게 부과하고 추방하는 일도 결코 망설이지 않았다. 칸나이에서 패배한 병사들이 바로 이에 해당한다. 그들은 시칠리아로 추방당한 뒤 마을에서 숙박하는 것을 금지당하고 음식도 서서 먹을 것을 강요당했다.

1할 처형의 의미

하지만 모든 행정 조치 중에서도 열 사람 단위로 병사 한 명을 제비뽑기로 죽이는 일이야말로 가장 무서운 것이었다. 군중을 통제하기 위해 내리는 처벌 중 이보다 더 두려운 것은 찾아볼 수가 없었다. 군중이 잘못을 저질렀는데 선동자로 보이는 이가 없는 경우 그 수가 너무도 많기에 모두를 처벌할 수는 없다. 하지만 일부만 처벌하고 나머지는 처벌하지 않는 것은 잘못된 일이다. 처벌당한 이들은 억울할 것이고, 처벌받지 않은 이들은 다시 잘못을 저지르려는 용기를 갖게 될 것이니까. 하지만 군중이 전부 처형 받아 마땅할 때 제비뽑기로 10분의 1을 골라내면 처형을 받는 이는 자신의 불운에 한탄할 것이고 처형을 받지 않는 이는 다른 상황에서 이런 처벌을 받는 차례가 올지 모르니 잘못된 방향에 빠지지 않도록 조심할 것이다.

따라서 남편을 독살한 여자들과 바쿠스 신도들도 죄질에 맞게 처벌받았다. 공화국 내에서 벌어진 이런 질병들이 좋지 못한 영향을 주지만 치명적인 것은 아니었다. 거의 늘 바로잡혔기 때문이다. 하지만 그 질병이 나라 전체에 관련된 것이라면 신속하게 대응해야 하고 또 신중한 사람에 의해 치유되지 않는다면 그 나라는 몰락하고 말 것이다. 외국인에게 시민권을 주는 로마의 관대함 덕분에, 아주 많은 사람들이 로마에서 새로 태어났고 그들은 투표권자의 대부분을 차지하기 시작했다. 따라서 로마 정부는 이미 기존에 익숙한 정책, 그리고 그것을 활용하던 시민들과는 동떨어진 방향으로 변화하기 시작했다. 이런 시류를 알아챈 감찰관 퀸크티우스 파비우스(Quinctius Fabius)는 이런 소동의 원인인 새로 유입된 사람들을 네 개의 집단으로 나눠 작은 공간에 살게 함으로써 그들이 로마 전체를 부패시킬 수 없게 했다. 파비우스는 이 문제를 잘 이해했고, 그는 정부 형태의 변화 없이 적절한 대책을 제공했다. 파비우스의 대책은 도시 체제에 널리 수용되었고, 그는 막시무스(위인)라 불리며 칭송받았다.

니콜로 마키아벨리 연보

1469	탄생	이탈리아의 피렌체에서 태어남.
1492	23세	로드리고 보르자가 교황으로 선출되어 알렉산데르 6세가 됨. 로렌초 데 메디치 사망.
1494	25세	프랑스 왕 샤를 8세가 이탈리아 침공. 피에로 데 메디치가 피렌체에서 쫓겨나고 지롤라모 사보나롤라의 정치사상에 영향을 받는 공화국이 피렌체에 수립됨.
1498	29세	루이 12세가 프랑스 왕위에 오르고 사보나롤라가 피렌체의 피아차 델라 시뇨리아 광장에서 화형에 처해짐. 마키아벨리가 피렌체 공화국 제2서기국의 서기장으로 임명됨(6월 19일).
1499	30세	루이 12세가 밀라노 점령.
1500	31세	마키아벨리가 처음 프랑스로 외교 출장을 나가서 루이 12세와 루앙 대주교인 조르주 당부아즈를 만남.
1502	33세	피에로 소데리니가 피렌체 공화국의 종신 곤팔로니에레(정부 수반)에 선출됨.
1502~1503	33~34세	마키아벨리가 로마냐와 로마 지역의 체사레 보르자에게 외교 출장을 나감. 그의 아버지 알렉산데르 6세의 사망(1503년 8월 18일) 후 보르자가 실권하는 것을 지켜봄. 줄리아노 델라 로베레 대주교가 교황 율리우스 2세로 선출됨(10월 31일).

1504	35세	외교적 업무로 프랑스에 출장 나감.
1506	37세	율리우스 2세의 교황청으로 파견됨.
1506~1507	37~38세	막시밀리안 황제의 황궁으로 처음 외교 출장을 나감. 피렌체 민병대의 조직 책임자로 임명되어 새로 편성된 피렌체 민병대 일에 관여함(1507년 1월 12일).
1512	43세	소데리니의 정부가 전복되고(8월 31일), 메디치 가문이 권좌에 복귀함(9월 16일). 마키아벨리는 피렌체 공화국 제2서기국의 서기장 자리에서 해임됨(11월 7일).
1513	44세	메디치 가문을 전복시키려는 음모 세력의 공모자로 의심받아 체포되었으나(2월 12일), 조반니 데 메디치가 레오 10세로 교황 위에 오르면서(3월 11일) 사면을 받아 석방됨. 마키아벨리는 페르쿠시나의 산탄드레아 시골집으로 낙향하여 『군주론(君主論, Il Principe, The Prince)』을 집필. 집필의 정확한 날짜는 아직도 논쟁의 대상임.
1513~1517	44~48세	『로마사론(Discourses on Livy)』 집필. 집필의 정확한 날짜는 아직도 논쟁의 대상임.
1515~1516?	46~47세	『전쟁의 기술(The Art of War)』 탈고.
1516~1517	47~48세	피렌체의 오르티 오리첼라리의 공화파 그룹을 자주 방문함.
1518?	49세	그의 가장 위대한 희극인 『만드라골라(La Mandragola, The Mandrake)』 집필.
1520	51세	『카스트루치오 카스트라카니의 생애(The Life of Castruccio Castracani)』를 집필한 후에, 피렌체의 역사를 집필해 달라는 의뢰를 받음.
1521	52세	마키아벨리 생전에 유일하게 발간된 『전쟁의 기술』 출간. 교황 레오 10세 사망(12월 1일).

1523	54세	줄리오 데 메디치가 교황 클레멘스 7세로 선출됨.
1525	56세	또 다른 희극인 『클리치아(Clizia)』가 공연됨. 마키아벨리는 이 시기에 『언어에 대한 논고 혹은 대화(Discourses or Dialogue on Language)』를 썼는데, 일부 학자들은 그가 과연 이 저서의 저자인지에 대해서 의문을 제기하고 있음. 『피렌체의 역사(The History of Florence)』를 교황 클레멘스 7세에게 헌정.
1527	58세	카를 5세의 군대가 로마를 약탈하기 시작(5월 6일). 메디치 가문이 피렌체에서 축출됨(5월 16일). 마키아벨리는 사망하여(6월 21일) 피렌체의 산타 크로체 교회에 묻힘.
1531		『로마사론』이 사후 출간됨.
1559		마키아벨리의 저서들이 교황청의 금서 목록에 오름.

용어 · 인명 풀이

갈리아(Gaul) 갈리아는 두 지역으로 나뉘어서 이탈리아에 가까운 쪽은 갈리아 치살 피나(Cisalpine Gaul)라 했고 이탈리아에서 먼 알프스 너머 지역은 갈리아 트란살피 나(Transalpine Gaul)라고 했다. 로마 인들은 기원전 42년 전에는 아펜니노 산맥과 알 프스 산맥 사이에 있는 북부 이탈리아 지역을 가리켜 갈리아 치살피나라고 했다. 기 원전 390년에 로마를 일시 점령했던 갈리아 족은 바로 이 북부 이탈리아 지역에 살 던 켈트 족 출신의 갈리아 족이었다. 로마 인은 기원전 224-222년에 이 북부 지역을 완전 점령했다. 갈리아 트란살피나는 오늘날의 프랑스 지역에서 살던 갈리아 족을 통칭한다.

관직의 사다리(cursus honorum) 로마 공화국에서 1년마다 두 명씩 뽑는 집정관 이 하 선출직 공직자들을 가리키는 용어. 재력과 여흥으로 유권자들의 환심을 살 수 있 는 야심찬 로마 인은 선거에서 이김으로써 이 사다리를 하나씩 하나씩 타고 올라 최 고위직까지 도달했다. 그는 스무 살쯤 되었을 때 군사 원정전에 한 10년간 참전하 는 것으로 경력을 시작한다. 이때에는 자신보다 나이가 많은 친척이나 친구의 참모 진에 보조 장교로 임명된다. 이어 그는 '관직의 사다리' 중 가장 낮은 직급인 재무관 (qaestor) 직에 취임한다. 이 관직에 취임하려는 후보들은 대체로 20대 후반이거나 30대 초반이다. 이 직급에서 1년간 봉사하는 동안 재무관은 다양한 재무 행정의 임 무를 수행한다. 수도의 국고, 전쟁 중인 사령관들, 로마가 기원전 3세기 초부터 설치 한 해외 속주의 정부 등에서 국가의 세수와 지급에 있어서 소홀한 부분이 없는지 재 무적인 측면을 감찰한다. 그리고 시간이 어느 정도 흘러가자 '관직의 사다리' 중 각 종 직급에 취임하는 자들의 연령을 법으로 규정하게 되었다. 기원전 81년 술라가 사다리 상의 진급에 대하여 엄격한 규정을 제정한 후에, 재무관으로 봉직한 자는 자동적으로 원로원에 결석이 날 경우 선택될 수 있는 자격을 얻었다. 재무관 다음의 사다리는 토목건축관리관(aedile)이었다. 이 직급은 로마의 거리, 하수도, 신전, 시장, 기타 공공사업을 유지 보수하는 까다로운 임무를 수행했다. 토목건축관리관 다음에는 사법행정관(praetor)이 되며 그 이후에 집정관(consul)에 오른다. 집정관을 지낸 사람은 이어 감찰관(censor)에 취임한다.

그라쿠스 형제(The Gracchi) 로마의 개혁적인 형제 정치가. 형 티베리우스 셈프로니우스 그라쿠스(기원전 164-133)와 동생 가이우스 셈프로니우스 그라쿠스(기원전 153-121)를 지칭. 그라쿠스 형제는 로마의 저명한 상류 계급 가문의 출신이었다. 어머니 코르넬리아는 스키피오 아프리카누스의 딸이었다. 티베리우스는 기원전 133년에 평민 호민관의 직위에 선출되었고, 트리부스 평민회를 움직여서 원로원의 승인 없이 공전을 땅 없는 로마 인들에게 재분배하려 했다. 땅 없는 농부들을 도우려는 티베리우스의 개혁은 민중을 위한 것이었지만 동시에 정치적 의도가 있는 것이었다. 그는 이런 유명한 말을 했다. "이탈리아를 돌아다니는 맹수들도 보금자리가 있습니다……그러나 이탈리아를 위해 싸우고 죽은 사람들은 공기와 햇빛 이외에는 아무것도 누리지 못합니다. 집도 절도 없이 그들은 아내와 자식들과 함께 유랑하고 있습니다……그들은 남들의 부와 사치를 보호하기 위해 싸우고 죽습니다. 그들은 명칭만 세상의 주인일 뿐, 그들의 것이라고 할 수 있는 땅뙈기 하나도 없습니다."

티베리우스를 견제하기 위해 스키피오 나시카라는 전 집정관이 테러단을 조직하여 티베리우스에게 기습전을 감행하라고 사주했다. 이 상류 계급 테러단은 기원전 133년 후반에 카피톨리움 언덕에서 티베리우스와 그의 일부 동료들을 막대기로 구타하여 죽였다.

동생 가이우스 그라쿠스는 기원전 123년에, 그리고 다음 해인 122년에 연속하여 호민관으로 선출되었다. 그도 또한 로마 엘리트들을 위협하는 개혁안을 주도했다. 가이우스는 그의 형이 내놓았던 농지개혁안을 되살렸고 로마의 시민들에게 보조된 가격으로 곡식을 배급하는 법안을 도입했다. 그러나 기존 귀속 세력의 빈발을 샀고, 집정관 오피미우스의 비상조치로 체포되어 사형에 처할 위기에 내몰렸다. 이에 가이우스는 그의 노예에게 부탁하여 자신의 목을 치게 했다. 그라쿠스 형제의 사건을 계기로, 상류 계급의 구성원들은 보통 인민(populus)의 이해관계를 추진하여 정치적 권력을 추구하는 평민파(populares)와, 전통적인 상류계급인 귀족들의 입장을 주장하는 귀족파(optimates: 옵티마테스는 훌륭한 사람들이라는 뜻)로 분열되었다. 이 분열은 후기 공화정 시대에 정치적 불안과 살인적 폭력의 원천이 되었다. 마키아벨리는『사론』1-6에서 그라쿠스 형제가 공화정의 파괴자라고 진단했다. 군주제, 귀족제, 민주제가 잘 혼합된 공화국이 좋은 정부 형태인데 그라쿠스 형제는 일방적으로 평민 편만 들었다는 얘기이다.

농지법(agrarian laws) 로마 공화정의 최초 농지법은 집정관 스푸리우스 카시우스에 의해서 제안되었다. 이 법은 원정전에서 획득한 땅을 평민들에게 나누어주자는 것이었다. 귀족들은 이 계획에 대하여 거칠게 반대했고 그래서 카시우스의 집정관 임기가 만료되자 그는 왕이 되려고 획책했다는 혐의 아래 피소되었고 결국 처형되었다. 이후 기원전 367년에 리키니우스가 새로운 농지법을 제안했는데 그 어떤 시민도 공전을 5백 유게라 이상 보유하지 못하도록 하자는 것이었다. 이 문제는 평화적으로 해결되지 못하고 그 후 여러 해 동안 로마에서 논쟁의 대상이 되었다. 후대의 가장 논쟁적인 농지개혁은 기원전 133년에 호민관인 티베리우스 셈프로니우스 그라쿠스와 가이우스 셈프로니우스 그라쿠스가 제안한 것인데, 기원전 367년의 리키니우스 법안을 부활시킨 것이다. 그라쿠스는 이 법안을 약간 수정하여 아들 하나를 둔 아버지는 추가로 250유게라, 그리고 두 번째 아들을 둔 경우에는 거기서 더 추가하여 250유게라, 도합 1천 유게라를 보유하도록 하자는 것이었다. 만약 1천 유게라 이상을 가진 가문이나 5백 유게라 이상을 가진 개인이 추가의 땅을 사들이면 그 가문이나 개인은 금전적 보상 없이 그 땅을 잃게 된다는 것이었다. 이 법은 시기적으로 너무 소급 적용되는 것이어서 엄청난 논쟁을 일으켰고 그 다음 해 그라쿠스가 호민관으로 지명되었을 때 폭동이 발생하여 그와 지지자 수백 명은 살해되었다.

누마(Numa Pompilius) 누마 폼필리우스는 고대 로마에서 전설적인 초대 왕(王) 로물루스의 뒤를 이어 두 번째로 왕위에 오른 인물. 전승에 의하면 그는 장기간 평화로운 세월을 다스렸다(기원전 715-673). 후대에 축제, 희생, 대제사장, 베스타 처녀들, 기타 의례를 제정한 종교적인 왕으로 존경되었고 그의 시대는 황금시대로 기억된다. 후대의 전설에 의하면 그는 님프인 에게리아로부터 조언을 받았고, 그리스의 철학자이며 신비주의자인 피타고라스의 제자였다고 한다. 피타고라스는 기원전 580년에 태어났으므로, 이러한 전설은 시대착오적인 것이지만, 초기 로마 종교와 남부 이탈리아에 있던 그리스 인 정착촌(피타고라스가 살았던 곳)의 그리스 컬트가 상호 유사하여 생겨난 것으로 보인다. 그가 제정했다고 하는 대부분의 개혁은 문화적 발전과 종교적 변천의 오랜 과정 끝에 생겨났을 것으로 추정되고 있다.

데모스테네스(Demosthenes: 기원전 384-322) 아테네의 대(大)웅변가이며 정치가. 부유한 사업가의 가정에서 태어났으나 일찍 고아가 되고, 부친의 재산을 횡령한 후견인들을 고소하기 위해 수사학을 배워 저명한 웅변가가 되었다. 기원전 351년 마케도니아의 필리포스 2세(알렉산드로스 대왕의 아버지)를 공격하는 연설을 발표하며 아테네의 위기를 호소하여 정계에서 두각을 나타냈다. 이후 계속하여 필리포스에 대한 강경론을 주장했다. 기원전 340-338년에는 숙적인 테베와 동맹하여 필리포스 2세와 결전했으나 카이로네이아 전투에서 패배했다. 기원전 336년 필리포스가 사망한 후, 그리스의 자유 회복을 시도했으나 알렉산드로스 대왕의 활약으로 뜻이 좌절되었다. 기원전 325년에 마케도니아 재무관 하르팔로스의 아테네 망명을 도왔고, 그 후 뇌물죄로 문책을 받아 망명했다. 기원전 323년 알렉산드로스 대왕이 사망하자, 반(反) 마케도니아 운동을 전개했으나 실패하고, 아르골리스 동쪽의 칼라우리아 섬에 도착했으나 추적을 받게 되자 음독자살했다. 연설 61편이 전해지고 있으며 「영광론」(기원전 330년)은 아티카 웅변술의 정수로 평가되고 있다.

데키우스(Mus Publius Decius) 부자(父子) 기원전 340년대에 라틴 인과의 전쟁 때 로마 집정관을 지낸 인물. 전승에 의하면 그는 데보티오(봉헌)에 의해 로마군의 승리를 가져온 인물이다. 데보티오(devotio)는 전쟁이 로마군에게 불리하게 돌아갈 때 로마군 장군이 지하의 두 신인 텔루스와 마네스에게 구이신대(求以身代)로 그 자신의 목숨을 바침으로써 적의 군사를 모두 몰살시켜 달라고 기원하는 것이다. 데보티오에는 정교한 의식 질차가 따른다. 이어 장군은 일부러 혈혈단신 직진으로 뛰어들어 싸우다가 죽는다. 여기에는 지하의 두 신이 그 장군의 봉헌을 받아들인다면 적을 몰살시켜줄 것이라는 이해가 전제되어 있다. 데키우스는 봉헌 의식을 마치고 적진으로 뛰어들어 장렬하게 싸우다가 죽었다. 똑같은 이름을 가진 그의 아들도 기원전 295년대에 삼니움 인을 상대로 하는 센티눔(센티노) 전투에서 똑같이 구이신대를 했다. 아들의 데보티오는 역사적 근거가 있는 얘기일 것으로 추정된다.

독재관(dictator) 왕정을 축출한 난 직후에 로마 국제에 추가된 임시 관직. 국가비상시에 위기를 돌파하기 위하여 임시로 비상대권을 독재관에게 부여했다. 군사적인 문제와 관련하여 완벽하게 독립적인 권한을 행사했고 그의 결정은 거부나 항소의 대상이 되지 않았다. 24명의 권표잡이[길라잡이: 릭토르(lictor)]가 그의 행차에 수행한 것은 거의 왕이나 다름없는 권위를 보여주는 것이었다. 독재관은 평민들이 뽑는 것이 아니라 원로원의 제청으로 집정관이 임명했다. 독재관은 평민관(magister populi)이라는 이름으로 불리기도 했는데 임명 즉시 그의 2인자로서 사마관(magister equitum)을 지명했다. 다른 행정관들은 현직을 그대로 유지했으나 독재관의 지시를 따라야 했고 독재관의 임기는 전쟁 등 임무 수행에 필요한 6개월이 한도였고 그 이후에는 그 자리에서 내려와야 했다. 그러나 6개월이 되기 훨씬 이전에도 임무가 완료되면 사임했다. 이런 임기 제한으로 이탈리아 바깥 지역에서는 별 효력을 발휘하지 못하는 제도가 되어버렸고, 기원전 3세기에 들어와 이 제도의 중요성이 크게 줄어들었다. 기원전 216년 이후에는 유명무실한 제도가 되었고, 술라와 카이사르가 종신 독재관에 취임하면서 당초의 취지에서 아주 벗어난 제도로 변모했다.

레굴루스, 마르쿠스 아틸리우스(Marcus Atilius Regulus) 마르쿠스 아틸리우스 레굴루스는 기원전 265년과 266년의 로마 집정관. 제1차 포에니 전쟁 때 군사령관으로서 에크노무스 곶에서 카르타고 해군을 패배시켰다. 그러나 다음 해 로마군을 이끌고 카르타고 원정에 나섰다가 생포되었다. 그는 굴욕적인 평화 협상을 강요당하면서 카르타고에 의해 로마에 사절로 파견되었다. 카르타고는 그가 협상에 실패하면 다시 카르타고로 돌아오겠다고 신들에게 맹세시켰다. 로마로 돌아온 레굴루스는 로마 원로원에게 전쟁을 계속하라고 조언했다. 만약 전쟁에서 포로로 잡힌 병사를 돈으로 되사들인다면 그 병사는 전장에서 용맹해지는 것이 아니라 고국에 돌아와 더 사나워질 것이라고 말했다. 이것은 후대를 위해서도 좋은 일이 아니며 도덕적 수치에다 재정적 손실을 추가하는 행위가 될 것이다. 양모에다 염색을 하면 양모는 결코 원래의 색깔을 회복하지 못하는 법이라고 주장했다. 그는 전쟁에서 패한 그 자신을 죄인으로 여겼고 가족과 작별 인사를 할 때 덕성스러운 아내와 사랑스러운 자녀가 키스를 하려고 하자 그 키스를 받을 자격이 없다며 거절했다. 이어 그는 카르타고로 돌아가는 약속을 지켰고 그곳에서 고문을 받아 죽었다. 호라티우스는 「서정시 III 5」에서 레굴루스를 로마의 영웅으로 칭송했다. 레굴루스는 가정적인 사람이기도 했다. 기원전 256년 아프리카에서 로마군을 지휘할 때 레굴루스는 집안에 남자가 없어서 가정이 심각한 어려움을 겪었다. 집정관인 레굴루스가 카르타고와 싸우기 위해 외국에 나가 있는 동안 그를 대신하여 4에이커의 농장을 돌보던 남자가 사망하자, 고용된 인부가 농장의 가축과 연장을 챙겨서 달아났다. 그러자 레굴루스는 원로원에 그를 대신할 장군을 보내달라고 호소했다. 집에 돌아가서 방치된 농장에서 아내와 아이들이 굶어 죽는 것을 방지해야겠다는 것이 그 이유였다. 원로원 의원들은 레굴루스가 전장에 지휘관으로 그대로 남아 있기를 바랐기에 레굴루스의 가정과 농장이 어려움을 겪지 않게 지원을 하겠다고 약속했다(발레리우스 막시무스, 『기억할 만한 행동과 말씀』 4.4.6). 레굴루스가 카르타고에서 고문을 당해 죽었다는 얘기는, 로마에 구금된 카르타고 전쟁 포로를 잔인하게 대한 로마의 조치를 변명하기 위해 지어낸 것이라는 주장도 있다.

레오 10세(Leo X: 1475-1521) 율리우스 2세의 뒤를 이어 교황 자리에 오른 메디치가의 인물. 본명은 조반니 데 메디치이다. 아버지 로렌초의 영향력으로 1492년 교황청에서 가장 어린 나이(16세)에 추기경에 올랐다. 1503년 율리우스 2세가 교황으로 선출하는 데 조력하면서 그와 돈독한 관계를 유지했다. 1513년 교황이 사망하자 그 뒤를 이어 레오 10세로 추대되었다. 호전적이던 전 교황과는 다르게 온화하고 사교적이었다. 피렌체의 추기경 직에 사촌 줄리오 데 메디치를 임명했고 동생 줄리아노는 나폴리 왕국을 맡게 하여 중부 이탈리아에 강력한 교황령을 건설하려 했다.
　1515년 프랑수아 1세가 다시 한 번 이탈리아를 침입해 왔다. 프랑스군이 밀라노를 점령하고 볼로냐로 행군해 오자 레오 10세는 볼로냐에서 프랑스 왕과 화해하고 볼로냐 협약을 맺었다. 이 협약으로 프랑수아 1세는 밀라노와 나폴리를 장악하게 되었다. 이로써 교황은 중부 이탈리아에만 교황령을 두는 것에 만족하고 이탈리아에 평화가 찾아왔다고 생각했다. 그는 사치스러운 오락과 연회를 좋아했으며 추기경들과 로마의 귀족들에게까지 화려한 유흥을 베풀었다. 이런 취미 덕분에 마키아벨리의 희곡 『만드라골라』가 교황청에서 상연될 수 있었다. 심지어 인도에서 코끼리를 수입해 와 키우기도 했다. 이 때문에 교황청 재정과 개인 재산이 고갈되었고 부족한 재정을 충당하기 위해 무리하게 면죄부를 팔면서 종교개혁의 빌미가 되었다.

1519년 막시밀리안 1세가 죽고 스페인 왕 카를로스 1세가 신성로마제국의 황제로 선출되어 카를 5세가 되었다. 프랑수아 1세와 레오 10세는 카를 5세의 황제 선출을 막으려 했으나 성공하지 못했고 그로 인해 프랑스와 스페인 사이에 전쟁이 벌어지게 되었다. 레오는 중립을 지키려다가 프랑스를 버리고 카를 5세와 비밀 협정을 맺었다. 종교개혁을 요구하는 마르틴 루터 문제를 해결하는 데 카를의 도움이 절실히 필요했기 때문이다. 레오는 이단자인 루터를 카를 5세가 종교재판에서 처리해 주기를 바랐다. 황제는 그렇게 해주는 대신, 밀라노와 이탈리아 내 프랑스 점령지를 공격할 때 교황이 지원해 줄 것을 요청했다. 이런 조건 아래 카를이 프랑수아 1세에게 승리하여 밀라노를 함락시켰다. 프랑스군이 알프스로 퇴각하는 동안 심한 감기를 앓던 레오는 1521년 46세의 나이로 급사했다.

레피두스(Marcus Aemilius Lepidus: ?-기원전 12) 로마의 장군. 카이사르 밑에서 사마관으로 있다가 카이사르의 암살 이후 내전이 벌어지자 그 과정에서 생겨난 3두 체제의 1인이 되었다. 3두 체제는 안토니우스와 레피두스 그리고 옥타비아누스이다. 이들은 서로 힘을 합쳐 이탈리아 내에 있는 다양한 정적들을 상대로 내전을 벌였다. 그들은 소위 "해방자들"을 위시하여 모든 반대파들을 패배시켰다. 기원전 43년 11월, 3인은 소위 제2차 3두 체제를 결성하고, 원로원을 압박하여 이 체제를 국가 재건을 위한 공식 비상 체제로 인정하게 만들었다. 3인은 술라의 징벌 고시 전략을 활용하여 정적들을 무자비하게 숙청했고, 누구를 살해할 것인가에 대하여 그들끼리 거래를 하다가 그들의 가족을 배신하기도 했다. 그들은 기원전 42년 북부 그리스의 필리피 전투에서 "해방자들(카이사르 암살자들)"의 군대를 진압했다. 안토니우스와 옥타비아누스는 서로 공모하여 레피두스에게 북부 아프리카의 총독 직을 주어 달래면서 그를 3두 체제에서 제외했다. 이렇게 하여 그는 로마의 미래를 결정하는 데에는 아무런 실권이 없게 되었다. 아프리카 총독 직에서 은퇴하여 야인 생활을 하던 중에 사망했다.

『**로마사**(*History of Rome from its foundation, Ab urbe condita libri*)』 리비우스의 역사서. 총 142권으로 구성되어 로마의 건국부터 기원전 43년 키케로의 죽음까지를 다루고 있으나 현재 전해지는 책은 1–10권과 21–45권(이 중 41권과 43권은 완전하지 않음)으로 총 35권이다. 마키아벨리의 『사론』 「서문」에 의하면 이 35권에 대한 논고를 쓰겠다는 의도가 피력되어 있으나 실제로는 1–10권에 대한 논고로 그쳤다. 1–10권의 내용을 살펴보면 1–5권까지는 도시의 전설적인 건설과 로마를 다스린 일곱 명의 왕, 즉 창건자 로물루스, 평화왕 누마, 전쟁왕 툴루스, 전쟁과 평화를 동시에 추진한 안쿠스, 딸의 사주로 암살된 타르퀴니우스, 재산에 의한 신분제를 수립한 세르비우스, 오만왕(傲慢王) 타르퀴니우스를 서술하고, 기원전 390년 갈리아 족이 로마를 침입해 온 사건까지를 다룬다. 6–10권은 이탈리아 내부의 여러 부족들 라티움 인, 볼스키 인, 삼니움 인 등을 모두 정복하고 카르타고와의 전쟁을 치르기 직전까지 서술한다. 21–30권은 카르타고를 상대로 치른 두 번의 포에니 전쟁을 서술하며 이때의 주인공들인 한니발과 스키피오 아프리카누스, 파비우스 막시무스, 카토 등의 얘기가 등장한다. 31–45권은 마케도니아와 기타 동방 국가들과의 원정전을 기술하며 기원전 167년까지의 사건을 기술한다. 마키아벨리의 『사론』에서 다루어진 『로마사』 1–10권의 주요 사건들을 기술하면 다음과 같다.

제1권: 사비니 여인들의 납치. 호라티우스와 쿠리아티우스 가문의 3자 대결. 타르퀴니우스의 왕좌 등극과 왕비 툴리아의 친정아버지(곧 타르퀴니우스 왕) 살해, 섹스투스 타르퀴니우스의 루크레티아 강간과 브루투스의 복수.

제2권: 브루투스가 왕정으로 돌아갈 것을 획책한 아들들을 처형한 사건. 호라티우스가 다리를 지킨 사건. 무키우스 스카이볼라가 에트루리아 왕 포르센나를 암살하려다가 미수에 그친 사건. 코리올라누스가 로마 외곽에서 어머니를 만난 사건. 베이이 인을 상대로 전투에 나선 파비우스 가문.

제3권: 시골에서 농사짓던 킨키나투스를 소환하여 독재관으로 임명. 10인회의 아피우스 클라우디우스가 비르기니아를 강간하려다 미수에 그치고 실각한 사건.

제4권: 코수스와 에트루리아 왕이 서로 전투하여 코수스가 승리.

제5권: 베이이의 공성과 로마에 진출한 그리스 인들.

제6권: 만리우스 카피톨리누스의 처형

제7권: 심연으로 뛰어든 쿠르티우스.

제8권: 군사령관인 아버지의 명령을 여겼다고 아들을 죽인 만리우스 토르콰투스. 군대의 승리를 위하여 자신의 죽음을 봉헌한 무스 데키우스. 사마관에 대하여 분노를 터트린 독재관 파피리우스 쿠르소르.

제9권: 카우디네 분기점에서의 대참사. 알렉산드로스 대왕이 로마를 처들어 왔더라면 어떻게 되었을까 상상하는 부분.

제10권: 포에니 전쟁 때 지연전술로 이름을 떨친 파비우스 막시무스가 아버지 휘하에서 참모 장교로 근무.

로물루스(Romulus) 고대 로마의 초대 왕. 현대의 고고학은 빌라노바 인, 그리스 인, 에트루리아 인이 고대 로마 인들에게 영향을 미쳤다는 것을 보여준다. 로마는 좀 더 큰 지중해 세계에서 그들 나름의 정체성을 개발해 나가는 과정에서 이들로부터 많은 문물을 배워 왔다. 고대 로마의 전설들은 초창기 로마 인들을 다른 민족들 특히 트로이 인들과 연결시킨다. 동시에 전설은 로마의 기원으로 기억되는 중부 이탈리아의 자그마한 정착촌이 별도의 독립된 마을이었다는 것도 강조한다. 리비우스의 역사서(1. 5-7)가 생생하게 설명했듯이, 로물루스와 그의 동생 레무스는 기원전 753년에 이 도시를 창건했다. 이 전설은 로물루스과 로마의 위치와 권력의 공유와 관련하여 동생 레무스와 치열한 논쟁을 벌인 끝에 동생을 살해했다는 음울한 보고도 포함하고 있다. 이 이야기는 왕정을 추구하면 결국 권력의 경쟁자들 사이에서 살인이 발생한다는 교훈을 로마 인들에게 가르쳤다.

같은 전설에 의하면, 로물루스는 37년을 통치한 후, 기원전 716년에 맹렬한 폭풍우의 엄청난 회오리바람에 휩싸여 영원히 사라졌다고 한다. 이처럼 왕이 신비하게 사라진 현상은 대부분의 초창기 로마 인들을 화나게 만들었다. 왜냐하면 그들은 로물루스의 상류층 측근들이 일반 대중의 사랑받는 지도자를 암살하고서 그의 시체를 감추었다고 의심했기 때문이다. 대중의 폭동을 막기 위해 한 저명한 시민은 성난 군중들에게 큰 소리로 이렇게 설명했다. "우리 도시의 아버지인 로물루스는 오늘 새벽에 하늘에서 내려와 내 앞에 나타나셨소. 나는 두려움과 경배의 심정으로 그의 앞에 서서, 그의 얼굴을 바라보는 것이 합당한지 기도를 올렸소. 그러자 로물루스가 내게 말했소. '가서 로마 사람들에게 말하시오. 신들의 뜻에 의해 나의 로마는 세계의 수도가 될 것이라고. 로마 인들에게 병사가 되는 법을 배우라고 말하시오. 그들과 그들의 자손들에게 그 어떤 힘도 로마의 무기 앞에서는 상대가 되지 않을 것이라고.' 그는 내게 이 말을 하고서는 하늘로 다시 돌아가셨소."(리비우스, 1.16) 그 연설은 군중을 진정시켰다. 그들은 이제 도시의 창건자가 불멸의 존재가 되었고 또 그들의 도시가 신들로부터 총애를 받는 도시라는 것을 알았기 때문이다. 이 이야기는 이처럼 절묘한 화해로 끝나지만, 소수의 엘리트 로마 인들과 다수의 로마 평민들 사이의 갈등이 아주 초창기부터 역사의 한 부분이었음을 보여준다.

루이 12세(Louis XII: 1462-1515) 1498년부터 프랑스 왕으로 통치했으며 나폴리, 제노바, 밀라노 등 이탈리아 정복전에서 실패를 거듭했으나 국내에서는 국민들의 아버지라는 호칭을 얻을 정도로 인기가 높았다. 즉위 전에는 오를레앙 공이었으나 샤를 8세의 갑작스러운 죽음으로 왕위를 계승했다. 1499년 신심이 깊지만 못생긴 조카(루이 11세의 딸)와 강제 결혼했으나 이 부인과의 이혼을 교황 알렉산데르 6세로부터 허락받고 그 보답으로 밀라노를 침공했다. 1499년 여름에 루도비코 스포르차를 밀라노의 권좌에서 쫓아냈으나 루도비코는 다음 해 겨울 다시 권좌에 복귀했다. 루이 12세는 교황의 아들 체사레 보르자를 프랑스 궁정의 봉신으로 받아들여 발렌티노 공이라는 작위를 하사했고 또 상당수의 병력을 보르자에게 빌려주었다. 선왕 샤를 8세의 나폴리 왕국 영유권을 계속 추진하여 아라곤의 왕 페르난도 2세와 나폴리를 나누어 갖는 그라나다 조약을 체결했다(1500). 그러나 1년 뒤 두 왕은 분배의 문제에 이견을 노출했고 1504년 프랑스는 나폴리의 영유권을 상실했다. 루이 12세는 외교적으로 페르디난도에게 두 번, 율리우스 2세 교황에게 한 번 배신을 당했다. 왕실의 혼사 문제로 루이 12세가 막시밀리안 황제를 배신하자 황제는 그 후 루이 12세를 지원하지 않았다.

루첼라이, 코시모(Cosimo Rucellai: 1495-1519) 오르티 오리첼라리의 독서 및 정치 토론 서클의 호스트. 자노비 부온델몬티와 마찬가지로 루첼라이는 마키아벨리의 저서 『전쟁의 기술』에서 대화자의 한 사람으로 등장한다. 그의 할아버지 베르나르도 루첼라이(1448 1514)는 로렌초 메디치의 충실한 시시사였고, 오르티 오리첼라리 정원을 최초로 설계한 인물이었다. 1494-1495년의 카를 5세가 이탈리아를 침공해 온 역사를 다룬 『이탈리아 전투에 대하여(De bello italico)』를 썼는데 이 책에서 그가 세력 균형(balance of power)이라는 용어를 처음 사용했다. 마키아벨리가 『사론』을 헌정한 두 인물 중 한 사람이기도 하다.

루크레티아(Lucretia) 콜라티누스(Collatinus)의 정숙한 아내. 전설에 의하면 오만왕 타르퀴니우스의 아들 섹스투스에 의해 강간을 당하고 수치를 이기지 못하여 아버지와 남편 앞에서 섹스투스의 비열한 소행을 고발하고서 칼로 자신의 가슴을 찔러 죽었다. 이 사건으로 루시우스 유니우스 브루투스가 이끄는 민중 봉기가 일어나 오만왕과 그 일족을 로마에서 추방시켰으니, 이것이 공화정의 시작이다. 루크레티아 이야기는 그리스 문학의 전통과는 무관하게 민간 시가에서 생겨났을 것으로 보인다. 그녀의 아버지 루크레티우스(Spurius Lucretius Tricipitinus)는 역사가들이 이 전승을 더욱 교묘하게 꾸미기 위해 지어낸 인물일 것으로 추정된다. 역사가들은 루크레티아의 죽음을 왕정 붕괴의 신호탄으로 보고 있으나, 동시에 루크레티아의 아버지 루크레티우스가 강간 사건 이전에 오만왕에 의해서 로마 시장으로 임명되었고 또 공화정 수립 이후에도 그 직책을 계속 수행했다고 기술했다. 또한 루크레티우스가 기원전 509년에 집정관 자리에 올랐다는 전승도 있는데 리비우스는 『로마사』 2. 5에서 이 사실을 부정했다. 루크레티아의 능욕은 렘브란트, 셰익스피어 등 수많은 예술가들에게 영감을 준 사건이었다.

리비우스(Livy, Titus Livius: 기원전 59-서기 17) 로마의 역사가. 그는 이탈리아 북동부의 파타비움(오늘날의 파두아)에서 유복한 가정에서 태어났으나 성인이 되어서는 로마에서 살았다. 그의 개인적인 생활에 대해서는 알려진 것이 거의 없다. 리비우스는 공화정의 원칙들을 공개적으로 지지하고 찬양했으나 로마의 과거를 높이 숭상한 태도 덕분에 로마 초대 황제 아우구스투스의 마음을 사로잡았다. 그리하여 두 사람은 지속적으로 우호적인 관계를 유지했다. 리비우스는 후대에 황제의 지위에 오르는 어린 클라우디우스에게 역사 공부를 지도하기도 했다. 그는 아우구스투스 사후에 3년을 더 살았으며 고향인 파타비움에서 서기 17년에 사망했다. 리비우스는 역사서를 쓴 것 이외에는 일체의 공직에 취임하지 않은 것으로 알려져 있다. 그는 『로마사』 집필을 기원전 29년부터 시작하여 총 142권(이 중 35권만 전해짐)에 이르는 책을 순차적으로 발간했다. 그의 역사서는 생전에도 이미 널리 존경을 받았고 사후에도 타키투스, 세네카, 퀸틸리아누스, 플루타르코스 등의 학자들로부터 높은 평가를 받았다.

리비우스는 로마사의 믿을 만한 전거로 평가되었다. 그가 로마사를 집필할 때 사용한 기존의 역사서는 시인 엔니우스(Quintus Ennius)의 장시와 파비우스 픽토르와 리키누스 마케르 같은 역사가들의 저술이었다. 리비우스의 재주는 학문이나 과학에 있는 것이 아니라 그 문학적 소양에 있다. 그는 역사적 인물과 사건들을 생생하게 묘사한다. 그가 묘사한 로마의 적 한니발은 사나우면서도 영웅적이다. 한니발의 침입을 두려워하여 신들의 사원으로 도망치는 로마 여인들의 묘사는 비극의 한 장면이다. 그 외에 리비우스는 원로원의 권위, 로마 영웅들의 용기, 로마 영웅들의 놀라운 웅변술을 생생하게 보여준다. 그의 역사서를 읽으면 그가 영웅의 시대를 서술하고 있다는 느낌이 든다. 리비우스는 역사서의 「서문」에서 로마 인들의 위대한 업적과 이 세상의 군주들을 묘사하여 후대 사람들에 그들의 고상한 행동과 미덕을 알려 주어 교훈으로 삼게 하고 싶다는 뜻을 피력한다. 리비우스는 중세 시대에는 별로 읽히지 않다가 르네상스 시대에 들어와 많은 휴머니스트들의 칭송을 받았다. 단테는 그를 가리켜 "실수를 하지 않는 역사가"라고 말했다. 리비우스 역사서의 「서문」은 마키아벨리가 『사론』의 「서문」에서 피력한 뜻과 일맥상통한다. →『로마사』

리쿠르고스(Lycurgus, Lycourgos) 스파르타의 국제(國制), 사회적·군사적 제도 및 좋은 질서[에우노미아(eunomia)]의 창시자. 스파르타 인들은 그들의 법적인 통치제도를 아주 존경했다. 그들은 델피의 아폴로 신전이 레트라(Rhetra)라는 신탁으로 그 정치제도를 승인했다고 믿었고 또 리쿠르고스가 그 신탁에 입각하여 정치개혁을 실천했다고 생각했다. 그러나 심지어 고대시대의 역사가들도 이 리쿠르고스에 대해서는 확고한 정보를 갖고 있지 못했다. 리쿠르고스가 지도자로 활동했던 시기가 어느 때인지, 그가 어떻게 스파르타의 법률을 바꾸었는지에 대해서 무지한 것이다. 오늘날 우리가 확실하게 말할 수 있는 것은 스파르타 인들이 기원전 800년에서 600년경 사이에 법률에 바탕을 둔 정치제도를 발전시켰다는 것뿐이다. 다른 그리스 인들과는 달리, 스파르타 인들은 그들의 법률을 문자로 적어놓지 않았다. 그 대신 그들은 특별한 경제적 바탕에 근거를 둔 고도로 조직화된 생활방식을 통해 세대에서 세대로 그들의 제도를 전수, 유지해 나갔다.

리쿠르고스의 이름이 언급되는 최초의 사료는 헤로도토스의 『역사』이다. 현대의 학자들은 그가 수립한 사회적 제도가 원시적인 부족 관습의 잔재물일 것으로 보고 있으며, 후대 스파르타의 강인한 인내심은 특수한 경제적, 정치적 지위에 의해 서서히 조성되었을 것으로 판단한다. 또 그가 실시한 많은 개혁들을(가령 동전 주조의 금지)도 후대에 들어와 그의 업적으로 추가된 것으로 본다. 그의 전승에는 로망스의 요소들이 명백하게 추가되어 있으며, 현대 학자들은 심지어 그가 실존 인물인지에 대해서도 회의적이다. 그가 기원전 5세기에 이르러 거의 신과 같은 영예를 받았다는 점을 지적하면서 현대의 학자들은 그를 스파르타의 새로운 제도가 정착될 때 스파르타 인들이 숭앙했던 신이 아니었을까 하고 추측하기도 한다. 하지만 기원전 755년 이전에 스파르타의 제도가 확립된 것을 명확하므로, 이것이 위대한 입법자의 작품이라는 믿음도 나름대로 타당하다.

마리암네(Mariamne) 기원전 63년 이래 로마의 보호령이었던 유대의 왕, 헤롯(기원전 73년경-기원전 4)의 아내. 헤롯은 기원전 37년 로마 인들이 예루살렘을 점령한 이후부터 왕으로서의 권위를 확립했다. 그는 헬레니즘 왕조를 모방하여 유대 지방을 다스렸는데 독재적이고 잔인한 방식으로 통치하여 민중들의 증오를 받았다. 그러나 당시 세계의 실력자인 로마 황제 아우구스투스(옥타비아누스)에게 충성을 바쳐 오랫동안 왕권을 장악했다. 유대 인들은 헤롯을 외국인이라고 생각하여 싫어했다. 그는 유대 지방 남쪽의 이두메아에서 태어났고 기원전 47년에 로마 시민이 되었다. 그의 아내 마리암네는 문벌 높은 가문의 딸로서 출중한 미모와 기품을 자랑했다. 헤롯은 이 아내를 정말로 사랑했으나 마리암네는 그 사랑을 가식적인 것으로 생각했고 자주 그런 의심을 왕에게 표시했다. 또한 마리암네는 왕의 어머니와 여동생과 사이가 좋지 않았다. 기원전 31년 헤롯은 옥타비아누스를 만나 유대 지역의 왕권을 보장받았다. 헤롯이 고국으로 돌아와 이 기쁜 소식을 가장 먼저 아내에게 전했으나, 아내는 시큰둥하게 받아들였다. 헤롯은 그래도 아내를 사랑하여 꾹 참았다. 그러던 어느 날 헤롯이 낮잠을 자고 나서 욕정이 동하여 마리암네를 불렀는데 그녀는 왕의 요구에 응하기는커녕 그를 경멸하는 어조로 비난하며 과거에 헤롯이 그녀의 할아버지와 오빠를 죽인 것을 비난했다. 이때 부부의 틈이 벌어지기를 기다리던 시어머니는 마리암네가 왕을 죽이기 위해 독약을 준비 중이었다고 무고했고, 아내의 심술궂은 태도에 분노하던 왕은 아내를 살해하라고 지시했다. 아내의 사후에 헤롯은 거의 정신 나간 사람처럼 아내의 이름을 불러댔고, 혼자 사막에 들어가서 자기 몸을 채찍으로 때리며 괴로워했다. (요세푸스, 『유대 고대사』 15권 7장)

마리우스(Gaius Marius: 기원전 157-86) 마리우스는 이탈리아 중부의 아르피눔이라는 마을의 기사 계급 가문에서 태어났다. 공화국 초창기 같았더라면 마리우스는 집정관 직에 오르지 못했을 것이다. 그러나 기원전 2세기 말의 로마는 군대를 승리로 이끌어줄 능력을 가진 지휘관을 절실하게 필요로 했다. 마리우스는 북아프리카 전쟁에서 뛰어난 전공을 세워 명성을 얻었다. 그는 자신보다 사회적 지위가 높은 저명한 귀족 가문에 장가들어 더욱 출세의 가능성을 높였다. 마리우스의 아내는 율리우스 카이사르의 고모이다. 마리우스는 그 자신의 뛰어난 군사적 능력과, 평민들의 지지를 등에 업고 기원전 107년에 집정관 선거에서 승리했다. 마리우스는 전략적 응집력과 기동성을 개선하여 로마군의 전투 효율성을 높인 공로는 인정받아야 하나 그의 군대 개혁은 예기치 못한 결과를 가져왔다. 그가 만들어낸 피보호자 군대는 훗날 무자비한 군사령관들에게 권력의 원천이 되어 공화국의 정치적 안정을 뒤흔들어놓았다. 기원전 88년 소아시아의 미트리다테스 원정을 두고서 술라와 갈등 관계가 되었다. 술라가 휘하 군대를 끌고 로마로 쳐들어오자 마리우스는 해외로 달아나서 여러 모험 끝에 아프리카에 도착했다. 이때 아프리카 부족민에 잡혀 죽을 뻔했으나 간신히 살아났다. 술라가 87년 동방 원정을 떠나자 로마로 돌아와 다시 정권을 잡고 공포 정치를 폈다. 그 후 건강이 나빠져서 86년에 죽었다.

막시밀리안 1세(Maximillian I: 1459-1519) 1493년 프리드리히 3세가 사망하면서 독일의 유일한 통치자로서 합스부르크 왕가의 수장이 되었다. 1494년 샤를 8세가 이탈리아를 침공하여 유럽의 세력 균형이 깨어지자 나폴리를 점령한 프랑스를 물리치기 위해 교황 알렉산데르 6세, 아라곤 왕 페르난도 2세, 베네치아, 밀라노 등과 함께 신성동맹(1495)을 맺었다. 1496년 이탈리아 원정에 나서 프랑스군을 격퇴했다. 막시밀리안 1세는 새로 선출된 교황 율리우스 2세의 동의 아래 신성로마제국 황제의 칭호를 받았다. 이후 프랑스, 스페인, 교황과 함께 베네치아를 쳐부수기 위한 캉브레 동맹에 가담했다(1508). 1511년 프랑스에게 등을 돌리고 교황, 스페인, 영국과 새로 결성된 신성동맹에 가담하여 프랑스군을 패퇴시켰으며 그의 동맹군은 밀라노와 롬바르디아를 회복했다. 손자 카를로스 1세가 신성로마제국의 황제로 선출되는 데 후견했으며 그 결과 스페인 왕이었던 손자가 그가 죽던 해에 카를 5세로 신성로마제국의 황제 자리에 올랐다

만리우스 카피톨리누스(Manlius Capitolinus Marcus) 로마의 전승에 의하면 갈리아 족이 기원전 390년 로마를 침략했을 때 카피톨리움을 지켜낸 사령관. 만리우스는 카피톨리움 근처에 있는 그의 집에서 잠을 자던 중 신성한 거위의 꽥꽥거리는 울음소리에 잠을 깼다. 신전을 지키던 개들은 잠에 떨어져 아무런 경고의 소리도 발하지 않았다. 그는 재빨리 경비병들을 소환하여 신전을 공격하려 했던 갈리아 인들을 물리쳤다. 이 일이 있은 후 신성한 거위들에게 먹이를 주는 일은 국가의 책임이 되었다. 해마다 기념일이 되면 거위들을 보랏빛과 황금빛 쿠션을 얹은 가마에 태워 행진했고 반면에 개들은 딱총나무 십자가에 매달아 죽였다(이 의식은 기독교 시대까지 존속되어 왔다). 갈리아 인들이 물러가고 난 이후의 정치적 위기에서 만리우스는 귀족이었으나 가혹한 부채법에 시달리는 가난한 사람들을 지원한 것으로 알려져 있다. 그는 참주로 등극하려고 한다는 고발을 받았고 타르페이아 바위에서 내던져져 추락사했다. 타르페이아 바위는 카피톨리움 언덕 서남쪽 구석에 있는 높은 바위인데 대역죄를 저지른 범죄자들을 여기서 아래로 내던져 추락사 시켰다. 타르페이아는 로마가 사비니 인들과 전쟁을 할 때, 사비니 인의 황금 팔찌가 탐나서 로마를 배반하려다가 오히려 사비니 인들에게 압살당한 매국노였다. 따라서 타르페이아 바위는 매국노를 살해하는 바위라는 뉘앙스를 갖고 있다.

만리우스 토르콰투스(Titus Manlius Torquatus) 로마의 영웅. 어릴 때 말을 더듬어서 아버지의 신임을 받지 못했으나, 기원전 361년 갈리아 인들이 침략해 올 때 1 대 1 싸움에서 갈리아 거인을 죽이고 그가 목에 차고 있던 장식용 목걸이(torques)를 빼앗은 군공으로 토르콰투스라는 별명이 붙었다. 그의 아버지 만리우스 마르쿠스를 고소에서 구제하기 위해 감찰관을 찾아가 위협하여 풀려나게 한 사건으로 피에타스(Pietas)가 훌륭하다는 평가를 받았다. 기원전 340년의 라티움 전쟁에서 집정관에 올랐는데 예하 군대에 적들과 교전을 하지 말라는 명령을 내렸는데도 아들이 교전을 하여 라틴 인 장수를 죽이는 공로를 세우자, 그 아들을 군령 위반으로 처형했다. 후대에 생

거난 "Manliana imperia(만리우스식 명령)"라는 말은 군대 명령의 준엄함을 표현하는 용어가 되었다.

메디치 가문(The Medici) 15세기 동안 피렌체 도시를 지배했던 부유한 가문. 이 가문은 무역과 금융업으로 큰돈을 벌었고, 공식 직함은 없었으나 그 막대한 부와 하층 계급들과의 동맹으로 도시를 사실상 지배했다. 이 가문은 피렌체의 공공사업과 문화 예술을 진작시켰다. 특히 로렌초가 유명하여 '장엄자(magnifico signore) 로렌초(위대한 로렌초)'라고 불렸다. 그러나 로렌초는 밀라노, 베네치아, 나폴리 등의 공국들과 세력 균형을 도모하는 데 어려움을 겪었다. 로렌초가 죽은 직후인 1494년에 프랑스의 샤를 8세가 이탈리아를 침공해 왔고, 피렌체 시민들은 개혁가 사보나롤라의 사주를 받아서 메디치 가문을 전반적 부정부패의 원흉으로 매도했다. 메디치 가문은 유배를 떠났다가 스페인의 이탈리아 침공 시기인 1512년에 다시 피렌체 정권을 장악했다. 1530년 피렌체 공화정의 몰락 후, 코시모 1세(1519-1574)가 토스카나 대공의 칭호를 받아 전제 군주로서 피렌체를 다스렸고, 1737년 최후의 토스카나 대공 가스토네가 죽을 때까지 메디치 가문이 토스카나 지역을 계속 지배했다. 메디치 가문은 마키아벨리의 생애와 저작에서 중요한 역할을 했다. 마키아벨리는 1494년까지 이 가문이 지배하던 도시에서 살았고, 1498년부터 1512년까지는 이 가문의 위협을 의식하던 피렌체 공화정에서 고위 관리로 근무했다. 1512년 이후 메디치 가문이 다시 피렌체의 정권을 잡으면서 마키아벨리는 이 가문으로부터 산발적인 업무를 받기는 했지만 공직에 다시 돌아가지는 못했다. 다음은 마키아벨리의 생애와 겹치는 시대에 활약한 메디치 인물들이다.

장엄자 로렌초(위대한 로렌초: 1449-1492) 피렌체의 통치자(1469-1492). 이상적인 르네상스 통치자였으며 예술의 후원자였다. 그는 "국가의 아버지"인 코시모 데 메디치의 손자이다.

줄리아노(1453-1478) 장엄자 로렌초의 동생. 파치 가문의 음모 때 암살자에 의해 살해되었다. 암살자들은 로렌초에게도 부상을 입혔다.

불운자 피에로(1472-1503) 장엄자 로렌초의 맏아들. 1492년부터 피렌체를 다스렸으나 1494년 피렌체 시민들에 의해 추방되었다. 프랑스의 샤를 8세는 나폴리로 가는 길에 토스카나를 침공했는데, 이때 피에로가 너무 많은 양보를 하면서 평화 협정을 추진했기 때문이다.

조반니(1475-1521) 장엄자 로렌초의 둘째 아들로서 피렌체를 다스렸으며(1512-1513), 1513년에 교황 레오 10세로 선출되었다.

줄리아노(1479-1516) 장엄자 로렌초의 셋째 아들로서 피렌체를 다스렸다(1513-1516). 그의 뒤를 이어 로렌초 2세가 통치자 지위에 올랐다.

로렌초 2세(1492-1519) 피에로의 아들이며 피렌체의 통치자(1513-1519). 그를 뒤이어 줄리오가 피렌체의 통치자가 되었다.

줄리오(1478-1534) 장엄자 로렌초의 동생 줄리아노의 아들. 피렌체의 대주교로서 피렌체를 다스렸으며(1519-1523), 1523년에 클레멘스 7세로 교황에 선출되었다. 그의 뒤를 이어 이폴리토가 피렌체 통치자가 되었다.

조반니 달레 반데 네레(1498-1526) 카테리나 스포르차와 조반니 데 메디치 사이에서 태어난 아들. 조반니는 장엄자 로렌초와 그의 동생 줄리아노와는 사촌간이었다. 반데 네레는 레오 10세와 클레멘스 7세가 고용한 아주 유명한 용병 대장이다.

이폴리토(1511-1535) 장엄자 로렌초의 셋째 아들 줄리아노의 서출 독자. 1523년부터 1527년 동안 그의 권위는 피세리니 추기경이 대행하였다. 이 기간에 제국 군대의 이탈리아 침공이 있었고 메디치가는 피렌체 시민에 의하여 추방되었다.

알레산드로(1510-1537) 줄리오의 서자. 로렌초 2세의 독자로 인정되었으며 1531년 메디치가가 권좌에 복귀하고 피렌체 공화국이 최후로 붕괴하자 피렌체의 통치자가 되었다. 메디치 가문에서 세습 공작의 지위를 받은 유일한 인물이다.

베르길리우스(Vergilius: 기원전 70-19) 로마 시대 최고의 시인으로 그의 장편 서사시 『아이네이스』는 중세 내내 라틴 어 문법 연구의 교과서로 활용되었다. 베르길리우스가 중세에 큰 인기를 얻게 된 것은 그가 쓴 『농경시』 제4편이 한 아이의 탄생을 예고했기 때문이다. 그 아이는 평화의 시대를 가져올 것이라고 예언했는데 기독교 신자들은 이것이 그리스도의 탄생을 예언한 것이라고 생각했다. 베르길리우스는 단테의 『신곡』에서 단테가 지옥과 연옥을 여행하는 데 길잡이로 나섰고 작품 속에서 인간 이성(理性)의 알레고리로 등장한다.

보르자, 체사레(Cesare Borgia: 1475-1507) 알렉산데르 6세의 사생아로 프랑스 왕궁에 의해 발렌티노 공으로 임명된 인물. 아버지 생존 시에 이탈리아 중부의 교황령을 직할지로 바꾸려고 무자비한 권력 쟁탈전을 벌였으나 아버지의 사후에 정적인 율리우스 2세가 교황으로 선임되자 권력을 잃고 포로의 신세가 되었다. 스페인의 감옥에 있던 중 탈출하여 나바라의 왕에게 의탁하러 갔으나 나바라 반군과의 전투 중에 죽었다. 마키아벨리는 『군주론』에서 보르자를 과감하고 결단력 있는 지도자로 묘사하고 있다.

부온델몬티, 자노비(Zabobi Buondelmonti: 1491-1527) 피렌체의 공화파 인사. 루첼라이 농장에 소속된 정원인 오르티 오리첼라리의 독서 연구 클럽의 회원이었다. 마키아벨리는 이 독서 클럽에 나아가 『사론』의 원고를 다른 휴머니스트들과 논의했을 것으로 짐작된다. 마키아벨리는 그가 쓴 『카스트루치오 카스트라카니의 생애』도 부온델몬티에게 헌정했다. 부온델몬티는 대화 형식으로 된 마키아벨리의 또 다른 저서 『전쟁의 기술』에서 대화자들 중 한 명으로 등장한다. 부온델몬티는 그가 가담한 반(反) 메디치 음모가 사전 발각된 1522년 피렌체에서 도피했다.

그는 1527년 피렌체에 단명한 공화정이 수립되었을 때 다시 피렌체로 돌아왔으나 그 직후 사망했다. 마키아벨리가 『사론』을 헌정한 두 인물 중 하나이다.

브루투스, 루시우스 유니우스(Lucius Junius Brutus) 루시우스 유니우스 브루투스는 로마 공화정의 창건자로서 역사적 인물일 것으로 추정된다. 그러나 고대 사료에 나오는 그의 얘기는 전설적인 요소가 가미되어 있다. 가령 그가 오만왕 타르퀴니우스의 아들들을 따라 델포이의 아폴로 신전에 신탁을 들으러 따라갈 수 있었던 것은 그가 바보(실제로는 바보인 척한 것)이기 때문이었다는 전설이 전해진다. 리비우스의 『로마사』1.57에서 오만왕의 아들들은 다음 왕은 누가 될 것 같으냐고 신에게 물었는데 신탁은 "너희들 중에 어머니에게 먼저 입맞춤하는 자에게 최고의 권력이 돌아갈 것이다,"라고 말했다. 이때 브루투스는 재빨리 그 말뜻을 알아듣고 땅에 엎드려 키스함으로써 어머니(대지)에게 입 맞추었다고 한다. 라틴 어 "브루투스"는 "백치"의 뜻이다. 그가 일부러 바보인 척한 것은 삼촌인 오만왕에게 살해당한 형과 똑같은 운명이 되는 것을 모면하기 위해서였다. 그는 형이 오만왕의 손에 죽고 재산이 몰수당했는데도 아무렇지도 않은 듯, 오히려 즐겁다는 듯이 행동하면서 복수의 때를 기다렸다. 루크레티아가 오만왕의 아들 섹스투스에게 강간당했을 때, 민중 봉기를 일으켜 오만왕을 축출하고 루크레티아의 남편 콜라티누스와 함께 최초의 집정관으로 선출되었다(기원전 509년). 그는 준엄한 심판으로도 유명하며 그의 두 아들이 타르퀴니우스 왕가의 복권을 시도하다가 체포되자 사형을 명했다. 그는 오만왕 타르퀴니우스를 복위시키려고 로마를 쳐들어오던 에트루리아 군대와 맞서 싸우다가 전사했다.

브루투스, 마르쿠스 유니우스(Marcus Junius Brutus: 기원전 85년경-42) 마르쿠스 유니우스 브루투스는 율리우스 카이사르를 살해한 주범이다. 기원전 49년 폼페이우스 편에 서서 카이사르와의 내전에 참가했다. 파르살루스에서 폼페이우스가 패배하자 카이사르의 사면을 받았다. 기원전 45년경에 소(小) 카토의 딸인 포르키아와 결혼했다. 그는 장인 소(小) 카토의 공화주의 사상을 깊이 존경하고 또 그로부터 영향을 받았다. 44년 카이사르는 브루투스를 사법행정관으로 임명했고 그는 카이사르의 독재정치를 묵묵히 참는 듯했다. 동료 사법행정관인 카시우스의 권유로 카이사르 암살에 참여했다. 유명한 조상(오만왕 타르퀴니우스를 축출한 브루투스)의 뒤를 잇고 또 공화국을 회복시키고 싶다는 애국적 열망이 작용했다. 수에토니우스(Suetonius)의 카이사르 전기에 의하면 카이사르는 암살자들에게 저항했으나 브루투스의 칼을 보고서는 "너마저도, 브루투스!"라고 소리쳤다고 한다. 카이사르 암살 후 대중들의 분노때문에 로마를 떠나 그리스로 가서 3두 체제의 군사들과 맞서 싸울 준비를 했다. 42년 가을에 3두의 군대는 마케도니아 동부의 필리피에서 "해방자들"(브루투스와 카시우스를 자신들을 이렇게 불렀다)의 군대를 궤멸시켰다. 브루투스는 패전 후 자살했다. 그는 고상한 공화 사상 지지자였으나 키케로의 편지들 속에는 브루투스의 편지가 소개 되어 있는데, 거기에는 살라미스(키프로스)의 사람들에게 연 48퍼센트 이자로 돈을 빌려주고서 무슨 수를 써서라도 그 돈을 받아내려는 모습이 그려져 있다. 마키아벨리는 "해방자들"이 공화국을 회복시키지 못한 것은 이 당시의 원로(공화국 구성원들의 자질)가 부패했기 때문이라고 진단한다.

비르기니아(Virginia) 10인회의 우두머리인 아피우스 클라우디우스의 성적 탐욕을 피하기 위해 아버지의 칼에 찔려 죽은 로마 처녀. 이 살인사건으로 평민들 사이에 반란이 벌어져서 10인회가 붕괴되었다(기원전 449년). 이 이야기의 시적인 세부사항들은 루크레티아의 이야기로부터 영향을 받았을 것으로 보이나, 개인적 자유의 보호라는 선례를 확립하기를 바라는 법률학자나, 10인회의 몰락 이유를 이런 식으로 설명하기를 원하는 역사가에 의해 지어낸 이야기는 아닌 듯하다. 기존의 전승에 아피우스 클라우디우스의 성적 탐욕과 독재가 후대에 들어와 덧붙여진 것으로 보인다. 이것은 소위 평민 영웅이라는 비르기니아와 그녀의 아버지 비르기니우스가 귀족 가문이었다는 점에 의해 증명된다. 그러나 비록 역사적 근거가 없다고는 해도, 비르기니아 이야기는 로마의 역사 인식과 역사 서술을 진전시키는 하나의 이정표가 되었다. 루크레티아와 비르기니아의 이야기는 권력의 세계에서 여성이 하나의 통화(通貨)로 작용한다는 것을 보여주는 생생한 사례이다.

비온도(Flavio Biondo: 1392-1463) 르네상스 시대의 이탈리아 휴머니스트 역사가. 고트 족의 이탈리아 침략(410년)에서 1442년까지의 이탈리아 역사를 다룬 32권짜리 『로마제국의 쇠망으로부터 10년 단위의 역사』(1453)로 유명하다. 이 책은 고대 로마 역사와 비온도 시대의 이탈리아 역사를 비교하고 있으며 나중에 중세를 1천 년의 시대로 보는 개념을 정립하는 데 결정적 역할을 했다. 그의 역사서는 현대 이탈리아와 고대 로마제국의 연속성을 강조하고 로마의 애국심을 당대의 이탈리아 인에게 고취시키고 또 고대 로마에 대한 사랑을 불러일으켰다. 특히 당대 이탈리아의 행정, 군사 면을 개혁하는 데 고대 로마를 모범으로 삼아야 한다고 주장했다. 니콜로 마키아벨리는 당대 이탈리아의 분열 경위를 분석하는 데 이 책을 많이 참고했다.

사마관(司馬官, magister equitum) 독재관을 보좌하는 2인자로서 독재관에 임명된 자가 임명 즉시 사마관을 지명하는 것으로써 업무를 수행했다. 리비우스의 『로마사』는 독재관이 임명되면 반드시 사마관의 이름도 함께 기록하여 두 사람이 위기 돌파의 한 팀이라는 것을 명시했다. 원래는 독재관이 보병을 맡고 사마관이 기병을 맡는 것으로 되어 있었으나, 나중에는 전투 현장에서 혹은 로마 내에서 독재관을 대신하게 되었다. 그는 독재관으로부터 파생된 임페리움(imperium: 명령권)을 갖고 있었고, 최고 행정관과 동일한 대접을 받았다. 그의 임기는 독재관의 임기와 동시에 끝났다. 무니키우스가 기원전 217년에 사마관을 독재관과 동일하게 대접하자는 제안을 했으나 실패로 돌아갔다.

사보나롤라, 지롤라모(Girolamo Savonarola: 1452-1498) 이탈리아의 설교자. 1491년 에 도미니크회에 들어가 1491년 피렌체 산 마르코 수도원의 원장이 되었다. 그는 진정한 개혁가였고 피렌체 시민들의 존경을 받았다. 그는 불같은 설교로 도시, 메디치 가문, 교회, 교황제를 비난했고 시민들을 열렬하게 호응했다. 1494년에 메디치 가문의 정권이 붕괴된 이후에 공화정을 주장했고 이로 인해 그를 추종하는 세력이 공화제 정권을 수립했다. 그러나 당시의 교황 알렉산데르 6세에 대한 강도 높은 비난과 친 프랑스 정책 때문에 그 자신과 함께 피렌체 도시 전체가 파문을 당했다. 1495년 이후 그가 피렌체에서 누리는 지위는 16세기에 칼뱅이 제네바에서 누린 지위와 비슷했다. 교황 알렉산데르 6세는 샤를 8세의 이탈리아 침공(친 프랑스파인 사보나롤라는 이를 환영했다)을 저지하기 위해 밀라노와 나폴리와 동맹 관계를 맺었고, 이 설교자에게 침묵하라고 명령했다. 그래도 그가 설교를 계속하자 교황은 파문했고(1497), 그다음 해에는 그를 체포하여 이단과 분열의 유죄 판결을 내려 처형했다.

일부 현대 학자들은 마키아벨리가 피렌체 서기국에 임명된 것은 사보나롤라의 정책을 열렬히 반대했기 때문이라고 해석한다. 사보나롤라가 하느님과 직접 대화를 나눈다고 비아냥거리는 마키아벨리의 발언은 그가 이 수도사를 얼마나 싫어했는지 잘 보여준다. 마키아벨리는 친지에게 보낸 편지에서 이 수도사의 설교를 모두 거짓말이라고 매도했다. 마키아벨리가 사보나롤라에 대해서 한 가장 유명한 말은 『군주론』 6장에 나오는, "무장한 예언자는 성공하지만, 사보나롤라 같은 비무장의 예언자는 언제나 실패한다,"라는 것이다.

살루스티우스(Gaius Sallustius Crispus: 기원전 86-35) 로마의 역사가. 기원전 52년 호민관이었을 때 키케로와 밀로를 상대로 소송을 했다. 살루스티우스가 밀로에게 적대감을 갖게 된 것은 그가 밀로의 아내와 간통을 하다가 현장을 들켜서 밀로에게 채찍질을 당했기 때문이었다. 기원전 49년 카이사르의 편에 붙어서 군단을 지휘했고 47년 사법행정관에 임명되었다가 46년에 누미디아의 총독으로 나가 뇌물을 받아 크게 치부했다. 로마에 돌아온 후 착복 혐의로 피소되었으나 무죄 방면되었다. 그 후 공직에서 은퇴하여 역사서 집필에 몰두했다. 대표작은 『유구르타』와 『카틸리나』이다. 이 역사서의 주제는 귀족을 상대로 한 평민들의 투쟁이었으며, 공화정 후기의 부패한 정치적 상황에 대하여 비판적인 시각으로 바라보고 있다. 후기 공화정을 크게 비판하는 살루스티우스의 역사관은 후대의 타키투스에게 큰 영향을 미쳤다.

셀림 1세(Selim I: 1470-1520) 오스만튀르크 제국의 술탄. 그의 아버지 바야지트 (Bajazet, Bayazit) 2세의 뒤를 이어 술탄 자리에 올랐다. 재위는 1512년부터 1520년까 지였으며 마키아벨리가 『사론』을 집필할 당시에 살아 있었다. 마키아벨리는 오스만 튀르크 제국의 군사력이 만만치 않아서 앞으로 큰일을 낼 것이라고 예측했는데 그 것은 후일 정확한 것으로 판정되었다. 셀림 1세는 1514년에 페르시아의 샤인 이스 마일 1세를 패배시켰고, 1516년에는 이집트와 시리아의 맘루크 술탄을 패배시켰다. 셀림의 아들 술레이만 1세(1495-1566) 때 오스만튀르크의 세력이 아주 강성해져서 튀르크군이 헝가리의 부다페스트 외곽까지 진출했다. 또한 1532년에는 오스트리 아 경계까지 진출하여 중부 유럽을 위협했으나 술레이만은 동부 지역(페르시아)의 소 요 사태를 진압해야 하는 데다 오스트리아를 일거에 정복하기는 힘들다고 판단하여 1533년에 오스트리아의 페르디난도 대공과 휴전 협약을 맺었다. 한편 술레이만의 아들 셀림 2세(1524-1574)는 레판토 해전에서 유럽 세력에게 패배했다.

소데리니, 피에로(Piero Soderini: 1452-1522) 15세기 말과 16세기 초에 활약한 피렌체 공화국의 정치가. 마키아벨리의 상급자로서 여러 외교 임무를 맡겼다. 소데리니는 피렌체의 유서 깊은 의사 가문 출신이다. 그는 1481년에 피렌체 정부의 장관이 되었 고, 피에로 디 로렌초 데 메디치의 신임 받는 부하가 되어 1493년에는 프랑스 궁정에 대사로 파견되었다. 피에로 데 메디치가 축출되고 사보나롤라가 순교한 후에, 소데 리니는 피렌체 시민에 의해 종신 곤팔로니에(정부 수반)에 선임되었다(1502). 시민들 은 소데리니를 정부 수반으로 뽑아서 공화정 제도에 더욱 안정감을 부여하려 했다. 그는 온건하고 현명하게 정부를 운영했지만 위대한 정치가의 자질은 부족했다. 그는 마키아벨리의 건의를 받아들여 용병 부대 대신에 민병대를 설립했고, 그의 임기 중 에 피사와의 오랜 전쟁이 종료되어 피사는 마침내 1509년에 피렌체의 수중에 들어 오게 되었다. 그를 도와준 프랑스에 늘 고마움을 느끼면서 이탈리아 내의 정치 상황 과 관련해서는 언제나 프랑스 편을 들었다. 1512년 메디치 가문은 스페인 군대의 도 움으로 피렌체 정권을 다시 잡았고 소데리니는 정부 수반 직에서 쫓겨나 망명 생활 로 들어갔다. 그는 달마티아의 레구사에서 도피 생활을 했으나, 메디치 가문의 레오

10세가 교황으로 선출되면서 그를 소환하여 많은 은전을 베풀었다. 소데리니는 로마에 머물면서 피렌체의 이익을 위해 열심히 일했으나 고향 도시로 돌아가지는 못하고 사망했다.

솔론(Solon: 기원전 640?-559?) 아테네의 입법가로서 그리스 7현인(賢人)의 한 사람이다. 아테네 명문가 출신인 그는 살라미스 섬 영유를 둘러싼 메가라 싸움에서 아테네인을 격려하여 명성을 얻었다. 드라콘의 법률이 제정된 지 25년 후, 생활 조건이 열악해져서 내전이 우려되던 시기에 전 아테네 인들은 기원전 594년에 솔론에게 그 위기에 대처할 비상대권을 주었다. 솔론은 중도노선을 취하면서 기존의 재정적 우위를 지키려는 부자들의 요구와, 대지주들의 땅을 재분배해야 한다는 빈민들의 요구를 절충시키려 했다. 솔론의 유명한 '채무의 탕감(shaking off of obligations)'은 실제로 땅을 재분배하지 않으면서 빚으로 저당 잡힌 농지를 자유롭게 풀어놓은 것이었다. 솔론은 또 부채 때문에 아테네 인을 노예로 팔아넘기는 것을 금지시켰다. 그리하여 그런 식으로 이미 노예가 되어버린 시민들을 해방시켰다.

솔론은 부자와 빈민의 정치권력에 균형을 잡기 위해 솔론은 남자 시민을 연간 소득에 따라, 제1계급(연간 소득 5백 메딤노이 이상), 기사 계급(3백 이상), 농민 계급(2백 이상), 노동 계급(2백 이하)의 4계급으로 나누었다. 시민의 소속 계급이 높을수록 고위 정부 관직에 나아갈 수 있었고, 반면 노동 계급은 공직 진출이 금지되었다. 솔론은 노동 계급이 민회에 참가하는 권리는 인정했고 또 4백 인 평의회(boule)를 창설하여 민회에서 토론할 의제를 결정하는 기관이었다. 이러한 개혁들은 민회의 사법적 역할에 추가로 힘을 실어주었고 그리하여 노동 계급이 향후 2세기 반 동안 아테네에서 점진적으로 정치적 영향력을 얻게 되었다. 노동 계급의 공직 진출을 막기는 했지만, 그래도 솔론의 개혁은 민주주의를 숙성시키는 여러 조건들을 발달시켰다. 솔론의 개혁으로 인해, 아테네 남자 시민들은 스파르타에 비해 개인적 주도권과 변화를 더욱 장려하는 정치적·사회적 제도를 갖게 되었다. 그의 개혁은 부자나 가난한 자나 모두가 불만이었기 때문에 그는 앞으로 10년간은 법을 개정하지 못하도록 서약을 시키고 이집트, 키프러스, 소아시아 등지를 여행하였다. 그러나 그가 귀국한 후에도 분쟁이 격화되었고 얼마 후에 페이시스트라토스가 참주로 권력을 잡았다. 그는 끝까지 참주제에 반대하다가 죽었다.

수에토니우스(Gaius Suetonius Tranquillus: 70-140) 로마의 역사가. 트라야누스 황제의 측근이었던 소(小) 플리니우스의 친구였으며 그의 배려로 세제 혜택 등 여러 가지 특혜를 받았다. 수에토니우스는 하드리아누스 황제의 비서로 일하기도 했다. 그의 대표작은 『카이사르들의 생애(De Vitae Caesarum)』인데 율리우스 카이사르를 비롯하여 아우구스투스에서 도미티아누스에 이르는 로마 황제 열 명의 전기이다. 이 작품은 121년경에 집필되었는데 귀중한 역사적 정보를 담고 있으며 황제들의 개인적 생활과 습관 등에 대해서도 유익한 정보를 제공한다.

술라(Lucius Cornelius Sulla: 기원전 138-78) 로마의 장군 겸 정치가. 공화정 후기에 마리우스의 평민파에 대항한 귀족파의 영수. 그의 정치 경력은 공동체를 하나로 묶어주는 로마 전통의 안정화 기능을 더더욱 파괴시켰다. 술라는 영락한 귀족 가문 출신이었다. 가문의 위엄과 번영을 회복하고 싶어 안달하던 술라는 먼저 북아프리카에서 유구르타와 싸움하던 마리우스 밑에서 근무했다. 이어 술라는 동맹국 전쟁에서 군사적 성공을 거두면서 정치적 명성을 확보했다. 그는 기원전 88년에 선거에서 승리하여 집정관이 되었다. 원로원은 즉각 그에게 소아시아에서 미트라다테스를 상대로 싸우는 군사 지휘권을 부여했다.

옛 부하의 명성을 질투하던 마리우스는 술라의 지휘권을 자신에게 이양토록 하는 음모를 꾸몄다. 술라는 지휘권의 이양을 거부하고, 휘하의 로마군을 이끌고 로마 시를 공격하여 점령했다. 로마 시민군으로 로마 시를 점령한 술라는 그의 정적들을 무자비하게 죽이거나 추방했다. 그의 병사들은 수도를 마음대로 노략질했다. 그는 이어 병사들을 이끌고 소아시아의 전쟁터로 갔다. 술라가 이탈리아를 떠난 후, 마리우스와 그의 동료들이 로마의 정권을 재탈환하고서 그들 나름의 공포 정치를 시행했다. 기원전 83년 술라는 소아시아의 원정전을 성공적으로 마치고 이탈리아로 돌아와 정계를 군사력으로 평정했다. 그는 "징벌 고시(proscription)"라는 계엄 조치를 사용하여 로마의 적들에게 테러를 가했다. 징벌 고시는 대역죄로 피소된 사람들의 명단을 커다란 방(榜)으로 만들어 내붙이는 것이었다. 명단에 들어 있는 사람들은 누구나 추적하여 아무런 재판도 할 필요 없이 죽일 수가 있었다. 술라의 지지자들은 그 명단에 아주 무고한 사람들의 이름도 집어넣었다. 그렇게 하여 역적을 처벌한다는 미명 아래 그들의 재산을 몰수하여 나누어 가졌다. 술라의 무자비함에 겁을 먹은 원로원 의원들은 그를 임기 제한 없는 독재관으로 임명했다. 자신이 앞으로 살 시간이 얼마 남지 않았다는 오래된 예언을 확신한 술라는 기원전 79년에 야인으로 은퇴했다. 그는 실제로 그 다음 해에 뇌출혈로 죽었다. 그의 잔인무도한 경력은 공화정 후기에 이르러 로마의 사회적·정치적 전통이 얼마나 크게 바뀌었는지를 잘 보여준다.

스카이볼라, 무키우스(Gaius Mucius Scaevola) 로마의 전설적인 인물. 클루시움의 왕 라르스 포르센나가 기원전 6세기 말에 로마를 포위 공격할 때, 포르센나 왕을 살해하기 위해 몰래 그의 진영으로 잠입했다. 마침 왕의 진영에서는 병사들의 봉급을 나누어주고 있었다. 스카이볼라는 봉급 나눠주던 재무관을 왕인 줄 착각하고 찔렀으나 곧 잡혔다. 왕은 그를 사로잡고서 화형에 처해 죽이라고 명령을 내렸다. 그러나 스카이볼라는 죽음을 두려워하지 않는다면서 그의 오른손을 불 속에 집어넣고 태연히 태웠다. 왕은 그 용맹함에 감동하여 그를 석방시켰다. 스카이볼라는 무키우스의 별명인데, "왼손"이라는 뜻이다. 오른손을 스스로 불태운 사람이라는 뜻이 은연중에 내포되어 있는 별명이다.

스키피오 아프리카누스(Publius Cornelius Scipio Africanus: 기원전 236-183) 대(大) 스키피오. 로마의 장군으로 기원전 207년 자마 전투에서 한니발을 패배시킨 공로로 명성이 높으며 이 덕분에 아프리카누스라는 별명을 얻었다. 마키아벨리의 『사론』에서 선과 악을 대표하는 두 장군 중 스키피오는 선 측으로, 한니발은 악 측으로 기술되어 있다. 스키피오는 마케도니아 전쟁 때에는 소아시아에서 시리아의 안티오코스군과 싸웠다. 말년에는 정적 대(大) 카토에게 밀려나 실의에 빠진 채 죽었다. 스키피오에게는 두 가지 유명한 사건이 있는데 하나는 스페인에서 상납된 아름다운 처녀를 약혼자에게 돌려준 일이요, 다른 하나는 손자인 소(小) 스키피오(스키피오 아이밀리아누스)의 꿈에 나타난 사건인데 요약하면 이러하다.

스페인의 카르타고 노바(지금의 카르타헤나)를 정복한 뒤, 24세의 젊은 사령관 스키피오는 아름다운 처녀를 전리품으로 진상 받았다. 그녀는 어찌나 아름다웠는지 모든 사람이 눈을 돌려 쳐다보았다고 한다. 하지만 스키피오는 처녀의 고향과 부모를 수소문한 끝에 그녀가 알루키우스라는 스페인의 귀족과 약혼했다는 사실을 알아냈다. 아프리카누스는 그녀의 부모와 약혼자를 불러다 놓고 이렇게 말했다.

"나는 젊은 사람들이 서로 사랑하는 것을 더 좋아한다네. 그대의 약혼녀는 우리 군영에 들어와 마치 자기 부모를 대하듯이 우리에게 잘해 주었네. 그러니 이제 내가 그대에게 그녀를 선물로 되돌려주려 하네. 단 여기에는 한 가지 조건이 있네. 자네가 나를 선량한 사람이라고 생각한다면, 나와 비슷한 사람이 로마 공화국에 아주 많다는 사실을 알아주기 바라네. 그리하여 자네가 SPQR(Senatus Populusque Romanus: 로마의 원로원과 시민들)에 호의적인 사람이 되어주길 바라네." 알루키우스는 기쁨에 넘쳐 감사하는 마음을 거듭 표시했다. 그녀의 부모는 딸아이를 무사히 되돌려 받는 데 대한 보상금으로 많은 황금을 가져왔다. 그들은 아프리카누스에게 제발 이 황금을 받아달라고 말했다. 아프리카누스는 그 황금을 받아서 처녀에게 지참금으로 건네주었다. 이 돈으로 알루키우스는 아프리카누스를 찬양하는 사당을 지었다. 그는 아프리카누스에 대해, 그 무용과 미덕이 신을 닮은 사람이라고 생각했다.

소(小) 스키피오는 스키피오 아프리카누스의 입양된 손자(기원전 185-129)이다. 소(小) 스키피오는 할아버지 못지않게 높은 군공을 세웠고, 제3차 포에니 전쟁에서 카르타고를 완전 파괴해 버린 장군이었다. 키케로의 저서 『법률론』에서, 소(小) 스키피오는 자신이 꿈에서 천국으로 올라가 아프리카누스와 아버지 아이밀리우스 파울루스를 만나 나눈 대화를 소개하는데, 아프리카누스가 손자에게 미덕, 애국심, 운명에 대한 무심 등을 가르친다. 또 국가에 잘 봉사한 사람은 나중에 죽어서 천국으로 올라온다는 얘기도 해준다. 아프리카누스는 그렇게 말한 다음 떠나갔고 소(小) 스키피오는 꿈에서 깨어났다. 이 꿈은 고대 말기에서 중세 내내 서양 지식인들을 사로잡은 유명한 꿈인데 그 근원은 플라톤의 『국가(The Republic)』 제10권 결론 부분에 나오는 에르(Er)의 신화를 모델로 한 것이다. 에르의 신화는 사망 후의 영혼의 운명과 그 영혼이 다시 사람의 몸으로 태어나기 전에 어떤 선택을 하게 되는지 보여주는 신화이다. 전쟁 중에 사망하여 저승에 간 전사 에르는 저승에서 살아 돌아와 그 저승의 체험을 말해 준다. 저승에 가보니 이승에 살아 있을 경우 지혜와 정의를 추구하는 것이 이승에서의 어리석음과 저승에서의 추락을 막아주는 가장 강력한 대비책이라는 것을 깨달았다는 내용이다.→ **자마 전투, 한니발, 카토**[대(大)]

스포르차, 루도비코(Ludovico Sforza: 1452-1508) 루도비코 스포르차는 이탈리아 르네상스 시기에 밀라노 섭정(1480-1494)을 지냈고 이어 밀라노 공작을 지냈다(1494-

1498). 무자비한 군주이며 외교관이었고 레오나르도 다빈치 같은 예술가의 후원자였다. 얼굴이 검었던 까닭으로 무어 인이라는 별명이 붙었다. 형인 밀라노의 통치자 갈레아초 마리아 스포르차가 암살당한 후 그의 어린 아들 잔 갈레아초가 즉위하자 조카의 섭정으로 밀라노를 다스렸고, 1494년에 조카가 죽은 후 공식적인 밀라노의 지배자가 되었다. 당시 이탈리아 내의 주요 국가들 사이에 불안정한 균형을 유지하여 밀라노의 우위를 지키려는 "균형 정치"를 추구했다. 합종연횡이 그의 주특기였으며 상황적 필요에 따라 프랑스, 스페인, 신성로마제국의 외세를 활용하려고 했다. 루도비코는 자신이 교황 알렉산데르 6세를 그의 집사장으로, 막시밀리안 황제를 그의 장군으로, 베네치아의 시뇨리아를 그의 시종장으로, 프랑스의 샤를 8세를 궁정 신하로 부려먹는다고 호언장담했다. 마키아벨리는 루도비코가 그의 권력을 지키기 위해 프랑스의 샤를 8세의 이탈리아 침공을 요청했기 때문에 그 후에 지속적으로 외세가 이탈리아를 지배하게 되었다면서 루도비코를 크게 비난했다. 루도비코는 1500년 4월 프랑스 루이 12세의 이탈리아 재침공 때 그의 포로가 되었다. 그는 투레인의 로슈 감옥에 갇혀 여러 번 탈옥을 시도했으나 실패하고, 1508년 5월 옥중에서 죽었는데 자신의 운명을 결코 받아들이지 않았다고 한다.

스포르차, 카테리나(Caterina Sforza Riario: 1463-1509) 카테리나 스포르차는 갈레아초 마리아 스포르차(루도비코 스포르차의 암살된 형)의 서녀(庶女)로 태어나 지롤라모 백작 리아리오에게 시집갔다. 남편인 리아리오가 사망한 후 포를리와 이몰라 지역의 여(女)지배자가 되었다. 1477년 포를리의 반란사건 때 포를리를 끝까지 사수한 것으로 유명하다. 체사레 보르자의 정복전 활동이 시작될 때에 실각하고 로마에 구금되었다가 수녀원으로 은퇴하여 거기서 사망했다. 1499년 후반 마키아벨리는 포를리로 외교 출장을 나가서 카테리나 스포르차를 설득하여 그녀의 맏아들 오타비아노를 피렌체 편으로 만드는 공작을 폈다. 구체적 임무는 젊은 용병 대장인 오타비아노가 보수 인상 없이 피렌체와의 용병 계약 연장에 응하도록 만드는 것이었다. 마키아벨리는 이 여성에게 깊은 인상을 받아 『군주론』 20장과 『사론』 3-6에서 언급하고 있다.

시빌(Sibyl) 그리스-로마 세계에서 여자 예언자를 가리키는 말. 시빌은 신이 들린 상태에서 예언을 말하는 것으로 믿어졌는데 주로 아폴로 신이며 신은 시빌의 입을 통하여 말한다. 시빌의 예언들은 공식적으로 책으로 집대성되어 신전에 보관되었고 이를 가리켜『시빌의 예언서(*Libri Sibyllini*)』라고 한다. 가장 유명한 시빌은 쿠마이의 시빌(Cumaean Sibyl)인데 그녀의 예언들은 종려 잎새에 새겨졌다고 한다. 전승에 의하면 시빌은 로마의 마지막 왕인 오만왕 타르퀴니우스에게 아홉 권의 예언집을 고가에 팔겠다고 했다. 왕이 매입을 거부하자, 그녀는 세 권을 불태워버리고 나머지 여섯 권에 같은 값을 불렀다. 왕이 또다시 거절하자 시빌은 세 권을 더 태웠고 마침내 오만왕은 남은 세 권을 원래의 고가로 사들였다고 한다. 로마 공화국 때에는 지진이나 전염병이 발생하면 시빌의 예언서를 참고했고, 이 예언서는 카피톨리움의 유피테르 신전에 보관되었다. 아우구스투스 시절에 들어와서는 팔라티움 언덕의 아폴로 신전에 이관되었다. 시빌의 예언은 기독교적 해석을 많이 담고 있어서 시빌은 구약 성경의 예언자와 같은 대접을 받게 되었다. 쿠마이의 시빌에 대해서는 이런 유명한 얘기가 전해져 온다. 아폴로 신은 시빌에게 만약 그녀가 아폴로를 애인으로 삼는 데 동의한다면 그녀가 원하는 것은 뭐든지 주겠다고 했다. 그녀는 거대한 모래 더미에 들어 있는 모래알만큼 오랜 햇수를 살게 해달라고 소원을 말했다. 하지만 그녀는 영원한 젊음을 동시에 달라는 요구는 하지 않았다. 오래 산 그녀는 점점 여위어져 박쥐같이 되어 갔다. 트리말키오라는 여행자는 쿠마이 동굴의 천장에 걸어놓은 병에 박쥐처럼 매달린 시빌을 직접 보았다고 말했다. 쿠마이 동굴 근처의 아이들이 동굴로 찾아가서 박쥐같이 쪼그라든 모습의 시빌에게 소원이 무엇이냐고 물으면 이렇게 대답했다고 한다. "난 빨리 죽고 싶어."

신성로마제국(Holy Roman Empire) 962년부터 1806년까지 존속된 독일 국가의 명칭. 독일 왕 오토 1세가 962년 교황 요하네스 12세로부터 대관을 받으면서 시작되었다. 황제 선거권은 13세기 말 이래 일곱 선제후[選帝侯: 선거후(選擧侯), 선정후(選定侯)]에 의해 고정되고 황제의 선출은 각 선제후의 이해에 따라 좌우되었다. 황제도 자기 왕가의 이해를 제국 전체의 이해보다 중시했다. 이러한 태도는 1437년 이후 황제 위(位)를 계속 차지한 오스트리아의 합스부르크 왕가에서 절정에 달했다. 마키아벨리 시대의 황제는 카를 5세였는데 황제는 전에 스페인 왕 카를로스 1세로 있다가 할아버지인 막시밀리안 황제의 추천으로, 프랑스와 교황의 반대에도 불구하고 황위에 올랐다.

따라서 황제의 이해는 곧 스페인의 이해와 일치하는 것이었다. 이 당시 스페인은 이탈리아 남부인 나폴리 왕국을 지배하고, 프랑스는 북부인 밀라노 왕국을 지배했는데, 프랑스가 카를 5세와의 전투에 패하면서 밀라노마저 스페인의 손으로 넘어갔고, 피렌체는 스페인에게 우호적인 메디치 가문이 다스리게 되었다. 마키아벨리 당시 독일은 여러 공국으로 분열되어 있었기 때문에 신성로마제국은 형식적인 제국에 지나지 않았다. 1806년 나폴레옹 세력 하의 라인 동맹 16개 공국이 제국을 탈퇴하자 합스부르크가의 황제는 제위를 사퇴했고 이로 인해 신성로마제국은 완전히 소멸했다.

10인회(Decemvii legibus scribundis) 10인 입법 위원회. 열 명의 입법관을 가리키는 용어. 전승에 의하면 기원전 451년에 로마 국제(國制)가 일시 정지되고 열 명의 귀족들에게 새로운 법률을 준비하는 전권이 부여되었다. 그들은 열 개의 동판법을 준비했고 기원전 450년에 그 법률 제정 작업을 마무리 짓기 위하여 새로운 10인회가 임명되었다. 새 10인회에는 평민들도 들어갔으나 이들은 평민들에게 불리한 법 두 가지를 추가하여 12동판법을 완성했다. 이 10인회는 아피우스 클라우디우스가 사실상 지배했고 비르기니아가 피살되면서 클라우디우스는 그 직책에서 사임했다. 12동판법은 두 강력한 집단 사이의 타협에 의해 만들어진 것이었으므로 이 법은 평민들의 이해를 분명하게 지켜주는 결정적인 승리라고 보기는 어렵다.

12동판법(Leges Duodecim Tabularum) 12표법(十二表法)이라고도 한다. 기원전 451년과 449년 사이에 제정된 최초의 로마 성문법. 동판에 새겨졌다고 해서 12동판법이라고 한다. 로마 역사가 리비우스는 이 법을 가리켜 "모든 공법과 민법의 샘(fons omnis publici priuatique iuris)이라고 하였다. 공화정 초기의 법률은 아직도 관습법이어서 귀족만이 알고 그들만이 마음대로 해석하여 평민은 불리했다. 그러나 평민들에게는 아주 중요하게도 이 성문법은 귀족 행정관들의 횡포를 막을 수가 있었다. 행정관들은 이제 법적 사건들을 그들의 변덕에 따라 혹은 귀족 계급의 이익에 따라 임의적으로 또는 불공정하게 판결을 내릴 수가 없게 되었다. 여러 사람들에게 공개적으로 알려진 성문법인 12동판법 덕분에, 행정관들은 임의적으로 평민에게 불리한 법적용을 할 수 없게 되었다. 12동판법의 간결한 조문들은 초창기 로마의 농경 사회에 통용되던 법적 관습을 잘 보여준다. 가령 "원고가 피고를 법정으로 부르면 그는 가야 한다,""바람이 불어 이웃 농장의 나무가 당신 농장 쪽으로 휘어진다면 그 나무의 제거 조치를 취할 수 있다,"등이다. 호민관 테렌틸루스의 제안에 의해 법을 성문화하게 되었고, 기원전 451년에 아피우스 클라우디우스 이하 열 명의 입법관이 선출되어 법률 10동판을 제정했으나 평민은 여전히 불평이었으므로, 다시 열 명의 입법관을 선출하여 두 개의 동판을 추가하여 완성했다. 현재 이 법의 원문은 전해지지 않으나 지금 전해지는 것은 17세기경부터 수집한 파편적 정보들을 수집한 것이다. 대체적인 내용은 이러하다. 1동판은 민사소송 절차, 2동판은 보상금 소송, 4동판은 가부장의 권한, 5동판은 유산과 후견인에 대한 절차, 6동판은 소유권 취득 절차, 8동판은 불법행위, 9동판은 시민권 박탈, 11동판은 귀족과 평민의 상호 결혼 금지 등이다.

후대에 들어와 12동판법은 로마적 사법 정의의 국가적 상징이 되었다. 공포된 지 4백 년 후에도 아동들은 이 오래된 법률을 의무적으로 외어야 했다. 재산 분쟁 등의 법적 사건을 다루는 12동판법은 로마 인들에게 주된 관심은 민사법이었다는 것을 알려 준다. 반면에 로마 형사법은 그리 포괄적이지 않다. 따라서 법정은 모든 사건들에 대하여 판결을 지도해 줄 충분한 세부 규정을 가지고 있지 않았다. 행정관들은 배심원 없이 대부분의 사건들을 결정했다. 배심원 참석 하의 재판은 기원전 2세기와 1세기의 후기 공화정에 와서야 비로소 흔해졌다. 그렇지만 12동판법은 그 흠결에도 불구하고 정의의 원천으로서 성문법을 확립하여 로마 사회의 난폭한 계급 갈등을 감소시켰다는 데에 그 의의가 있다.

아가토클레스(Agathocles: 기원전 361-289) 시라쿠사의 참주이며 왕. 테르마이 히메라이아이에서 태어나 티몰레온의 시대에 시라쿠사로 이주했다. 기원전 325년경에 아크라가스와 부루티를 상대로 한 전쟁에서 명성을 얻었다. 집권 과두제에 대하여 음모를 꾸미다가 유배되었고 다시 복권되었다가 또다시 유배되었다. 기원전 317년에 집권 과두제를 전복시키고 하층 계급의 지지를 받아가며 참주로 통치했다. 그에게 반대하는 연합 세력을 사전에 분쇄하고서 시칠리아 동부 지역 대부분을 석권했다. 그가 아크라가스를 공격하자 카르타고가 개입했고 리카타에서 큰 패배를 당하여 시라쿠사로 퇴각했다(311). 그 후 아가토클레스는 북아프리카로 건너가서 키레네의 오펠라스의 도움을 받아가며 카르타고를 거의 정복할 뻔했다. 이어 시라쿠사로 돌아와 아크라가스가 조직한 연합을 패퇴시키려 했으나 성공하지 못했다. 다시 북아프리카로 철수해 보니 그곳의 상황이 악화되어 있는 것을 발견하고 다시 시칠리아로 돌아와 그곳에서 무자비한 정복전을 펼쳤다. 그리하여 이 섬의 거의 전 지역을 정복하고 304년에는 왕위에 올랐다. 이후 이탈리아 본토에 진출하여 코르키라를 점령하기도 했다(300년경). 왕조를 건설하려 했으나 가족 내분이 일어나 뜻을 이루지 못하고 사망했다. 죽기 전에 시라쿠사의 자유를 회복시켰으나 때늦은 처방일 뿐이었다. 그의 사후에 이 섬에서는 지속적인 무정부 상태가 계속되었다. 마키아벨리는 『군주론』 8장에서 아가토클레스가 끔찍하게 잔인하고 비인간적인 행동을 수없이 저질렀기 때문에 훌륭한 인물로 평가할 수 없다고 말했다.

『아이네이스(*Aeneis, Aeneid*)』 로마의 운명을 장엄하게 칭송한 고대 로마의 최대 시인 베르길리우스의 장편 서사시. 영국 시인 테니슨은 베르길리우스를 가리켜 "인간의 입술에서 나온 것 중 가장 장엄한 가락으로 노래하는 사람"이라고 칭송했다. 이 대작을 쓰느라고 베르길리우스는 생애의 마지막 10년을 쏟아부었다. 그는 이 작품이 미완성이라고 느꼈고, 그래서 임종의 자리에서 불태워버리라고 유언했다. 하지만 아우구스투스 황제의 만류로 제지되었다.

호메로스는 유럽 문학의 창시자이고 베르길리우스는 그 하부 단위인 민족문학의 창시자이다. 『아이네이스』는 고대 그리스와 로마의 전설을 교묘하게 동원하여 로마의 영광과 운명을 극화하려는 목적을 갖고 있다. 베르길리우스가 살았던 아우구스투스 시대의 로마는 영광의 절정에 올라 있었다. 『아이네이스』의 정치적 무게 중심은 제6권의 유명한 대사에서 찾아볼 수 있다. 여기서 아버지 안키세스의 영혼은 아들 아이네아스에게 로마의 영광스러운 미래를 찬란하게 보여준다. "로마 인들이여, 다른 나라들을 지배하고, 평화를 부과하고, 정복당한 자들을 살려주고, 거만한 자들을 제압하는 것, 이것이 당신들의 운명이다." 이런 민족주의는 베르길리우스 사상의 핵심이다. 또한 이 저승에서 아이네아스는 로마를 건국하기 위해 불가피하게 헤어져야만 했던 애인이며 카르타고의 여왕이었던 디도를 만난다. 디도는 애인 아이네아스가 자신을 버리고 떠나자 슬픔을 못 이겨 자살한 여인이다. 디도와 아이네아스의 슬픈 사랑은 고대와 중세에 널리 알려진 연애담이었고 성 아우구스티누스는 디도 스토리를 읽고서 눈물을 흘렸다고 한다.

『아이네이스』에 나오는 인물들, 특히 불운한 디도와, 불같은 투르누스는 2천 년

이 지난 지금도 여전히 신선한 인물이다. 이 작품의 예술성은 요약하기가 어렵고 또 즉각적으로 파악되는 것도 아니다. 이 작품은 어휘를 교묘하게 조종하여 미묘한 가락이 울려 퍼지게 한다. 『일리아스(Ilias)』와 『오디세이아(Odysseia)』가 베르길리우스에게 결정적인 영향을 주었다. 실제로 『아이네이스』의 첫 여섯 권은 『오디세이아』와 비슷하고 뒤의 여섯 권은 『일리아스』를 닮았다. 이 작품에는 호메로스를 언급한 부분이 아주 많다.

아리스토텔레스(Aristoteles: 기원전 384-322) 고대 그리스의 철학자. 마케도니아의 스타기라에서 태어났다. 열일곱에 아테네로 가서 플라톤의 제자가 되었다. 기원전 342년 마케도니아의 필립 왕의 부름을 받아 왕자인 알렉산드로스의 가정교사가 되었다. 335년 아테네로 돌아와 철학학교인 리케움을 세웠다. 아리스토텔레스는 리케움에서 12년을 머물면서 과학, 문학, 철학 등에 대하여 강의하고 책을 썼다. 기원전 323년 알렉산드로스 대왕이 사망하자, 아테네의 반(反) 마케도니아파가 아리스토텔레스를 불경죄로 고소하려 하자, 그는 아테네를 떠나 마케도니아의 칼키스로 피신했다가 그곳에서 사망했다.

아리스토텔레스는 방대한 저작을 남겼는데 대체로 자연과학, 철학, 문학에 관한 논저들이다. 아리스토텔레스의 『니코마코스 윤리학』은 인간의 윤리적 행동을 다룬 것이다. 윤리는 인간의 최고선인 행복을 추구하는 데에서 시작된다. 철학자가 말하는 행복은 심리적 상태라기보다 잘 살아가는 삶(즉 성공한 삶)을 의미한다. 이 행복은 이성에 입각하여 살아가는 도덕적 행동의 생활로부터 얻어질 수 있으며, 도덕성은 욕망을 합리적으로 절제하고 최고선("행복")을 성취하려는 노력에 의해 함양된다. 아리스토텔레스의 『정치학』은 인간을 정치적 동물로 정의하고 도시국가를 가장 높은 형태의 인간 공동체로 규정했다. 도덕과 미덕을 갖춘 개인은 과도함과 결핍됨의 양극단을 피하고 합리적인 중용을 취하면서 행동에 나선다. 따라서 국가도 이러한 중용의 정책을 취해야 한다. 정부는 좋은 정부와 나쁜 정부로 나눌 수 있으며 각각 세 가지가 있는데 전자의 것으로는 군주제, 귀족제, 민주제가 있고 후자의 것으로는 참주제, 과두제, 중우제가 있다. 이 여섯 가지의 정부 중에서 민주적 정부 형태를 가진 정체가 가장 큰 정치적 안정성을 유지하고 그리하여 정변이나 혁명의 가능성을 최대한 줄인다. 정부의 운영 기술, 즉 행정은 실천적 지혜를 발휘해야 하는 것이지, 과시적이거나 위압적인 것이어서는 안 된다. 따라서 가장 이상적인 국가는 충분한 물질적 여건을 제공하여 사회의 각 구성원들이 깊은 명상을 통하여 저마다 미덕과 행복을 추구할 수 있도록 해주는 그런 사회이다. 이 중에서 좋은 정부인 군주제, 귀족제, 민주제, 나쁜 정부인 참주제, 과두제, 중우제의 사상은 마키아벨리가 그의 저서 『로마사론』에서 그대로 이어받아, 사회의 각 구성원이 저마다 사회에 기여하기를 바라는 공화제가 가장 좋은 정부 형태라는 주장을 펴고 있다.

아우구스투스(Augustus: 기원전 63-서기 14) 로마제국의 초대 황제. 황제가 되기 전의 이름은 옥타비아누스였다. 율리우스 카이사르의 양자로 입양되어 그리스 유학을 가 있던 19세에 카이사르가 피살되자 로마로 돌아와 친(親) 카이사르 군대를 장악했다. 이후 안토니우스와 레피두스와 함께 제2차 3두 체제를 형성하여 권력의 균형을 이루었으나 곧 안토니우스와 사이가 틀어져서 대결 국면으로 진행되었다. 기원전 30년 안토니우스를 패배시키고 로마 전역의 최고 1인자가 되었다. 마리우스, 술라, 폼페이우스, 카이사르로 이어지는 군벌 시대에 공화정은 이미 사망했고 정정은 왕을 옹립해야 하는 상황으로 내달렸다. 그러나 로마 시민들이 왕정을 혐오한다는 것을 잘 알던 아우구스투스는 자신을 가리켜 원수(元首)라고 했고 또 사실상 제국이면서 자신의 정부를 원수정(元首政, Principate)이라고 했다. 오랜 통치 기간 동안 로마제국을 단단한 기반 위에 올려놓았고, 베르길리우스, 호라티우스, 리비우스 같은 문인들에게 우대 정책을 폈다. 아우구스투스는 차기 황제로 세울 아들이 없었으므로 아내 리비아의 전부(前夫) 소생 아들인 티베리우스를 2대 황제로 지명했다.

안토니우스, 마르쿠스(Marcus Antonius: 기원전 82년경-30) 로마의 장군 겸 정치가. 갈리아 전쟁과 대(對) 폼페이우스 전쟁에서 카이사르의 부장으로 활약했다. 카이사르의 피살 후 옥타비아누스와 레피두스와 함께 제2차 3두 체제를 형성했다. 기원전 40년 옥타비아누스의 여동생 옥타비아와 결혼했다. 이 결혼으로 기원전 41년 킬리키아의 타르수스에서 처음 만나 내연 관계를 맺은 이집트 여왕 클레오파트라와의 관계가 잠시 중단되었다. 그러나 옥타비아누스와 사이가 틀어지면서 기원전 37년부터 클레오파트라와의 관계가 다시 재개되었고 아이를 셋 낳았다. 기원전 33년 옥타비아누스와 완전히 틀어져서 옥타비아와 이혼했다. 옥타비아누스는 이를 계기로 안토니우스가 이집트의 여왕을 등에 업고 로마를 이집트의 속국으로 만들려고 한다는 홍보전을 펴면서, 로마 전역에 거국적인 대(對) 안토니우스 전쟁을 선언했다. 안토니우스는 기원전 31년 악티움 해전에서 패배하여 달아났다. 30년 옥타비아누스가 이집트를 침공했고 알렉산드리아는 항복했다. 안토니우스는 자살했고 클레오파트라도 뱀에게 가슴을 물려 온몸에 독이 퍼지는 방식으로 자살했다.

알렉산데르 6세(Alexander VI: 1431-1503) 스페인 출신으로 본명은 로드리고 보르자. 삼촌인 교황 칼릭스투스 3세에 의해 1456년에 추기경이 되었고 교황 선거인들에게 성직을 매매하는 등 편법을 동원하여 1492년에 교황으로 선출되었다. 아들 체사레 보르자를 앞세워 이탈리아 중부 지역에 강력한 교황령을 수립하려 하였다. 교황이 자식을 두는 것이 좀 이상하게 보일 수 있으나 그 당시 교황청은 부패하여 후임인 율리우스 2세도 딸을 셋이나 둔 것으로 알려져 있다. 체사레 보르자 이외에 절세미녀로 알려진 루크레티아 보르자도 알렉산데르 6세의 딸이다. 프랑스 왕 샤를 8세가 나폴리 왕국의 영유권을 주장하며 1494년 이탈리아를 침공해 왔고, 또 알렉산데르 6세에 반대하는 추기경 줄리아노 델라 로베레(후일의 율리우스 2세 교황)의 사주를 받아서 현 교황을 폐위시키고 새로 선거단을 모집하여 새 교황을 뽑겠다고 위협했다. 정치적으로 고립된 교황은 튀르크 제국의 술탄인 바야지트(Bajazet) 2세에게 도움을 요청하기도 했다. 그러나 1495년 봄 로마에서 샤를 8세를 만나서 프랑스 왕의 양보를 받아냈으나, 왕의 나폴리 영유권은 인정해 주지 않았다. 교황은 밀라노, 베네치아, 신성로마제국의 도움을 받아 마침내 프랑스를 이탈리아 땅에서 몰아낼 수 있었다. 교황은 아들 체사레 보르자를 동원하여 중부 이탈리아에서 교황령을 철저히 수립하려 했으나 병사했다. 정치적 술수와 가문 위주의 교회 행정으로 부패한 교황의 전형으로 꼽힌다.

알렉산드로스 대왕(Alexander the Great: 기원전 356-323) 에페이로스의 필리포스 2세와 올림피아스의 아들. 아버지 필리포스 2세가 암살당한 후 20세에 왕위를 이어받아 동방 경략에 나서서 이수스 전투에서 페르시아 왕 다리우스 3세(333)를 패배시키고 그 이후 동진(東進)을 계속하여 327년에는 북인도 지역까지 정복 지역을 넓혔다. 북인도의 험한 날씨에 막혀 귀국길에 오르다가 중간에 열병에 걸려 죽었다. 역사상 가장 위대한 장군으로 칭송된다. 클레이투스는 알렉산드로스보다 20세 손위의 부장이었고 그의 누나는 알렉산드로스의 유모였다. 기원전 334년 그라니쿠스 전투에서 클레이투스는 전투 중에 낙마한 대왕의 목숨을 구해 주기도 했다. 술자리에서 대왕의 동방 정책을 비판하며 아버지보다 못한 아들이라는 암시를 했다가 대왕이 격분하여 창으로 그를 찔러 죽였다. 그 직후 대왕은 너무 후회하여 자살하려 했으나 측근들이 만류했다. 리비우스는 『로마사』 9.17에서 알렉산드로스 대왕과 로마 장군을 비교했다. 리비우스는 알렉산드로스가 동쪽 인도로 진출하지 않고 서쪽으로 눈을 돌려 공화정 시대의 로마를 공격했더라면 어떤 결과가 나왔을까, 하는 상당히 흥미로운 추측을 했다. 그가 이런 추측을 한 것은 당시의 상무적이고 공동체 지향적인 로마 장군들의 선공후사 정신을 말하기 위한 것이었는데, 개인의 힘이 아무리 강해도 뚜렷한 목적을 공유하는 집단의 힘을 결국에는 이기지 못한다고 주장하기 위해서였다. 리비우스는 알렉산드로스가 로마를 침공했더라면 페르시아의 다리우스를 격파한 것처럼 1회전으로는 끝나지 않았을 것이라고 판단한다. 그러니까 1회성은 결코 지속성을 이기지 못한다는 것이다. 로마 공화정은 1년에 두 명씩 집정관을 뽑아서 계속 지도자들을 공급하고 또 비상 시기에는 독재관을 옹립하는 구조를 갖추고 있어서, 한 번의 패전으로 인해 로마가 망하는 일은 없었을 것이라고 말한다. 또 당시 대왕의 나이가 30대 초반이었다는 점을 예로 들면서 전쟁이 장기화하면 더욱 대왕이 로마에 이기지 못했을 것이라고 보았다. 아무리 영웅이라도 나이 들어가면 범인으로 전락하는 경우가 많다며 키루스와 폼페이우스의 사례를 들었다. 그러니까 장기전으로 간다면 몇 차례 로마 원정에 나섰어야 했을 알렉산드로스는 결국 힘이 빠져서 지속적으로 공급 가능한 킨키나투스 같은 로마의 장군들을 이기지 못했을 것이라는 얘기이다.

에파미논다스(Epaminondas: 기원전 418?-362) 테베의 명장이며 정치가. 펠로폰네소스 전쟁 이후 수십 년 동안 지속적인 권력을 유지하려 했던 스파르타의 희망은 기원전 371년에 깨어졌는데, 위대한 장군 에파미논다스가 지휘한 테베군이 보이오티아의 레욱트라에서 스파르타군을 패배시켰기 때문이다. 스파르타는 기병대가 보병 대열로까지 밀리면서 밀집 전투 대형이 파괴되었고 또 스파르타 왕이며 야전 사령관인 클레옴브로토스가 살해되면서 전투에서 패배했다. 많은 숫자의 스파르타 중장 보병

(重裝步兵)이 살해되거나 부상을 당했고 그래서 후방으로 철수했다. 이어 테베군은 사상 처음으로 펠로폰네소스의 스파르타 본토를 침공했다. 이 시점에서 테베는 그리스의 군사적 맹주 자리를 차지하기 위하여 테살리아 페라이의 참주이며 군사령관인 이아손에게 도전했다. 기원전 370년 이아손이 피살되자 테살리아의 위협은 갑자기 사라졌다. 그러나 기원전 360년 에파미논다스는 스파르타 영토를 또다시 침공했다. 레욱트라 전투의 여세를 몰아 그는 메세니아를 스파르타의 통제로부터 해방시키는 데 성공했다. 테베 인들은 이제 본토에서 가장 강성한 도시국가의 지위를 거머쥘 수 있게 되었다. 그러자 전에 앙숙 사이였던 스파르타와 아테네는 서로 연합하여, 기원전 362년 펠로폰네소스의 만티네아에서 테베 군대와 맞서 싸웠다. 테베군은 그 전투에서 승리했으나, 위대한 지도자인 에파미논다스가 만티네아 전투에서 치명상을 입고 사망함으로써 테베의 군사 지도부의 능력을 크게 훼손시켰다. 그 후 20년 동안 테베는 이웃 그리스 인들과 계속 싸웠으나 영향력이 쇠퇴되었다.

오현제(五賢帝, Five Good Emperors: 96-180) 로마제국의 네르바, 트라야누스, 하드리아누스, 안토니누스 피우스, 마르쿠스 아우렐리우스의 다섯 황제를 가리키는 말. 네르바로부터 제위를 물려받은 용감하고 적극적인 트라야누스 황제는 장군의 재능을 소유했다. 트라야누스의 첫 번째 정복 상대는 다키아 인들이었다. 다뉴브 강 너머의 지역에서 살던 다키아 족은 전쟁을 좋아하는 민족으로서, 도미티아누스의 치세 시에는 뻔뻔스럽게도 로마의 위엄에 도전하면서 모욕을 가해 왔다. 이 전쟁은 중간에 잠깐 중단된 것을 제외하고는 5년간(서기 101-106년) 계속되었다. 트라야누스는 그 후 동방의 여러 나라들을 원정하는 사업에 직접 나섰다. 당시 내부 불화로 분열되어 있던 타락한 파르티아 인들은 트라야누스의 군대 앞에서 몸을 돌려 달아났다. 그는 아르메니아의 산간지대에서 페르시아 만 연안까지, 티그리스 강 아래로 위풍당당하게 진격했다. 다음 황제인 하드리아누스가 취한 첫 번째 조치는 트라야누스가 동방에서 벌였던 정복사업을 포기하는 것이었다. 그는 아우구스투스의 절제 정책으로 복귀하여 유프라테스 강을 제국의 동쪽 경계선으로 다시 한 번 확정했다. 아우구스투스 시대의 전반적 제도가 하드리아누스와 안토니누스 황제에 이르기까지 지속되었고 또 일반적으로 시행되었다. 그들은 제국의 판도를 현재 수준으로 유지하면서 제국의 권위를 확보하는 일에 힘썼다. 그들은 명예로운 외교 수단을 총동원하여

야만인들과 우호적인 관계를 유지하려고 노력했다. 온 세상 사람들을 향해, 전쟁의 유혹을 극복한 로마제국은 질서와 정의를 사랑하는 제국이라는 것을 납득시키려고 애썼다. 이 세 황제가 다스리던 43년 동안, 그들의 덕치는 성공의 왕관으로 장식되었다. 하드리아누스와 안토니누스 피우스는 파르티아 인을 상대로 무력을 과시한 적이 있고 마르쿠스 아우렐리우스 황제는 게르만 인들을 상대로 원정을 하기도 했다. 야만인들의 적대적 행위는 이 철학자 황제의 분노를 일으켰고, 정의로운 방어 전쟁에 나선 마르쿠스와 휘하 장군들은 유프라테스 강과 도나우 강에서 많은 모범적 승리를 거두었다.

옥타비아누스 → 아우구스투스

『**역사**(*Historiae*)』 폴리비오스가 제1차 포에니 전쟁(기원전 264년)에서 카르타고와 코린토스(코린트)를 완전 파괴한 시기(기원전 146년)에 이르는 로마의 위대한 역사를 기록한 역사서. 총 40권으로 구성되었으나 그중에서 첫 1-5권만 완전하게 전해지고 나머지 권들은 상당히 남아 있는 채로, 혹은 파편적인 상태로 전해진다. 제6권은 로마의 국제(國制)와 폴리비오스 당시의 아테네, 테베, 크레타, 스파르타, 카르타고 등의 국제를 비교 검토하고 있다. 폴리비오스는 로마의 위대함은 군주제, 귀족제, 민주제의 요소가 골고루 잘 배합되어 있는 국제에서 기인한다고 진단했다. 이런 혼합 국제는 단일 국제의 정치적 불안정을 견제하는 효과를 가진다고 주장한 그의 분석은 키케로, 마키아벨리, 몽테스키외 그리고 미국 헌법의 아버지들에게 커다란 정치적 영향을 주었다. 폴리비오스가 이 책을 집필한 목적은 정치가들에게 좋은 교훈을 주고, 운명의 무상함을 구체적 사례들을 통하여 보여줌으로써 독자들에게 운명을 견뎌내는 힘을 주는 등, 실용적인 목적이라고 밝힌다. 그래서 자신의 역사서를 가리켜 실용적 역사(pragmatike historia)라고 말했다. 그의 역사서는 보편사(普遍史)를 지향함으로써 역사 기술의 새로운 지평을 열었다. 그는 자신이 전달하고자 하는 다양한 진실들의 폭넓은 범위를 제시하고자 했으며, 특히 행운이 로마의 부상(浮上)에 큰 역할을 했다고 주장했다. 그는 로마의 대업이 행운에 기원한 것이며, 동시에 로마가 스스로 탁월한 능력을 발휘함으로써 그 좋은 행운에 보답했다고 진단한다. 이러한 역사관은 『사론』에 나타난 마키아벨리의 역사 철학과 비슷한 점이 많다.

폴리비오스는 실용적 역사서를 쓰려고 하는 사람의 자질을 다음 다섯 가지로 제시했다.

1) 그 역사가는 남들의 저서를 연구해야 하고, 그가 집필하려는 나라에 대해서 잘 알아야 하며, 그 나라의 정치적, 군사적 생활에 대해서 개인적인 경험이 있어야 한다.

2) 그 역사가는 무엇보다도 행동하는 사람이어야 한다.

3) 그 역사가가 다루는 역사는 현재 살아 있는 사람들에 의해 회상될 수 있어야 한다. 따라서 사건 목격자에 대한 인터뷰가 무엇보다도 중요하다.

4) 그 역사가는 진실에 대한 열정을 가지고 있어야 한다. 폴리비오스는 이런 말을 했다. "그럴듯한 사건이든 그럴듯하지 않은 사건이든 이유 없이 벌어지는 사건은 없다." 따라서 진실을 알아내려 하는 역사가는 철저하게 그 원인을 파고들어야 한다.

5) 그 역사가의 문장은 수식이 없는 간명한 것이어야 한다.

그러나 이 마지막 주장에 대하여 할리카르나수스의 디오니시우스는 폴리비오스의 문장은 너무 무미건조하여 그의 책은 끝까지 읽어낼 수가 없다고 비판했다.

정부 체제가 좋은 체제에서 나쁜 체제로 순환한다는 마키아벨리의 주장은 그리스 역사가 폴리비오스의 『역사』에서 개진된 로마의 역사와 정부에 대한 논의에 크게 기대고 있다. 폴리비오스의 정치 이론은 15세기에 피렌체에서 크게 조명을 받았는데 폴리비오스의 역사서 1-5권은 1450년경 니콜로 페로티가 교황 니콜라스 5세를 위하여 그리스 어에서 라틴 어로 번역했다. 폴리비오스의 이탈리아 어 역본은 마키아벨리 사후 20여 년이 지난 1546년에 나왔다. 마키아벨리는 그리스 어를 읽을 줄 모르고 또 중요한 『역사』 6권은 마키아벨리 생전에 번역되지 않았으므로 마키아벨리가 어떻게 폴리비오스의 정치사상에 접근했는가 하는 문제를 두고서 학자들 사이에서 논의가 분분했다. 가장 그럴듯한 추정은 오르티 오리첼라리의 정원에서 만난 공화파 친구들이 아직 라틴 어나 이탈리아어로 번역되지 않은 이 부분을 서로 의논했으리라는 것이다.

원로원(Senate) 로마 국제(國制)의 가장 권위 있는 기관으로 그 기원은 왕정 시대에서 유래한다. 로마의 왕들은 중대한 결정 사항을 내릴 때 혼자서 한 것이 아니라 그들의 친구나 원로들의 조언을 반드시 구했다. 그래서 왕들은 선별된 엘리트들을 초대하여 왕의 협의체를 구성했다. 이런 나이 든 조언자들은 세나토르(senator)라는 이름을 얻게 되었는데 라틴 어 세넥스(senex: "나이 든 사람")에서 온 것이다. 로마 정부의 지도자들이 원로원으로부터 조언을 구해야 한다는 전통은 왕정이 폐지되고 공화정이 도입된 후에도 계속 이어졌다. 원로원의 역사에서 표준적 정원은 3백 인이었다. 원로원 의원은 언제나 귀족과 평민을 둘 다 포함했다. 그러나 의원으로 선출되기 위해서는 일정하면서도 고액의 재산을 소유해야 되었다.

공화정 동안에, 원로원 의원들의 선임은 처음에는 하위직 행정관 경험이 있는 사람들 중에서 집정관들이 뽑았다. 그러나 나중에는 감찰관이라고 하는 고위직 행정관이 동일한 대상들로부터 선출했다. 시간이 흘러가면서 원로원은 공화국의 대내외 정책, 국가 재정, 공식 종교, 온갖 유형의 입법 등에 엄청난 영향을 미치게 되었다. 원로원의 영향력은 전쟁의 선포와 수행에서 특히 두드러지게 나타났다. 이 시기의 로마는 거의 상시적으로 전쟁을 했기 때문에 원로원의 이런 기능은 아주 중요했다. 원로원은 로마의 역사 내내 아주 권위 있는 기관으로 존속했다. 심지어 제국 시대에 들어와서, 원로원이 황제의 열등한 파트너로서 황제의 정책에 일방적으로 협력하는 기관으로 축소되었을 때에도 여전히 존경을 받았다.

원로원의 힘의 기반은 로마 사회의 성격에 대하여 중요한 단서를 제공한다. 로마 사회에서는 사회적 지위가 영향력과 권위를 가져왔는데 이것은 성문법의 위력과 맞먹거나 때로는 능가했다. 원로원 의원들의 힘은 국가 고위 관리에게 조언하는 법적 권리에 있었다. 어떤 정책이나 행동 노선에 대하여 원로원은 투표를 통하여 찬성하거나 반대할 수 있었다. 그러나 원로원은 법령을 통과시키는 권한은 없었다. 더욱이 원로원은 정부 관리들에게 그들의 뜻을 강요할 공식적인 권한이 없었다. 달리 말해서 로마의 법률과 사회에 영향을 미치는 원로원 의원들의 능력은 정책이나 법률을 강제 부과하는 공식 권리에서 나오는 것이 아니라, 오로지 로마의 가장 존경 받는 남자 시민이라는 지위에서 나오는 것이다. 원로원 의원들의 의견이 힘을 가지는 것은 그 존경 받는 지위에서 나오는 것이지 법률의 형태 때문은 아니다. 따라서 정부 관리들은 원로원의 조언을 감히 무시할 수가 없었다.

율리우스 2세(Julius II: 1443-1513) 교황 식스투스 4세의 조카로 교황 알렉산데르 6세의 선출에 반대표를 던졌다가 그의 눈 밖에 나서 그의 재임시 대부분의 기간을 프랑스에 망명해 있었다. 알렉산데르 6세의 뒤를 이은 피우스 3세가 불과 석 달 만에 사망하자, 1503년에 체사레 보르자에게 군대를 지원하겠다는 거짓 약속을 하면서 보르자 휘하의 스페인 추기경들의 도움을 받아 교황 직에 올랐다. 그러나 교황이 되자 곧바로 체사레 보르자 제거에 착수하여 성사시켰다. 이 때문에 마키아벨리는 보르자가 그의 선출을 밀어준 것은 실수였다고 판단한다. 그러나 당시 휘하의 군대를 그대로 유지하고 싶어 했던 보르자로서는 어쩔 수 없는 선택이었다. 율리우스 2세는 교황령의 질서를 회복하고, 그 영토 내에서 호가호위하는 세속의 통치자들을 몰아내려 했다. 교황이 페루자의 군주이자 용병 대장인 조밤파골로 발리오니를 몰아내는 장면은 마키아벨리도 옆에서 목격한 바 있으며 『사론』 1-27에서 자세히 서술되어 있다. 율리우스는 보르자 가문에 의해 영락해 버린 교황령의 권위를 회복하고자 했다. 알렉산데르 6세 사후에 교황령의 상당 부분이 베네치아 공화국의 통제를 받았다. 교황은 1508년 가을에 페루자와 볼로냐를 회복했다. 당시 이탈리아에서 세력을 떨치던 프랑스를 몰아내고자 했다. 1509년에는 캉브레 동맹에 합류하여 베네치아를 패배시켰고 교황령은 다시 회복되었다. 율리우스는 이어 프랑스 세력을 이탈리아에서 몰아내고자 했다. 프랑스의 루이 12세는 1512년 4월 라벤나에서 교황군을 패퇴시켰으나 스위스 군대가 교황을 도우러 오자 상황이 일변했다. 이탈리아 북부를 장악했던 프랑스는 떠났고 교황은 파르마와 피아첸차를 손에 넣었다. 생애가 끝나갈 무렵 교황은 이제 스페인이 프랑스를 대신하여 이탈리아를 장악하려는 것을 우려했다. 스위스 역사가인 야콥 부르크하르트는 그를 가리켜 교황 제도의 구원자라고 했다.

자마 전투(battle of Zama) 기원전 202년, 카르타고의 북아프리카 근거지인 자마에서 한니발과 스키피오 아프리카누스 사이에 벌어진 전쟁. 스키피오가 한니발을 상대로 대승을 거두고 이를 계기로 아프리카누스라는 별명을 얻게 되었다. 칸나이 전투에서 로마군은 기병이 무너지면서 패배했듯이, 자마 전투에서는 카르타고군의 기병이 무너지면서 거의 모든 보병이 전멸했다. 한니발의 기병대가 허약해진 것은 카르타고에 기병 부대를 제공하던 인근 누미디아의 두 왕인 시팍스와 마시니사를 상대로 스키피오가 교묘한 이간책을 썼기 때문이다. 스키피오는 먼저 시팍스를 제거하고 이어 마시니사를 로마군 편에 붙게 함으로써 카르타고의 기병을 무력화시켰다. 이 과정에서 한 가지 문제가 있었다. 시팍스를 상대로 승리를 거둔 마시니사가 시팍스의 아내 소포니스바(카르타고 통치자 하스드루발의 딸)를 보고서 사랑에 빠져 생포한 당일 그녀와 결혼을 해버린 것이었다. 스키피오는 혹시 소포니스바가 새 남편을 유혹하여 누미디아가 로마를 버리고 카르타고와 동맹을 맺을지 모른다고 우려했다. 이때 스키피오는 결혼 당일로 마시니사를 찾아가서, 그 자신도 스페인 진출 초기에 아름다운 처녀를 진상 받았지만 거부한 일이 있다면서, 자그마한 원인(여자)으로 커다란 결과(국가의 손실)를 초래해서는 안 된다고 설득하여 성공한다. 마시니사는 결혼식을 올린 그날 저녁에 사람을 시켜 소포니스바에게 독이 든 포도주를 보낸다. 아름다운 여인 소포니스바는 그것을 마시고 죽기 전에 이런 말을 남긴다. "나는 이 결혼 선물을 받아들입니다. 나의 남편이 아내에게 이것보다 더 큰 선물을 줄 수 없다고 하니 기쁘게 받아들여야겠지요. 하지만 그이에게 말해 주세요. 내가 죽는 날에 결혼식을 올리지 않았더라면 훨씬 더 좋은 죽음을 맞이했으리라는 것을."(리비우스, 30. 15)

집정관[consules(라틴 어) , consuls(영어)] 로마 공화정 시절에 민정과 군정 두 분야에서의 최고의 행정관. 처음에는 프라이토르(praetor)라고 불렸으나 기원전 451년에 10인회에 의해 명칭이 콘솔로 바뀌었다. 정원은 두 명이고 똑같은 권한을 가졌으며 임기는 1년이었다. 두 집정관 중 한 명은 6개월 동안 국내에 남아 있고, 나머지 한 명은 6개월 동안 출병하여 군대를 지휘했다. 그러나 상황이 위급할 때에는 두 집정관이 모두 출병하기도 했다. 전쟁이 없는 해의 두 집정관은 이틀에 한 번씩 돌아가며 국정을 결재했다. 집정관은 시민들에 의해 선출되었으나 후보는 원로원 의원이어야 했으므로 그 선택은 제한되어 있었다. 기원전 4세기 중반 이후에 두 명의 집정관 중 한 명은 평민 출신으로 뽑았다. 집정관의 권위는 새로운 행정관제의 신설로 축소되었는데 특히 켄소르(감찰관)에 의해 많이 견제를 받았다. 집정관이 수행한 주된 기능은 군대를 지휘하는 것이었다. 나중에 집정관 임기가 끝나면 지방 총독으로 나가서 군사 명령권을 계속 발휘하거나 지방 속주를 다스렸다. 로마의 달력에서는 그 해에 뽑힌 두 명의 집정관 이름으로 연도를 기록했다. 나중에 공화정이 폐지되고 황제 제도가 도입되면서 집정관은 주로 명예직이 되었다.

체액 이론(theory of humour) 마키아벨리는 체액 이론을 가지고 인간의 몸과 정체(政體) 사이에 유사점이 있다는 일관된 입장을 취한다. 이 사상은 고대로부터 물려받은 윤리와 과학의 체계 안에 깊게 뿌리를 내리고 있다. 르네상스의 체액 이론은 갈렌(갈레노스), 히포크라테스, 이 두 사람에 대한 논평가들의 저작을 바탕으로 한 것인데, 인간의 몸에 있는 혈액, 점액, 황담액, 흑담액의 4체액(four humours)의 뒤섞임에 의하여 인간의 행동을 설명하는 이론이다. 여기서 쾌활한, 성마른, 무기력한, 우울한 기질이라는 표현이 나오게 되었다. 이 네 체액이 서로 균형을 이루면 "좋은" 기질을 만들어내는 반면, 4체액 중 어느 한 체액이 압도적으로 많으면 "병든" 혹은 "사악한" 기질을 갖게 된다. 고대인들은 인간의 인격이 신체 안에 들어 있다고 보았고 신체는 또한 영혼의 집이라고 보았다. 물질과 정신이 결합하여 사람이 생겨나는데, 각 개인은 4체액의 결합체이다. 담즙질은 대체로 뜨거운 체액이고, 다혈질은 대체로 축축한 체액, 점액질은 차가움, 흑담즙질은 건조함의 체액이다. 신체적 조건의 자연적 상태는 늘 유동적인 것으로 이해되었으며, 어느 특정 순간의 신체적 균형은 천체(天體: 별)의 움직임에 영향을 받는 것으로 인식되었다. 또 개인의 식생활 습관과 신체 관리도 신체 조건에 영향을 미치는 것으로 보았다. 남자들은 열이 날 때 활동적이 되기에 성직자들은 야채 같은 차가운 음식을 먹고 또 양념을 피함으로써 산만해지기 쉬운 남성성과 성적 욕구를 다스리려 했다. 몸이 차가운 남자들은 수염이 가늘고 고환이 작은 것으로 여겨졌는데 이들은 여자와 비슷한 존재였다. 반면에 여성성을 내던지고 좀 더 정력적이 되고자 하는 여자는 뜨거운 음식을 섭취하여 그들의 원래 축축하고 차가운 체액을 덥혀야 할 필요가 있었다. 마키아벨리는 이런 체액 이론을 가져와서, 서로 다른 체액인 귀족제와 민주제가 서로 충돌하면서 균형을 이룸으로써 오히려 자유가 확대된다는 주장을 폈고 또, 군주제, 귀족제, 민주제가 잘 혼합된 공화국이 좋은 정체라고 보았다. 그러면서 마키아벨리는 그라쿠스 형제가 일방적으로 평민 편만 들었으므로 해로운 자라고 말했다. 이처럼 정체를 하나의 역동적 유기물로 보는 마키아벨리의 사상은 르네상스 시대에 널리 통용되었던 체액 이론에 크게 빚지고 있다.

카를 5세(Karl V: 1500-1558) 스페인의 왕(카를로스 1세)으로 있다가 할아버지 막시밀리안의 영향력으로 신성로마제국의 황제에 올랐다. 아버지는 막시밀리안 1세의 아들인 펠리페 1세이며 어머니는 아라곤의 왕 페르난도 2세의 딸 후아나이다. 열여섯 살에 외가 쪽에서 스페인을 물려받았고 열아홉 살에는 친가에서 독일의 합스부르크 왕가를 물려받았다. 서유럽의 패권을 놓고 프랑스 왕 프랑수아 1세와 다투었고, 1525년 밀라노 남쪽 파비아 전투에서 프랑수아 1세를 생포했다. 교황 클레멘스 7세는 프랑스와 손잡고 카를 5세에 대항하려 했으나 1527년 초 카를의 군대는 로마를 침략하여 약탈했다. 1530년 카를은 종교회의를 소집하고 교회의 내부 개혁을 시도하려 하였으나 이미 종교개혁의 불길은 멀리 퍼져나간 상태였다. 게다가 그는 프랑스와 튀르크에 맞서서 고질적인 전쟁을 벌여야 했다. 1544년 프랑스와의 싸움이 종결되었고 튀르크 제국과도 휴전이 성립되었다. 1550년 이탈리아 전역을 제국의 지배 아래 두었다. 1552년 프로테스탄트 군주들이 카를에 반기를 들며 저항하자 1555년 아우구스부르크 의회에서 루터의 정치적 권리를 승인했다. 카를은 이후 황제 칭호를 동생 페르디난트 1세에게 물려주고, 네덜란드와 스페인 왕위는 아들 펠리페 2세에게 물려주고 스페인의 한 수도원에 은거하여 여생을 보냈다.

카밀루스, 푸리우스(Marcus Furius Camillus: ?-기원전 365년경) 로마의 정치가 겸 장군. 리비우스에 의하면 "조국의 구원자이며 로마의 제2 건국자"이다. 기원전 390년경에 갈리아 인들이 로마를 점령했을 때 도시를 그들로부터 해방시킨 영웅이다. 그의 가장 유명한 승리는 기원전 396년에 에트루리아의 마을 베이이를 점령한 것이다. 그 승리 직후 전쟁 전에 맹세한 대로 델피의 아폴로 신에게 황금 쟁반을 바쳤다. 그 직후 카밀루스는 또 다른 에트루리아 마을인 팔레리이를 점령했다. 이 전투에서 유명한 학동(學童) 스토리가 생겨났다. 현지의 교사가 어린 학생들을 데리고 카밀루스의 진영을 찾아가 그 아이들을 볼모로 팔레리이 마을을 무혈점령할 수 있다고 제안했다. 카밀루스는 그런 교활한 책략으로 이득을 보는 것을 거부하면서 학동들을 무사히 집으로 돌려보낸 반면, 교사는 밧줄로 꽁꽁 묶어서 팔레이이 당국에 보냈다. 마을의 주민들은 로마의 정의로운 정신에 감동하여 스스로 항복했다. 전승에 의하면 카밀루스는 전투에서 생긴 전리품을 착복한 혐의로 추방되었으나, 기원전 390년에 갈리아 인들이 로마를 점령하자 독재관으로 소환되었다. 그는 갈리아 인들을 섬멸했고 나중에 볼스키와 아이퀴 인들도 정복했다. 그는 귀족과 평민들 사이의 갈등을 잘 거중 조정하여 그 갈등이 367년에 끝나게 했다. 그리고 그 평화의 회복을 기념하여 카피톨리움 언덕의 기슭에다 콘코드(화합의 신)에게 봉헌하는 신전을 지었다. 그는 다섯 번 독재관을 역임했고 로마의 군사 제도를 개혁했다.

카우디네 분기점(Caudine Forks) 로마군이 삼니움 전쟁 중에 끔찍한 패배를 당했던 곳. 기원전 321년, 로마군은 제2차 삼니움 전쟁의 초입에 이 산속 고갯길로 행군했다. 그 군대는 카푸아에서 적의 영토로 들어가는 중이었다. 해안을 따라가는 더 길고 안전한 길이 있었지만 로마 장군들은 지름길을 선호하면서 목동으로 위장한 삼니움 병사들의 역정보를 믿고서 이 산속 고갯길로 행군하기로 결정했다. 로마군이 어느 정도 진군하자 삼니움 족이 앞으로 나아가는 길을 봉쇄했다. 로마군이 속은 것을 알고서 뒤로 회군하려 하자, 뒤쪽에서 삼니움 족이 퇴로를 차단했다. 로마군은 험준한 산들로 둘러싸인 계곡에 갇혀 식량과 식수가 날로 떨어져 갔다. 그동안 삼니움 족은 로마군을 그냥 돌려보내 로마의 환심을 살 것인가, 아니면 로마군을 마지막 한 사람까지 모조리 죽여 앞으로 여러 세대 동안 로마의 침입을 차단할 것인가 심사숙고했다.

결국에 삼니움 족은 그 둘 다 하지 않았다. 그 대신 로마 병사들의 갑옷과 무기를 빼앗고 속옷만 걸친 채로, 전군이 유굼(jugum) 밑으로 지나가게 하여 철저한 복종을 맹세하게 했고 그 다음에 비무장으로 로마까지 걸어가게 했다. 라틴 어 유굼은 두 마리 말 혹은 소의 목에 메우는 멍에를 뜻한다. 군사 용어로는 기둥처럼 벌려 세운 두 개의 창에 낮게 가로지른 창을 가리키는데, 패전한 적을 무장 해제시키고 복장까지 벗겨서 완전한 굴복의 표시로 그 가로지른 창 아래를 허리 굽혀 지나가게 했다. 리비우스는 『로마사』 9. 1에서 그 장면을 이렇게 묘사했다.

"그들은 적의 유굼과, 승자들의 조롱과 오만한 눈빛, 양쪽에 도열한 무장한 적 병사들 사이로 비무장으로 걸어가야 하는 모습을 상상했다. 이어 동맹 도시들의 비무장의 한심한 모습을 걸어가서 조국과 부모에게 되돌아가야 하는 처량한 모습을 상상했다. 그들 자신과 그들의 조상들이 개선하여 의기양양하게 돌아왔던 그 조국을. 오로지 그들만이 부상도, 무기도, 싸움도 없이 패배했다. 그들만이 칼을 뽑아 적과 백병전을 할 기회가 없었다. 그들만이 무기, 힘, 용기를 부여받고서 아무런 소득을 올리지 못했다." 이어 그 비참한 행진을 다음과 같이 묘사했다. "먼저 집정관들이 거의 알몸으로 유굼 아래를 지나갔다. 다음에 장교들이 계급 순으로 치욕을 맞이했고 이어 병사들이 하나씩 하나씩 지나갔다. 적들은 무장을 한 채 주위에 서서 욕설을 하고 조롱을 했으며, 그들의 칼을 휘두르다가 일부 병사에게는 부상을 입히거나 죽이기도 하였다. 수치가 아닌 도전의 눈빛으로 승자를 쳐다보다가 적의 비위를 상하게 만들면 그런 대접을 받았다. 그래서 그들은 유굽 밑을 지나갔는데, 더욱 견디기 어려운 것은 적이 보는 데서 그렇게 해야 된다는 것이었다. 그리하여 마침내 산속의 고갯길로부터 빠져나왔다. 비록 그들은 죽음의 영역에서 되살아난 것처럼 대낮의 광명을 보기는 했으나 그 광명은 그 어떤 형태의 죽음보다 더 침울한 것이었다. 그들은 치욕을 당한 동료 병사들을 볼 때마다 수치심이 더욱 깊어졌다.'

카이사르, 율리우스(Gaius Julius Caesar: 기원전 100-44) 로마의 장군 겸 정치가. 사실상의 초대 황제. 율리우스 카이사르는 로마의 가장 유서 깊은 가문들 중 하나에서 태어났다. 이 가문은 베누스 여신이 그들의 조상이라고 주장했다. 카이사르는 폼페이우스, 크라수스와 함께 기원전 60년에 제1차 3두 체제(Triumvirate)를 형성했고, 3두는 그 체제에 영속성을 부여하려 했다. 그들은 그들끼리 정략결혼을 했다. 기원전 59년 카이사르는 그의 딸 율리아를 폼페이우스에게 결혼시켰다. 그러나 기원전 54년 율리아가 출산 중에 사망하자 두 정치 지도자를 이어주던 유대는 깨어졌다.

카이사르는 기원전 58년 3두의 1인으로 로마를 떠나 갈리아에서 군대의 지휘권을 잡았다. 그 후 9년 동안 그는 독일 서쪽, 현재의 프랑스 지역을 누비면서 많은 민족들을 정복했다. 심지어 브리튼 섬의 남단까지 진출했다. 그의 군대가 거두어들인 노예와 전리품의 가치는 너무나 막대하여 그의 엄청난 빚을 갚아주었을 뿐만 아니라 병사들을 부자로 만들었다. 이런 이유로 병사들은 그를 사랑했다. 또 병사들과 대화를 나눌 때에는 스스럼이 없었으며, 전투에 나아가서는 병사들의 어려움과 고통을 기꺼이 함께 나누었다. 기원전 53년에 크라수스가 사망하면서 3두 체제는 깨어졌고, 폼페이우스와 카이사르의 동맹도 끝나버렸다. 기원전 52년 카이사르의 적들은 폼페이우스를 그 해의 단독 집정관으로 선출했다. 카이사르는 기원전 48년 자신을 집정관으로 뽑아달라고 요구했으나, 원로원은 갈리아 지방 군대의 지휘권을 포기하라고 명령했다. 그러자 카이사르는 앉아 죽으나 서서 죽으나 마찬가지라며 내전을 결심하고 그의 군대를 이끌고 기원전 49년 초 이탈리아 북부의 루비콘 강을 건너며 말했다. "이제 주사위를 굴리자!"(플루타르코스, 「율리우스 카이사르의 생애」 39). 그의 군대는 아무런 망설임 없이 그를 따랐고, 이탈리아 도시와 농촌 마을의 대부분 사람들은 그를 열광적으로 환영했다. 카이사르는 그리스의 파르살루스 전투에서 폼페이우스를 패배시켰다.

당시 로마의 분열된 정치판을 종식시키려면 단독 통치자가 필요했다. 그러나 공화국 상류 계급이 아주 오랫동안 유지해 온 전통은 왕정에 대한 철저한 증오였다. 대(大) 카토는 그런 감정을 잘 표현했다. "왕은 사람의 살을 먹고 사는 짐승이다."[플루타르코스, 「대(大) 카토의 생애」8]. 카이사르는 기원전 48년 자신을 독재관으로 임명하도록 원로원과 민회를 배후 조종했다. 기원전 44년에 이르러 그는 전통적으로 임시직인 이 관직의 임기를 없애고, 상시 독재관이 되었다(dictator perpetuo). 하지만 그는 "나는 카이사르이지 왕이 아닙니다."라고 계속 말했다(플루타르코스, 「율리우스 카이사르의 생애」60). 율리우스 카이사르의 독재정치와 그가 차지한 각종 명예들은 대부분의 평민들을 기쁘게 했으나 귀족들을 분노하게 했다. 그들은 기원전 44년 3월 15일 카이사르를 칼로 찔러 죽였다. 마키아벨리는 카이사르가 공화정을 붕괴시킨 인물이라고 판단하여 『사론』에서 카이사르에게 비판적인 입장을 취하고 있다.

카토[대(大)](Cato the Elder, Marcus Porcius Cato Censorius: 기원전 234-149) 로마의 정치가이며 도덕주의자. 제2차 포에니 전쟁 때 군사 호민관으로 참전했으며 그 후 정계에 입문하여 195년에 집정관에 올랐다. 여자들의 사치스러운 보석류를 금지하는 오피아누스 법률의 유지를 주장했으나 성공하지 못했다. 이후 스페인 총독으로 나가 그곳에서 거둔 승전 덕분에 개선식의 환영을 받았다. 180년대에 카토는 스키피오 가문을 공격했다. 스키피오 아프리카누스는 제2차 마케도니아 전쟁(기원전 200-197)이 벌어지자 동생과 함께 소아시아로 건너가서 시리아의 안티오코스 3세와 싸워 격파했다. 이때 카토는 감찰관 자격으로 스키피오가 전쟁 노획물을 사취했다면서 동생 스키피오 아시아티쿠스를 함께 고발했다. 이 사건으로 아프리카누스는 정계를 은퇴했고 은퇴지에서 쓸쓸히 죽었다. 카토가 스키피오 가문에 대해서 적대감을 품은 또 다른 이유는 그 가문이 로마에 그리스 문화를 적극적으로 수입하려 했기 때문이었다. 하지만 이러는 카토도 만년에는 그리스 문화의 필요성을 절감하여 그리스어를 배우려 했다고 한다. 나중에 조사위원으로 카르타고에 파견되었을 때 제2차 포에니 전쟁 이후에 카르타고가 다시 살아나고 있는 것을 보고서 "카르타고는 반드시 멸망시켜야 한다."라고 말한 것으로 유명하다. 그는 사망 직전에 제3차 포에니 전쟁이 시작되는 것을 보고서 죽었다. 웅변가 및 문장가로 유명하며, "의미를 잘 지키면 어휘는 저절로 따라 나온다(rem tene, verba sequentur)"라고 말했다.

카토[소(小)](Cato the Younger, Marcus Porcius Cato Uticensis: 기원전 95-46) 기원전 200년대에 감찰관으로 활약하면서 카르타고에 대한 강경책을 폈던 대(大) 카토의 증손자. 소(小) 카토는 증조부와 마찬가지로 성실하고 엄격한 도덕성으로 명성이 높은 인물이었다. 카틸리나 모반 사건이 발생했을 때 그 사건을 탄핵한 키케로를 적극 지지했으며 모반자들에 대한 극형 처분에 찬성표를 던졌다. 리비우스는 카토를 가리켜 "로마의 양심"이라고 불렀다. 카이사르가 갈리아 주둔 로마군을 이끌고 반란을 일으켜 루비콘 강을 넘어 로마로 진격해 오자, 카토는 원로원을 설득하여 카이사르를 토벌하는 공화국 군대의 사령관으로 폼페이우스를 임명하게 했다. 폼페이우스가 전사하자 카토는 스키피오의 군대에 합류했는데 스키피오 역시 전투에서 패배했다. 카토는 카이사르가 결국 로마를 정복할 것임을 깨닫고 우티카로 달아나서 자살했다. 루카누스는 『내전』(전10권)이라는 서사시에서 카토를 영웅적으로 묘사했다. 단테의 『신곡』에서 카토는 연옥의 문지기로 등장하는데 그가 이승에 있을 때 로마 공화국의 문지기(수호자)였던 것처럼, 이승에서도 문지기 역할을 배정했다. 소(小) 카토는 카이사르 암살 주범인 마르쿠스 유니우스 브루투스의 장인이기도 했다.

카틸리나(Lucius Sergius Catilina: ?-기원전 62) 로마의 귀족으로 성품이 불량한 자였으며 기원전 60년대에 술라의 부관으로 정계에 입문했다. 68년 사법행정관이 되어 그 후 2년간 아프리카 총독을 지냈으나 귀국 후 뇌물죄로 고소되어 한동안 집정관 선거에 나서지 못했다. 63년 집정관 선거에 나섰으나 귀족파의 지원을 받은 키케로에게 패배했다. 카틸리나는 이탈리아 내의 여러 사회 계급의 불만에 호소하며 부채의 탕감을 제안했으며, 평민파인 율리우스 카이사르의 지원을 받는 것으로 알려졌다. 62년의 집정관 선거에도 패배하자 카틸리나는 국가를 상대로 반란을 일으켰다. 집정관 가이우스 안토니우스 히브리다가 군사를 이끌고 나가 62년 초에 카틸리나를 살해했다. 카틸리나의 반란 후기 로마 공화정의 정치적 부패를 잘 보여주는 사건이었다.

칸나이 전투(battle of cannae) 카르타고의 한니발이 기원전 216년 아풀리아의 아우피두스 강 남쪽 둔덕에 마을 칸나이에서 로마군을 상대로 거둔 대첩. 집정관 파울루스(Lucius Aemilius Paullus: 루키우스 아이밀리우스 파울루스 마케도니쿠스의 아버지)와 바로(Gaius Terentius Varro)는 4만 8천 명의 보병과 6천 명의 기병을 가지고 한니발의 3만 5천 보병과 1만 명의 기병과 맞섰다. 한니발의 볼록한 초승달 모양의 전투 대형은 로마 중군의 압박을 받아 그 대형이 점점 오목한 초승달 모양으로 바뀌었다. 로마 군대는 서서히 뒷걸음질 치는 한니발의 군대를 따라 깊숙이 안쪽으로 들어갔고 초승달의 양쪽 날개가 앞으로 내려와 로마군을 포위하기 시작했다. 보병전과 기병전이 동시에 벌어졌는데 카르타고 기병이 로마 군대의 양 옆에 배치된 로마 기병을 무너트렸다. 로마 기병은 보병과 강 사이의 협소한 공간 때문에 전력을 충분히 발휘하지 못했다. 이렇게 기병이 제거되자 카르타고의 기병은 로마 보병의 후미를 마음대로 공격할 수 있었다. 로마의 보병은 이미 적진 중앙으로 너무 깊숙이 들어가 완전히 독안에 갇힌 쥐 모양이 되었다. 그 결과 약 5만 명의 로마 인들이 칸나이 들판에서 시체가 되었다. 간신히 도망친 사람들 중에는 집정관 바로와 파울루스 그리고 젊은 푸블리우스 코르넬리우스 스키피오(스키피오 아프리카누스)가 있었는데 이 스키피오는 나중에 자마 전투에서 한니발을 패배시켰다.→ 자마 전투

코르비누스, 발레리우스(Marcus Valerius Corvinus) 기원전 4세기의 로마의 영웅. 관직에 있지 않을 때에는 손수 농사를 지으면서 백 살까지 살았다고 전해진다. 그는 23세 때에 집정관이 되었고 그 후 다섯 차례 더 집정관을 역임했으며 342년과 301년에는 독재관을 역임했다. 군사 호민관이었을 때(349) 갈리아 인들과의 전투에서 갈리아 인 거인과 1 대 1 대결을 벌였다. 거인과 대결을 벌이려는 순간 큰 까마귀가 그의 전투모에 내려앉아서 갈리아 인을 노려보았다. 전투가 개시되자 큰 까마귀는 전투모에서 날아올라 갈리아 거인의 얼굴과 눈을 부리와 발톱으로 쪼았다. 그런 이상한 조짐에 놀라며 겁먹은 갈리아 거인을 코르비누스가 죽였다. 그러자 큰 까마귀는 하늘 높이 솟아올라 동쪽으로 사라졌다. 라틴 어 코르부스(corvus)는 큰 까마귀라는 뜻인데 여기서 발레리우스의 별명이 나왔다. 발레리우스는 볼스키 인, 삼니움 인, 아이퀴 인들과의 싸움에 참전했고 카푸아 군단의 반란군을 진압했으며(342) 상소법을 제정했다(300). 코르비누스는 자신의 군공과 명예가 만리우스 토르콰투스에 조금도 뒤떨

어지지 않는다고 생각했다.

코클레스, 호라티우스(Publius Horatius Cocles) 고대 로마의 전설적 영웅. 라르스 포르센나 휘하의 에트루리아군이 로마로 쳐들어올 때 라르티우스(Spurius Lartius), 헤르미니우스(Titus Herminius Aquilinus)와 함께 로마로 들어가는 길목인 티베리스 강에 놓인 수블리키우스 다리 앞에서 적을 막았다. 포르센나는 기원전 6세기에 에트루리아 연합 군대를 이끌고 로마로 쳐들어온 클루시움의 왕이었다. 전설에 의하면 포르센나는 축출된 오만왕 타르퀴니우스의 지원 요청으로 왕을 다시 복위시키기 위해 로마를 공격해 왔다고 한다. 코클레스 등이 지키던 수블리키우스 다리가 파괴되기 직전 그는 두 동료를 아군의 진지로 돌려보내고 혈혈단신으로 다리 위에서 적과 싸우다가 다리가 완전 파괴되자 강으로 뛰어내려 헤엄쳐서 로마 시로 돌아왔다. 코클레스는 "애꾸눈"이라는 뜻인데 "왼손잡이" 스카이볼라와 함께 공화정을 지키기 위해 목숨을 아끼지 않고 싸운 애국적 영웅이었다.→ **스카이볼라**

코리올라누스(Gnaeus Marcius Coriolanus) 로마의 전설적 영웅의 한 사람. 기원전 493년에 볼스키 인의 도시인 코리올리를 함락시켰기 때문에 코리올라누스라는 별명이 붙었다. 곡물 부족 사태 때 평민들에게 거만한 태도를 취하는 바람에 참주가 되려 한다는 혐의로 호민관들에 의해 고소당했고 이어 추방되었다. 그는 옛 적인 볼스키 족을 찾아가서 그 군대의 사령관이 되어 로마로 쳐들어 왔다. 그의 군대가 로마 외곽 5마일 지점까지 접근하자 원로원은 그의 어머니 베투리아와 아내 불룸니아 그리고 두 아들을 그의 군영으로 보내, 철군을 호소하게 했다. 그때 아들이 어머니에게 인사하려 하자 그 인사를 거부하며 어머니는 이렇게 말했다. "얘야, 너의 어머니가 네 아내와 두 아들을 데리고 여기에 왔다. 내가 네 인사를 받기 전에 내가 적에게 포로로 온 것인지 아니면 어머니로서 아들에게 온 것인지 알고 싶구나. 내가 너무 오래 살아 이런 불행한 노년에 이르다 보니 네가 추방되고 이어 조국의 적이 된 꼴을 보게 되었구나. 너는 너를 낳아주고 길러준 고국의 심장에 칼을 찌를 용기가 있느냐? 네가 고국의 땅에 발을 들이자 증오심과 복수의 열망이 아무리 크더라도 그 분노가 사라지지 않더냐? 네가 로마를 보는 순간 저 성벽 안에 네 집이 있고 그 집을 지켜주는 신들이 있고 또 그 안에 네 어머니와 아내와 아들들이 있다는 생각이 들지 않더냐?

아, 내가 너를 낳지 않았더라면 로마는 지금 이런 위협을 받지 않았을 것이다. 내가 아들이 없었더라면 자유로운 나라에서 자유롭게 죽을 수 있었을 것이다. 나는 진실로 불행한 여자다. 하지만 나는 늙었으니 이런 치욕을 당할 날이 그리 많이 남지 않았다. 네가 분노를 누그러뜨릴 수 없다면 일찍 죽어야 하거나 평생 노예로 살아야 할 네 아내와 두 아들을 생각해 봐라." 그의 아내와 두 아들은 코리올라누스의 품으로 파고들었고 두 여인은 뜨거운 눈물을 터트렸다. 코리올라누스는 더 이상 그 광경을 참을 수 없었다. 그는 아내와 두 아들에게 키스하고 그들을 집으로 돌려보낸 후 볼스키의 도시인 안티움으로 철군했다. 그는 그곳에서 볼스키 인들에 의해 처형되었다.(리비우스, 2. 33)

크라수스(Marcus Licinius Crassus: 기원전 115-53) 폼페이우스, 카이사르와 함께 제1차 삼두 체제의 1인. 술라의 부관으로 징벌 고시 때 재산을 모았다. 기원전 71년에 스파르타쿠스 노예 반란을 진압했다. 기원전 53년에 크라수스가 사망하면서 삼두 체제는 깨어졌다. 크라수스는 자신의 경력에서 모자라는 군사적 영광을 얻기 위해 로마군을 이끌고 유프라테스 강을 건너와 파르티아 사람들(이란 사람들)과 교전했다. 그들은 왕이 다스리는 군사적 귀족제의 나라로서 그 방대한 영토는 유프라테스 강에서 동쪽의 인더스 강까지 이르렀다. 크라수스는 북부 메소포타미아의 카라이 전투에서 사망했다. 파르티아 왕은 그 당시 아들의 결혼을 축하하면서 유리피데스(에우리피데스)의 비극 『바쿠스의 여신도들』을 궁중에서 공연하고 있었다. 전령이 죽은 크라수스의 머리와 손을 들고 오자, 그 비극을 연기하던 배우들은 죽은 펜테우스의 머리를 묘사하는 대사에서 펜테우스의 이름을 크라수스로 바꾸어서 관중들을 즐겁게 했다. 그 대사 부분은 이러하다. "나는 펜테우스의 시체가 키타이론의 골짜기에 찢겨져 있는 것을 보았는데, 다른 것과 한 곳에 있는 것은 아무것도 없고, 모든 것이 숲 속에 뿔뿔이 흩어져 있었소."

크세노폰(Xenophon: 기원전 428년경-기원전 354년경) 그리스의 역사가이며 소크라테스의 제자. 소년 시절 거리에서 소크라테스를 만났는데 철학자는 그에게 어디에 가면 다양한 물건들을 구입할 수 있느냐고 물었다. 크세노폰이 일일이 대답하자 철학자는 다시 이렇게 물었다. "그러면 용감하고 덕성 높은 사람은 어디서 구할 수 있는가?" 크세노폰이 대답을 하지 못하자 철학자는 따라오라 했고 그 길로 철학자의 제자가 되었다. 아테네 인이었던 크세노폰은 과두제 혁명과 민주정 복원의 시대에 그 도시에서의 삶을 잘 견디지 못하여 그 도시를 기원전 401년에 떠났다. 보이오티아의 친구 프로크세노스의 권유로 키루스 원정대에 참가했는데 이 경험은 그의 저서 『아나바시스(Anabasis)』에 잘 기술되어 있다. 그 후 기원전 396년에 스파르타의 왕 아게실라오스의 궁정에 출사했다. 아게실라오스가 기원전 394년에 아테네와 보이오티아를 상대로 코로네아 전투를 벌였을 때 크세노폰은 왕을 따라갔다. 그 후 왕이 올림피아 근처의 스킬로스에 별장을 마련해 주어 이곳에서 20년을 지내며 여러 권의 책을 집필했다. 기원전 371년 그리스의 도시국가인 엘리스가 스킬로스를 차지하자 크세노폰은 코린토스로 갔다. 기원전 368년경에 그에 대한 아테네 추방령이 해제되어 아테네로 돌아왔다. 그의 대표적인 저서는 『아나바시스』와 『키루스의 교육(Cyropaedia)』[『키루스의 전기(Life of Cyrus)』]이 있다. 전자는 키루스 원정대에 참여했던 1만 명의 그리스 인 용사가 역경을 이겨내고 그리스로 돌아온 모험담이며, 후자는 페르시아 왕 키루스 대왕의 전기이다. 거의 같은 시기에 집필된 플라톤의 『국가』가 이상적 통치자의 모습을 그리고 있다면, 『키루스의 교육』은 도덕적 목적을 가진 역사소설과 비슷한 형태이며 키루스가 이상적인 통치자로 묘사되어 있다. 또 다른 저서인 『참주론(On Tyranny)』의 원제목은 『히에론(Hieron)』인데 시라쿠사의 참주인 히에론 1세와 그리스의 저명한 시인인 시모디네스와의 대담 형식을 취하고 있는 책이다. 이 책에서 참주의 운명과 평범한 시민의 운명이 서로 비교된다. 히에론은 참주가 겪어야 하는 여러 가지 불리한 점들을 설명하는 반면 시모니데스는 참주라도 잘 통치하면 대중의 인기를 얻고 또 행복을 누릴 수 있다고 말한다. 『참주론』은 15세기에 레오나르도 부르니(Leonardo Bruni)에 의해 그리스 어에서 라틴 어로 번역되었는데 마키아벨리는 이 라틴 어 번역본을 읽은 것으로 보인다.

클레오메네스(Cleomenes: 기원전 519-487?) 스파르타의 왕. 스파르타는 기원전 508-507년에 아테네의 클레이스테네스와 권력 다툼을 벌이던 이사고라스(참주제 지지자)를 돕기 위해 클레오메네스 왕과 군사를 아테네에 보내 군사적으로 개입했다. 그들의 개입으로 아테네 시민 7백 가구가 일시적으로 유랑을 떠나야 했었다. 그러나 스파르타는 아테네 시민군에 의해 패퇴 당하는 굴욕을 겪었고 그리하여 전장에서 불패라는 스파르타의 명성에 공개적인 망신을 당했다. 기원전 499년에 이르러, 이오니아 그리스 인들 사이의 지역적인 불평은 대대적 반란으로 발전했다. 페르시아의 다리우스 왕이 이들 지역을 정복한 다음, 현지의 독재자에 의존하여 정복된 그리스 도시국가들의 치안을 유지하는 정책을 취했기 때문이었다. 이오니아 반란 세력은 그리스 본토로 대표단을 보내, 페르시아의 지배를 분쇄하려는 그들의 노력을 지원해 달라고 요청했다. 스파르타의 왕 클레오메네스는 이오니아 그리스 인들이 가져온 지도를 보고, 도와줄 수 없다는 판단을 내렸다. 페르시아의 수도를 공격하려면 이오니아 해안에서 무려 3개월이나 행진을 해야 했기 때문이다. 다리우스 왕의 군대는 기원전 494년에 이르러 이오니아의 반란을 완전 진압했다. 491년 클레오메네스는 델포이의 신탁을 악용하여 동료인 스파르타 왕 데마라토스를 정통이 아니라고 고발하여 실각시켰다. 후에 이 조치의 부당함이 탄로되어 한때 망명했으나 소환되어 자살했다.

키루스(Cyrus: 기원전 559-529) 페르시아 제국의 창건자. 그는 아케메네스 가문의 캄비세스의 아들이었다. 아케메네스 가문은 원래 메디아의 왕 아스티아게스의 봉신이었으나, 키루스는 아스티아게스를 왕좌에서 몰아내고 자신이 왕위에 오른 후 기원전 547년에 이르러 페르시아 제국의 판도를 할리스 강 유역까지 확대했다. 이어 리디아의 왕 크로이소스를 패퇴시켰고, 그 후 소아시아, 바빌로니아(이때 포로로 잡혀 있던 유대 인을 해방하여 고국으로 돌려보냈다), 아시리아, 시리아, 팔레스타인을 점령했다. 그는 지혜와 관용을 발휘하여 광대한 제국을 다스렸다. 이 왕을 크세노폰은 이상적 통치자의 전범으로 삼았다. 키루스의 무덤은 그가 아스티아게스를 패배시킨 곳에서 가까운 페르시아의 도시 파사르가다에(Pasargadae) 시에 있다. 크세노폰이 『아나바시스』에서 다룬 또 다른 키루스는 기원전 427-401년 사이의 인물로서, 다리우스 2세의 두 번째 아들이었는데 형인 아르탁세르세스 2세에게 반란을 일으켜 그리스 인 용병 약 2만을 모아 진격하였으나 쿠낙사 싸움에서 전사했다. 남은 그리스 인 용병 대 1만 명은 크세노폰의 지휘 하에 온갖 곤란을 극복하고 그리스로 귀국했는데, 이때의 상황이 『아나바시스』에 서술되어 있다.

키케로(Marcus Tullius Cicero: 기원전 106-43) 로마의 정치가 겸 문필가. 라틴 어 산

문의 규범을 정한 문장가로 높이 칭송된다. 『우정론』, 『의무론』, 『국가론』, 『법률론』, 『선악론』, 『종교론』 등의 저작이 있다. 마키아벨리의 『군주론』에 대하여 키케로의 『의무론』은 정반대 주장을 담고 있다. 율리우스 카이사르가 기원전 40년대 초반에 내전의 승자로 부상하여 권력을 축적하자 키케로는 전제적인 권력이라고 여겨 반발했다. 카이사르가 기원전 44년 3월의 이데스 날에 암살되자 키케로는 공화국을 다시 수립할 기회라고 생각했다. 그는 카이사르의 후계자인 옥타비아누스를 이용하여 안토니우스를 제거하고 그 후에 19세의 젊은 청년인 옥타비아누스를 배후 조종하려 했으나 이 전술을 상대방에게 들키고 말았다. 키케로의 계책을 꿰뚫어 본 옥타비아누스와 안토니우스가 서로 대결하는 것이 아니라 힘을 합쳐버리자 키케로는 외로운 신세가 되었다. 기원전 43년 11월, 옥타비아누스, 안토니우스, 마르쿠스 레피두스의 제2차 3두 체제가 시작되었다. 40년 만에 로마는 공개적으로 여러 사람을 범법자라고 고시하는 "징벌 선고"를 하게 되었는데 여기에 키케로가 들어 있었다. 키케로는 달아났으나 성공하지 못하고 안토니우스의 토벌대에게 잡혀 피살되었다. 그의 저서 『의무론』은 여러 모로 마키아벨리의 『군주론』과 대비되는 책인데, 대표적인 주장은 이러하다. "어떤 일들은 너무나 치욕스럽고 또 모욕적이어서 현자는 자신의 조국을 방어하지 못할지언정 그런 일을 하지 않는다." 그래서 로마 창건에 필요한 단독 권력을 차지하기 위해 동생 레무스를 죽인 로물루스에 대하여 키케로는 용서할 수 없는 죄를 저질렀다고 말했다. 키케로는 군주가 정직(자기가 한 약속을 지키고 남들을 예의 바르게 대하는 것을 의미했다), 관대함, 너그러움 등을 갖추어야 한다고 말했다. 도덕을 강조하여 이렇게 말했다. "많은 사람들이 편의성을 취하면 도덕성이 죽을 수가 있고 반대로 도덕성을 취하면 편의성이 죽을 수 있다고 생각하지만 나는 도덕과 편의가 서로 모순되는 것이라고 보지 않는다." 키케로는 또 이런 말도 했다. "통치자는 무력에 의한 것이든 기만에 의한 것이든 잘못을 저지르는 것을 반드시 피해야 한다. 기만은 여우가 하는 짓이고 폭력은 사자가 하는 짓이다. 이 둘은 인간에는 생소한 것이다. 그중에서도 기만은 더 큰 증오의 대상이 되어야 마땅하다."

킨키나투스, 루키우스 퀸크티우스(Lucius Quinctius Cincinnatus) 고대 로마의 전설적인 영웅. 전승에 의하면 기원전 458년 그의 농장에서 밭을 갈다가 원로원에 의해 호출되어 국가 위기 사태의 돌파를 위한 독재관으로 임명되었다. 그 당시 집정관 미누키우스가 지휘하던 로마군은 알기두스 산에서 아이퀴 인들의 포위에 갇혀서 꼼짝달싹하지 못하는 신세가 되었다. 독재관으로 병력을 이끌고 현장에 급파된 킨키나투스는 적을 격파하고 로마로 돌아와 16일 만에 사임하고 그의 농장으로 되돌아갔다. 그는 종종 고대 로마의 질박한 심성과 검소함을 대변하는 모범적 영웅으로 칭송된다. 미국 오하이오 주의 신시내티(Cincinnati)는 킨키나투스의 이름에서 따온 것이다. 라틴 어는 고유명사도 격변화를 하는데 신시내티는 킨키나투스의 속격으로, "킨키나투스의"의 뜻인데, 곧 킨키나투스 같은 애국자들이 많이 사는 도시라는 뜻이다.

타르퀴니우스(Tarquinius) 로마의 다섯 번째 왕인 타르퀴니우스 프리스쿠스와 마지막 일곱 번째 왕인 오만왕(傲慢王)을 통칭한다. 두 사람은 에트루리아 출신으로 추정된다. 프리스쿠스는 전임왕 안쿠스 마르쿠스의 아들들에 의하여 살해되었으나, 그 아들들은 거사 후 왕위를 확보하지 못하고 프리스쿠스가 다음 왕으로 준비시켜 놓은 세르비우스 툴리우스가 뒤를 이어 여섯 번째로 왕위에 올랐다. 오만왕 타르퀴니우스는 원래 에트루리아 인이었으나 로마로 이주해 온 후, 전설에 의하면, 세르비우스 툴리우스 왕의 딸 툴리아가 사주하여 왕위에 오른 인물이었다. 이미 다른 남자와 결혼한 유부녀인 툴리아는 먼저 타르퀴니우스를 사주하여 그녀의 남편을 죽이게 했다. 이어 툴리아는 타르퀴니우스와 결혼하여 남편을 로마의 왕위에 올리기 위해 친정아버지 세르비우스를 죽이도록 사주했다. 오만왕은 세르비우스를 죽여 시체를 길거리에 내던지게 했다. 툴리아는 마차를 타고 가다가 죽은 아버지의 시체가 내버려져 있는 도로에 도달하자, 전에 죽인 전(前) 남편의 혼령에 덮어 씌워 광기에 빠진 채, 그 마차를 아버지 시체 위로 계속 굴러가게 했다. 악독한 아내 툴리아 덕분에 왕이 된 오만왕 타르퀴니우스는 그 피에 대한 보복을 다른 곳에서 받았다. 오만왕의 아들 섹스투스가 아주 정절 높은 로마 여인 루크레티아를 칼로 위협하여 강간하고 루크레티아가 단검으로 자살하면서 로마 민중의 분노에 불을 지른 것이었다. 루크레티아는 남편과 친정아버지로부터 강간당한 것은 악한의 범죄 때문이니 자책하지 말라는 조언을 들었으나, 강간남의 이름을 말하고 그녀의 복수를 해달라고 요청한 후 단검으로 그녀의 가슴을 찔러 자결했다. 그녀는 이상적인 로마 여인의 전범이 되었다. 순결하고, 용감하고, 부도덕한 행위의 의심을 받느니 죽어버리는 것을 선택한 여인이었다.(리비우스, 1.57-60)

타키투스, 코르넬리우스(Publius Cornelius Tacitus: 서기 56년경-117 이후) 로마의 역사가로『역사』(106-107년경 집필)과『연대기』(116년경)의 저자. 이 두 역사서는 네로 황제까지의 로마제국 초창기와 그 후 베스파니아누스 시기까지를 다루고 있다. 살루스티우스의 역사 정신을 이어받은 타키투스는 로마제국을 비관적인 관점에서 바라보고 있다.『사론』에서 타키투스가 세 번 인용된다.『사론』3-6은 우천을 참듯이 포악한 황제도 참아야 한다고 말하는데 타키투스의『역사』4-9에 나오는 말이고,『사론』1-29는 감사하는 것보다 복수하는 것이 더 편하다고 말하는데 타키투스의『역사』4-3에 나오는 말이다. "사실에 바탕을 둔 상스러운 농담은 상대방의 마음에 맺히는 법이다."(『사론』2-26)는 타키투스의『연대기』15권 68절에 나오는 말인데, 네로 암살 음모가 발각되었을 때의 음모 가담자인 베스티누스를 가리키는 말이다. 베스티누스는 네로의 친한 친구로서 그의 친구들 사이에서 네로에 대하여 솔직하게 말을 했다가 그것이 네로의 귀에 들어갔다. 그는 네로를 가리켜 "그자는 어머니와 아내를 죽였고, 전차 기수가 되었고 배우 노릇을 했고, 로마에 불을 지른 자이다,"라고 했다. 상스러운 농담은 이것을 가리킨다.

툴리우스, 세르비우스 → 타르퀴니우스

파브리키우스 루스키누스[Gaius Fabricius Luscinus("한 쪽 눈이 먼")] 로마가 피로스를 상대로 전쟁을 벌일 때(기원전 280-272)의 로마 영웅. 신인(新人, novus homo) 출신으로 282년과 278년에 두 번 집정관 직을 역임했다. 생애 만년에는 근검절약, 고귀한 원칙, 부패하지 않는 고결함 등으로 명성이 높았다. 그는 280년 피로스 왕과 포로 교환 문제를 논의하기 위해 로마 원로원에 의해 파견되었을 때 피로스가 주는 뇌물을 거절했다. 278년의 대(對) 피로스 전쟁 때에는 집정관으로서 피로스와 맞서 싸웠다. 피로스의 배반자 주치의가 밤중에 파브리키우스를 찾아와 뇌물을 주면 피로스에게 독약을 먹여 죽이겠다고 제안해 왔을 때, 그 주치의를 쇠사슬로 묶어 도로 피로스에게 보냈다. 이 관대한 조치가 피로스의 마음을 움직여 피로스는 이탈리아에서 철수를 결심하게 되었다. 파브리키우스는 275년 감찰관을 지냈을 때에도 엄정하기가 추상같았다. 그가 죽은 후, 딸이 시집을 가게 되었는데 지참금을 마련하지 못하자 원로원이 그 자금을 대신 마련해 주었다. 키케로는 파브리키우스를 로마적 미덕의 전형으로 보아 높이 칭송했다.

파비우스 막시무스(Fabius Maximus Cunctator: 기원전 275-203) 제2차 포에니 전쟁 당시의 로마 장군 겸 집정관. 217년 두 번째로 집정관 자리에 올랐을 때 한니발을 상대로 전면전을 수행하지 않고 한니발의 뒤를 따르며 끊임없이 게릴라전을 펼쳐서 쿤크타토르(cunctator: 지연하는 사람)라는 경멸적인 별명이 붙었다. 그러나 216년 로마군이 칸나이에서 한니발에게 대패하자, 파비우스의 도망치며 수행하는 게릴라 전술이 다시 채택되었다. 경멸적인 의미의 "지연하는 사람"은 이제 존경의 뜻을 갖게 되었다. 그래서 고대 로마의 시인 엔니우스는 "한 사람이 그의 지연 전술로 우리를 구제해 주었네,"라고 노래했다. 파비우스는 209년에 다시 집정관 자리에 올라 카르타고 사람들로부터 타렌툼을 수복했다. 205년 스키피오 아프리카누스가 카르타고 인들을 스페인에서 몰아내고 북아프리카의 카르타고 본거지를 공격하려 하자, 파비우스는 극력 반대했다. 파비우스는 한니발이 이탈리아를 떠난 203년에 사망했다. 파비우스는 로마의 방패라고 불렸고 상황에 맞는 전술을 폈다며 후대의 칭송을 들었다. 영국 정치에서 파비안주의(Fabianism)는 즉각적인 혁명보다 점진적인 진보의 정책을 취하는데, 이 용어는 파비우스에게서 나온 것이다.

파울루스, 아이밀리우스(Lucius Aemilius Paullus Macedonicus : 기원전 230년경-160) 로마의 장군 겸 정치가. 기원전 168년에 피드나에서 마케도니아 인들을 패배시켜 마케도니쿠스라는 별명을 얻었는데 이 승전으로 제3차 마케도니아 전쟁이 종료되었다. 승전 후 원로원의 지시에 따라 에페이로스가 약탈되었을 때, 엄청난 전리품과 그 수익이 로마의 국고로 들어왔다. 파울루스는 이때 금전이나 보물은 전혀 손대지 않고 마케도니아 왕 페르세우스의 책들만 자신의 몫으로 챙겼고, 이렇게 하여 로마에서 처음으로 개인 도서관을 갖게 되었다. 그가 168년에 거둔 승리는 로마가 그때까지 이룩했던 승리 중에서 가장 혁혁한 것이었다. 파울루스에게는 전처소생(前妻所生)의 두 아들과 후처(後妻) 소생의 두 아들이 있었다. 전자는 각각 파비우스 막시무스와 스키피오 아프리카누스 가문에 입양 갔고, 나머지 후자의 두 아들은 파울루스가 로마에 돌아와 거대한 승전식으로 환영받던 때를 전후로 하여 죽었다. 이때 파울루스는 이렇게 말했다. "나는 이 승전식을 전후하여 두 아들의 장례식을 치렀습니다. 나는 이 일로 운명이 우리 로마를 한동안 안정되고 평화롭게 만들어줄 것이라 확신합니다. 운명이 나와 내 아들들을 상대로 로마의 성공에 대한 질투심을 충분히 풀었고, 또 승리하고 돌아온 정복 장군에게 인생의 무상함을 충분히 보여주었기 때문입니다. 단지 차이가 있다면 정복당한 페르세우스는 아직 아들들이 살아 있으나, 정복하고 돌아온 저는 이제 아들이 없습니다." 파울루스는 포로로 잡혀 투옥된 페르세우스에게 인간적으로 대해 주려 했으나 페르세우스는 감옥에서 굶어죽었다. 파울루스는 충성심과 의무감 그리고 청빈을 실천한 대표적인 로마 영웅의 한 사람이었다. 이러한 아버지를 닮아 그 딸은 남편의 가난함을 조금도 부끄럽게 여기지 않았으며, 오히려 그 청빈에서 나오는 미덕을 칭송했다고 한다.

파피리우스 쿠르소르(Papirius Lucius Cursor) 제2차 삼니움 전쟁 때의 로마 공화국의 영웅. 기원전 326, 320, 319, 315, 313년에 집정관을 지냈고 325년과 309년에 독재관을 지냈다. 위대한 장군으로 명성이 높으며 리비우스는 파피리우스가 알렉산드로스 대왕과 겨루어도 조금도 손색이 없는 장군으로 평가했다. 독재관 시절에 그의 사전 명령 없이 삼니움 군과 싸워 큰 전공을 세운 파비우스 룰리아누스를 사형에 처하려고 했으나, 파비우스 가문의 거센 항의와 로마 정정을 생각하여 한발 뒤로 후퇴했다. 파피리우스는 시민이 빚 때문에 노예의 신분으로 떨어지는 것을 금지하는 법을 제정한 인물이기도 하다. 삼니움 전투 때 집정관 마르키우스가 포위되어 어려움을 겪자 원로원은 파피리우스를 독재관으로 임명하여 보내려 했는데 이때 마르키우스가 선공후사의 정신으로 평소 견원지간이었던 파피리우스의 임명에 동의했다는 고사는 유명하다.(리비우스, 9. 38)

포에니 전쟁(Punic Wars) 총 3차에 걸쳐서 로마와 카르타고 사이에 치러진 전쟁. 포에니는 라틴 어로서 카르타고 인을 가리킨다. 제1차 포에니 전쟁은 기원전 264년에 시칠리아 섬의 북동부 지역인 메사나(지금의 메시나)를 장악하는 문제를 두고서 벌어졌으나 로마의 승리로 끝났다. 카르타고는 시칠리아에서 철수했고 로마에 막대한 전쟁 배상금을 물기로 약속했다. 그 후 카르타고 인은 스페인으로 시선을 돌려서 그곳에서 부를 형성하면서 기원전 237-219년 사이에 그 지역을 장악했다. 기원전 219년에 한니발이 로마의 스페인 동맹국인 사군툼을 공격하면서 제2차 포에니 전쟁이 벌어졌다. 한니발은 카르타고군을 이끌고 이탈리아 북부를 쳐들어가 연전연승했다. 특히 칸나이 전투에서는 로마군 5만을 섬멸하는 대승을 거두었다. 한니발은 이탈리아에 15년을 머물면서 로마와 이탈리아 동맹국들 사이를 이간시키려 했으나 성공하지 못했다. 또한 지연 전술의 파비우스 막시무스가 이끄는 게릴라 전술도 한니발을 괴롭혔다.

로마가 어려운 상황에서도 물자 보급과 인력 수급을 계속하자 전황이 이제 카르타고에게 불리하게 돌아갔다. 클라우디우스 마르켈루스는 기원전 211년에 시칠리아를 정복하여 그곳의 카르타고 우호 세력을 섬멸했다. 한니발을 도와주러 이탈리아에 파견된 그의 동생 하스드루발은 기원전 207년 움브리아에서 전사했다. 206년 스키피오 아프리카누스는 카르타고 인을 스페인에서 몰아냈다. 이제 전쟁의 주 무대가 아프리카로 바뀌자 한니발은 이탈리아에서 본국으로 소환되었다. 스키피오와 한니발은 자마에서 결전을 벌였고 한니발은 패배했다(202). 이후 카르타고는 지중해의 대국이라는 지위를 잃었다. 그래도 카르타고는 상업 행위는 계속 허용되었다. 이를 불안하게 여기던 로마는 기원전 149년에 사소한 사건으로 시비를 걸어서 카르타고를 상대로 제3차 포에니 전쟁을 일으켰고 아프리카누스의 양손자(養孫子)인 스키피오 아이밀리아누스가 146년에 카르타고를 완전 파괴했고, 그 지역은 로마의 아프리카 속주가 되었다.

폴리비오스(Polybios: 기원전 200년경-118년경) 로마제국의 번영을 기록한 그리스 역사가. 마키아벨리의 『사론』 1-2에 나타나는 정치 체제의 순환 이론에 결정적 영향을 미친 역사가. 아르카디아의 메갈로폴리스에서 리코르타스의 아들로 태어났다. 아버지는 아카이아 동맹의 저명한 구성원이었고 그 동맹의 장군인 필로포에멘의 친지였다. 폴리비오스는 기원전 182년 이 장군의 유해를 안고 장례식에 참석하는 영예를 얻었다. 181년에는 아버지와 함께 이집트로 파견될 사절로 뽑혔으나 이집트의 왕이 갑자기 사망하는 바람에 여행이 취소되었다. 169년에 동맹의 기병 사령관으로 임명되었다. 168년 로마가 마케도니아를 정복하면서 정치적 숙청이 벌어졌고 폴리비오스는 사상 검증을 위해 로마로 보내어진 1천 명의 아카이아 인에 들어가게 되었다. 로마에서는 고소나 재판을 받는 일 없이 15년을 보냈다. 그는 다행스럽게도 아이밀리우스 파울루스의 두 아들을 가르치는 가정교사가 되었는데 이 아들 중 하나가 후일 스키피오가(家)에 입양되어 스키피오 아프리카누스의 양손자[소(小) 스키피오]가 되었다. 그 후 폴리비오스는 147-146년에 소(小) 스키피오의 제3차 포에니 전쟁에 따라 나서서 카르타고가 완전 파괴되는 것을 목격했다. 146년에 로마와 아카이아 동맹 사이에 전쟁이 터졌고 로마 사령관 무미우스는 일벌백계로 코린토스를 완전 파괴했다. 이때 폴리비오스는 로마와 그리스 양쪽에서 중간 연락책을 잘 담당하여 양쪽으로부터 칭찬을 들었다. 그의 생애 후반 20년은 알려진 것이 없는데 아마도『역사』를 집필하면서 보냈을 것으로 보인다. 그는 말에서 떨어져 82세의 나이로 사망했다는 얘기가 전해진다.→『역사(Historiae)』

폼페이우스[Gnaeus Pompeius Magnus("위대한"): 기원전 106-48] 로마의 장군 겸 정치가. 기원전 81년에 술라는 군사적으로 강력한 폼페이우스에게 개선식을 허용했다. 그는 술라에게 이런 무모한 말을 건넸다. "많은 사람들이 지는 해보다는 뜨는 해를 경배합니다."(플루타르코스, 「폼페이우스의 생애」14) 기원전 70년에 집정관 선거를 요구하여 그 직위에 올랐다. 3년 뒤 그는 원로원 투표에 의하여 지중해의 해상 무역로를 어지럽히는 해적들을 소탕했다. 그는 유대 인의 수도이며 종교적 중심지인 예루살렘까지 진출하여 기원전 63년에 그 도시를 점령했다. 폼페이우스의 정복 사업은 엄청난 것이었고, 사람들은 그를 알렉산드로스 대왕과 비교하면서 막시무스("최고로 위대한")라는 별명을 안겨주었다. 그래서 그는 이제 위대한 폼페이우스가 되었다. 그의 오만한 조치에 항의하는 정복지의 외국인들에게 이렇게 대답했다. "우리에게 법을 인용하는 것을 그만두시오. 우리는 칼을 가지고 있소."(플루타르코스, 「폼페이우스의 생애」10) 그러나 폼페이우스의 지휘력은 그 후 점점 허약해져서 기원전 48년 중부 그리스의 파르살루스 전투에서 카이사르에게 결정적 패배를 당했다. 폼페이우스는 이집트로 달아났는데, 거기서 소년왕 프톨레미오스 13세의 신하들의 배신에 넘어가 비참하게 살해되었다. 이 소년왕은 그 전에 누나이며 아내인 클레오파트라 7세 여왕을 추방시킨 바 있었고, 내전에서는 폼페이우스를 지지했으나 고단해진 폼페이우스에게 냉정하게 등을 돌린 것이다.

프랑수아 1세(Francois I: 1494-1547) 프랑스 왕(재위 1515-1547). 루이 12세의 왕녀를 왕비로 삼았고 즉위 후에는 오로지 이탈리아 전쟁에 몰두하여 1515년에 밀라노를 점령했고 1516년에는 교황 레오 10세와 화해했다. 또한 신성로마제국 황제가 되려 했으나 1519년의 선거에서 카를 5세와 경쟁하다 패했다. 1525년 카를 5세와의 전쟁에서 패하여 포로가 되었으나 마드리드 조약에 의해 석방되었다. 그 후 다시 이탈리아 전쟁을 일으켰으나 1529년에 캉브레 조약을 맺어 이탈리아에 대한 야욕을 포기했다. 그 후에도 영국 왕 헨리 8세, 독일의 프로테스탄트 세력, 튀르크의 술레이만 1세 등과 결탁하여 빈번히 합스부르크 왕가와 싸웠지만 결국 1544년의 크레피 강화조약으로 끝을 맺었다.

플루타르코스(Plutarch: 46년경-120년경) 그리스의 전기 작가, 역사가, 도덕적 철학자. 그리스의 보이오티아의 카이로네이아에서 부유하고 학식 높은 집안에서 태어났고 생애 대부분을 거기서 살았다. 아테네에 유학하여 플라톤주의자 암모니우스 밑에서 철학을 공부했다. 그는 이집트와 이탈리아를 방문했고 로마에서 철학을 가르치면서 많은 유력한 친구들을 사귀었다. 그러나 그와 동시대 사람인 소(小) 플리니우스와 타키투스는 그에 대해서 언급하지 않았다. 그의 저작으로는 『영웅전』이 유명한데 로마와 그리스의 위인 23쌍을 서로 대비시키고 그중 19쌍에 대해서는 상호 장단점을 논평한 전기이다. 여기에 네 명의 단독 위인이 추가되어 총 50인의 위인들을 다루고 있다. 마키아벨리는 『사론』을 쓰면서 이 책에 등장하는 전기를 많이 참고했다.

페이시스트라토스(Pisistratus, Peisistratos: 기원전 600?-527) 아테네의 참주. 그의 어머니가 솔론의 친척이었다. 아테네에서 솔론이 은퇴한 후에 페이시스트라토스는 부유한 친지들과 가난한 사람들의 지원을 등에 업고서 자신을 단독 통치자로 옹립하려는 오랜 무력투쟁의 길로 나섰다. 과두 정치를 바라는 평민당(平民黨)과 중용의 정체를 바라는 해안당(海岸黨)에 반대하여 민주 정치를 원하는 산지당(山地黨)의 수령이 되었다. 빈민들의 이익을 대변하겠다는 기치를 내세운 그는 세 번 시도 끝에 마침내 기원전 546년 참주로 올라서는 데 성공했다.

　페이시스트라토스는 농민들에게 농기구 조달 자금을 제공했고, 또 가난한 사람들에게 도로개량 공사, 거대한 제우스 신전의 건립, 도시의 물 공급량을 늘리기 위한 샘물 개발공사 등의 공공 토목공사에 참여토록 함으로써 빈민들의 지지를 이끌어냈다. 그는 농산물에 세금을 부과하여(아테네 역사상 보기 드문 직접세의 하나) 거기서 마련된 돈으로 영농 및 건설공사 기금으로 충당했다. 그는 또 재판관들이 아티카의 변방 마을들을 순회하면서 재판을 하도록 조치했다. 그렇게 하여 바쁜 농민들은 법의 심판을 받기 위해 농지를 떠나 도시의 법정으로 오지 않아도 되었다. 코린트의 초창기 참주들과 마찬가지로, 그는 아테네의 경제적·문화적·농업적 발달을 꾀했다. 예를 들어, 아테네의 도자기는 이제 해외무역에서 코린트 도자기를 밀어내기 시작했다. 기원전 427년에 사망하면서 맏아들인 히피아스에게 참주의 지위를 넘겨주었다. 그의 오랜 통치는 귀족들의 영향력을 약화시켰고 여러 분야에서 개인주의를 진작시켰으며 문화적 계몽과 재정적 번영을 가져왔다. 이런 유산 덕분에 아테네는 민주주의로 나아갈 수 있게 되었다.

피로스(Pyrrhus: 기원전 319-272) 기원전 307년부터 그리스의 에페이로스의 왕을 지냈고 알렉산드로스 대왕의 6촌 형제이다. 그는 알렉산드로스 대왕의 제국을 재건하고 싶어 했다. 당시 그리스의 강력한 통치자인 데메트리오스와의 전투에서 승리하여 테살리아와 마케도니아 일부를 손에 넣었다. 그러나 알렉산드로스의 부장인 리시마코스에게 쫓겨나 이탈리아의 타렌툼으로 왔다(283). 그는 당시 이탈리아 남부에 살던 그리스 인들을 규합하여 로마와 맞섰다. 그는 기원전 280년과 279년에 대규모 군대와 스무 마리의 코끼리 부대로 로마와의 전투에서 승리를 거두었으나 이탈리아에서 뿌리를 내리지는 못했다. 영어의 "피로스의 승리(Pyrrhic victory)"는 전투에서 이겼으되 별 실익이 없는 승리를 가리킨다. 피로스는 이어 시칠리아로 건너가서 그곳의 카르타고 인들을 거의 다 축출할 뻔했으나 곧 이탈리아로 다시 돌아왔다. 베네벤툼 전투(275)에서 로마군과 겨루었으나 결판을 내지 못하자 에페이로스로 돌아갔다. 기원전 272년 아르고스를 탈환하려는 전투에서 전사했다. 뛰어난 전략가인 피로스는 기회를 재빨리 이용할 줄 알았으나 이득을 지속적으로 챙기지 못했다.→ 파브리키우스

필리포스 2세(Philippos II: 기원전 382-336) 마케도니아의 왕이며 알렉산드로스 대왕의 아버지. 펠로폰네소스 전쟁 이후 그리스 전역의 패권을 다투는 그리스 도시국가들 사이의 갈등은 끝나지 않았다. 전쟁 종식 이후 50년 동안, 스파르타, 테베, 아테네 등은 군사적 패권의 위치를 놓고 서로 싸웠으나, 결국에는 서로를 약화시키기만 했을

뿐, 아무런 소득도 올리지 못했다. 그리하여 국제무대에서는 권력의 공백 상태가 발생했다. 그 공백은 필리포스 2세(재위 기원전 359~336)의 통치 기간 동안 급부상한 마케도니아 왕국의 군사적·정치적 힘에 의해서 메워졌다. 필리포스는 마케도니아 군대를 재편성하여 북방 적들의 침공에 대비했고, 영향력을 동쪽과 남쪽으로 확대하여 그리스 본토에까지 진출했다. 필리포스는 기원전 338년에 카이로네이아에서 그리스 도시국가들의 연합군을 쳐부수고, 코린트 동맹을 결성하는 데 앞장섰다. 그는 그리스군과 마케도니아군 모두를 이끌고, 페르시아를 상대로 한 때늦은 복수전에 나설 계획을 세웠다. 필리포스는 페르시아 정복의 꿈을 성취하지 못하고 원정에 나서기 전인 기원전 336년에 측근인 파우사니아스에게 살해되었다.

한니발(Hannibal: 기원전 247-183) 카르타고의 장군. 제2차 포에니 전쟁 때 이탈리아로 쳐들어와 15년 동안 머물면서 패배해 본 적이 없는 명장. 기원전 203년에 본국 카르타고를 방어하기 위해 아프리카로 철수했다. 202년 자마 전투에서 스키피오 아프리카누스에게 패배했다. 한니발은 이후 시리아의 안티오코스에게로 가서 몸을 의탁했다. 당시 안티오코스는 로마와 전쟁을 벌이기 직전이었다. 한니발은 시데 해전에서 패배했고 이어 크레타로 달아났다가 비티니아의 프루시아스 왕에게 의탁했다. 로마 인들은 한니발이 살아 있는 한 불안해했다. 그는 로마 인의 의식 속에서 원수의 원형이었고, 로마의 어머니들은 "한니발이 문 앞에 왔다."라는 말로 말 안 듣는 아이들을 겁줄 정도였다. 그리하여 로마는 사절단을 왕에게 보내어 한니발의 신병을 건네 달라고 요구했다. 한니발은 모든 도피의 길이 봉쇄당한 것을 보고서 음독자살했다. 프루시아스 왕에게 파견된 사절단에는 스키피오 아프리카누스도 포함되어 있었는데, 아프리카누스는 에페수스에서 한니발을 만나 다음과 같은 대화를 나누었다.(리비우스, 35. 14)

스키피오	가장 위대한 장군은 누구라고 생각하십니까?
한니발	마케도니아의 알렉산드로스이지요. 작은 병력을 가지고 대군을 무찔렀고 인간이 일찍이 가보지 못한 지구 끝까지 갔으니까요.
스키피오	두 번째로 위대한 장군은 누구라고 생각하십니까?
한니발	피로스입니다. 진영을 잘 짜는 방법을 처음 생각해 냈지요. 지형에 따라 군대를 잘 활용하기로는 그를 따를 자가 없습니다. 그는 사람

들의 지원을 잘 얻어냈고 그래서 이탈리아를 침공했을 때에도 이탈리아 사람들의 지원을 받았어요. 그들이 그 땅에서 잘 살아왔는데도 말입니다.

스키피오   세 번째로 위대한 장군은 누구라고 생각하십니까?

한니발   저라고 생각합니다.

스키피오(웃음을 터트리며)   만약 당신이 자마 전투에서 나를 패배시켰다면 그땐 뭐라고 말했겠습니까?

한니발   그 경우엔 내가 알렉산드로스, 피로스, 기타 세상의 모든 장군들보다 윗길이라고 말했겠지요.

카르타고 인의 교묘하고 은근한 대답과 예기치 못한 아첨(즉 스키피오가 최고라는 뜻)은 아프리카누스에게 깊은 인상을 남겼다.

호민관[tribuni plebis(라틴 어), tribunes of the people(영어)] 로마 공화정 당시 평민이면서 자유민으로 태어난 사람들이 올랐던 행정관 직위. 전승에 의하면 기원전 494년에 처음 이 직제가 창설되었다고 하며, 450년에 이르러 그 정원은 열 명에 달했다. 호민관의 역할은 평민들의 목숨과 재산을 보호하는 것이었고, 선거, 법률, 원로원의 선고 등을 거부할 수 있었다. 호민관은 해마다 트리부스 민회에 의해 선출되었으며, 평민들의 민회를 소집할 수 있었다. 귀족 출신은 평민 가문에 입양된 이후에만 호민관 직에 오를 수 있었다. 호민관 직은 세월이 흘러가면서 다른 행정관 직과 별로 구분할 수가 없게 되었지만 그 혁명적 분위기를 결코 잃지 않았다. 제국 시대에 들어와서는 황제에게 호민관의 권력이 이전되어 실제 호민관들은 모든 권력을 잃었다.

대의명분을 위한
마키아벨리의 화두

『로마사론』(이하 『사론』)은 공화정이 군주제보다 우수한 정부 형태라는 전제 아래 로마 공화국이 자유의 기치를 높이 내걸고 발전해 온 과정과 피렌체 공화국이 부패하여 몰락한 과정을 대비시키며 이야기가 전개된다. 『사론』은 3권으로 구성되어 있는데 1권은 로마 공화국의 내적 성장을 다루고, 2권은 로마 공화국의 해외 진출과 세력 확장, 그리고 3권은 로마 공화국의 부패와 그 처방에 대해서 다룬다. 피렌체 공화국은 주로 로마 공화국과 대비될 때에만 산발적으로 거론된다. 각 권에는 서문이 붙어 있는데 1권 앞에 붙어 있는 서문은 책 전체에 대한 내용이고, 2권의 서문은 시대와 인간성의 문제를 논의하고, 3권의 서문은 천명(天命)을 벗어나지 않는 조직체와 그 조직체가 혼란에 빠져들었을 때의 회복 문제를 논의하고 있다(3권의 경우에는 3권 1장이 서문의 역할을 하고 있다). 이 세 편의 서문은 책의 윤곽을 알려 주는 중요한 문장이므로 책을 통독하기 전에 정독할 필요가 있다. 이 해설은 먼저 『군주론』과 『사론』의 관계를 살펴보고 이어 『사론』의 핵심 주제를 살펴보는 순으로 진행된다.

『로마사론』과 『군주론』의 상호 관계

『군주론』은 마키아벨리가 새로운 정체(政體)의 군주국을 제안하기 위해 1513년에 급히 집필한 논문이다. 이 무렵 『사론』의 집필도 이미 진행 중이었는데 마키아벨리는 그것을 일시 중단했다. 그 당시 교황 레오 10세는 교황 자리에 오르면서 교황령과 피렌체와 그 부속 영지들을 통합하려는 의지를 내보였다. 당시 피렌체는 그의 동생인 줄리아노 데 메디치가 다스리고 있었다. 마키아벨리는 이러한 정치 상황에 주목하여 『군주론』을 급히 써서 이것을 당시 피렌체 추기경이던 줄리아노에게 헌정하려 했다. 『군주론』에서 거론되는 많은 사례들이 『사론』에서 중복되어, 그가 『사론』으로부터 많은 자료를 가져왔다는 것을 짐작할 수 있다. 마키아벨리는 통일 국가를 바라는 마음이 간절했고, 이것이 『군주론』의 마지막인 26장의 사상적 배경이 되었다. 반면에 『사론』은 탈고까지 상당히 오랜 시간이 걸린 것으로 보인다. 가령 『사론』 2-10에는 어떤 사건을 가리키면서 "요사이"라고 말하고 있는데, 그것은 프란체스코 마리아가 1517년 9월 17일에 우르비노를 점령한 사건으로, 이 표현은 『사론』의 집필 시기에 대하여 중요한 단서를 제공한다. 마키아벨리는 1516년에 『군주론』을 수정했고 이때 『사론』도 함께 작업하다가 1519년에는 두 작품을 젖혀놓고 『전쟁의 기술』을 썼고, 1520년에는 『피렌체의 역사』를 집필하기 시작했다. 이 때문에 『사론』은 미완의 작품이거나 아니면 저자의 최종 수정을 거치지 않은 저서로 판단되고 있다.

『군주론』은 강력한 군주가 나와서 5개국으로 분열된 이탈리아를 강력한 근대 국가로 통일시켜서 외세의 침략을 막아내자는 내용이다. 그렇게 하기 위해서는 남의 나라(이탈리아)를 마음대로 침범해 오는 외세들과 맺은 약속 따위는 안 지켜도 좋고, 또 필요하다면 그들을 때로는 여우처럼 어르고 때로는 사자처럼 위협해야 한다는 내용이다.

이 『군주론』을 이해하는 데 큰 암시를 주는 또 다른 마키아벨리의 작품이 있는데『만드라골라』라는 희곡이다. 이 작품은 희곡의 형태를 취한 또 다른『군주론』이다. 주인공 칼리마코가 교활한 리구리오의 계책에 따라, 늙은 니차의 정숙한 어린 아내 루크레티아를 임신하게 해주겠다고 유혹하여 잠자리를 같이한다는 내용이다. 루크레티아는 "교활한 당신(칼리마코)과 어리석은 남편과 단순한 어머니와 금전을 밝히는 고해 신부의 사악함" 때문에 벌어진 일이라며 칼리마코를 애인으로 받아들인다. 이 희곡의 도덕은『군주론』의 그것과 아주 유사하다. 극중의 인물들의 실제 행동은 그들이 입만 열면 지껄여대는 도덕적 원칙들과는 아주다르다. 다시 말해 도덕 따로 행동 따로 이다. 사실상 칼리마코가 원하는 것(여자)과 루크레티아가 바라는 것(애인 혹은 임신)은 성취된다. 만약 칼리마코가 리구리오의 계책을 거부했거나 유혹 당한 루크레티아가 후회한다거나, 부패한 티모테오 신부가 교부들의 가르침을 그대로 실천하는 진정한 신부였다면 이런 일은 벌어지지 않았을 것이다.

이처럼 등장인물들은 모두 만족한 결과를 얻지만 그들의 행동은 도덕의 관점에서 보자면 그리 바람직하지 못하다. 이 희곡은 당시 피렌체 사회의 어리석음과 위선을 통렬하게 비판하고 있고, 도덕보다는 소원 성취의 관점에서 사건들이 진행된다. 따라서 주인공 칼리마코는 남녀 간의 문제라는 다소 비좁은 무대로 내려온 프린스(군주)이다. 그는 기만과 계책을 잘 사용했고, 비르투(virtu)를 발휘했으며, 운명에 과감하게 도전했다는 것 등이『군주론』속의 바람직한 군주이다. 또 이 희곡은 나이 든 남편 니차의 어리석음을 조롱함으로써 비현실적인 도덕이나 윤리의 공허함을 보여준다. 또 돈을 밝히는 티모테오 신부를 통해서는 기독교의 부패를 풍자하고, 이아고의 전신이라고 할 수 있는 리구리오를 통해서는 사악함과 부도덕함이 때로는 통한다는 것을 보여준다.

마키아벨리는 『군주론』에서 비르투(virtu), 포르투나(fortuna), 네체시타(necessita)라는 세 가지 중요한 개념을 설명하고 이것을 『사론』1-1에서 이렇게 설명한다. "사람들은 상황적 필요(necessita)나 이성적 선택에 의해서 행동을 하고 또 선택이 그리 큰 힘을 발휘하지 못하는 곳(fortuna)에서는 능력(virtu)이 더 크게 작용한다." 비르투는 미덕이 아니라 용기 혹은 힘을 의미한다. 포르투나는 운명을 가리키는데 여성으로 의인화된다. 그리고 네체시타는 일이 되어 가는 형편을 말한다. 연암서가의 『로마사론』 번역본에서 비르투는 "능력", 네체시타는 "상황적 필요", 그리고 포르투나는 "운명"으로 번역되어 있다. 마키아벨리는 여성은 자신을 거칠게 휘어잡는 남성을 좋아한다면서, 이 비르투(용기)가 있어야 여성 즉 운명을 극복할 수 있다고 말한다. 비르투는 반드시 선행을 지향하는 것은 아니고 네체시타에 따라서 선행도 악행도 할 수 있으며 어정쩡한 중간노선을 피하는 것이 곧 군주의 비르투라고 말한다. 이 비르투의 대표적 인물이 『군주론』에서는 체사레 보르자로 제시되어 있다. 보르자는 자신이 데리고 있던 용병 대장 비텔로초 비텔리가 반란의 기미를 보이자 1502년 그를 파노로 불러서 재빨리 교살형에 처했다. 이때 로마 교황청에 파견되어 보르자의 동정을 가까이서 볼 수 있었던 마키아벨리는 그 신속한 문제 해결에서 비르투를 보았다고 한다. 즉 네체시타에 따라서 악행을 저질렀지만 그것이 국가 안정에 도움이 되었으므로 비르투라는 것이다.

보르자의 비르투보다는 허구적 인물 칼리마코의 비르투가 훨씬 더 이해하기 쉽다. 그리고 그가 차지한 여자가 루크레티아라는 사실은 의미심장하다. 『사론』3-26의 루크레티아와 비르기니아, 그리고 『사론』2-4의 툴리아 등에서 볼 수 있듯이 여자는 권력 확보의 상징 혹은 권력을 잡게 만드는 통화(通貨)로 제시되어 있다. 이 **루크레티아**가 이 희곡에서는 정숙한 여자가 아니라 비르투가 있는 남자 혹은 운명에 도전하는 남자에게 몸을 맡긴다는 것은 곧 권력은 그런 남자만이 차지할 수 있다는 아주 현실적인 관점을 제시하는 것이다. 칼리마코가 속임수와 간계를 통하여 여자를 얻었다는 것은 『군주론』의 저 유명한 문장(18장)을 연상시킨다. "군주는 때때로 짐승의 방식을 사용해야 하는데, 그중에서도 여우와 사자의 방식을 동시에 취해야 한다. 왜냐하면 사자는 함정으로부터 자신을 지키지 못하고 여우는 늑대로부터 자신을 보호하지 못하기 때문이다. 따라서 함정을 알아보려면 여우가 되어야 하고 늑대를 물리치려면 사자가 되어야 한다." 이 문장은 다음과 같은 키케로의 『의무론』을 패러디한 것이다. "통치자는 무력에 의한 것이든 기만에 의한 것이든 잘못을 저지르는 것을 반드시 피해야 한다. 기만은 여우가 하는 짓이고 폭력은 사자가 하는 짓이다. 이 둘은 인간에는 생소한 것이다. 그중에서도 기만은 더 큰 증오의 대상이 되어야 마땅하다." 마키아벨리는 이처럼 권력을 유지하기 위해서는 기만과 폭력을 사용해도 무방하다면서 군주제를 지지했다. 그런 저자가 왜 『사론』에서는 일관되게 공화정이 더 우수하다는 정반대의 주장을 했을까?

공화국이 더 우월한 이유

『사론』은 일관되게 군주정과 공화정을 비교하면서 공화정이 더 우월하다는 주장을 펴고 있다. 사람은 누구나 자유의 열망을 가지고 있는데 이 자유를 실현하는 데에는 군주제보다 공화제가 더 낫다는 것이다. 모든 공화국에는 평민 계급과 상류(귀족) 계급이라는 두 가지 서로 다른 세력이 있다. 그런데 자유를 옹호하여 통과된 모든 법률은 이 두 계급 사이의 갈등에서 태어나는 것이다.(『사론』 1-4) 우리가 귀족과 평민의 목표를 살펴보면, 귀족들은 남을 지배하려는 욕구가 강한 반면에 평민들은 지배당하지 않으려는 욕구를 갖고 있다. 따라서 평민은 귀족들보다 자유를 찬탈하려는 생각이 적기 때문에 자유 속에서 살고 싶은 욕망이 더 강렬하다. 그리하여 평민들이 자유의 수호자로 설정되었고 그런 만큼 그들이 자유를 더 잘 관리할 것이라고 생각하는 것이 합리적이다. 그들 자신이 그것을 독차지하려는 능력이 없으므로, 평민들은 남들이 그렇게 하려는 것도 허용하지 않을 것이다.(『사론』 1-5)

공화제는 군주(로마 공화정에는 군주가 없으나 비상시의 독재관이 이에 해당), 귀족, 평민이 서로 일정한 호각을 이루면서 갈등을 벌이는 가운데 그 해결로부터 더 나은 단계로 나아간다. 가령 '관직의 사다리'의 주요 행정직은 처음에는 로마 귀족들만이 차지했으나, 평민들이 끈질기게 동등한 권리를 요구하면서 호민관이 생겨났고, 그 뒤에는 평민 출신 집정관이 생겨난 것이 곧 계급 간 갈등의 이로운 효과라는 것이다. 이처럼 마키아벨리는 계급 간의 갈등이 정치적 불안정을 가져오는 것이 아니라 원료가 제대로 되어 있는 사회에서는 시민의 자유를 더 향상시킨다는 독특한 논리를 전개한다. 여기서 원료(materia)는 특성 사회를 구성하고 있는 구성원들의 자질을 말하는데 곧 부패하지 않은 심성을 가리킨다.

공화제를 실시하면 어느 한 형태의 정부만을 선택하는 것이 아니라, 그 세 가지 형태를 적절히 종합한 정부를 선택하게 된다. 이런 종합적인 정부는 더 단단하고 더 오래간다. 같은 도시 내에서 군주제, 귀족제, 민주제가 혼용되면, 그것들을 서로 감시할 수 있는 것이다. 따라서 로마는 위에서 말한 이유와 방법을 통하여 왕과 귀족의 정부로부터 민중의 정부로 이행했지만, 왕의 권력을 귀족들에게 전부 넘겨준다거나 아니면 귀족의 권력을 민중에게 전부 넘겨준다거나 하는 일은 벌어지지 않았다. 이 처럼 국가 권력이 3대 세력에 적절히 뒤섞였기 때문에 완벽한 공화국을 만들어낼 수 있었다.

그의 이러한 갈등에 의한 조화 사상은 르네상스 시대의 체액 이론으로 부터 영향을 받은 것이다. 마키아벨리는 이 체액 이론을 가지고 인간의 몸과 정체(政體) 사이에 유사점이 있다는 일관된 입장을 취한다. 르네상 스의 체액 이론은 갈렌, 히포크라테스, 이 두 사람에 대한 논평가들의 저 작을 바탕으로 한 것인데, 인간의 몸에는 혈액, 점액, 황담액, 흑담액의 4 체액(four humours)이 있는데 이 체액들의 뒤섞임에 의하여 인간의 행동 을 설명한다. 이 체액의 배분 정도에 따라 쾌활한(혈액), 성마른(점액), 무 기력한(황담), 우울한(흑담) 기질이 나온다. 따라서 네 체액이 서로 균형을 이루면 "좋은" 기질을 만들어내는 반면, 4체액 중 어느 한 체액이 압도적 으로 많으면 "병든" 혹은 "사악한" 기질을 갖게 된다. 마키아벨리는 이 체액 이론을 수액 이론에 비유하기도 한다. "능숙한 농부들은 식물을 잘 자라나게 하여 잘 익은 열매를 맺게 하기 위해 처음 나오는 가지들을 쳐 낸다. 그렇게 하여 수액은 뿌리에 남아 시간이 흐름에 따라 좀 더 싱싱하 고 많은 열매들을 얻을 수 있게 된다. 로마 인들은 바로 이 농부들처럼 행 동을 했기 때문에 그런 결실을 맺었다."(『사론』 2-3)

마키아벨리는 이 4체액론을 가져와 귀족제나 민주제 중 어느 한쪽이 압도적 세력이 되면 안 되고, 그런 여러 정체가 잘 혼합된 공화국이 좋 은 공화국이라고 본다. 따라서 어느 한쪽만 지지하는 세력은 국가에 해 로운 자가 된다. 가령 그라쿠스 형제는 일방적으로 평민 편만 들었으므 로 해로운 자이고, 마리우스, 술라, 카이사르는 군대를 동원하여 국제를 파괴했으니 역시 공화국에 해로운 존재라는 것이다. 음모꾼 카틸리나는 고작 국가를 전복하려는 생각을 품었을 뿐이지만, 카이사르는 그런 생각을 행동으로 옮겼으니 더욱 비난 받아 마땅한 것이다.

여기서 독자의 편의를 위하여 민주제와 공화제에 대해서 잠깐 언급하고자 한다. 우리는 어릴 때부터 민주공화국이라는 말을 많이 들어서 민주제가 곧 공화제인 것처럼 생각하기가 쉽다. 그러나 마키아벨리는 공화정을 지원하는 민중의 존재를 인정하기는 했지만, 민주제 지지자는 아니다. 그는 시대적 상황에 따라서 때로는 평민들이, 때로는 귀족들이 등장하여 상호 길항(拮抗)하면서 국가의 힘을 부강하게 하는 공화국이 진정한 정체라고 보았다. 이것은 마키아벨리가 평민을 일방적으로 옹호한 그라쿠스 형제를 비판한 사례에서 엿볼 수 있다. 또 공화제는 어느 한 계급의 사람들만 아니라 다양한 계급의 사람들을 정치에 참여시키므로 더 강해진다는 말도 한다. 이것은 파비우스와 스키피오의 비교에서 잘 드러난다. 한니발이 코끼리 부대를 이끌고 이탈리아를 침공하여 15년 동안 유린하는 동안에 파비우스 막시무스는 한니발과 직접 교전하지 않고 그의 뒤를 쫓는 게릴라전으로 한니발을 괴롭혔다. 칸나이 전투의 대패 이후 이 작전이 성공하여 로마는 힘들게 명맥을 유지했다. 한니발은 이탈리아를 유린하긴 했지만 결정적으로 승리를 거둔 것은 아니었다. 로마를 지원하는 이탈리아의 동맹국들이 모두 로마 편을 들었기 때문인데, 이렇게 된 것은 파비우스가 로마의 군대를 여전히 유지하고 있었기 때문이다.

그러나 건곤일척의 결정전을 한없이 미룰 수는 없는 것이었다. 이때 젊은 장군 스키피오가 아예 북아프리카의 카르타고 본거지를 침공하여 한니발의 군대를 이탈리아에서 북아프리카로 이동시키겠다고 제안했다. 6·25전쟁 때 대구까지 밀린 대한민국을 위해 맥아더 장군이 적 후

방인 인천상륙작전을 전개한 것과 비슷한 구상이었다. 그러나 지연술의 대가 파비우스는 이 계획에 반대했다. 이런 상황을 설명한 후 마키아벨리는 만약 파비우스가 로마의 왕으로 있었다면 자마 전투 같은 것은 없었을 것이라고 말한다. 그 이유는 "사람은 타고난 성향에 대항할 수 없고, 그가 어떤 한 가지 행동 방식으로 굉장히 성공했을 경우, 다른 방식으로 일을 처리하라고 설득하는 것은 불가능하기 때문이다."(『사론』 3-9)

로마는 진정한 공화국이었으므로 파비우스의 방식을 물리치고 스키피오의 제안을 받아들여 카르타고에 승리를 거둘 수 있었다는 것이다. 그러면서 마키아벨리는 이렇게 말한다. "따라서 공화국은 군주국보다 더 긴 수명과 더 큰 행운을 누릴 수 있다. 왜냐하면 공화국 시민들의 다양성을 통해 다양한 상황들에 군주보다 더 쉽게 대처할 수 있기 때문이다……군주는 결코 익숙한 자신의 행동 방식을 바꿀 수 없다."(『사론』 3-9)

공화국은 왜 부패하는가

로마는 호라티우스 코클레스, 스카이볼라, 파브리키우스, 데키우스 부자(父子), 마르쿠스 아틸리우스 레굴루스, 아이밀리우스 파울루스 같은 영웅들이 계속 나와서 공화정을 4백 년간이나 지속시켜 왔다. 그런 로마 공화국이 왜 부패했을까? 우선 마키아벨리는 영구히 존재하는 공화국을 수립하는 일은 불가능하다고 말한다.(『사론』 3-17) 그러면서 공화국이 오래가려면 국고는 풍성하게 하고 시민들은 가난하게 해야 된다고 말한다.(『사론』 1-37) 이는 뒤집어 말하면 망해 가는 공화국은 국가는 가난하고 시민들을 부자라는 뜻이 된다. 다시 말해, 물욕(권력욕)이 공화국에 부패를 가져오는 원인이라는 얘기이다.

로마 공화국은 해외 진출로 세력판도가 넓어지기 시작하자 해외로부터 막대한 전리품이 국고에 들어오기 시작했다. 그리고 마리우스와 술라의 시대에 이르러 군사령관과 병사들 사이에 보호자-피보호자의 관계가 형성되기 시작했다. 사령관은 전리품과 현금으로 사병들의 환심을 샀고, 사병들은 그들에게 돈을 마련해 주는 사령관을 국가보다 더 중시하기에 이르렀다. 군대를 이처럼 사물화하다 보니, 술라가 군대를 이끌고 조국 로마로 쳐들어오는 일이 벌어지게 되었다. 마키아벨리는 공화제 지지자로서, 평민을 일방적으로 옹호한 그라쿠스 형제를 나쁘게 보았듯이, 군대를 개인 물건 취급하여 국제를 어지럽힌 군사령관들도 크게 비난한다. 우리가 영웅으로 알고 있는 카이사르도 『사론』에서는 공화국 파괴자라며 여러 군데에서 매도되고 있다.

물욕이 생겨난 것은 자유보다 금전이나 권력을 더 사랑한 때문인데, 마키아벨리는 이 때문에 자유를 향한 열망과 가난을 부끄러워하지 않는 청렴함이 공화국을 지켜준다면서(『사론』 3-25) 아이밀리우스 파울루스와 파브리키우스의 사례를 든다.

파울루스는 마케도니아에서 승전한 영웅이었으나 거기서 나온 막대한 전리품은 하나도 챙기지 않고 정복당한 페르세우스 왕의 책들만 챙겨서 로마로 돌아온 인물이다. 파울루스는 충성심과 의무감 그리고 청빈을 실천한 대표적인 로마 영웅이었다. 그의 딸도 이러한 아버지를 닮아 집안 친척 등 15인 일가가 비좁은 농가에서 사는 데도 남편의 가난함을 조금도 부끄럽게 여기지 않았으며, 오히려 그 청빈에서 나오는 미덕을 칭송했다.

로마가 피로스를 상대로 전쟁을 벌일 때(기원전 280-272), 파브리키우스는 피로스와 전쟁을 할 당시 사령관이었다. 피로스의 주치의가 파브리키우스를 찾아와 돈을 주면 피로스를 독살하겠다고 제안했는데 그 주치의를 쇠사슬로 묶어서 도로 피로스에게 보낸 인물이었다. 피로스는 이 조치에 감동하여 로마와의 전쟁을 포기했다. 파브리키우스는 너무나 청빈하여 그가 죽은 후, 딸이 시집을 가게 되었는데 지참금을 마련하지 못하자 원로원이 그 자금을 대신 마련해 주었다. 키케로는 이 파울루스와 파브리키우스를 로마적 미덕의 전형으로 보아 높이 칭송했다.

이처럼 좋은 원료가 있었기에 로마는 대제국으로 성장했다. 그러나 성장 이후가 문제였다. 해외 정복에 의하여 물자가 풍부해지면서 그 안에서 악(부패)의 씨앗이 자라기 시작했다. 돈은 만악(萬惡)의 뿌리(Radix omnium malorum est cupiditas)라는 말이 조금도 틀리지 않았다. 마리우스, 술라, 카이사르 같은 로마 군사령관들은 공화국의 안정을 더욱 단단하게 하기 위하여 전쟁을 한 것이 아니라, 개인의 명성을 높이기 위한 전쟁을 했으며, 또 전쟁에서 나오는 전리품을 이용하여 병사들의 마음을 부패시켰고 그런 군대의 힘을 바탕으로 개인의 권력을 추구하는 정상배 수준으로 타락했다. 로마로서는 불행하게도 이러한 악을 단속할 수 있는 또 다른 호민관 제도나 독재관 제도 혹은 브루투스나 카밀루스 같은 선공후사의 영웅이 없기 때문에 몰락했다는 것이다.

마키아벨리의 인간관

공화국 몰락의 두 번째 요인은 부패하기 쉬운 인간성이다. 『사론』에서 마키아벨리는 전편에 걸쳐 인간에 대한 논평을 가하고 있다. 마키아벨리는 인간은 선과 악이 뒤섞여 있지만 악이 더 잘 표출되는 사악한 존재라고 본다. 어떤 때 그 사악함이 감추어져 드러나지 않는 경우도 있으나 시간이 흘러가면 그것이 드러난다.(『사론』 1-3) 사정이 이렇기 때문에 그 악의 출현에 대하여 미리 준비해야 하고 그렇지 못할 경우 공화국은 쇠락하기 시작한다. 그의 인간론을 『사론』에 나와 있는 문장들을 근거로 요약해 보면 다음과 같다.

사람은 필요에 의하여 강요당하지 않는 한 선을 행하지 않으며, 악당이건 성인이건 선악에 대한 판단은 똑같지만 거의 모든 사람이 겉보기뿐인 선에 간단히 현혹된다. 사람이란 끝까지 악해질 수도 없지만 반대로 한량없이 선해질 수도 없는 어중간한 존재이다. 다시 말해 사람은 어떤 악이든 예사로 범하는 건 아니지만, 그렇다고 하여 완전무결한 성인이 될 수도 없다.

사람은 허영심이 많아서 타인의 성공을 질투하기 쉬우며, 자기의 이익 추구에 대해서는 무한히 탐욕스럽다. 이 이익 때문에 은혜를 은혜로 갚기보다는 오히려 그것을 배반하기가 더 쉽다. 은혜를 갚는다는 것은 굉장한 물질적 부담이지만, 은혜를 원수로 갚는 소행은 우선 자기의 재물이 축나지 않으니 편하기도 하고 득도 된다.

사람은 자기 스스로 초래한 상처나 질병에 대해서는, 남에게서 당한 것처럼 심한 고통을 느끼지 않는다. 사람은 어려운 조건에서는 고민을 하지만 좋은 조건에서는 권태를 느끼고 이 때문에 그것을 돌파하려고 뭔가 행동에 나선다. 그 행동은 야망에 의해 더욱 부채질된다. 야망이란 참으로 묘한 것이어서 사람의 가슴속에 강력한 충동을 일으키고 그가 아무리 높은 지위에 올라도 잘 충족이 되지 않는다. 늘 어딘지 모르게 2퍼센트 부족한 것이다. 그 원인은 자연이 사람으로 하여금 무한 욕망을 가질 수 있게 해놓고, 그 욕망을 통쾌하게 충족시키지 못하도록 해놓았기 때문이다. 그래서 욕망은 언제나 성취 능력을 넘어서서 내달리고 이 때문에 현재 가지고 있는 것에 불만을 품게 된다. 바로 여기서 운명의 변화가 발생한다. 어떤 자는 더 많은 것을 가지려고 하다가, 또 어떤 자는 이미 가진 것을 빼앗기지나 않을까 두려워하다가 충동적인 싸움에 나서게 된다.

사람은 때때로 포식하는 자그마한 새와 다를 바 없는 짓을 한다. 본능에 따라 먹이를 잡고자 몰두한 나머지 그 새는 다른 더 큰 새가 저 위에서 자기를 잡아먹으려고 노리고 있다는 사실을 깨닫지 못한다. 이러한 인간관은 『장자 · 외편(莊子 · 外篇)』「산의 나무[山木]」에 나오는 얘기와 매우 비슷하다. 장주(莊周: 莊子)가 숲에서 활을 들고 노닐다가 까치가 날아가는 것을 보았다. 그놈을 잡기 위해 쫓아가 살펴보니 매미 한 마리가 시원한 나무 그늘에 앉아서 자기 몸조차 잊고 있었다. 그리고 사마귀 한 마리가 다시 그 매미를 잡으려고 노리며 자기 몸을 잊고 있었다. 까치는 그 사마귀를 잡으려 하고, 장주는 그 까치를 잡으려고 하면서 자기 몸을 잊고 있었다. 장주는 이때 홀연히 깨닫고는 화살을 내던지고 숲을 떠났다.

사람은 제아무리 선량하게 태어나고 훌륭한 교육을 받았다 하더라도 쉽게 부패하고, 손바닥 뒤집듯이 변덕을 부린다. 사람은 자기 자신과 그 밖의 일들을 일반적으로 파악하려 할 때에는 잘못을 저지르기 쉬우나, 구체적으로 파악하여 행동할 때에는 그런 잘못은 저지르지 않는다. 사람은 자기 이익에 따라 비굴한 노예든가 오만한 주인이 되기가 쉽다.

사람은 조급함 때문에 욕망을 언제까지나 품고 있지를 못한다. 사람은 자기에 대한 일, 특히 간절히 바라는 일에 대해서는 눈이 잘 멀게 된다. 그래서 조급함과 착각 때문에 현재 형편과 맞지 않는 일에 덤벼들어 실패를 한다. 사람은 대체로 두 가지 것에 마음이 움직이는데, 하나는 사랑이고 다른 하나는 두려움이다. 그러나 대개의 경우 사랑을 주는 사람보다 두려움을 주는 사람 쪽으로 따라가고 복종한다.

사람의 물욕은 아주 강해서 자기가 소중히 여기는 것을 빼앗기면 그것을 두고두고 잊지 못한다. 걸핏하면 그 물건의 필요성을 느끼며 설혹 필요성이 없더라도 일부러 그것을 만들어내어 빼앗아간 사람들에 대한 원한이 깊어진다. 이렇게 볼 때 사람은 명예보다 재물을 더 중시한다. 사람의 마음속에 선과 악이 공존하며 선의 옆에는 늘 악이 어른거린다. 항상 똑같은 욕망이 사람의 행동을 움직여 왔고 앞으로도 이것은 변함이 없을 것이다.

이러한 마키아벨리의 인간관을 요약해 보면 인간은 선하지도 악하지도 않은 존재이나 선보다 악으로 기울어지는 경향이 있고 두려움과 사랑 사이에서 왕복하는 존재이지만 두려움 쪽으로 더 쏠린다. 물욕과 권력욕이 명예욕보다 강해서 조금만 이득이 되는 일이 있으면 곧 그곳으로 쏠리는데 그 모습이 비유적으로 말하면 먹이를 찾아 나선 자그마한 새와 같다. 사람은 3천 년 전이나 지금이나 똑같은 욕망과 충동에 휘둘리는 존재이며, 이러한 변덕스러운 인간성은 앞으로도 변하지 않는다.

그러나 도스토옙스키의 소설을 읽은 독자라면 인간이 이렇게 일면적 (一面的) 요약으로 파악되지 않는다는 것을 금방 이해할 것이다. 가령 『지하생활자의 수기』에서 지하생활자는 2 곱하기 2는 언제나 4가 되는 것이 아니고, 때로는 5나 6이 될 수 있다고 말한다. 다시 말해 인간은 자신의 이익만을 위해서 살아가는 것이 아니라 아름답고 고상한 것을 추구하기 때문에 그 과정에서 이해득실로는 설명되지 않는 자유의지가 작동하여 비합리적인 행동을 한다는 것이다. 마키아벨리의 인간관에는 이상을 향한 인간의 고상한 충동, 역사적 변화에 의한 인간성 개선, 경제가 발전하여 두루 잘살게 될 경우의 인간적 변화, 그리고 기술발달에 의한 사회 안전망이 인간성을 향상시키는 효과 등이 충분히 감안되지 않은 것으로 보인다.

하지만 다수의 인간을 상대로 해야 하는 정치의 관점에서 보자면 마키아벨리가 묘사한 인간 군상이 여전히 오늘날의 현실에서도 많이 발견된다. 그렇다면 이처럼 부패하기 쉬운 인간들을 상대로 하는 통치자는 어떻게 해야 할까?

부패한 공화국을 회복시키는 방법

회복을 말하기에 앞서서 그것을 방해하는 세력에 대해서 먼저 말해 보자. 마키아벨리는 『사론』의 네 군데(1권 서문, 1-12, 2-2, 3-1)에서 일관되게 기독교가 부패한 피렌체 공화국의 회복을 방해하고 또 이탈리아를 분열시키고 있다고 말한다. 그의 주장을 요약해 보면 이러하다.

오늘날 이탈리아가 이처럼 허약한 상태로 전락한 것은 기독교의 의도적인 세속 혐오증 때문이고, 그 주범은 로마 교황청이다. 교황청이 저지른 나쁜 사례들로 인해 이 땅은 경건함과 종교적 심성을 모두 잃어버렸고 또 이 땅은 사분오열되었다. 이탈리아가 통일국가가 되지 못하는 것은 순전히 교황청 때문이다. 교황청은 이탈리아에 자리 잡고서 세속적 권한을 발휘하고 있으나 그렇다고 이탈리아의 나머지 지역들도 점령하여 단독 통치자가 될 정도로 힘이 센 것도 아니고 그럴 수완도 없다.

기독교는 세속적인 명예를 낮게 평가하는 겸손, 복종, 세속에 대한 경멸 등을 최고의 선으로 규정한다. 반면에, 고대의 다신교는 상무적인 군대 지휘관이나 국가 지도자들을 숭상하며 신체적 강건함, 세속적인 영광, 임전무퇴 등의 용맹스러운 사람들에게 축복을 내렸다. 이 때문에 기독교는 세상을 허약하게 하고 사악한 자들에 쉽게 세상을 지배할 수 있게 한다. 이는 대부분의 사람들이 천국에 가기 위해선 그런 자들에게 복수를 하는 것보다 고통을 견뎌야 한다고 생각하기 때문이다. 이런 이유로 오늘날의 세상에서 고대만큼 많은 공화국들을 찾을 수 없게 되었다. 또한 오늘날의 사람들이 고대 사람들만큼 자유에 대한 사랑이 없다는 이유도 바로 이런 원인에서 찾아볼 수 있다.

마키아벨리는 특히 부패한 교황청을 너무 싫어하여 『사론』1-27에서 용병 대장 조밤파골로가 교황을 죽여서 명성을 얻을 기회가 있었는데도 그렇게 하지 않았다며 아쉬워하는 듯한 어조로 기술하고 있을 정도이다. 이처럼 기독교가 16세기 당시의 이탈리아 분열에 해를 입혔다고 주장하면서 정작 로마제국의 멸망에 기독교가 기여했다는 주장은 하지 않는다. 그러나 『사론』에 나타난 주장을 살펴보면 마키아벨리는 기독교가 로마제국의 쇠망에도 일정한 원인 제공을 했다고 보았을 법하다. 가령 에드워드 기번은 『로마제국 쇠망사』에서 로마제국이 쇠망한 이유 중 하나로 기독교를 들면서 고대 로마의 강건한 상무 정신 대신에 기독교의 어리석고 온유한 심성이 득세하는 바람에 나라가 허약해졌다고 말했다. 이것은 위에서 살펴본 마키아벨리의 기독교 론과 똑같은 얘기이다. 기번의 주장에 대한 반론은, 기독교는 로마의 국교가 된 후에는 오히려 로마 세계를 지탱해 주는 힘이 되었고, 로마제국의 멸망은 기독교 때문이 아니라 야만족의 침입 때문이라는 것이다. 16세기의 이탈리아 상황에 대해서도 이와 비슷한 반론을 제기해 볼 수 있다. 이탈리아가 분열된 것은 부패한 교황청 탓도 일부 있기는 하지만 그것보다는 외세의 침입이 더 큰 원인이다. 또한 마키아벨리 당시에 프랑스와 스페인은 기독교를 믿었지만 통합된 나라였고 외세를 물리칠 만한 힘이 있었기에 국가가 분열되지 않았던 것이다.

다시 마키아벨리의 주장으로 돌아가 보면, 개인의 권력욕과 기독교의 세속 혐오증으로 이미 부패해 버린 원료를 가지고 나라를 다시 일으키려면 먼저 강력한 지도자가 있어야 한다. 그 강력한 지도자를 운명과 대비시키면서 마키아벨리는 이렇게 말한다. "어떤 사람에게 출중한 능력이 거의 없을 때 운명은 더욱 강력하게 그녀의 힘을 보여준다……운명은 변덕이 심하기 때문에 나라들은 자주 변화를 겪게 된다. 이럴 때 고대의 것(능력, 신앙심, 국제)에 충실한 누군가가 나타나 고대의 방식으로 운명을 통제하여 운명이 매일 그녀의 강력한 힘을 드러낼 이유를 아예 없애버려야 한다. 이렇게 하지 않는 한, 공화국이나 국가는 끊임없이 운명이 이끄는 대로 시달려야 한다."(『사론』 2-30) 요약하면, 강력한 비르투를 가진 지도자가 출현하여 그 부패를 무자비하게 정화시켜야 한다는 것이다. 가령 프랑스와 스페인이 마키아벨리 당시의 이탈리아에서 날마다 벌어지는 무질서를 모면한 것은 순전히 그 지도자(왕) 덕분이다. 마키아벨리는 두 나라 국민에게서 선량함이 대체로 사라졌다고 보기 때문에 두 왕국이 유지되는 것은 국민과는 무관하다고 보았다. 그 대신 두 나라의 왕들이 그들의 뛰어난 능력을 통하여 부패한 국민을 단합시키기고 또 가까스로 작동되는 왕국의 제도를 통하여 질서를 유지하고 있다는 것이다.(『사론』 1-54)

　이러한 지도자 론과 『사론』의 전반적 주장으로 미루어볼 때 마키아벨리는 그런 교정자의 본보기로 로마 공화정의 창업자 브루투스를 생각하는 듯하다. 이것이 마키아벨리가 1513년에 『군주론』을 집필한 사상적 배경이고 이는 그 책의 26장에 잘 드러나 있다. 요약하면, 공화정이든 군주정이든 강력한 지도자가 없으면 심하게 진행된 이탈리아의 부패를 다스릴 수가 없다는 것이다. 여기서 우리는 그렇다면 마키아벨리가 로마 제국의 창건자인 아우구스투스에 대해서는 어떻게 생각했을지 궁금해진다. 아마도 좋게 판단하지 않았을까 짐작된다. 왜냐하면 마키아벨리는 국가를 새롭게 창건하는 데에는 군주가 좋고 그것을 일단 창건한 후 계속 유지하는 데에는 공화국이 좋다는 사상을 갖고 있었기 때문이다. 이것은 『사론』 1-58에서 분명하게 개진되어 있다. "군주들이 법률을 제 정하고, 민간 사회를 조성하고, 각종 규정과 제도를 수립하는 데 능하다 면, 인민은 이미 수립되어 있는 것들을 유지하는 데 훨씬 더 뛰어나다."

이 해설의 시작 부분에서 왜 공화정을 일관되게 지지하는 마키아벨리 가 『군주론』을 집필했을까, 라는 질문을 제기했다. 이제 군주정과 공화 정의 장단점을 서로 비교하며 전개되어 온 『사론』을 통독한 독자들은 그 대답을 어렴풋이 짐작할 수 있으리라 생각한다. 마키아벨리는 이탈리아 내에 강력한 통일국가를 수립하기 위해서는, 레오 10세가 교황으로 있 고 또 그 동생이 피렌체 통치자로 있는 동안 한시적으로 군주제를 실시 하여 피렌체를 강력하게 만든 다음 그것을 바탕으로 이탈리아를 통일하 면 그 다음에는 기존의 제도를 유지하기 좋은 공화제로 가야 한다고 생 각했다. 이런 관점에서 보면 『군주론』과 『사론』은 국가에 대한 봉사 논 리를 강조하는 일관된 책이며 이 둘을 묶어서 『국가』라는 제목을 붙여 도 손색이 없을 것이다. 물론 이런 이론대로 권력 굳히기에 성공한 메디 치 가문이 그 이후에 과연 공화국으로 전환하는 데 동의할까 하고 의문 을 표시할 수도 있으나 그것은 이 두 책의 관심사가 아니다. 권력은 부자 지간에도 나누지 못하는 물건이라는 것은 잘 알려진 사실이지만, 마키 아벨리는 통일국가에 대한 염원이 너무나 간절하여 당시로서는 실현 가 능한 유일한 방안에 대하여 기술한 것이다.

그럼 1530년 메디치 가문이 피렌체의 권력을 잡은 후에 이탈리아 사 정은 어떻게 돌아갔을까? 이탈리아는 마키아벨리 사후에 여전히 여러 나라로 분열된 상태로 남았고 1550년에 이르러 스페인 합스부르크 왕가의 카를 5세가 이탈리아 전역을 지배하게 되었다. 피렌체는 1530년에 공화정의 몰락 후, 메디치가의 코시모 1세(1519-1574)가 카를 5세로부터 토스카나 대공의 칭호를 하사받아 전제 군주로서 피렌체를 다스렸고, 1737년 최후의 토스카나 대공 가스토네가 죽을 때까지 메디치 가문이 토스카나 지역을 군주국의 형태로 계속 지배했다. 이탈리아가 마키아벨리의 소원대로 통일이 된 것은 그의 사후 343년 만인 1870년이 되어서였다.

마키아벨리의 화두

자 이제 해설은 끝마무리에 도달했다. 그래서 불가(佛家)의 화두를 하나 인용하며 지금껏 해온 얘기를 종합해 보려 한다. 깊은 산중에서 학승이 조주(趙州) 선사에게 묻는다. "스님, 개에게 불성(佛性)이 있습니까?" 선사가 대답한다. "없다." 다시 학승이 묻는다. "스님, 뜰 앞의 잣나무에 불성이 있습니까?" "있다." 이 화두의 불성을 도덕으로 고치고, 대상을 개와 나무에서 공화국으로 바꾸어서 『사론』에 적용하면 이렇게 된다. "마키아벨리 서기장님, 피렌체 공화국에 도덕이 있었습니까?" "없다." "그럼, 로마 공화국에는 도덕이 있었습니까?" "있다."

우리의 상식으로는 이 질문에 대한 답변이 마키아벨리와는 정반대가 되어야 할 것 같다. 먼저 로마 공화정을 살펴보면, 로마의 마지막 왕인 오만왕 타르퀴니우스를 축출하고 브루투스가 공화국의 초대 집정관에 올랐다. 그의 두 아들이 오만왕 시절의 귀족 특혜를 그리워하여 왕정으로 돌아가려는 모의를 꾸미다 발각되었다. 이때 브루투스는 두 아들을 처형하라고 지시하고 형장에 나가 직접 참관하기까지 했다. 로마의 다른 집정관 레굴루스는 로마군을 이끌고 카르타고 원정에 나섰다가 패전하여 생포되었다. 그는 굴욕적인 평화 협상을 강요당하면서 로마에 사절로 파견되었다. 카르타고는 그가 협상에 실패하면 다시 카르타고로 돌아오겠다고 신들에게 맹세시켰다. 로마로 돌아온 레굴루스는 로마 원로원에게 전쟁을 계속하라고 조언했다. 만약 전쟁에서 포로로 잡힌 병사를 돈 주고 되사들인다면 그 병사는 전장에서 용맹해지는 것이 아니라 고국에서 더 사나워질 것이라고 말했다. 이것은 후대를 위해서도 좋은 일이 아니며 도덕적 수치에다 재정적 손실을 추가하는 행위가 될 것이라고 말했다. 그는 전쟁에서 패한 자신을 죄인으로 여겼고 가족과 작별 인사를 할 때 덕성스러운 아내와 사랑스러운 자녀가 키스를 하려고 하자 그 키스를 받을 자격이 없다며 거절했다. 그는 약속대로 카르타고에 돌아갔고 그곳에서 고문을 받아 죽었다.

마키아벨리는 이런 영웅들이 있었기에 로마 공화국은 4백 년 동안 존속할 수 있었다고 진단한다. 반대로 피렌체 공화국의 최고 지도자였던 피에로 소데리니에 대해서는 자신의 상급자였는데도 다소 한심하다는 어조로 말하고 있다. 소데리니는 반대파들, 그러니까 축출당한 메디치 가문의 사람들로부터 늘 음모와 모반의 위협을 받고 있었다. 그들을 일망타진할 비상대권을 자신에게 부여하여 사전에 준비했더라면 충분히 그들을 제압할 수 있었을 텐데 그렇게 하지 않았다. 무엇보다도 공화국의 일원인 자신이 그런 대권을 부여받게 되면 다음의 집권자에게 나쁜 모범을 보인다는 이유에서였다. 그는 인내와 호의로 대하면 사악한 의도를 없앨 수 있다고 생각했다. 그는 선한 사람이어서 세상 사람들이 모두 그처럼 선하다고 생각했다. 그러나 세상에는 절대로 선한 사람들만 살지 않는다. 그에 못지않게 악한 사람들도 많은 것이다. 그가 생각하는 선(공화국)을 위해 악(반 공화국 세력)이 계속되도록 내버려두어서는 절대

안 되는 것이었다. 특히 그 선이 악에 의해 쉽게 붕괴될 있는 상황이었기에 더욱 경계하고 진압을 게을리 하지 말았어야 했다. 그러나 소데리니는 비현실적인 이상론에 집착했고 자신의 의견에 기만당했으며 결국에는 그 자신의 안전과 정권과 명성을 모두 잃었다.

우리가 도덕이라는 관점에서만 살펴본다면 가족에게 아주 모질게 대한 브루투스나 레굴루스가 오히려 부도덕하고, 적들이 반란의 움직임을 보이는 데도 좋은 쪽으로만 생각하다가 망해버린 소데리니가 도덕적인 사람처럼 보인다. 그러나 마키아벨리는 사람만 좋아가지고서는 선과 악이 섞여 있는 이 세상에서 공화국을 지킬 수 없고, 공화국을 지키지 못한 지도자는 그 개인으로 볼 때에는 도덕적일지 몰라도, 공화국을 위해서는 오히려 부도덕한 인물이라는 것이다. 위의 화두에서 마키아벨리가 로마 공화국에 있다고 한 도덕은 바로 이런 종류의 도덕 그러니까 공동체를 지키기 위해 자기 자신의 희생은 물론이고 심지어 아들도 죽여 버릴 수 있는 사회적 도덕을 말한다. 당연히 공화국의 적들을 사전에 제압하지 못하고 우물쭈물하다가 공화국과 수반 자리를 잃어버린 소데리니는 그 도덕을 지키지 못한 사람이 된다.

마키아벨리의 이런 실익 우선 사상은 우리가 잘 알고 있는 『맹자』의 첫머리에서 양혜왕을 만난 맹자가 한 말과는 정반대이다. 양혜왕이 "노인께서 불원천리하고 이렇게 찾아오셨으니 제 나라에 이익을 주려는 것이겠지요?"라고 묻자, 맹자는 "왕께서는 왜 하필이면 이익을 말씀하십니까? (정치에는) 인의(仁義)가 있을 뿐입니다."라고 말하여 정치는 곧 도덕이라고 강조했다. 그런데 우리가 지금껏 읽어온 마키아벨리의 도덕은 우리가 상식으로 이해하고 있는 도덕과는 다르다. 사람은 사회적 동물이고 그 사회를 지키기 위해서는 때로는 부도덕을 저지를 수 있어야 한다는 것, 이것이 마키아벨리의 진정한 도덕이다.

화두는 주인도 손님도 없는 이야기이기에 일찍이 화두를 말하는 선사들은 도둑, 사기꾼, 거짓말쟁이라는 비난을 받아 왔다. 조주 선사의 화두도 개에게는 없는 불성이 뜰 앞의 잣나무에게는 있다고 하여 많은 사람들로부터 허무맹랑한 소리라는 반응을 받아왔다. 그러나 조주 선사가 진정으로 말하려 하는 것은 있다와 없다, 이렇게 두 가지를 뚜렷하게 구분하려 들게 아니라 그것을 초월하여 지극한 화엄(華嚴: 불법 안에서 온 세상 사물이 아름다운 조화를 이룬 상태)의 세계를 깨달으라는 것이었다. 이런 점에서 마키아벨리도 조주 선사와 상통하는 바가 있다. 마키아벨리 또한 도덕과 부도덕의 구분을 초월하여 공화정의 수호와 유지를 우선시해야 한다고 말하는 것이다. 그러니 이런 복잡한 화두를 말한 마키아벨리가 오래 비난의 대상이 되어온 것은 그리 놀라운 일도 아니라고 하겠다.

우리는 왜 마키아벨리를 비난할까. 우리가 맹자처럼 정치 즉 도덕으로 생각하고 정치와 부도덕은 서로 맞지 않는 것으로 보기 때문이다. 다시 말해 정치와 부도덕은 빙탄불상용(氷炭不相容)의 관계 혹은 산과 강처럼 서로 뚜렷이 구분되는 것으로 인식하는 것이다. 여기서 다시 유신(惟信) 선사의 화두를 하나 인용해 보자.

"노승이 30년 전 참선하기 이전에 산을 보면 청산이요 강을 보면 녹수였다. 그러다가 선사를 만나 깨우침을 얻고 보니 산은 산이 아니고 강은 강이 아니었다. 그런데 이제 진실로 깨우침을 얻고 보니 옛날과 똑같이 산은 그 산이요, 강은 그 강이로구나."

마키아벨리의 사회적 도덕을 이해하기 위해서는 그가 『사론』 3-1에서 언급한 로마 공화국의 영웅들의 면면을 살펴보면 큰 도움이 된다. 또 그가 공화정 후기에 개인적 욕망에 눈이 어두워 공화정의 국기를 뒤흔들며 권력을 잡으려 했던 마리우스, 술라, 카이사르를 크게 비판했다는 점도 참고가 된다. 브루투스, 카밀루스, 호라티우스, 스카이볼라, 데키우스 등 공화정의 영웅들은 모두 국가를 위해 살신성인한 사람들이었고 그런 만큼 국가를 위해서라면 개인의 도덕을 얼마든지 희생할 수 있다고 생각한 사람들이었다. 또한 마키아벨리는 로마 건국 당시에 강력한 왕정의 기틀을 마련하기 위해 동생 레무스를 살해한 로물루스도 국제(國制)의 안정을 위해서는 어쩔 수 없는 조치였다고 해명한다. 이처럼 로마의 영웅들이 활약한 정치의 세계에서 도덕은 때로는 어리석음으로 전락하고 부도덕은 현명함으로 둔갑하는 일이 비일비재하다. 화두에서 말한 대로, 산은 산이 아니고 강은 강이 아닌 것이다. 마키아벨리가 주장한 부도덕한 정치 혹은 힘에 의한 정치는 예전부터 있어 왔던 것이다. 가령 아리스토텔레스도 『정치학』 5장에서 참주가 그의 권력을 오래 유지하려면 아레테(재능)를 갖춘 사람들을 사정없이 처단해야 한다고 말하고 있다. 단지 마키아벨리처럼 그것을 일관되게 말하지 않았을 뿐이다.

유신 선사는 지극한 깨달음을 얻은 이후에 산은 도로 산이고 강은 도로 강이라고 말했다. 이것은 일상의 생활이 곧 깨달음의 방편이요 최종적 표현이라고 말하는 것이다. 또 다른 선사인 여정(如淨) 선사는 "깨달음을 얻은 이후에 달라진 것은 없고 단지 눈은 수평이고 코는 수직이라는 것을 알았을 뿐,"이라고 했는데 유신 선사의 도로 산, 도로 강은 바로 이런 평상심의 상태를 가리키는 것이다. 마키아벨리가 세간의 비난을 아랑곳하지 않고 도덕과 부도덕의 초월을 말한 것은 그의 영혼보다 더 사랑하는 피렌체 공화국의 유지라는 대의명분이 있었기 때문이다. 그에게 정치는 공화정을 유지하기 위한 권력 행위 그 이상도 이하도 아니었다. 그렇지만 그가 도스토옙스키의 『악령』에 나오는 스타브로긴이나 『카라

마조프가의 형제』에서 나오는 대심문관처럼 순전히 악을 위해 악을 저지르는 그런 인물들과, 상황적 필요에 의해 권모술수를 저지르는 정치가들을 구분하지 못하는 것은 아니었다. 분명 기만이나 폭력이 그 자체로는 나쁘다고 생각했고 또 이런 현상들이 일상생활 속에서 자주 벌어지는 것을 개탄했다. 가령 메디치 가문의 인사를 살해하려는 음모에 그가 억울하게 연루되어 1513년 2월 투옥되었을 때, 그는 고문을 당했으나 끝까지 거짓 자백을 하지 않아 한 달 만에 무죄 석방된 일이 있었다. 그렇지만 마키아벨리는 정치가라면 정당과 부정, 자비와 잔혹, 칭찬과 수치의 구분을 뛰어넘을 수 있어야 한다고 생각했고 그래서 이렇게 말했다. "고국의 안위에 관련된 궁극적인 결정을 내리는 데 있어서 수단이 정당한지 부정한지, 자비로운지 잔혹한지, 칭찬할 만한지 수치스러운지는 고려의 대상이 아니며……고국을 구하고 자유를 지키기 위한 정책이라면……추구해야 마땅하다."(『사론』 3-41) 이렇게 하여 마키아벨리의 화두에서 산(도덕)은 다시 산이고 강(부도덕)은 다시 강이 되는 것이다.

찾아보기

700

712

안티오코스(Antiochus) 280, 326, 506, 554, 669

안티오코스군 632

안티움 191, 657

안티움 인 367

안티파트로스 315

알기두스 산 661

알레산드로 624

알렉사메네스 452, 459

알렉산데르 6세(Alexander VI) 8, 18, 20, 383, 546, 605, 617, 621, 624, 628, 634, 641, 646, 647

알렉산드로스(알렉산드로스 대왕, Alexander the Great) 60, 62, 63, 145, 157, 260, 307, 316, 319, 396, 397, 400, 411, 449, 496, 611, 616, 639, 641, 642, 664, 666, 668, 670

알렉산드리아 60, 63, 641

알루키우스 632, 633

알리아 강 403, 404, 561, 600

알바(Alba) 인 148

알바[Alba: 알바롱가(Alba Longa)] 148, 291, 293

알바누스 호수 118

알키비아데스 504

알폰소 공작 324, 459

알폰소 델 무톨로 601

알폰초 18

알프스(알프스 산) 152, 309, 358, 608, 614

알프스 산맥 279, 294, 309, 591, 608

암군(暗君) 104-106

암모니우스 667

암살 계획 459

암살 음모 662

앙굴렘 371

앙리 2세 23

앙리 3세 23

앙쿠스(Ancus Marcius, 앙쿠스 마르키우스) 144

앵보 장군 197

야코포 4세 512

야코포 디 아피아노 447

야콥 부르크하르트 28, 647

양모조합 8

양혜왕 691

『언어에 대한 논고 혹은 대화(*Discourses or Dialogue on Language*)』607

에게리아 611

에드워드 기번 686

에드워드 대크리스 26

에르(Er)의 신화 633

에르콜레 벤티볼리 244, 245

에른스트 카시러 25

에우노미아(eunomia: 질서) 619

에우메네스 282, 407

에크노무스 곶 612

에트루리아 인 125, 146, 172, 187, 279, 281, 283, 284, 294, 295, 297, 299, 303, 307, 308, 389, 391, 399, 418, 548, 556, 591-593, 595, 600, 616, 661

에트루리아(Etruria) 93, 125, 154, 174, 282-284, 302, 327, 399, 418, 419, 548, 562, 592, 593, 599, 600, 615, 650, 656, 661

에트루리아군 (군대, 병사) 556, 596, 600, 626, 656

에파미논다스(Epaminondas) 135, 147, 495, 510, 579, 642, 643

에페수스 669

714